廣州文物志

可移动文物卷

中共广州市委宣传部
广州市文化广电旅游局　编
广　州　市　文　物　局

广州新华出版发行集团
广州出版社

图书在版编目（CIP）数据

广州文物志．可移动文物卷 / 中共广州市委宣传部，广州市文化广电旅游局，广州市文物局编．-- 广州 ：广州出版社，2025．5．-- ISBN 978-7-5462-3786-2

Ⅰ．K872.651

中国国家版本馆 CIP 数据核字第 2024F8T405 号

廣州文物志 可移动文物卷

Guangzhou Wenwuzhi Ke Yidong Wenwu Juan

出 版 人 柳宗慧

出版发行 广州出版社
（地址：广州市天河区天润路87号9楼、10楼 邮政编码：510635
网址：www.gzcbs.com.cn）

项目统筹 蚁燕娟

责任编辑 田宇星 刘布谷

责任校对 李少芳

责任技编 刘雁明

装帧设计 紫上视觉 刁俊锋+黄隽琳

印 刷 广州市岭美文化科技有限公司
（地址：广州市荔湾区花地大道南海南工商贸易区A幢 邮政编码：510385）

规 格 889 毫米 × 1194 毫米 1/16

字 数 780 千

印 张 34.5

版 次 2025年5月第1版

印 次 2025年5月第1次印刷

书 号 ISBN 978-7-5462-3786-2

定 价 368.00 元

发行专线：（020）38903520 38903521

如发现印装质量问题，影响阅读，请与承印厂联系调换

（封面图片为西汉船纹铜提筒）

《广州文物志》
编委会

《广州文物志·可移动文物卷》编纂团队

主　　编：吴凌云　曾玲玲

副 主 编：陈鸿钧　霍雨丰

撰 稿 人：（以姓氏笔画为序）

王　超	王　露	石柳霞	石蕴慈	龙丽朵	卢敏智
帅　倩	史林花	邝桂荣	毕晨闹	向晋艳	关丹丹
江宝仪	许颖思	麦泳琪	李　琨	李光辉	李欣蕾
杨　彬	杨思思	肖　华	吴冰丽	吴张迪	吴淑华
邱林欢	何　婕	何东红	余　曼	宋　平	张小坤
张红玉	陈　枫	陈　洁	陈乃瑜	陈志云	陈鸿钧
陈静蓉	范彬彬	林日霞	罗玮娜	罗国荣	周　航
周嫦妮	赵　磊	赵靖华	胡　舜	胡继芳	钟剑峰
姚乘风	袁青竹	莫慧旋	夏爱华	翁泽文	席菊芬
唐定勇	黄　婷	黄宾虹	曹双双	谢子莹	谢丽燕
简秀仪	黎丽明	魏雅丽			

编　　务：帅　倩　何　湾　李荣炜

总　序

农历乙巳年，新编修的《广州文物志》陆续出版，这是广州学习贯彻习近平文化思想的重要实践，是广州文物博物馆事业的一件大事、喜事，是广州文化建设的又一项标志性工程。

盛世修志，志载盛世。地方志书是全面系统地记述一个地区自然、政治、经济、文化和社会的历史与现状的资料性文献，是中华优秀传统文化的重要载体。编修地方志是中华民族的优秀文化传统。文物志是行业志，是地方志书的重要组成部分。文物单独修志，是文物博物馆事业地位提升和成就显著的重要体现，也是社会发展和文明进步的重要表现。

党的十八大以来，在全国各地的考察和调研中，习近平总书记多次对历史文化遗产保护工作做出重要指示，强调要重视保护文物古迹和遗址，指出：文物“承载灿烂文明，传承历史文化，维系民族精神，是老祖宗留给我们的宝贵遗产，是加强社会主义精神文明建设的深厚滋养”，“保护文物功在当代、利在千秋”，“保护好文物，就是保存了城市的历史和文脉”，并提出“要让文物说话，让历史说话，让文化说话”，坚定推进优秀传统文化的创造性转化、创新性发展，让传统文化在新时代“活起来”。

岭南文质，楚庭未央。广州历史源远流长，两千多年间名卿巨公辈出，醇儒志士蝉联，昭山海之精华，成人文之渊薮，留下极为丰富的文物古迹。新中国成立以来，历届广州市委市政府十分重视文物事业，1952年成立广州市文物管理委员会，负责组织考古发掘、文物普查和保护、文物流通管理等工作。1953年起，广州揭开大规模田野考古工作的序幕，被列为“全国城市考古的重要据点”。新中国成立至2022年，广州共组织开展了五次全市文物普查和一次可移动文物普查工作。1960年10月，广州市文物店成立，负责流散文物管理征集等工作。通过考古发掘、文物普查和文物征集等工作，发现、抢救和保护了大量地下地上文物，极大地丰富了博物馆收藏，增强了广州的历史厚度和文化深度，进一步夯实了广州的历史文化名城根基。

传承文明，博物致知。广州十分重视修编文物志工作。1990年，《广州市文物志》

出版，这是广州第一部文物志，也是全国最早出版的地方文物志之一。1999年，《广州市志》出版，其卷十六包含《文物志》。2000年，《广州文物志》出版。10年编修三版文物志，这在全国地方志编修史上并不多见。三版文物志主要收录20世纪特别是新中国成立以来至1998年广州的重要考古发现、地上史迹、馆藏文物，如实记录了广州文物博物馆事业发展的重大成就。

1999年至今，20多年过去了。和全国其他地方一样，广州的文物博物馆事业发展迅速，特别是新时代以来，取得了开创性、历史性成就。文物保护法律法规日益健全，重要考古发现层出不穷，文物普查不断有新成果，文物流通市场活跃，文物保护和活化利用工作成效显著，备案博物馆数量由1998年的不足20家增长到74家。在这样的形势下，作为反映文物博物馆事业发展成就的重要载体，文物志的编修工作就显得十分迫切了。《地方志工作条例》规定，地方志书每20年左右编修一次。因此，现在编修广州文物志，可以说是恰逢其时、水到渠成，意义非凡。

2022年底市委市政府作出编修广州文物志的工作安排后，广州的文博工作者迅速行动起来，勇挑重担，精心策划。这次编修，一个重大的变化就是由原来的一册扩展为不可移动文物、可移动文物、文博事业共三卷，条目、体量大幅增加，再加上所有文物条目都配精美图片，工作量成倍增长。文博工作者按照志书编修的严格要求，或风餐露宿，深入文物史迹现场核查，或青灯黄卷，在资料室翻查档案文献。正是由于他们的勤勉工作，三卷本的《广州文物志》才得以面世。在此，谨向参与此次编修工作的广州文博工作者致以崇高的敬意和由衷的感谢。

方寸览千年，文物观世代。当前，广州正在积极参与粤港澳大湾区建设，继续在高质量发展方面发挥领头羊和火车头作用，市委市政府正在打造广州“红色文化、岭南文化、海丝文化、创新文化”品牌。文物博物馆事业将为广州的文化建设提供重要的历史依据和精神支撑。我们希望，《广州文物志》不只是一套彰显广州历史文化内涵、记录广州文物博物馆事业发展成就的行业志书，静静地存放在图书馆、档案馆和文博工作者案头，而是走出书斋、走向大众，成为所有人“读懂广州”的生动教材、新老广州人“热爱广州”的文化辞典和彰显“文化广州”内蕴的坚厚基石。

是为序。

《广州文物志》编委会

二〇二五年五月

凡　例

一、本志编纂坚持以马克思列宁主义、毛泽东思想、邓小平理论、“三个代表”重要思想、科学发展观、习近平新时代中国特色社会主义思想为指导，运用辩证唯物主义和历史唯物主义的观点方法，实事求是记述广州市不可移动文物、可移动文物资源状况，以及文物博物馆事业的历史与现状、发展与变化。

二、本志分不可移动文物、可移动文物、文博事业三卷。

三、本志记述地域范围，以2023年底广州市行政区划为准。

四、本志记述时间范围，上限不限，下限至2023年12月31日，重点记述1949年中华人民共和国成立以来广州市文物资源变化，以及文物博物馆事业的发展历程。

五、本志体裁形式为志、述、记、传、图、表、录七种体裁，以志为主，力求内容与形式统一。全志设总序，各卷分设概述。图和表随文插入相关章节。本志主体为篇章结构，主体设置章、节、目三个层次。

六、本志总序、各卷概述采用议叙结合的记述方法；大事记采用编年体记述方法；主体志坚持横分门类、纵述史实、详近略远、述而不论的原则；人物传坚持生不立传的原则。

七、本志采用规范的语体文、记叙体，力求朴实、简洁、流畅。标题做到简短精练、题盖文章。

本志文字、标点、数字、计量单位等，均按国家出版物相关规定表述。

清代以前的使用年号纪年，括注公元纪年。民国时期的不可移动文物，有碑刻或其他文字材料标注的，以民国纪年括注公元纪年的方式表示；其他一律用公元纪年。1949年中华人民共和国成立后，一律使用公元纪年。时间书写格式为年、月、日。

八、本志资料主要来自历史档案和文物行政部门、文博单位提供的资料，以及社会调查、座谈会等口碑资料，均经考证后入志，一般不注明出处。

《广州文物志·可移动文物卷》编纂说明

一、《广州文物志·可移动文物卷》（下称“本卷”）为本版《广州文物志》的组成部分。

二、本卷力求简明、准确，择优辑录广州市属、区属博物馆所藏各类可移动文物现状。鉴于广州城市建设过程中，许多重要碑刻已入藏各类博物馆保存，部分重要碑刻仍存于寺庙、园林、街道，本次修编专列碑刻一章。

三、本卷主体结构分章、节、目，以条目形式为主，按条目类型或性质分类，共计二十章。鉴于不同材质文物发展历程各有特色，各章条目根据实际情况进行编排，以便读者阅读检索。以第二章“陶瓷器”为例，按历史时期分为十节，其中史前至晋南朝部分以器型归类排序，隋唐至近代部分以窑口归类排序。

四、文物信息包括文物名称、年代、尺寸、来源、收藏单位、文物描述、图片等内容。文物名称基本采用各单位文物原命名，原则上不作大的改动。文物图片只选用一张，重点文物、特殊文物除外。有关文物来源，只记录考古发掘的文物，标明出土时间和出土地点，其他文物不再注明。

五、鉴于广州中国民主革命策源地的重要地位，本书对近代文物部分单列成章。

六、本卷按条目的首字拼音顺序编排索引附后，以利检索。

西汉　透雕龙凤纹重环玉佩

西汉　犀角形玉杯

西汉　“文帝行玺”金印

西汉 “万岁”瓦当

西晋 “永嘉世天下荒余广州皆平康”墓砖

宋 “广州三城”铭文砖

五代十国 南汉十六狮座石柱础

西汉　船纹铜提筒

西汉　“蕃禺”铭汉式铜鼎

西汉　四连体铜熏炉

西汉　银盒

西汉　人操蛇鎏金铜托座

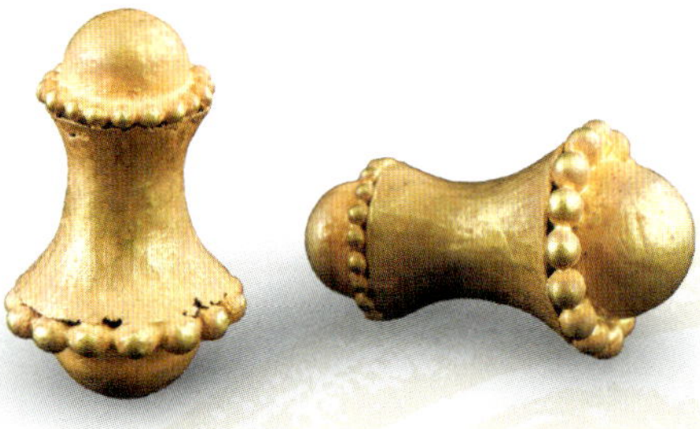

东汉　焊珠金耳珰

清乾隆　铜镀金楼阁式水法转人铜座钟

五代十国　南汉铁塔

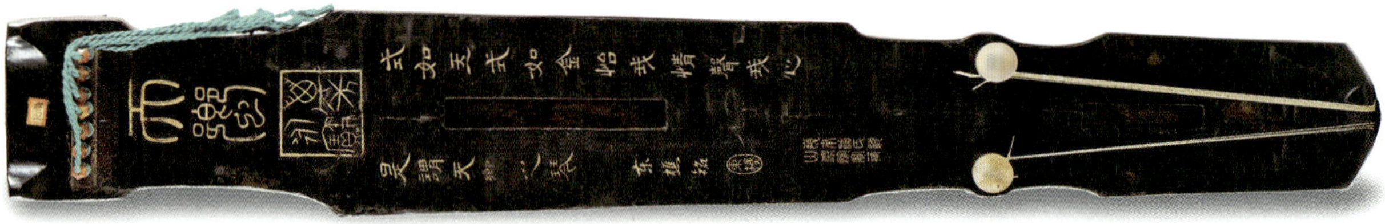

明　天蠁琴

清　“宣统元年岁次己酉”款番禺木雕神楼

清　广绣百鸟朝凤图座屏

清　黑漆描金庭院人物纹女红桌

民国　潮州黑漆描金郭子仪祝寿图屏风

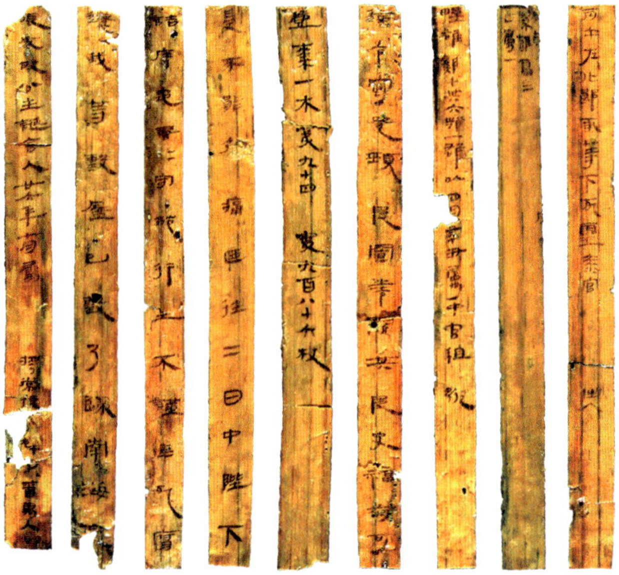

西汉　南越木简

唐　韩愈撰南海神广利王庙碑

元　摹刻苏轼南海浴日亭诗碑拓本

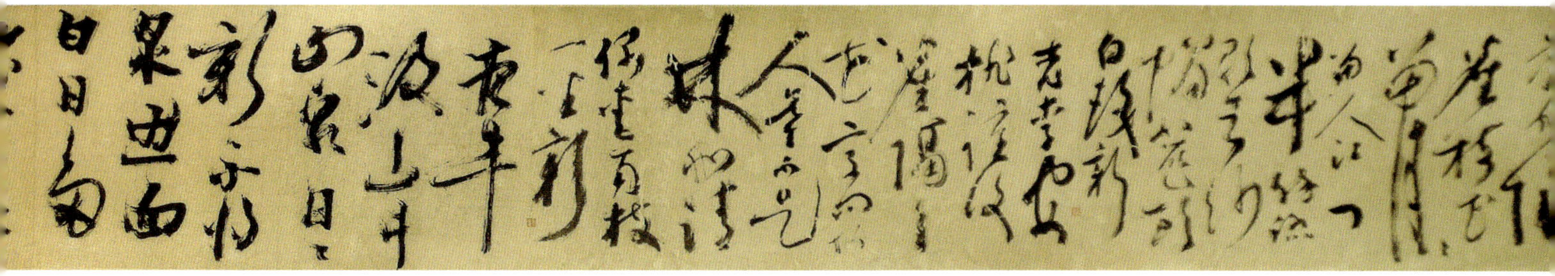

明　陈献章草书卷

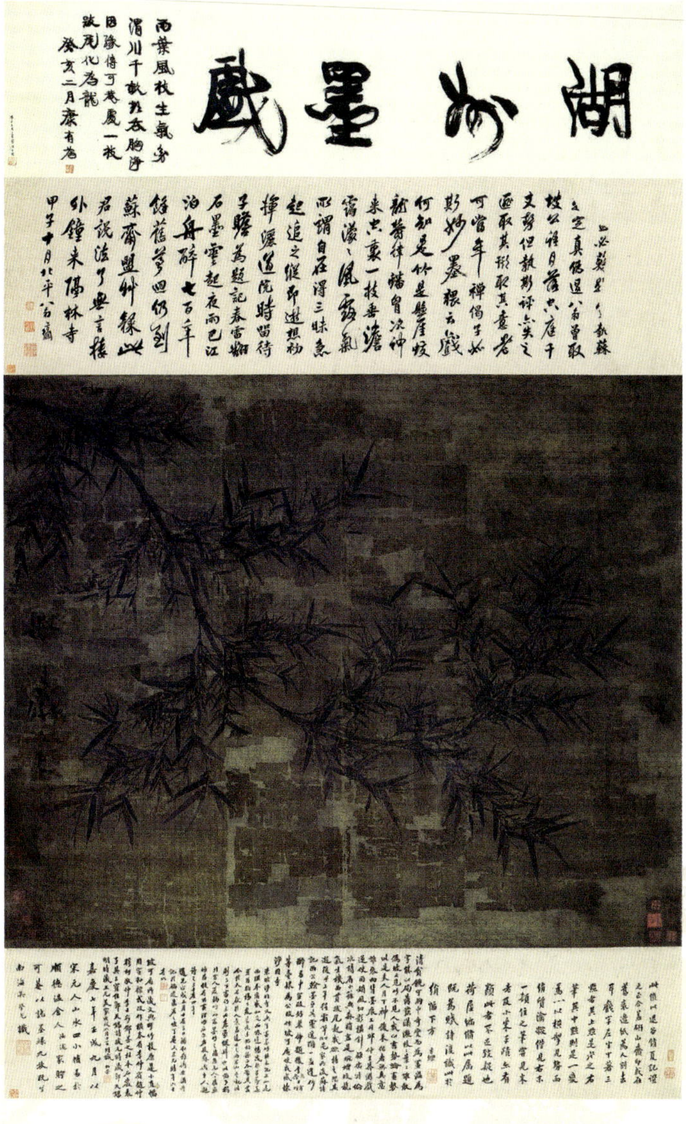

北宋　文同墨竹图轴

民国　陈树人六朝桧图轴

西汉　鎏金铜框玻璃牌饰

五代十国　南汉玻璃瓶

明　威尼斯银币

清　粤海关银锭

清　贝雕广州“百子桥”人物故事图摆件

清乾隆　铜錾胎珐琅金鼎

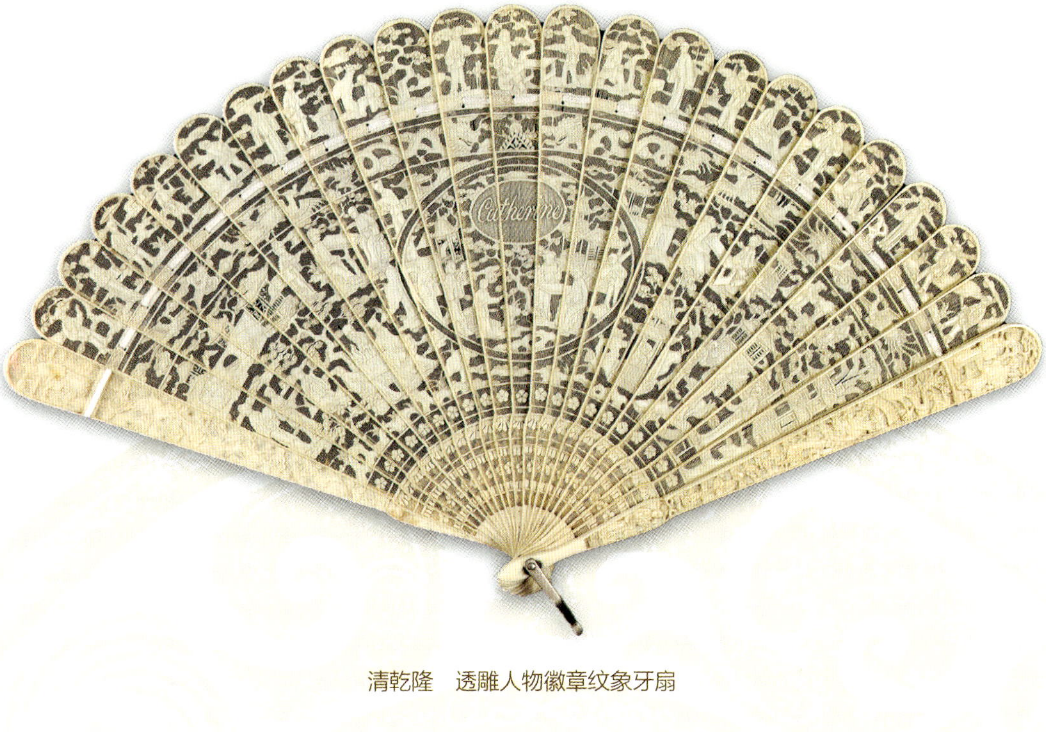

清乾隆　透雕人物徽章纹象牙扇

清雍正　铜胎画珐琅花鸟纹餐盘盖

清乾隆　广彩纹章纹盘

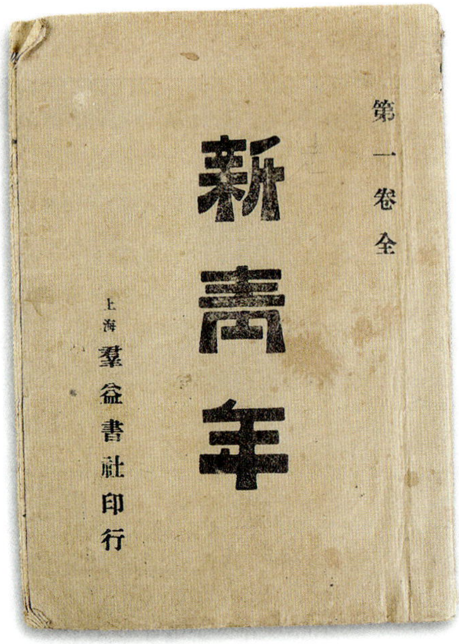

民国　《新青年》

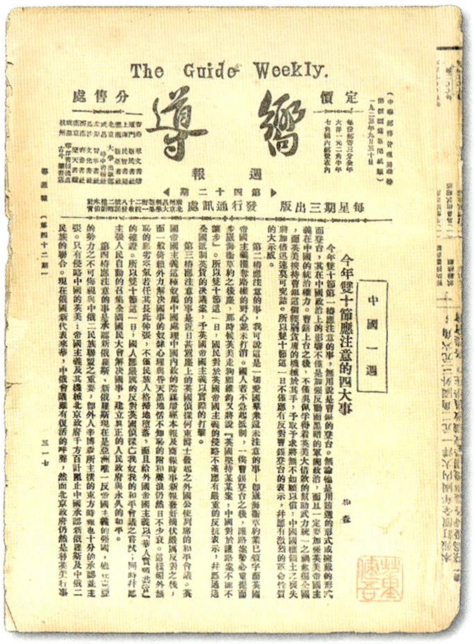

民国　《向导》周报（第四十二期）

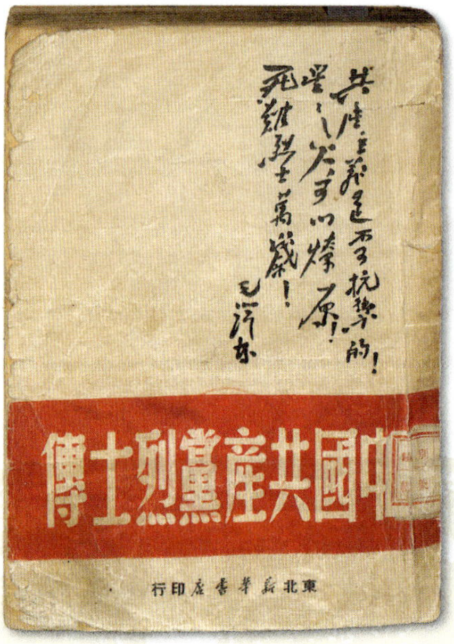

1949年　《中国共产党烈士传》

民国　《农民问题丛刊》

民国　广州起义识别带

1949年　迎接广州解放的五星红旗

目　录

第七节　元代陶瓷……………………………103

第八节　明代陶瓷…………………………106

第九节　清代陶瓷…………………………113

第三章　砖瓦及建筑构件 …… 127

第五节　其他

第五章　金银器 ······ 179

第六章　铁器 ······ 189

第七章　漆木器 …… 195

第八章　家具 …… 207

第九章　碑碣石刻

第十一章　文具

第十四章　玻璃器、珠饰 …… 357

第十五章　牙角雕、竹雕、贝雕、骨雕、榄雕、椰雕 …… 363

第十六章　珐琅器 ………………………………………… 379

第十七章　织绣 ………………………………………… 385

第十八章　古籍善本

第十九章 碑帖拓本 ……411

第二十章 近现代文物 ……421

第一节 信函……423

概　述

广州市编纂文物志之举，此前有三：一是1990年编纂之《广州市文物志》；二是1999年编纂之《广州市志·卷十六·文物志》；三是2000年编纂之《广州文物志》。至此凡第四次修纂，与时俱进，续修典志，合乎惯例。

本卷乃新编《广州文物志》之可移动文物部分，名《广州文物志·可移动文物卷》（以下简称“本卷”），以品质精良、种类全面、区域均衡为遴选原则，辑录全市诸公立文博单位所藏最具代表性之各类可移动文物1914件/套，分为玉石器、陶瓷器、铜器、书画、碑刻、古籍等二十类，纲目备俱，依类比属，附图著文，意在反映广州地区可移动文物之概貌及精华，以资读者参鉴。以下对各章内容作概要介绍。

一

石器时代是人类社会发展的第一个历史阶段，石器遗存则是反映石器时代的真实见证。考古发现证明，从新石器早期起，广州地区便有人类生息劳作，人们广泛分布于山岗丘陵、河汉平原地带，从事渔猎农耕活动，石器为其主要生产生活工具，本章所辑录的双肩石锛、有段石锛、双肩石斧、长身石铲、圆孔石斧等便是当时较常见的几类石器遗存。玉牙璋、石璋及玉串饰、玉环等可视为上古时代广州先民祭祀礼仪及对精神生活的追求。

广州西汉南越文王墓出土的玉器最为世人称誉，诸如铜承盘高足玉杯、铜框玉盖杯、犀角形玉杯、玉盒等玉制容器，以及各种形状的玉带钩、玉佩饰、玉剑饰等，件件艺术个性鲜明，雕琢技艺精湛，堪称汉玉之精品，为中华古代玉文化之精彩一页。另外本章所录西周至明清诸多玉器，神采各异，自熵其光，也反映了各个时代的玉器风貌。

滑石器是中国考古发掘中明器之一种，反映古代丧葬礼制。广州考古出土的滑石器如滑石镜、滑石壁、滑石鼎、簋、钫、壶及滑石猪等，本章均有收录。

二

中华陶瓷，渊远流长，发轫早，分布广，种类繁而又精湛，相延续而成系统，火石相攻，淘土成范。“陶瓷器”章辑录甚为丰富，既反映中国陶瓷发展历程，也突出广东本地陶瓷特色。

彩陶是中国古陶的滥觞期，时间是在新石器时代，主要分布在黄河流域，本章辑有其数例。在广州地区的许多遗址和墓葬中，也发现有很多花纹图案陶器，被称作“几何印纹陶”，其中又以夔纹陶类型的器物为典型，并一直持续到秦汉时期，代表器型有瓮、罐、壶、簋、豆等。广州陶器在两汉时期十分繁盛，主要以广州地区墓葬出土者为代表，并且各期器物在器型、纹饰、种类方面不尽相同。汉代陶器较常见的器类是瓮、罐、釜、盒、灶、井等，中原文化的影响主要反映在鼎、钫、壶、熏炉等器物上，而多种样式的陶屋模型、神态各异的陶胡人俑座灯、造型逼真的陶船，则是颇具地方特色的陶器。至于有戳印铭文的陶器，如汉“居室”“常御第六”“食官第一”“长乐宫器”“华音宫”等，实证中原文化在岭南地区的传播，更为学界珍视。两晋南朝时期，在江南青瓷业的影响下，广州地区也出现了青釉瓷器，与江南地区一道被划为南方青瓷，主要种类有盘、杯、盂、虎子、鸡首壶、三足炉及狮形器等，其中鸡首壶类在造型和色釉上完全达到江南同类器物的制作水平。另外，这一时期广州出土的陶骑马俑、陶水田、陶畜禽厩舍等均有着浓厚的世俗生活气息，青釉狮形器座、青釉塔模型则昭示着佛教文化在岭南的传播。唐代南方青瓷基本上沿袭南朝遗风，尤以浙江越窑品质最高。本章所列广州出土唐、南汉瓷器，仍以青瓷为主，在一些器物上也有酱褐、酱黄的釉色出现，器型有罐、壶、瓶、盆等日用品。所出土或传世的唐三彩器、长沙窑器、邢窑器，为逾五岭传入岭南者。南汉国瓷器以南汉昭陵、康陵出土陶瓷器为佳，其中“波斯蓝釉陶罐”系唐五代时期从西亚舶来品，“陶水果像生”所塑岭南佳果生动可爱。两宋制瓷业更加活跃，名窑林立，诸多窑口瓷器在本章中都有呈现，尤其以瓷枕类最为出彩。这一时期广州也出现了沙边窑、西村窑等本地窑口。同时，广州发达的海贸业吸引着内地许多窑口瓷器辗转辐辏而来。明清时期彩瓷纷呈，各擅其美。这一时期广州本地最知名的陶瓷产品是石湾陶和广彩瓷。石湾陶是明清两代广州石湾地区仿各地名窑所产陶瓷的统称，因其以仿钧窑最为著名，故又有“广钧”之称。广州织金彩瓷，简称“广彩”，是广州特有的釉上彩瓷工艺品，起于清康熙、雍正年间，盛于清乾隆、嘉庆、道光年间，以构图细密、绘工精细、色彩丰富艳丽而著称。装饰纹样多为极富东方神韵的山水、人物、花鸟，亦有西方风景、人物和神话、宗教故事，最特别的是绘有欧美家族纹章标识，其造型、纹饰多以西方市场所需来样定制，是一种糅合中国制瓷工艺和西方装饰艺术的特色工艺品。

三

广州城市考古出土遗物中古代砖瓦较多见，有建筑构件、城砖、墓砖等类，跨时久远，形制繁多，且不乏精良者。譬如体量厚重、质地坚硬的南越国大方砖、熊饰踏跺、八棱石柱、排水管道及筒瓦、板瓦；纹饰富丽、釉色莹亮的莲花纹瓦当、鬼面瓦、兽面瓦当、宝相花纹长方砖、蝴蝶牡丹纹方砖；造型奇异、构思巧妙的双凤纹瓦当、十六狮座石柱础等，皆有可观。

广州古代砖瓦之镌刻铭文者，称作铭文砖瓦。南越国宫署遗址出土“万岁”瓦当有十余种之多，自清末民初，粤中学者便在广州东山一带汉代窑址上发现并采集了诸多“万岁”铭瓦当，传拓题记。20世纪70年代以来，又陆续在南越国宫署遗址考古发掘了一批“万岁”瓦当，考辨愈明。这批“万岁”瓦当文字布局巧妙，疏密得当，笔画增减曲折圆润，体现了时人的汉字书法审美。广州汉墓出土有“永元九年甘溪造”铭文砖，“甘溪”是汉代流经广州的一条古水道，发源于白云山蒲涧，流经汉番禺城，注入珠江，可行驶舟楫。由该砖铭可知，“甘溪”水名至迟在东汉已有，至清代早期尚存。这是目前所知广州出现最早、沿用时间最长的水名。西晋“永嘉”系列砖铭文称颂了西晋永嘉年间南方州郡民众安居乐业、经济繁荣的社会景象，反映了晋南朝时期中国北方动荡、南方稳定、北人南迁、人民安居之宏大史事。宋代广州城砖多出自广州明清城墙，亦有近年考古出土者，有“广州三城”铭文砖、“广州修城砖、东南第十一将造”铭长方砖、“水军广州修城砖”铭文砖、“摧锋监造”戳印砖等类。两宋（960—1279）共计修筑广州城二十余次，在唐代“州城三重”及南汉兴王府的基础上，拓展整治，建成中（子）、东、西三城，人称“宋代三城”，奠定了后世广州城的基本格局。上举诸城砖实为宋代广州城建之极好物证。

四

历史文物中之“铜器”，主要指青铜时代的铜器，及秦汉以迄明清时期的铜质器物。本卷辑录广州诸文博单位典藏铜器数量较多，品相俱佳。其时代自商周至明清，跨越三千余年，其类别分为饮食器、乐器、兵器及其他生活用器等。鉴于铜镜数量多且成体系，故别为一类。本章所辑商周青铜器大部分出自我国著名金石学家、古文字学家容庚先生的捐赠，其中不乏铭文佳品相精者。该批青铜器及铭文在容庚先生《颂斋吉金图录》《颂斋吉金续录》《商周彝器通考》等专著中均有辑著，其他一些金石考古著作亦有辑录或考略。这批青铜铭文归属中国古代传统“金文”范畴，上迄商、周，下至秦朝，不惟可察文字及词语之演变，亦可据以考稽古史，诸如周穆王祭祀父昭王而赏赐功臣刺以朋贝；宓伯受周成王赐金（铜）而铸鼎；周夷王册命郃盥继承父祖司徒职事；季公父为仲姊嫘姬制作陪嫁而铸簠。此外，曾国职官曾大保铸盆，可补古曾国之遗事；以鸟书镌刻之“越王”剑，可为吴越往事增辉。除捐赠者外，本章所辑铜器多为广州考古出土者，尤以南越文王墓及其他汉墓出土者为最。作为考古遗物，无疑是广州历史的直接物证，有些还具有重大的历史文献价值，如西汉“‘蕃禺’铭汉式铜鼎”、西汉“‘蕃’字铜匜”，其铭文“蕃”古通“番”，“蕃禺”即“番禺”，是西汉早期南越国都城所在。其与广州出土其他多种刻有“蕃”或“蕃禺”的秦汉时期器物一样，证明了秦汉时期番禺城的存在，也是考察广州城建历史的重要物证。战国“张义”铜戈、秦“十四年属邦”铜戈皆可考征秦平岭南这一重大史事。

铜器中的铜镜一脉，源远流长，自成体系，不同时期铜镜的形制、纹饰与铭文皆各具特征，文华毕现，精彩纷呈。本章所辑铜镜60余枚，为出土或传世文物，时跨战国以迄明清，从器形规制以至铭文特征，可再现中国古代铜镜演变历程。

本章所录其他类铜器，如南越文王墓出土的印花铜板模、龙龟纹鎏金铜牌饰、错银铜伞柄箍，广州汉墓出土的西汉鎏金铜俑，国内现存最大最完整的元代铜壶滴漏，以及清代“广作”铜制自鸣钟等，皆为广州铜器之佳品。

五

金银是贵重金属，有亮丽的天然色泽，硬度适中，具有延展性，易锤打成形，是制作工艺品的良好材料。广州汉唐时期即有金银器制作，其造型和纹饰往往带有明显的异域风格，显然其制作技术融合了外来文化元素。18世纪末至19世纪，随着中西商贸文化交流的不断深入，广州银器制造通过模仿进而创新，最终以工艺精湛、价格低廉赢得了有使用和收藏银器传统的西方人的喜好，他们往往通过行商或自行向银器铺订购银器，使银器逐渐成为一种畅销海外的工艺品。

六

铁器易生锈不易保存，在相对潮湿的岭南更是如此。本卷辑录铁器不多，主要是西汉南越文王墓及其他汉墓出土者，如错金银铁矛、铁剑、铁鼎、铁炉等，与全国其他地域出土同类铁器无异。其余广州传世铁器许多都有着文献价值，如唐“贞观七年”佛像铁镜造像清晰且有纪年，为中国佛像镜的时代序列提供了实物依据；南汉“芳华苑”款铁花盆证明南汉皇室芳华苑的真实存在，即在今广州城西荔枝湾一带；明四爪大船锚是目前所发现的最大的海船船锚；清平南王铁钟记载了清军攻陷省城广州的事况。

七

中国是漆器的故乡，人们很早就认识和使用漆，并用漆制作器物。广州也是中国古代漆器制作地之一，广州秦墓出土的“蕃禺”铭椭圆形漆盒盖，汉墓出土的漆扁壶、漆卮、漆奁盒等便是广州秦汉时期漆器制品，制作技艺上受秦、楚漆器影响。从18世纪开始，广州制作的漆器逐渐享誉海内外，成为外销商品之一，大到各式家具、神龛，小到折扇、女红盒、游戏盒等，多采用黑漆描金的装饰手法，画工精细，层次分明，对比强烈，行销海内外。

八

广式家具在清代异军突起，凭借其滨海地利之优与海外贸易之便而成为全国重要的家具生产基地，并逐渐形成了融汇中西、繁密精细的制作风格，深受朝野青睐，被称为“广作”，与“苏作”（苏州家具）、“京作”（北京家具）并列为全国三大知名家具流派。故本卷辟“家具”一章以展示之。本章首列南越王墓出土之“人操蛇鎏金铜托座”“蟠龙鎏金铜托座”“朱雀鎏金铜顶饰”等，虽仅为汉时家具构件孑遗，但构思奇妙、制造精良，今人已尝试据复制原貌，异常美观，因其出土于广州，论者常将其视作广式家具之源头，亦无不可。其余所选录俱是清代、民国代表性广式家具，如桌椅凳几、床架屏风等，其工艺或繁华缛饰，精雕细刻；或嵌螺镶贝，光彩简洁；或嵌大理石、云母石，纹理如画，清凉消夏。多以通雕、浮雕、沉雕为主，通雕通透深入，正反俱实；浮雕玲珑剔透，精美优雅；沉雕凹花内现，含蓄沉稳。

九

广州地区所存碑刻，唐前较少，宋始大增，明清及民国时期则为宏富，金石研究亦大体与之契合。本卷辑录之广州碑刻，种类丰赡，尤以寺观庙宇、学宫衙署、祠堂社学、书院会馆、谕示禁约、园林景观类碑刻为夥，碑刻亦较为集中，并不乏佳品，如南海神庙唐代韩愈撰文、陈谏书丹之《南海神广利王庙碑》，世称“韩碑”，见载于历代金石著录，“海事”一词最早见于此碑。五仙观《广州重修五仙祠记》碑，刻立于宋政和四年（1114），广东经略使张劢撰文，详述五羊传说之来历及多次迁置修葺诸史事，是五仙观现存最早的一方石刻文献。光孝寺《大鉴禅师殿记》碑，刻立于宋咸淳五年（1269），广东经略使陈宗礼撰文。六祖惠能在唐代就已名噪一时，为惠能刻碑勒铭唐时即有之，唐宪宗元和十年（815）诏谥惠能“大鉴禅师”，安置六祖真身像之塔为“灵照之塔”；大诗人王维应惠能弟子神会之请而撰写《六祖禅师碑铭》，柳宗元、刘禹锡又相继撰写了《曹溪大鉴禅师碑》《大鉴禅师第二碑》。岁月流迁，迄今唯广州光孝寺此惠能碑存焉。原置于广州天庆观内的宋《广州重修天庆观记碑》，记载三佛齐（今印度尼西亚）商人输资重修广州天庆观事宜，是一方反映海上丝绸之路的重要碑刻。元代国祚短，遗世石刻较少，岭南尤尠。原立于广州府学的《至圣加号诏碑》及《宣圣遗像碑》是粤中两方重要的元碑，展示了元代尊孔崇儒的教化过程。明嘉靖帝曾御书《程子四箴碑》，并敕令颁行刻立于全国州府县学，旨在为天下士人学子训范，时移世易，估计国内现存石刻已不多见，而原广州府学尚存此碑，可谓劫遗之物，至为珍罕。原置于广府学宫御碑亭的《平定朔漠告成太学碑》形制巨大，记述了漠西蒙古准噶尔部受沙俄挑唆，发动叛乱，康熙帝御驾亲征，平定叛乱后告成太学的史事。这是一方把平定叛乱、维护国家统一作为莫大功绩而御文勒石，是告功于天下的丰碑。凡斯种种，不胜枚举，要之广州碑刻种类多样、涉及广泛、内容详赡，堪为一部地方史志研究的石刻文献。

十

岭南书法史迹，明代以前少有墨迹留存，论者多从铜器、漆器、砖瓦铭文及碑碣摩崖探讨之。直至南越国宫署遗址出土了木简，方为岭南古代书法平添了一份难得的亮点。南越国木简计百余枚，字数逾千，据考属南越武帝赵佗早年之物，亦即南越国早期之简，时间上远早于《淮南子》《史记》关于南越国之记载，是目前南越国最早的出土文献，难得的信史，填补了岭南无简的空白。

除南越木简外，其余所辑数十种皆明清以迄民国粤中省外名人墨迹。形式有手卷、挂轴、斗方、对联、书笺、册页等，内容有诗文、联语、格言、批语等，书体则真、草、篆、隶兼备。作者率为明清以来海内之文士名流，诸如明代之沈周、祝允明、文徵明、董其昌、陈献章、湛若水、陈洪绶、王铎等，清代之朱耷、傅山、屈大均、陈恭尹、梁佩兰、伊秉绶、吴荣光、何绍基、赵之谦、朱次琦、陈澧、李文田等，粤人书法作品居其半，足见明清以降粤中文事方殷，作为文事的书法亦随之兴起，书家学者已可媲美江南。作品中明末《南园诸子送黎美周北上诗卷》、清初陈恭尹《镇海楼赋》两幅长卷反映了特定的历史背景和史事，被粤中学界称作“剧迹”，不啻有着一书价值，亦为粤中珍贵文献。

本章所辑录之绘画作品亦别有一番风景：北宋文同《墨竹图》画上有翁方纲、吴荣光、康有为题跋和吴荣光、伊秉绶、安绍宽、莫元瓒等人的鉴藏印及罗振玉观款。此画清代以来一直在粤地流传，辗转多位藏家，与台北故宫博物院所藏文同《墨竹》基本为同一稿本，向为研究者所重视，被推为粤中古画收藏作品之首。元代黄公望《溪山图》画上有清代画家恽寿平题跋，被认为是黄公望的真迹，再经后世学者鉴定，进而确定是黄氏早期画作。黄氏画名誉溢天下，作品悉为其晚年风貌，而通过此幅作品可探索黄公望画风的演变。另外，以沈周、唐寅、文徵明、仇英为代表的吴门画派作品，林良《秋树聚禽图》，李孔修《驴背吟诗图》，董其昌《仿云林山水图》《剪江草堂图》，蓝瑛《秋山图》等皆明代文人画之精品。至于清代粤省内外文人画士及其作品更多更佳，在此不复枚举。

随着清代广州口岸贸易的兴盛，出现了一种独特的外销商品——外销画。画家用西洋画法描绘岭南风貌，题材包括市井风情、园林楼厦、花鸟鱼虫、人物故事、帆船房屋等。这些油画、玻璃画、通草水彩画及素描作品大量出口，成为西方社会了解中国风土人情的重要媒介，也是清代到广州贸易的商人热衷购买的礼品，被誉为“东方手信”。这类混合中西绘艺的外销画融合了绘画技艺，扩展了绘画题材，丰富了绘画情感，在中西文化交流史上留下了浓郁的印记。

十一

鉴于广州文博单位典藏有众多砚、墨、笔筒、笔架、镇纸、水丞等与文房相关之文物，故本卷特辟“文具”一章以展现其一斑。

文房四宝，砚居其一。本章所辑西汉至宋古砚多为考古出土之物，与北方各地考古出土之历代砚台别无二致，可征中国砚台之演进历程。尤其是出土的数种唐宋时期的端砚，则更丰富了粤中端砚文化。明清以来，砚台、墨锭、笔筒等渐从实用文具发展衍化成兼具欣赏价值之艺术品，时人不但拣选材料，精雕细琢，还往往自题或倩人题识镌铭，以为文玩清供，庶成文人雅事。其铭文无论自题或是他题，大都词藻敷丽，意味隽永，以寄其志，以畅其趣已矣，本章所辑砚墨之属亦可作如是观。

十二

广州考古出土玺印以汉印居多，也最著。本卷辑录南越文王赵眜玺印五种（“文帝行玺”金印、“帝印”玉印、“赵眜”玉印、“泰子”金印、“泰子”玉印），其中“文帝行玺”金印乃南越文王印，也是墓主生前的实用印，是我国目前考古所见最大的一枚西汉金印，也是唯一的汉代龙钮帝玺。南越王墓其他印章数种，诸如“右夫人玺”金印、“赵蓝”象牙印、“左夫人印”鎏金铜印、“泰夫人印”鎏金铜印之主人皆为南越王室亲眷。“景巷令印”鱼钮铜印，景巷令即汉代永巷令，为詹事属官，职掌宫室家事。这批玺印，在制作上不是很严格地按照同时期中原的典制，反映出南越国是一个有较强独立性的地方王国。

广州汉墓出土之诸多人名印，如“赵安”“辛偃”“李嘉”“向贲”“毛君明印”“赵延康印”等印悉属汉代私人印章，合乎汉印规制。“牙门将印章”“关内侯印”“部曲将印”为晋南朝官印。“周颐”“周承公”印均为六面铜印，这类六面铜印多流行于晋南朝之吴地，岭南亦有此类印出土，可见当时江南与岭南地区的交流。“番禺县尉司朱记”铜印为北宋番禺县尉司官印，由中央少府监铸并颁发。“许申之印”玉印主人许申为广东潮州许氏先祖之一，粤中名宦，史志有载。“伍氏紫垣”玉印为民清代广州行商巨富伍氏家族遗物。黎简为清代粤中知名文士，“有此伤心人”铜印系黎简自制，宋代词人秦观与晏几道善写伤心词，被后世称为“古之伤心人”，黎简铸此印，盖以古人自况。

封泥使用流行于战国至汉魏，实物不易保存，较之印玺数量为少，岭南僻远，更是鲜见。本卷辑录南越国封泥多种，包括“帝印”“泰官”“中府啬夫”等，反映了南越国的宫官情况。

十三

中国古代钱币具有完整的系统性，品类繁杂，沿用久远，不仅是商品经济贸易的产物，亦涉及相关的冶炼铸造、历史及政治因素。本章所录多为广州本地考古出土的历代钱币（包括银锭或银块），而以南越国宫署遗址出土者最多。从时代来看，最早为战国钱币，主要是秦代、西汉、新莽、东汉、三国、隋、唐、五代十国、北宋、南宋、元、明、清、民国等时期的流通货币，还有外国威尼斯货币等，这些钱币从一个侧面反映了广州地区两千多年来的社会经济发展状况。

十四

玻璃器和珠饰，是考古出土物中较为特别的一类，以其色泽晶莹、质地坚固、体小价昂、便于携带而广受青睐，文献中谓之“琉璃”或“珠玑”。本章所辑录的十数种玻璃器和珠饰，主要出自广州汉墓或唐、南汉墓葬，作为两广地区出土玻璃品类的一部分，它们或直接从域外输入，或进口原材料加工，或是异域风格器物的仿制，均反映了不同地区之间的贸易及科技文化相互交流、影响与融合的过程，是中国与东南亚、南亚甚至是西亚及地中海沿岸地区通过海上丝绸之路进行交流的实物见证，也是广州作为延续两千年的东方港市的确凿证据，同时为中外玻璃科技史研究提供了实物材料。

十五

本卷“牙角雕、竹雕、贝雕、骨雕、榄雕、椰雕”“珐琅器”“织绣”三章汇聚广州古代手工艺精华。除少数属广州墓葬出土物外，大多数为传世的清代广州典型工艺品。

广州牙雕工艺源于先秦时期，至明清时期大放异彩。明代广州牙雕借鉴江南地区的精雕细琢，技艺得以提高。随着18世纪海外贸易的兴盛，原材料大量进口，西方文化和装饰艺术的传播为广州牙雕发展注入新的动力，广州牙雕业步入繁荣时期，产品推陈出新。牙球、牙扇、牙舫为广州牙雕最具特色的类别。图案多以花木、山石、人物故事、龙舟、宝塔、蟹笼等岭南山水景物为题材，风格富丽华贵，布局奇巧，雕刻精细，剔透玲珑，擅长独特的镂空技艺。

珐琅，又称“佛郎”“法蓝”，是外来语，最早指东罗马帝国和西亚地中海沿岸诸地制造的搪瓷嵌釉工艺品。从胎质上分，有金属胎珐琅器、瓷胎珐琅器、木竹胎珐琅器，工艺上主要有掐丝珐琅、镶嵌珐琅和画珐琅。掐丝珐琅、镶嵌珐琅在宋元时期已传入中国，画珐琅约在15世纪末经广州等口岸传入国内。广州在清代大部分时间系唯一对西洋航海国家开放门户，西洋工艺多从广州进入我国，以至广州的珐琅制作在国内水平很高，宫内造办处的珐琅作匠人大多是由粤海关选入的，称为“南匠”。清乾隆后期宫内造办处停止制作珐琅彩瓷后，广州成为珐琅彩瓷制作点，依然制作珐琅彩瓷。

广绣，亦称粤绣，特指以广州为中心的广府地区刺绣品，其特色是构图饱满，繁而不乱，装饰性强；色彩浓郁鲜艳，金银垫绣立体感强、富丽堂皇；绣制平整光滑，手感柔软；品种繁多，应用范围较广。广绣题材广泛，其中以百鸟朝凤、福禄寿纹最具传统特色。绣品有画幅、褂裙、披肩等，其中精品作为贡品供皇室使用。随着清中叶广州口岸对外商贸的繁盛，广绣艺人大胆创新，借鉴西方绘画的透视法，一些作品颇具油画风味，层次分明；亦可按西方顾客需要定做，或与其他材质的工艺品有机结合，成为独具特色的外销艺术品。

十六

广州古代刻书肇始于宋元时期，至清代中后期而臻于繁盛，出现阮元创办的学海堂和张之洞创办的广雅书局两大刻书机构。在其引领倡导下，广州书院、书坊和富商刻书蔚然成风，广州刻书后来居上，俨然成为全国刻书印书中心之一，流风遗绪至民国时期。其所刻印之书，无论是种类之多，抑或是数量之大，再或是流传之广，皆属海内之佼佼者，是岭南学术昌盛的重要标志，为保存文献、赓续文脉做出了积极贡献。

本章所辑数十种俱为广州多家文博单位珍藏之粤地古籍善本，有官修方志，如清雍正《广东通志》、清乾隆《广州府志》、清道光《南海县志》、民国《番禺县续志》等；有舆地专志，如清嘉庆《羊城古钞》、清道光《白云越秀二山合志》、清光绪《波罗外记》、民国《光孝寺志》、民国《广州城坊志》等；有乡贤著作，如清康熙《广东新语》、清嘉庆《粤中见闻》、清光绪《长兴学记》、民国《广东文物特辑》等。尚有汇编丛书，如清道光《岭南遗书》六集六十一种三百四十四卷。凡上种种，皆有裨于乡邦文献，无论其编纂体例、官修私刻，抑或其思想内容、刊印工艺，皆有可嘉纳者。

十七

自清中叶以来，粤地经济持续繁荣，文化也随之兴盛，当时豪富之家，如潘、孔、伍、叶、卢氏等皆爱好金石古董、收藏名人墨迹，纷纷刻书刻帖，竟成一时风尚。清嘉庆、道光年间，粤人所撰集的丛帖达数十种之多，从事者率多富而有力、达而崇文，故其从事搜集翻刻往往不遗余力。本章辑录其最著者二十余种。

《贞隐园法帖》为广东丛帖较早者，清嘉庆十八年（1813）南海叶梦龙撰集，谢青岩摹勒，为当时书手郭秉詹临写古帖之作，镌刻精美可观，可反映粤中摹刻之工艺水平。《友石斋法帖》亦为广东丛帖之较早者，清嘉庆二十年（1815）南海叶梦龙编次，谢兰生摹刻，帖学名家张伯英《法帖提要》谓："此刻只覆唐碑一种，余以元明人为多，其中绝无赝书，甚可观也。"共推有胜于时流，为粤中丛帖之佳品。《筠清馆法帖》，清道光十年（1830）南海吴荣光编次，此帖唐以前人书多取材自《绛帖》及《群玉堂帖》，宋人书则于此二帖之外兼采墨迹，元人书则专取墨迹，共刻书五十余种，多属善本。吴荣光为粤中著名收藏家，精于鉴赏，眼法高超，故多刻入他帖未收之珍品，每帖之后各有跋语，论者谓为粤中丛帖之最佳者。《风满楼集帖》，道光十年（1830）南海叶梦龙编，所选三十七家中，粤人居十家十二帖，于研究粤中书法颇有参考价值。其他诸丛帖如梁九章摹刻之《寒香馆藏真帖》、叶应旸摹刻之《耕溪霞法帖》、潘正炜摹刻之《听帆楼法帖》、伍葆恒摹刻之《澄观阁摹古帖》、潘仕成撰集之《海山仙馆藏真三刻》及《尺素遗芬》等，或卷帙宏富，或甄选精善，或编次合宜，或镌刻逼真，过目巡览之下，自觉各具其美。

古代石刻，缘各种原因，或被毁损，或遭湮没，仅有拓本留存的情况常常有之，广州亦不例外，兹设"碑帖拓本"一章以辑录若干，如苏轼晚年谪寓岭南，是处题咏留迹，时人尊其人、爱其墨，遂镌诸石以纪念，顾时移世易，原刻已荡然无存，然有此苏轼南海浴日亭诗、广州蒲涧寺诗碑拓本，亦足借以瞻仰先贤。其他如镇海楼诗碑拓、粤海关告示碑拓、故京卿朱先生祠堂碑拓、十九路军淞沪殉国将士纪念碑拓等，均于保存石刻原貌、留存历史文献方面善莫大焉。

十八

广州是中国近代民主革命策源地，这里发生了一系列波澜壮阔的历史事件，涌现出一批卓有影响的历史人物，同时也留下了纷繁众多的近现代革命文物。本章所辑“近现代文物”分作信函，书法、手稿、日记，委任状，徽章、证章、奖章，出版物，印章及其他等类，时间大致自第一次鸦片战争直至中华人民共和国成立初期，内容涉及战争、政务、商务、工农兵学运动、名人社会活动及烈士遗物等。“观音山城防铁炮”“虎门威远炮台铁炮”“大角山炮台铁炮子与火药缸”“四方炮台铁炮”及“三元里人民抗英用过的关刀”“鹿步司石岗书院飞柬”见证了广州军民抗击外侮的壮举；“梁启超致康有为书”表明了维新变法前夕康、梁对于时局的认识；“孙中山手书‘志在冲天’横幅”及“孙中山楷书‘知难行易’横幅”、“黄兴手书七言绝句”绢幅、“朱执信诗二首”纸稿、“胡汉民手书‘海珠桥’横批”展现了革命先行者的情怀和抱负；“广东陆军庚戌起义纪念铜章”“革命军功牌”“共和纪念帕”“纪念辛亥革命胜利瓷茶壶”“功臣炮”铭记着革命者的牺牲和勋绩；《有所谓》报、《时事画报》、《劳动者》、《新青年》、《黄埔潮》等众多出版物记载了先觉者们启迪民众的呼声；1949年“迎接广州解放的五星红旗”乃是英雄城市迎接胜利的大纛。

以上寥寥所述，仅就广州现存可移动文物概况而言，且囿于体例与篇幅，乃就本卷所辑录各章主体内容而略举已矣，挂一漏万，其在必然。读者自可按图索骥，临崖望津，徜徉其间，领略羊城文物大观之美。

第一章

玉石器

第一节　石器

新石器时代　双肩石斧

长13.5厘米，宽7厘米，厚2.5厘米。1983年从化龙颈塘采集。广州市从化区博物馆藏。

米黄色，石质坚硬，两面光滑。

新石器时代　圆孔石斧

长16.7厘米，宽7.8厘米，厚1.5厘米，圆孔直径2厘米。1983年从化高龙围白庙前小山沟采集。广州市从化区博物馆藏。

米黄色，一端一孔，斧口两边打磨较薄。

新石器时代晚期　双肩石锛

左：通长5.2厘米，刃宽4.8厘米，最厚1.1厘米；右：通长6厘米，刃宽3.7厘米，最厚1厘米。2002年从化吕田狮象遗址出土。广州市文物考古研究院藏。

灰白色，千枚岩，器表略风化。双溜肩，肩部不明显，单面弧刃。左：体短宽，柄部横截面呈矩形，刃部略呈弧形，通体磨制。右：瘦长，器身与柄基本等长，柄部横截面略呈椭圆形，刃部近直，磨制，器身保留较多片疤。

锛是新石器时代和青铜器时代的主要生产工具，单面刃，可用来砍伐、刨土。有的石锛上端有“段”（即磨去一块，正面形成台阶），称“有段石锛”；有的上端有“肩”（左右各磨去一块），称“有肩石锛”。两者都是为了便于安装木柄，以增加可操作性，但木柄难以保存，考古发现中一般只留下石质的锛。有段、有肩石器是百越人民创造的最富有特色的器物，贯穿整个先秦时期，并通过海路传播到东南亚和西太平洋诸岛。

新石器时代晚期　双肩石斧

长6.7厘米，宽5.5厘米，厚0.8厘米。2013年萝岗大公山来峰岗遗址出土。广州市文物考古研究院藏。

淡黄色，石质细腻，皮质光滑。平顶略斜，短柄，双肩斜直。刃部片疤较多。

石斧是古代主要用于砍伐兼多种用途的石质工具。斧体较厚重，一般呈梯形或近似长方形，两面刃，磨制而成。

新石器时代晚期　长身石铲

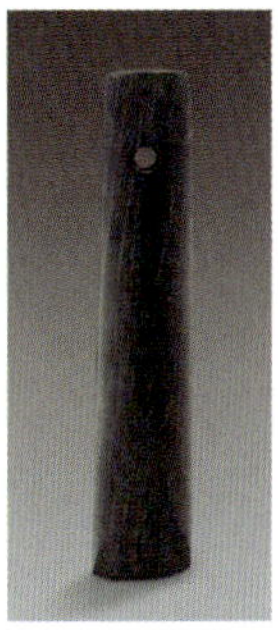

长27厘米，宽5.2厘米，厚1.8厘米，孔径1.3厘米。2017年黄埔茶岭遗址M22出土。广州市文物考古研究院藏。

保存完好，无使用痕迹。灰黑色，有石纹，石质细腻。平面呈长方形，截面呈椭圆形，顶平，双面弧刃。靠上部钻一孔，可与木柄捆绑固定。器型规整，磨制工艺细致。可能作为礼器或祭祀用品使用，或可称“圭”，是研究新石器时代岭南地区生产方式及葬俗的重要实物。

商　有肩有段石锛

通长10厘米，通宽4.7厘米，刃宽5.5厘米，柄宽2.6厘米，厚1厘米。2001年南沙鹿颈村遗址出土。广州市文物考古研究院藏。

灰色，石质细腻，磨制光滑。器身与柄基本等长，顶部斜直，双肩斜窄，正面分段明显，背面平直，单面刃微弧，具有鲜明的南方地区文化特征。

商　双肩石斧

长6.3厘米，柄宽2.5厘米，肩宽5厘米，刃宽6.6厘米，厚1.2厘米。2000年增城石滩围岭遗址灰坑H15出土。广州市文物考古研究院藏。

内里灰黄色，表皮赭红色，石质细腻。平顶略斜，短柄，双肩平直。正面微隆，背面较平。双面弧刃，刃部破损，有疤。

商　石璋

长9.5厘米，宽4.3厘米，厚1.2厘米。2001年南沙鹿颈村遗址出土。广州市文物考古研究院藏。

灰色，石质细腻，通体精磨。器身呈扁平方条形，刃部残缺，柄部略呈长方形，中部单面穿孔，孔缘经修磨，两侧有二齿扉牙（又称“阑”）。

第二节　玉器

新石器时代晚期　玉玦

外径5厘米，孔径2.6厘米，厚0.6厘米。2019年黄埔马头庄遗址M66出土。广州市文物考古研究院藏。

浅黄色，通体光素无纹。扁体圆环状，一侧有一缺口，两面较平，内外壁经修削，截面呈不规则六边形。玦在新石器时代至战国墓葬中常有发现，都置于墓主耳部，当为耳饰。该墓另出双肩石钺、双肩大石铲各一件，在马头庄遗址同期墓葬中属出土器物最多且最精美的，推测其墓主应具有较高的社会地位。

新石器时代晚期　玉钺

长12.1厘米，宽5.3厘米，厚0.3厘米。2017年黄埔茶岭遗址M52出土。广州市文物考古研究院藏。

乳白色，玉质细腻，通体磨光。扁体长方形，顶部平直略弧，弧刃。近顶部有一圆形钻孔。

新石器时代晚期　玉镯

外径6.7厘米，内径5.7厘米，厚0.5厘米。2017年黄埔茶岭遗址M56出土。广州市文物考古研究院藏。

乳白色，圆筒形，腰微束，镯体宽扁，孔壁厚薄均匀，通体光素无纹。

新石器时代晚期　玉琮

残长5.6厘米，高3.3厘米，厚0.5—0.6厘米。2017年黄埔甘草岭遗址出土。广州市文物考古研究院藏。

仅余四分之一。沁为白色。圆角方形，壁较薄。这件玉琮残器两端各有一从内侧向外钻的单面钻孔。由于磨损比较严重，已无法判断玉琮表面是否有线刻图案。但从材质和造型看，都与良渚文化同类器非常相似，说明良渚文化的因素当时已经粤北地区传播到珠江三角洲地区。玉琮是一种内圆外方的筒形玉器，是我国古代重要礼器之一，源自环太湖地区的良渚文化，山东大汶口、龙山文化，晋南陶寺文化，粤北石峡文化等都有不少发现。

商　玉牙璋

通长15.9厘米，刃残宽4厘米，厚0.5厘米。2016年增城墨依山遗址M70出土。广州市文物考古研究院藏。

透闪石玉质，黄沙色，表面覆盖不均匀黑褐色沁蚀，通体精磨。由器身、柄部两部分组成。器身扁平长条形，首端斜刃内凹，单面刃，刃宽大于体宽，柄部略呈长方形，顶端斜直，两侧有三组基本对称的扉牙，分别为无齿、二齿与三齿。柄中部穿孔，单面钻。

玉牙璋是中国古代一种特殊的玉礼器。增城墨依山遗址的玉牙璋出土于墓葬，并且与陶器、石器等遗物共出，年代明确，在珠江三角洲地区尚属首次，极大地丰富了环珠江口地区的商时期考古资料，为探讨这一地区此前考古发现的牙璋年代提供了重要标尺，也为研究牙璋自北向南传播及其与周边文化融合提供了重要考古资料。

商　玉牙璋

长20.5厘米，刃残宽2.4厘米，厚0.3厘米。2016年增城墨依山遗址M66出土。广州市文物考古研究院藏。

透闪石玉质，黄沙色，表面覆盖不均匀黑褐色沁蚀。器身与柄断开，断口两侧各钻有两个小孔，用以缚接。器身呈扁平长条形，首端斜刃内凹呈弧形、刃宽大于体宽。柄亦呈扁平长条形。柄两侧有不对称扉牙，一侧四组，一侧三组，大小及齿数各不相同。

商　管状玉串饰

长0.5—1厘米，孔径0.4厘米。2016年增城墨依山遗址M66出土。广州市文物考古研究院藏。

透闪石玉质。一套十八件。鸡骨白色，表面覆盖不均匀黄褐色沁蚀。双面对钻，穿孔柱状，大小不一。该墓墓主身份尊贵，同墓所出还有玉牙璋、有领玉环、玉耳珰、玉环形饰等。在环珠江口商时期墓葬中出土如此多颗的玉串饰，实属难得。

西周　“T”形玉环

外径71.8毫米，内径47.3毫米，厚6.3毫米。2021年黄埔榄园岭遗址M100出土。广州市文物考古研究院藏。

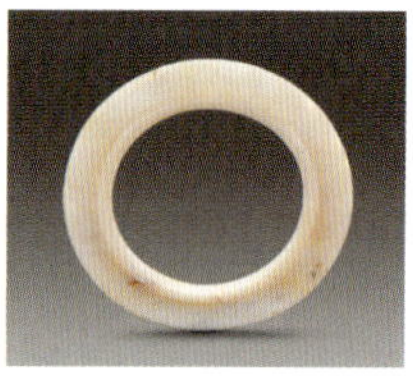

乳白色，玉质纯净，素面光滑。圆形穿孔，孔周缘凸起成领，断面呈“T”字形，故又称有领玉环。多为玉石质地，具有礼仪或佩戴用意。从出土位置看基本在墓葬中部，也可能是腕饰。为迄今为止广州地区出土最完整、最精致的“T”形玉环。“T”形玉环在中原、西南、华南、东南亚等地的不同时期均有出土，揭示出夏商周王朝的更替自北向南渐次传播，尤其是向岭南地区的传播过程。

周　青玉凤鸟夔纹琴形玉饰

长12.7厘米，宽3.2厘米，厚0.5厘米。广东民间工艺博物馆藏。

玉色青白，半透明。外形稍拱，接近古琴式样，下端有一小孔。正反两面各刻有一只侧面挺立的凤，勾啄杏眼，昂胸翘尾，长冠前弯。凤嘴下方有一长虫，锐利的凤爪抓着一只夔龙，龙身蜷曲。整体构图均衡，雕饰富于变化而又主次有别。以双面坡线勾出凤的主体轮廓，以一面坡线雕刻夔龙外形。细部采用并行阴线及隐起单线、阴线等不同的线条进行雕饰，突出其粗、细、曲、直的对比变化。

周　玉珩

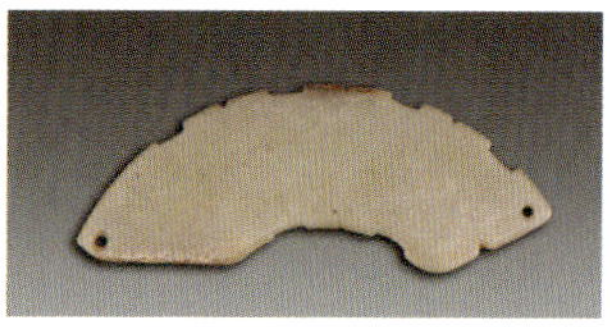

长11.8厘米，宽3.6厘米，厚0.2厘米。广东民间工艺博物馆藏。

玉色青黄，有褐色沁入。弧形片状，通体素面无纹，内外脊背上均有棱齿装饰，两端顶部各有一小穿孔，孔由两面钻透。

周　玉圭

长22.5厘米，宽3厘米，厚0.7厘米。广东民间工艺博物馆藏。

青玉，两面光素无纹。在上部有一穿孔，边沿规整。玉圭是中国古代十分重要的玉制礼器，主要有两种形制，一种是整体呈长方形的平首，另一种是上尖下方的尖首。形制、大小因爵位及用途不同而异。据《周礼·春官·典瑞》记载，有大圭、镇圭、桓圭、信圭、躬圭、谷璧、蒲璧、四圭、祼圭之别。

周　玉琮

高5.1厘米，宽8.5厘米，口径8.7厘米。广东民间工艺博物馆藏。

玉质褐黄色不透明，两端雕琢成圆口，中心有大圆孔，上下贯通，呈“外方内圆”形，通体光素无纹。玉琮是“六器”之一，是古人用于祭祀的一种礼仪用器，象征着天圆地方。

周　青黄玉素璧

直径12.9厘米，孔径4.8厘米，厚0.4厘米。广东民间工艺博物馆藏。

黄玉，黄土沁，石灰沁，玉质细密。扁圆形，表面抛光，素面无纹，外边沿内凹，形如滑轮，中间圆孔，孔壁较规整。

战国　鱼形玉佩

通长10.9厘米，宽2.5厘米，厚0.2厘米。广东民间工艺博物馆藏。

青玉，半透明，沁有赤褐色斑点，通体磨光。玉佩由薄玉裁出鱼的身形，两条阴刻弧线刻划出鱼的鳃部，鱼口微张，二排阴刻短线分别刻划出鱼的背鳍、腹鳍，造型简洁。鱼除了是人们美膳之食，又因鱼谐音同“余”，故古人爱用鱼表示美好的愿望，以鱼之形制作佩饰，寓意“年年有余，吉祥有余”。

战国　谷纹玉璜

长13.2厘米，宽2.5厘米，厚0.6厘米。广东民间工艺博物馆藏。

两面纹饰相同，表面铺饰颗粒状谷纹。璜的上方中间有一穿孔，供穿绳系挂。玉璜最早出现于新石器时代遗址中，战国时期也较为流行，造型主要为长弧形或半璧形。多为双龙首、双鱼首等，两面雕刻云纹、涡纹等纹饰。战国时期，璜是玉组佩的重要组件，用作佩玉的璜一般制作得比较精致。

战国　玉玦

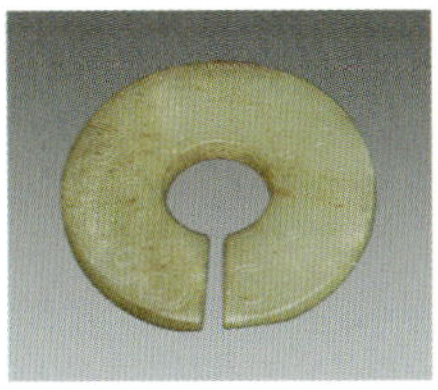

直径4厘米，孔径1.3厘米，厚0.3厘米。广东民间工艺博物馆藏。

一面光素无纹，一面满饰蚕纹。玉玦在新石器时代及商周、春秋战国墓葬中常有发现，多置于死者的耳部，当为耳饰。早期的玉玦一般无纹饰，形体较小，但也有兽形玦，形体较粗大，有的缺口处仍相连。

西汉　丝缕玉衣

全长173厘米，肩宽44厘米。1983年南越文

王墓出土。南越王博物院藏。

南越王赵眜的玉衣，由二千二百九十一块青玉片组成，分为头套、上衣、两袖筒、两手套、两裤筒和一双鞋共十个部分。出土时连缀玉片的丝缕和衬底麻布已朽，坍塌贴地。但各部分体形尚可辨认。面罩上放玉璧和缀有金饰片的“幎目”，头枕丝囊珍珠枕，手套处各握玉觿，胸腹部铺置有组玉璧、组玉佩、珠襦、印玺等物品，玉衣内贴身放置十四块玉璧，底面垫铺五璧，玉衣两侧各分置铁剑五把。玉衣内尚有墓主遗骸，但腐朽严重。

玉衣是汉代皇帝和诸侯王的特制殓服，按死者身份等级不同分别用金丝、银丝或铜丝连缀而成。南越王这套玉衣以丝线连缀，并以麻布衬里，玉片表面再用红色窄丝带作交叉粘贴，然后用红色宽丝带沿边作纵横粘连，故称为“丝缕玉衣”。这是中国目前考古发现唯一一套形制完备的汉代丝缕玉衣。

西汉　双连玉璧

通长12.3厘米，通高7.4厘米；璧径6.2厘米，内径2厘米，厚0.4厘米。1983年南越文王墓出土。南越王博物院藏。

两玉璧相连，连接处上下方均透雕卷云纹饰，下方的卷云纹两边各雕一鹦鹉。璧面饰涡纹。出土时置于墓主玉衣的双鞋下方，两孔间有丝带痕迹。

西汉　龙形玉觿

左：长9.5厘米，宽1.8厘米，厚0.1—0.2厘米；右：长7.2厘米，宽1.1厘米，厚0.4厘米。1983年南越文王墓出土。南越王博物院藏。

青玉。同出于玉衣的右手套中，用作握玉。一件扁平，为墓中所出玉器最薄的一件，雕作细长龙形，正面用减地隐起雕琢，饰卷云纹，背面纹与正面同，但用阴刻线表示；另一件体弯卷如半圆，首尾均朝下，尾细长如锥，体上阴刻云纹。

西汉　三龙重环璧

直径9.6厘米，内径4.4厘米，厚0.6厘米。1983年南越文王墓出土。南越王博物院藏。

青玉。两面纹饰相同，透雕成内外两环，外环饰突起涡纹；内环浅浮雕三龙，口衔外环，龙首为内外两环的连接点。此璧出于玉衣内，盖在墓主阴部。

西汉　涡纹玉璧

直径11.6厘米，内径4.3厘米，厚0.4厘米。1983年南越文王墓出土。南越王博物院藏。

青玉。表面纹饰为涡纹，有暗篱格网纹，内外缘均有一圈单线弦纹。

西汉　双身龙纹玉璧

直径33.4厘米，内径9厘米，厚0.7—1.1厘米。1983年南越文王墓出土。南越王博物院藏。

出于主棺室墓主棺椁“头箱”中，为叠置于盛珍珠的漆奁上七块玉璧中的最上一块。青玉质，深绿色有白斑。表面有宽窄不一的丝带痕四道，绕过璧孔。纹饰分三区，每区纹饰间都用绹纹相界。外区饰七组双身龙纹，是墓中出土雕刻双身龙纹最多的一件玉璧；中区饰蒲格涡纹；内区饰三组双身龙纹，以三组双钩“8”字形纹相间。这是目前考古发掘出土秦汉时期玉璧中罕见的大璧。

西汉　双身龙纹玉璧

直径30.3厘米，内径4.75厘米，厚0.5厘米。1983年南越文王墓出土。南越王博物院藏。

青玉。出于棺椁上盖西南角，是棺椁上盖四角玉璧之一。璧表留有丝带绕过璧孔的印痕。应是用丝带缠绕后，再捆绑固定于椁面四角。纹饰有三区，以两道绹纹相间。内区勾勒三只凤鸟，卷体回首，做循环状；中区饰蒲格涡纹；外区饰五组双体龙纹。南越文王墓出土的七十一件玉璧中，仅有五件三区玉璧。这件玉璧纹样琢刻精细，因未完全抛光，琢切、雕刻痕清晰可认，甚为难得。

西汉　双身龙纹玉璧

直径28厘米，内径6.2厘米，厚0.6厘米。1983年南越文王墓出土。南越王博物院藏。

青玉。出于主棺室墓主棺椁“头箱”中。两面纹饰相同，分三区，以二道绹纹相间。中区为凸起蒲格涡纹。内、外两区分别为三组双身龙纹和六组双身龙纹。龙纹之间有连弧相隔。其中一面外区处尚有一块刻纹未完全抛光，琢痕清晰可见。

西汉　兽面谷纹玉璧

直径24厘米，内径4.5厘米，厚0.45厘米。广州市文物总店有限公司藏。

玉质青中带黑，表面呈白霜状。玉璧两面纹饰相同，内圈刻排列均匀的谷纹，外圈刻兽面纹，间以绳纹相隔。对称的四个兽面纹以阴阳线刻划，形态逼真。

西汉　玉蝉

长3.6厘米，宽2.1厘米，厚0.9厘米。1983年荔湾西村凤凰岗M1出土。广州市文物考古研究院藏。

青玉，有黑斑。背部隆起、腹中起脊，形如蝉。头、身及眼口鼻等部位均用线纹刻出。下腹雕有蝉足，线条流畅。蝉头处有一穿孔，直透下腹，为穿丝带所用。这件玉蝉应为死者口中所含之玉，又称“玉琀”。

西汉　玉管

长3.2厘米，宽1.7厘米。1983年荔湾西村凤凰岗M1出土。广州市文物考古研究院藏。

青玉，黄褐色沁。橄榄圆形，两头对称。中间为凸起宽带，上面浮雕涡纹，两侧细线阴刻小方格及圆涡纹。有一圆孔贯穿。

西汉　犀角形玉杯

通长18.4厘米，口径5.8—6.7厘米，壁厚0.2—0.3厘米。1983年南越文王墓出土。南越王博物院藏。

出于主棺室墓主棺椁“头箱”中，出土时尚存丝绢包裹痕迹。玉质温润致密，呈半透明状。口部和底部有黄褐色斑块，口缘微缺损。杯仿犀角形，用一块整玉雕琢而成，口圆，腹中空，内壁磋磨光滑。杯外壁布满纹饰：杯底的端部反折往上回转，圆雕镂空离地的云纹，绕于杯身下部；接着由高浮雕修琢宽体的卷云纹，延向杯口；杯口缘下浅浮雕一只夔龙，尾羽为勾连卷云纹，缠绕回环，满布杯身。这件角形杯集圆雕、高浮雕、浅浮雕和线刻等技法于一身，各层纹饰互有重叠、穿绕，层次分明，布局巧妙，雕工娴熟，为汉玉中罕见的稀世珍宝。

西汉　铜承盘高足玉杯

通高17厘米；玉杯高11.75厘米；承盘高5.7厘米，口径23.6厘米。1983年南越文王墓出土。南越王博物院藏。

全器由高足玉杯、玉瓣托架和铜承盘三部分组成。高足杯为圆筒形，直口圜底，下连豆把形座足，杯体和座足分别由两块青玉雕成，杯体及座足饰勾连谷纹和瓣叶纹。托架由三龙共衔一块镂圆孔的花瓣形玉片组成，三龙皆金首银身，各衔一片花瓣。铜承盘底部三足为铺首形，盘腹外壁再饰三个银制的小铺首。出土时，高足杯座足与承盘间还有一垫木。整器由金、银、玉、铜、木五种材料制成，是南越文王墓出土玉容器中工艺最复杂的。

西汉　玉盒

通高7.7厘米；口径9.8厘米，圈足径3.05厘米，钮环径2.8厘米。1983年南越文王墓出土。南越王博物院藏。

青玉。玉质温泽、晶莹透亮，局部有黄褐色斑。盒身与盒盖子母口扣合。盒身如圆碗，圈足。盒身外壁饰纹饰三圈：上圈饰四组凸起勾连涡纹与四组阴刻花蒂纹，两两相间；中圈为阴刻勾连涡纹；下圈近足处一道绹纹。盒内打磨光洁。盖中央隆起，顶立一桥形钮，内扣一绞索纹圆环，环可活动。盖面纹饰分三区：内区为浅浮雕八瓣柿蒂形纹；中间一区饰凸起勾连涡纹；外圈为四组勾连雷纹与四组花蒂纹间列。三圈纹饰之间，以两周弧凸的宽带纹为隔界。盖里亦有纹饰，中间线刻双凤纹，相互缠绕，凤脚踩在一个似璧的圆圈上。盒盖原已破裂，后经修补，有四个钻孔可穿绳缝合，表明它是墓主人的心爱之物。

西汉　鎏金铜框玉卮

通高14厘米；身高12.7厘米，口径8.6厘米，底径8.3厘米。1983年南越文王墓出土。南越王博物院藏。

出于西侧室，属殉人中身份较高的中年女性所有。出土时有数层丝织物裹缠。整器呈九棱圆筒形体，平底，下附三个兽首形短足。器腹上部附玉鋬，为圆环形，有扁形微上翘的尾饰。卮身用窗棂形鎏金铜框架镶嵌九块玉片做成，玉片浮雕勾连谷纹，内平素。底部为整块圆形玉片。铜框上铸几何图形和兽纹。有圆形木盖，髹黑漆，上画朱漆线纹，多已剥落。周边镶嵌三个弯月形玉饰。盖面中间原有两个玉雕钮饰，已脱失，只存钮座印痕。

西汉　铜框玉盖杯

通高16厘米；身高14厘米，口径7.2厘米，圈足径5.5厘米。1983年南越文王墓出土。南越王博物院藏。

出自主棺室墓主棺椁“头箱”，有多层丝绢

包裹，外加丝带捆缠。杯体为八棱筒形，上广下敛及底再舒展成喇叭形座足，带盖。杯身为铜铸的窗棂形框架，表面鎏金，框内有浅槽，嵌入素面玉片。上身筒形部分嵌入八片青玉薄片（原已缺失两片），下面嵌五块心形的青玉片构成杯底。杯盖外沿为鎏金铜框，镶一块整玉，碾琢成三层，逐级收缩至中心处如一乳突状，整体如螺纹形。盖面隆起，下出直唇，内敛，扣入杯口中。

西汉　龙虎并体玉带钩

长18.9厘米，最宽处6.2厘米，环径2.5厘米。1983年南越文王墓出土。南越王博物院藏。

玉质半透明，致密润泽，局部有褐色斑。钩首为虎头形，末端为龙首，龙虎双体并列，弯曲呈“S”形。两体间镂出一条线缝以示分体，钩中上部透雕一环，龙张口咬环，伸爪，虎亦伸一爪攫环。钩体表面和圆环都饰勾连雷纹。钩钮位于腹下，扁圆形，钮柱为圆柱体。

西汉　虎头金钩扣龙形玉佩

通长14.4厘米；金带钩长5.9厘米，最宽2.6厘米；玉龙长11.5厘米，宽6.1厘米，厚0.5厘米。1983年南越文王墓出土。南越王博物院藏。

由一青玉镂雕玉龙和一个金质虎头带钩组合而成。玉龙似“S”形，两面饰谷纹。龙头向上，尾回卷。金钩系铸成，重100克，钩首和钩尾均作虎头形。钩尾虎头额顶剔地阴刻一“王”字。宽腹，腹底部横穿一长方形銎孔。出土时，玉龙尾部下半截套在銎孔中。下半折断，断口两边各钻有三个小圆孔，用丝线连缀。

西汉　八节铁芯龙虎玉带钩

长19.5厘米，体厚1.6厘米；龙头宽1.6厘米；虎头宽4厘米。1983年南越文王墓出土。南越王博物院藏。

青玉。出自主棺室墓主棺椁“头箱”，有多层朱绢包裹，尚有残绢痕迹。整器由一根铁柱穿连八块玉子组成，背部弯拱，龙虎合体形。钩尾为虎头，由一块玉子雕成，宽扁的虎头雕出凸眼、直鼻、獠牙和髭，浓眉上卷，刻纽索纹，前端还刻出鼻孔和排列整齐的牙齿。颈部套一多节的玉圆箍。后脚的爪子伸到龙钩近颈处。钩部也用一块玉子雕出，龙头钩首，瘦长形，颈两侧刻勾连云纹。两后爪伸到虎体上，其中一爪达虎头的颈箍处。整个钩身用五块玉子组合，镂刻龙与虎相混合的躯体，背上有鳍和鳞。另饰云气纹缭绕全身。钩腹有短柱连扁圆钮，面阴刻涡纹。因铁芯锈蚀膨胀，带钩的玉子已有多处开裂。

西汉　玉带钩

长4.6厘米，宽2.2厘米，高1.7厘米。2000年天河恒福路银行疗养院一期工地M2出土。广州市文物考古研究院藏。

青白玉，黄褐色沁斑。通体为雁形。钩首雕成回望雁首，钩体阴刻曲线以象征雁身羽毛，钩扣为扁平圆形。

西汉　透雕龙凤纹重环玉佩

直径10.6厘米，内径5.2厘米，厚0.5厘米。

1983年南越文王墓出土。南越王博物院藏。

玉质坚硬，透亮有光泽。圆形，制成内外两环。双面透雕纹饰，分两区，内区一游龙居环心，前后足及尾都延伸至外区；外区一凤立于游龙伸出的前爪上，回眸与龙对视。凤首高冠和凤尾的长羽上下延伸成卷云纹状，把外区的空间填满。这件佩饰构图主次分明，疏密得宜，龙凤呈祥，寓意美好，被评选为广州“城市圆点”的标志。

西汉　兽首衔璧玉佩

通长16.7厘米，宽13.8厘米，厚0.7厘米；璧径8.8厘米，厚0.5厘米。1983年南越文王墓出土。南越王博物院藏。

整体由一兽首和一谷纹璧组成，整玉雕出。兽首左侧透雕一螭虎，右侧无，形成不对称布局。谷纹璧上端与兽鼻处的长方形銎相接，可前后摆动。全器采用镂空、浅浮雕、线刻三种技法，镂刻精工。

西汉　凤纹牌形玉佩

通长14厘米，宽7.4厘米，厚0.4—0.5厘米。1983年南越文王墓出土。南越王博物院藏。

青玉，受沁严重。全器扁平，双面透雕，当中为一长方框，框外上端连着一卷云纹，框内透雕一倒悬变形凤鸟纹，回环卷曲布满方框内。方框下面雕一高冠卷尾变形凤鸟，其前爪触及框内凤鸟头顶。方框下端折断，特铸制两个“H”形小金襻，连接上下两个断口，使全器复为一体。金襻重16.5克，两面均有针刺图案。方框右侧雕一昂首凤鸟，双足立于一璧上，长尾末端回卷托住玉璧，左侧透雕一串璎珞，其上饰一变形小鸟。凤纹牌形玉佩出土于主棺室，位于玉衣左肩上方，应是墓主南越王赵眜的佩饰。

西汉　透雕龙纹玉璧

直径8.8厘米，内径4.3厘米，厚0.4厘米。1983年南越文王墓出土。南越王博物院藏。

青玉。玉质细润透亮。两面纹饰相同，璧中心透雕一游龙，昂首挺胸，做奔腾状。玉环上饰浅浮雕涡纹，内外缘均有斜面突棱。与透雕龙凤纹重环玉佩同出于玉衣的头罩。

西汉　南越王组玉佩

双凤涡纹玉璧：直径6.6厘米；龙凤涡纹玉璧：直径7.2厘米，通宽10.2厘米；犀形玉璜：高4厘米，通长8.5厘米；双龙蒲纹玉璜：外弦长14.2厘米，中宽5.6厘米。1983年南越文王墓出土。南越王博物院藏。

主棺室出土，为墓主南越王赵眜的组玉佩。以双凤涡纹玉璧、龙凤涡纹玉璧、犀形玉璜、双龙蒲纹玉璜四件玉饰作为自上而下的主件，中间配以四个玉人，五颗玉珠，四颗玻璃珠，两颗煤精珠，十颗金珠，壶形玉饰、兽头形玉饰各一个，玉套环位于最末端，形成一套大小有别、轻重有序、色彩斑斓的华贵佩饰。

双凤涡纹玉璧，青玉，质略软，土浸呈灰黄色。两面涡纹，下方两侧各透雕一凤如座。玉璧正中上下方近边沿处各有一圆形穿孔。此件居组玉佩之首，上孔可用于佩挂，下孔穿线用以串联其他佩饰。

龙凤涡纹玉璧，青玉，质软。圆璧正中圆孔内透雕一龙，外区饰成浮雕勾连涡纹。璧两侧各透雕一凤，呈攀缘状，回首向外。

犀形玉璜，玉质坚致，呈黄白色，透雕犀形。吻上有双角，张口，塌脊如鞍状，中间钻一小圆孔，长尾下垂向上回卷，与头部对称；前后肢蹲曲，蹄均三趾。器身中部浮雕涡纹。两侧有竖向丝带痕迹。

双龙蒲纹玉璜，青白玉，玉质坚致。圆弧形，浅雕蒲纹，两端雕出龙头，顶部上下沿饰两组透雕云纹，顶尖如蒂形，中有一小圆穿孔。器表两面遗有绢带痕。

西汉　右夫人组玉佩

连体双龙佩：长10.2厘米，宽6厘米，厚0.4厘米；三凤涡纹璧：外径5.7厘米，内径3.2厘米；四龙纹璜：长8.5厘米，宽2.2厘米，厚0.4厘米；透雕龙纹璜：长7厘米，宽1.5厘米，厚0.3厘米；涡纹璜：长9.4厘米，宽2厘米，厚0.3厘米；玻璃珠：直径1厘米，厚0.6厘米。1983年南越文王墓出土。南越王博物院藏。

出于右夫人棺位处，与玺印同出，为右夫人的组玉佩。由玉佩一件、玉环两件、玉璧一件、玉璜五件、玻璃珠一颗、金珠十颗组成。连体双龙佩，青玉，两龙连成一体，弓身上卷，龙身上饰突起的勾连涡纹。玉环两件，大小各一，青玉，环体饰绞索纹。三凤涡纹璧，青玉，两面饰涡纹，周边透雕三凤，姿态各异。玻璃珠，俗称“蜻蜓眼”，圆形，略扁，青绿色底，珠体有八个蓝白相间的椭圆形圈饰，两个为一组。

西汉　韘形玉佩

长8.5厘米，宽6.5厘米，厚0.4厘米。1957年华侨新村竹园岗出土。广州博物馆藏。

佩上尖下圆，中有圆孔，两面镂刻细线卷云纹。两侧透雕鸟兽形图案。玉质坚致，呈牙黄色，一边有土红色斑。在战国至汉代的同类佩中，属体形较大的一件。

西汉　韘形玉佩

长11.6厘米，宽2.9厘米，厚0.25厘米。1983年南越文王墓出土。南越王博物院藏。

青玉。出自东侧室右夫人棺位两组组玉佩上方。器形修长，分上、下两部分，下部为椭圆心形，上尖下圆，中有一个大圆穿孔。正面呈龟拱，背面凹弧，两面阴刻云气纹。上部透雕图案化的变形鸟纹，卷曲缭绕，似凤似云。背面平整，阴刻细线纹。常见的韘形佩，镂雕的纹饰多数是附在两侧，此件与一般韘形佩迥异。

西汉　龙形玉佩

长19厘米，宽13.2厘米，厚0.6厘米。1983年南越文王墓出土。南越王博物院藏。

青玉。出于东侧室近过道处。一组两件，大小、造型纹饰相同，体大厚重，镂空成回首弓身卷尾的虬龙，口、爪、尾皆卷成圆孔，背上钻一孔以系绳。头、爪、尾等以单线随形勾勒，线条粗犷，战国时期常见。

西汉　圆雕玉舞人

高3.5厘米，宽3.5厘米，厚1厘米。1983年南越文王墓出土。南越王博物院藏。

青玉。中有一孔纵贯。舞人头部梳一右向横出螺髻，身着右衽长袖衣裙，袖口和下摆刻卷云纹花边。舞人扭腰并膝呈跪姿，轻舒广袖，左手上扬至脑后，长袖下垂，右手向侧后方甩袖。头微向右偏，张口似做歌咏状。从其发髻和所跳长袖舞来看，可能是越女跳楚舞的形象，是楚越文化交融的体现。汉代玉舞人多以扁平玉片雕镂而成，这件圆雕舞人尚属初见。

西汉　玉舞人

高7厘米，宽2.7厘米，厚0.4厘米。1983年荔湾西村凤凰岗M1出土。广州市文物考古研究院藏。

青玉，黄褐色有黑斑。扁平体，造型为一直立舞人。以细线阴刻出舞者面部五官和衣裙褶皱。柳叶眉，丹凤眼，高鼻梁，小嘴微张。头盘发髻，右上角束一螺髻，左右两辫垂肩，脑后阴刻下垂纱巾。身着右衽宽袖束腰深衣，长裙曳地，裙角向右翘起，右手叉腰，手掌置于小腹，左手上扬（出土前上半部已断失），身体弯曲，似在起舞。裙摆中部和左手腕处各有一小穿孔，应上下均有连缀之物。玉舞人采用镂空透雕、细线阴刻和扁平片雕技法，造型生动，姿态优美，富有动感，发髻及服饰等部分的纹饰雕刻精细，是研究西汉佩玉、服饰装扮及乐舞形式的珍贵实物，具有重要的历史价值和艺术价值。

西汉　玉虎

长7.1厘米，宽2.4厘米，厚0.3厘米。1983年荔湾西村凤凰岗M1出土。广州市文物考古研究院藏。

青玉，青褐色。呈扁平体，透雕连体三虎，两面相同。一虎头向外侧，四足着地，形体较大。另一侧为两只小虎，头脸相对，后足着地，前足抬起，互相抵撑，做嬉戏状。两面阴刻细线卷云纹。

西汉　玉猴

高4.5厘米，宽2.1厘米，厚1.2厘米。1957年华侨新村竹园岗出土。广州博物馆藏。

玉猴昂首向上视，竖耳、圆目、阔口、高鼻。身方形，胸部挺突，两足直立。头部有两个椭圆形小孔，身部有横穿孔一对，身下有一小圆孔，应为缝缀在某种物件上的饰物。

西汉　勾连龙纹玉环

外径8.1厘米，内径5厘米，厚0.5厘米。2002年东山太和岗御龙庭工地M83出土。广州市文物考古研究院藏。

玉色青白，钙化呈灰白色，表面局部有红色沁斑。断裂经修复，环面微鼓。器型较薄，刻细密的卷云纹带，边缘为一周凹弦纹。勾连龙纹线条简洁，规整繁密，具有明显的时代特征，体现了精湛的治玉工艺和独特的审美取向，是研究西汉玉器的重要实物。

西汉　谷纹玉环

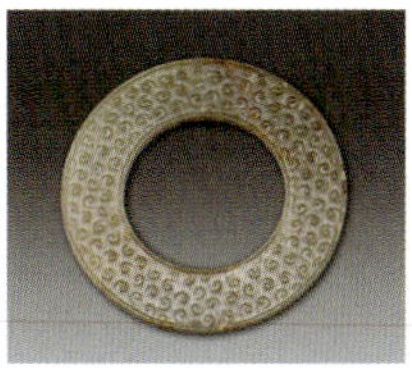

直径8.5厘米，内径4.8厘米，厚0.5厘米。广东民间工艺博物馆藏。

青玉，玉质纯净莹润。呈薄片状圆形，中心开一圆孔。谷纹流行于战国、秦汉时期，汉代尤其喜欢装饰在象征“天”的玉璧、玉环上，用以祈福五谷丰登、风调雨顺、国泰民安。谷纹的出现与中国的农耕文明息息相关，象征着万物复苏，在器具上装饰谷纹有农业丰收的寓意。

西汉　玉剑首

面径5.1厘米，底径4.9厘米，厚0.6厘米。1983年南越文王墓出土。南越王博物院藏。

青玉，玉质莹润，器表粘有朱砂。正面圆雕三只形态各异的螭虎、异兽，嬉戏于圆框内。背面阴刻勾连云纹，正中有一筒形铁箍，为装柄所用。

西汉　玉剑格

宽6.2厘米，中高4.1厘米，边高3.7厘米，中厚2.4厘米，边厚0.4厘米；銎长2厘米，宽0.8厘米。1983年南越文王墓出土。南越王博物院藏。

青玉，玉质致密坚硬，器表粘有朱砂。中脊饰兽首纹，两侧饰双面透雕相对的鹦鹉各一只。鸟喙、羽毛和云头等弯卷的末端有如利钩，表里打磨光洁，琢工之精，是南越文王墓出土玉剑饰之最。

西汉　玉剑璏

长13.1厘米，宽2.3厘米。1983年南越文王墓出土。南越王博物院藏。

青玉，象牙白色，玉质莹润，器表粘有朱砂。正面饰突起谷纹，六颗成一组，排列整齐。

西汉　玉剑珌

长4.3—4.9厘米，上宽5.2厘米，下宽6.6厘米，厚1.8厘米，銎径0.4厘米。1983年南越文王墓出土。南越王博物院藏。

长方梯形。器型较厚重，琢工刚劲，风格亦较强健，表现出一种浑厚有力的艺术格调。纳鞘一端正中钻一小孔。正面圆雕一只穿行于云霭间的螭虎，目视前方，张口呼啸，身躯弯曲到最大限度，抬腿前行，螭虎局部已剔透离地。背面浅雕兽首纹，底部线刻勾连雷纹。顶面由正面斜向背面，饰云纹。通体有朱绢痕。

西汉　青玉六博棋子

长3.3厘米，宽2厘米，厚1.3厘米。1983年南越文王墓出土。南越王博物院藏。

青玉。共六件，选料相同，大小一致。长方体，切割非常整齐，质地较硬，保存完好，都粘有漆痕。推测原来放在六博局内，因室顶的盖石塌下，六博局被砸毁，故棋子散落。

西汉　水晶六博棋子

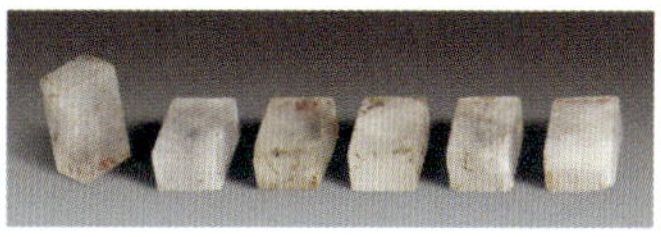

长3.3厘米，宽2厘米，厚1.3厘米。1983年南越文

王墓出土。南越王博物院藏。

水晶。共六件，选料相同，大小一致，打磨平滑。长方体，切割非常整齐，保存完好，都粘有漆痕。推测原与青玉六博棋子同在六博局内。

唐　白玉龙首把杯

高5.2厘米，口沿处长12厘米，宽8厘米。广州市文物总店有限公司藏。

白玉，玉质莹润如脂，白里微透红色。杯口椭圆，器身平素无纹。以龙首为把，龙首耳颊下贯穿一圆孔，颈部刻划鳞片纹。整体线条简练，造型稳重。

唐　玉药勺

长16.1厘米，宽2.5厘米。广东民间工艺博物馆藏。

白玉，玉质温润，打磨光滑，略有黄褐色沁斑。勺柄直长，柄身以凹弦纹分为五节，勺体形窄而长，头部下凹成弧形曲面。唐代立体玉器很少，此件玉勺工艺精致，甚为珍贵。

唐　玉雕胡人带板

长4.2厘米，宽3.9厘米，厚0.9厘米。广州博物馆藏。

青玉。近似正方形，略厚，四边呈坡状。中部琢一胡人，一腿盘坐一腿屈膝，双手持箫吹奏，一长帛在身后飘舞，两端从腋下穿过。胡人大眼高鼻，窄衣细袖。带板背面光素，四角各有一对穿髓孔。在腰带上镶嵌装饰性玉块本是中西亚地区习俗，南北朝晚期传入中土后，成为唐朝官服的要件，反映了当时大唐与异域文化的交融。

宋　白玉雕飞天人物形饰件

长7.5厘米，宽4.1厘米，厚1厘米。广东民间工艺博物馆藏。

白玉，质坚。呈扁平片状，运用镂雕工艺雕刻而成。飞天头着冠，上身袒露，腕戴手镯，下身着长裙，肩披飘带。线条刻画简洁明快，造型优美，形简意真，动感十足。飞天，梵文名乾闼婆，在佛教中多被描绘成专采百花香露，能歌善舞，向人间散发花香，造福于人类的神仙。

宋　玉狮

长8.8厘米，宽4厘米，高3.8厘米。广州博物馆藏。

灰玉，呈黑裂纹斑。狮体形丰腴，做蹲伏状。头部宽平，大鼻，双眼如圆珠，朝上，张口咧齿露舌，长须下垂，脑后鬣毛后披，其上浮雕突起的卷涡纹，两竖耳后掠。尾上翘，尾末丛毛分成三股覆盖至腰部。前双足合抱绣球，后腿蹲地，左后腿残缺。腹部肥圆，贴地处有两个纵向斜穿孔互通，由此可知这件玉狮原是缀固在一件大型器物上的顶饰。

宋　白玉花鸟饰件

长5.1厘米，宽4.5厘米，厚0.7厘米。广东民间工艺博物馆藏。

白玉，玉质温润，呈青白色，局部有黄褐色斑沁入。器为方形，镂空雕琢出花朵、枝叶、花蕾，布局整齐。叶脉清晰，花瓣卷曲深凹，花叶舒展。花叶、花瓣均用阴刻线刻画细部。两只凤鸟一上一下分别落于花枝之上，回头对望，圆眼尖喙，双股长尾内卷，单阴线纹表示丰满的羽毛。

元　双螭虎纹玉璧

长7.3厘米，宽4.7厘米，厚1.5厘米。广东民间工艺博物馆藏。

青白色，质坚。呈扁平圆形，中有对钻圆孔，浮雕两只对峙螭虎，螭虎圆形平嘴，短耳鼓目，双脚一前一后，向前爬行，矫健有力，背面阴刻勾连云纹三处。玉璧雕刻充分利用了圆璧的回转造型，使螭虎呈现的动态流畅，灵巧生动，气势非凡，具有美感。元代螭虎纹玉器形制多仿汉魏，有前后继承关系。

元　螭虎花卉纹玉饰件

长6.2厘米，宽4.5厘米，厚1厘米。广东民间工艺博物馆藏。

白玉，质坚。片状，长方形，正面凸雕螭虎衔花卉图案，背面内凹。螭虎前额颇大且高凸，脸部五官如眉、眼、鼻、口则集中在整个面部下方，凸额占头部的三分之二，其他五官占三分之一。圆眼，猫耳，阔头，细颈，长身盘曲，四足分饰于身躯两侧，抓地，做爬行状，尾分叉，腹部下塌，臀部高翘，富有活力，整体造型生动。

元　墨玉透雕松鹿纹饰件

长8.8厘米，宽7.2厘米，厚1.3厘米。广东民间工艺博物馆藏。

墨玉，整体呈墨灰色，玉质润泽。整器为方形片状，单面加工，透雕松下卧鹿衔芝图。画面中松叶茂密，松枝由右侧虬曲而上延至顶部，松荫之下一鹿口衔灵芝，匍匐跪卧，回首而望。松鹿纹间雕琢嶙峋的山石，体现山林野景之气。该饰件以松鹿、山石为表现题材，具有金代“秋山玉”的典型特征。

元　白玉双螭耳杯

高6厘米，口径7.8厘米，底径4.3厘米。广东民间工艺博物馆藏。

白玉，玉质温润，呈青白色，局部有黄褐色斑沁入。杯口呈圆形斗式，口沿饰以回纹。直壁深腹，圆形圈足。圈足边饰回纹。两耳各镂雕对称螭龙。螭龙前爪抓于杯沿，目视杯口，后爪及尾侧于杯体，体呈弓形，为攀爬状。整体为镂空高浮雕，形态生动。

明　白玉雕梅花纹簪

长21厘米。广东民间工艺博物馆藏。

白玉，玉质细腻、润泽。整体呈钉形，上粗下细，末端呈锥尖形。簪头稍微弯曲，簪身雕刻有折枝梅花纹，线条粗短有力，纹饰简约自然。

明　白玉雕双龙含珠纹镯

长7.2厘米，宽5.7厘米，厚0.8厘米。广东民间工艺博物馆藏。

白玉，玉质温润，有黄褐色沁斑。此镯用一整块白玉雕琢而成。一端连接处雕琢双龙首，梭形长眼凸出，边缘用阴线勾出轮廓。吻部长而前凸，鼻上翘。长角向后背，须髯自然后垂，神气生动。双龙首共含一宝珠，是为“双龙含珠”玉镯。传说龙能降雨，民间遇旱年时常拜祭龙王祈雨，后演变成舞龙灯的民俗活动，“二龙戏珠”即由舞龙灯演变而来。玉器上的二龙戏珠图案为两条云龙相戏一颗火焰宝珠，寓意“风调雨顺，吉祥安泰”。

明　玉雕螭虎龙纹带钩

长17.1厘米，宽2.8厘米，高3厘米。广东民间工艺博物馆藏。

玉呈青褐色，质地润泽。以龙首为钩头，龙双角后仰，似“V”字形，粗眉翻卷，双目圆突。龙嘴镂空见齿见舌。钩身长而微曲，钩面上浮雕一螭虎，与龙首四目相对，遥相呼应。螭身细长，五官清晰，长胡须，长发后飘。背刻双阴线，以表示脊骨，长尾分叉而卷，四肢遒劲如弓。钩背琢有方形钩钮。

明　白玉雕龙纹环

直径5.8厘米，厚0.4厘米。广东民间工艺博物馆藏。

白玉，呈青白色，玉质润泽，局部有黄褐色内沁。整体呈扁圆形，通体镂空雕刻螭龙纹，龙口微张，水滴眼，角尖弯曲，体形肥硕丰腴，卷尾。龙身饰有卷云围绕，造型生动。

明　白玉透雕鹤纹长方形饰件

长5.4厘米，宽3.8厘米，厚0.6厘米。广东民间工艺博物馆藏。

白玉，玉质温润，色柔而纯净，表面玻璃感较强。整体呈长方形，长方形内凹连珠纹边框，中间为双层镂雕，上层刻两只仙鹤振翅高飞，双鹤造型相似，圆头、大圆眼、长尖喙、细长颈、双足细长，双翼羽纹刻画精巧，线条飘逸自然，底层以流云卷草纹为辅助纹，是明代双层镂雕常见的纹饰。

明　白玉透雕龙纹玉带板

长15厘米，宽5.7厘米，厚0.9厘米。广东民间工艺博物馆藏。

白玉，质坚。呈长方形扁平片状，一端平齐，一端外凸弧圆，双层透雕。正面雕一四爪龙纹，明代特征明显。龙盘曲向上，龙头大，额厚，毛发向上扬，龙身细小，龙身遍布斜方格龙鳞，四周为缠枝花卉纹。背面镂空雕缠枝花卉卷草纹。整体雕刻精致，所刻花鸟云龙，两层叠压立体，花草井然有序。此玉为带饰中的铊尾。在明朝冠服制度中，只有帝后、太子和一品大员才可使用玉带，由于玉带非比寻常，设计均别出心裁，制作十分精美，装饰多以龙、麒麟、人物、花鸟纹等为图案，蕴含吉祥意义。

明　青玉雕花卉纹海棠形杯托

长17.3厘米，宽11.3厘米，厚0.9厘米。广东民间工艺博物馆藏。

青玉，玉质细腻，晶莹鲜润，局部有黄斑沁入，表面玻璃感较强。整体呈海棠形，边框满工阴刻回纹，中部浅浮雕缠枝花卉，构图巧妙，雕工精细。

明　白玉雕双螭纹耳杯

通长9厘米，口径6.6厘米，足径3.5厘米，高4厘米。广州博物馆藏。

白玉，玉质温润光洁，局部有淡黄色沁斑。圆形，直口，圈足。杯两侧各雕一螭龙为杯柄。螭一大一小，双前肢及嘴部均搭于杯的口沿上，下肢及尾部自然卷曲于耳杯外壁。

明　白玉雕花卉纹双耳杯

高4.5厘米，口径6.7厘米，底径3厘米。广东民间工艺博物馆藏。

白玉，玉色青白，温润均匀。圆形，撇口，圈足。杯外一周饰花卉纹。杯两侧有镂雕耳，耳下部雕“卍”字符，耳上部为平錾，其上琢有凸起象征“寿”的纹饰。杯耳的造型为万寿之意。此玉杯为明代茶酒具，在明代非常流行，多成套使用。

明　白玉雕梅花纹匜

高3.5厘米，长9.2厘米，底径3.5厘米。广东民间工艺博物馆藏。

白玉，呈青白色，局部有黄褐色斑沁入。匜呈长口，一侧出流，一侧镂雕一龙形手把，底有椭圆形圈足，腹部用浅浮雕雕出折枝梅花纹，线条粗短有力。

明　白玉透雕麒麟花卉纹饰件

长6.6厘米，宽5.4厘米，厚0.6厘米。广东民间工艺博物馆藏。

白玉，呈青白色，玉质洁净温润。器呈方形，采用双层透雕技法，中部镂雕一麒麟，回首观望，三角形眼，长嘴上翘，头顶有角，长须上飘，尾部上卷，斜方格为鳞纹，肩有火焰纹。麒麟四周透雕松枝、梅花等花卉纹饰，简约自然。

明　玉雕飞天像

长5.5厘米，宽2.7厘米，厚0.8厘米。广东民间工艺博物馆藏。

白玉，质坚。造型古朴，呈扁平片状，运用镂雕工艺雕刻而成。所雕飞天，造型童子相，头梳总角发髻，上身袒露，腕戴手镯，下身着长裙，肩披飘带，体态肥硕敦实。

明　蝴蝶纹玉佩

长5厘米，宽2.4厘米，厚0.4厘米。2002年天河员村赛马场工地采集。广州市文物考古研究院藏。

白玉，米黄色，半透明。椭圆形，扁平。一半穿空，一半单面浮雕一只蝴蝶，双眼镂孔，双翅及腹部纹路以短线刻划。尾后凿卷云形孔，穿一条棕色绳。

明　双鹤刻字玉佩

长4.7厘米，宽2.7厘米，厚0.7厘米。广东民间工艺博物馆藏。

白玉。长方形。玉佩上部有一透雕螭龙。玉佩下半部分正面雕刻桃鹤图，正中双鹤一前一后，昂首挺立，翎羽清晰。鹤身侧面有一桃树，枝繁叶茂，结有五颗圆润桃子。玉佩背面刻有“瑞□三千华，蟠桃一幕春”等字。鹤与桃在民间均为长寿的象征。

明　白玉镂雕芦雁穿莲佩饰

长10厘米，宽7.3厘米，厚1厘米。广东民间工艺博物馆藏。

青白色。方形，镂空透雕。在茂密的荷花丛中，一只大雁展翅俯首穿梭于水波莲藕之间。大雁圆圈小眼，嘴微张，腮部有一弧状刻线。一芦苇从大雁颈前绕过，雁长颈向前伸展，尾向上，展翅，翅饰羽毛纹，从颈部到尾部之间的身体还饰一排排细密绒毛纹。大雁四周饰有荷叶、莲藕及茎叶，相互缠绕，嵌饰最下部用细密阴线刻出水波纹。

明　白玉雕螭龙纹琵琶形带钩

长8.6厘米，宽4厘米，高1.8厘米。广东民间工艺博物馆藏。

白玉，玉质温润，有黄褐色沁斑。整体呈琵琶形，一龙为钩首，长眼，粗眉上卷，宽鼻，鼻梁凸起，眼睛内凹，大嘴微张；腹上有一爬行的小螭龙。大龙头额宽阔，眉、眼、鼻、口都集中在面部下方。其颈下弯，身圆。小龙前腿弯曲，后腿一弯一伸。此器意为“苍龙教子”。

明　白玉老人图青山子

底长9.5厘米，底宽4.5厘米，高5.3厘米。广东民间工艺博物馆藏。

白玉，玉质润泽，多处有黄褐色沁入。此器右侧雕一只鹿卧地而坐，老人坐于鹿背上。老人长髯，右手持龙头杖，左手抚腰带。鹿回首，依老人长袖，头顶有枝杈形角，身饰“米”字形花纹。作品造型繁简相宜，老人头部雕琢细腻，而衣褶以直线及折线表示，仅有少量阴刻线，鹿仅具外形。这类雕饰风格在明代玉器中多有运用。

“玉山子”是玉料雕制成山形的陈设品玉器的总称，总体呈现出立体的山水画面。中小型玉山子在清代广为流行，文人雅士把玩玉山子成为时尚。

清　白玉带龛观音坐像

长14.8厘米，宽4.6厘米，高18.3厘米。广州市文物总店有限公司藏。

白玉，纯净莹润。以松、竹饰于山洞边缘，观音坐于洞内山石之上，旁边石台上摆设着经书和净瓶。观音座下为波涛纹。观音坐像造型闲适，恬静肃穆，龛体背面阴刻《般若波罗蜜多心经》全文，结尾年干为“乾隆廿十有九年岁次甲申上元日御笔”。

清　白玉凤首觿

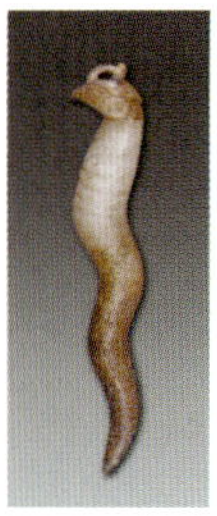

通长9.3厘米。广东民间工艺博物馆藏。

白玉，玉色晶润，凤首有赭色沁蚀，尾端沁蚀较重，为赭褐色。上半部为圆雕凤首，凤眼微张，闭嘴凝神，形态温文典雅，富丽清新。雕刻细如毫发，羽毛柔顺自然，对比恰当得体。下半部为弯曲光身圆锥形，端尖如锥。凤冠上有一孔，可供佩戴。觿是古代一种锥形实用器，据《说文·角部》记载：“觿，佩角，锐耑可以解结。”

清　白玉五子登科座件

底长16.5厘米，宽3厘米，高8.5厘米。广东民间工艺博物馆藏。

和田白玉，质地油润。使用圆雕技法，以岭南地区的芭蕉为背景，雕出树下五孩童玩耍游乐的场景。有小童手执如意，有小童手持灯笼，寓意“如意吉祥，添丁发财”。这类玉雕件名为“五子登科”，取其吉利之意，饱含人们望子成龙的憧憬。

清　青玉镂雕桃源图山子

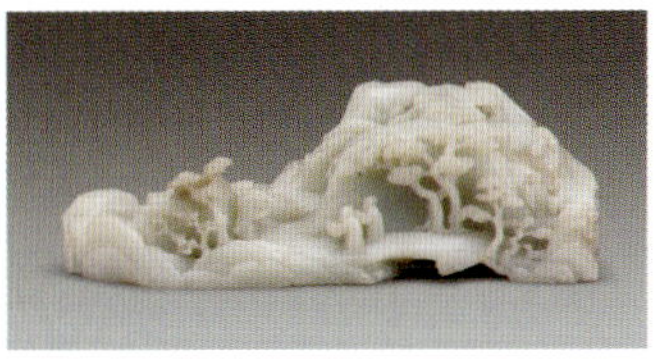

长33.5厘米，宽9厘米，高11.5厘米。广东民间工艺博物馆藏。

玉质青色。通体镂雕而成，雕刻的山石、村落、树木、台阶，均富有层次。画面主体取材桃源图：画面左侧山石、树木间有一戴笠人，与右侧两名老人相对作揖。老人身后雕有松树、行人、狗，一派田园安宁景象。

清　翡翠簪、玉戒指

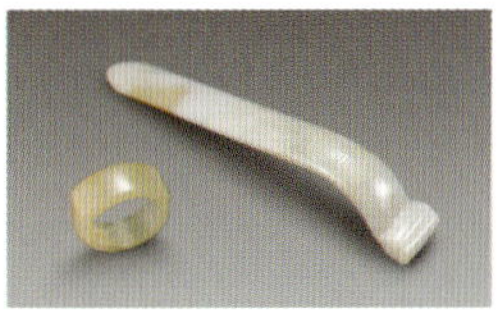

簪：长10厘米，宽1.3厘米，厚0.25厘米；戒指：直径2.1厘米，厚0.1厘米。2003年东山执信中学工地M144出土。广州市文物考古研究院藏。

簪：翡翠，白色，局部土沁变黄。柄宽扁，尾端收尖，头端弯弧，外弧面刻圆圈“寿”字。簪首雕刻成捆放的书卷状。戒指：白玉雕琢，质地莹润，半透明。环体扁平，戒面呈瓦状覆盖于环体之上。

第三节 其他

西汉 滑石镜

直径10.75厘米，厚0.57厘米。2009年越秀走马岗28号御林苑工地M17出土。广州市文物考古研究院藏。

滑石质，破裂经修复。灰白色，有土沁红褐斑。圆形，鼻钮，边缘突起。素面磨光。为随葬明器。

西汉 滑石璧

外径12厘米，内径1.7厘米，厚2厘米。1999年东山先烈南路大宝岗工地M5出土。广州市文物考古研究院藏。

灰白色。扁平圆形，中穿小孔。一面平素，另一面刻划纹饰。穿孔周围及璧边缘刻划细密波折纹，中间线刻菱格纹，在每个交叉点上钻刻小圆点及同心圆圈，外环一周弦纹。广州地区西汉早期墓有玉璧随葬，西汉中期以滑石璧代替了玉璧，属于明器。

西汉 滑石敦形鼎

通高38厘米，口径22厘米，腹径23.6厘米。2000年天河恒福路银行疗养院一期工地M2出土。广州市文物考古研究院藏。

滑石雕制，通体打磨，较光滑，残裂经修复。敛口，方唇，口外侧附对称长方形竖耳，耳上各有一圆孔，弧腹下垂，圜底，下附三方足。盖高隆，呈圆锥状，子口，盖面有三个扁平拱背立钮。此墓出土了一批滑石器，有钫、壶、耳杯、盛、鼎、缶、璧、炉、洗、卮，均为随葬明器，反映了岭南地区自西汉中期出现了以滑石器仿铜、玉制品的葬俗。

西汉 滑石钫

通高19厘米，口径7厘米，腹径13.5厘米；足高7.8厘米，宽6.8厘米。2000年天河恒福路银行疗养院一期工地M2出土。广州市文物考古研究院藏。

滑石制，素面磨光，破裂经修复，无盖，直口，平唇，溜肩，鼓腹，下腹弧收，实心方足。肩部雕凿两个对称贯耳，在对应的方足根部有两个穿孔。

西汉 滑石贯耳壶

通高18厘米，壶口径9.1厘米，腹径15.4厘米，底径9厘米；盖高3.9厘米，盖径9厘米。2000年天河恒福路银行疗养院一期工地M2出土。广州市文物考古研究院藏。

滑石制，口沿经修复。灰白色，壶侈口平唇，溜肩，鼓腹略下垂，矮圈足。腹部雕凿一对桥形贯耳，对应的圈足根部有两个圆形穿孔。盖子口，盖面漫圆，中立圆平钮。

西汉　滑石簋

高14.8厘米，口径23厘米，底径13.6厘米。1996年天河横枝岗远东风扇厂工地M7出土。广州市文物考古研究院藏。

滑石制，残破经修复。直口，平沿，深圆腹，上腹壁较直，下腹弧收成平底，矮平台足。腹部有两周凸棱，雕凿一对兽面衔环铺首。兽面凸眼，马蹄形衔环。

南朝　俯卧状穿孔滑石猪

长6.3厘米，宽1.6厘米，高1.7厘米。1997年增城增江街西山村岭尾山南朝墓出土。广州市增城区博物馆藏。

滑石质。体瘦长，蹲卧，浮雕四肢、双耳、尖吻、棱背及长尾，鼻挖双孔，双眼刻划近似菱形。腹中部横穿一圆孔。该滑石猪是南朝时期的陪葬品，晋至南朝流行放置滑石猪的葬俗，一般一墓中放一对。

五代十国　南汉汉白玉洗

口边长10厘米，底边长9.3厘米，高3.5厘米。2003年番禺小谷围南汉康陵地宫出土。广州市文物考古研究院藏。

汉白玉质。整器打磨光滑，边缘磨损，素面无纹。平面呈圆角“亞”字形，直口微敞，外壁直，凹底，口沿外和近底部有两道凸棱。

南宋　石武士俑

左：高29厘米，宽8.5厘米，厚6.8厘米；中：高35厘米，宽8.5厘米，厚6.5厘米；右：高25.8厘米，宽7.4厘米，厚8.3厘米。2004年东山环市东路华侨小学工地M24出土。广州市文物考古研究院藏。

灰白砂岩，表面被土沁成黄色或淡红色。以线刻和浅浮雕刻。头戴弧顶小圆帽，双眼圆睁，嘴下三绺短须，有护颈和腰部束带，双手交于胸前，向下按握长剑。下着束身窄裤，高筒靴。脑后束发用细线刻出。此墓为两棺合葬，同出的石武士俑三十四件、石狮两件，绕于两棺外围，立置，当有护卫及驱邪趋吉寓意。

南宋　石狮

左：高10.8厘米，长6.8厘米，宽4.6厘米；右：高11.4厘米，长7.1厘米，宽5.1厘米。2004年东山环市东路华侨小学工地M24出土。广州市文物考古研究院藏。

灰白砂岩，表面被土沁成黄色。以线刻和浅浮雕刻成狮形。两石狮造型相同，有平底座，阔口龇牙，前足直立，后足曲蹲。出土时分别位于北棺外东北及西南角。

明　红砂岩石狮

身长1.87米，高2.24米。广州博物馆藏。

原位于广州城内永清门前（俗称“双门底”），1912年拆城墙开马路，两石狮移置镇海楼前。雌雄成对，相向蹲立于楼前，两狮造型及大小相若。下连长方形座，座外加砌一匝红砂岩石矮基相绕。这是广州现存明代最大的红砂岩石雕狮子。雌狮在西，左前足踏球，右前足微提起抚着小狮。小狮风化严重，仅存两后足可辨。雄狮在东，右前足提起踩一绣球，左前足直支于地。狮子造型别具一格，体形肥大，与一般石狮不同，其头部有如蟾蜍模样，威猛不足，憨态可掬。

广州文物志

第二章

陶瓷器

第一节　史前陶器

新石器时代　圆圈纹双耳彩陶壶

高39.9厘米，口径11.3厘米，腹径33厘米，底径11.2厘米。广州市花都区博物馆藏。

泥质红陶。侈口，短直颈，圆鼓腹，下腹斜收，小平底。腹中部附有两个对称竖环耳。施黑色彩，纹饰分两层，颈部竖式水波纹；腹上部为四个圆圈纹，圆圈中心加四个“田”字纹，外圈饰同心圆状宽带纹，下部饰一周宽带纹加一周垂弧纹。器形较大，纹饰精致，属马家窑文化马厂类型。

新石器时代　旋涡纹双耳彩陶壶

高33.8厘米，口径15厘米，腹径34厘米，底径14厘米。广州博物馆藏。

泥质红陶。侈口，短直颈，鼓腹，双耳，下腹斜收，小平底。颈部锯齿纹，上腹部饰四个大旋涡纹，红黑彩相间，彩带有锯齿。口部对称塑一对鸡冠状盲耳做装饰物，下腹无彩。

新石器时代　圆圈纹双耳彩陶罐

高42.1厘米，口径13厘米，腹径40厘米，底径10.7厘米。广州市花都区博物馆藏。

泥质红陶。侈口，束颈，圆鼓腹，下腹斜收，小平底。腹中部附有两个对称的半环形竖耳。施黑彩。口沿内侧饰有方格纹和宽带纹；颈部有折带纹；肩腹部饰有四圆圈，四圆圈内又饰有圆点纹和编织纹，外圈饰同心圆状宽带纹，下部饰一周宽带纹加一周垂弧纹。器形较大，纹饰精致，属马家窑文化马厂类型。

新石器时代　圆圈纹双耳彩陶罐

高40厘米，口径17厘米，腹径38厘米，底径12.5厘米。广州博物馆藏。

泥质红陶。侈口，束颈，圆肩，鼓腹，下腹斜收，小平底。腹中部附有两个对称的竖环耳。腹中部以上均用红黑彩绘装饰。口沿内绘红色宽弦纹环绕，上点黑彩，下绘垂幛纹；肩与腹绘对称圆圈纹四个，圆圈纹内绘水波纹，圈外绘同心圆状宽带纹；下部饰一周宽带纹加一周垂弧纹。

新石器时代　曲折纹圜底陶罐

高13.5厘米，口径12.1厘米，最大腹径16厘米。2002年从化吕田镇狮象遗址出土。广州市文物考古研究院藏。

夹粗砂浅灰硬陶。口部变形，敞口，圆唇，高领，弧肩，鼓圆腹，圜底。口沿内壁有三个半月形刻划符号，颈部内外壁有慢轮修整形成的凹痕，肩至底饰曲折纹，大部分交错。圜底罐是珠江三角洲地区的传统器形，狮象遗址出土的圜底罐与早期同类器相比，口沿变化较大，烧造温度更高，且印纹装饰风格由早期单一的绳纹变为曲折纹、交错绳纹、叶脉纹、斜长方格纹等多种印纹装饰，这种装饰风格与福建的昙石山文化最为接近。

新石器时代　高领圈足陶罐

高14.6厘米，口径12.5厘米，腹径16.4厘米，底径8.9厘米。2002年从化吕田镇狮象遗址M1出土。广州市文物考古研究院藏。

泥质浅灰硬陶。直口，尖圆唇，高领，弧肩，鼓腹，圜底，矮圈足外撇。颈部可见慢轮修整痕，颈外壁有半月形刻划符号，肩部拍印篮纹，腹部和底饰曲折纹，交错明显，腹中部一圈附加堆纹。造型、纹饰及装饰手法接近新石器时代晚期至商时期珠江三角洲地区的涌浪文化。

新石器时代　陶豆

高12.6厘米，口径19.5厘米，底径15.9厘米。2002年从化吕田镇狮象遗址出土。广州市文物考古研究院藏。

泥质浅灰陶。敛口，折腹斜收，圜底，喇叭形高圈足。腹壁下部压出一周凸棱，圈足柄部两侧对称饰三细长镂孔。

新石器时代　夹砂釜形鼎

高22.8厘米，口径19厘米，腹径20.1厘米。2017年黄埔茶岭遗址M65出土。广州市文物考古研究院藏。

夹砂黄陶。敞口，折沿中部有一圈凸棱，束颈，直腹，圜底下接扁平三足。破裂，经修复。釜形鼎的扁平状足体现出良渚文化的影响。茶岭遗址发现的新石器时代晚期墓葬普遍有碎物葬的习俗，其中有把完整陶器有意打碎铺在墓底和于墓底或填土中随葬陶器残片两种情况。

新石器时代　黑彩灰陶罐

高17厘米，口径9.7厘米，腹径15厘米，底径9厘米。2017年黄埔茶岭遗址M133出土。广州市文物考古研究院藏。

泥质灰白硬陶。直口微敛，高领，溜肩。肩部有对称双耳，圆腹，圜底接圈足，圈足外敞，与圜底的接口处有一对小孔，与双耳位置上下对应。肩以下拍印曲折纹至圜底部，腹中下部饰一圈附加堆纹。高领黑色彩绘方格纹，腹中上部黑色彩绘旋涡纹。广州出土的史前彩陶较少。这件黑彩灰陶罐是迄今为止广东境内出土最完整、图案保存最完好也是最复杂的一件黑彩陶器。

第二节 先秦陶器

商 回纹曲折纹圈足陶罐

高25.5厘米，口径12.7—13厘米，腹径24厘米。2000年南沙鹿颈村遗址出土。广州市文物考古研究院藏。

泥质灰褐硬陶。经修复。腹部有凹陷。侈口，束颈，折肩，深腹弧收，圜底接圈足，圈足外撇，微变形。肩下饰一周回字纹，曲折纹拍印至圜底部。

商 云雷纹圜底陶罐

高23.3厘米，口径11.1厘米，腹径26.5厘米。2000年南沙鹿颈村遗址出土。广州市文物考古研究院藏。

泥质灰硬陶。残缺，经修复。口部略变形，小口微侈，折肩，鼓腹，圜底。底部有一圈粘连痕迹，原应有圈足。肩下饰一周交错长方格纹，云雷纹拍印至圜底。

商 曲折纹大口陶尊

高41厘米，口径27厘米，腹径26厘米，底径16厘米。2016年增城墨依山遗址M15出土。广州市文物考古研究院藏。

泥质灰黄软陶。破裂，经修复。口部、腹部有变形。大口外敞，高领，折肩，弧腹，凹底。口沿下有数圈凸棱，肩以下至底部拍印曲折纹。口沿、肩部有拼接抹痕，内壁可见拍捏痕迹。墨依山遗址出土的大口陶尊，反映了珠江三角洲与闽南、粤东地区浮滨文化的密切联系。大口陶尊与“T”形环、牙璋等玉石器同出，表明其亦为标志社会等级身份的重要礼制用器。

商周 菊花纹圜底陶罐

高19.5厘米，口径20厘米，腹径25厘米。2009年增城浮扶岭遗址出土。广州市文物考古研究院藏。

泥质灰白硬陶。破裂，经修复。敞口，束颈，垂鼓腹，圜底。颈以下至圜底拍印菊花纹。菊花纹样在同时期的陶罐上较为少见。

西周—春秋 菱格凸点纹陶簋

高16.3厘米，口径19.9厘米，底径14.5厘米。2009年增城浮扶岭遗址出土。广州市文物考古研究院藏。

泥质灰硬陶。残破，经修复。广口外侈，尖唇，束颈，扁鼓腹，最大腹径居中，圜底接外撇矮圈足，器身拍印方格纹地，腹上部有数周刻划弦纹，腹中部饰复线菱格凸点纹。圈足与底相交处内外刻划斜线篦点纹，圈足内侧有栉齿刻划符号。

西周—春秋 篦点纹陶壶

高12.1厘米，口径7.2厘米，腹径9.5厘米，底

径6.9厘米。2009年增城浮扶岭遗址M434出土。广州市文物考古研究院藏。

泥质灰黄硬陶，表里施褐色陶衣。侈口，尖唇，溜肩，垂腹，喇叭形高圈足。颈部有一对竖条耳，横穿小圆孔。器表饰弦纹间篦点纹，圈足内侧刻划符号。

西周—春秋　篦点纹原始瓷浅腹豆

高14.2厘米，口径24.2厘米，底径15.9厘米。2009年增城浮扶岭遗址M263出土。广州市文物考古研究院藏。

原始瓷。豆内外壁均施褐绿釉，部分已剥落。盘口，浅腹，下腹折收，平底，喇叭形高圈足。饰旋纹、篦点纹。浮扶岭遗址发掘清理的墓葬和遗物以西周中晚期至春秋早中期居多，原始瓷豆为其特点之一。

西周—春秋　弦纹原始瓷深腹豆

高9.8厘米，口径5.9厘米，底径7.6厘米。2009年增城浮扶岭遗址M350出土。广州市文物考古研究院藏。

豆盘内外壁均施褐绿釉。口微侈，直壁，深腹，下部折收，底近平，矮喇叭形圈足。豆盘内壁饰旋纹、篦点纹，外壁饰弦纹，底与圈足相接处饰弦纹、篦点纹。圈足内侧有栉齿刻划的符号。

西周—春秋　篦点纹原始瓷折腹豆

高6厘米，口径11厘米，底径7厘米。2008年越秀太和岗淘金家园工地M89出土。广州市文物考古研究院藏。

豆盘内外壁均施褐绿釉，大部分已剥落。敞口，尖唇，深盘，折腹，上部敛束，下部弧收，矮喇叭形圈足。饰凹弦纹间篦点纹。圈足内侧有栉齿刻划的线纹、戳印的篦点纹。

西周—春秋　原始瓷三足豆

高5.9厘米，口径11.9厘米，底径8.9厘米。2009年增城浮扶岭遗址出土。广州市文物考古研究院藏。

盘口，浅腹，下腹折收，平底下接宽圈足，圈足内还有三个外撇的锥足，高于圈足，支撑豆体。豆内外壁均施褐绿釉，大部分已剥落，饰旋纹、篦点纹。圈足内侧有刻划符号。

西周—春秋　夔纹三耳陶罐

高28.5厘米，口径16.3厘米，腹径34.2厘米。2009年增城浮扶岭遗址出土。广州市文物考古研究院藏。

泥质灰硬陶。腹部残破，经修复。小直口，方唇，短领，溜肩，肩部附三桥形耳，垂鼓腹，圜底。肩部饰弦纹间细方格纹，腹上部饰夔纹，下部饰细方格纹。浮扶岭遗址发掘清理的墓葬和遗物以西周中晚期至春秋早中期居多，硬陶夔纹罐为其特点之一。

西周—春秋　夔纹圈足陶簋

高20.8厘米，口径41.7厘米，底径28.2厘米。2009年增城浮扶岭遗址出土。广州市文物考古研究院藏。

泥质灰白硬陶。广口外侈，尖唇，束颈，扁鼓腹，平底下接矮圈足，圈足外撇。口沿内壁饰篦点纹、栉齿纹，以弦纹相间，外壁拍印细方格纹；腹部上、下拍印细方格纹，中部饰夔纹，上、中、下纹饰以刻划弦纹分隔。

西周—春秋　细方格纹小口垂腹陶罐

高35.7厘米，口径12.2厘米，腹径36厘米。2013年萝岗大公山来峰岗遗址M21出土。广州市文物考古研究院藏。

泥质灰黄硬陶。小口微侈，短束颈，深垂腹，圜底。颈以下拍印细方格纹，间刻细弦纹。

西周—春秋　细方格纹双耳陶罐

高21.7厘米，口径14.6厘米，腹径26厘米。2013年萝岗大公山来峰岗遗址M25出土。广州市文物考古研究院藏。

泥质灰硬陶。侈口，束颈，溜肩，肩与口沿相接处贴附对称双耳，圆鼓腹，最大腹径居中，圜底。颈以下饰细方格纹与弦纹，底部有烟炱痕迹。

西周—春秋　原始瓷双耳罐

高11.8厘米，口径8.6厘米，腹径14.8厘米，底径7.8厘米。2009年增城浮扶岭遗址M171出土。广州市文物考古研究院藏。

器表原施有青黄薄釉，剥落殆尽。直口短领，圆肩附一对双泥条半环耳，扁鼓腹，最大腹径居中，圜底，喇叭形矮圈足。腹上部及近底部饰凹弦纹和篦点纹组合纹饰，腹下部拍印方格纹，圈足内侧有栉齿刻划线条。

春秋　勾连雷纹陶瓮

高28.4厘米，口径11.6厘米，腹径29.7厘米，底径13.5厘米。1999年白云萝岗镇锥林岗北二环工地出土。广州市文物考古研究院藏。

泥质灰硬陶。小直口，短领，圆肩，垂鼓腹，最大腹径靠近底部，凹底。器身拍印横向勾连雷纹，靠近口部戳印三周篦点纹，肩部和下腹折收部位拍印方格纹。

春秋　细方格纹双耳陶罐

高7.6厘米，口径8.3厘米，腹径11.7厘米。1999年白云萝岗镇锥林岗北二环工地出土。广州市文物考古研究院藏。

泥质黄白硬陶。器表施青黄色薄釉，有剥落。敞口，圆唇，束颈，扁圆腹，圜底。肩部原附对称双耳，残缺。颈以下至底部拍印小方格纹，腹上部饰五周弦纹。

战国　“米”字纹陶罐

高29.1厘米，口径27.1厘米，腹径36厘米，底径17厘米。2009年增城浮扶岭遗址M9出土。广州市文物考古研究院藏。

泥质灰硬陶。广口

外侈，尖唇，束颈，丰肩，弧腹，最大腹径靠上，小平底。器身拍印“米”字纹。浮扶岭遗址发掘清理的战国晚期到西汉早期墓葬和遗物中，“米”字纹硬陶罐是其特点之一。

战国　方格纹陶罐

高10.2厘米，口径11.2厘米，腹径16.4厘米，底径9厘米。2003年白云萝岗镇园岗山东二环工地M1出土。广州市文物考古研究院藏。

泥质灰硬陶，火候较高。侈口，尖唇，卷沿，圆肩，鼓腹，平底。器身饰方格纹，肩部有刻划符号。

战国　水波纹陶匜

高8.6厘米，口径17.6厘米，腹径22.3厘米，底径13厘米。2003年白云萝岗镇园岗山东二环工地M1出土。广州市文物考古研究院藏。

灰白硬陶。破裂，经修复。大口内敛，短直唇，捏出三角形流口，丰肩，扁鼓腹，平底。器表肩部、腹上部施水波纹和弦纹，器里腹下部也施水波纹和弦纹，并刻划“X”形符号，是典型的越式陶器。

战国　原始瓷杯

高5厘米，口径6.5厘米，底径3.8厘米。2003年白云萝岗镇园岗山东二环工地M1出土。广州市文物考古研究院藏。

破裂，经修复。表里施青黄薄釉。直口，斜壁，平底。器内底有螺旋形轮制痕迹。

战国　原始瓷盒

通高3.7厘米，口径10.2厘米，底径4.6厘米。2003年白云萝岗镇园岗山东二环工地M1出土。广州市文物考古研究院藏。

泥质黄白胎，火候高。表里施青黄釉，大部剥落。子口合盖，盒、盖造型基本相同，敞口，弧收腹，平底略呈台足。器内底部有螺旋形轮制痕迹。

战国　原始瓷碗

高3.15厘米，口径8.7厘米，底径4.6厘米。2003年白云萝岗镇园岗山东二环工地M1出土。广州市文物考古研究院藏。

表里施青黄釉，多已脱落。敞口，平唇，弧壁，平底略呈台足。器内底部有轮制痕迹。

第三节　汉代陶器

西汉　“长乐宫器”陶瓮

高54.5厘米，口径28厘米，腹径47厘米，底径23.8厘米。1983年南越文王墓出土。南越王博物院藏。

胎质灰白，火候高，质地坚硬。表面施釉，呈黄褐色，多已剥落。器体高大，平折唇，短颈，圆腹，平底。浑身拍打方格纹和方形几何图形戳印。近肩部处有“长乐宫器”四字篆文的戳印。此瓮出于墓门前的外藏椁中。外藏椁的西侧排列大陶瓮十七件，其中三件印有“长乐宫器”陶文，仅此件保存完好，余均破碎。还有一件越式陶鼎，也戳印“长乐宫器”陶文。“长乐宫”是汉初的宫室名，为太后或太皇太后居所。“长乐宫”陶文的发现，表明南越国的宫室制度应是仿效西汉的宫殿建制。

西汉　“长秋居室”陶瓮

高35.7厘米，口径20.6厘米，底径22.5厘米。1973年淘金坑出土。广州博物馆藏。

胎质灰白。卷唇，圆腹，大平底，器身拍打方格纹，为南越国时期的典型陶器。肩部有“长秋居室”四字戳印。“长秋”是汉代皇后居住的宫名，它为南越国墓群及其出土器物的断代提供了依据。

西汉　细方格纹四系陶瓮

通高43厘米，腹径38.5厘米，底径23.1厘米；盖高8.3厘米，盖径24.5厘米。1986年东山农林东路广州铁路局宿舍工地M3出土。广州市文物考古研究院藏。

泥质灰红硬陶，带盖。口微侈，方唇，圆肩，肩部贴附四个卷角半环耳，深弧腹，最大腹径靠上，平底。器外壁拍印细方格纹，肩部刻划弦纹，上腹部戳“米”字纹。盖直口，平顶，平圆钮，外壁压两周凹弦纹。

西汉　方格纹小口陶瓮

高52厘米，口径3.9厘米，腹径48厘米，底径25厘米。2009年越秀黄花岗创意园工地M20出土。广州市文物考古研究院藏。

泥质灰黄硬陶。小口微侈，短颈，圆肩，深鼓腹，腹最大径居中，平底。器身拍印细方格纹和圆形戳印。该瓮为盛酒器，小口的造型可以抑制瓮内酒的挥发。

汉　拍印纹红陶罐

高42.5厘米，口径24.2厘米，腹径39.1厘米，底径25.7厘米。广州市增城区博物馆藏。

泥质红陶，质地坚致。

口微侈，反唇，短颈，溜肩，椭圆腹，平底。肩部、腹下部施一周宽弦纹。器表以拍印纹为饰，器表有划痕。

汉 戳印五铢钱纹红陶瓮

高36.2厘米，口径20.8厘米，腹径33.6厘米，底径24.8厘米。1997年海珠海幢寺汉代窖址出土。广州市文物考古研究院藏。

泥质红黄硬陶。敞口，折沿，溜肩，深腹略呈椭圆形，平底。肩腹部拍印方格纹加五铢钱与三角纹组合的戳印纹，下腹部泥条盘筑痕迹明显。

西汉 “居室”陶罐

高17.8厘米，口径10.9厘米，底径12.4厘米。1957年华侨新村出土。广州博物馆藏。

灰胎硬陶。直口，鼓腹，平底，肩部有“居室”戳印，全身拍打方格纹。“居室”，汉宫中囚禁犯人之地，长官为居室令，主治诏狱，秩位千石，为少府属官，《汉书·苏武传》：“加以老母系保宫。”同书《百官公卿表》：“少府……属官有……居室、……武帝太初元年（编者注：公元前104年）更名……居室为保宫。”器物上的印文表明这些陶器是南越国的“居室”所监造。

西汉 圆口方角直身陶罐

通高46厘米，长23厘米，宽23厘米。2008年越秀太和岗淘金家园三期工地M112出土。广州市文物考古研究院藏。

泥质灰白硬陶。成对出土。施黄褐釉，大部脱落。圆口，带圆盖。方身，斜肩，深直腹，略呈上小下大，平底。肩部刻划三角及方格纹。上腹两侧贴附一对半环耳，垂直相对的另两侧贴一对兽面衔环铺首，四壁周边刻划直线纹。盖敛口，盖面漫圆，盖顶立凹形钮。这种直身罐仅见于两广地区的汉代墓葬，为典型越式盛储器。

西汉 “常御第六”陶罐

通高7.8厘米，口径5.9厘米，腹径10.3厘米，底径5.8厘米。1973年淘金坑出土。广州博物馆藏。

罐整体呈扁圆形，罐口微敛，扁圆腹，带盖。盖顶边沿及罐身两侧塑双耳，平底。肩及盖沿处分布“常御”“第六”的戳印各两个。腹壁饰三线弦纹。汉少府属官有尚方、御府，“常御”是尚方、御府的合称，是掌管王室服饰、车驾、用具的机构。“第六”则应为器物制作或使用的编号。该器皿为南越国少府属官“常御”监造。

西汉 “华音宫”陶器盖残片

残长7厘米，残宽7厘米；印面长3厘米，宽2.8厘米。2003年南越国宫署遗址出土。南越王博物院藏。

表面有三道弦纹，戳印“华音宫”，印款完整，印文清晰，中间无格栏。“华音宫”未见史籍记载，应是南越国自主设置的宫殿。

西汉　"未央"陶罐残片

残长8.8厘米，残宽6.2厘米，壁厚0.7厘米；印面长2.1厘米，残宽1.9厘米。2003年南越国宫署遗址出土。南越王博物院藏。

泥质灰陶。表面无釉，饰细方格纹，戳印"未央"二字，无界格。"未央宫"是西汉长安著名的宫殿，该陶片反映了南越国对西汉中央王朝宫殿建制的仿效。

西汉　双耳陶罐

通高11.5厘米，口径9厘米，腹径12厘米，底径6厘米，盖径10.2厘米。1983年南越文王墓出土。南越王博物院藏。

敛口，腹下部折入，平底。肩部附两个对称半环耳。盖面饰斜线点纹两组，中隔以弦纹，中间平圆立钮。罐内有黑色碳化物。

西汉　双耳圈足陶罐

通高11.2厘米，口径8.2厘米，腹径13.6厘米，底径8.4厘米。2006年越秀东风东路金色家园工地M90出土。广州市文物考古研究院藏。

泥质灰白硬陶，带盖。敛口，折肩，垂鼓腹，腹上部贴附一对双线半环，圈足外撇。盖撇口，高身，平顶，中立双线半环钮。器身腹部和盖面饰弦纹、水波纹、篦点纹。

西汉　陶三足罐

通高10厘米，口径5.4厘米，腹径11.5厘米，底径6.6厘米。1960年三元里马鹏岗出土。广州博物馆藏。

灰质硬陶，施褐色釉，带盖。半环形钮，罐肩部塑双耳，罐下三足，盖面饰篦点纹及弦纹，罐身满饰弦纹。三足罐为岭南地区南越国时期一种特有的器形。

西汉　陶双联罐

通高7.6厘米，横15.8厘米。1957年华侨新村竹园岗出土。广州博物馆藏。

灰白质硬陶，由两个小罐连接而成。罐口内敛，扁圆腹，每个罐底附三卷曲形足。带两盖，一盖顶部以梅花鹿作钮，另一盖以蜥蜴作钮。鹿首与蜥蜴原已残缺。盖面饰篦点纹，罐身饰弦纹。

西汉　陶三联罐

宽22.6厘米，通高10.8厘米。1957年瑶台出土。广州博物馆藏。

灰白质硬陶，由三个小罐连接成，如"品"字形分立，互不相通。罐口内敛，扁圆腹，每个罐底附一卷曲形足。带三盖，盖顶以半环形作钮。三罐各有一半环形耳，盖面及罐身均饰篦点纹及弦纹。

西汉　陶四联罐

长15.2厘米，宽15厘米，通高9.2厘米。1955

年华侨新村玉子岗出土。广州博物馆藏。

灰白质硬陶，由四个小罐连接成。罐口内敛，扁圆腹，底部有卷曲形短足六个，每罐底一个，两道横梁各附一个。附四盖，盖中央均有半环形钮，纹饰相同，为斜行篦纹与细线旋纹相间。腹侧各附一个由二泥条并连在一起组成的半环形耳饰。罐身满饰弦纹。

西汉　陶五联罐

宽20.3厘米，通高10厘米。1955年海珠大元岗出土。广州博物馆藏。

灰白质硬陶，由五个小罐连接成，在四个联罐的中间加一个小罐在上面。罐口内敛，扁圆腹，平底无足。每罐有盖，盖钮为鸟形，鸟翘尾回首。西汉的陶联罐以五联的最为普遍，一直延续到西汉后期。

东汉　褐釉小口双系陶罐

高12.3厘米，口径4.7厘米，腹径15.1厘米，底径11厘米。2003年东山执信中学工地M42出土。广州市文物考古研究院藏。

灰白胎，黄褐釉。小口微侈，细短颈，溜肩，附一对半环耳，垂腹，平底。口沿下压出凹弦纹，肩腹部饰弦纹与双线网格纹，格内划短线。

西汉　陶盒

通高23.6厘米，腹径27.2厘米，底径16.7厘米；盖高10.7厘米，盖径24.8厘米。2004年天河永福路广州警备区干休所工地M2出土。广州市文物考古研究院藏。

泥质灰白硬陶，带盖。器身合盖状如球形，子口内敛，弧腹，附一对兽面衔环铺首，平底下接圈足。盖敞口，盖身高隆，平顶，正中贴四叶纹饰，边缘立三只小羊。腹壁、盖面饰鳞片纹，盖顶外缘饰双线菱格纹。出土时盒内有一陶勺，龙首形柄。

西汉　黄褐釉陶套盒

通高6.8厘米，口径7.2厘米，底径8厘米。1999年东山先烈南路大宝岗工地M5出土。广州市文物考古研究院藏。

泥质浅灰硬陶，带盖，盖面施黄褐釉。整器如圆筒形，器身与盖套合。直口平唇，直腹，平底有凸沿，以承盖，下附三颗乳状小足。盖顶平圆，分三级逐渐隆起并收小，盖壁刻划斜方格纹。

西汉　褐釉雁形陶盒

通高26厘米，口径23.6厘米，腹径24.2厘米。1999年东山先烈南路大宝岗工地M5出土。广州市文物考古研究院藏。

泥质浅灰硬陶，器表施褐釉。器物造型如一只站立展翅的肥雁。器身与盖扣合如球状，器身广口圆腹，腹前部安接引颈前伸的雁头，后部是上翘的宽阔尾巴，刻划羽毛，左右两侧的翅膀斜向上展，腹下部接粗短二足，划出五爪线纹。盖面隆起，顶平圆，中立小乳突，刻划四叶纹，外绕一周凸棱，等分贴塑三只小卧羊。雁形造型生动形象，雁首、双翅、尾部、雁足塑造细致逼真，褐釉仿大雁毛色，设计精巧，较为罕见。

西汉 陶四联盒

通高8.3厘米，边长16.8厘米，口径6.6—6.8厘米，底径3.2—4厘米。2010年荔湾西湾路旧广州铸管厂工地M218出土。广州市文物考古研究院藏。

泥质灰白硬陶，表面施黄褐釉。由四个造型相同的小盒并连组合而成，下附六小卷足。小盒子口内敛，直壁，平底，盒底朝外一面附一卷足，在此四足的中部、二盒相连的泥梁处也附两卷足。盖直口，盖面漫圆，盖顶立简化鸟形钮。盒腹外壁饰细密水波纹。盖面饰弦纹间篦点纹。

西汉 陶八联盒

大盒口径10厘米，小盒口径3.7厘米，通高13.5厘米，座足长30.5厘米。1956年先烈路麻鹰岗出土。广州博物馆藏。

灰质硬陶。由八个圆盒组成，其中六个大盒分两行，每行三个，另两个较小的在中间，与大盒相粘合，但均不互通。罐口内敛，扁腹，带八盖，盖上有抓手钮，盖面纹饰不一，有斜篦纹，有弦纹。八盒之下有一长方形座，每面镂空圆孔六个，三个成一组，其上用一横线连接。

东汉 陶鸮形盒

通高8厘米，口径6.7厘米，腹径10.5厘米。2004年番禺小谷围青岗M12出土。广州市文物考古研究院藏。

泥质灰白硬陶，带盖。整体仿猫头鹰（鸮）造型。盖作出鸮首，内出凸唇套入盒口，盖面微隆，一半凹刻两个三角形，在切面戳印出双眼，形成尖喙、圆眼的扁圆鸮首，脑后刻划细线示意羽毛，盖顶有小圆孔可穿绳。盒敛口，方唇，斜肩，近圜底，下接三乳足，腹壁贴附双翅及尾巴。口沿下戳印圆圈纹，肩腹各施两周弦纹，腹部施三角纹，翅与尾均划叶脉纹以示羽毛。

东汉 陶鸮形五联罐

长21.7厘米，宽21.2厘米，通高13.5厘米。2020年荔湾广钢新城AF040234工地工地M4出土。广州市文物考古研究院藏。

泥质灰白硬陶。由四个大罐和中心一小罐组成，相邻罐间以泥梁连接，不相通，均有盖。五罐造型均为猫头鹰（鸮），盖为鸮首，作双眼、尖喙，罐身作出双翅及尾巴，罐口微敛，方唇，鼓腹，平底。通体叶脉纹以示羽毛。四个大罐底均有文字。中心小罐盖顶之上有鸟钮。整器造型独特生动，刻画精细。

西汉 陶瓿

通高23.1厘米，口径10厘米，底径15.3厘米。1983年南越文王墓出土。南越王博物院藏。

敛口，直唇斜肩，鼓腹，平底，带盖。肩部附一对泥条捏成的象征性附耳。盖钮为双线半环形，附卷角形钮座。通体有几何印纹。该瓿以中部为分界，其上部以七组三线弦纹划出六周；靠上三匝为垂直篦齿纹，其中最上一匝，纹饰较短，以十道为一组，共有十四组，两两相靠；其下两匝，纹饰较长，以十一道为一组，分别为七组、九组，均匀分布。靠中部之三周匝为三线绹纹，随手刻划，纹饰不甚规整。瓿体下半部为拍印方格纹加菱形格戳印纹，大部分纹饰模糊不清。器盖面从钮座向外分五周匝，以三线凹弦纹间隔，除第三周为“X”形线点纹外，余四周均为斜线点纹，斜向相反。出土时，内盛已呈黑色的药物二百二十九粒。

西汉　陶瓿

高15.5厘米，口径9.3厘米。1955年华侨新村玉子岗出土。广州博物馆藏。

灰白质硬陶。素身施一层薄釉，口沿无釉，罐身一面釉已脱落，露出胎体。瓿直口微敛，广肩，扁圆腹，腹下渐收，下承三足。肩部有两个鹿头形耳和两个铺首衔环等分于四边，三个短足各刻有两个三角形纹。瓿为南越国时期墓的典型器物。

西汉　双牛耳三足陶瓿

高27厘米，口径15.2厘米，腹径37.5厘米。1986年东山农林东路广州铁路局宿舍工地M3出土。广州市文物考古研究院藏。

泥质灰硬陶。小直口，方唇，圆肩贴附一对牛头形耳，弧腹，最大腹径靠上，平底下附三个矮方足。肩部刻划三周弦纹。瓿为南越特有的盛储器之一，牛头形耳造型独特生动。

西汉　陶瓿

高13厘米，口径14.5厘米，腹径24.4厘米，底径12.2厘米。广州市增城区博物馆藏。

灰白胎硬陶。外表挂青釉，多已脱落。直口，短领，广肩，扁圆腹，腹下收，平底。肩部附两个对称的半环形竖耳，饰三周弦纹和两周鱼鳞纹。腹部两周弦纹间饰刻划纹。

西汉　墨书“百石”陶壶

通高30.5厘米，腹径17.5厘米，底径10.29厘米。1986年东山农林东路广州铁路局宿舍工地M3出土。广州市文物考古研究院藏。

泥质红陶。带盖。口微侈，平唇，长颈，溜肩，肩部贴附一对半环耳，鼓腹，底略凸，矮圈足。肩部至腹部饰数道凹弦纹。盖子口，盖面漫圆，盖顶捏塑三线半环钮，盖面墨书“□百石”。“石”为古代计量单位，“□百石”有存储富足的美好寓意。

西汉　陶壶

通高43.5厘米，口径19.4厘米，腹径42.6厘米，底径26.7厘米。2002年东山太和岗御龙庭工地M69出土。广州市文物考古研究院藏。

泥质灰红陶，原施有墨色陶衣，大部分脱落。带盖。口略外撇，宽沿方唇，粗短颈，溜肩，腹鼓圆外突，上部附一对双兽面铺首五线半环耳及一对绳纹圆环；下部斜收较大，圈足外撇。腹上部饰五组纹带，以细弦纹作分隔，当中分别填以篦点纹、水波纹，腹中部堆加两周绹索纹，腹下部饰凹弦纹和波浪纹组合。圈足外壁刻三角形孔，不穿透。盖子母口，浅身斜壁，盖面平圆，中立卷角四绳半环形钮，旁边分立三个双线卷钮。此壶器型较大，纹饰精美，具有典型的越式风格。

西汉　青釉陶壶

通高32厘米，腹径22.2厘米，底径12.5厘米；盖高4.5厘米，盖径13厘米。1975年东山校场北路广东省物资局工地M1出土。广州市文物考古研究院藏。

灰白胎，器表施青绿釉，釉面莹润亮泽。带盖。子口微敛，长颈中部收束，溜肩，扁鼓腹，高圈足。肩部附一对半环对称横耳，腹上部横贴一对兽面衔环铺首。腹底与圈足交接处有两小孔，位置与双耳上下对应。器表通体饰几何纹饰，有锯齿纹、圈点纹、斜方格纹、弦纹等组合。盖敛口，盖面漫圆，盖顶立凹形钮。盖面饰篦点纹、圈点纹和弦纹。

西汉　“临孝”陶锺

高34.2厘米，口径12.9厘米，腹径24厘米，底径15厘米。1954年红花岗出土。广州博物馆藏。

灰白硬陶。盘口，束颈，鼓腹，喇叭形高圈足。肩部两侧塑半环形耳。口、颈、肩、腹、足均饰弦纹。腹部刻“临孝锺一枚容三斗”八字。锺为壶状量器，用以盛酒，在汉代其计量以“只”或“枚”为单位。

汉　彩绘狩猎纹陶壶

高43.6厘米，口径20.8厘米，腹径36.4厘米，底径27厘米。广州博物馆藏。

灰陶胎。撇口，束颈，溜肩，鼓腹，腹下渐收，圈足外撇。器外壁用红、白、浅蓝彩装饰，颈部、外口沿绘白、红弦纹，腹部主纹饰绘狩猎图，描绘人骑于马上，弯弓拉箭射猛虎的一瞬间。圈足绘仰覆三角形与红弦纹环绕。

汉　彩绘鱼浪纹双耳陶壶

高38.5厘米，口径11.2厘米，腹径24.6厘米，底径15.2厘米。广州博物馆藏。

灰陶胎。敞口，微束颈，溜肩，鼓腹，下渐敛，圈足微外撇。腹上部两侧塑对称的铺首，中部刻两道双弦纹。通体黑地红、白彩绘，口沿绘红、白间隔的弦纹，足外沿绘红弦纹两周。主体纹饰为鱼戏浪，铺首绘白地黑圆眼半环形鼻。

汉　彩绘勾云纹陶茧形壶

高30厘米，口径14厘米，底径11.2厘米。广州博物馆藏。

灰陶胎。折沿下撇，粗短颈，腹部呈蚕茧型，喇叭足。颈绘白、红弦纹各一圈，腹部浅刻竖向凹弦纹数条，并用绿、红、白色彩绘勾云纹，与竖向的红弦纹相间。

西汉　陶匏壶

高17厘米，口径3.5厘米，腹径17.2厘米，底径11厘米。1983年南越文王墓出土。南越王博物院藏。

仿匏瓜造型。敛口无嘴，上节粗短，下节圆突，大平底。肩有一对三弦桥耳。腹部施篦纹、绹纹和弦纹。器表用朱墨两色绘云气纹，多已脱落。

西汉　篦点纹双系陶匏壶

通高20.9厘米，口径4.4厘米，腹径17.6厘米，底径10.1厘米。2003年东山农林东路24号大院工地M30出土。广州市文物考古研究院藏。

泥质灰白硬陶。形似匏瓜，带盖。小直口，粗短颈，溜肩，腹鼓圆，平底，下附三个略外撇的扁形直足。肩部附一对半环形耳，肩腹部饰凹弦纹、篦点纹和绹纹。盖直口，盖面近平，半环形钮。盖面饰斜行篦点纹两周。匏壶是盛酒或水的容器，流行于战国至汉代。广州南越国时期的陶匏壶均为矮身，西汉中后期变为修长、分节清楚，东汉时期陶匏壶逐渐消失。

西汉　陶匏壶

通高34厘米，口径3.1厘米，底径13.3厘米。1955年海珠大元岗出土。广州博物馆藏。

泥质灰白硬陶，器表施黄褐色釉。小口微撇，颈细长，扁圆腹，喇叭形圈足。带凤鸟形塞，穿孔；肩部有两个半环形耳，颈部及肩部有垂釉，肩部及腹部饰弦纹，足端对称穿两孔，用来穿绳提取。此壶仿匏瓜器型，造型优美。

西汉　陶温壶

高14.5厘米，腹径16.8厘米，流长3.5厘米。1955年华侨新村出土。广州博物馆藏。

灰白硬陶，器表施黄褐釉。全器圆形略扁，密封无盖，平底。顶部有绞索形提梁，流为半筒形，向上斜出。此壶应是寒冬时注入温水以取暖的器具。

西汉　陶温壶

高24厘米，腹径24.6厘米，足径15.5厘米。2008年越秀太和岗淘金家园三期工地M112出土。广州市文物考古研究院藏。

灰白胎，器表施黑褐釉，局部脱落。尖顶，球腹，一侧有短直流，垂直相对两侧附一对半环耳，圈足与底连接处开两个小孔，与双耳位置相对，便于穿绳提系。腹上部、圈足中部各饰一道凹弦纹。为注入温水取暖的器具。

西汉　刻字陶钫

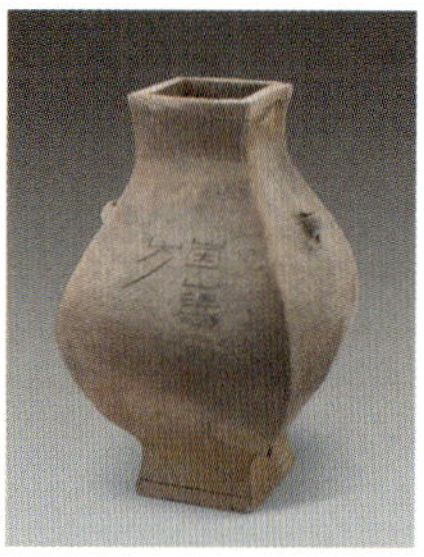

高34.4厘米，最大腹径23厘米；口长10.9厘米，宽10.5厘米；足长11.6厘米，宽10.7厘米。1997年天河横枝岗路95号工地采集。广州市文物考古研究院藏。

泥质灰白硬陶，器表施黄褐釉。侈口，平唇，短颈，鼓腹，平底接方圈足。靠近口、足位置均划一周直线纹。肩部附两个对称的半环形耳，对应的足根部有两个圆形穿孔，用以穿绳提取。一面腹壁上方刻划文字，似“茵蓝方”三字。

东汉　羊形陶樽

长36厘米，宽22厘米，高56.5厘米。2006年海珠官洲岛花果山工地M1出土。广州市文物考古研究院藏。

泥质灰黄硬陶，器表施青釉，剥落殆尽。整器如一只肥胖卧羊，后背有凸起圆筒，与中空的腹部相通，带盖。羊抬头回首，立耳卷角，圆眼圆鼻，阔口有须，腹体两侧各置两个半环横耳，可系绳，尾尖上翘，穿小圆孔，四足蜷曲，足上有小孔与横耳相对，应为系绳用。

东汉　陶温酒樽

通高23.2厘米，口径20—22厘米，底径21厘米。2003年番禺小谷围河岗山工地M16出土。广州市文物考古研究院藏。

泥质灰白硬陶。带盖。子口内敛，直腹，平底，腹中部贴一对衔环铺首，腹底交接处等距贴附三个蹲坐的猴形足。腹壁上部刻划三角纹与鳞片纹，以凹弦纹相间。盖直口，盖面斜，盖顶平，中央设半圆衔环钮，顶周压出两周凸棱。钮外刻划五叶，盖面刻划鳞片纹。汉晋时期常将酒贮藏在瓮、榼或壶中，饮宴时先将酒倒在樽里，再用勺酌于耳杯中饮用。广州地区汉墓出土的温酒樽始见于西汉晚期，多为熊足或蹄足。

西汉　水波纹陶提筒

高27厘米，口径23.5厘米，底径22.2厘米。1986年东山农林东路广州铁路局宿舍工地M3出土。广州市文物考古研究院藏。

泥质灰硬陶。圆筒形，子口，深直腹，上腹近口沿处贴对称拱形耳，平底，圈足。上腹部刻划细密水波纹与弦纹。提筒有对称双耳可系绳，一般配有木盖，是极具岭南地方特色的盛储器，主要出土于中国的广东、广西、云南等地以及越南，流行于战国晚期至南越国时期。

西汉　绳纹贯耳陶提筒

通高44厘米；提筒口径34.5厘米，高40厘米；盖径39.5厘米，盖高7.5厘米。2010年越秀先烈路市委党校工地M5出土。广州市文物考古研究院藏。

泥质灰白硬陶，表面施黑褐釉。圆筒形，子口微敛，深腹渐收，直壁略弧，腹壁中部附一对双联筒状贯耳，平底。器身拍印细方格纹，其上再施绳纹、弦纹、绹纹。盖直口，盖面漫圆，盖顶有两个对称穿孔以为穿索作钮用，盖面饰两周绳纹。

东汉　陶提筒

通高27厘米，口径16.6厘米，底径17厘米。1953年先烈路龙生岗出土。广州博物馆藏。

通体施黄褐色釉，筒身有垂釉痕。带盖。提筒整体呈圆筒形，直口，深直腹，平底。盖面饰篦点纹及弦纹，盖内有墨写隶书“藏酒十石令兴寿至三百岁”十一字。筒身两侧塑半环形耳，饰弦纹。出土时器里尚存半筒高粱，已炭化。

西汉　陶盉

通高20厘米，口径7厘米，腹径18厘米。2004年天河永福路广州警备区干休所工地M2出土。广州市文物考古研究院藏。

泥质灰白硬陶。带盖。敛口，圆唇，扁圆腹，圜底，下附三个蹄形足，肩部安有流、鋬、耳。鋬为兽首，流为十棱管状，与腹部相通，与鋬成直角安置。与鋬相对的一侧有长方形立耳，上有两个小穿孔。肩部饰凹弦纹一周，器表饰小方格纹，多已抹光。盖敛口，盖面漫圆，盖壁下垂内收，折沿处也设立耳，与器身立耳相对应。

西汉　龙首陶勺

长18厘米。1957年小港新村出土。广州博物馆藏。

灰白硬陶。勺体深圆，勺柄弯曲细长，柄末端向下勾卷，在环钩形的柄上方塑一回首张口的龙首，简洁传神。

东汉　兽鋬陶魁

通长23.6厘米，高8.7厘米，口径16.9厘米，底径8.3厘米。2003年东山执信中学工地M46出土。广州市文物考古研究院藏。

泥质灰白硬陶，施褐釉，大部脱落。敞口，圆唇，折腹，腹上部收束，下部弧收，一侧附兽首形鋬，斜向上，平底，台足。折腹处饰弦纹。

西汉　褐釉高足陶杯

通高18.8厘米，口径7厘米，腹径14.9厘米，足径10厘米。1999年东山先烈南路大宝岗工地M5出土。广州市文物考古研究院藏。

泥质灰白硬陶，器表施褐釉，局部脱落。带盖，敛口，球腹，腹壁一侧贴塑环耳带舌指鋬，上腹部饰三角形纹，喇叭状高圈足。盖子口，盖面微隆，盖顶中心贴塑一只昂首展翅翘尾的小鸟，鸟头残。

东汉　褐釉陶承盘与卮

通高11.2厘米；卮：口径11.6厘米，底径10.2厘米，连盖高9.6厘米；承盘：口径18.2厘米，底径8.8厘米，高4.6厘米。2004年番禺小谷围港尾岗工地M17出土。广州市文物考古研究院藏。

泥质灰白硬陶，施黄褐釉。承盘圆唇，侈口，折腹，平底微内凹，假圈足。卮方唇，子口合盖，直壁，平底，下接三乳足。腹壁饰菱格纹，中划短线。盖为平顶，半圆衔环钮，盖面饰四叶纹和篦点纹。

东汉　褐釉陶卮

通高11.1厘米，口径9.2厘米，底径8.4厘米。2003年东山执信中学工地M42出土。广州市文物考古研究院藏。

泥质灰白硬陶，施黄褐釉。带盖。直口，器身呈直筒形，下腹部稍鼓，平底下附三个乳状短足，腹壁一侧附环耳出舌指鋬。器身饰有双线网格纹和连弧纹，以弦纹相间。盖子口，盖面斜，盖顶平，中央有乳钉状钮，刻划四叶纹，外绕一周凸棱，等距饰三个小乳钉，斜面饰三角纹。

东汉　鸟形陶杯

高7厘米，口径8.7厘米，足径5厘米，最长13厘米。1955年先烈路出土。广州博物馆藏。

泥质灰白硬陶。杯身如碗形，鼓腹，圈足。杯口沿一边塑一鸟，立体张翅于器壁上，相对的一边为鸟尾形鋬。

东汉　褐绿釉陶三足釜

通高22厘米，口径10.6厘米，腹径16厘米，底径10厘米。2004年番禺小谷围港尾岗工地M17出土。广州市文物考古研究院藏。

泥质灰白硬陶，施褐绿釉。方唇，直口，束颈，鼓腹外突，平底下接三蹄足，把手为扁长筒形，附于肩腹间，上翘。颈部饰双线菱格纹，以短线与三角形线纹相间。盖下出凸唇，套入口中，盖面近平，顶有半圆衔环钮。盖面饰篦点纹。

汉　青釉三足釜

高19厘米，口径10.5厘米，腹径16.4厘米，底径9.9厘米。增城福和下云岭汉墓出土。广州市增城区博物馆藏。

泥质灰白硬陶，质坚致。器表施青釉至腹下部，底部及足部无釉露胎。侈口，方唇，短颈，扁圆腹，平底，三足外撇。缺盖。腹上部有一把手，把端上翘。肩部刻划两周弦纹。

西汉　彩绘陶钵

高7.4厘米，口径16.9厘米，底径9.3厘米。1983年南越文王墓出土。南越王博物院藏。

泥质灰白硬陶。敛口，器身较矮，浅圆腹，下腹向内收，小平底。器腹施水波纹两组和弦纹三道，又在器胎表面抹上一层泥浆作地，上施彩绘，口沿处绘一周墨彩，肩腹部用朱墨绘三条短线相间，围绕器物腹部一圈共十三组短线。器腹下部墨书“实祭肉”三字，由于上施的泥浆多已脱落，彩绘不太清晰。

西汉　“食官第一”陶鼎

高21.7厘米，口径16.8厘米，腹径19.5厘米。1953年三元里梓元岗出土。广州博物馆藏。

灰硬陶，盘口，圆腹，圜底，下附三个较长的蹄足，器底戳印网格纹。腹部刻“食官第一”四个篆字。“食官”为秦汉时期掌管皇室食膳或供应宗庙牲祭之官吏，“第一”为陶鼎制作或使用之编号。

西汉　“长乐宫器”陶鼎

高23.5厘米，口径10.5厘米，腹径22.8厘米。1983年南越文王墓出土。南越王博物院藏。

泥质灰白硬陶。器身较大，敛口，釜腹，与盖相合处有三周突棱。三扁足较高。肩部饰对称的环形小耳两个，一耳已残。肩部打有“长乐宫器”印文。鼎足之一附有草袋痕迹。通体拍印方格地纹加菱形格的戳印纹。有盖，圆弧形，顶饰双线半环钮，钮两端贴卷角形钮座。盖上以双线弦纹划为四区：钮座区和内、外区均装以斜线点纹装饰，中间一区为“X”形点纹装饰。

西汉　陶鼎

高16.6厘米，口径24厘米，底径11厘米。2000年天河恒福路银行疗养院一期工地M2出土。广州市文物考古研究院藏。

泥质灰白胎，通体施黄褐色釉，多已脱落。鼎身如一圈足盆，广口，平折沿，上腹直壁，下腹内折弧收，平底接圈足，下附三个半圆柱形直足，足底略呈蹄形。上腹贴三个衔环铺首，并饰波浪形环带纹；折腹处饰一周深凹弦纹；足上部均饰铺首。这件在盆下附三柱足的鼎，为广州地区两汉墓中仅见。

西汉　陶簋

通高26厘米，口径28.2厘米。1955年海珠大元岗出土。广州博物馆藏。

泥质灰白硬陶，施褐釉。带盖。器广口，深腹，高唇，唇口锁孔状镂空装饰，镂孔间饰叶脉纹；簋身有垂釉痕，饰叶脉纹；喇叭形足，足端以镂空装饰。盖面微隆起，顶中部饰花瓣状凸起纹饰，旁有两个对称的小孔，可穿绳作钮，周边饰弦纹。陶簋在广州于西汉后期开始通行，为盛食器。

东汉　陶簋

高16.75厘米，口径25.3厘米，底径14.2厘米。2003年东山执信中学工地M42出土。广州市文物考古研究院藏。

泥质灰白硬陶，施褐釉。带盖。广口，高唇，唇与腹有明显分界，深弧腹下收，圈足。唇沿饰锁孔形镂孔，镂孔间饰叶脉纹；腹部饰双线网格纹和连弧纹，并刻划短线，以弦纹间隔。盖面隆起，顶部近平，形成二层台，顶中设半环形钮，旁有两个对称的小孔，可穿绳作钮；周边饰柿蒂纹、双线连弧纹和双线网格纹，以弦纹间隔。陶簋常与温酒樽、壶、盒等同置。

东汉　长方形案

长37厘米，宽14厘米，高9.5厘米。1955年先烈路出土。广州博物馆藏。

胎灰黄色，略软。素面无纹饰，无釉。长方形，案面两端向上翘起，下有三柱形座足。案为汉代使用最多的家具之一，它具备两种功能：一是进食时用的托盘；二是放置物品的用具。

东汉　三足圆陶案

高11.2厘米，口径31.5厘米，底径21.7厘米。1973年东山犀牛路马湟岗工地M10出土。广州市文物考古研究院藏。

泥质灰白硬陶。浅口圆盘，折沿、斜直腹，大平底。底部边缘等距分布三个圆孔，可与顶部凸起圆榫的三个活动蹄足套接。内底中部刻划双线弦纹与网格纹，各格刻平行双短线，内底边缘刻划四周凹弦纹。案相当于现代的桌子。与桌椅出现后的“共食”不同，汉代人席地而坐，其饮食习惯是“分案而食”。《后汉书·梁鸿传》“为人赁舂。每归，妻为具食，不敢于鸿前仰视，举案齐眉”中的案就是指这种有脚的托盘。案上常置杯、勺等。

东汉　陶篚

长41.4厘米，宽30厘米，通高24.8厘米。2006年海珠官洲岛花果山工地M1出土。广州市文物考古研究院藏。

泥质黄陶。带盖，长方形，直口，方唇，直腹，平底出四足，足间若壸门。盖为盝顶，顶面饰双线网格纹，四角突出小乳钉，斜面以双线水波纹勾边。篚为贮物器，篚内置两盆、六杯、一勺。盆为灰陶，表里施褐绿釉，直口，折平沿，上腹部直，下腹弧收，台底；杯为红陶，敞口，斜折沿，上腹束腰，下腹弧收，上下腹有清晰的分界，底部中空，伸出短柄，形如漏斗；勺为灰陶，头呈球形，长直柄，尾端收尖。

东汉 陶奁

通高13.8厘米，口长22.1厘米，宽12.4厘米，底长23.6厘米，宽12.6厘米。2003年番禺小谷围山坟头工地M1出土。广州市文物考古研究院藏。

深灰胎，外挂酱黑色陶衣。长方形，带盖。方唇，直口，近直壁，平底微内凹，两侧壁各有一双桥耳。奁身施横直相交的双线长方格纹。盖为盝顶，子母口，顶面四角突起小乳钉。盖面刻划双线纹，盖沿双线之间刻划水波纹。奁为我国古代较为常见和流行的一种专门放置梳妆用品的器具，也可兼作贮存酒和食物的盛器。

西汉 陶甗

通高35.4厘米；甑：口径16厘米，足径11.5厘米；釜：口径8.8厘米，腹径25厘米；鼎：高14厘米，口径25.6厘米。2014年越秀恒福路铁路疗养院工地M16出土。广州市文物考古研究院藏。

泥质灰白硬陶。由鼎形支架、釜、甑一套三件组成。鼎以承釜，釜上置甑。鼎广口浅弧腹，平底镂孔，下附三蹄足。釜小口，鼓腹，中部有宽沿，下部与鼎腹相套合，圜底；甑敞口深腹渐收，平底有圆孔，下接外撇圈足，覆盖釜口。釜内蒸汽可通过甑底孔洞上传，起到下煮上蒸，同时加热不同食品，提高热能利用率的效果。

西汉 陶量斗

高5.5厘米，口径4.7厘米，底径6.5厘米。2002年东山太和岗御龙庭工地M53出土。广州市文物考古研究院藏。

泥质灰白硬陶，器表原施褐色釉，多已脱落。器身如方斗状，上小下大，方口内敛，直壁微弧，平底，四角附小方足。器身上部附两个对称的半环形小耳，四面刻划横、直线纹。

西汉 陶鼓

左：高17.5厘米，面径17.8厘米，底径24厘米；中：高17.7厘米，面径19.6厘米，底径24.6厘米；右：高19.2厘米，面径18.5厘米，底径26厘米。1986年东山农林东路广州铁路局宿舍工地M3出土。广州市文物考古研究院藏。

同墓出土陶鼓三面，泥质灰硬陶，两件浅灰胎，一件浅黄胎。均仿铜鼓造型，纹饰基本相同。鼓面平圆微高起，平素无纹。胸部鼓凸，束腰，足部宽展如座。腰间等分四个三线半环耳。胸下和腰部用栉齿刻划水波纹与弦纹。铜鼓主要分布于西南少数民族地区，最早作为炊具和打击乐器使用，后逐步成为权力和财富的象征，用于随葬、进贡、赏赐以及祭祀。

西汉 扁圆形陶响器

直径9.5厘米，厚5厘米。1983年南越文王墓出土。南越王博物院藏。

泥质灰白硬陶。扁圆形，中空，内有小沙粒，摇动发出响声。南越文王墓西耳室中共出土了七件扁圆形陶响器，大小略微有差异。这件陶响器一面装饰有放射式篦点纹，另一面装饰圆圈戳印纹，表面有草编织物的残片。

西汉　鱼形陶响器

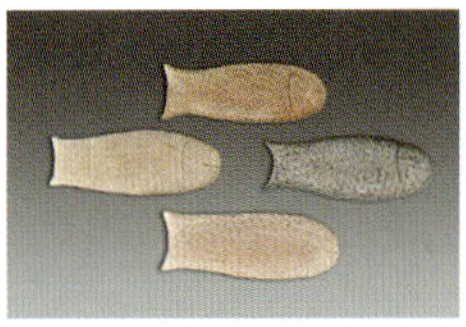

长11.5—12.5厘米，头宽4.4厘米，厚2.4厘米。1983年南越文王墓出土。南越王博物院藏。

胎质坚硬。器体是用泥捏为两片合成空心鱼形，内有沙粒，摇动发出响声。南越文王墓的后藏室共出土鱼形陶响器九件。鱼身两面划有鱼眼、嘴和鳃盖，体上戳印鱼鳞。其中八件是用竹管戳出圆圈作鳞纹，另一件以篦点为鳞片。鱼体表面的颜色也有不同，其中一件色黑如墨染；三件为灰褐色；五件为灰红色。

西汉　陶熏炉

通高16.5厘米，口径10厘米。1955年华侨新村玉子岗出土。广州博物馆藏。

泥质灰白硬陶，通体施黑褐色釉。炉身似豆形。盖面隆起，镂空的气孔为几何图形，顶端有鸟形钮。柄为方柱形，座足宽大，较短。盖与身均饰刻划纹。

西汉　陶熏炉

通高10.3厘米，身高8.2厘米，腹径12.5厘米，底径8.7厘米。1983年南越文王墓出土。南越王博物院藏。

整器似豆形，喇叭形座足，子口合盖，盖面较平，正中饰一鸟状立钮。盖面饰斜方格纹。中部有两圈三角形镂孔，外周有六个“T”字形镂孔，器身装饰有篦纹和弦纹。

西汉　陶熏炉

高14厘米，直径28.3厘米。2010年荔湾西湾路旧广州铸管厂工地M44出土。广州市文物考古研究院藏。

泥质灰黄硬陶，残缺。弧顶，斜收腹，平底，下附三扁足。顶部、腹壁皆镂空。顶部镂十九个圆孔，居中圆孔最大，其余圆孔大小相近；腹部镂一圈反“Z”字形孔。

西汉　陶熏炉

通高16.8厘米，腹径16.2厘米，底径9厘米。1999年东山先烈南路大宝岗工地M8出土。广州市文物考古研究院藏。

泥质灰陶，施褐釉，大部脱落。由带承盘的豆形炉身和锥形炉盖组成。炉子口微敛，斜腹折收，喇叭形高圈足与承盘相连，盘直口，折沿，上腹直，下腹弧收，平底。盖圆锥形，镂圆形、长条形、花瓣形孔，炉腹外壁及盖面刻划线纹。

西汉　陶熏炉

通高16.8厘米，盘口径16厘米。2010年越秀先烈路市委党校工地M2出土。广州市文物考古研究院藏。

泥质灰白硬陶，施褐釉，局部剥落。由带承盘的豆形炉身和圆锥形炉盖组成。炉子口，直腹，下部弧收，喇叭形高圈足与承盘连为一体，盘敞口，折沿，直腹下部弧收，平底。圆锥形盖，乳钉钮，盖面镂两层长条孔，孔间刻划叶脉纹。

西汉　龟形陶灯

高6.4厘米，长15.5厘米，宽10.4厘米。2004年天河永福路广州警备区干休所工地M2出土。广州市文物考古研究院藏。

泥质灰白硬陶。状如行灯。敞口，平唇，斜收腹，侧有龟首形把，圜平底，下附三撇足。腹壁分上下两部分，上腹壁有长方形镂孔，如同边栏，既可挡风，又可透光，近把一侧留出约三分之一缺口，下腹壁刻划斜方格纹，上下腹以一周弦纹分隔。

西汉　陶兽座灯

高18.4厘米，长19.4厘米，宽6.8厘米。2001年天河恒福路银行疗养院工地出土。广州市文物考古研究院藏。

泥质灰白硬陶。直口微侈，直腹，腹上部镂刻一周长方形孔，前部留出四分之一缺口，圜平底，下有柱形柄与虎形灯座相连。虎趴卧状，龇牙卷尾，虎背支撑灯柄托起灯盘，身上刻线纹以示皮毛。虎头残留朱砂痕迹。

西汉　陶鹿座灯

通长12.8厘米，高14.5厘米，灯口径9.7厘米，座宽5.9厘米。2018年越秀横枝岗路广州胸科医院二期工地出土。广州市文物考古研究院藏。

泥质灰白硬陶，施黄褐釉，大部脱落。灯直口，上腹直壁，下腹折收，平底，下有棱柱形柄与鹿形灯座相连。鹿呈坐姿，神态安详，眼、鼻、嘴清晰，双耳贴着灯盘，后背支撑灯柄托起灯盘，四腿蜷曲收在身下，鹿身刻划细线纹示意皮毛。

西汉　陶胡人俑座灯

高24.7厘米，灯盏口径10.4厘米。1955年海珠大元岗出土。广州博物馆藏。

泥质灰白硬陶。俑座的塑形为胡人，头上束高髻，高鼻，颌下有须。裸体，跣足，通体划毛。眼睛突出，张口吐舌，屈膝蹲坐，左手斜托灯盘，右手支于腿上，仰首注视灯盘。广州地区的汉墓中，这类托灯胡俑多见，有陶俑，也有木俑，目前所见最早出于西汉中期，东汉墓常见，有男俑和女俑，当为达官富人的家奴形象，应与汉代南海海上交通有关。

西汉　陶胡人俑座灯

通高22.8厘米，盏口径8厘米，灯座宽16.6厘米。1999年东山先烈南路大宝岗工地M5出土。广州市文物考古研究院藏。

泥质灰红硬陶。俑塑作男性，眼睛细长，高鼻梁，尖长下巴，络腮胡子，头发束于脑后折向前成髻。屈膝坐地，左腿竖曲，右腿横曲，跣足。左手举托灯盏，右手垂直按于右腿上。颈下刻划“X”形线纹以示身披交襟薄纱，两小乳头突现。体貌具有胡人特征，为来自海外、替达官富人掌灯的家奴形象，应与汉代广州海上交通有关。

西汉　陶胡人俑座灯

高39.6厘米。2001年白云下塘西路狮带岗工地M6出土。广州市文物考古研究院藏。

泥质灰陶。俑塑作男性，裸体，圆眼高鼻，嘴斜张，用刻划线纹显出浓眉和络腮胡须。双足斜交于前做盘坐状。头顶托一细柄灯盘，左手上举托灯，右臂残。灯盘均方唇直口，下腹折收成平底，折腹处饰一周凹弦纹。

西汉　陶胡人俑座灯

长10.7厘米，宽10.3厘米，高20.7厘米。1979年工业大道河南塑料十五厂工地M2出土。广州市文物考古研究院藏。

泥质灰白硬陶。俑塑作男性，裸体，通身刻划线纹以示毛发。头上仰，深目高鼻，嘴微张，络腮胡，双乳、肚脐眼、生殖器突出，屈膝蹲坐，跣足。左右手均曲肘支于膝盖上，左手上扬，右手托灯，灯盘方唇直口，下腹折收成平底，折腹处饰一周凹弦纹。

东汉　陶胡人俑座灯

高28厘米。1956年东山三育路出土。广州博物馆藏。

泥质灰硬陶。俑塑作男性，俑头上缠巾托灯，面微向上昂起，深目高鼻，口微张开，略带微笑；口的上下划须，身躯肥硕，肌肉突出，遍体划出毛发，双足上曲做箕踞蹲坐的姿态；两手按膝盖上，阴部男性特征明显。出土时，与烛台同置棺室门口一侧，为棺前设奠燃烛点灯之用。

东汉　陶胡人俑座灯

长15.7厘米，宽16.4厘米，高27.7厘米。2006年越秀农林上路一横路省老干部活动中心工地M6出土。广州市文物考古研究院藏。

泥质灰硬陶。俑塑成上身裸露的男性，头缠巾，深目，高鼻，山羊胡，厚唇，双耳穿孔，双乳突出；腰围短裙，屈膝坐地，右腿竖曲，左腿向前盘曲，跣足；右手曲肘支于右膝之上，举托灯盏，左手垂放于左腿之上。

东汉　陶烛台

通高47厘米，盆口径32.5厘米，底径22.2厘米。2003年东山执信中学工地M42出土。广州市文物考古研究院藏。

泥质灰白硬陶。器体分立柱和承盆两部分。盆为直口，折沿，折腹，台足。盆内正中立柱，断面方形。柱体下部为方形实体，上部一面挖出凹槽以插烛，其上端有一圆箍，下端出半圆形平托以承烛。柱座与柱体下部刻划线纹。广州地区的两汉墓都有插烛的陶或铜质灯盘与烛台出土。

东汉　双头兽形陶器

长32.5厘米，宽6.8厘米，通高13厘米。2002年越秀太和岗淘金家园工地M40出土。广州市文物考古研究院藏。

泥质灰胎硬陶，局部为砖红色。器身为两

虎背向相连，兽身中空，做前肢前伸、仰头、瞠目张口状。两虎相连的背部正中有相连的三个空槽，槽与二兽口均可相通，空槽平面依序为长方、扁方和半圆形，长方空槽与扁方空槽交接处有两圆柱形空槽。

东汉　青釉虎子

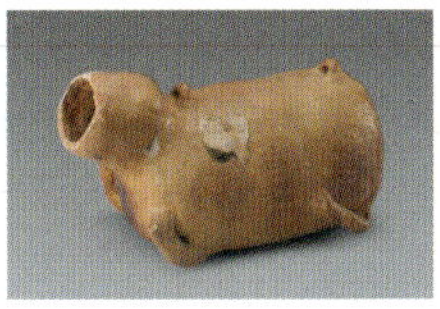

通长25厘米，高14.5厘米。1998年天河永福路永福大厦工地M4出土。广州市文物考古研究院藏。

灰白胎，器表施青釉，釉色泛黄，局部聚釉。虎形溺器，虎口大张呈圆筒形，面目模糊，虎身肥圆，腹部中空，四足蜷曲，呈趴卧状，脊背前后附两个半环形钮，以系绳提取。

东汉　陶舞俑

高38厘米。1955年先烈路出土。广州博物馆藏。

泥质灰白硬陶。原施彩绘，已脱落，仅留若干黄白色的素地及衣裙的蓝色镶边。舞俑为立像，着长袖宽衣，束腰。右手在前，左手反旋于后，口微张开，做歌舞姿态。头上结三丫髻，插簪。前面贴四瓣形的花钿四朵，发下额间束带，带上分垂五扣，髻的左右尚有类似簪扣的印痕两处，已缺失。耳上带花形耳环一对，耳环正面为菊花形，中一平蕊，外围八瓣，环圆形扣达耳后，环上镶嵌圆珠八颗。上衣无领，口缘处镶花边，胸前为“人”字形，亦镶贴花边。后面当中开口，两旁斜列似纽扣形状的刻纹十八对。袖宽，袖口窄长而下垂。裙上束下宽，成喇叭筒形，分三幅，前面正中为一小幅，左右两大幅缠至背后，裙幅斜交，其边缘处均镶蓝色的边饰，裙脚的边上有篦纹。

东汉　陶乐俑

高14.5厘米。1955年先烈路出土。广州博物馆藏。

泥质灰白硬陶。一组三件，皆戴高冠，胸前斜束两带。中间者身前置一琴，两手按琴上，做弹奏状；旁边两俑两手伸出，为击掌拍打姿态。三俑均细致刻划出眉眼、嘴鼻、耳等五官，神情庄重。

东汉　陶乐舞俑

舞俑高35厘米，乐俑高18.9—21.8厘米。2006年海珠官洲岛花果山工地M1出土。广州市文物考古研究院藏。

泥质灰胎硬陶。一组八件。其中一件女俑形象较为高大，头戴花冠，耳贴花环，长眉入鬓，秀眼圆睁，面带微笑，身着长袖长裙，双手做挥袖起舞状，左手弯于胸前，右手反曲于后背，长袖下垂，姿态优美；其余七俑体形较小，或站或坐，或抚琴、或拍打，似在为舞者伴奏或伴唱，造型各异，形态生动。

东汉　陶侍俑

高18厘米。1955年先烈路出土。广州博物馆藏。

泥质灰胎硬陶。一组两件，身材不高，头较短，深目高鼻，两颧较高，宽鼻厚唇，下颌较为突出。缠头绾髻，或戴耳环。上身裸露，胸前划交叉线纹以示披纱，双乳突出。下身着长裙及地如纱笼。一俑右手托盘，置于肩上，盘内盛着点心，左手似正向前摆动，身体微微向前倾，似正在行走的姿势。另一俑腰部加束带，双手前拱，做捧物状。

东汉　陶俑

高20.6—30.7厘米，宽9.2—13.3厘米，厚7.9—12.2厘米。2012年越秀先烈中路广州动物园工地M4出土。广州市文物考古研究院藏。

泥质灰硬陶。一组五件，均为男俑，着交衽及地长袍。从右到左体形各有不同：二俑戴平巾帻，低眉垂首，神态谦恭，其一双手交握于胸前，另一双手手掌相对，似做拍手状；三俑不戴帽，其中二俑双手交握于胸前，一俑持棒斜置胸前。陶俑冠帽、五官、衣着塑造刻画精细，形象生动，是研究东汉岭南地区日常生活及陶器制作使用的重要实物。

东汉　陶俑

高16.9—20.5厘米。2009年黄埔大田山M1出土。广州市文物考古研究院藏。

泥质灰硬陶。一组八件，均着长袍，下摆及地，前后均有一半圆形缺口。形态各异，头顶有缠巾的，有戴斗笠的；耳部有穿孔的，有戴耳环的；有携童的，有劳作的，肩扛手提或随身佩戴的物件各不相同，是劳动者的真实写照，从侧面体现了汉代广州地区农耕渔猎的生产生活方式。其中两件陶俑手持农具，同时又佩带武器，代表了平时耕作，在需要时充当护卫的家兵（部曲）的形象。

西汉　陶牛

上：长26.2厘米，宽9.2厘米，高14厘米；下：长30.5厘米，宽9厘米，高16.2厘米。1986年东山农林东路广州铁路局宿舍工地M3出土。广州市文物考古研究院藏。

夹砂灰陶。同墓出土一对，塑出牛形，造型简朴生动。站立状，脸部刻划眼、嘴，牛脖下垂，颈后有肉隆起如驼峰，耳部有孔，可能原装配有牛角，已缺失。这种颈上隆起肉峰的牛汉代称封牛、犎牛，或峰牛、犦牛，亦称瘤牛。

东汉　陶动物俑

长15.1—26.3厘米，宽8.7—15.4厘米，高7—23.5厘米。2020年荔湾广雅中学莲韬馆复建工程项目工地M26出土。广州市文物考古研究院藏。

一组九件，是东汉时期墓葬普遍随葬的陶猪、羊、牛、狗、鸡、鸭等动物俑，采用捏塑、刻划、贴塑等手法制成，造型简朴写实，形象生动，憨态可掬，有时与牲畜房或圈栏模型同时出土，反映出当时广州地区养殖家禽家畜已较为普遍。

西汉　陶屋

长24.5厘米，宽21.3厘米，高27.8厘米。1955年海珠大元岗出土。广州博物馆藏。

模型明器，泥质灰白硬陶。分上、下两层。上为人居，下养牲畜。屋的上层平面为矩形，两坡瓦盖，悬山顶，门口开在面墙正中，设阶梯供上下。下层的圈栏刻划构架的线条。

西汉　陶屋

底长20.7—21.2厘米，底宽13.6—14.2厘米，通高35厘米。2014年越秀恒福路铁路疗养院工地M15出土。广州市文物考古研究院藏。

模型明器，泥质灰白硬陶。分上、下两层，前屋后院。前屋呈横长方形，悬山屋顶刻划瓦垄，上层是房间，正面左侧设单扇门，半开，上有兽面衔环铺首，右侧上方开直棂窗，后面开方形窗，屋内右侧地面有一长方形孔洞，与下层圈舍相通，应是厕所；后院亦呈长方形，三面有矮墙及屋檐，后壁左下角有一圆形窦洞。墙面和矮墙均用横竖线及斜线表示房屋梁架结构。

西汉　陶屋

长26厘米，宽25厘米，高30.6厘米。1999年东山先烈南路大宝岗工地M5出土。广州市文物考古研究院藏。

模型明器，泥质灰白硬陶。分上、下两层，上层平面曲尺形，前部是高大的横堂，两面坡悬山顶，正面有门窗，后面亦有方窗，左后方连窄小的廊屋，屋顶较堂屋低矮，屋内有厕坑，下通猪圈；下层平面近方形，正面左右各开一门，并设楼梯通向上层。左侧为猪圈，两只小猪偎伏于地上，后壁开一圆形窦洞，右侧是天井。屋壁刻划直线示意梁架。

西汉　陶屋

长36厘米，宽27厘米，高32厘米。2004年天河永福路广州警备区干休所工地M2出土。广州市文物考古研究院藏。

模型明器，泥质灰红硬陶。平面呈长方形，由前高后低两部分组成。前部是高大的横堂，分上、下两层。两坡上盖，瓦垄疏宽。上层正面、左面墙开门，正门左侧有直棂窗，屋内左后侧有厕坑通向下层，左墙有侧门。后墙当中也开一小门，墙头镂空呈“个”字形，如斗拱状。两面的山墙都划有直线纹，表示梁架结构，山墙顶处开气孔。后屋低矮，一坡上盖，后墙正中辟三角形窦洞，表示其为饲养禽畜的圈栏。

西汉　曲尺干栏式陶屋

长30.3厘米，宽34厘米，高28.5厘米。1982年瑶台柳园岗工地M7出土。广州市文物考古研究院藏。

模型明器，泥质灰白硬陶，施褐釉。房屋分为上、下两层，下层平面呈方形，四周镂菱格、长方孔，四分之三被上层所压，四分之一露天，形成后院，院墙有两坡屋檐；上层平面呈曲尺形，由正屋及右后侧的廊屋组成，悬山屋顶，三脊四坡，有瓦垄，正屋一门半开，门左右两侧及廊屋墙壁均开直棂窗、菱格窗。屋壁刻划横竖直线、叶脉纹、菱形纹间短线纹。

西汉　陶仓

长40.3厘米，宽25.4厘米，高23.1厘米。2010年越秀先烈路市委党校工地M2出土。广州市文物考古研究院藏。

模型明器，泥质灰白硬陶，施褐釉，大部脱落。平面呈长方形，前为横廊，既可防晒挡雨，又可作为堆放工具或翻晒粮食等简单加工劳作的场地；后为仓室，两坡悬山顶，刻划出瓦垄。正面屋檐下有斗拱造型，大门近方形，左右两侧透雕人像，似为门神；左右侧墙上方各开一窗，以利通风。其余三面墙壁刻划直线示意木梁架结构。

汉　曲尺形带畜圈三脊陶屋

长21厘米，宽20厘米，高19厘米。增城新塘镇大统岗汉墓出土。广州市增城区博物馆藏。

泥质红陶胎。平面呈曲尺形，屋由两栋单层的长方形房子组合而成，均两面坡顶，正面有门，后侧有窗。两屋脊等高相交，前后坡面合角，上盖坡面较平缓，三脊之端及其交合点均翘起。正屋门宽敞，两侧有柱，屋内主人在忙家务。两正屋相交处后角有畜圈。后墙开窗正对畜圈，畜圈内有羊躺卧。

东汉　干栏式陶屋

长32.1厘米，宽32.6厘米，高30.1厘米。1953年先烈路龙生岗出土。广州博物馆藏。

泥质灰白胎硬陶，通体施黄褐色釉。上层平面呈曲尺形，前部是通堂，左后室作厕间。门口设在前墙的左边，门半掩，门板上刻画有图像，或即为《后汉书·礼仪志》所说的“门神”。门左右两侧及廊屋墙壁均开直棂窗、菱格窗。下层应为圈养牲畜之所，平面呈方形，四周以菱格镂空装饰，后院开有窦洞。屋壁刻划横竖直线、叶脉纹、菱形纹间短线纹。

东汉　曲尺式陶屋

长20厘米，宽20厘米，高22.5厘米。1956年海珠大元岗出土。广州博物馆藏。

泥质灰白硬陶。曲尺形。悬山顶，三脊四坡，坡面平缓，脊头突起。正屋为横堂，门口开在前壁左方，右边开窗，上为直棂式，棂柱饰叶脉纹，下为菱格式。横堂左侧墙壁镂空通透，为菱格式，自顶及地；横堂后墙与后院相对有一个小方窗，窗门斜向上支起。右侧廊屋左下方开方形小口，小口右侧刻有“倩封墓”三字及菱格纹，上方饰双联菱形窗户，廊屋上层是厕间。后侧相对的两面用矮墙围起成后院，院墙镂空“凸”字形窗，用作饲养牲畜的圈栏。这是目前所见汉代出土陶屋中唯一刻有墓主名字的。

东汉　三合式陶屋

长27厘米，宽18.6厘米，高29厘米。1955年先烈路出土。广州博物馆藏。

泥质红陶。三合式。悬山顶重檐，檐下开多个圆孔。前为堂屋，屋正面有两方形门，两门中间为直棂柱，门口趴着两个动物俑（已残），屋内有俑在舂米、簸米。两廊屋在后边，廊屋的后墙间用矮墙连起成为后院，后面院落为猪圈，有猪俑一只。左边廊屋作厕所；右边廊屋为畜舍，舍门外架一斜梯，四只羊正鱼贯而入。

东汉　三合式陶屋

长34厘米，宽24.1厘米，高24.2厘米。2003年东山执信中学工地M42出土。广州市文物考古研究院藏。

泥质浅灰硬陶。由前堂与后侧左右对称的两个廊屋组成，形成“凹”字形三合式陶屋。两廊屋的后墙以矮墙连接，围成天井式后院。堂屋屋顶高于廊屋，二者皆为两坡悬山顶，瓦垄分明，高低错落。前堂有一狗守门，内有二俑持杵舂米，一俑推开后窗向天井内投食。天井内二猪正在食槽前吃食。一侧廊屋为厕所，另一侧廊屋为牲畜圈，均单独开门以供进出。牲畜圈门外有斜坡，前堂侧门有一俑正赶着三只羊依次入圈。屋壁装饰有菱格、长方形、“凸”字形、三角形镂孔，刻划横竖线及叶脉纹，建筑结构完备。

东汉　陶屋

长26厘米，宽25厘米，高22厘米。2003年番禺小谷围港尾岗工地M16出土。广州市文物考古研究院藏。

泥质灰白硬陶，施褐釉。平面呈方形，三脊四坡悬山屋顶。内分前室、厢房、畜圈、后院。前室左侧开一长方形门，右侧上方开直棂窗。后壁左半部上方开一方形窗与后院相通，右半部与厢房连接，并隔作上、下两层，上层为小厢房，下层为牲畜圈，不与前室相通。前室内有五俑，三俑在杵臼旁舂米，一俑趴在前室与后院的窗边，似在查看后院猪的进食情况。左壁、右壁和后室后壁都开有直棂窗和三角形气窗。畜圈后墙及靠后院一侧各开一窦洞，院内有两头猪在长方形槽前进食，另一猪欲从畜圈的窦洞爬出。外墙刻划叶脉纹和网格纹。

东汉　陶屋

长33厘米，宽27.5厘米，高22.7厘米。2004年海珠同福中路广州市红十字会医院工地M1出土。广州市文物考古研究院藏。

泥质灰红硬陶。由堂屋及两侧廊屋、左右厢房、后院及露台组成。堂屋高大，两面坡顶，前有地台，正面中间开大门，旁开方窗，门内二俑正在舂米，一俑手持圆勺似在往臼内加料，一俑左脚踩于臼中，双手环拢似做持杵状；堂屋两侧为狭窄的廊屋，单面坡顶，左侧廊屋地面与堂屋齐平，前面开门，一俑倚于门前，抬头望向堂屋顶上驻留的小鸟；右侧廊屋分上、下两层，上层应为厕所，前面开门，有斜梯通向堂屋门口，下层为畜圈；堂屋后面左、右各有一间厢房，两面坡顶，两厢房的后墙以矮墙相连，围成露天的后院。左厢房后墙根开窦洞，右厢房右墙正中开方窗，窗外有廊道通向后方的露台，露台趴卧一犬。屋壁及露台装饰镂孔及刻划线纹。

东汉　楼阁式陶屋

长39.4厘米，宽35厘米，高32厘米。1957年东山象栏岗出土。广州博物馆藏。

泥质灰硬陶，有施釉痕。平面呈方形，建筑整体布局均衡对称，高低参错，平、立面主次分明。陶屋为前庭中楼后院式，前、后、左、右均讲究对称，以两条中轴线分列房间和开门窗。采用四阿顶、悬山顶组合，构成五重檐，脊头上翘。前庭中部开一方形门，直棂柱，悬山顶，中楼高耸，正面中部开方形门，重檐四阿顶，两侧是较高的单层悬山顶平房，后院是圈栏，为鸡舍、猪圈，均为悬山顶，直棂柱，塑造探头的鸡俑和躺卧的猪俑。屋四角均为悬山顶小屋。

东汉　陶城堡

长46.7厘米，宽40.5厘米，高32厘米。1956年东山三育路出土。广州博物馆藏。

泥质灰质硬陶。城堡整体呈方形结构，高墙围绕，四角都设角楼可供观察外情。位于中轴线上的两座城楼也有瞭望和守卫功能。前后门各有两名仆人守卫和迎送，手中持物。内部由两个长方形屋组成，分列两边，互相对向。一为平房，盖顶中为平脊，自平脊之两端接角脊，坡度平缓，檐口几与墙头平。山墙及后墙全部镂空成菱格式窗。正面左右辟门，中间上为方形、下为菱格式窗。屋内两俑凭几列座，右边一俑匍匐座前，左边一俑正欲外出。另一为二层的楼房，每层各分两半。左半的上层是厕所，上有竖窗，下为粪坑。屋前面有板梯以登楼，右边的楼上一俑匍匐，一俑俯首弓腰，对面一俑昂首挺立，正在接受两人的施礼。楼下一俑凭几而坐，面前有一俑伏地朝拜，一俑两手捧巾侍立。

东汉　陶楼

长24厘米，宽23.2厘米，堂屋高23.2厘米，望楼高31.6厘米。1999年东山先烈路102号工地M1出土。广州市文物考古研究院藏。

灰褐胎，硬陶。火候较大，正面略有变形。平面略呈正方形，布局略似“三合式”，堂屋右侧增建四阿式顶的望楼，呈上下两层的结构，楼板略外伸。望楼正面、右面均开窗，有一陶俑守望。堂屋正面镂孔成斗拱立柱及窗扉等木结构形式。左廊屋架空底层与后院连通，可能是厕所。右廊屋为畜舍，开一小门，设斜梯，在堂屋右侧门有一俑驱赶家畜沿梯进入畜舍。

东汉　陶楼

长26.5厘米，宽28.8厘米，高27.5厘米。2010年越秀东风路中山大学附属肿瘤医院工地M20出土。广州市文物考古研究院藏。

泥质灰白硬陶，施褐釉。平面呈方形，建筑整体呈中轴对称，由前室及后部阁楼、左右护院、左右后室组成。前室门外二小俑肩扛一长方形物件欲入屋，一大狗趴于门槛望向屋内，室内立一俑，右院与右后室均在侧面开门窗，二者之间有方窗相通，一俑立于院中，在投喂鸡鸭等家禽，左院与左后室有门相通，左后室侧面开圆形窦洞，左院内前后有二俑相对站立，中间有一猪在进食，右侧有斜梯通向二层阁楼；阁楼门前有凭栏，三面有直棂窗。前室、左右后室为两面坡悬山顶，阁楼为四阿顶，顶中央立一小鸟。

东汉　陶楼

长37.2厘米，宽27.6厘米，高35.8厘米。2016年越秀先烈中路广州动物园工地M34出土。广州市文物考古研究院藏。

灰白硬陶，有施釉痕。平面呈方形，由前楼、望楼和后院组成。前楼双层，曲尺形，悬山顶。下层正面右侧设门，单扇内开，左侧设一排直棂窗；左墙开“Ω”形窦洞；右墙设直棂窗及“T”字形气窗，后墙左侧有门通向后院；上层房门开于右后侧，双扇门，向外开，各面墙均开窗，有直棂、菱格镂空窗与支摘窗多种样式；望楼略高，方形，四阿顶，搭建于前楼的右后方，底部突出于下层墙体，底部横梁清晰可见，三面开窗，样式丰富。后院在前楼的左后方，两面矮墙围成露天院落，墙体镂空窗格，上部有狭窄屋檐。

东汉　陶仓

长38厘米，宽27.5厘米，通柱高37.4厘米。1956年先烈路龙生岗出土。广州博物馆藏。

泥质灰陶。仓整体平面呈长方形，悬山式顶，屋顶刻划瓦垄。面宽三间，前部为横廊，方便装卸，后部为仓室。门前设板梯，以供上下。仓壁上各有一个圆形、三个三角形、三个长条状通风口，并刻划横竖线条纹及曲弧线纹。仓体高架于四根陶质圆柱上，以利通风防潮。

东汉　陶仓

长41.5厘米，宽27.5厘米，高27.2厘米。1996年天河横枝岗远东风扇厂工地M18出土。广州市文物考古研究院藏。

贮存粮食的建筑模型。泥质红陶。悬山顶，屋顶刻划出瓦垄。正面中间开门，外有凸起门框，门槛高离地面，前有二级台阶。墙面刻划横竖线纹，以示柱枋构架。两侧壁上方开三角形气窗，以利室内通风。仓底有六个圆形穿孔，原应设有木柱支撑，使仓高离地面，起防潮、防兽作用。

东汉　陶囷

通高31厘米，盖径31厘米。1954年东山出土。广州博物馆藏。

泥质灰陶。囷即圆形谷仓。囷直口，伞形盖顶，圆筒形壁，方形平底，底穿四个小圆孔，下以陶柱支撑。盖顶部凸棱一周，中心置一圆锥形攒尖，由基部向外至凸棱间呈放射状等距离有四条脊饰，遍刻下垂的篦状纹，显示是用稻秆编织、分层叠盖。囷壁正面开长方形门，门槛较高，圆形围壁划有类似竹木结构的线纹，旁边刻划门框的线条，两侧各有二穿孔，是拴门扇之用。

东汉　陶囷

通高30.8厘米，口径29.9厘米，底径31厘米。2004年海珠同福中路广州市红十字会医院工地M1出土。广州市文物考古研究院藏。

泥质灰陶。圆形囷体，多边形地台，高架在四根圆柱上。长方形囷门，门槛较高，四周有突出的门框。顶盖如伞，顶中一尖突，顶周一圈凸棱，四条脊棱在正中处交会。囷壁刻划双线菱格纹。支柱呈蘑菇形，顶端凸出圆形榫头，可插入囷底的圆孔中。

西汉　筒形陶井

高23厘米，口径19.5厘米，底径20.5厘米。1997年东山农林上路四横路6号工地M11出土。广州市文物考古研究院藏。

泥质灰白硬陶。筒形，

直口，宽平沿，沿缘起凸棱，直腹，平底。上腹部在两周凸棱间以细泥条堆贴出波折纹，转折处堆贴圆点，中间镂圆孔。西汉前期岭南地区的陶井模型为直筒形，无井亭。

西汉　方形陶井

口：边长12厘米，底长23.1厘米，宽21.5厘米；亭盖：长21厘米，宽20.4厘米，高6.5厘米。2014年越秀恒福路铁路疗养院工地M5出土。广州市文物考古研究院藏。

泥质灰硬陶。方形井栏，敞口，平折沿上刻划网格纹，上部收束，中部突出二层腰沿，刻划水波纹，下部近直，底部略宽，四角有柱础，铺于方形地台之上，地台及柱础上饰网格纹。柱础上原应立有木柱支撑亭盖，木柱已朽。亭盖为四阿式，刻划出瓦垄。

东汉　陶井

长18厘米，宽17.8厘米，高21.7厘米。1956年海珠大元岗出土。广州博物馆藏。

泥质灰白陶。方形井栏，地台较宽阔。井口为井形的木架；在井栏的四角上立四根圆柱，其上覆以四坡式顶，顶上立一凤鸟的亭盖，以保护食水清洁，是为井亭。方形井栏的陶井在广州汉墓出土很少，在造型上与河南出土的仅有井栏的长方形陶井非常接近，只是在井亭的造型上依然保留岭南特色的四柱模式。这是一件受到当时中原地区陶井制造工艺影响，融合了中原及岭南艺术特色的陶井。

东汉　陶井

高17.5厘米，口径13.3厘米，底径22厘米。2003年番禺小谷围港尾岗工地M16出土。广州市文物考古研究院藏。

泥质灰白陶，施黄褐釉，局部剥落。圆形井栏，敞口折沿，折腹，上部收束，下部直壁；平底伸出圆形地台，有四个方形柱础，上承四阿顶井亭，亭顶刻划出瓦垄；一俑趴在圆形井栏边，似在汲水。外壁刻划三角纹、网格纹与短线纹。

西汉　圆形陶灶

通高24.5厘米，口径15厘米，腹径27.6厘米，底径23.5厘米。1986年东山农林东路广州铁路局宿舍工地M3出土。广州市文物考古研究院藏。

灰黑夹砂硬陶。灶体呈圆形，单灶眼，前开上窄下宽的梯形灶门，后有圆形出烟孔，与斜向上方的管状烟突相通，灶门前凸出较窄的地台。陶灶在广州出现于西汉南越国时期，早期皆为圆形单眼灶，后发展为长方体多眼灶。

东汉　陶灶

通长28.5厘米，宽20.5厘米。1956年海珠大元岗出土。广州博物馆藏。

灰陶胎。灶身长方形。灶前有地台，地台左侧有一俑，做执扇扇火状，右侧一狗蹲坐，前肢立起，头部高昂；灶门拱形，灶门上有额墙，上方用双线刻划斜方格纹；灶后有龙首形烟突及圆形出烟孔，灶身上置两釜及一双耳锅，两壁外各附三口水缸。

由于岭南地区气候潮湿，陶灶灶身下方普遍有底，且伴出地台，以保持灶身干燥。灶上普遍放置釜、甑等器具。该陶灶在灶体两侧附设水缸，这样的设置既方便煮食添水之用，也可以利用火膛的温度温水。

东汉　陶灶

长30.9厘米，宽13.5厘米，通高16.2厘米。2003年东山执信中学工地M12出土。广州市文物考古研究院藏。

泥质灰白陶，表面施褐釉，大部剥落。灶体长方形，前宽后窄，上列灶眼三个，置三釜两甑，灶前有地台；灶门拱形，额墙高起前倾，灶尾烟突塑出兽头状，略残，以细线刻划毛发；灶面刻划双线方格纹。釜均为敞口，展唇、束颈、扁鼓腹、圜底；甑均为广口，斜收腹，平底。

东汉　陶灶

长29厘米，宽14厘米，高19.4厘米。2003年东山执信中学工地M58出土。广州市文物考古研究院藏。

泥质灰陶。灶台置于宽敞的长方形地台之上，灶门拱形，右侧地台上蹲立一犬，卷尾昂首，与匍匐在额墙上的壁虎相望。灶台上有两个火眼，置一釜一锅，釜、锅皆双耳，釜耳在腹部，锅耳在口部，锅旁立一俑，似在观察锅内的烹煮情况。灶左右两侧各置一水缸，右侧水缸残缺，左侧水缸旁立一俑，右手持扇，似在扇风。灶尾有出烟口，烟突缺失。

东汉　陶船

长54厘米，前宽8.5厘米，中宽15.5厘米，后宽11.5厘米，高16厘米。1954年沙河顶汉墓出土。原藏于广州博物馆，20世纪70年代调拨中国国家博物馆。

泥质灰白陶，施青绿色釉，但几已全部脱落，仅船篷上个别地方还存有一些痕迹。这是一艘内河或沿海航行的客货两用船。船分前中后三舱，船前系锚，后有舵，船尾有望楼。“舵”的发明是中国古代人民对世界造船史的一大贡献。此陶船证实了英国科学家李约瑟的推想：中国在公元3世纪或更早时期已发明船尾舵，比欧洲早了近1000年。此结论被写入其著作《中国科学技术史》。

东汉　陶船

全长35.2厘米，宽5.6—9.2厘米，通高8.8厘米。1997年东山先烈中路凯城华庭工地M3出土。广州市文物考古研究院藏。

泥质灰红硬陶。船体呈长条形，首尾狭，翘起；中部宽，平底。船中部设拱形篷盖，顶饰刻划纹。篷下两侧船舷上伸出撑篙走道。船首、尾各有二俑。船首一俑头扎幅巾，双手做持桨状，前置一圆钵形物；另一俑头戴冠，立于篷前向后张望。船头挡板上有两个疤痕，原塑件已脱落。船尾坐二俑，似在划桨。舱板上置一钵一勺。船尾右侧舷上有残存立柱，原可能为桨架。

第四节　晋、南朝陶瓷

西晋　青釉印纹壶

高13.5厘米，口径8.4厘米，腹径12.3厘米。1994年黄埔大沙镇姬堂彭山工地M3出土。广州市文物考古研究院藏。

灰白胎，表里施青釉，釉色翠绿，开冰裂纹，口沿处土沁成红锈色。侈口，短颈，椭圆腹，圈足外撇。颈、肩、腹、足饰弦纹一至两周，肩腹部各戳印一周菱形纹，中间一周主纹，由戳印圆点连接成线，形成多个并列的榄形。印纹青釉器在广州晋墓中极为罕见。

晋　青釉鸡首壶

高16.3厘米，口径8.2厘米，腹径16.2厘米，底径11.2厘米。1996年东山农林下路三横路工地M7出土。广州市文物考古研究院藏。

通体施青釉，开细碎冰裂纹，有流釉。盘口，束颈，扁圆腹，平底。肩部置鸡首形流，弧形把手与盘口沿衔接，两侧各附一横桥耳。

晋　青釉盖盂

通高22.4厘米，盖径22.3厘米，腹径24.7厘米。1994年黄埔大沙镇姬堂彭山工地M3出土。广州市文物考古研究院藏。

灰白胎，表里施青釉，开细碎冰裂纹。带盖，子口敛唇，圆鼓腹，平底，圈足外撇，触地处有十二个垫烧痕。口沿下、腹中部、足外壁施凹弦纹，腹壁流釉明显；盖直口平唇，盖面高隆，穹窿顶，乳钉钮，盖面密排弦纹。

西晋　青釉炖盅

通高14.2厘米，外盖径14.5厘米，内盖径12.4厘米。1994年黄埔大沙镇姬堂彭山工地M3出土。广州市文物考古研究院藏。

通体施青绿釉。全器由器身、内盖与外盖三部分组成，底有六个垫烧痕。器身如筒，子口，口沿外附四直耳，底部折收成台足；内盖如盏，直口平沿，浅腹，平底，套入器口；外盖敞口平唇，斜直壁，平顶，桥形钮，与器身子口相合。

西晋　青釉虎子

通高18.6厘米，长24.2厘米。1994年黄埔大沙镇姬堂彭山工地M3出土。广州市文物考古研究院藏。

灰白胎，器表里施青釉，有流釉，局部土沁呈铁锈色。虎形溺器，虎昂首张口，眼睛圆凸，两眉下垂，双耳如扇形竖起，小鼻高耸，虎身中空，前后肥圆，中部凹入、形如腰鼓，有提梁架于脑后及臀部上方，尾巴上卷，四足蜷曲。提梁、耳、鼻、眉及尾巴均对刻斜线，形如绞索。

晋 越窑青釉虎子

高17.5厘米，长23.5厘米，宽12厘米。广东民间工艺博物馆藏。

通体施青釉，莹润透亮。虎头上仰，唇口，上方堆塑老虎眉、眼、鼻、耳，刻画精细，栩栩如生。老虎四肢前屈，项背间有弧形提梁，腹部两侧刻划羽翼，尾部留有明显支钉痕迹，整体造型圆润丰满。

晋 青釉瓷三足洗

高8.5厘米，口径17.5厘米，腹径20厘米。广州博物馆藏。

通体施青釉，釉色泛黄，开细纹片。敛口，浅圆腹，下承三兽足，外底呈饼状内凹，有六个支烧痕。外口沿饰弦纹，外腹与口沿间印一周网格纹，并排列着三个等距的浮雕兽首衔环铺首，其下部有多道弦纹，内底在圆圈内印有网格纹，中心处凸起。

晋 青黄釉蛙形瓷水注

高3.5厘米，口径3.5厘米，腹径7.7厘米，底径4.6厘米。广东民间工艺博物馆藏。

青釉，有细开片，釉不及底。水注肩部塑蛙首、四足及尾，并饰以条形印纹，造型生动形象。饼形底。水注，又称砚滴。蛙形水注在三国时期的越窑青瓷中就已出现，两晋时期较为流行。

西晋 青釉杯盘

高5.2厘米，口径21.8厘米，底径14厘米。1994年黄埔大沙镇姬堂彭山工地M1出土。广州市文物考古研究院藏。

灰白胎，通体施青绿釉，亮泽开片，局部脱落。浅盘中置一勺两耳杯，粘连不可分离。盘大敞口，坦腹，平底。勺曲柄深腹圜底；耳杯椭圆形圜底，两侧附半月形耳。

西晋 青釉槅

长26.6厘米，宽18.9厘米，高6厘米。1994年黄埔大沙镇姬堂彭山工地M3出土。广州市文物考古研究院藏。

灰白胎，通体薄施青釉。长方形，子口，无盖，内分九格，大小不一，是放置器物的格盘，亦称多子槅。座足呈连拱形，器底有十余块明显支烧痕。

东晋 青釉多子盒

高7.5厘米，口径22.4厘米，底径23.1厘米。2000年天河恒福路银行疗养院一期工地M5出土。广州市文物考古研究院藏。

灰白胎，器表施青釉，脱落殆尽。圆形，子口，无盖，平底，圈足。分内、外两圈，外圈八格，内圈三格，盒内放置一弯柄勺。

西晋 陶水田

长23.5厘米，宽18.5厘米。1994年黄埔大沙镇姬堂彭山工地M3出土。广州市文物考古研究院藏。

红褐硬陶。长方形，中间有“十”字形田埂，把田亩分隔为大小同等的四块。田中有在进行各种耕作活动的陶塑人畜，有赶牛犁田、赶牛耙田、持铁锸挖沟、已耕作完毕扛起农具正欲离去的多种形态。田埂正中置一圆箩，有尖顶上盖，应装有为田间耕作者准备的餐食。四条田埂边都装有一个捕鱼的竹笱（涨潮时鱼随水进去而出不来的器具）。模型生动还原了耕田劳作的场景，是研究西晋广州地区农耕方式的重要实物。

西晋　陶水田

长20.4厘米，宽14.8厘米，高2厘米。1994年黄埔大沙镇姬堂彭山工地M2出土。广州市文物考古研究院藏。

红褐硬陶，一角残缺，经修复。长方形，中间有“十”字形田埂，将田亩分成大小相同的四块，田上戳点成线，以示耕作后留下的犁耙痕。三块田中各有一畜，似为一牛一马一狗：牛为水牛，体型壮硕，昂首朝前，双角上弯，耳朵下垂，嘴巴微张；马垂首，左前蹄抬起，似在奋力前行，长尾上卷；狗体型较小，似在田间撒欢。田埂交会处趴伏一鸭，两条田埂边装有一个捕鱼的竹笱。

西晋　陶猪羊圈

屋顶长30厘米，底长24厘米，宽21.5厘米，通高19.7厘米。1994年黄埔大沙镇姬堂彭山工地M3出土。广州市文物考古研究院藏。

红褐硬陶。畜圈呈长方圆角形，后对开门口，单扇门向里打开，两侧开窗。屋内分三组人物，一俑门前簸米，两俑舂米，一俑持棍立于食槽旁，正在投喂两头猪。屋外一侧有沿墙斜坡，一俑正驱赶两只羊入圈。两坡悬山屋顶，可拆卸，坡面起脊，刻划纵横线纹，示意用稻秆等铺顶、并压木条的屋顶结构。

西晋　陶鸡猪舍

长22.5厘米，宽12厘米，通高11.7厘米。1994年黄埔大沙镇姬堂彭山工地M2出土。广州市文物考古研究院藏。

红褐硬陶。平面呈长方形，两坡悬山屋顶，可拆卸，坡面刻划线条示意茅草铺就。屋内一道直墙，分隔两舍，各开一门，不设门扇。右舍养鸡，一俑在食槽前投食，二鸡赶来吃食，后墙处一鸡伏地，另二鸡上下相叠在交配；左舍养猪，一俑在食槽前给二猪投食。

西晋　陶羊马厩

长21.6厘米，宽14.8厘米，通高12厘米。1994年黄埔大沙镇姬堂彭山工地M2出土。广州市文物考古研究院藏。

浅灰硬陶。平面呈长方形，两坡悬山顶，脊头略上翘，可拆卸。屋内二道直墙分隔成左、右前、右后三室，各开一门。左室为作坊，近门一俑手捧簸箕似在筛糠，二鸭位于其下觅食，一俑立于方臼前持杵舂米，二俑在长方臼前相对持杵而立，亦做捣物状；右前室为羊圈，有三羊并列，看护门前的一只小羊；右后为牛圈，内有三牛，一俑正在近门的食槽前给牛投放食料。

西晋　陶牛栏

高9.2厘米，口径20厘米，底径18.2厘米。

1994年黄埔大沙镇姬堂彭山工地M3出土。广州市文物考古研究院藏。

红褐硬陶。平面呈圆形，敞口，由十四根直柱围成圆形的栏壁。单扇向内开门，一俑推门入内，栏内有大小水牛四只。

西晋　陶井

高21.8厘米，口径9.4厘米，腹径13.9厘米，底径11.7厘米。1994年黄埔大沙镇姬堂彭山工地M3出土。广州市文物考古研究院藏。

红褐硬陶。体圆筒形，子口形成一圈井栏，一戴冠的俑倚栏站立，一手扶栏，一手握绳，长绳及井底，连着一个有横梁的汲水斗。

西晋　陶灶

身长18.5厘米，通高17.2厘米。1994年黄埔大沙镇姬堂彭山工地M2出土。广州市文物考古研究院藏。

灰黄硬陶。灶身前部宽敞，后部收束，灶壁弯拱，灶面开灶眼两个，置二釜一甑，灶门开敞无额墙，一俑踞坐在地台上烧火。灶膛内有燃柴两根。

西晋　陶囷

通高21.8厘米，口径15.6厘米，底径18厘米。1994年黄埔大沙镇姬堂彭山工地M2出土。广州市文物考古研究院藏。

浅灰硬陶。圆形囷体，方形地台。前辟方形门，四边门框突出，门槛高离地面，单扇门，向内开，内有一俑扶门而立。囷壁刻斜方格纹。囷顶隆圆高起，盖面密排直线划纹，表示是用稻秆等覆盖而成，居中收束成尖锥。

西晋　陶牛车

通长27.4厘米，最宽14厘米，高18.3厘米。1981年沙河顶西晋墓出土。广州博物馆藏。

泥质灰红硬陶。造型美观，有长方形车厢和平顶车篷，车篷向外延伸遮盖着牛身，车厢外部施篦齿纹。下面有两个大车轮。厢内置一长方形几，几旁端坐一人，双手扶几，厢后有一人，厢前还有两名侍从扶着牛身。牛较肥壮，两角弯曲向前，额上有一朵红缨。车、牛、人均用手捏制而成。车下有一长方形陶底座。

西晋　陶骑马俑

通长19.8厘米，宽14厘米，高23厘米。1981年沙河顶西晋墓出土。广州博物馆藏。

泥质灰红硬陶，施黄褐色釉，釉脱落严重。用手捏制，形态逼真。骑马者头戴冠，双手握住缰绳，端坐于马鞍上。前有两个马童牵马，后有一侍从，手里举一圆柄形物，惜已断失，疑为伞盖。马肥壮剽悍，马鬃直挺向上，马耳斜直向前，额有一朵红缨。马下有一长方形陶底座。

南朝　青釉瓶

高22.3厘米，口径7厘米，腹径12厘米，底径6.3厘米。2006年越秀中山大学北校区综合楼工地

M21出土。广州市文物考古研究院藏。

灰白胎，内外施青釉，釉不到底，釉色莹润透亮，青中泛黄，釉面满布细碎冰裂纹。敞口，平沿，细长颈，椭圆腹，浅圈足。肩部饰两周细弦纹。这是古代佛教的净瓶，用以贮水净手或饮用。

南朝　青釉双系短流壶

通高13厘米，口径5.5厘米，腹径13厘米，底径6.7厘米。2008年荔湾西湾路水泥厂工地M6出土。广州市文物考古研究院藏。

灰白胎，通体施薄青釉，釉色青中泛黄，开细碎冰裂纹，底足露胎。子口合盖，短颈收束，圆肩鼓腹，饼足。肩部附一鸟首形短流，相对一侧有尾羽形小鋬，垂直两侧贴一对兽面铺首拱耳。肩部施凹弦纹两周。盖方唇，直壁内敛，盖面平，宝珠钮。

南朝　青釉刻花鸡首壶

高30厘米，口径10.5厘米，底径15厘米。广州博物馆藏。

灰胎，除底外通体施青釉。壶盘口，长颈，溜肩，圆腹向下渐收，平底。腹一侧有鸡首状短流，高冠圆口，另一侧装弧形高执柄连接口沿；腹部刻莲瓣纹。肩、颈间有一道弦纹，肩两侧各附一桥形系。鸡首壶始见于西晋，至东晋时期，流口疏通，成为这一时期南方的主要日用瓷器之一。

南朝　青釉鸡首壶

高22.7厘米，口径8.6厘米，腹径18.1厘米，底径12.4厘米。1997年增城增江街西山村岭尾山南朝墓出土。广州市增城区博物馆藏。

灰白胎体，质坚致。器表施青釉，釉色泛黄，施釉不均匀，开细碎冰裂纹。盘口，束颈，鼓腹，下腹呈束腰状内收，平底。肩部饰两周弦纹，鸡首形流，流口残缺，弧形提柄与盘口衔接，两侧各附一横桥耳。

南朝　青釉鸡首壶

高20.8厘米，口径7.5厘米，腹径12.7厘米，底径9.5厘米。2018年越秀广州市胸科医院二期综合楼工地M41出土。广州市文物考古研究院藏。

灰白胎，通体施青釉，釉层保存较好，釉色青中泛黄，匀净淡雅，开细碎冰裂纹，器底有四块支烧痕。盘口，束颈较长，丰肩，长弧腹，平底。肩部置鸡首流，鸡冠高耸，弧形提把与盘口衔接，两侧各附一横桥耳。肩部饰三道弦纹。同墓出土有“元嘉十七年”纪年砖，年代明确，可作为标准器，是研究南朝青釉瓷器的珍贵实物。

南朝　青釉匜

高12厘米，口径14.4厘米，腹径13.5厘米，底径9.7厘米。2018年越秀广州市胸科医院二期综合楼工地M41出土。广州市文物考古研究院藏。

灰白胎，通体施青釉，多已脱落，足底露胎，釉色为浅绿色，台足边缘有积釉现象，积釉处釉色浓绿。釉质晶莹剔透，玻璃质感强，开细碎冰裂纹。大敞口，高斜颈，束腰，扁鼓腹，饼足。口一侧置半圆槽状流，截面呈“U”形，另一侧对称置弧形提把，与腹部相连，把高于口。腹部正中对称附四枚桥形竖耳，每两个合并成一组。

南朝　釉熏炉

通高18.8厘米，底径16.6厘米。2006年越秀中山大学北校区综合楼工地M14出土。广州市文物考古研究院藏。

通体施青釉，釉色青绿透亮，局部流釉、聚釉。由炉盖、带底盘的炉身两部分组成。盖呈圆锥形，菌形钮，盖面堆塑重叠的山峰，镂圆孔以出烟。炉子口内敛，鼓腹，圜底有孔通向圆柱形座足，与底盘相连；底盘直口折沿，浅腹平底。炉腹等分贴附四个螺形小耳，上腹刻划网格纹。

南朝　青釉盘底三足炉

通高11厘米，炉口径10厘米，底盘口径17.6厘米，底径17.2厘米。2004年东山淘金东路中星小学工地M68出土。广州市文物考古研究院藏。

灰白胎，通体施青绿釉，保存较好，釉面有光泽，开细碎冰裂纹。分炉身、炉盘两部分，粘连成一体。炉身口微敛，圆唇，深弧腹，底附三蹄足，内平底。炉盘较浅，敞口，方唇，斜直壁，平底。炉身口沿外部饰三道凹弦纹，外壁下部饰六道凹弦纹，炉盘底部饰两组四道凹弦纹。

南朝　青釉狮形器座

通高13.8厘米，口宽3.2厘米。2006年越秀中山大学北校区综合楼工地M21出土。广州市文物考古研究院藏。

灰白胎，通体薄施青釉，釉色青翠透亮，开细碎冰裂纹，积釉处呈墨绿色。狮头人身，跪坐于双层座上，造型奇特。狮头上有方斗形凹口，狮头怒目圆睁，竖眉立耳，阔鼻朝天，面目威严。人身体态粗壮，坦腹跪坐，双手似爪，力撑于腿上，后背中间刻划鬃毛。上穿护肩，下着长裤，膝头饰花。底座上圆下方，上部雕饰覆莲纹。

南朝　青釉塔模型

高11.6厘米，座宽8.4厘米。2006年越秀中山大学北校区综合楼工地M22出土。广州市文物考古研究院藏。

佛塔模型。灰白胎，施青釉，多脱落，积釉处呈青色。八角形三级塔基，三层楼阁塔身，八角形檐，塔刹残缺，塔心中空。首层八面开龛，放置佛像，部分佛像残缺。佛塔，亦称浮屠，是佛教的象征，最早用来供奉和安置舍利、经文和各种法物。

第五节　隋、唐、南汉陶瓷

隋　青黄釉彩绘武士俑

高38.5厘米。广州博物馆藏。

陶胎，中空。通体施青黄釉，匀净温润，开细小纹片，釉上加饰红、黑彩绘。武士俑方脸，高鼻，头戴圆顶兜鍪，护耳下垂至肩。肩有披膊，身着明光铠，圆盘领，右衽，自领下居中纵束甲绊，至胸以下打结，并向左右两侧横束到身后，甲绊两侧各有一圆护。右手握拳曲于胸前，左手握拳自然下垂，腰束带，下着大口裤，双腿并立，足露靴头。

唐　曾边窑青釉四耳罐

高18.4厘米，口径13.6厘米，腹径17.6厘米，底径13.6厘米。2018年番禺曾边窑遗址出土。广州市文物考古研究院藏。

胎色黄偏白，胎体厚重、坚实。施青绿釉，器内满釉，器表釉不及底，有流釉现象。釉色深绿，釉面亮泽，有横向金丝条状开片。直口方唇，短领，溜肩深腹，平底。肩附四系，一系侧刻“之”字纹。器口部有对烧痕迹，外底边缘有六块垫烧痕。

唐　曾边窑青釉瓷碗

高4.7厘米，口径16.6—16.8厘米，底径6厘米。2018年番禺曾边窑遗址出土。广州市文物考古研究院藏。

黄白胎，施青绿釉，釉色深绿，内底有五块近方形刮釉痕迹，外施半釉，流釉现象明显。敞口，浅腹弧收，饼足。

唐　青釉多角四耳盖罐

通高45.5厘米，盖径13.6厘米，口径11厘米，腹径22厘米，底径18.6厘米。2011年荔湾西湾路旧广州铸管厂工地M230出土。广州市文物考古研究院藏。

子口合盖。敛口短领，深腹，平底。口沿以下分七级，最上一层有四耳，以下五层各堆塑五个向上弯翘的尖角，最下一层渐收，外壁刻划仰莲。盖敞口高身，平顶，宝珠钮，顶周捏塑荷叶边。多角罐为唐至五代流行的器形，多用来存放谷物或钱币，一般用于陪葬，故又称魂瓶。

唐　黑棕釉双耳把壶

高21厘米，口径6厘米，腹径13.8厘米。广东民间工艺博物馆藏。

胎色白，质地致密。釉呈黑棕色，釉薄明亮，下腹至足露胎。器型完整饱满，高反唇，阔颈，长圆腹。肩部有短流，双条形曲柄，流与柄之间各有一系。执壶是一种酒器，最早为瓷质，出现于中唐，当时称注子。

唐 长沙窑青釉褐斑贴花舞蹈人物瓷壶

高21.6厘米，口径9.9厘米，腹径16.5厘米，底径13.7厘米。2012年越秀盘福路东风西路小学工地出土。广州市文物考古研究院藏。

通体施青釉。侈口，尖唇，短颈，溜肩，深直腹，平底。肩部附双系及短直流，与流相对一侧置短把。双系及直流下部各模印贴花一舞蹈人物，体貌及衣着具有浓郁的域外特征。贴花之上覆盖一层褐釉，形成椭圆形褐斑，令贴花纹饰更为突出。这种壶是长沙窑独具特色的一类产品，在当时的外销市场上颇受欢迎，胡人乐舞纹是西亚、中亚地区喜闻乐见的装饰主题。

唐 长沙窑褐釉贴花执壶

高24.3厘米，口径10.5厘米，腹径16.6厘米，底径14厘米。广东民间工艺博物馆藏。

通体施青釉。壶身侈口，尖唇，短颈，溜肩，深直腹，平底。肩部附双系及短直流，与流相对一侧置短把。模印贴花人物。这种模印贴花装饰的工艺过程是把半干半湿的模印泥花贴在半干半湿的壶嘴或两耳旁边，然后点上大褐彩斑点，再施上青釉或黄釉后煅烧而成。

唐 青釉托盘注壶

通高24.2厘米，壶口径6.4厘米，托盘口径13厘米，底径5.5厘米。1999年横枝岗内环路工地M18出土。广州市文物考古研究院藏。

灰白胎，通体施青绿薄釉，开细碎冰裂纹。杯形口，细长颈，上小下大，圆肩，一侧有短流，装饰莲瓣，相对一侧原有执柄，已缺失。圆鼓腹，台底下连托盘。托盘敞口，平折沿，直壁，下腹斜收，小平底微凹。颈中部及肩部施凹弦纹。佛堂供奉用品。

唐 青釉净瓶

高22.5厘米，口径1.2厘米，腹径9.8厘米，底径4.8厘米。1999年横枝岗内环路工地M18出土。广州市文物考古研究院藏。

黄白胎，施青绿色釉，器腹下部及底足露胎，釉色光亮，釉层保存较好。经修复。小直口，下有宽沿，细长颈，上小下大，颈上部有圆形相轮状圆盘，圆肩，肩部贴塑象首形短流，象口外围装饰覆莲瓣，鼓腹，假圈足。佛堂供奉用品。

唐 三彩扁壶

高7.7厘米，口长1.3厘米，口宽0.8厘米，腹长6.4厘米，腹宽3.8厘米，底长3.7厘米，底宽1.9厘米。2020年越秀中山六路RJ-6/7工地出土。广州市文物考古研究院藏。

白胎，器表交错施褐、白、绿三色釉，形成竖条带状，釉色明亮，具有玻璃质感。直口，平唇，束颈，扁圆瓜棱腹，假圈足外撇。肩部有双系。

唐 长沙窑竹节柄壶

通高13.5厘米，口径4厘米，腹围36.5厘米，底径9.2厘米。广东民间工艺博物馆藏。

胎为灰白色，通体施淡青釉，釉下绘绿彩不规则斑纹，釉色莹润。造型优美。身为瓜棱形；肩上斜竖圆形流，流上方微折；圆盖，带扁圆钮；圈足微撇；底内凹。身有一长竹节形柄。

唐　青釉“和上盆”铭瓷盆

高9.7厘米，口径33.1厘米，底径21.2厘米。2018年越秀解放中路安置房项目工地出土。广州市文物考古研究院藏。

通体施青釉，釉色深沉，釉层均匀，含细密麻点，外腹壁釉不及底，露胎处泛火石红。敞口，方唇，斜弧腹，平底。盆身完好厚重。内底竖向刻划“和上盆”三字，“和上”即“和尚”。在唐代，“大和尚”是对高僧的尊称。此盆是研究唐代岭南地区佛教文化传播的重要实物。

唐　青釉水盂

高7厘米，口径8厘米，腹径13厘米。2018年越秀解放中路安置房项目工地出土。广州市文物考古研究院藏。

通体施青釉，足部露胎，釉色青绿泛灰，釉层不匀，流釉明显，釉面光亮，布满细小开片。敛口，圆唇，扁鼓腹，饼足，足墙外斜，足底向内旋削，底心呈饼状。作为古代洗笔文具，内底残留黑色物质，很可能是长期使用过程中墨汁沉淀形成的。

唐　青瓷单把杯

高5厘米，口径8.3厘米，腹径9厘米，底径4.2厘米。2018年越秀解放中路安置房项目工地出土。广州市文物考古研究院藏。

通体施釉，足底露胎，露胎处泛火石红。敛口，圆唇，弧腹，腹壁一侧贴塑环耳指鋬，饼足，足底向内斜削。杯底可见四处支烧痕。形制模仿中亚地区金银器的造型风格，是反映唐代中外文化交流的实物见证。

唐　邢窑白瓷碗

高4.7厘米，口径13.6厘米，底径5.7厘米。1954年姚潭墓出土。广州博物馆藏。

胎骨细洁，色白如凝脂，白釉中微闪青黄，釉层厚而不匀，有堆脂痕，无纹片，釉不到足。敞口，斜壁，玉璧底，底足外沿切斜棱一道。一墓同出两件，型稍异。据墓志载，墓主姚潭，卒于唐大中十一年（857）。

唐　邢窑白瓷碗

高5厘米，口径14.8厘米，底径6.5厘米。2014年越秀恒福路铁路疗养院工地M19出土。广州市文物考古研究院藏。

胎质坚实细腻，釉色纯白光亮，类银类雪。敞口凸唇，斜壁，玉环底。为唐代邢窑典型器物。玉环底是中晚唐至五代时期流行的一种器足样式。

唐　越窑青瓷碗

高4厘米，口径14厘米，底径5.8厘米。2002年越秀太和岗淘金家园一期工地M6出土。广州市文物考古研究院藏。

灰胎坚，釉色暗青。敞口，斜壁，玉璧底。内底有七处支烧痕，足露胎。

唐　三彩高柄灯

高33厘米，口径9.5厘米，底径16.5厘米。广州博物馆藏。

壁施黄、绿、白三彩釉，杯内和碟底罩以棕黄釉。灯盏为小杯形，撇口，立于托盘中，并贴塑莲瓣纹环绕。托盘为敞口，浅壁，下承圆柱形高柄，柄中部贴饰两组莲瓣纹环绕，柄面满刻联珠纹和弦纹，底接状若覆置的钵形座，座口沿外卷，鼓突的座面上部堆塑联珠纹饰环绕，下部贴塑狮首和坐熊相互间隔环绕，中部又刻画弦纹分隔。

唐　青釉猴头形埙

长5厘米，宽4.9厘米，高6.1厘米。广东民间工艺博物馆藏。

通体施灰青色釉。以夸张手法捏塑，状如猴头，大眼外突，鼻孔硕大，耳长嘴尖，嘴部、脸颊皆有刻划条纹，容貌怪异。猴头中空，后脑和两腮有三孔互通，作发声之用，是唐代较为流行的吹奏型瓷塑玩具。

唐　景德镇窑青白釉蝴蝶纹元宝形枕

长8.8厘米，宽7.9厘米，高8.8厘米。南越王博物院藏。

灰白细瓷胎，胎质细腻，施青白釉，不及底，内壁满釉，边缘处釉略有剥落。枕呈元宝形，枕面绘釉下褐彩蝴蝶纹，四周绘卷云纹。底部中央有圆形支烧痕，共有四个通气孔，前后为杏形，两侧为圆形。

唐　登封窑珍珠地飞凤纹如意形枕

长17.3厘米，宽13.2厘米，高9厘米。南越王博物院藏。

灰白色胎。枕呈如意形，枕面刻画珍珠地，中央有一只凤鸟展翅欲飞，造型生动，凤鸟身边伴有卷云纹。枕的侧面上下交叉刻划珍珠地三叶纹。珍珠地装饰技艺由模仿金银器錾刻工艺而来，出现于唐代，盛行于两宋。

唐　登封窑珍珠地刻“福德”铭腰圆形枕

长21.5厘米，宽17厘米，高9.7厘米。南越王博物院藏。

瓷质。枕为腰圆形，在灰黄色胎上施有一层化妆土，枕面在珍珠地上刻“福德”两个大字。“福德”二字，体现了人们有德有福的朴素愿望。

唐　长沙窑釉下褐彩花卉纹长方形枕

长13.7厘米，宽9.8厘米，高7.9厘米。南越王博物院藏。

陶质。灰白色胎，施青黄釉，有开片。枕面绘褐绿彩折枝四瓣花，枕墙绘简化花卉纹。盖一层薄化妆土，侧边不到底。背侧有一透气孔。

唐　巩县窑绞胎黄釉双狮座枕

长26厘米，宽19厘米，高11.2厘米。南越王博物院藏。

瓷质。浅黄褐色陶胎，施黄釉。枕面呈长方如意形，上有绞胎木纹。底座为两只狮子，狮子做蹲伏状，面目狰狞，露出獠牙，中间有一个绣球。因“狮”与“师”谐音，古人常用“双狮”指代“太师”“少师”这两种官职，祈愿官运亨通。

晚唐　寿州窑褐釉剪纸花纹长方形枕

长13.6厘米，宽9.5厘米，高6厘米。南越王博物院藏。

陶质，全器施褐釉，有细小开片。枕为长方形圆角枕。枕面中心贴剪纸牡丹花，其上再涂薄薄一层淡黄色釉，随后在花朵中部点出花蕊，最后通体施褐釉烧成，层次分明。

晚唐　巩县窑三彩印花扁方形枕

长11.6厘米，宽8.4厘米，高5.2厘米。南越王博物院藏。

陶质。灰黄色陶胎，上施有化妆土，再施以三彩釉。枕呈扁方形，在枕的顶部和底面印花瓣纹，每一朵花均为四瓣，边角对峙，纵横排列在枕面。

晚唐　巩县窑黄釉绞胎菱花纹长方形枕

长15.6厘米，宽10.6厘米，高7.4厘米。南越王博物院藏。

陶质。浅灰红色胎，施黄褐色釉至底部外沿。枕面由四朵绞胎形成的花朵组成菱形花纹，菱形外面的部分被木纹填满。前侧中央有一个气孔，底部有两处支烧痕迹。

晚唐　巩县窑黄釉绞胎印花如意形枕

长21.1厘米，宽14.4厘米，高10.1厘米。南越王博物院藏。

瓷质。灰黄色胎。这件瓷枕做成如意的造型，上贴圆形的绞胎花纹两朵，并以两朵绞胎灵芝纹相间隔，再印小花地纹。枕的底部钤有“裴家花枕”四字，由此可见，唐代窑场的匠师将这种装饰的绞胎枕叫作“花枕”，而“裴家”是指制造作坊。

唐　三彩文官陶立俑

通高77.8厘米；底座宽19.5厘米，厚14厘米。广州博物馆藏。

釉色以褐、绿、白为主。文官俑头戴高冠，身穿广袖黄袍，袍边及袖口饰翠绿、粉白色釉，白裳长垂至地，腰间束带，足蹬翘头靴，立于椭圆形束腰镂空座上，身材修长，双手拱于胸前，面部表情板滞。

唐　黄釉胡人俑

通高29.5厘米。广州博物馆藏。

黄白色陶胎，通体施黄釉。两俑的塑形相同，高鼻弯眉、圆眼，络腮大胡子。头戴胡帽，足穿尖头靴，身着露膝的胡服，束腰。左手握拳，置于胸际；右手下垂，执凤首酒壶。两俑足下有踏板，一为方形，一为切角方形。

唐　陶侍女俑

各通高19厘米。1998年东山先烈中路81号大院M2出土。广州市文物考古研究院藏。

泥质灰黑陶。侍女，立像，下有方形底座。三俑服饰各不相同，两件下露裤脚，着便鞋。（左）头梳双髻，穿窄袖圆领袍，双手残断；（中）头梳单髻，穿窄袖圆领袍，鞋前高后低，略似云头履，双手搭巾，拱贴腹前；（右）头梳单髻，穿“V”字形领抹胸长裙，双手交于腹前，执拂尘。

唐　陶生肖俑

高18.5—20.8厘米。2012年越秀先烈中路广州动物园工地M1出土。广州市文物考古研究院藏。

包括鼠、牛、龙、马、羊、猴、鸡、狗八尊生肖俑，原有俑数不详。浅黄陶胎，无釉。皆兽首人身，着团领袍服，窄袖贴身，两手交叉于胸前，右手握住左手大拇指，左手大拇指向上，其余四指伸直，行“叉手礼”。鼠俑头戴分角幞头，盘腿而坐，其余七俑无冠，皆跪坐。与其他地区出土的隋唐时期生肖俑在服饰、仪态与手势上有明显区别。是研究中原文化与岭南文化交流融合的珍贵实物。

唐　三彩马、三彩骆驼

马：长7.5厘米，宽3.1厘米，高5.5厘米；骆驼：长6.5厘米，宽4厘米，高7.1厘米。1987年黄埔夏园将军山M1出土。广州市文物考古研究院藏。

白胎，通体施白、绿、黄三色釉，局部脱釉。随葬模型明器，器体特小。马俯首望向右后方，背上有鞍，四腿直立于长方形中空的底板之上。骆驼双峰，平视前方，四腿直立于椭圆形中空的底板之上。马与骆驼身躯肥硕，神态宁静。三彩马与三彩骆驼是唐三彩常见的器物造型，流行于中原地区，在广州唐代墓葬中为首次发现。

唐　陶灶

长13.4厘米，宽8.8厘米，通高12.2厘米。1998年东山先烈中路81号大院M2出土。广州市文物考古研究院藏。

泥质灰陶。灶体长方形，前窄后宽，前为灶门，长方形，上有“人”字形分级额墙，灶尾上翘。灶面中间置一桶形甑，带盖。除灶口处掏空外，其余均实心。

五代十国　南汉黑釉六耳陶罐

高13.1厘米，口径6.4厘米，腹径11.1厘米，底径7厘米。1954年石马村南汉昭陵出土。广州市文物考古研究院藏。

侈口卷沿，圆肩贴六系，深腹斜收，平底。肩腹部刻划数道细弦纹。

五代十国　南汉青釉瓷六耳盖罐

通高19厘米，口径7.2厘米，腹径14.9厘米，底径8.5厘米。1954年石马村南汉昭陵出土。广州市文物考古研究院藏。

小直口，丰肩，附六系，深腹弧收，近底部微外撇，假圈足。盖直口，盖面漫圆，顶立菌形钮。

五代十国　南汉青瓷夹梁罐

通高18.5厘米，口径6.5厘米，底径7.8厘米。2002年越秀北京路千年古道遗址出土。广州市文物考古研究院藏。

青灰胎，内外施青釉，泛灰，釉面晶莹润泽，有细密冰裂纹，底部无釉。小直口，长圆腹，下腹渐收，浅圈足。肩部竖立两对扁板形穿孔耳，其中一对为双板相夹，可与带梁盖相扣合。与1954年南汉昭陵出土的青瓷夹梁盖罐相似。与此造型相同的夹耳盖罐在唐五代浙江越窑及湖南长沙窑的窑址中均有发现，在五代十国时期湖南、浙江、江苏等地的墓葬及海外如菲律宾、印尼等地也有发现。

五代十国　南汉德陵青釉瓷盖罐

通高14.7厘米，口径6.8厘米，腹径15厘米，底径7.2厘米。2003年番禺小谷围南汉德陵墓道出土。广州市文物考古研究院藏。

德陵墓道接封门处发现以砖阑边的“器物箱”，箱内排列青釉瓷罐一百九十件，绿釉陶罐八十二件。青釉瓷罐有盖者一百五十件，无盖者四十件。大多无耳，少数肩部贴附四耳。罐皆直口，圆唇，外缘稍尖，矮身圆腹，矮圈足。肩部旋划三至四周凹弦纹。盖直口、斜壁、弧形顶，盖面施一至二周凹弦纹，顶中立一菌状小钮。灰白胎，通体施天青色釉。这是广州首次发现数量如此众多的五代瓷器，器型规整，胎质坚致，釉色青翠匀净，晶莹透亮，是五代青瓷的上品，当为南汉皇帝宫中用器，属官窑制品无疑，为研究五代十国陶瓷器提供了珍贵的实物资料。

五代十国　南汉德陵绿釉陶罐

双耳罐：高8.8厘米，口径6.8厘米，腹径8.6厘米，底径5厘米；四耳罐：高9.4厘米，口径6.6厘米，腹径8.3厘米，底径5厘米。2003年番禺小谷

围南汉德陵出土。广州市文物考古研究院藏。

胎质松软，呈灰黄色，通体施绿色低温釉，易脱落。德陵器物箱出土绿釉陶罐八十二件，均无盖，侈口，束颈，圆肩，弧腹，最大腹径偏上，平底微内凹，肩部置对称横桥形耳，极少数四耳。器型基本相同，口沿有折沿、卷沿之分，器身有高矮之别。

五代十国　南汉波斯蓝釉陶罐

高60厘米，口径15厘米，腹径30厘米。2008越秀中山五路大马站景豪坊工地出土。广州市文物考古研究院藏。

胎色黄白，通体施波斯蓝釉，釉厚晶莹，釉色鲜艳。直口平沿，长颈较粗，贴附三耳，未能复原。斜肩，深腹渐收，肩腹交接处附加一周连环纹。底残缺。又称孔雀蓝釉，产自西亚。此类陶器在中国广州、福州、扬州、宁波、桂林等地区均有发现，国外分布西起非洲东海岸、东抵日本。是研究广州海上丝绸之路贸易及东西文化交流的重要实物。

五代十国　南汉青瓷执壶

高21.6厘米，口径9.8厘米，底径8.2厘米。2004年东山麓湖路南方电视台工地出土。广州市文物考古研究院藏。

黄灰胎，施青黄釉，圈足露胎。敞口，圆唇，粗短颈，瓜棱形腹，矮圈足。短曲流，宽柄形把，肩部附两个对称的环形耳。

五代十国　南汉青釉瓷盏

通高6.3厘米；盏口径10厘米，底径5.1厘米，高3.4厘米；托口径14.8厘米，底径6.9厘米，高5厘米。2020年越秀中山六路RJ-6 / 7工地出土。广州市文物考古研究院藏。

通体施青釉，釉色青黄，釉层厚而均匀，开细碎冰片纹。茶具，由盏、托两部分组成。盏呈五瓣葵口形，圈足外撇。托为五出花口，宽沿斜展，折腹，圈足。

五代十国　南汉狻猊香炉盖

通高14.3厘米，盖径11.5厘米。2012年越秀惠福西路南粤先贤馆工地出土。广州市文物考古研究院藏。

泥质灰陶。盖圆形，直口，盖面近平，刻划莲瓣纹，其上蹲坐一昂首张口的狻猊，腹部与盖中心掏挖的圆孔相通。香炉内的烟气经过盖顶穿过狻猊腹部，经其口部散发。狻猊为龙生九子之一，形如狮子，喜烟好坐，所以形象常出现在香炉上。

五代十国　南汉青釉熏炉盖

高31厘米，直径29.2厘米。2012年越秀东风中路唐五代建筑基址出土。广州市文物考古研究院藏。

灰白胎，表里施褐绿釉，釉层均匀亮泽，盖沿露胎。平唇，直口，盖面高隆，形如穹隆。顶心为宝珠。盖面三重镂孔，用以出烟。上、下镂空细长叶瓣，中间镂空蔓草纹。此炉盖体形较大，镂孔细密匀称，美观大气，配以炉身使用，可在室内熏香，使衣物、身体染香，并驱赶蚊虫。

五代十国　南汉陶水果像生

香蕉：长8.2厘米，最大径2厘米；茨菰：高3.7厘米，最大径4厘米；桃子：高3.1厘米，最大径2.5厘米；柿子：高3.9厘米，最大径3.7厘米；荔枝：高3.4厘米，最大径2.4厘米；荸荠：高2.3厘米，直径3.5厘米；木瓜：长5.1厘米，最大径2.4厘米。2003年番禺小谷围南汉康陵玄宫出土。广州市文物考古研究院藏。

康陵地宫中出土陶制的水果像生共二十七件，包含香蕉、荸荠、茨菰、柿子、桃子、木瓜、荔枝等七个品种，均为岭南佳果。素胎捏制，部分刻划表皮纹理。这是我国目前发现最早的水果像生，是研究南汉广州地区物产、饮食方式及葬俗的珍贵实物。

五代十国　岳州窑黄釉高足瓷杯

杯高5.8厘米，口径10.2厘米；托盘高3厘米，口径14.8厘米，底径7.8厘米。广东民间工艺博物馆藏。

杯与托均施青釉，釉呈青黄色，开细碎片纹。全器由杯与托两件组成。杯身呈半球形，倒置喇叭形宽足；托为五花瓣口沿，宽沿翘边，浅腹，圈足。杯、托内外光素无纹饰，杯底内凹无釉。五代时期岳州窑烧造的青瓷以小件盘、碗居多。

第六节　宋、辽、金陶瓷

宋　西村窑青釉凤首壶

高18.1厘米，腹径12.5厘米，底径7.5厘米。广州博物馆藏。

灰白胎，通体青釉，足露胎。嘴弯曲，腹鼓圆，圈足。凤首、花口，颈部刻弦纹，壶把塑成绶带形，腹部划花卉纹，近足处划莲瓣纹。凤首壶为西村窑的典型器物。

北宋　西村窑青白釉凤首壶

高19厘米，口内径1.1厘米，腹径12.5厘米，底径7.6厘米。广州海事博物馆藏。

灰白胎，通体施青白釉。上端做凤首状，凤首顶为花瓣形口，束颈，鼓圆腹，浅圈足；腰部一侧显弯曲管状流，另一侧从颈至腹部贴有绶带柄；颈部凸起四道弦纹，腹部划浪花纹等抽象纹饰。

北宋　西村窑青釉褐彩书“至和元年”款瓷盘

高6.5厘米，口径22.5厘米，底径9.6厘米。广州海事博物馆藏。

通体施青釉。敞口折沿，浅腹，圈足。盘心褐彩绘写“至和元年”（1054），外壁素面无纹饰。是目前国内唯一带有铭文的西村窑瓷器。西村窑大量仿烧各地名窑产品，装饰技法多样。

宋　西村窑青釉印花盏

高5.5厘米，口径12.8厘米，底径4厘米。1956年皇帝岗西村窑遗址出土。广州市文物考古研究院藏。

胎灰白，器内外施青釉，有冰裂纹，底足露胎。敞口，斜腹，内底弧，小圈足。外刻细长菊瓣纹，内底印一团菊，周壁印三朵缠枝菊纹。

宋　西村窑青釉划花大盘

高7.3厘米，口径33厘米，底径9厘米。菲律宾蒲端出土。广州博物馆藏。

全器内外均施莹润的青釉，釉色显灰，底部露胎。撇口，弧腹，圈足。内壁刻饰一周对称分布的六朵菊花纹饰，并辅以篦划纹，纹饰简练写意；外壁光素无纹。

宋　西村窑青釉褐彩菊纹盆

高9.3厘米，口径31.2厘米，底径11.4厘米。1999年越秀中山五路公园前地铁站出土。广州市文物考古研究院藏。

器内外施青釉，釉色匀净，底足露胎。残破，经修复。敞口，宽沿微外撇，圜底，矮圈足，足内较浅。器形较大，胎壁较厚，外壁素面，内底釉下绘褐彩菊纹，菊纹随性自如。为广州西村窑典型器物。

宋　西村窑青釉褐彩菊纹如意形枕

长30厘米，宽21厘米，高15.5厘米。2012年越秀光孝路朝天小学工地出土。广州市文物考古研究院藏。

施青釉，足底露胎。枕面釉下绘褐彩菊纹。枕面呈如意形，左右两端翘起，前低后高，枕面下接高圈足形墩座。

宋　西村窑青瓷狗

长6.8厘米，宽3.1厘米，高5厘米。1956年皇帝岗西村窑遗址出土。广州市文物考古研究院藏。

釉色淡青微泛黄色，大腿以下露胎。瓷狗昂首歪头，卷尾上翘，大贴耳，嘴、眼均用小刀刻出，四足较长，斜直支开。为宋代玩具。

宋　西村窑印花陶模

残高9厘米，残径约17厘米，壁厚1—1.6厘米。1956年皇帝岗西村窑遗址出土。广州市文物考古研究院藏。

陶质，灰红胎，施铁锈红釉。敞口弧收腹圜底。内壁毛糙，外壁底部刻团菊一朵，周壁为缠枝菊纹。菊瓣经加工剔刻过，留有清晰刀痕，外壁为范面。此为印花盏的内范残件，是制瓷工具，刻有装饰纹样，可在尚未干透的坯胎上印出花纹，便于大量生产。

宋　沙边窑青釉瓜棱形四耳小罐

高7.2厘米，口径4厘米，腹径9厘米，底径4.8厘米。1994年番禺南村沙边窑遗址出土。广州市文物考古研究院藏。

内外施青釉，胎灰白，质坚硬。釉色青灰，釉面光亮，开冰裂纹，底足露胎。口沿残缺，腹壁粘有细砂。直口，短颈，丰肩，附四环耳，瓜棱形圆鼓腹，圈足，足沿较宽。

宋　沙边窑青釉水盂

高5.9厘米，口径4.5厘米，腹径9.9厘米，底径6厘米。1994年番禺南村沙边窑遗址出土。广州市文物考古研究院藏。

胎色灰白，胎质较粗，器内外施青釉，釉色淡绿，釉面光亮，足部露胎。小口内敛，肩部隆起高于口沿，扁鼓腹，圈足。

宋　沙边窑青釉高足碗

高5.3厘米，口径11.3厘米，底径4.9厘米。1994年番禺南村沙边窑遗址出土。广州市文物考古研究院藏。

胎色灰白，胎质坚硬，釉层较薄，器内外施青釉，釉色青灰，圈足底部及足内露胎。直口，尖唇外撇，浅腹弧收，平底，高圈足。器外壁粘接匣钵残块。

宋　佛山南海窑青釉龙纹四耳陶罐

高27.2厘米，口径10.6厘米，腹径24.8厘米，

底径12厘米。2006年南越国宫署遗址出土。南越王博物院藏。

夹砂红陶，施青釉至近底部。小口外侈，圆唇，肩上贴四横耳，模印两条飞龙，下饰一道弦纹，弧直腹，平底内凹。佛山南海窑是宋代广东著名的民间窑场，主要烧造青釉和酱黄釉瓷器，器型多为罐、盆、壶、碗等日用品，畅销岭南及东南亚地区。此件饰双龙的青釉罐对研究佛山南海窑及南海海上交往有重要意义。

宋　定窑刻花碟

高1.8厘米，口径12厘米，底径9厘米。广州市文物总店有限公司藏。

敛口、浅腹、平底。整体施白釉，唯口沿一圈“芒口”无釉，为覆烧之特征。碟中心刻划莲花纹样，刀法自然流畅。

宋　紫定斗笠碗

高4厘米，口径13.2厘米，底径3.6厘米。2002年越秀中山六路黄金广场工地出土。广州市文物考古研究院藏。

灰白胎，胎质细腻坚致，器内外施紫红釉，釉层均匀，有金属光泽，足沿露胎。广口尖唇，斜腹壁，小圈足，倒置形如斗笠。

北宋　定窑珍珠地划婴孩纹腰形枕

长24.3厘米，宽19.9厘米，高11.4厘米。南越王博物院藏。

淡黄灰白色半陶瓷胎，胎土细腻坚硬，全器施化妆土，灰黄色透明釉。枕呈腰圆形，枕面印花珍珠地纹，框内划童子纹。侧面上下饰两圈连珠带纹，中间饰印花花纹，所有纹饰填补黑釉。背面中央上部有两个通气孔。

北宋　定窑白地印划狮子纹元宝形枕

长17.7厘米，宽15.2厘米，高12.2厘米。南越王博物院藏。

褐灰白色半陶瓷胎，施褐色透明釉流至底部，有粗开片，化妆土盖到底部。枕呈元宝形，窑工在枕面采用印花圆珠纹、划狮子纹的技艺，在枕体采用了荷花、花瓣、水波纹等纹样装饰，四角采用模印竹节的技艺，背面中央上部有一个通气孔。

北宋　定窑浅褐地剔填镶嵌白鹿雀纹元宝形枕

长18.8厘米，宽11.9厘米，高9.5厘米。南越王博物院藏。

灰白色胎，施浅褐色化妆土。枕呈元宝形，枕面剔地镶嵌白鹿及雀鸟纹，侧面模印浮雕蹲坐的白鹿，并伴以折枝花卉等纹饰。底部左下方有一通气孔。在传统文化中，鹿被视为长寿的瑞兽，所以鹿纹也具有长寿安康的含义，而由于“鹿”与“禄”谐音，古人也常将鹿这一动物形象作为官禄的象征。

宋　定窑绿釉刻宝鸭穿莲纹瓷枕

长32.8厘米，宽15.3厘米，高13.3厘米。广州

博物馆藏。

外施绿釉，底无釉。枕呈腰形，中空，平底，底穿两个小孔。前低后高。枕面双弦纹内刻划宝鸭穿莲纹，三鸭游弋于莲塘之中，或卧头而眠，或引吭高歌，生动活泼。枕侧刻划一周圆形方孔钱纹饰，有“避邪”和“富有”的象征。定窑以烧造白瓷为主，兼烧黑釉、酱釉瓷，此类绿釉瓷器较为少见。

金　定窑剔牡丹花擎荷娃娃枕

长22.5厘米，宽18.5厘米，高17厘米。南越王博物院藏。

浅灰白色半陶瓷胎，胎质细而坚，施牙黄色釉。枕呈娃娃形，枕面腰圆形，白地剔褐色缠枝牡丹花纹，再配以缠枝纹，枕座模塑横卧娃娃擎荷，底座饰印花纹一周。以擎荷娃娃所持的荷叶作枕面，巧妙自然。这件瓷枕集造型、印花、剔花等技法于一身，是定窑工艺的完美展现。

金　定窑酱釉卧狮枕

长29.7厘米，宽20.4厘米，高14厘米。南越王博物院藏。

灰白色胎，施酱釉，部分釉流至底部。狮座形枕，枕面呈腰圆形，双线框内划有花卉纹。瓷枕底座模印一卧狮，狮首和狮尾勾勒细致。枕底有两个通气孔。

宋　磁州窑人物花卉罐

高30.3厘米，口径19.1厘米，腹径33.6厘米，底径13.3厘米。广州博物馆藏。

厚胎，质粗松，罐内及口沿处施黑釉，底为褐色护胎釉。直口，略向外卷；短颈，肩较丰；腹上部肥硕，腹下部渐次收敛，足部外撇。除短颈上施四道赭色弦纹和一道水波纹外，其余部分均为白地黑彩。肩部弦纹，中间勾连卷草纹；腹下部亦绘弦纹。腹开三菱形窗，一绘儒士乘舟览书，一绘女士以袖掩嘴正移步丛林，一绘缠枝莲花。开窗外绘折枝花卉。

宋　磁州窑白地褐彩“枕赋”铭长方形枕

长42厘米，宽15.7厘米，高14.4厘米。南越王博物院藏。

灰白色半陶瓷胎，施牙黄色透明釉。枕呈长方形，枕面连弧形开光内白地褐彩楷书“枕赋”，左右饰锦地菊花牡丹花纹，右侧有“漳滨逸人制”款。侧面开光内绘牡丹花纹和荷花纹，白化妆土盖到枕底部，枕底平坦，化妆土流散。一个透气孔在枕背部中央上部。枕底钤有“王氏寿明”方印款，略模糊不清。这件“枕赋”铭瓷枕是目前所见唯一枕上说枕的实物，也是目前所见枕上文字最多的一件瓷枕，具有重要的研究价值。“枕赋”描述了该枕的产地、价值和功能及当时人们对瓷枕的钟爱，洋洋洒洒二百六十五字，并署有制作者的名号“漳滨逸人”，底部有“王氏寿明”印款。从流传下来的多件由“漳滨逸人”制作的瓷枕看，他应是当时磁州窑的制枕高手，绘画、书法等都极有造诣。

附《枕赋》文：

有枕于斯，制大庭之形，含太古之素，产相州之地，中陶人之度，分元（始）之全，名混沌之故。润琼径（瑶）之光浑（辉），屏刺秀（绣）之文具。泥其钧而土丌（其）质，方其样而枵丌（其）腹。出虞舜河滨之窑，绝不苦窳；

灭伯益文武之火，候以迟速。既入诗家之手，忻（欣）置读书之屋，鄙珊瑚（富）贵之器，陋琥珀华靡之属。远观者疑（凝）神，狎玩者夺目，来尺壁（璧）而不易，贾万金而不粥（鬻）。囊以蜀川之锦，椟以豫章之木。藏之若授圭，出之如执玉。是时也，火炽九天，时惟三伏，开北轩下陈蕃之榻，卧南薰草（蕲）春之竹，睡快诗人，凉透仚（仙）骨。游黑甜之乡而神清，梦黄粮（粱）之境而兴足。恍惚广寒之宫，依稀冰雪之窟。凛然皂发之爽，翛然炎蒸之萧。思圆木警学之勤，乐仲尼曲肱之趣。庶不负大庭太故（古）之物，又岂持（特）不困于烦暑之酷而已也。

漳滨逸人制

宋　磁州窑绘睡娃持荷腰形枕

长22.8厘米，宽17.1厘米，高9.6厘米。南越王博物院藏。

灰白色半陶瓷胎，胎质细而坚，施灰黄色透明釉，部分釉与白化妆土流到底。枕面绘白地褐彩如意形双线框，框内绘一童子，倚绣墩而眠，手持荷叶。枕背面中央上部有一通气孔。底部钤印“张家造”三字，张家为当时瓷枕生产大家，所产瓷枕数量极大，是这一时期的“名牌产品”。这件瓷枕是北宋磁州窑彩绘工艺的代表作。

宋　磁州窑白地填黑剔牡丹刻鱼纹腰形枕

长26.8厘米，宽23.5厘米，高15.7厘米。南越王博物院藏。

灰褐色半陶瓷胎，施牙黄色透明釉。枕呈腰圆形，枕面海棠形开光内填黑彩剔刻牡丹花叶纹，枕墙一周刻绘游鱼、蝴蝶和花草纹，白色化妆土盖到枕底部。枕底平坦，一个透气孔在枕左侧。

宋　磁州窑褐地剔金钱纹海棠形枕

长19.8厘米，宽18.6厘米，高10厘米。南越王博物院藏。

褐地粗砂质半陶瓷胎，白色化妆土盖到枕底部。海棠形枕，枕面内凹处剔钱纹，外圈剔缠枝纹，缠枝纹从枕面延伸至枕墙上。枕墙同样剔一圈缠枝纹，似剪纸风格。整器有序的满剔极为少见。

宋　磁州窑白釉开光刻诗句腰形枕

长5.4厘米，宽22.7厘米，高11.4厘米。南越王博物院藏。

黄白胎，白化妆土盖至底部，施灰白透明釉，釉水白中泛黄，莹润淡雅。前低后高，内凹。枕面刻花瓣形线框，内方形开光，刻题警世诗句：“弟兄分散易，义居成立难。长幼相和顺，家计转增添。”开光外，下方戳印珍珠地，剔刻莲花；左右及上方剔花枝纹，露黄褐色地，和周围的白色相映衬，大方雅致。

宋　磁州窑“张家造”白地黑花虎纹腰形枕

长23厘米，宽17.9厘米，高10.5厘米。南越王博物院藏。

灰褐色半陶瓷胎，施牙黄色透明釉。枕面连弧形开光内绘一老虎蹲坐于草丛山石之间，枕墙一周绘卷草纹，白色化妆土盖到枕底部。枕底平坦，一个透气孔在枕背面中央上部。枕底钤“张家造”款。

宋　磁州窑“张家造”白地开光黑彩芦苇蚂蚱纹腰形枕

长28.2厘米，宽20.4厘米，高11.6厘米。南越王博物院藏。

灰白色胎，施白釉，釉与化妆土不及底。枕呈腰圆形，枕面黑彩双线框内右侧绘一只蚂蚱，造型生动活泼，左侧为芦苇纹。侧面为不规则草叶纹，背面上部中央有一通气孔。瓷枕底部钤印“张家造”款。

金　磁州窑褐黑彩奔兔卧女枕

长34厘米，宽15.1厘米，高12.6厘米。南越王博物院藏。

褐灰白色半陶瓷胎，胎质细而坚，施灰黄色透明釉。枕呈卧女形，枕面为伏卧妇人，妇人背部施褐黑彩绘奔兔纹。枕侧饰黄褐色黑白彩花草纹，白色化妆土盖到枕底部，枕底平坦。有两个通气孔在枕底中央及肩部。

北宋—金　井陉窑白地印划鹿纹海棠形枕

长22.7厘米，宽18.9厘米，高11.4厘米。南越王博物院藏。

黄灰白胎，细而坚，施灰黄色透明釉，部分釉有细开片，白化妆土盖至底。枕面随形划双重线框，框间印朵花纹一周，内印鹿纹，鹿立于山坳间，地上有小草，线条流畅生动，画面写实传神。背面中央上部有两个透气孔。枕墙上印连珠纹，下排列多组五瓣梅花戳印。此类装饰戳印技法是典型的金代井陉窑工艺。

南宋　官窑青釉葵花口瓷碟

高2.5厘米，口径14.4厘米。广东民间工艺博物馆藏。

通体施青釉，釉层凝厚，釉质莹润如脂，釉面呈现大小不一的开片纹，片纹呈土黄色。底足无釉处露出的胎骨呈铁黑色，因此宋代官窑瓷器有“紫口铁足”之美称。敞口，口呈六瓣葵花形，浅腹，盘心微凸，圈足矮宽。外底有支烧钉痕五枚，黑胎露骨。全器制作精致，造型简洁素雅，规整对称。

宋　钧窑折沿盘

高2.6厘米，口径18.4厘米，底径10.7厘米。广州市文物总店有限公司藏。

盘通体施釉，浅处青褐，厚处如堆脂，蓝釉处有“蚯蚓走泥纹”，系指在釉中呈现一条条逶迤延伸、长短不一的釉痕。盘浅腹，圈足，以底部三支钉仰烧。此盘为宋代钧窑典型样式。

宋　钧窑折沿瓷盘

高3厘米，口径18.1厘米，底径9厘米。广东民间工艺博物馆藏。

胎体厚重、坚硬。里、外施天蓝色釉，外壁施釉不匀，有流釉现象。口沿处釉层较薄，映出酱黄色胎体。圈足端无釉，足内满釉。釉面有“蚯蚓走泥纹”。盘敞口，折沿，浅弧腹，平底，圈足。

宋　钧窑紫斑六角洗

长18.6厘米，高5.6厘米。广东民间工艺博物馆藏。

胎厚重，釉厚润如脂。器外壁六个面均为玫瑰紫色釉，表层带葱白色，密布“蚯蚓走泥纹”，底边挂满垂釉，器内通体“雨过天青釉”，布满“蚯蚓走泥纹”。器物边棱露酱黄色护胎釉。洗为六角形，口沿外折，口沿外边棱稍高，浅壁平底，短足微外撇。底刻一个“十”字，为钧窑特有的标记。

北宋　密县窑珍珠地刻双牡丹腰形枕

长17.7厘米，宽12.2厘米，高6.4厘米。南越王博物院藏。

淡红褐色胎，胎坚，白化妆土盖至底部，施灰黄色半透明釉。枕面印细密紧致珍珠地划两朵盛开的牡丹，一朵向上，一朵向下，错落有致，寓意幸福美满。珍珠地填赭粉，更显喜庆。

宋　登封窑珍珠地缠枝花四系壶

高27厘米，口径5.2厘米，底径7.5厘米。广东民间工艺博物馆藏。

胎灰白色，上白化妆土，再施浅米黄透明釉，足露胎。小口撇唇，短细颈上有花瓣形四系。花纹用浅刻和勾绘赭色釉彩结合，地戳珍珠纹。全器纹饰分三段，每段划双弦纹分隔。肩部为卷叶纹，腹部刻缠枝花，下部划莲瓣纹。

北宋　登封曲河窑珍珠地刻莲花纹腰形枕

长31厘米，宽23厘米，高12.5厘米。南越王博物院藏。

淡红灰黄色胎，细而坚，白化妆土盖至底部，施灰黄半透明釉。枕面印珍珠地划莲花纹，枕墙分区印珍珠地划牡丹纹。纹饰轮廓填赭粉，棕红色地与白色主纹形成反差，色调明快，富有变化。背面中央上部有一个透气孔。

北宋　汝窑天青釉如意形枕

长28.5厘米，宽23厘米，高12厘米。南越王博物院藏。

灰白色胎，施天青釉，开片密布，布满针尖状的小砂眼，底部刷有一层酱紫色的护胎釉，器底有“十”字形镂孔，瓷枕内部也浸有釉。整体为如意形。

此枕为现存汝窑器物中最大的，也是目前所见的唯一一件汝窑瓷枕，十分珍罕。其胎色灰白，施天青釉，釉色均匀温润，可见玛瑙泡及玛瑙光。汝窑是宋代五大名窑之一，也是自古及今最引人注目的一个古窑。它的窑址于1987年被发现并确认，在今天河南宝丰县清凉寺，属宋代的汝州。它主要烧造宫廷用瓷，其存在只有从宋哲宗到宋徽宗不到二十年的时间，是宋代名窑中传世品最少的一个窑。

宋　临汝窑印花盘

高3.5厘米，口径14.5厘米，底径4.5厘米。广东民间工艺博物馆藏。

灰白色胎，质坚，施橄榄青釉，釉色青翠剔透。敞口，外撇，腹微鼓，浅壁，矮圈足。盘内印两圈花纹，内圈印相交折枝花两枝，外圈印缠枝花一圈，花纹清晰，线条流畅，富有立体感。外壁光素无纹，器底施青釉，有三缩釉处及圈足均露灰白胎，涂有赭色护胎釉。口沿薄釉呈现黄白胎色。

北宋　宝丰清凉寺绿褐釉划水波纹如意形台座枕

长33.6厘米，宽30.9厘米，高18厘米。南越王博物院藏。

黄褐色胎，枕面及前墙施深绿釉，余下部位施褐釉。如意形，枕面划分九个方框，内印篦点水波纹。台座背面中央上部有一透气孔，前侧三个支烧痕。

北宋　济源勋掌窑绿黄釉印缠枝菊纹束腰形枕

长18.5厘米，宽11厘米，高11厘米。南越王博物院藏。

浅橙红色泥质陶胎，枕的四面施长条相间的黄绿色釉。枕呈束腰形，四面模印缠枝菊花纹，两端无釉无纹饰。左侧上有一个通气孔，左右侧面各有三个支烧痕。枕的左右两侧壁为方形，枕面、枕底和上下两面均匀地内曲，形成了中部内凹的束腰形枕。束腰枕可四面翻转，夏日使用时能起到凉颈清爽的效果，具有极强的实用性。

宋　济源勋掌窑三彩划莲池鸳鸯纹长方形枕

长32厘米，宽14.6厘米，高10.8厘米。南越王博物院藏。

浅红泥质细陶胎，白化妆土盖至底部，施三彩釉，有玻璃质感和细开片。枕呈长方形，枕面开光划莲塘鸳鸯，开光左右划水波纹。宋三彩的釉色以黄、绿、白、褐为主色，色泽青翠明艳。禽纹是宋金时期广泛流行的装饰纹样，主要表现池间水岸的自然风光。

宋　新安城关窑珍珠地划双凤纹元宝形枕

长20.4厘米，宽12.4厘米，高11.8厘米。南越王博物院藏。

黄褐灰白色半陶瓷胎，胎质细而坚，施白色化妆土，灰黄色透明釉。枕呈元宝形，枕面印珍珠地划双凤纹，两只凤凰呈飞翔状，两两相望，四周填满珍珠地纹。枕侧四周刻缠枝牡丹纹。新安城关窑产品纹饰以珍珠地划花为主，珍珠地布局排列整齐。此枕可作为新安城关窑瓷枕的代表作，枕的釉色莹润，画工精湛，布局工整，是不可多得的艺术精品。

宋　扒村窑白地黑彩缠枝花纹如意形枕

长28厘米，宽18.7厘米，高11.8厘米。南越王博物院藏。

灰白色半陶瓷胎，胎质细而坚，施灰色透明釉，盖白色化妆土。枕呈如意形，枕面白地黑彩绘双线如意形框，框内绘缠枝花卉纹，枕侧无彩绘，模印一周花叶纹。此类白地黑彩与磁州窑属同一类型，黑彩浓且醇厚，笔调粗放简练。一般装饰多用花草、莲荷、水藻、鱼、人物、鸟兽等，纹样线条流畅，生机盎然，富有浓厚的生活气息。

宋　当阳峪窑白地剔填褐彩犬纹腰形枕

长32.8厘米，宽22.3厘米，高12.4厘米。南越王博物院藏。

以白地剔花卉纹装饰。枕面中心腰圆形开光内双边线刻海棠形开光，剔卷草纹为地，中心位置上刻划一只卷毛犬，主题纹饰突出。枕的化妆土色洁白，地填黑彩如漆，对比鲜明，装饰效果明显。枕墙填黑剔折枝牡丹花。

宋　当阳峪窑三彩刻莲凫纹腰形枕

长39.8厘米，宽28.2厘米，高12.4厘米。南越王博物院藏。

浅红褐色砂质陶胎，施三彩釉，全器盖白色化妆土。枕呈腰形，枕面篦划线框，内剔莲池水禽纹，框外划花叶纹一周，枕侧上部划简化卷草纹一周。枕背面中央上部有一个通气孔。宋三彩釉色比唐三彩浑厚，而且填色规整。该枕器形硕大，纹饰精美，是宋三彩枕的代表作。

宋　段店窑珍珠地划双凫雁纹腰形枕

长24.6厘米，宽19.2厘米，高11.5厘米。南越王博物院藏。

浅灰白色陶胎，质坚细滑，平底露胎，全枕先上一层白色化妆土，再施一层浅黄色透明釉，部分釉有开片。枕呈腰形，枕面划双凫纹，双凫一前一后，前面的凫雁回头相顾。枕侧前后剔牡丹纹。枕面空白处印珍珠地。枕背中央上部开一小孔。

宋　耀州窑青釉葵口印花瓷碟

高2.1厘米，口径10.2厘米，底径2.4厘米。2002年越秀中山六路黄金广场工地出土。广州市文物考古研究院藏。

胎色浅灰，胎质细腻致密，施青釉，底足露胎，釉面光洁匀静，色泽青幽。六瓣葵口，折沿，浅腹弧收，小平底内凹，以碟壁充当圈足。内壁及底部模印花卉纹。

北宋　耀州窑青釉刻花水盂

高6厘米，腹径9.5厘米，口径4厘米，底径4厘米。广州博物馆藏。

整器施青釉，薄釉处略显胎土本色，积釉处泛绿色。圆口，溜肩，鼓腹，圈足外撇。造型小巧精致，线条刚劲有力，刀痕倾斜有度，花纹布满全器，勾勒出朵朵盛开的牡丹花形象。

北宋　耀州窑青釉印缠枝菊纹瓷碗

高9厘米，口径20厘米，底径5厘米。广州博物馆藏。

通体施青绿釉，釉色匀净柔和，青中泛黄，足底露胎。敞口，斜壁，小圈足，碗内壁印缠枝菊纹，底心印一朵盛开菊花，外壁周身刻菊瓣纹。

宋　耀州窑刻花碗

高6厘米，口径12厘米。广东民间工艺博物馆藏。

胎土坚致，施橄榄青色釉，足底露胎，胎釉结合紧密，釉面光洁匀净，色泽青幽。敞口撇沿，下腹斜收，高圈足，造型秀美。外壁刻花卉做装饰，内壁有六条凸起的棱。

宋　耀州窑青釉刻花纹瓷碗

高7厘米，口径18.8厘米，底径5.5厘米。广州博物馆藏。

灰白胎，内外施青釉。唇口，口沿下凸棱一周，深腹下敛，圈足，外底凸一脐，内刻莲花。

宋　越窑青釉剔刻莲瓣纹盖罐

通高9.6厘米，口径5.5厘米，腹径11厘米，底径5.9厘米。1999年越秀中山四路府学电站工地出土。广州市文物考古研究院藏。

表里施青釉，釉色青黄，釉面匀净亮泽。敛口，球腹，圈足。器身剔三层莲花瓣纹。盖为子口，圆钮，盖面剔两层莲花瓣纹。

宋　越窑青黄釉莲瓣纹五管瓶

高34厘米，口径6厘米。广东民间工艺博物馆藏。

胎色微黄，器身内外施青黄色釉，开细冰裂纹，足底无釉，有四块支烧垫饼痕。器盖刻莲瓣纹，以一结子石榴镂空十字花为钮，盖口沿有七个小孔。器身与五嘴不相通，腹圆胖饱满，上腹刻波浪纹一圈，肩和下腹用双勾线刻仰覆莲瓣纹。五管瓶是北宋时期浙江地区多见的器形之一。

宋　龙泉窑青釉双鱼瓷洗

高4厘米，口径12厘米，底径5.8厘米。广东民间工艺博物馆藏。

通体施青釉，圈足底露窑红。敞口，折沿，弧壁，圈足。器内底心塑贴脊背相对、首尾相逐的两条游鱼，器壁外瓜棱“出筋”。洗中装入清水后，鱼儿仿佛在水中嬉戏，灵动可爱。洗在古代生活中用途广泛，有盥洗用具，亦有文房用具或陈设品。鱼纹是中国传统装饰纹样之一，“鱼”与“余”谐音，寓意年年有余。

南宋　龙泉窑芙蓉花盘

高3厘米，口径17.2厘米，底径6.9厘米。广东民间工艺博物馆藏。

胎灰白细洁，釉色青中泛黄，有细冰裂纹，足底无施釉。矮圈足，足内圈呈璧形。盘外刻划花叶纹，盘内芙蓉花纹，纹饰工整，优美精巧，花蕊外有一圈铭文“做出芙蓉样青器，卖买客人皆富贵”，反映了窑主人宣传自己的产品及对买卖双方吉祥的祝福。

宋　龙泉窑蒜头瓷瓶

高29.2厘米，口径3.4厘米，腹径14.3厘米，腹围45.5厘米，底径9.3厘米。广东民间工艺博物馆藏。

通体施青釉，釉层较厚，釉面匀净光亮，有冰裂纹。直口，尖圆唇，口下部圆似蒜头形，长颈内束，溜肩，腹部圆鼓，矮圈足。器物造型匀称，制作规整。

南宋　龙泉窑粉青釉琮形瓶

高18厘米，口径2.5厘米，长6厘米，宽6.8厘米。广东民间工艺博物馆藏。

通体饰粉青色釉，凸雕及转折处微露白色胎骨。器上部仿玉琮造型，从下向上渐渐收细；下部为两层的方形基座，四足端无釉。此种造型的琮瓶较少见，既是一种贵重精致的陈设器，又有祭祀、礼仪之用的特殊功能。

宋　龙泉窑青黄釉莲瓣纹五管瓷瓶

通高24.5厘米，口径7厘米，底径9.5厘米。广东民间工艺博物馆藏。

胎色微黄，施青黄色釉。直口，短颈，圈足外撇，底无釉。器体为五节葫芦状，通体刻划花装饰，第一节为三层仰莲瓣纹，第二至五节为线纹。第三节向上塑有五管，高不过瓶口。瓶附盖，盖顶置塔形钮。

南宋—元　龙泉窑青釉印双鱼纹瓷洗

高4厘米，口径13.1厘米，底径5.7厘米。广州海事博物馆藏。

洗内、外和圈足内均施青釉，足端无釉。敞口，折沿，浅弧腹，圈足。器身附着海生物。洗心内塑贴两条游鱼，外壁刻凸菊瓣纹一周。釉色青翠，塑贴鱼纹清晰。

宋　吉州窑褐彩花卉波涛纹瓶

高19厘米，口径2.8厘米，腹径8厘米，底径5.5厘米。广东民间工艺博物馆藏。

胎色灰黄，釉薄泛黄，底、足露胎。瓶形修长，长直颈，扁腹，口小微卷，大圈足。白地瓶体满绘褐彩波涛纹，腹中部两开光内绘折枝梅花，颈上和腹下绘双弦纹。波涛纹器物是吉州窑彩绘纹饰中的一个流行品类。

宋　吉州窑双凤纹碗

高4.3厘米，口径15厘米。广东民间工艺博物馆藏。

胎厚釉薄，器内釉色以黄为主，略有浅褐色，底足均露黄白色胎。敞口，浅碗壁，上宽下削，尖底，小圈足。用剪纸贴花形式烧成深褐色飞凤两只，梅花三朵。外壁深褐色，布满黄色斑点。此器将民间剪纸纹样移植到瓷器的装饰上，是江西吉州窑极具民间艺术色彩的典型。

宋　吉州窑绿釉印花盏

高4厘米，口径10.6厘米，底径3.6厘米。2002年越秀中山六路黄金广场工地出土。广州市文物考古研究院藏。

灰白胎，较致密，器内外施绿釉，外壁釉不及底。敞口，卷沿，斜壁略弧，矮圈足。内壁模印牡丹花纹，印纹清晰。

南宋　吉州窑“严家记示”绿釉划蕉叶纹八角形枕

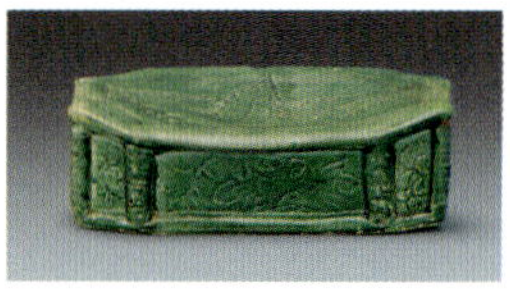

长21.5厘米，宽10厘米，高7.5厘米。南越王博物院藏。

浅褐红色泥质陶胎，施绿釉。枕呈八角形，采用十片泥片拼接而成，形成大小十个面。枕面划三片蕉叶纹，枕侧模印草叶纹，侧面的边棱采用竹节形的装饰，枕底钤印“严家记示”的戳记。

南宋　吉州窑褐彩诗文枕

长29.3厘米，宽14厘米，高12厘米。南越王博物院藏。

泥质黄白色胎，施透明牙黄釉褐彩。枕两端绘花卉纹，枕面和枕底绘诗文，另外两面一面绘瑞狮戏彩球并辅以野菊纹，一面绘海涛纹与花卉纹。枕面及底书诗词，包括五言诗一首和词两首。此枕花纹集吉州窑特色纹饰于一身，布局得体大方，具有浓厚的地方风格与民族特色。

其一为顾恺之的五言诗：

春水满川泽，夏云多奇峰。

秋月扬明晖，冬岭秀孤松。

另外两首为词，作者为柳永：

散水调·倾杯

鹜落霜洲，（雁）横烟渚，分明画出秋色。暮雨乍歇。小楫夜泊，宿苇村山驿。何人月下临风处，起一声羌笛？离愁万绪，闻岸草、切切蛩吟如织。

为忆。芳容别后，水遥山远，何计凭鳞翼？想绣阁深沉，争知憔悴损、天涯行客。楚峡云归，高阳人散，寂寞狂踪迹。望京国。空目断、远峰凝碧。

商调·阳台路

楚天晚。坠冷枫败叶，疏红零乱。冒征尘、匹马驱驱，愁见水遥山远。追念（少）年时，正恁凤帏，倚香偎暖。嬉游惯。又岂知、前欢云雨分散？

此际空劳回首，望帝里、难收泪眼。暮烟衰草，算暗锁、路歧无限。今宵又、依前寄宿，甚处苇村山馆。残灯畔。夜厌厌、凭何消遣？

南宋　吉州窑褐黑彩卧童枕

长26厘米，宽13.7厘米，高10.5厘米。广东民间工艺博物馆藏。

灰胎，釉色白中微黄，绘褐黑彩。平底，背开一透气圆孔。小童头结双髻，身穿长袍，脸部、体型肥胖，双手盘缩在衣袖里抱一书，双腿弯曲，侧身枕一金钱小枕甜睡，体态自然。睡童以肩、手肘和一腿弯曲竖立，托一如意云头作枕面，面上浅刻一盛开的莲花加绘褐彩。衣纹、腰带、头发等彩绘线条流畅自如，造型优美。

宋　建窑兔毫斑碗

高5.4厘米，口径13厘米。广东民间工艺博物馆藏。

胎质坚厚。侈口，碗壁较深，上宽下削，尖底，小圈足，器内由唇到碗心铁红釉越来越厚，兔毫纹越来越密，而碗心积聚的铁红釉呈黑色，充满神秘感。外壁由唇越往下，釉层越厚，兔毫斑由疏而密，近圈足处釉彩积聚形成四颗釉珠。底足无施釉，露铁黑胎。

宋　湖田窑青白釉茶盏

通器高9.2厘米；盏：高4.5厘米，口径11厘米；托座：高4.7厘米，托径14.5厘米，底径7.8厘米。广东民间工艺博物馆藏。

茶器。由盏与托座两件组成，盏身胎厚仅1—1.5毫米，胎质致密，细腻洁白，釉色青嫩。托、盏均为六瓣葵花形，造型轻巧优美、简洁流畅。全器素身，仅用两条划线装饰，显得雅洁大方。托足较高，盏的玉璧式浅足正好嵌入托台。底足较宽，无釉，胎底有明显的垫烧痕迹。

宋　湖田窑花瓣形青白瓷盒

高5.5厘米，口径8.4厘米，底径8厘米。2002年越秀中山六路黄金广场工地出土。广州市文物考古研究院藏。

胎体洁白，细腻坚实，器内外施青白釉，口沿和圈足露胎。造型如盛开的花瓣，子口内敛，浅腹弧收，喇叭状圈足，足沿宽平。

宋　湖田窑青白釉瓷狮枕

长17.6厘米，宽11.1厘米，复原高11.3厘米。2009年南越国宫署遗址出土。南越王博物院藏。

胎白坚细，施青白釉。枕下部为一立体雕塑的立狮。狮口张开为透气孔，底平坦，印有布纹。枕面如意形素面。侧面圆塑立狮为枕座。立狮扭头直视，高鼻凸眼，龇牙咆哮。四肢前倾，尾巴长而撑地，显示出力量感。

宋　湖田窑影青旋纹腰形枕

长15.8厘米，宽15厘米，高8.7厘米。南越王博物院藏。

灰白胎，质坚细，整体施青白釉，釉色乳白，莹润光洁，如冰似玉。中间微凹，上刻婴戏图，生动活泼。枕墙模印龙纹一周，线条浑厚粗犷。婴戏纹是经典的传统装饰纹样，孩童均为欢笑玩耍状，可爱活泼。此枕玻璃釉下的婴戏图案清晰，充分体现了宋代湖田窑的高超烧瓷工艺。

宋　青白瓷花口杯

高5厘米，口径8.1厘米，底径3.4厘米。2004年越秀文德北路工地出土。广州市文物考古研究院藏。

表里施青白釉，底足露胎，釉层较厚，釉色白中泛蓝。六出花瓣口，弧壁深腹，高圈足。内腹壁起凸棱，外腹壁刻直线。

宋　青白釉葵口瓷碟

高2.4厘米，口径10.5厘米，底径4.2厘米。2004年东山环市东路华侨小学工地M24出土。广州市文物考古研究院藏。

胎薄质坚，釉色青白，釉面有细密冰裂纹。残破，经修复。十瓣葵口，斜壁，平底微内凹。

宋　青白瓷小盂

高5.2厘米，口径3厘米，底径3.4厘米。1999年越秀中山四路府学电站工地出土。广州市文物考古研究院藏。

器身内外施青白釉，釉色偏白，底足露胎。小口圆唇，溜肩鼓腹，圈足。

宋　粉青釉瓷茶碗

高6.5厘米，口径12.6厘米，腹围37厘米，底径4.8厘米。广东民间工艺博物馆藏。

胎色较白，通体施粉青釉，釉面莹净柔和，釉色呈现较强的玻璃质感。敞口，深腹，圈足。足底圆而稍粗的支钉痕具有典型的龙泉窑风格。

宋　白釉刻花长方枕

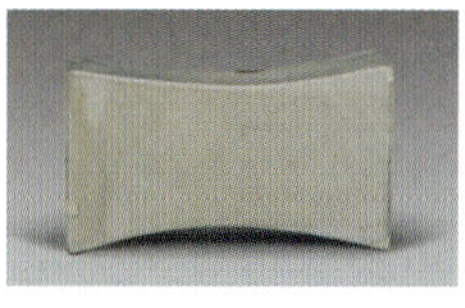

长28.5厘米，宽15.3厘米，高13.3厘米。广州博物馆藏。

胎的厚度适中，整器施白釉，釉色略带牙黄，莹润如脂。枕的两头宽，中间窄，似腰形。枕的四个面和两头沿边刻一单线作边框，框内刻缠枝花纹，刻工规整细致，线条自然流畅。

北宋 "元符元年"青釉带铭文瓷谷仓

通高75厘米，口径31厘米，底径15.5厘米。广州博物馆藏。

盖鼓突，顶塑宝珠形钮，钮与盖之间设凸棱一周，由钮至盖面贴塑花边两周，两花边之间绘四个褐彩朵花纹。器身口敛，丰肩，由腹向下渐收，腹下内敛，平底，腹上中下贴塑花边三周，腹四周各贴四条绳纹，均等分布，腹正面绘褐彩长方形格纹，方格上下各绘两道竖纹，中间书"一二三四五六七八"，外壁施青釉，釉色泛月白。铭文"千秋万岁，仓库年年常满，子孙大富贵也，元符元年月日谨题"。

宋 墨书"大通"底款青瓷碗

高5.8厘米，口径11.8厘米，底径5厘米。2004年芳村大道恒荔湾畔工地出土。广州市文物考古研究院藏。

外底墨书"大通"二字，楷体。"大通"即大通寺。相传寺内有井，能预报天气，下雨前井会冒烟，故有"大通烟雨"之名。"大通烟雨"为广州宋、元、明、清的羊城八景名胜之一。

宋 青釉楼阁式魂瓶

通高58厘米，口径24.2厘米，底径12.8厘米。2013年萝岗水西保障房工地M3出土。广州市文物考古研究院藏。

通体施青釉，大部脱落。分盖、身两部分。上盖堆塑成三层楼阁，下层为圆形台基，中层为圆形围栏，正面开口，有斜坡向外伸展。中间矗立歇山顶圆墙门楼。屋脊两端各有一飞鸟。飞檐翘角，檐下有斗拱，楼内正中、门两侧、围栏缺口两侧各塑一背光佛像。器身小口，短直颈，斜肩，深腹斜收，平底。肩部外围模贴一圈乐伎与神兽。腹部堆贴四周波浪纹饰。

宋 褐彩绘花卉纹陶瓶

高16.2厘米，口径8.6厘米，腹径11厘米，底径7.1厘米。1999年越秀中山四路府学电站工地出土。广州市文物考古研究院藏。

灰胎，器表施一层白色化妆土，褐釉绘花，口沿及底足施褐釉。敞口，卷沿，束颈，垂腹，台足。颈部绘仰莲，腹部绘折枝花。器型规整，花纹精美。

宋 黄褐釉塔式陶罐

高25.6厘米，口径21.8厘米，腹径32.6厘米，底径18厘米。2003年东山竹丝岗战士杂技团工地M10出土。广州市文物考古研究院藏。

灰白硬陶，外施一层黄褐釉，不及底。由盖、身两部分组成，盖呈圆塔状，顶部为圆形围栏，中立八脊圆亭，开八个门洞。盖、身相合成三重檐，每重檐四脊与檐口微上翘，每脊间均匀分布四至十二行瓦垄。器身敛口，短颈，平肩塑出屋檐，鼓腹，平底微内凹。

宋　青釉房屋式谷仓

高36厘米，口径9.5厘米，底径11.5厘米。广州博物馆藏。

盖沿微上翘，盖鼓突，面平，上塑悬山屋顶，悬山顶与盖面均塑瓦脊若干。器身敛口，丰肩，肩与腹之间塑屋檐一周，腹下渐收，平底，肩至屋檐边塑瓦脊二十四条，屋檐下有四个“Ψ”形斗拱形梁柱等分，下塑突棱一周，正面刻划长方格纹，格内分别有铭文“仓库常满　典库常开　一二三四五”“子孙富贵　大吉大利　嘉定十五年七月日造”。

辽　白釉执壶

高20.2厘米，口径3.7厘米，底径8.5厘米。广东民间工艺博物馆藏。

胎色白微黄，釉薄，白中透黄，胎色与釉色接近。足、底露胎。细长直颈，小圆口，流稍长，起棱，腹部饱满。曲柄贴颈向上弯转至肩，曲柄中扁平线上饰鼓钉。圈足稍高。

辽　三彩刻花卉纹罐

高12.1厘米，腹径19.5厘米，口径13.3厘米，底径9.3厘米。广州博物馆藏。

敛口、短颈、圆腹，矮圈足。肩饰双耳施绿彩。肩和下腹刻双弦纹，腹部线刻缠枝花卉，以黄釉为地，花朵填牙白釉，枝叶填绿彩。腹下部至足均无釉，露黄白色胎骨。

辽　龙泉务窑三彩划牡丹纹如意形枕

长26.1厘米，宽22.8厘米，高13.4厘米。南越王博物院藏

浅褐红色细泥质陶胎，施黄、绿、白三彩釉。枕呈如意形，枕面在双线框内饰以珍珠地并画缠枝牡丹纹，是辽代金银器中常见的装饰。在枕的侧面用模印制浮雕兽首及山水人物，这也是辽代喜用的表现手法。底座侧面饰以梅花纹，整件瓷枕造型雍容华贵，纹饰素静典雅。枕底平坦，背面上端有两个通气孔。龙泉务窑位于北京西郊门头沟区西北五公里的龙泉镇龙泉务村北，是一座具有代表性的北方辽代瓷窑遗址。

金　黑釉剔花玉壶春瓶

高23.6厘米，口径7.6厘米，底径7.7厘米。广州博物馆藏。

胎质黄色带沙，胎较厚，釉色乌黑光亮。器型撇口、细颈、溜肩、垂腹、矮圈足。瓶身由三圈双弦纹将瓶身花纹分为两组，肩部用细线剔刻变形流云纹，腹部剔刻缠枝花卉纹。

金　长治窑黑褐彩鸟纹虎形枕

长33.2厘米，宽15.9厘米，高8厘米。南越王博物院藏。

灰白色半陶瓷胎，施透明釉，白色化妆土盖至枕底部。枕为伏卧虎形，伏虎背面为枕面，白地黑彩绘葵花菱形开光，开光内绘花鸟纹。枕侧面虎身施褐黑彩虎皮纹。老虎鼻孔为通气孔。

总是相思调。凭谁表，暗伤怀抱，门掩青春老。”枕墙绘草叶纹一周。背中央上部有一透气孔。

金　长治窑黑褐彩洞石立鸟纹卧虎枕

长35.7厘米，宽18.7厘米，高11.4厘米。南越王博物院藏。

略带褐灰白色半陶瓷胎，施透明釉，白色化妆土盖至枕底部。枕为伏卧虎形。伏虎背面为枕面，白地褐黑彩绘洞石立鸟纹。枕侧面虎身施褐黑彩虎皮纹。老虎鼻孔巧为通气孔。

金　山西窑场白地褐彩题诗腰形枕

长27.3厘米，宽22.2厘米，高12厘米。南越王博物院藏。

黄白胎，白化妆土盖至底部，施黄白半透明釉，釉水温润细腻。枕前低后高，枕面微凹。枕墙画折枝花卉，黑褐色草叶，白色花瓣，再点缀黄色花蕊。枕面黑线框内楷书王安石《顺安临津驿》：“临津艳艳花千树，夹径斜斜柳数行。却忆金明池上路，红裙争看绿衣郎。”背面中央上方有一透气孔。

金　鹤壁窑白地黑花《中吕宫·点绛唇》词八角形枕

长26.9厘米，宽20.8厘米，高10.1厘米。南越王博物院藏。

淡红褐色砂质胎，胎坚。白化妆土盖至底部，施灰黄色半透明釉，部分釉有开片。枕呈八角形，枕面白地褐彩双线八角形框内书《中吕宫·点绛唇》词：“莺踏花翻，乱红铺地无人扫。杜鹃来了，叶底青梅小。倦拨琵琶，

金　焦作窑绿褐釉划花鸟纹腰形枕

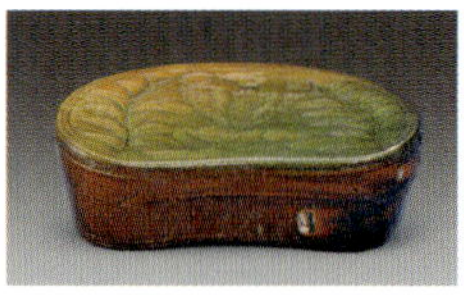

长32.2厘米，宽20.8厘米，高10.8厘米。南越王博物院藏。

褐白色胎，白化妆土盖至底部，枕面施绿褐釉，侧面施深褐釉，有细开片。枕面正中划一只振翅飞翔的凤鸟。左右伴草叶纹，草叶纹刻划得灵动鲜活。枕墙背中央上部有一透气孔。

金　焦作窑三彩划武士腰形枕

长26.1厘米，宽15.9厘米，高9厘米。南越王博物院藏。

浅灰黄色胎，白化妆土盖至底部，三彩釉，有开片。枕面双线框内划一执戟武士形象。枕墙背上部中央有一透气孔。

金　郏县黄道窑三彩划蔓草纹束腰形枕

长29.8厘米，宽12.2厘米，高12.2厘米。南越王博物院藏。

浅红色胎，全器盖白化妆土，施三彩釉，部分剥落。枕四面划卷草纹，左右伴以双直线。左右侧线框内划折枝荷花纹。黄、红、白配搭得当，色彩明艳。左侧中央有一透气孔。

金　河津窑白地填黑剔荷花纹八角形枕

长44.8厘米，宽18.9厘米，高10.8厘米。南越王博物院藏。

褐黄色半陶瓷粗砂质胎，白色化妆土盖至枕底部，施透明釉。枕呈八角形，枕面划褐彩八边形双线框，中央菱形开光内白地填黑剔荷花纹，四个三角形内露地饰褐彩花蝶纹，左右绘褐彩折枝花卉纹。黑白主色调的对比及采用褐、赭色彩绘，整体形成多层组合的交叉衬映效果。

金　河津窑剔地填黑白彩书诗文八角形枕

长43厘米，宽18.6厘米，高11.2厘米。南越王博物院藏。

灰黄色砂质半陶瓷胎，白色化妆土盖至枕底部，施透明牙黄釉。枕呈八角形，左右剔卷草纹，地填黑彩。枕面中央剔长方框填黑彩，白彩书七言联：“峰前明月照藤床，窗内清风生石枕。”

金　河津窑珍珠地刻牡丹纹腰形枕

长32.2厘米，宽30.6厘米，高13.4厘米。南越王博物院藏。

灰褐色粗砂质半陶瓷胎，白色化妆土盖至底部，施透明牙黄釉。枕呈腰圆形，枕面月牙形开光，下部显近椭圆的空白部分。开光内刻划一朵牡丹，枝叶置两旁上下伸展，花枝肥厚丰满。花纹外印珍珠纹，填黑褐粉。枕底略凹凸不平，化妆土流散，一个透气孔在枕墙右侧。

金　河津窑白地填黑剔婴孩纹八角形枕

长42.8厘米，宽18.8厘米，高11.2厘米。南越王博物院藏。

灰白色胎，白化妆土盖至底部，施半透明牙黄釉。枕面分隔三个区域，中心区域剔持荷娃娃，填黑褐彩。左右两旁剔卷草纹，露素胎。八角形枕的枕身由八个面组成，透气孔多置于右侧枕墙中部。枕墙前左侧中央上部有一透气孔。

金　河津窑三彩划诗文六角形枕

长25.6厘米，宽11.8厘米，高8厘米。南越王博物院藏。

浅红色胎，白化妆土盖至底部，施三彩釉，有细开片。枕墙模印棱格锦纹，边饰竹节形柱。枕面双线框涂黄釉，框外左右剔卷叶纹，框内书唐代张祜的一首诗：“故国三千里，深宫二十年。一声何满子，双泪落君前。”背面中央上部有一透气孔。

金　河津窑三彩剔地填黑虎咬桃木纹三瓣花形枕

长24厘米，宽11厘米，高8.8厘米。南越王博物院藏。

浅红色胎，白化妆土盖至底部，施三彩釉。枕面线框内剔黑虎咬桃木纹，剔地部分填黑褐彩。背面中央上部有一透气孔。

金　河津窑黑地三彩剔刻“晋官封侯”纹三瓣花形枕

长28厘米，宽13.2厘米，高8.3厘米。南越王博物院藏。

浅红色胎，白化妆土盖至底部，施三彩釉，釉水温润，有土浸状。枕面阴勾双线边框，涂黄釉。框内剔刻“福禄（鹿）封侯（猴）”图案，黄、绿、白搭配得当，与剔地部分呈褐黑色的背景相互呼应，形成极富装饰效果的图案。枕墙模印锦地纹，施绿釉。背面中央上部有一透气孔。

金　河津窑三彩划山水悬画银锭形枕

长23.5厘米，宽10.5厘米，高10厘米。南越王博物院藏。

全器施绿釉，釉水薄。前后枕墙模印缠枝团菊，左右侧枕墙模印卧鹿。枕面随形划双线框，内刻山水楼阁图。

金　介休窑白地题“己所不欲　勿施于人”腰形枕

长26厘米，宽21.9厘米，高12.6厘米。南越王博物院藏。

深红褐色胎，细而坚，白化妆土盖至底部附近，施半透明黄色釉。枕面划三重豆形线框，框内褐彩书“己所不欲　勿施于人”。枕墙前侧下端近底处有一透气孔。

金　山西窑场黑釉童子牵狮枕

长28厘米，宽18.5厘米，高13.2厘米。南越王博物院藏。

深黄灰白色胎，施黑釉，泛茶叶末色。枕面海棠形素面，侧面模印童子牵狮。反映了窑工用瑞兽造型来表达祈福辟邪的意愿。背面中央上方有一透气孔。

金　霍州窑茶叶末釉素面八角形枕

长23.6厘米，宽18.7厘米，高11.8厘米。南越王博物院藏。

整器施深褐茶叶末釉，釉水细润，光泽度好。枕面八角形，出沿，素面。前低后高，内凹。枕墙随形分八面模印有梅瓶、铜钱、牡丹等图案，有平安富贵的寓意，突显民俗风情。背面中央上方有一透气孔。

金　榆次窑白地剔花卉纹腰形枕

长30厘米，宽27.5厘米，高16.8厘米。南越王博物院藏。

泛红胎，胎体轻薄、坚细，通体盖一层薄的白化妆土，施透明牙黄釉。前低后高，出沿。枕面随形划线框，线框上篦划细线，框内剔地留白折枝花卉纹。

第七节 元代陶瓷

元 龙泉窑青黄釉刻莲花纹瓷暖碗

高8厘米，口径13.5厘米。广东民间工艺博物馆藏。

胎体厚重，为青灰色，内外施青黄色釉。圈足，底有一孔。内碗腹较浅，中心刻莲瓣纹；外碗鼓腹，口内敛，腹壁印波浪纹、弦纹、莲瓣纹及花草纹。暖碗又名孔明碗，始于北宋龙泉窑，由两碗粘合而成，两碗间中空，外碗底心有一孔，可注入热水，起保温作用。

元 龙泉窑印花大碟

高5.3厘米，口径32.9厘米，底径21.4厘米。广州博物馆藏。

胎体厚重，青中微闪灰白。敞口，浅弧腹，圈足。纹饰分三层：中央印花牡丹纹，第二层印半月形花纹，第三层印卷草纹。

元 龙泉窑缠枝菊花纹瓷凤尾尊

高63.6厘米，口径23厘米，腹径27.6厘米。广东民间工艺博物馆藏。

青灰色瓷胎，施青釉，釉色呈黄绿色。尊敞口外撇，长颈，溜肩，鼓腹、腹下内收，圈足，形似凤尾，俗称凤尾尊。瓶体修长，颈肩相接处、腹中部、胫部各有一圈凸起。颈上半部刻弦纹，下半部刻芭蕉叶纹。腹上半部刻凸缠枝菊花纹，辅以叶纹，空间饰篦划纹，凸起下方刻缠枝花卉纹，腹下部至胫部刻菊瓣纹。

元 影青三足炉

高10.5厘米，口径11.3厘米，腹径11.3厘米。1958年白云山双燕岗出土。广州博物馆藏。

胎质洁白精细，里外均施青白釉，足底及足内侧无釉。敞口，折沿，短颈，鼓腹，平底，下承三兽面足，足外撇，腹部塑贴一支腊梅装饰，一花已开，另有九个花蕾，含苞欲放。

元 黑釉铁锈花瓶

高27.3厘米，腹径14.5厘米，底径8厘米。广州博物馆藏。

灰黄色胎，胎质较粗，通体施黑釉，瓶身釉层上厚下薄，腹下部至足微显露胎色。器型撇口、长颈、垂腹、矮圈足。该瓶形似玉壶春瓶，但颈、腹均较修长。绘画花纹采用含氧化铁的矿石作原料，以随意大笔的方法在瓶的腹部点画花叶纹，烧成后在黑釉中呈现铁锈花纹。

元 景德镇窑青花船形水注

长15.5厘米，宽4.2厘米，高7.5厘米。广州博物馆藏。

首尾狭，中间宽以贮水，注水口在船尾。船舱前搭一篷，左右有横栅，内有两妇人盘坐面向前方。船尾有一老汉倚舱而立，双手放舱顶，头侧望左前方。船舱两侧的拱形窗口堆塑假山石。船身两旁上绘不规则的三角纹，下绘两行点纹。船首正面绘莲花纹，船舱两边绘卷云纹，首尾甲板绘火球纹。

元　青花折枝花果纹菱花形瓷盘

口径15.6厘米。广州市文物总店有限公司藏。

底部沙地无釉，可见到火石红斑点。盘口呈花口微撇，浅腹、平底。口沿内壁绘青花卷草纹，盘心绘缠枝花卉纹，正中心有一圆圈凸起，具有托具性质。盘外壁白釉无纹。此盘青花发色浓艳，浓厚处呈铁锈斑，是元代青花进口料的特征。

元　青花菊纹三足炉

通高10.2厘米，口径8厘米，腹围26.3厘米。广东民间工艺博物馆藏。

胎色乳白，胎质细腻，外施透明白釉，无款识。盘口，直颈，扁圆腹，腹下收，三高足，足未施釉。口、肩处饰对称如意形耳。颈部绘缠枝花卉纹，绕腹绘折枝菊，足部饰窝草纹。

元　青花菊唐草纹双戟耳瓷瓶

高15厘米，口径5.6厘米，底径5.6厘米。广州博物馆藏。

器外施青白釉。盘口，长束颈，溜肩，圆腹，高圈足外撇，平底无釉，中空长方形洞。器身绘多层纹饰，口沿饰双弦纹，颈上部饰蕉叶纹，下部饰覆莲纹，内绘卷云纹，腹上部饰折枝菊纹，下部饰双层莲瓣纹。足上部饰金钱纹，下部饰唐草纹。

元　枢府白釉瓷盘

高4.5厘米，口径16厘米，底径4厘米。2018年越秀解放中路安置房项目工地出土。广州市文物考古研究院藏。

胎质洁白细腻，坚致，通体施卵白釉，足底露胎；釉色卵白泛微蓝，釉面乳浊温润。口沿残缺，经修复。敞口，浅弧腹，圈足，足墙外撇。器身可见轮旋痕迹，足底见大量垫烧粘砂。内腹壁模印一周缠枝西番莲，内底边缘模印一圈凹旋纹，底心模印缠枝西番莲。

元　磁州窑“古相张家造”款白地黑花“望子成龙”长方形枕

长30.6厘米，宽16厘米，高13.2厘米。南越王博物院藏。

褐灰白色胎，白化妆土盖至底部，施赤褐色透明釉，部分有开片。出沿，中间微凹。枕面开光白地褐彩绘人物纹，仰望手指云龙，开光外绘缠枝花草纹。枕墙开光白地褐彩，前竹纹，背牡丹纹，左右花草纹。底钤“古相张家造”款。背面中央上方有一个透气孔。

元　磁州窑“张家造”款白地褐彩高士指凤长方形枕

长31厘米，宽16.6厘米，高14.4厘米。南越王博物院藏。

黄白胎，白化妆土盖至底部，施牙黄色透明釉，釉水白中泛黄，有开片。出沿，中间微凹。枕面四周白地黑彩绘回锦纹，如意开光处白地褐彩高士指凤图，开光外绘花草纹。侧面开光内作竹、牡丹、荷花纹，运笔流畅，意趣盎然。底钤“古相张家造”款。背面中央上方有一个透气孔。

元　磁州窑“相地张家造”款白地黑花题《山坡里羊》词长方形枕

长29厘米，宽16.3厘米，高14.2厘米。南越王博物院藏。

灰白色胎，白化妆土盖至底部，施灰白透明釉，釉水白中泛黄，稍失光。长方形，出沿，中间微凹。枕面四周黑彩绘重线框，如意开光内白地黑彩题《山坡里羊》：“有金有玉，无忧无虑，赏心乐事休辜负。百年虚，七旬余，饶君更比石崇富。合眼一朝天数足，金也换主，银也换主。”开光外绘缠枝花草纹。枕墙均作开光白地褐彩，前后绘牡丹，左右绘荷花。后枕墙左右书“相地张家造”“艾山枕用功”。背面中央上方有一透气孔。

元　临汾龙祠窑白地划诗文长方形枕

长32.5厘米，宽15.8厘米，高11.5厘米。南越王博物院藏。

黄白胎，粗糙，白化妆土盖至枕墙中部，施灰黄色透明釉，釉水泛黄，虽厚但稍显干涩。长方形，前低后高。枕面划双线框内壶门开光，内书“长江风送客，孤馆雨留人”诗句。枕墙背侧右上角有一个透气孔。

元　禹州窑孔雀绿釉人物长方形枕

长43厘米，宽19.8厘米，高13.8厘米。南越王博物院藏。

淡砖红色胎，白化妆土盖至底部附近，施孔雀绿釉，釉水薄，不匀。枕面开光，主题纹饰为一童子端坐柳树下，似击鼓状，背后有荷花。左右边框黑彩绘上下伸展的花枝。孔雀绿釉在中国古代陶瓷枕中所见不多。

元　临汾龙祠窑白地剔缠枝花鹭鸶纹长方形枕

长31.5厘米，宽16.3厘米，高11厘米。南越王博物院藏。

褐红胎粗糙，白化妆土盖至枕墙中部，施褐灰色透明釉，釉水泛红，不匀发干。枕面划双线框刻出壶门开光，开光外左右角剔缠枝花纹，开光内划两只立于水塘芦苇边的鹭鸶相对而视。枕墙背侧左上部有一透气孔。

第八节　明代陶瓷

明永乐　龙泉窑梅子青釉刻枇杷果纹大盘

高10厘米，直径57厘米。广东民间工艺博物馆藏。

胎质细洁，内外施梅子青釉，釉质匀净，青翠莹润，玉质感强，折角处釉面呈现出浓淡相间的效果。圈足内心有一环形支烧痕，泛火石红色。葵花形口，折沿，浅腹，圈足，盘体厚重，器型大气古朴，制作规整严谨。盘壁内外各分成十六格，每格刻一组花纹。内壁有菊、兰、牵牛花等；外壁为番莲纹，口沿内外为卷草纹。盘心刻一枝枇杷果，有三组果实，成一倒“品”字形状。纹饰活泼，布局考究，构图清雅。

明成化　龙泉窑青釉印缠枝花纹瓷碗

高12.7厘米，口径25.3厘米，底径12.7厘米。广东民间工艺博物馆藏。

胎质坚细，通体施青釉，釉色青绿，釉层肥腴光亮，滋润莹洁。器型大，直口，弧形腹，矮圈足，底有釉。碗内底心印菊花纹，腹壁浅刻缠枝花纹；碗外口沿划两道弦纹，以下印缠枝花，花纹凸起，具有很强的立体感，极富装饰效果。整体造型规整端正，古朴雅致。

明　龙泉窑刻花开光“清香美酒”纹大瓷罐

高27.5厘米，口径29.5厘米，底径22厘米。广东民间工艺博物馆藏。

内外施豆青色釉，釉色纯正莹润，足端刮釉。器身直口，弧肩，鼓腹下收，胫部微束，暗圈足，内底凹，外底圜，为拼接底。口沿下饰弦纹一周。腹部饰四组花卉纹，花纹深浅运用恰到好处，花朵、枝叶脉纹清晰，每组花卉纹饰间分布四个菱花形开光，内分别刻饰“清”“香”“美”“酒”四个大字，胫部饰菊瓣纹一周。此罐器型硕大，胎体厚重，胎质坚密，质感光洁温润，纹饰线条流畅。

明　龙泉窑青釉刻牡丹纹瓷尊

高46厘米，口径20厘米，腹径23厘米，底径14.5厘米。广东民间工艺博物馆藏。

里外及圈足内均施青釉，釉层莹润，釉质肥厚。尊敞口外撇，长颈，丰肩，鼓腹、腹下内收，圈足宽厚。颈上半部刻弦纹，颈下半部与腹上半部刻牡丹纹，辅以叶纹，空间饰篦划纹，腹下部至胫部刻菊瓣纹，胫下方有一圈凸起。此器胎体厚重，造型规整端正。

明　龙泉窑刻梵文大盘

高7.5厘米，口径40.5厘米，底径22.8厘米。广州博物馆藏。

胎质洁白细密，施梅子青釉，釉厚莹润。器底有垫烧痕。口沿外撇，内底微隆，腹壁陡直，折腰。盘心刻划梵文，外饰两圈弦纹。刻印梵文大盘是龙泉窑的外销产品。

明　龙泉窑青釉刻花大瓷盘

高9厘米，口径51厘米，底径25.5厘米。广州博物馆藏。

内外施青釉，青釉裹足，仅圈足留一周露胎。板沿口，弧腹，圈足。盘心刻钱纹，菱形开光，并用卷草纹环绕。盘内外均刻花，外腹壁刻缠枝莲花纹，板沿口刻卷草纹。内壁刻缠枝莲纹。

明　龙泉窑粉青釉人物碗

高9.3厘米，口径15.5厘米。广东民间工艺博物馆藏。

胎灰白，体厚重，通体内外皆施粉青釉，釉质丰厚滋润，釉面温润柔滑，釉光清澈明亮。直口，弧腹，高圈足。碗外口沿印一回形纹带，外壁浅刻折枝花纹。内壁口沿印回纹一周，下边模印多组人物故事图案，并有“朱买臣”“窦氏女”等文字，碗内心有一圈，中有“端”字。

明　龙泉窑青釉印花瓷碗

高7.5厘米，口径15.5厘米，底径7厘米。2010年荔湾西湾路旧广州铸管厂工地M55出土。广州市文物考古研究院藏。

胎质细腻致密，通体施釉，釉层较厚，釉色青翠，光泽柔和。圈足中间刮去一圈釉，露胎泛白，中心有釉。撇口，深腹弧收，圈足。内底压印一朵花卉，因釉层较厚而模糊不清。墓内出土两件龙泉青瓷碗，内随葬砖券一方，朱书券文中有“大明国……宣德四年”的纪年文字（宣德四年为1429年），为瓷器断代提供了依据。

明　龙泉窑青釉刻莲瓣纹瓷碗

高7厘米，口径14厘米，底径6.2厘米。2010年荔湾西湾路旧广州铸管厂工地M55出土。广州市文物考古研究院藏。

胎质细腻致密，通体施釉，釉色淡青，釉面光亮。圈足中间刮去一圈釉，粘有细砂，露胎泛白，中心有釉。敞口，深腹弧收，圈足。外壁刻划莲瓣纹。

明　龙泉窑青釉刻花瓷碗

高11.5厘米，口径29厘米，底径13厘米。广州博物馆藏。

通体施青釉，釉质莹润。敞口，深腹，圈足。碗内外均刻折枝花卉，线条奔放。

明洪武　釉里红缠枝花卉纹碗

高10厘米，口径20厘米，底径9厘米。广州市文物总店有限公司藏。

白釉厚润，略有不均，积釉处显鸭蛋青。敞口，口沿微撇，深弧腹，圈足。碗内外均以釉里红绘缠枝牡丹、菊花、山茶花。碗底有明显的跳刀痕。釉里红是元代始创的釉下红彩新品种，但红色的呈现往往红中带灰，不及明清鲜艳。洪武时期大量烧造。

明永乐　青花缠枝莲纹瓷八角烛台

高29.4厘米，口径9厘米，底径23厘米。广东民间工艺博物馆藏。

通体白釉青花装饰，足内施白釉。底心无釉。烛台为八方式，分上、中、下三层，上、下层均为束腰八方形，上层为烛插，中层为连柱，形状如酒盅倒扣，下层为基座，空心底。烛插由上到下分别描绘蕉叶纹、回纹、变形莲瓣纹。连柱饰有锦纹及缠枝花纹。台座面饰海水纹和莲瓣纹各一周，外壁八面绘八组各式缠枝花卉。

明宣德　青花缠枝莲大盘

高7.8厘米，口径40.8厘米，底径26.9厘米。广州市文物总店有限公司藏。

板沿口，浅腹，矮圈足。口沿描绘海波纹，内壁描绘纤细的缠枝花卉纹，盘心则描绘大朵的缠枝花卉纹，显得疏朗有致。此盘青花发色具有宣德时期进口料的显著特征。

明宣德　青花缠枝花卉纹瓷豆

高10.2厘米，口径7.9厘米，底径6.5厘米。广州博物馆藏。

敛口，圆腹，喇叭形高圈足。口沿外环绕一周青花边饰，外腹部绘缠枝番莲六朵，下腹部及高足上均饰单体莲瓣纹。豆内底中心青花双圈内绘一折枝花。外腹口部自右向左横书“大明宣德年制”楷书款。

明正德　暗刻鱼水绿龙纹瓷盘

高4厘米，口径17.5厘米，底径10.3厘米。广东民间工艺博物馆藏。

胎体莹白，釉水肥厚。盘形规整，撇口，弧壁，圈足，足内有“大明正德年制”六字青花双圈楷书款。盘用暗刻手法先刻画龙纹、卷云纹、海水纹，再加绘釉下绿彩。盘心纹饰为一条五爪卷云龙，盘外壁绘对称两组龙纹，龙皆双角向后，五爪，龙须卷曲，颇有气势，其下刻波涛汹涌的海水。制作此种绿龙盘，先刻纹饰于胎上，罩釉，再将龙纹处釉剔掉，在剔掉釉处施蜡。初次入窑，出窑后在蜡尽无釉处填绿彩，二次入窑，再以低温烧制而成。

明万历　景德镇窑青花云龙纹瓷折沿盘

高8厘米，直径37.5厘米，底径23.3厘米。广东民间工艺博物馆藏。

宽折沿，浅弧腹，圈足。砂底露胎，局部泛火石红色，底足中心有白地青花双圈“大明万历年制”六字双行楷书款。盘通体以青花作装饰，青花发色蓝艳，纹饰满密。板沿正面绘缠枝西番莲纹，底面绘松树、石榴纹饰；盘内壁绘天马、鹿、麒麟、玄武等多种瑞兽，姿态灵动，在天地间追逐；外壁绘锦地开光，内绘硕果累累的桃树与鹤，以桃、鹤寓寿；盘心绘五爪云龙纹，青龙鬃发向上竖起，双目如珠炯炯有神，嘴巴开启吐细长舌，躯干修长偏瘦，四肢壮实有力，身侧祥云环绕。

明万历　景德镇窑青花鱼藻纹瓷碟

高3.6厘米，直径20.6厘米，底径12.6厘米。广东民间工艺博物馆藏。

胎薄质细，通体施透明釉以青花装饰，釉色莹润洁白，青花色泽淡雅，略有些发灰。撇口，浅弧腹，圈足，底足中心书“紫芝主人监制”六字双行楷书款。盘心绘鱼藻纹，四条鱼两两相对，底部填充条纹以示水流，中夹九丛浮萍、水草、莲叶等花草，布局繁密，构图对称工整。外壁亦绘鱼藻纹，上下左右各绘一条鱼，空白处以各类花草填充。

明万历　景德镇窑青花海马纹军持壶

高22厘米，底径10.8厘米。广州市文物总店有限公司藏。

帽形口，长颈，鼓腹，乳状流，圈足。颈部饰蕉叶纹，肩部绘青花地卷草纹，腹部开光绘海马及折枝花卉，形象生动，青花发色幽蓝淡雅。军持又名净瓶，原为伊斯兰教徒盛水、洗手的用具。

明　青花开光人物纹执壶

通高20.5厘米，口径4.8厘米，底径7.6厘米。1996年越秀中山五路明代六脉渠遗址出土。广州市文物考古研究院藏。

圈足内施白釉，足沿粘细砂。破裂，经修复。盘口，细长颈，斜肩，扁椭圆腹，下部饱满，圈足。一侧置管状细长流，流与颈间有“S”形横片相连。另一侧置曲柄，连于颈、腹之间，上附半环钮。通体青花装饰。口沿下饰弦纹，颈部自上而下依次为蕉叶纹、回纹、缠枝花卉纹，腹部相对两面绘桃形开光人物纹，桃外绘花卉纹，近足处绘莲瓣纹，流及柄均绘卷云纹。

明　酱釉贯耳瓷瓶

高15.1厘米，口径4.5厘米，腹径7.2厘米，底径5.1厘米。2003年南越国宫署遗址出土。南越王博物院藏。

表面满施酱釉至足，圈足素面。喇叭形口，直颈较长，颈中部饰三道凸弦纹，两侧对称附耳，腹部扁圆，圈足。

明　酱釉盖罐

罐高4.8厘米，口径5.8厘米，腹径8.8厘米，底径5.2厘米；牛身长8.6厘米，宽4厘米，高4.8厘米。2003年番禺小谷围岛大香山M6出土。广州市文物考古研究院藏。

施酱黄釉。罐直口，束颈，平底内凹。盖敞口，盖面漫圆，平顶微凹，无釉。盖上置一牛，昂首弯头，竖耳，双角相对呈半环状，圆腹，四肢弯曲呈趴卧状，尾上卷，通体施黑酱釉。该墓共出酱釉盖罐五件，形制相同，置于棺头前，内装五谷。

明嘉靖　蓝釉盘

高4.7厘米，口径21.5厘米，底径12.1厘米。广州市文物总店有限公司藏。

釉面光亮，内外壁均施蓝釉，发色纯正。敞口，弧腹，圈足。器型硕大。圈足修正精细，胎釉间有明显火石红斑，底款“大明嘉靖年制”。

明嘉靖　酱黄釉瓷碟

高4厘米，口径19厘米，底径12厘米。广州博物馆藏。

碟内壁和外侧均施黄釉，器底施白釉。敞口，浅弧腹，圈足。碟心阴刻双凤纹，外壁亦阴刻相对的双凤、云纹及折枝花卉。器底书青花双圈“大明嘉靖年制”楷书款。

明嘉靖　白釉暗龙纹杯

高5.2厘米，口径8.6厘米。广州博物馆藏。

内外壁均施白釉。撇口，深弧腹，圈足。外壁浅划双龙纹，腹部有两条浅蓝釉暗龙腾空而起，布满整个腹部。器底书青花双圈“大明嘉靖年制”楷书款。

明　德化窑白釉双耳炉

高8.2厘米，口径12.3厘米，底径6.5厘米。广东民间工艺博物馆藏。

瓷胎致密，洁白细腻。白釉纯净，色泽光润明亮，如脂似玉，洁白之中又闪牙黄，这种釉色称“猪油白”或“象牙白”。圈足内露胎。撇口，圈足，肩腹间设两龙耳，线条极为简练。全器素身无纹饰，造型朴素，端庄典雅，稳重大方。

明万历　三彩福禄寿开窗人物图瓷三足炉

高8.7厘米，口径26厘米。广东民间工艺博物馆藏。

胎黄白色，细腻，外壁施黄、绿、褐三彩釉，内壁及底露胎。敛口，弧形浅腹，平底，三兽头足。口沿饰两道弦纹，弦线内均匀贴饰十三粒凸起花钉。腹部三个开窗，分别刻福、禄、寿组合人物图案，间隔处分别双勾“福”“禄”“寿”字。

明　石湾窑三彩狮子

长45.4厘米，高41.5厘米。广州博物馆藏。

通体施三彩釉，间有黑釉。狮子呈蹲坐姿，左足踏球，头中一角，双耳耸达头顶，双目圆睁，口大张，舌头外露，颈上系有二铃，尾巴蓬松上竖。

明　石湾窑三彩摩羯吻

通高74厘米。广州博物馆藏。

明万历年间佛山霍氏宗祠的脊饰。该摩羯吻分头、身两部分，接口处为子母口，下巴着地，尾巴上翘，头部似狮子，张口露齿，突眼弯角，身体浑圆，遍体鱼鳞，通体施黄、绿、紫三色，色彩斑斓，有强烈的装饰效果。

明　石湾窑“吴南石堂”款素胎陶觚

高64厘米，口径26.8厘米，底径24厘米。广东民间工艺博物馆藏。

素胎烧制，浅黄色陶胎，不施釉。圆形，撇口，长颈，鼓腹，下接喇叭形足，颈、腹、足均出四戟。在底足边沿有两个相对的小圆孔。底钤“吴南石堂”方框四字篆书印。器身上下回字纹地，刻蕉叶纹及浮雕兽面纹饰，口沿、足沿边刻如意云纹；腹呈一鼓形，上下周边贴塑鼓钉一圈，四面开光呈海棠形，内浮雕两条盘龙。吴南石堂是明代石湾有名的陶器店。

明　石湾窑“吴南石堂”款素胎三足鼎

高33厘米，口径21厘米，腹径24厘米。广州博物馆藏。

整器素胎不施釉。桥耳，直口，束腰，鼓腹，三兽首柱爪足。鼎盖饰狮子踏绣球钮，并与腹部同饰云雷纹、勾连雷纹等。腹部四个海棠形开光内饰四个对称团龙图案。底有“吴南石堂”楷书款识。

明　石湾窑钧蓝釉三足炉

高26厘米，口径21.5厘米。广东民间工艺博物馆藏。

陶胎灰白细洁，外表施钧蓝釉，内施一层薄的白釉，釉色厚润。形如鬲，腹圆鼓，平口，三足以兽头装饰。

明　石湾窑绿釉挂瓶

长11厘米，宽4厘米，高17.5厘米。广东民间工艺博物馆藏。

外施浅绿色釉，有细小开片，底和背处施酱褐色护胎釉。瓜形，光素无纹，圆口丰肩，往下渐收，平底，造型、线条简单。背面靠上位置开一方形孔，上方盖方形四字楷书印“粤彩正记”，为店号，主人姓陈，名粤彩，明代晚期制陶名家。

明　石湾窑白釉八卦纹琮瓶

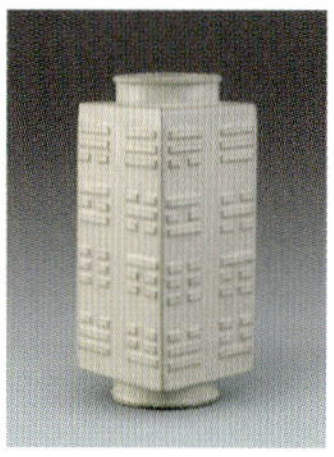

长12厘米，宽12厘米，高31厘米，口径10厘米，底径10.2厘米。广东民间工艺博物馆藏。

施白釉，有细开片，周边和转折处显露胎色。方柱形长身，圆足，短颈，四面浮雕八卦纹。

明　石湾窑白釉棱形瓶

高17厘米，口径8厘米，肩宽12厘米，底宽8厘米。广东民间工艺博物馆藏。

褐色陶胎，通身施白釉，釉层玻化强，表面有细开片，器底露胎。菱形盘口，束腰折肩，深腹斜直壁，菱形浅足平切。瓶身四面凸起瓜棱边。

明　“祖唐居”绿釉竹节形陶洗

高5厘米，口径18.5厘米，底径18厘米。广东民间工艺博物馆藏。

陶胎。三足矮盆状。外壁口沿与底边塑竹节纹装饰，腰部饰一周回纹与三团寿字和三夔龙纹（草尾龙）相间，拐竹子作足。底上一层护胎酱釉，底钤有“祖唐居”双框椭圆印。

明　石湾窑翠毛釉陶梅瓶

高24.5厘米，口径3.5厘米，腹径15.5厘米，底径10.5厘米。广州博物馆藏。

器身满施蓝釉，釉层厚而光润，蓝釉中渗化出葱白色的点状花斑。小口外撇，直短颈，丰肩，深腹下敛至底部微向外撇，圈足。

明　石湾窑粉蓝釉兽耳方瓶

高17.3厘米，口宽4厘米。广东民间工艺博物馆藏。

陶胎灰白细洁，施粉蓝釉，底有护胎釉，釉色莹润均匀。方口，长颈，腹部略鼓，下收束。双肩贴塑铺首衔环为耳，手捏成型。底钤行书阳文“杨昇”椭圆印章。作者杨昇为明末石湾窑制陶名家。

明　石湾窑葱白釉钫

高26厘米，口宽10.7厘米，底宽9.5厘米。广东民间工艺博物馆藏。

陶胎灰白细洁，内外均施一层微黄的护胎釉，器外再加一层很薄带流动性的白釉，并开细裂纹。方口，方足，大腹，肩两侧贴塑狮头铺首。

明　仰莲纹出戟四系陶罐

高29厘米，口径5.2厘米，腹径17.2厘米，底径13厘米。增城荔城街夏街拖拉机站出土。广州市增城区博物馆藏。

灰白色陶胎，施酱釉，已基本脱落。缺盖，侈口，圆唇，短颈，深圆腹，饼足。器身刻四周弦纹分成五级，弦纹之间器身圆鼓，器身从下往上逐级有收分。肩部附四横耳，腹部面上下错位塑八路二十支弯形戟角，下腹壁刻一周莲瓣纹。

明嘉靖　彩陶女立俑、袖手男立俑、捧物女立俑

女立俑：高14.53厘米，底座边长6.2厘米；袖手男立俑：高15.92厘米，底座边长5.6厘米；捧物女立俑：高15.8厘米，底座边长5.6厘米。2012年增城湛若水墓出土。广州市增城区博物馆藏。

彩陶女立俑，泥质灰黑胎，通体施彩绘。黑色头发，粉红色脸面、长袍，朱砂红裙摆。女俑立像，下有底座。头梳双髻，左髻已脱落。眼、耳、口、鼻清晰，眉清目秀，穿窄袖圆领袍，系腰带，下露裙摆、裤脚，着便鞋。左手贴于腰带上，右手下垂小臂稍向前。

彩陶袖手男立俑，泥质浅红陶胎，通体施彩绘。男俑立像，下有底座。头戴黑色软布帽，五官端正，眉清目秀。穿宽袖长袍，下露裤脚，着便鞋。双手平叠于胸前，做点头哈腰状。衣履有纹饰。

彩陶捧物女立俑，泥质灰陶胎。女俑立像，下有底座。头梳单髻，五官端正，线条清晰。穿窄长袍，袍领已毁，下露小腿，着便鞋。长袍、鞋子均施简单纹饰。双手捧物前递。这是广东明墓中首次出土的彩陶俑。

第九节　清代陶瓷

清　广彩通景人物故事图大茶壶

壶盖高2.7厘米，口径10.6厘米；壶身高22.3厘米，口径12.6厘米，底径12.1厘米；茶壶底座高12厘米，口径13厘米，底径12厘米。广州市花都区博物馆藏。

圆唇，长腹如鼓，平底，圈足。笠帽式盖，钮为一趴式狮子，流口、盖沿和口沿均施以金彩，盖外壁绘人物故事图和花鸟纹。壶外壁施广彩通景人物故事图和花鸟图，一侧设有半圆形流口，另一侧设有两条藤状梅花扣把柄。底座为木质，直口，浅腹，底部设有三足。

清　广彩美国风景徽章茶壶

高13.9厘米，口径8.7厘米，底径12.5厘米。广州市花都区博物馆藏。

带盖，内凹口，短颈，折肩，筒腹，圈足。盖为寿桃宝珠钮盖。流口、盖沿和把柄均施以金彩，腹部绘广彩美国风景徽章纹，一侧设有圆柱状中空流口，一侧设梅花扣弯曲形把柄。

清　青花山水松亭纹大盘

高3.6厘米，口径24厘米，底径最宽14.8厘米。广州博物馆藏。

施不均匀的白釉。桃形，板口，浅腹。盘心绘山水树亭，曲桥屋舍，画面布局错落有序。盘口沿绘锦花堆边饰，塑带叶枝梗一根，枝梗及口沿施金彩。

清康熙　青花釉里红仕女图瓷盘

高4.7厘米，直径27.1厘米，底径15.8厘米。广东民间工艺博物馆藏。

胎质细腻，白釉透明。广口，斜腹壁，圈足。盘心用青花绘仕女人物、楼台亭阁、山石树木等，衬以几处釉里红画树冠，色彩生动明快，笔法工整、细致。双圈足，底书“康熙壬子中和堂制”八字青花楷书款。中和堂是圆明园中康熙皇帝所居殿堂。

清康熙　青花五彩贵妃醉酒图瓷花觚

高50.5厘米，口径22.7厘米，底径17厘米。广东民间工艺博物馆藏。

白釉白胎。喇叭口，深直腹，腹中部一圈凸出，胫部稍外撇，平底，底无釉。青花用料为青翠的“翠毛兰”，器外壁装饰三层纹饰，五彩绘“贵妃醉酒”图，辅以青花草叶，设色石榴、牡丹等图案，口沿有装饰纹带，足部绘蓝圈。

清康熙　五彩绘九秋花卉碗

高5.7厘米，口径11厘米。广东民间工艺博物馆藏。

胎质坚薄，碗内白釉莹润。撇口，深腹，矮

圈足。碗外壁以珊瑚红釉为地，彩绘九秋花卉。此碗花卉绘画细腻、典雅，花朵与枝叶分明，画面整体布局紧凑、疏密有致，立体感强。红地、彩绘相互映衬，黑彩衬托五彩，争妍斗艳，色彩瑰丽。白釉底，书青花双方框“康熙御制”楷书款。

清康熙　五彩云龙瓷碗

高6.5厘米，口径14厘米，底径5.5厘米。广州博物馆藏。

微撇口，深腹，圈足。内施白釉，碗心青花双圈内绿彩绘一立龙，周围满饰红、绿彩火焰纹。外壁青花为地，以红、绿彩分别绘双龙戏珠纹，近足处绘莲瓣纹。器底青花双圈“大清康熙年制”楷书款。

清康熙　五彩龙凤小茶碗

高5.3厘米，口径10.5厘米，底径4.9厘米。广州博物馆藏。

撇口，弧壁，圈足。内施白釉，碗内沿饰青花双圈弦纹，碗心青花双圈内绘一红彩立龙，周围饰红、绿彩宝珠、火焰纹。外壁口沿绘一周由法螺、宝伞、白盖、宝瓶、莲花、双鱼、盘长等组成的八吉祥纹及如意纹，下方腹部绘二龙赶珠纹，间饰凤纹。器底书青花双圈“大清康熙年制”楷书款。

清康熙　瓜皮绿釉瓷碗

高7.4厘米，口径16.2厘米。广州市文物总店有限公司藏。

胎质细致、坚薄，满施瓜皮绿釉，釉质莹透，色泽浓绿。碗撇口，深腹内收，圈足，造型简练优美。瓜皮绿釉是一种以铜为呈色剂、以氧化铅为主要熔剂的低温绿釉，因釉色似西瓜皮色，故俗称“瓜皮绿”。最早见于明代中期，嘉靖朝烧造甚盛，清康熙晚期复烧。

清康熙　景德镇窑青花月映梅纹瓷观音尊

高45.6厘米，口径14.2厘米，底径15厘米。广东民间工艺博物馆藏。

撇口，短颈，丰肩，鼓腹，腹下部渐收敛，近足处外撇，浅圈足。通体青花装饰，颈部、腹部上下两层均绘月下梅花景色，梅树枝叶舒展，梅花或盛开，或含苞待放，在白地的衬托下营造出雪地、月光、冰梅在月中开放的朦胧奇效。足内绘青花双圈，无款。

清康熙　景德镇窑黄釉撇口瓷碗

高17厘米，口径38厘米，底径16.2厘米。广东民间工艺博物馆藏。

通体施黄釉，足内施白釉。撇口，深腹，圈足。书青花双圈“大清康熙年制”六字楷书款。

清康熙　景德镇窑茄皮紫釉暗龙纹撇口瓷盘

高4.5厘米，口径24.8厘米，底径16.5厘米。广东民间工艺博物馆藏。

通体施深茄皮紫釉，足内施白釉。撇口，弧腹，圈足。外壁釉下暗刻云龙纹，近足处暗刻莲瓣纹，内壁光素无纹。足内书青花双圈“大清康熙年制”六字楷书款。

清康熙　青花松鹤鹿纹瓷花觚瓶

高45.6厘米，口径14.2厘米，底径15厘米。广东民间工艺博物馆藏。

胎质坚硬细白，釉面光滑细腻，通体青花色调纯蓝。喇叭状口，敞口外撇，长颈渐收，鼓腹下敛，圈足，足底外撇。因瓶口外撇呈凤尾状，又被称为“凤尾尊”。颈、腹分别饰松、鹿和仙鹤，中间用弦纹隔开，足饰城垛纹。

清雍正　青花山水纹提梁暖壶

通高15.4厘米，底径9.7厘米。广州市文物总店有限公司藏。

壶腹绘青花山水行旅图，层次深远，画工精致。此壶为取暖用器，提梁便于携带。

清雍正　景德镇窑青花釉里红三鱼纹瓷碗

高9厘米，口径22.5厘米。广东民间工艺博物馆藏。

通体施浅白釉，施釉均匀。广口，撇沿，弧形腹，圈足露胎。碗外壁腹部以浓重的铜红釉料堆画出三尾鱼纹，寓意“吉庆有余”。鱼形简练，鱼纹凸出碗壁，富有立体感。三鱼造型基本相同，昂首挺胸、腹鳍舒展，鱼尾翘起。底书青花双圈“大清雍正年制”楷书款。

清雍正　斗彩团花纹瓷碗

高6.5厘米，口径14厘米，底径5厘米。广州博物馆藏。

敞口，深腹，圈足。内施白釉，碗心青花双圈内绘斗彩团菊纹，外壁绘斗彩团菊纹五组。器底书青花双圈“大清雍正年制”楷书款。

清雍正　斗彩寿山福海纹瓷碟

高3.3厘米，口径15.5厘米，底径10厘米。广州博物馆藏。

敞口，浅弧腹，圈足。盘内青花双圈内绘寿山福海纹，以青花绘山崖，上有一株桃树横空垂现，枝头结蟠桃九枚，其下以绿彩绘海水纹，五只红蝙蝠翱翔于江崖海水间，错落有致。外壁绘折枝寿桃纹四组，间饰红蝠纹。器底书青花双圈“大清雍正年制”楷书款。

清雍正　粉彩花蝶纹瓷碗

高6.5厘米，口径12厘米，底径5.5厘米。广州博物馆藏。

撇口，深腹，圈足。碗心绘兰花两朵，外壁绘飞蝶、菊花、月季花纹。器底书青花双圈“大清雍正年制”楷书款。

清雍正　青花缠枝莲纹赏瓶

高37厘米，口径9.5厘米，底径12.3厘米。广州市文物总店有限公司藏。

圆腹，长颈，撇口，圈足。赏瓶自上而下绘有九层青花纹饰：口沿绘海浪纹、如意头纹，颈绘蕉叶纹，肩部间绘回纹、缠枝莲纹、如意头纹，腹绘缠枝莲纹、莲瓣纹，足绘卷草纹。瓶肩部饰有两条凸起的棱纹。底部双圈青花写“大清雍正年制”六字楷书款。

清雍正　景德镇窑珊瑚红地五蝠拱寿纹大盘

高9厘米，口径50厘米，底径28.7厘米。广东民间工艺博物馆藏。

胎薄质白。广口浅腹，圈足。在素白盘心上用珊瑚红釉绘“五蝠拱寿”图案。外壁以珊瑚红作地，色彩鲜艳，衬托出多只形态各异的白色蝙蝠，红白对比强烈。底施白釉，底足中心书青花双圈“大清雍正年制”六字楷书款。

清雍正　广彩描金折枝花卉纹盘

高3厘米，口径22.5厘米，底径12.5厘米。广州博物馆藏。

敞口，折腰，圈足。盘内沿描绘金边饰一周，其下绘三组折枝花卉纹及托尔（Tower）家族纹章盔饰，盘心绘描金托尔家族纹章主体图案。外壁绘折枝花卉四组。器底施白釉，无款。英国托尔家族约1728年定制。此套纹章瓷定制的原始纹样和订单仍然留存，该订单也是目前所见唯一有中文标注的原始订单。

清雍正　白釉连枝花卉广彩盘

高2.6厘米，口径23厘米，底径12.7厘米。广州博物馆藏。

折沿，折腰，圈足。盘内折沿以“白加白”（bianco sopra bianco）工艺绘缠枝花卉纹一周，盘心绘英国威利斯（Willes）家族与布罗斯特（Broster）家族纹章。外壁及底施白釉，光素无纹饰。这件餐盘由约翰·威利斯（John Willes）于1735年定制。“白加白”工艺最早出现在16世纪的意大利陶器上。18世纪早期，中国工匠已熟练掌握这门技艺。

清乾隆　广彩鹿羊纹瓷碗

高11.5厘米，口径26.4厘米，底径13厘米。广东民间工艺博物馆藏。

敞口，深腹，圈足。彩绘以干大红、西红和茄紫色为主调，配以大绿和金彩。主体画两幅，一幅绘一立二跪的三只梅花鹿，另一幅绘大树和三只绵羊。碗足绘碎花。内唇绘一圈花卉纹饰，碗心绘一茄色花卉。是清乾隆早期广彩的代表。

清乾隆　广彩墨彩碟

长20厘米，宽15.5厘米，高2.3厘米。广东民间工艺博物馆藏。

椭圆形。花纹布局分为四层，碟心为圆形轮齿纹饰，四朵小花分布其中；第二层为四簇鲜花围绕轮齿花心对称展开；第三层为几何回纹，四片松尾纹均衡地布列于回纹的留空处；最外一层由四朵花、八个寿果和几何纹图案组成。每层花纹均以对称形式组合，极富装饰效果，是广州彩瓷中较少见的。

清乾隆　豆青地青花釉里红岁寒三友图瓷盘口瓶

高67厘米，口径25.5厘米，底径21.2厘米。

广东民间工艺博物馆藏。

胎质厚重，全器施豆青釉，盘口，长颈，斜肩，高身，浅圈足，形体高大。以釉里红与青花绘松、竹、梅及红日、山石组成“岁寒三友”图。

清乾隆　黄地青花九桃纹瓷盘

高5.2厘米，口径27厘米，底径17.8厘米。广东民间工艺博物馆藏。

撇口，弧腹，圈足，盘形规整，通体以黄釉为地，盘内外青花装饰。盘内饰桃树一棵，结九枚硕桃，外壁绘九朵牵牛花缠枝花卉纹。圈足内满施黄釉，底足署青花篆书“大清乾隆年制”六字款。整器绘画流畅舒展，青花色泽青翠，黄釉色调娇嫩，二者形成鲜明对比。清代陶瓷的纹饰多赋予吉祥喜庆的寓意，以寿桃为主题的作品多为御瓷，以九桃纹装饰瓷器是雍正以来官式瓷器的题材和样式，纹饰主题寓意“洪福齐天”“福寿双全”。

清乾隆　景德镇窑钧釉瓷灯笼瓶

高23厘米，口径8厘米，腹径13.5厘米，底径7.5厘米。广东民间工艺博物馆藏。

撇口，短颈，溜肩，筒形腹，圈足。因形如灯笼，故称“灯笼瓶”。此瓶制作规整，造型端庄古雅。腹两侧饰有对称瓶式耳。内外通体施炉钧釉，釉色以红蓝为主，条斑交融，自然垂流，极富动感。蓝色斑晕似绿松石，蓝中泛绿；红色斑点似刚成熟的高粱穗，红中泛紫，故有“高粱红”之称，又名“红炉钧”“荤炉钧”。釉面滋润，如缕如丝的松石绿条纹与高粱穗般的紫红斑点相互交融，蜿蜒流淌，色彩斑驳，给人以变化莫测之感。外底刻“大清乾隆年制”六字篆体款。灯笼瓶的造型源于明初，清乾隆以后颇为流行。

清乾隆　景德镇窑茶叶末釉双兽耳瓷尊

高35.2厘米，口径15厘米，底径16厘米。广东民间工艺博物馆藏。

通体施茶叶末釉。此尊仿古代青铜器造型，椭圆口微撇，阔颈，溜肩，鼓腹，圈足外撇。饰条带纹，肩颈部饰对称牺耳。外底阴刻“大清乾隆年制”六字三行篆书款。茶叶末釉是厂官釉中的一种。厂官釉属于铁、镁结晶釉，由于烧成工艺的某些差异，色调有多种变化，有的似鳝鱼腹际色，俗称“鳝鱼黄”；有的像茶叶研成的细末之色，俗称“茶叶末”。

清乾隆　天蓝釉双贯耳瓷扁方瓶

通高49.5厘米；口长19厘米，宽16厘米；腹长29.5厘米，宽25厘米。广东民间工艺博物馆藏。

胎质细腻，修胎规整，胎底细密紧致，通体满施天蓝釉，釉汁肥腴，滋润晶莹，有细小开片。直口，口沿有一圈弦纹，溜肩，双贯耳，扁圆腹，腹部丰满。底有蓝料篆书“大清乾隆年制”款。

清乾隆　广彩描金纹章开光风景纹汤盘

高4.2厘米，口径22.5厘米，底径11.7厘米。

广州博物馆藏。

微撇口，折腰，圈足。盘口施金彩，沿内左右两侧描金如意形开光内分别绘广州黄埔港和英国普利茅斯港，沿内上下分别绘波尔（Pole）家族纹章老鹰盔饰及家族纹章主体图案。盘心海棠形开光内绘印度马德拉斯港的圣乔治堡。外壁及底施白釉，无款。

这件瓷盘由英国利物浦国会议员查尔斯·波尔（Charles Pole）于1745年定制，盘中纹饰展现了中英贸易中最为重要的三个港口城市的风光。这种开窗风景纹源自英国海军代将安森（Anson）于1740至1744年间开展的一次环航旅行，后演变为深受英国市场欢迎的瓷器纹样。

清乾隆　广彩描金水果盘

高3.5厘米，口径15.7厘米，底径8.3厘米。广州博物馆藏。

微撇口，折腰，圈足。盘内口沿饰描金蓝彩圈饰一周，盘心饰盾牌形纹章，外壁施白釉无纹饰，器底墨彩书“Canton in China 24 Jan.1791”，可知这件瓷盘于1791年在中国广州定制。来广州贸易的船只，每年六七月间乘西南季风抵达黄埔，完成大宗货物的采购和私人贸易订单传达后，必须在冬季的12月、1月间乘东北季风离去。此盘留存的确切日期，以实物形式印证了清代广州口岸陶瓷贸易开展的周期。

清乾隆　广彩纹章纹盘

高3.2厘米，口径23.2厘米，底径12.5厘米。广州博物馆藏。

微敞口，折腰，圈足。盘内口沿绘四组对称似由莨苕叶及鱼组成的贝壳形描金开光，开光内分别绘制利克·奥奇欧佛（Leake Okeover）与妻子玛丽·妮可（Mary Nichol）姓名的字母组合“L.M.O”及男方家族纹章盔饰图案，间饰四组折枝花卉纹。盘心贝壳形开光内满绘奥奇欧佛夫妻二人结婚纹章。盘外及底施白釉，无款。

这件瓷盘根据奥奇欧佛（Okeover）家族专门提供的原始图样绘制，原稿上出现的每一片枝叶和花瓣、水中的粼粼波光等诸多细节均被如实呈现在瓷盘上。奥奇欧佛家族于1740年和1743年前后两次定制至少120件餐盘和34件大盘，平均每件成本高达一英镑，是普通纹章瓷定制成本的十倍，是大宗日用瓷器的近百倍。高昂的定制成本和无与伦比的精美绘工，使其成为当之无愧的纹章瓷之最。

清乾隆　古铜釉浮雕“夔龙拱罄”纹双夔耳大瓶

高71厘米。广州市文物总店有限公司藏。

胎体厚重。以锦地回纹为地，颈部凸雕罄、双鱼及铃铛，寓意“吉庆有余”。器身及足部浮雕夔龙纹饰，玲珑浮凸，线条工整秀美。器底金水书“大清乾隆年制”六字篆书款。

清乾隆　青花龙穿花天球瓶

高53厘米，口径13.2厘米，底径20厘米。广州博物馆藏。

直口，长颈，扁球腹，圈足。内施白釉，外壁口沿饰海水如意纹，颈及腹部绘龙穿花图案，飞龙横穿在花丛中，翻腾转侧，龙身浑圆，鳞片披覆，矫健的四肢、锋利的爪趾，雄健

威武。近足处饰海水纹。器底施白釉，无款。此瓶器形硕大，气宇轩昂，纹饰豪迈奔放，显示出乾隆盛世的景象。

清乾隆　青花云鹤八宝纹铺首耳尊

高50厘米，口径22厘米，底径22厘米。广州博物馆藏。

撇口，短颈，圆肩，腹以下渐收，圈足外撇。肩部置对称贴塑蝙蝠衔环铺首。口沿饰一周如意云头纹，颈部饰蕉叶纹，肩上部两圈弦纹之间绘缠枝纹一周，其下饰如意云纹一周，腹部主体图案为云鹤暗八仙纹，近足处绘江崖海水纹，足边绘覆式蕉叶纹。器底施白釉，无款。

清乾隆　青花釉里红绘十二喜鹊大瓶

高58.5厘米，口径25.5厘米。广东民间工艺博物馆藏。

撇口，短颈，溜肩，高身，圈足，底露胎。胎质厚重。全器为豆青釉地，用白釉、青花、釉里红绘老松树与十二喜鹊，寓意“喜上枝头”。釉面细腻，釉里红偏浅，青花色泽十分浓艳，釉里红有绿色的苔点。空白处青花行草题款十四字：“苍松老桂因此远，烟水云山寓意真。”图与文字均有浓重晕散。

清乾隆　釉里红绘缠枝莲龙凤纹瓶

高27.3厘米，口径8.3厘米。广东民间工艺博物馆藏。

釉色莹润，白釉微微泛青。扁圆敛口，短颈，圈足稍外撇。腹部以釉里红绘一对龙凤游翔于缠枝花卉之间，以青花点缀龙凤双目。其余辅助纹饰有回形纹、如意纹等，亦以釉里红绘就，以青花弦纹相隔。

清乾隆　斗彩团花如意纹天球瓶

高52厘米，口径12厘米。广州市文物总店有限公司藏。

通体绘斗彩纹饰。直口，长颈，圆腹，卧足。口沿围以回纹，其下为五彩如意头纹；瓶颈绘有宝相花卉，间之以缠枝如意头纹；颈肩相接处有五彩蕉叶宽带，瓶体以绘宝相团花和缠枝如意头纹为主；近底部环以五彩莲瓣宽带；器底青花书“大清乾隆年制”六字篆书款。

清乾隆　广彩洋人远航图大碗

高12厘米，口径29厘米，底径13厘米。广州十三行博物馆藏。

敞口，腹下部渐次收敛，圈足。碗外壁描绘外国商船船员与爱人依依惜别、出发前往广州、成功返航回国后与爱人相见的情形。内壁绘有英文“DARLING ELIZABETH”，意为“亲爱的伊丽莎白”。碗心绘有“1757”，应是该船此次航行的年份。1757年，乾隆皇帝正式下令，番商“将来只许在广东收泊交易”，广州成为唯一对外海上通商口岸。

清光绪　广彩描金开窗阿拉伯纹花鸟人物纹瓷碗

口径39.8厘米，高16.7厘米，底径23.5厘米。广州海事博物馆藏。

敞口，深腹，圈足。内外共绘制四十个人物、十九个开光图案。碗内外以蓝紫色彩料为地，口沿及肩部绘带状铜钱纹，外壁饰六扇形开光和两双圈开光图案。扇形开光内绘人物纹和花鸟瓜果纹，两两间隔。双圈开光内以金彩书波斯文。碗内壁及碗心共有七层纹饰：第一、第三和第五层为铜钱纹；第二层为缠枝花卉纹；第四层纹饰以缠枝花卉纹为地，饰六开光图案，开光图案内绘花鸟纹和人物纹；第六层纹饰以缠枝花卉纹为地，饰四开光图案，开光图案内绘花鸟纹和人物纹；第七层以金彩饰双圈开光花鸟纹图案。主题纹饰描绘了人们聊天、会友等生活场景。

清咸丰　景德镇窑粉彩八仙祝寿纹蝠桃耳瓷扁方形瓶

长16厘米，宽10.5厘米，高30.9厘米。广东民间工艺博物馆藏。

方口，口沿描金，短颈，颈部两边对称装饰蝙蝠蟠桃耳，蝙蝠施珊瑚红釉，上描金。方形扁腹，足外撇。颈部与足部分别以青花做装饰，颈部绘青花缠枝西番莲纹，足部绘青花双夔龙纹。腹部绘粉彩八仙祝寿图。底足内书“大清咸丰年制”六字红彩楷书款。

清道光　景德镇窑蓝地轧道开窗珐琅彩牛郎织女图瓷碗

高6.4厘米，口径14.8厘米，底径5.5厘米。广东民间工艺博物馆藏。

敞口，斜直腹，圈足，底部满釉。碗内用青花绘牛郎织女鹊桥相会图案，碗外通体以蓝色为底色并使用轧道工艺，其上绘开窗人物故事图。在轧道色地上绘花卉图案，展现出铜胎画珐琅的效果，粑花为凤尾卷草纹。底书青花“大清道光年制”篆书款。

晚清　广彩十三行纹狮耳镶铜瓷缸

高37.9厘米，口径37.3厘米，底径27.7厘米。广州海事博物馆藏。

侈口圆腹，肩部两侧捏塑双狮耳，卷眉圆目，阔鼻大口，鬓毛虬曲，狮口衔环。瓷缸口沿、狮耳及足部设有镶铜，足部有四只狮爪。狮耳镶铜为花卉及女子模样纹饰。瓷缸内部装饰有大大小小的金鱼、海草；外部则饰有广州十三行港口大大小小各式船只；十三行商馆的两层小楼房漂亮整齐地沿着江边一字排开。商馆前的广场上，有美国、英国、瑞典等国家五颜六色的国旗；瓷缸底印有徽章纹。

清　石湾窑宝蓝釉寿带鸟

长12厘米，宽11厘米，通高23厘米。广东民间工艺博物馆藏。

厚胎，施宝石蓝釉。寿带鸟立于山石上，侧头，双眼注视前方。寿带鸟俗称绶带鸟，被人们视为长寿的象征。

清乾隆　石湾窑玳瑁釉兽耳瓶

高19.5厘米，口径6.3厘米，底径6厘米。广东民间工艺博物馆藏。

陶胎，通体施玳瑁色釉。两侧以兽头装饰。玳瑁釉是宋代江西吉州窑的代表品种之一，釉面以黑黄色交错混合，黑色中有黄褐色斑纹，色彩艳丽高雅，有如海洋动物玳瑁壳身的色彩，故称“玳瑁釉”。玳瑁釉属于窑变花釉，明清时期石湾窑多有仿烧。

清　石湾窑月白釉陶立鸡

通高23.5厘米。广州博物馆藏。

陶质，胎灰色，通体施月白釉。一体态肥硕的公鸡直立于石上，张尾侧首，釉色润泽，恰似鸡油亮的毛色。

清　石湾窑钧蓝釉梅瓶

高29.3厘米，口径6厘米，腹径18.5厘米，底径11.5厘米。广东民间工艺博物馆藏。

小口，短颈，丰肩，肩下渐收敛，施多层釉，陶胎先上一层不流动的铁质底釉，再上一层钧蓝釉和一层白釉，煅烧时蓝白两色的乳浊色釉因窑温熔融相渗，斑驳陆离。

清　石湾窑白釉琴形枕

长59厘米，宽17厘米，高14厘米。广东民间工艺博物馆藏。

琴额为卷书状，束项，从琴肩至尾部逐渐收细、足呈倒梯级状。琴体施浅褐色护胎釉，琴面施葱白釉，束项处施宝石蓝釉，五弦以褐釉描绘。

清　石湾窑绿变红釉卧鸭

长28.5厘米，宽20.5厘米，高11.5厘米。广东民间工艺博物馆藏。

灰白色陶胎，手捏原作。刻划鸭在饱餐后屈腿卧地，用嘴梳理羽毛时安闲自在的神态。鸭身施绿釉，在高温还原焰的作用下，鸭背多处呈现大片的窑变红色釉彩，在绿釉中亦隐现出红绿互相渗透的色彩。

清　石湾窑石榴红釉卧狮

长37厘米，宽23.5厘米，高17.7厘米。广东民间工艺博物馆藏。

陶胎，手捏原作，以广东地区民间所舞的独角狮为原型。狮子伏地抓痒时全身肌肉松弛，两眼圆睁，双耳下垂，口微张开，伸出舌头，口涎往下流淌。配以石榴红釉，更增添了作品的丰艳美感。

清　石湾窑钧蓝釉达摩

长16.8厘米，宽11厘米，高40.5厘米。广东民间工艺博物馆藏。

灰白色细陶胎，手捏原作。达摩身着长袍，圆头大耳，满脸胡须，头微上仰，双眼圆睁凝视前方，双手拢在宽袖里漫步向前。作者突出达摩脸部神态的刻划，配以色沉而流动性很强的仿钧蓝釉。

清　石湾窑翠毛釉老人

长21厘米，宽19厘米，高24.7厘米。广东民间工艺博物馆藏。

老人席地而坐，眼睑下垂，左手肘支于屈起的左膝上托着微倾的头，右手夹在左胸间，右足盘膝。头脸、手脚露胎，呈棕色，衣服的翠毛釉经高温产生流动的下垂感。

清　石湾窑钧蓝釉玉兰插

长10厘米，宽6.5厘米，高14.2厘米。广东民间工艺博物馆藏。

陶胎，手捏成型。玉兰花形，玉兰直立如钟，张开的花冠为口，花茎作座，花旁伴以新芽作耳，是石湾窑制品中不可多得的实用艺术品。施钧蓝釉，釉面开片，釉流动露出底层护胎釉色。石湾窑产品仿钧窑釉色，故又被称为“广钧”。

清　石湾窑鳝鱼黄釉狮耳瓶

高22厘米，口径10厘米，底径9.7厘米。广州博物馆藏。

灰色陶胎。撇口，束颈，圆腹，圈足外撇。腹上部置对称狮头形衔环耳。瓶内及底部不施釉，通体施鳝鱼黄釉，瓶口、双耳、圈足凸棱处釉色呈枣红，使双狮头衔环耳轮廓鲜明、突出。底钤椭圆形“祖唐居”楷书阴文印章。

清　石湾窑翠毛釉象耳瓶

高45.2厘米，口径16厘米，底径13厘米。广东民间工艺博物馆藏。

陶胎，胎色灰白。施翠毛釉，釉色变化富丽多彩。肩部有一对象耳。此瓶造型优美，造工考究。

清　石湾窑钧蓝釉蟹形水仙盆

长23.5厘米，宽14.5厘米，高8厘米。广东民间工艺博物馆藏。

仿螃蟹造型，二螯、八足、复眼均塑造齐备，蟹身掏空成盆，施钧蓝釉。“螃蟹披甲”寓意富甲天下、一甲一名、一甲传胪。

清　石湾窑石榴红釉吼狮

长31.5厘米，宽19厘米，高29厘米。广东民间工艺博物馆藏。

陶胎，手捏原作。全身施仿钧红的石榴红釉，釉面有橘皮纹和隐形细微开片，表面纹理出筋。狮子双目圆睁，双耳竖起，咧嘴露齿。头大身小，身披鬃毛，尾巴蓬松往上竖。为清代中期石湾陶塑狮子的典型作品。

清　石湾窑青釉布袋佛

长24.5厘米，宽22厘米，高28厘米。广东民间工艺博物馆藏。

陶胎，手捏制作。脸部及上身不施釉，衣饰施青白釉，衣纹流畅自然。布袋佛光头圆脸，胸阔肩宽，左手持布袋，面带笑容，神态生动，摆脱了神仙道佛形式化形象。

清　石湾窑堆塑金鱼画筒

高45.5厘米，口径19厘米。广东民间工艺博物馆藏。

平口，深直腹略内收。口沿、脚沿各饰一圈葡萄纹，筒身主体贴塑金鱼水藻，极富立体感。圈足，底钤楷书“黄云记制”方印。“黄云记”为清代中后期陶塑名家黄炳的店号。

清 石湾窑仿舒窑彩绘瓜形瓶

高23.4厘米，口宽6厘米，底宽8.4厘米。广州博物馆藏。

灰白色胎，釉色灰白，釉上有小开片。四瓣海棠式花口，卷唇，短颈，丰肩，肩以下渐收，近足处微外撇。瓶身用褐彩，两瓣画竹，两瓣画山石、树木。器底露胎，无款。

清 石湾窑翠毛釉鳜鱼瓶

长13.5厘米，宽8厘米，高31.3厘米，口径4.4厘米。广东民间工艺博物馆藏。

仿鳜鱼造型，鱼口张开用以插花。鱼身施翠毛釉，釉料在煅烧过程中产生流动变化。鳜鱼为饰寓意富贵（鳜）有余（鱼）。

清 石湾窑堆塑人物山水八角壶

长33厘米，宽22.5厘米，通高26厘米。广东民间工艺博物馆藏。

盖为带四倭角的方形，盖钮顶部塑一尾金鱼，金鱼微微把口张开。壶身呈八角形，为八个凹面开光，每个凹面开光里各有一组贴塑。一面为一猴一鹿，一面为一雀一蜂，取谐音“爵禄封侯”之意。四面为“渔樵耕读”图。另外相对的两面，一面塑一狮头托出的壶嘴，从器身上塑一蝙蝠俯在壶口处，褐红色的蝙蝠和蓝釉的狮头上下呼应；一面为树干形的壶把，上面贴塑花卉，在壶把的顶部饰两个石榴果。凹面开光之间饰有象征节节高的竹子。壶的肩部、足部及壶柄上都用贴塑的花卉及各种图案来装饰。整器将石湾窑传统制作手法捏、贴、雕、捺等融为一体。

清 石湾窑白釉双小鸡

长20厘米，宽14厘米，高15.8厘米。广东民间工艺博物馆藏。

灰白胎，手捏原作。两只小鸡立于一高一低的石上，双翅微张，跃跃欲跳。石头施钧蓝釉，小鸡施白釉，色甜润，翅膀点棕褐色釉。

清 石湾窑黄古珍仿舒窑山水挂画

框长61厘米，宽45厘米；画心直径30厘米。广东民间工艺博物馆藏。

圆形陶板上用舒窑式彩釉以写意手法描绘山间的苍茫景色。画面峰峦丘壑，树木葱茏，岚气飘忽。为晚清仿舒窑高手黄古珍所作。此件山水挂画用蓝、绿、赭三种釉色作画，地施米黄色釉。

清 石湾窑舒釉“花笺记古珍藏版”书形陶盒

长14厘米，宽9.7厘米，高8.8厘米。广东民间工艺博物馆藏。

模仿一套四册的线装古书造型作盒。首册作盖，盒身暗线分三册，与盖为子母口结构。书面浅赭石色釉，左上角留白底长方窗，上书“花笺记古珍藏版”。书四侧白色釉，盖侧书“九四·花笺记”，盒身三册分别书“二·花笺记”“三·花笺记”“四·花笺记”。《花笺记》是明末清初广东弹词木鱼歌连台唱本。此为黄古珍以《花笺记》为题所制盒。

第十节　近代陶瓷

民国　石湾窑“潘玉书”白釉钟馗

高21厘米。广东民间工艺博物馆藏。

钟馗头戴黑色乌纱帽，身穿宽袖白色长袍，右肩袒露，登靴露左小腿，双目圆睁，张口呐喊，胡须怒张，左手按剑鞘，右手拔剑，似要杀向鬼魅。底钤“潘玉书制”印章。

潘玉书，南海九江人，石湾近代陶艺名师。

民国　石湾窑“潘玉书”素胎持杖长眉老人

高23.5厘米。广东民间工艺博物馆藏。

胎色灰褐，手捏原作。老者长眉低垂，神态安详，左手持杖低首沉思。衣纹线条简练流畅。底钤阳文“潘玉书”方章。

民国　石湾窑“潘玉书”青白釉贵妃醉酒

高32厘米。广东民间工艺博物馆藏。

贵妃脸庞圆润，端庄柔美，双目低垂，醉眼蒙眬。身穿宽松长袍，头戴凤冠，肩上丝带轻盈飘拂，步履蹒跚，靠着宫女搀扶而行。作品的人体比例准确，人物体态丰腴匀称，衣纹皱褶细致，重叠流畅，具下垂感和立体感。衣袍施青白釉，开细片。面部素胎，眼睛、眉毛、发髻和侍官帽施石墨釉。底钤阳文方章“潘玉书制”。

民国　石湾窑“霍津”白釉罗汉坐像

高12.8厘米。广东民间工艺博物馆藏。

罗汉双手抱膝席地而坐，身稍向后仰，两眼炯炯有神，嘴唇紧闭，脸部表情严肃。坐像全身内外施白釉，眉、须、发点以黑釉，底钤“霍津”方印。

霍津，广东南海人，以制作人物和动物闻名，喜塑罗汉观音，尤擅制牛。

民国　石湾窑“刘佐朝”打蚊公

高15厘米。广州市文物总店有限公司藏。

素身陶胎，手捏原作。打蚊公身穿宽袖上衣、短裤，脚穿木屐，坐在石上，低头注视左脚上的蚊子，举手正欲打蚊。底钤“刘胜记”和“佐朝制”印章两枚。

刘佐朝，清光绪至民国年间石湾陶艺的民间艺人。

民国　蓝地轧道开光珐琅彩牡丹山水纹双耳瓶

高19.4厘米，口径6厘米，底径8厘米。广东

民间工艺博物馆藏。

细颈，溜肩，鼓腹，近脚收腰，底外撇，圈足。双肩各有一衔环兽头，施珊瑚红釉，上有描金。瓶身以蓝色珐琅釉为地，上施轧道工艺，刻画凤尾卷草纹，并彩绘缠枝莲纹。腹部对称开圆窗，各彩绘牡丹花和山水图案。底有青花双方栏“洪宪御制”楷书款。

民国　潘匋宇画“洪宪御制”款堆蓝边粉彩菊纹双螭耳瓷瓶

高31.3厘米，口径5.2厘米，底径7.5厘米。广东民间工艺博物馆藏。

洗口，长颈双螭耳，溜肩，圈足。口沿、肩均饰蓝料彩回纹带和如意纹带，脚饰蓝料彩回纹带。颈部蓝料彩绘蝙蝠纹、缠枝莲，双螭耳施红釉。腹部一面用粉彩描绘盛开的菊花图案，一面行书题诗一首：“平居不放酒樽闲，掩卷高吟深闭关。独向禽边把秋色，谁知我意在南山。”题款“时在丙辰之秋潘匋宇写意”，并有“匋宇”印章。底有蓝料双方栏书“洪宪御制”楷书款。

潘匋宇（1887—1926），字鼎钧，号澹湖外史，画室名古欢，江西鄱阳人。

民国　蓝锦地开光儿童耍乐双耳瓶

高21.5厘米，口径5.3厘米，底径6.5厘米。广东民间工艺博物馆藏。

撇口，长颈，颈部饰双如意耳，球形腹，浅圈足。通体用蓝珐琅彩绘缠枝番莲，双耳红地点金。腹部对称开光，在洁白瓷面上粉彩绘儿童挑灯图。其中一面绘一儿童身穿红色官袍，手执如意骑在白羊之上，有“吉祥如意”之意；有儿童手捧花瓶，瓶中插一束麦穗和一盏灯笼，寓意“岁岁平安”“人丁兴旺”；另有一人手挑戟磬，一人手挑鱼灯，有“吉庆有余”之意。民间有元宵节挑灯笼的习俗。底书红彩“慎德堂制”楷书款。

民国　珊瑚红地描金五彩山水纹双耳瓶

高32.5厘米，口径9厘米，底径15厘米。广东民间工艺博物馆藏。

撇口，长颈，双螭耳，折肩，直腹，束脚，高足外撇。瓶内和底施松石绿釉；颈、肩、脚珊瑚红地描金，绘花卉、蝙蝠、寿字纹，近足处绘回纹一周，工艺精细；双耳描金，腹部用粉彩绘通景山水图，景物深远。底有红彩双方栏“慎德堂制”楷书款。

民国　景德镇窑“乐古堂制”款五彩花鸟纹琮式瓶

高18.5厘米，口径5.3厘米。广东民间工艺博物馆藏。

扁长方形，圈足，颈短微收。颈与足部均绘青花缠枝番莲及蝙蝠，在四面洁白润滑的瓷面上绘粉彩花鸟，纹样生动，笔法工整细腻，画面清新雅致。底有红彩“乐古堂制”楷书款。乐古堂款识是清道光年间出现的堂名。

民国 粉彩公孙图瓶

高28厘米，口径9.7厘米，底径8.5厘米。广东民间工艺博物馆藏。

胎薄质白。撇口，束颈，丰肩，长弧腹，圈足。通体施白釉，瓶身绘粉彩“公孙图”。乍暖还寒时节，青草吐绿，枯枝新发，一位老者拄杖与两位孩童在赏景游乐。构图饱满，画面温馨，笔法细腻，形态生动。底心有红彩双方栏“怀仁堂制”篆书款。

民国 粉彩山水纹长方瓷盆

口长43.2厘米，宽24.4厘米；底长39厘米，宽21厘米。广东民间工艺博物馆藏。

板沿，唇内卷，四足。板沿黄釉地上绘缠枝花卉，盆内满彩绘百花纹，盆外四壁白釉地上绘柳树、亭楼、骏马、山水景色，在一面书文字“时在甲戌孟秋月以为铸云姻伯清玩姻侄崔景山敬赠”。底有“中华民国贰拾叁年”红彩双框楷书款。崔景山，山东棉纱业巨子，民国时期上海重要的商界名人。

第三章

砖瓦及建筑构件

秦　云箭纹瓦当

当径14厘米，厚1.5厘米。1994年南越国宫署遗址出土。南越王博物院藏。

夹细砂灰胎，稍缺。当心双重圆周内饰一乳钉，当面用双竖线分隔成三个区间。上面半圆形区间内饰羊角形云纹，云纹下方两侧各饰一箭头纹。下面两区间分隔线各延伸出一卷云纹。当面云纹外绕两周弦纹，窄边轮，边轮高于当面纹饰。

西汉　“万岁”瓦当

当径16.6厘米，厚1.2厘米，当背瓦残长7.3厘米。1997年南越国宫署遗址出土。南越王博物院藏。

夹细砂黄白胎。当面模印“万岁”阳文，篆书，自右向左读，字体笔画弧折。当面外绕两周弦纹，边轮窄且高于当面纹饰，瓦当背面残存一段筒瓦，有穿孔和筒瓦切割痕。

南越国时期“万岁”瓦当，“万岁”二字篆书，大部分自右向左读，少部分反文自左向右读，当面少部分施有青釉，部分涂有朱砂。西汉中晚期的万岁瓦当，“万岁”二字逐渐简化、卷曲，制作渐显粗糙。

西汉　带钉筒瓦

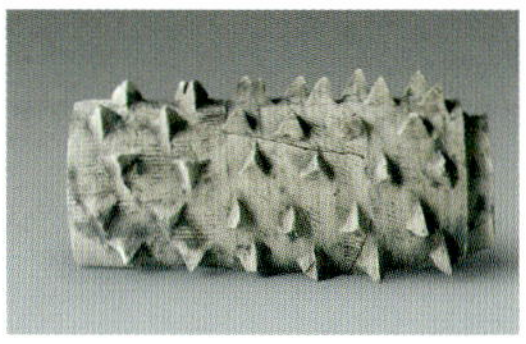

长47厘米，筒径16.5—16.8厘米，舌长3厘米，壁厚1—1.5厘米，钉长2.5厘米。2003年南越国宫署遗址出土。南越王博物院藏。

灰白胎，表面饰绳纹，附加粘接三棱锥形瓦钉，里面饰布纹。带钉筒瓦比较特殊，同时期中原地区出土较少。瓦钉长且尖锐，推测有防范盗贼在屋顶走动的防卫功能。

西汉　绳纹折腰瓦

长46厘米，宽36.4—39.4厘米，弧拱高17.3厘米，厚1.4厘米。1997年南越国宫署遗址出土。南越王博物院藏。

形状特殊，相当于板瓦两端上折呈马鞍状，一端宽、一端窄，表面饰直向细绳纹，较宽一端还旋刮有七道旋纹。里面素面，黄白胎。折腰瓦用于过垄脊部。

西汉　“居室”戳印板瓦

残长18厘米，残宽13厘米，残高3厘米；印文边长2.9厘米。1997年南越国宫署遗址出土。南越王博物院藏。

夹砂灰白陶。残。表面饰粗绳纹，里面饰圆点。里面戳印“居室”，无边框，无界格。据《汉书·百官公卿表》载，居室为少府属官。南越国宫署遗址出土大量带有“居室”戳印陶文的板瓦和筒瓦。“居室”是主管宫廷建材生产的官署。

西汉　熊饰踏跺

长74.5厘米，宽29厘米，高26厘米。2006年南越国宫署遗址出土。南越王博物院藏。

长方体空心砖，两端以熊的图案为装饰。运用浅浮雕手法，塑造出熊的形象。熊两眼正视前方，炯炯有神，前后掌紧握、并列相聚。踏跺即台阶，整体用宽大的空心砖砌成。

西汉　八棱石柱

柱径8.8—12.8厘米，残件最高者61厘米。1995年南越国宫署遗址出土。南越王博物院藏。

石质。八棱形石柱分两种：大的是建筑立柱，小的是栏楯望柱。立柱残件五件，望柱残件十四件，包括柱头、柱身、柱础。柱头呈倒方覆斗形，柱身从上穿出，出头呈锥形。柱础正方覆斗形，底面中央凸出一截长方形或方形榫头。固定望柱的地栿残件六件，形状分为两种，从横截面看，一种为长方形，另一种为在长方形基础上将上部一角斜抹成弧形。地栿两端上、下面各有一大一小的方形卯口，用以衔接固定。将望柱与地栿拼接起来，可以复原当时勾阑的面貌。

南越国宫署遗址所用的八棱石柱和石栏杆座石，应是受海外文化影响的结果。其技术和形式由印度通过海路传播而来。

西汉　大方砖

长67.5厘米，宽66.5厘米，厚11.5厘米。1994年南越国宫署遗址出土。南越王博物院藏。

砖的侧面有直穿对面的圆形气孔。表面模印复线菱形纹、菱形组合的几何图案。中心纹饰的印模为长条形，而边沿纹饰的印模呈梯形。背面素平。经检测，大方砖的烧成温度超过了1000℃。

西汉　绳纹排水管道

长60—160厘米，大端口径25—60厘米，小端口径21—50厘米。1995—1997年南越国宫署遗址出土。南越王博物院藏。

陶质。遗址出土数十件陶制排水管道，分圆形、方形两种。陶制管道，大小相套，组合使用。另有方形木质暗渠排水管道。

西汉　陶水管

通长60厘米，边宽38厘米，厚2—3厘米。2000年越秀西湖路光明广场南越国木构水闸遗址出土。广州市文物考古研究院藏。

灰褐色胎，胎体厚重。为近方形大块板瓦中间折弯形成，一端有凸出的榫口，可与另一块套接，表面拍印网格纹。应为仰置的明渠水管。

东汉　云纹瓦当

当径14.1厘米，厚1.7厘米；瓦筒残长8厘米。1997年南越国宫署遗址出土。南越王博物院藏。

泥质灰胎，基本完好。当心圆周内饰一大乳钉，当面用双线分隔呈四个区间，每个区间内饰一蘑菇形云纹，当面外绕一周弦纹，边轮较宽且高于当面纹饰。瓦筒残。

东汉 “永平十年”铭文砖

长37.5厘米，宽17.2厘米，厚5.2厘米。2000年增城石滩镇围岭遗址M10出土。广州市文物考古研究院藏。

灰白胎，残断，经修复。宽扁一面刻划有“永平十年正月□□三日”（永平十年即公元67年）。此为广州地区目前发现最早的纪年铭文墓砖。

东汉 “永元九年”砖

长26厘米，宽16厘米，厚5.5厘米。1956年孖鱼岗汉墓出土。广州博物馆藏。

模印一行十一字隶书铭文：“永元九年甘溪造万岁富昌。”“永元”是东汉和帝刘肇年号，永元九年即公元97年。“甘溪”是汉代流经广州的一条重要水道，发源于今白云山蒲涧，流出白云山后改称“文溪”，经汉番禺城注入珠江，可行驶舟楫。由该砖铭可知“甘溪”一名至迟在东汉时已有。这是目前广州出现最早、沿用时间最长的水名。

东汉 “永元九年甘溪造”铭文砖

长26.2厘米，宽16.3厘米，厚5.4厘米。1999年天河横枝岗内环路工地M3出土。广州市文物考古研究院藏。

夹砂青灰胎，质硬。扁平一面戳印有“永元九年甘溪造万岁富昌”铭文。甘溪即甘溪砖窑，汉代多以地名为制砖窑场的名称，应是当时官办窑场。

东汉 “永元十六年”砖

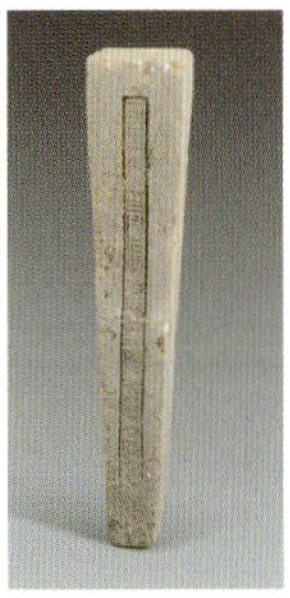

长38厘米，宽7厘米，厚4厘米。1972年克山出土。广州博物馆藏。

模印一行十六字隶书铭文：“永元十六年三月作东冶桥北陈次华灶。”永元十六年即公元104年。“东冶桥”是一座古桥名或古地名。“陈次华灶”应属以窑厂主名命名的砖窑。由此说明广州在东汉时除了官办砖窑（如甘溪灶）外，亦有民间窑厂。大规模砖瓦窑厂的出现，正是当时城市扩展、建筑兴旺的一个反映。

西晋 “永嘉七年癸酉皆宜价市”墓砖

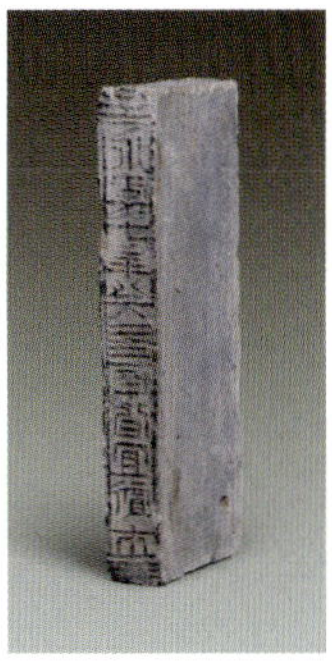

长36厘米，宽17.3厘米，厚4.5厘米。1952年南郊敦和乡客村出土。广州博物馆藏。

陶质，浅黄色胎。刀形，两面为斜方格纹，一侧印字“永嘉七年癸酉皆宜价市”。永嘉七年即公元313年。西晋八王之乱后，五胡入侵，到永嘉年间，中原兵燹连年，天下荒；广州地濒南海，免遭战乱，大批中原人南移，带来先进的科学技术，与当地人共同建设广州，“皆宜价市”反映出这一历史事实。

西晋 “永嘉世天下荒余广州皆平康”墓砖

长35.7厘米，宽17厘米，厚4.4厘米。1952年南郊敦和乡客村出土。广州博物馆藏。

陶质，浅黄色胎。刀形，两面为斜方格纹，一侧印字“永嘉世天下荒余广州皆平康”。

西晋　“永嘉世九州空余吴土盛且丰”墓砖

长36.1厘米，宽17厘米，厚4厘米。1952年南郊敦和乡客村出土。广州博物馆藏。

陶质，浅黄色胎。刀形，两面为斜方格纹，一侧印字“永嘉世九州空余吴土盛且丰”。

西晋　“永嘉中天下灾但江南皆康平”墓砖

长35.6厘米，宽16.3厘米，厚4厘米。1952年南郊敦和乡客村出土。广州博物馆藏。

陶质，浅黄色胎。刀形，两面为斜方格纹，一侧印字“永嘉中天下灾但江南皆康平”。

东晋　云纹瓦当

当径14.1厘米，厚1.7厘米，瓦筒残长8厘米。1997年南越国宫署遗址出土。南越王博物院藏。

泥质灰胎，基本完好。当心圆周内饰一大乳钉，当面用三线分隔呈四个区间，每个区间内饰一蘑菇形云纹，当面外绕一周弦纹，边轮较宽且高于当面纹饰。瓦筒残。

东晋　“泰元十一年”铭文砖

长39.9厘米，宽17.3厘米，厚6.1厘米。2005年越秀仓边路城投大厦附楼工地出土。广州市文物考古研究院藏。

灰黄胎。长方形，扁平两面拍印网格纹，狭长一侧印有“泰元十一年十月九日立”铭文，为修城专门烧造。“泰元”为东晋孝武帝“太元”年号，太元十一年为公元386年。

南朝　莲花纹瓦当

当径14.2厘米，厚1.9厘米，边轮宽1.7厘米，瓦筒残长4.2厘米。1997年南越国宫署遗址出土。南越王博物院藏。

泥质灰胎，胎质软。当心圆台形莲房内饰七颗莲子，当面饰八瓣浮雕式莲瓣，莲瓣间饰三角形纹，外绕一周弦纹、一周分格联珠纹，边轮宽平。

唐　莲花纹瓦当

当径14厘米，厚1.5厘米。2004年越秀广卫路停车场工地出土。广州市文物考古研究院藏。

泥质灰胎，表面呈青灰色，边缘稍残。当心凸起圆台形莲房，内饰七颗莲子。当面主区饰八瓣菱形莲瓣，瓣间以“T”形纹分隔，外绕一周弦纹。边轮高起，上饰联珠纹。

唐　莲花纹瓦当

当径19.8厘米。2003年越秀中山五路学源里采集。广州市文物考古研究院藏。

泥质灰陶，灰白胎，表面呈灰黑色。圆形当面带一段瓦筒，边轮略残。当心平，以一周弦纹内饰九颗莲子示意莲蓬，当面外区饰八瓣宝相莲花。莲瓣肥厚，双瓣形，瓣间以直线分隔，瓣外绕一周弦纹。边轮凸起，饰联珠纹。

唐　莲花纹瓦当

当径12.8厘米，厚2.3厘米，瓦筒残长28厘米。2005年南越国官署遗址出土。南越王博物院藏。

泥质灰陶，陶质坚硬。当心圆周形莲房内饰五颗莲子，当面饰十瓣菱形莲瓣，莲瓣间以弧边三角形分隔，外绕两周弦纹，弦纹之间饰联珠纹，宽边轮。背面残存一段筒瓦。

唐　鬼面瓦

长27厘米，高22厘米，厚6厘米。2000年越秀西湖路广百新翼工地出土。广州市文物考古研究院藏。

泥质灰陶，胎质坚硬。梯形板状，正面有浮雕式鬼面，眉、眼、耳、鼻、口俱全，下方残缺一角。长眉圆眼，竖耳张鼻，龇牙咧嘴，毛发张扬，神态凶煞。在眉额处有一方形小孔，以备安插固定。

唐　脊头瓦

长42厘米，宽25.8厘米，厚9厘米。1994年东山德政中路担杆巷工地出土。广州市文物考古研究院藏。

泥质灰胎，胎质坚硬。长方板状，背面光平，正面贴塑兽面。兽面二角相牴，眉毛上扬，圆眼突出，双耳扇开，鼻孔朝外，口大张，露出一排牙齿及四只獠牙，长舌下垂，两颊刻划长须，末端结扎成球状。上额中部穿孔，以备安插固定。脊头瓦是古代屋顶封堵垒脊瓦端头的饰件，多出土于宫殿、官署、佛寺等高等级建筑遗址，形制为在平直或稍有弧度的瓦板上模制或捏塑出兽面等纹饰。又称兽面瓦、鬼面瓦。既做装饰，还有压胜用意。

唐　脊兽

通长41.5厘米，宽12厘米，高31.8厘米。1994年东山德政中路担杆巷工地出土。广州市文物考古研究院藏。

戗脊上的兽件。泥质灰陶。塑造成蹲坐的鸭嘴兽形，头圆，凸眉凹眼，小鼻，宽扁嘴，伸出细长獠牙，胸腹刻划鳞状羽毛，双翅贴于腹侧，尾翼上翘。腹部中空，下连半圆形筒瓦。头顶部有三圆孔，二大一小，可用来安插配件。腹前部有一穿孔，可用于固定。

唐　宝相花纹长方砖

长31.5厘米，宽16.7厘米，厚4.5厘米。1997年南越国官署遗址出土。南越王博物院藏。

泥质灰陶，稍残。表面模印宝相花纹、火焰、如意纹，边沿绕两周方框形弦纹，弦纹间饰联珠纹，最外饰卷草纹。

唐　兽面砖

复原长25厘米，复原宽16.5厘米，厚14.5厘米。2006年南越国官署遗址出土。南越王博物院藏。

灰白胎，局部残缺修复。正面贴塑形象生动的兽面，竖眉立耳，怒目圆睁，龇牙咧嘴，形象狰狞。

五代十国　南汉青釉板瓦

长29—31厘米，宽17.6—26厘米，弧拱高6—7.4厘米，壁厚1.27—1.68厘米。1997年南越国宫署遗址出土。南越王博物院藏。

泥质灰胎。呈一端大一端小，两侧有由内向外切割痕。表面多素面，里面饰布纹，表面施青釉，较大一头里面施青釉，无釉处皆呈火石红痕。青釉为高温釉，玻璃质感强。

五代十国　南汉双唇瓦

残长21厘米，残宽16厘米，唇边厚3.5厘米。2009年南越国宫署遗址出土。南越王博物院藏。

泥质灰胎，火候高。其形为在板瓦下端堆贴两道水波状的附加堆纹，中间刻划水波纹。南汉康陵陵园也有出土。

五代十国　南汉青釉兽面纹瓦当

当径11.9—12.1厘米，厚1.35厘米，瓦筒残长18.5厘米。2009年南越国宫署遗址出土。南越王博物院藏。

青灰胎，火候高，通体施青釉，釉层厚且均匀，多有玻璃光泽。兽面纹以块面结合的方式构图，兽面凸起，高于边轮，外饰两周凸弦纹，弦纹之间饰一周联珠纹。兽面怒目圆睁，竖眉立耳，顶部双角相抵，猪鼻，龇嘴獠牙衔环。边轮较宽。

五代十国　南汉青釉兽面瓦当

当径13.5厘米，厚1厘米。2003年越秀中山四路致美斋工地出土。广州市文物考古研究院藏。

青灰胎，胎质坚硬，表面施青绿釉，釉厚且均匀，有玻璃光泽。基本完好。当面模印半浮雕式兽面，上额双角上弯，双耳如圆扇，眉眼竖立，眼珠突出，仰鼻凸颧，阔嘴獠牙，吐舌衔环，外绕两周弦纹夹一周联珠纹。

五代十国　南汉青釉双凤纹瓦当

当径14.2厘米，厚1.5厘米，瓦筒残长4.53厘米。2005年南越国宫署遗址出土。南越王博物院藏。

青灰色胎，质地坚硬。表面施高温青釉，釉色晶莹透亮，有细碎开片，釉面粘有窑灰，背面露胎呈红褐色，当面模印两只展翅首尾相随的凤凰，外绕两周弦纹和一周联珠纹。南汉国双凤纹瓦当以首尾相随、振翅飞翔的双凤为主要构图。南汉康陵陵园也有出土。

五代十国　南汉黄釉双凤纹瓦当

当径14厘米，厚1.4厘米。2003年越秀中山四路致美斋工地出土。广州市文物考古研究院藏。

粉白胎，表面施低温黄釉。当面模印两只首尾相对的凤鸟，双翅展起，尾羽修长，曲如水波。外绕两周弦纹夹一周联珠纹。边轮宽平。

五代十国　南汉双凤纹瓦当

当径14厘米，厚1.4厘米。2003年越秀中山四路致美斋工地出土。广州市文物考古研究院藏。

泥质灰白胎。内圈为首

尾相对的双凤纹，双翅振展，尾羽顾长，刻划精细，栩栩如生。外圈为联珠纹。边廓窄小。凤为百鸟之王，双凤纹饰寓意富贵吉祥。

五代十国 南汉花鸟纹瓦当

当径13.5厘米，厚1.4厘米。2003年越秀中山四路致美斋工地出土。广州市文物考古研究院藏。

泥质灰胎。内圈中间为一朵盛开荷花，其下根枝交缠，两侧各立一鸟，作展翅衔枝状，似为鸳鸯。外圈为联珠纹。边轮低平。

五代十国 南汉虎面瓦

残长27厘米，宽26厘米，厚10厘米。2010年越秀中山四路鸿晖大厦工地出土。广州市文物考古研究院藏。

泥质灰胎。弧形板瓦状。上部及右下角残缺。凹面光素，凸面浮雕式虎面，额头刻有“王”字，眉毛及胡须飞扬，双眼圆睁，鼻孔硕大，阔口獠牙。古人认为虎可以镇鬼辟邪，故虎面也是脊头瓦的造型之一。

五代十国 南汉黄釉鬼面瓦

长24厘米，宽20厘米，厚2.5厘米。2003年越秀中山四路致美斋工地出土。广州市文物考古研究院藏。

黄白胎，施黄釉，部分脱落。长方板状，正面贴塑鬼面。鬼面额中突起尖角，双角相牴，眉骨颧骨突出，五官紧凑，圆眼暴凸，双耳如扇叶，鼻孔朝外，张口吐舌，獠牙粗大，颌面刻划鬃须。上额中部穿圆孔，以安置固定插件。

五代十国 南汉陶脊兽

筒瓦残长21.5厘米，宽16.5厘米，高6.5厘米；兽头高8.5厘米。2003年越秀中山四路致美斋工地出土。广州市文物考古研究院藏。

灰黑胎。半圆形筒瓦一端贴塑兽头，有残缺。兽头双耳宽大后弯，双目圆突，口鼻阔大，鼻孔朝外，龇牙咧嘴。兽头后部的筒瓦面上刻划鬃毛。应属建筑屋顶戗脊上的一种小兽，又称戗兽、蹲兽。

五代十国 南汉绿釉陶蹲兽

残长24厘米，通宽14.5厘米，通高17.4厘米，筒瓦壁厚1.2厘米。1997年南越国宫署遗址出土。南越王博物院藏。

陶质，表面施绿釉。在筒瓦表面堆塑出一兽头，似一狗头，咧嘴露齿。遗址出土数件绿釉陶蹲兽，少数素面，为垂脊前部即角脊上的一列瓦质兽形雕饰件。

五代十国 南汉象头形陶垂兽

长36.5厘米，宽21.2厘米，鼻端高37.4厘米，套筒高18厘米。2003年越秀中山四路致美斋工地出土。广州市文物考古研究院藏。

泥质灰黄胎。象头形。前为象鼻上扬内卷，后连中空套筒。套筒呈平底拱形，两侧直板高耸过顶。外侧面浮雕长眉圆目、大口獠牙，刻划鬃须，线条刚劲。套筒弧顶近鼻处有两个圆孔，以安置固定插件。

五代十国　南汉黄釉鸱吻

残长75厘米，残宽37厘米，残高79厘米。2007年南越国宫署遗址出土。南越王博物院藏。

通体施黄釉，光彩夺目。鸱首已残。鱼身，鸟羽，凤尾，龙爪。

五代十国　南汉龙头形陶脊兽

通长37厘米，宽23厘米，套筒高23厘米。2003年越秀中山四路致美斋工地出土。广州市文物考古研究院藏。

灰胎。塑成龙头形，前方为上卷的长鼻，大口张开咧向两侧，露出一排齐牙。后连中空套筒。套筒呈平底拱形，两侧直板高耸过顶。外侧面雕刻凸眼、扇耳，粗齿獠牙。须眉飘扬，粗犷生动。套筒弧顶近鼻处有两个圆形钉孔，以安置固定插件。

五代十国　南汉龙首形陶鸱吻

残长57厘米，宽24厘米，厚35厘米。1995年南越国宫署遗址出土。南越王博物院藏。

灰白色胎。浅灰色，龙形，仅存龙首及颈，身残缺，内空，颈部及下面为近圆形平面，有孔与内相通，昂首，面部高浮雕，凸眼平视，粗眉外凸，三角高鼻，抿嘴噙舌，龇牙，头顶竖立双角，两侧双目残缺，两缕明须，腮须向后飞扬。高颈上细下粗，内侧刻划鱼鳞纹，外侧凸起三道棱与后身相连，颈近底部两侧各有一椭圆形孔与内相通。从其残端观察，龙首颈与身为分工合作完成。

五代十国　南汉青石镇兽

残高16.5厘米，宽11.5厘米，厚8.6厘米。2003年南越国宫署遗址出土。南越王博物院藏。

青石。兽挺胸昂首，双耳向后，双目圆瞪，嘴微张，以阴线刻出羽毛。四足已残。

五代十国　南汉“大有十五年壬寅岁建”青釉排水管道

残长7.1厘米，残宽5.6厘米，厚1.95厘米。2000年南越国宫署遗址出土。南越王博物院藏。

残缺青釉排水管道，器身划写“大有十五年壬寅岁建”纪年文字。“大有”是南汉高祖刘龑的第二个年号，大有十五年即公元942年。

五代十国　南汉青釉“公王房治甲”铭文子母口陶管道

通长125.3厘米，子口长11厘米。2009年南越国宫署遗址出土。南越王博物院藏。

表面及里面满施青釉。圆管形，一端有凸榫，大小相套接，用作南汉王宫的地下排水暗渠，表面划写“公王房治甲”铭文，应是方便标识。

五代十国　南汉蝴蝶牡丹纹方砖

长34.8厘米，宽34厘米，厚4.5厘米。2009年南越国宫署遗址出土。南越王博物院藏。

砖面模印四只展翅的蝴蝶，四角饰折枝牡丹纹。牡丹象征富贵，蝶与“叠”字谐音，寓意“富贵叠来”。蝴蝶牡丹纹方砖用于铺砌南汉宫殿庭院地面。

五代十国　南汉双凤神兽纹方砖

边长35厘米，厚4厘米。2003年南越国宫署遗址出土。南越王博物院藏。

泥质灰胎。砖面菱形方框内模印展翅腾飞的双凤，空白处饰折枝花卉，四边角饰神兽纹，神兽四足粗壮，头肩上有翼如火焰升腾，神情威武。南汉双凤神兽纹方砖用于铺砌南汉宫殿庭院地面。

五代十国　南汉黄釉花卉纹方砖

边长37厘米，厚4厘米。2003年越秀中山四路致美斋工地出土。广州市文物考古研究院藏。

橙红胎，施低温黄釉，釉色黄中泛青。正面模印花卉纹，印纹心为重瓣牡丹，上下左右四出枝叶。四角各饰半朵团菊。外围一周联珠纹和一周卷云纹。

五代十国　南汉绿釉雕人面形挂壁砖

残长12.5厘米，宽19.6厘米，厚8.5厘米；砖厚3.5厘米；孔径1.3—1.6厘米。2004年南越国宫署遗址出土。南越王博物院藏。

表面施绿釉。长方形砖，砖面塑出一武士，残存头部，头戴兜鍪，竖眉瞪眼，神态威武，武士两侧有固定用的圆孔。

五代十国　南汉绿釉兽面纹砖

高19.7厘米，宽13.8厘米，厚7.6厘米。2009年南越国宫署遗址出土。南越王博物院藏。

灰黄色胎，表面施绿釉，大多釉已脱落。残，已修复。近长方形，底面平，另一面贴塑出兽面，下端面向内弧凹，上端面平。兽面高鼻圆目，鼻梁突起，额上双眉弯起，两侧各一锥形突起。双耳细小竖立，龇牙咧嘴吐舌，下部划鬓须，面目狰狞。北魏从平城地区开始流行将兽面纹瓦当用于宫殿、明堂、皇家寺院等高规格建筑之上。南汉王宫使用兽面纹砖瓦，彰显皇权统治的威严，也蕴含着富国强兵、辟邪消灾的愿望。

五代十国　南汉十六狮座石柱础

通高59厘米，底座边长113厘米，圆柱直径60厘米。1995年南越国宫署遗址出土。南越王博物院藏。

石质。灰黑色石灰岩石雕凿而成，分三层，底层为方座，上面两层均为圆形，下雕出宝装莲瓣纹，上为十六只半身的蹲狮，绕列成一圈，狮的造型属唐狮风格，昂首平视，挺胸蹲坐，颈前系铃。石础南边与方座呈水平连接，成片的铺地石板，也是灰黑色的石灰石。十六狮座石柱础在我国现存唐、宋以来的古建筑中，较为罕见。与石柱础共存的有“乾亨重宝”铅钱、青釉瓷片。从石础的形制、铺石地板情况来看，为南汉国宫殿所用。

宋　“千秋万岁”铭瓦当

当径12.2厘米，厚1.2厘米，瓦筒残长7.1厘米。2004年南越国官署遗址出土。南越王博物院藏。

泥质灰陶，质地较软。残。当心方形框内模印“千秋万岁”四字，外饰四组草叶纹，再向外分别饰一周弦纹和一周联珠纹。

宋　“广州三城”铭文砖

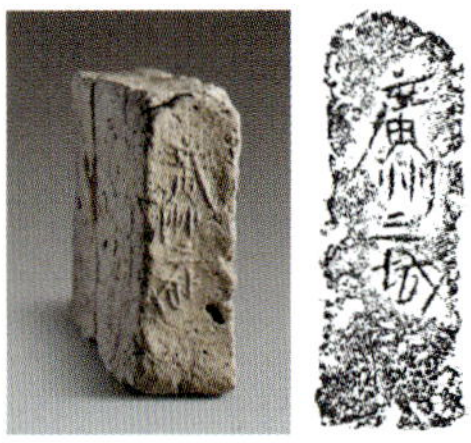

长27厘米，宽18厘米，厚5.7厘米。2003年越秀越华路工地采集。广州市文物考古研究院藏。

白皮黑心。残断。一侧印反向“广州三城”铭文。宋代广州建有子城、东城和西城，到明代扩展城郭，合三城为一。此砖是广州宋代三城的物证。

宋　“广州”铭文砖

厚7厘米。1996年越秀仓边路银山大厦工地出土。广州市文物考古研究院藏。

泥质灰胎，夹细砂。残余一角。正面、右侧面均戳印铭文，方向相反。正面铭文残存“广州”二字，当为广州修城砖的印记；右侧面铭文残存“十将造”三字。

宋　“水军广州修城砖”铭文砖

长42厘米，宽22厘米，厚4厘米。1972年越华路出土。广州博物馆藏。

铭文为“水军广州修城砖”。宋兵制，于禁军和厢军中均有水军之设，禁军中有虎翼水军、凌波水军、楼船水军等；厢军中有新水军、旧水军、巡海水军、驾纲水军等。水军多分布在东南沿海及四川、荆湘等地，隶属步兵司，除巡防水道、维护治安外，还参与各项劳役，如造船、筑城、浚河、纲运等。

宋　“广州修城砖、东南第十一将造”铭长方砖

长38.5厘米，宽23厘米，厚7厘米。2008年南越国官署遗址出土。南越王博物院藏。

夹砂灰胎，青灰色，表面粘有白灰。稍残。长方形。砖表面模印“广州修城砖”，有边栏，阳文，竖读，另一面素平。砖的侧面模印“东南第十一将造”，有边栏，阳文，竖读。宋代以不同番号的禁军指挥，混合组成将的编制。将下设部，部下设队，兵力自数千至万余人不等。番号以路分为名，依次编排。该“东南第十一将造”铭文修城砖与文献吻合，为北宋元丰四年（1081）后所烧造。

宋　“番”字砖

长32.5厘米，宽15.7厘米，厚5.5厘米。2002年越秀北京路千年古道遗址出土。广州市文物考古研究院藏。

泥质灰黄胎。正面中上靠右模印有粗大的“番”字，笔画工整有力。

宋　“番禺县修城大条砖”铭长方砖

残长27厘米，宽20.5厘米，厚7厘米。1996年越秀仓边路银山大厦工地出土。广州市文物考古研究院藏。

泥质灰胎。残余大半。正面、右侧面皆印有“番禺县修城大条砖”铭文。宋代广州修筑城墙的砖来自各地，除此之外还有“南海修城砖”“增城县城砖”等字样。

南宋　“景定元年造预备砖勇敢黎”铭长方砖

长32厘米，宽19.2厘米，厚5.5厘米。2006年南越国宫署遗址出土。南越王博物院藏。

夹砂灰胎。表面模印“景定元年造预备砖勇敢黎”，字体清晰端正，从左向右竖读。“景定”是宋理宗赵昀的第八个年号，景定元年即公元1260年。“勇敢”是广州地方厢军的名字，黎是人名。此砖是1260年勇敢厢军中名为黎的士兵所造，以备城垣修缮。南越国宫署遗址还出土印有“水军记”“摧锋军”等铭文的广州修城砖。

南宋　“景定元年造御备□”铭文砖

残长18厘米，宽20.5厘米，厚6.5厘米。1996年越秀仓边路银山大厦工地出土。广州市文物考古研究院藏。

泥质灰红胎。残断。扁平一面戳印铭文，残存“景定元年造御备□”等字。宋代多次对广州城墙进行修建。

南宋　“摧锋监造”戳印砖

残长25厘米，宽14厘米，厚5厘米。2002年越秀北京路千年古道遗址出土。广州市文物考古研究院藏。

泥质灰胎。残余一截。正面戳印铭文，仅余“摧锋监造”四字。摧锋军为南宋时诸多地方军种之一，主要服役于广南东路，其创制缘于南宋绍兴三年（1133）粤东海寇黎盛之乱。

明　牡丹纹带筒瓦当

当径10厘米，厚1—1.2厘米。2018年增城永宁街南香山莲花书院遗址出土。广州市文物考古研究院藏。

泥质灰黄胎，质地较软。当面略变形，当心饰一阔叶折枝花卉，外绕一周弦纹和一周回纹。后接筒瓦，当面与筒瓦接角呈钝角。

明　广州修城砖

残长22厘米，宽17厘米，厚7厘米。2018年增城永宁街南香山莲花书院遗址出土。广州市文物考古研究院藏。

青灰色。表面有“广州修城砖”五字楷书的长条形戳印。莲花书院遗址位于广州市增城区永宁街南香山，是明代大儒湛若水先生创办的四十余所书院中目前唯一经过考古发掘且保存完整的重要遗址。修城砖的出土说明修建书院也会利用废弃的修城砖。

明 “左卫前所”红砂岩条石

长70厘米，宽27厘米，厚25厘米。1996年越秀中山五路明代六脉渠遗址出土。广州市文物考古研究院藏。

红色砂岩，雕凿成长方条形。一面阴刻楷书“左卫前所”。明洪武十三年（1380）改都尉为五军（中、前、后、左、右），卫下辖千户所。京都以外的卫所，直属地方都督府管辖。

清 潮州花岗石镂雕加彩龙雀替

长43厘米，宽33厘米，厚16厘米。广东民间工艺博物馆藏。

此件雀替为一古建筑的构件，造型圆中含方，以龙头为中心，口吐宝珠，双爪紧握八仙用的宝剑等物。龙身与云纹缠曲在一起，做翻滚腾跃之状。加彩绘描金，更显华丽。作品用青色坚硬的青色花岗岩石镂雕而成，层层镂空，精雕细刻，是潮州石雕中罕见的作品。

民国 潮阳石雕双面镂雕老鼠荔枝葡萄图建筑构件

长110厘米，宽38厘米，厚11厘米。广东民间工艺博物馆藏。

此件作品用青色花岗岩石雕成，原为潮州一古建筑上的构件。作者采用镂空为主、深浅浮雕相结合的手法，雕出一群老鼠爬在结满荔枝、葡萄的树丛中偷吃果实的场景。老鼠形态各异，生动有趣。葡萄藤蔓缠绕，雕工精细纤巧，玲珑剔透，表现了潮州石雕艺人的精湛技艺，为潮州石雕中的精品。

第四章 铜器

第一节 饮食器

商 "父丁"铜簋

高15厘米，口径19厘米，腹径18厘米。河南安阳出土。广州博物馆藏。

腹壁铭文"亚束父丁"。商代先公先王自上甲以下，都以甲、乙、丙、丁等天干纪日制符号为名。卜辞所见王室先妣及其他成员也都用同样的名号。"亚束父丁"，意即亚束家族为先祖父丁铸作的簋。"亚束"图形，学界认为是复合式族徽，郭沫若先生谓："此等图形文字，乃古代国族之名号，盖所谓'图腾'之孑遗或转变也。"

商 "子系"铜爵

通高19厘米；由尾至流16厘米；腹广8厘米，深9.3厘米。河南安阳出土。广州博物馆藏。

腹有饕餮雷纹一道，色枣红，有绿锈，扳内铭"子系"二字。《三代吉金文存》载一爵，文同而阳识倒书。爵是我国最早出现的青铜礼器之一。

商 "四册父癸"铜爵

通高21厘米；前柱20.3厘米；由尾至流16.7厘米；腹广8.3厘米，深9.3厘米。河南安阳出土。广州博物馆藏。

色枣红，有红绿锈。扳内铭"四册父癸"四字，意为祭祀父癸而铸的爵。金文中有"册""作册"，为商代官职。商中期常以"部族名＋册"的金文格式表示部族册官。父癸出自"四"族，担任作册或册的官职，负责文件的起草传达等。

西周 "剌"铜鼎

通高19厘米，口径17.5厘米，腹径18厘米。广州博物馆藏。

西周早期青铜器。圆腹，三柱形直足，两直耳，器口边沿饰鸟纹一周，内壁有铭文六行共五十一字曰："唯五月，王才（在）衣（殷），辰才（在）丁卯，王啻（禘），用牡于大（太）室，啻（禘）卲（昭）王，剌御。王易（锡）剌贝卅朋。天子万年，剌对扬王休，用乍（作）黄公尊𩰫彝，其子子孙孙永宝用。"其大意是：五月，穆王祭祀其父周昭王，用公牛作牲品。剌（人名）参加了祭祀，因辅助周穆王有功，受到穆王赏赐贝三十朋（十贝为一朋）。剌感到莫大光荣，为颂扬穆王的美德，便制作此鼎，把这事铭记于器上，并要其子孙代代相传。"用牡于大室"，指用公牛作牺牲祭祀先祖。"牡"即公牛，后引申为雄性动物之通称，取代其他表雄性的专名用字，如《诗·邶风·匏有苦叶》："雉鸣求其牡。"该鼎器型典雅，纹饰精美。此鼎于《颂斋吉金续录》《捃古录金文》中均有著录。

西周 "昜"铜鼎

通高23.5厘米，口径21厘米，腹径22厘米。山西洪洞出土，刘镜古旧藏。广州博物馆藏。

双直耳，直口，圆腹，平底，柱形足。器腹部饰云雷纹，制作较精细，具有我国青铜艺术成熟阶段的特点。器内铭文二十五字：“唯十月，吏（使）于曾（鄫），宓白（伯）于成周，休毗小臣金，弗敢发（废），昜用乍（作）宝旅鼎。”大意是：十月，昜出使鄫国，宓伯在成周受赐珍贵的铜，不敢懈怠，制作宝鼎。此鼎于《颂斋吉金续录》《捃古录金文》中均有著录。

周　“钟伯侵”铜鼎

通高32厘米；腹径25.5厘米，口径25.5厘米。陕西出土。广州博物馆藏。

腹有窃曲纹一道。色黑，有红绿斑。腹旁有铭五行二十五字：“唯正月初吉己亥，太（大）师钟伯侵自作石沱，其子子孙孙永宝用之。”意即正月的第一个己亥，大师钟伯侵自铸此宝鼎，要世代留传永远享用。《善斋吉金图录》有著录此鼎。“石沱”为鼎之别名，除见于本铭者外，尚有三器：一为褱鼎，铭云：“褱自飤□□，其眉寿无期，永保用之。”二见于羕（养）伯鼎，铭云：“唯羕（养）伯𩞁自作宝石鍂，其万年无疆，子子孙孙永宝用之。”三是楚旐鼎：“楚旐之石沱。”

西周　“郃盨”铜簋

高15厘米，口径23厘米，腹径21.5厘米，足径19厘米。广州博物馆藏。

撇口，鼓腹，圈足，腹部和圈足各有夔龙纹两道，腹部的龙纹上有兽头两只，两环耳作兽头状。器内底部有铭文五十字：“唯元年三月丙寅，王各（格）于大室，康公右郃盨，赐戠衣，赤环市，曰：用嗣（司）乃祖考事，作司土（徒），盨敢对扬王休，用作宝毁（簋），子子孙孙其永宝。”。意即元年三月丙寅，周夷王册命康公继承父祖司徒的职位，并赐予织衣和赤市，制作宝簋以纪念此盛事，希望世代留传享用。这是周夷王在位时的一种任命、赏赐官员僚属的制度，是周礼的重要组成部分。“赤市”即“赤韨”，是周诸侯和卿士穿戴的一种红色的礼服；“司土”即“司徒”，为古代官职。

周　“齐嬗姬”铜簋

通高23厘米；口径18厘米，腹径24.5厘米。广州博物馆藏。

有盖，双耳，圈足，下立三小兽足，盖、器口及圈足饰重环纹，腹部饰蟠夔雷纹，间以圆涡纹，两耳作兽首形。腹内铭文：“齐嬗姬乍（作）宝尊簋，其万年子子孙孙永用。”意即齐嬗姬制作的宝簋，要世代永远享用。容庚著《金文编》引《汗简》以为“姪”字，“姪”同“侄”字，表亲属称谓。此器著录于《颂斋吉金续录》。

周　“仲叀父”铜簋

高24.3厘米，口径19.3厘米，腹径24.9厘米。广州博物馆藏。

圆腹，圈足，器身两侧双兽首耳，下有垂耳，三兽首足，器腹与盖的上部饰瓦纹，盖口沿、器身饰一圈双层横鳞纹，足饰一圈横鳞纹。器型庄重，铸造精良。器物内底和器盖上各铸有二十字相同铭文：“唯王正月，仲叀父乍餧簋，其万年子子孙孙永宝用。”仲叀父，西周晚期人。

周　“嬴霝德”铜簋盖

簋盖高7.7厘米，深4.3厘米，口径8.3厘米。广州博物馆藏。

口缘作凤雷纹一道。色墨绿。腹内有铭文二行七字：“嬴霝德作中⿰𩙿丮段。”《说文解字》（简称《说文》）：“⿰𩙿丮，设饪也。从丮、从食，才声，读若载。”武进陶祖光藏嬴霝德小鼎铭云：“嬴霝德作小鼎。”与此簋乃一人所作。

周　“季宫父”铜簠

通高10.5厘米；口长30.5厘米，宽24厘米；足长19.5厘米，宽15厘米。广州博物馆藏。

腹内有铭：“季宫父作中（仲）姊嫘姬媵簠，其万年子子孙孙永宝用。”意即季宫父为仲姊嫘姬制作陪嫁的宝簠，要世代留传享用。此铜簠是媵器，即陪嫁品，铸器作女儿陪嫁之习俗，流行于西周晚期到春秋时期。媵辞金文格式一般为时间、某人为某人制作媵器及祝愿辞三部分，该簠铭文省略了时间。

周　“铸叔”铜簠

通高17.1厘米；口长23.5厘米，宽27厘米。广州博物馆藏。

长方形，圈足，下部向内收敛，遍体作蟠凤纹。器口内沿有铭文“铸叔作嬴氏宝簠，其万年眉寿永宝用”十五字。意即铸叔为嬴氏制作宝簠，要世代永远享用。“眉寿”意谓长寿，为两周习见祝嘏辞，后世“眉寿无疆”“眉寿万年”等祝词即从此出。

周　“⿱穴郳妧”铜鬲

通高18.7厘米；口径19.7厘米，腹径19厘米，耳高7厘米。陕西凤翔出土。广州博物馆藏。

三足，腹作耳环带雷纹附耳，有三棱。色褐黑。口内缘有铭十一字：“⿱穴郳（郳）妧（祁）作尊鬲，其万年永宝用。”鬲是炊器，亦是礼器。《尔雅·释器》说鼎“款足者谓之鬲”，《汉书·郊祀志》称鼎“其空足曰鬲”，所以鬲的形制与鼎近似，空足，与腹腔相通。青铜鬲最初是依照新石器时代已有的陶鬲制成的，其形状一般为侈口，有三个中空的足，便于炊煮加热。流行于商代至春秋，西周较为盛行，多数折沿，折足，弧档，无耳。春秋战国时期，随葬的青铜鬲常以偶数的组合与青铜鼎一起使用。此器于《恒轩吉金录》《奇觚室吉金文述》中均有著录。

西周　“孟辛父”铜鬲

高13厘米，口径17.5厘米，腹径15厘米。清光绪二十年（1894）陕西岐山出土。广州博物馆藏。

三足呈蹄状，宽口，广唇，束颈，腹饰环带纹，有三凸棱，器口内沿有铭文二十字：“□□孟辛父作孟姬宝尊鬲，其万年子子孙孙宝用。”首二字不可识。“孟辛父”为人名，即作器者，铭文意即孟辛父为女儿孟姬制作的宝鬲，要世代留传、永远享用。此鬲文字之多，色泽之雅，花纹之美观，形制之浑厚，为周鬲中之上品。此鬲在《陕西金石志》《善斋吉金图录》著录。《陶斋吉金录》著录一器，与此同时出土，铭文于“宝”字上多一“永”字，为陪嫁而制作，并要女儿世代相传。此器造型古朴，纹饰粗放，具有鲜明的早期青铜艺术风格。容庚《颂斋吉金续录》《殷周青铜器通论》亦著录此器。

周 “仲姬”铜鬲

高9.5厘米，口径14厘米，腹径14厘米。广州博物馆藏。

敞口，宽平沿，束颈，圆肩，腹部稍鼓，三空心足，与足对应的腹部有扉棱，腹部饰斜线纹。口旁有四字铭文“中（仲）姬乍（作）鬲”。

周 “作母”铜尊

高15厘米，口径15.5厘米，腹径16厘米，足径13.5厘米。广州博物馆藏。

敞口，长颈，圆腹，圈足。颈部饰饕餮纹，前后作兽首形，其内壁铭文“乍（作）母旅彝”四字。《颂斋吉金续录》有载。尊，或作樽，是一种大中型盛酒器，盛行于商代至西周时期，春秋后期已经少见。

周 “齐史疑”铜觯

高11厘米，腹长8.5厘米，腹宽7厘米。广州博物馆藏。

圆形，敞口寰底。腹内壁铭文“齐史疑作且（祖）辛宝彝”。《颂斋吉金续录》有载，推断为周初之器。觯是古代饮酒用的器皿，青铜制，形似尊而小，或有盖，是中国古代传统礼器的一种，做盛酒用，流行于商朝晚期和西周早期。《礼记·礼器》：“尊者举觯，卑者举角。”郑玄注称：凡饮酒时，“三升曰觯”。青铜器中习称的觯有两类，一类是扁体的，一类是圆体的，两类商代晚期和西周早期皆有，后者沿用至东周。圆腹、侈口、圈足，形如小瓶，大多数有盖，是商代这类器物的标准器型。西周时有作方柱形而四角圆。春秋时演化成长身、侈口、圈足觯，形状像觚，自身铭文称为“鍴”（如王义楚鍴）。

周 “息伯”铜卣

通高25厘米；口径长13.5厘米，宽10.5厘米；腹径长19.5厘米，宽15厘米；圈足径长16.5厘米，宽12.5厘米。河南洛阳出土。广州博物馆藏。

缺盖，口椭圆，腹部前后及提梁两端作羊首形，内壁铸铭文十七字：“唯王八月，皋白（伯）易（锡）贝于姜，用乍（作）父乙宝尊彝。”《颂斋吉金续录》有载。卣是中国先秦时期酒器，大部分是圆形、椭圆形，底部有脚，周围雕刻精美的图案。口椭圆形，足为圈形，有盖和提梁，腹深，有圆形、椭圆形、方形、圆筒形等，也有作鸱鸮形或虎吃人形等。卣常见于商朝和西周时期。通常商朝的卣多椭圆形，西周则多圆形。西周卣承商代形制而有所变化，其中最有特色的是鸟兽形卣。鸟兽形的有提梁的容酒器，一般统称为鸟兽形卣。古文献和铜器铭文常有“秬鬯一卣”的话，秬鬯是古代祭祀时用的一种香酒。卣在盛酒器中是重要的一类，考古发现的数量很多。

春秋 蟠夔纹三足铜鼎

通高15厘米；口径13厘米，腹径16厘米。广州博物馆藏。

腹部有蟠夔纹两道，中夹六出花纹，两旁兽首衔环。器身是春秋时期。器盖是民国时期仿作，盖口缘作蟠夔纹一道，正中作一道六出花，上有三环与器身相似。

战国　铸客铜簋

通高12厘米；口长31.5厘米，宽22厘米。1933年安徽六安出土。广州博物馆藏。

器呈长方形，下部向内收敛，遍体作蟠凤纹。器口内沿有铭文“铸客为王句六室为之”九字。“铸客”是铸官之称；“王句（后）”是人名，有人认为是楚幽王妻；“六室”即第六室或第六宫。铭文大意是：铸客所铸此器是王句（后）的第六室所使用。此器纹饰刻镂精细，图案均匀轻巧，具有我国古代青铜艺术后期的风格。商承祚《十二家吉金图录》著录此器。

西汉　“蕃禺”铭汉式铜鼎

通高21厘米；口径18厘米，腹径21.5厘米。1983年南越文王墓出土。南越王博物院藏。

子母口带盖。口微敛，平唇，扁圆腹，圜底。两侧附长方形耳，下有三蹄足，蹄足较矮胖，面有棱线。腹饰弦纹一周，盖作弧面形，上有三个环形钮。盖刻“蕃禺　少内”；腹近口沿处刻“蕃禺少内　容一斗大半”。少内，官名，是理财官。此类带“蕃禺”铭铜鼎王墓共出四件，形制一致，大小相近，均有“蕃禺”“蕃”字铭。

“蕃”古通“番”，“蕃禺”即“番禺”，是西汉南越国都城所在。岭南地区曾多次出土刻有“蕃”或“蕃禺”的秦汉时期器物，证明了秦汉时期番禺城的存在，也是考察广州建城历史的重要物证。

西汉　越式大铜鼎

通高54.5厘米；口径52厘米，腹径46.8厘米，底径37.2厘米。1983年南越文王墓出土。南越王博物院藏。

广口，唇外折成盘口，深直腹，大平底，底有烟炱痕。腹下有三个扁条形直足，微外撇，足面有三道棱。唇沿上直立两个长方形耳，镂空，双角略上翘。从口沿至腹有合范痕，耳与器身同铸。墓中同出一对，大小相若，两鼎侧置，口相对，鼎内有陶瓿和“泰官”封泥一枚。这是广州出土越式鼎中形体最大的。

西汉　越式铜鼎

高13.5厘米，腹径13.8厘米。1982年瑶台柳园岗工地M11出土。广州市文物考古研究院藏。

表面墨绿色，通体锈蚀。广口，唇外折成窄盘口，一对方耳对称直立于口沿之上。直腹弧收，平底。三足扁平，锥状，上粗下细，外撇。外壁合范缝清晰可见。底部有烟炱，应为使用痕迹。

西汉　楚式铜鼎

通高42厘米；口径31.5厘米，腹径35厘米。1983年南越文王墓出土。南越王博物院藏。

敛口，深圆腹，圜底，长方形附耳，高蹄足。子口缺盖。腹上部有一圈凸棱。蹄足上部为高浮雕羊首形，衬以卷云地纹。蹄足为十三棱柱体。器表有丝绢、竹笥残片，应为入葬时的包裹物。在全墓出土的铜、铁、陶鼎中，这是唯一的楚式铜鼎。

西汉 “大亲”铭铜鼎

通高23.4厘米；腹径23厘米，盖径23厘米。2018年越秀广州港疗养院工地M19出土。广州市文物考古研究院藏。

表面墨绿色，锈蚀。子口合盖，釜形深圆腹，三足外圆内方、外撇，方形附耳上设圆环。腹部饰一周凸弦纹。盖面漫圆，顶部微隆，饰弦纹，三个半环形钮立于弦纹的三等分点上，中央设一衔环半圆钮。盖沿和腹部对称阴刻篆体“大亲”二字。

西汉 铜钫

通高55.5厘米；口径边长15厘米，腹径30.4厘米。1983年南越文王墓出土。南越王博物院藏。

盖呈覆斗形，子口，盖面饰蟠虺纹，上有四枚卷云状立钮，盖内遗留焊钮接痕。腹呈椭圆形突出，腹部四壁均有铺首衔环，方座足下四角附四小足。器身纹饰繁富，从器下腹至颈部共有七道纹饰，其中器腹四道纹带，是用同一方形印模打印上去的。纹样突出清晰，底纹为云雷纹和三角纹，主纹为蟠虺纹。颈部两组纹带，下组是窄的勾连云纹带，上组是卷云三角形纹。方座足上饰蟠虺纹。衔环横断面为扁圆形，环身饰均匀纹。纹饰线条流畅，有浮雕感。器身不鎏金，盖鎏金。从器形观察，盖似为后来补铸。

西汉 “蕃禺”铭异形铜壶

高23.5厘米，口径13厘米，腹径25厘米，底径10厘米。1983年南越文王墓出土。南越王博物院藏。

敞口，束颈，溜肩，鼓腹，小平底。素面，肩上有一突棱。颈部有两个对称的长方形孔，孔内和颈上残留用以提拿的藤索痕迹。器身受压变形。肩部刻“蕃禺 三升”，笔画带弯转。出土时壶内盛有青蚶、龟足、水鱼、花龟等残骸和家鸡骨、家猪骨。

西汉 鎏金铜壶

高37厘米，口径12.8厘米，腹径28.1厘米，底径17.5厘米。1983年南越文王墓出土。南越王博物院藏。

盘口，细长颈，圆腹，广圈足微向外撇。器身共有三条宽带凹纹，腹部饰铺首衔环一对。器表鎏金。盖已破碎，出土时掉落器内，锈结成一块。

西汉 越式云雷纹铜壶

通高26.4厘米；口径8厘米，腹径16.7厘米。1982年瑶台柳园岗工地M11出土。广州市文物考古研究院藏。

表面墨绿色。直口，短颈，鼓腹略垂，喇叭形圈足作三角形镂空，颈部附双耳。桥形耳高于壶口，用以系绳提取；下有一双线形贯耳，用作穿绳固盖。壶盖木制，平口实心，唇内有一深凹槽，与壶口相套。盖面微隆，髹黑漆，上附四个对称分布的变形鸟首立钮。器颈和腹部各饰一周雷纹，上下以短斜线纹和弦纹间隔。

西汉　折带席纹铜瓿

通高18.5厘米；口径8.5厘米，腹径19厘米，底径13.8厘米。1982年瑶台柳园岗工地M11出土。广州市文物考古研究院藏。

表面墨绿色。敛口，短唇，扁鼓腹，喇叭形圈足作长方形镂空，肩附半环形双耳，已残断。环耳内横置双线形鼻，用作穿绳固盖。盖木制，实心子口，半塞入器口内，盖面微隆，髹黑漆，上附四个对称分布的变形鸟形立钮。肩部饰一周雷纹，腹饰一周折带席纹，上下以短斜线纹和弦纹间隔。

西汉　鎏金铜卮

通高13.8厘米；口径11.5厘米。2004年东山环市东路华侨小学工地M29出土。广州市文物考古研究院藏。

胎薄，身、盖均有裂缝，出土时器内填满泥土，身盖粘连难以分离。器身圆筒形，略呈口小底大，腹一侧附圆环状扳手。平底，下附三兽面形足。腹壁上下各箍两周弦纹宽带。盖直口，直壁，压凹槽二周。盖面近平，中央有乳突，外环四瓣柿叶纹及凸棱一周，边缘分立三动物形钮。

西汉　船纹铜提筒

器高40.7厘米，口径34—35.5厘米，底径33—33.5厘米。1983年南越文王墓出土。南越王博物院藏。

直筒形，子口，复耳。外耳桥形，内耳为贯耳。耳尚留有系藤残痕。器身有四组纹带。主纹位于腹部，是四艘首尾相连的大型战船，每船有五个执兵器的武士和一裸体俘虏，武士多饰长羽冠，冠下有双羽翼，额顶竖羽纛，细腰，下着羽毛状短裙，跣足。每艘船饰以水鸟、海龟、海鱼图样。从主要人物的活动看，应是杀俘祭河（海）图像。近口沿和近圈足处各有三组几何图形纹带。

汉　铜提梁筒

通高23.5厘米；口径9.3厘米。广州博物馆藏。

直筒状。上提梁呈弓形，两端作龙首状，龙首各衔两节八字形环，与筒身沿下的铺首衔环相连；筒上有盖，盖饰蟠虺纹，盖顶兽钮，有两条八字形环的链，将盖钮与提梁联结到一处；筒为母口，筒腹竖直，平底之下有三矮蹄足。

东汉　兽面衔环铺首铜壶

通高29.5厘米；盖径12厘米，口径11厘米，底径18.5厘米。2010年荔湾西湾路旧广州铸管厂工地M35出土。广州市文物考古研究院藏。

表面迷彩绿，通体锈蚀，局部残缺。口微侈，方唇，长束颈，鼓腹，喇叭形，高圈足。肩部对称设置一对兽面衔环铺首，肩部和腹部饰凸弦纹。盖子口，顶部呈台状隆起，中央置一半球形衔环钮，钮周边刻划柿蒂纹、菱形纹及短线纹，盖缘对称伸出一对衔环横钮。

东汉　铜奁

通高29.2厘米；直径18.5厘米。1960年沙河顶汉墓出土。广州博物馆藏。

带盖，盖顶立一孔雀，盖身阴刻一周蕉叶纹

及凤纹。奁身呈圆筒形，上用弦纹划分为三段，上段刻两龙一凤，中段刻一龙一凤，近底段饰连续菱形、回纹、三角形等交错组成的带状图案。腹部对称饰铺首衔环耳，下有三熊立足。奁盛行于汉代，是古代放梳妆用具的盒子，有的也用于盛放食物。

西汉　方形铜烤炉

上：高11厘米，长61厘米，宽52.5厘米；口沿宽6厘米；腹深6厘米。下：高11厘米，长27.5厘米，宽27厘米；口沿宽4.9厘米；盘深4.8厘米；足高6厘米。1983年南越文王墓出土。南越王博物院藏。

平面略呈长方形。沿面中部稍斜凹，四角微翘。炉盘底平弧，中部微凹。底设四个带轴轮的足，可移动。足与底壁分铸，足的铆头伸入盘内再行焊牢，两铆钉中间夹圆轮，又贯穿铜轴拴固。炉体较长的两侧面各附有两个铺首衔环，用以挂铁链锁。炉内四边盘沿都有排柱支撑，较长的两边各五柱，两短边分别有三柱、四柱。炉盘口沿和四壁外侧均有相同的纹饰，由框格分为三组：中间的一组是三列细小的“S”形单体兽形卷曲纹；两侧纹饰的外围也是单体兽纹，框内是一组躯体较粗的蟠缠蛇纹，蛇体有鳞，依眼睛和躯体看，有五蛇。

同出的另一件烤炉体量偏小，平面近方形，口沿面较宽，四角微翘起，下有四鸮足。四壁外各附一铺首衔环。在稍长的两侧面近足处铸有四头小猪，猪嘴朝天，四足撑起，中空，用以插放烧烤用具。

西汉　铜釜、甑、鍪

釜高15.5厘米，口径11.3厘米，底径8.5厘米；甑高15.8厘米，圈足径12.5厘米；鍪通高11.1—22.2厘米，口径9.7—21.8厘米，腹径12.4—30.4厘米。1983年南越文王墓出土。南越王博物院藏。

鍪与釜、甑同出于后藏室中。出土时，釜、甑同在一起，但并不套合。釜小口直唇，鼓腹，平底，以腹之中部分成上下节套合。其下节似一个平折沿、深腹、平底的盆；上节形状如一覆盆，盘口，直唇。下出子口与下节的盆口扣合。肩上有对称双耳，为铺首衔环，以铆钉固定。附近放有铁三足架。甑为敞口，窄平沿，腹较深，圈足。腹外壁有草编织物痕。腹上部有两个半环钮，内扣圆环耳。甑底有箅，面微隆，透气孔作成图案形。中间圆孔排成小圆圈；外周等分成纵横排列的四个格，各格为较密的直线镂孔。室内共出土十一件鍪，大小相若，排列有序。当中个别器物底部贴有铁三足架圆箍残块或内盛有青蚶、龟足等残骸。

西汉　宽沿铜釜

高13.2厘米，口径10.1厘米。1974年沙河蟠龙岗工地M2出土。广州市文物考古研究院藏。

表面墨绿，通体锈蚀。短直口，圆鼓肩，肩部对称设置一对兽面衔环铺首，用以系绳提起。腹部伸出一周宽平沿，用以炊煮食物时架设于炊具上。深腹弧收，圜底。外壁口沿至腹部可见合范缝痕。此釜铸造工艺精良，器型规整，是研究西汉南越国饮食方式及青铜器制作使用的重要实物。

西汉　镂空铜染炉

通高20.4厘米；炉身长17.9厘米，宽12.5厘米，高17.5厘米；耳杯长16.5厘米，宽13.9厘米，高4.7厘米；底盘长20.9厘米，宽14.9厘米，厚0.25厘米。1965年东山较场北路广东省物资局工地M1出土。广州市文物考古研究院藏。

表面墨绿色，由上至下分为耳杯、炉、承盘三部分。耳杯口呈椭圆形，浅腹弧壁，平底，用以放置酱料，以供染食。炉由炉壁、炉膛、四足组成。椭圆形炉壁有镂空花卉纹，一侧开有炉门。其下为长方形炉膛，炉膛四壁及炉底均镂空条形格栅，用以存放炭火，以加热染杯中的酱料，出土时炉膛内残存木炭。膛外底附一长方形插孔，用于插入木柄移动染炉。炉膛下附四个柱足。长方形承盘宽折沿，浅直腹，平底，底部设置四个与炉足对应的长方形孔洞，用以承接染炉之中的炭灰等杂物。染炉铸造工艺精湛，结构简约精巧，证明墓主身份高贵，也从侧面反映了汉代贵族分餐饮食的雅致生活。

西汉　铜姜礤

长13.3厘米，礤槽宽4.5厘米，漏勺径6.9厘米。1983年南越文王墓出土。南越王博物院藏。

外形似汤匙。礤体上、下端均有半环钮。上部是方形的凹槽，底部分布七行密排的小乳钉用以摩擦生姜。下半部呈半球形，有六十个圆形小漏孔，密布于勺底，姜蓉可从漏孔处挤出。礤槽背面附有四个圆形短足。

宋　铜餐具

盆高8.5厘米，口径28.5厘米，底径21.5厘米；碗高5.7厘米，口径15厘米，底径10厘米；勺长24.5厘米；筷长23.5厘米。2019年荔湾广雅中学莲韬馆复建工程项目工地M8出土。广州市文物考古研究院藏。

表面锈蚀，呈迷彩绿，颜色斑驳。盆直口方唇，直腹略弧，大平底。碗敞口，弧腹，平底。勺呈“S”形，勺柄呈细长条状，弯曲成拱形，勺头呈铲形，形似弯月。筷成对，细棒状，头圆尾平，由头至尾渐细。

第二节 乐器

商 “毕”铜钲

通高17.7厘米；柄长9.7厘米，口径约2厘米；腹两旁高8厘米；口横10.3厘米，纵7.7厘米；唇广0.67厘米。河南安阳出土。广州博物馆藏。

色墨绿。中通。腹前后作饕餮纹。铭文一字阳识，在口内侧。此器柄特长，可平持，与他器异。

钲是我国最早使用的青铜打击乐器之一，又称铙或执钟，流行于商代晚期。形似钟而狭长，有长柄可执，直击而鸣，多用作行军乐器，与鼓一起组成“鼓钲”，也用于祭祀和宴乐。

周 “曾□壬母”铜钟

通高15.7厘米；钮高4厘米，栾高11.7厘米，两舞相距8厘米，舞6.7厘米，两铣相距9.7厘米，鼓间8厘米。广州博物馆藏。

曾□壬母铜钟，或称曾□壬母钟，色墨绿。舞上及钮作云纹，鼓上花纹泐。铭二十五字：“唯正月吉日丁”（钲间）“亥曾□”（左鼓）“壬女□”（右鼓）“畝公吉罣金自”（钲间）“作禾童”（左鼓）“枼枼亡疆”（右鼓）。铭凿而非铸。“女（母）”下缺一字疑是“为”字。“禾童”即“龢鐘”之省。此器于《颂斋吉金续录》《善斋乐器录》中均有著录。

东周 夔龙纹铜甬钟

残高21.8厘米，通宽10.5厘米，铣间9.9厘米，于间7厘米。2019年荔湾广雅中学莲韬馆复建工程项目工地M1出土。广州市文物考古研究院藏。

表面褐绿色，锈蚀，甬残缺。圆柱状甬有干无旋，合瓦形钟身，舞部平整光素，正面钲部饰宽席纹，鼓部饰阴刻夔龙纹，背面钲部、鼓部光素无纹，篆部十二个长圆锥状枚分四行对称排列，尖铣弧于。甬钟是周代祭祀宴乐中的重要打击乐器，由作为共鸣箱的钟身和可供悬挂的甬组成。绳索通过甬上的干侧悬固定。

春秋晚期—战国 青铜钲

长36.5厘米，宽12.4厘米，高9.9厘米，腹围34.5厘米。2006年增城荔城街棠村庙岭出土。广州市增城区博物馆藏。

该钲由角、共鸣箱两部分构成。共鸣箱正背两面平滑无乳钉，质地为青铜，布满铜锈。下口处刻有尖叶纹和几何纹，下口有小缺。

战国 铜编钟

甬长10厘米，身残长31厘米，舞距20厘米。1976年增城石滩天麻山出土。广州博物馆藏。

甬呈筒形，干旋齐备。

身修长，口如月牙形，鼓部向上，收弯较大。钟身两面各有十八个柱形枚，钲与篆之间用双线和乳点纹作格界，篆与鼓面都铸出花纹。共出土三枚，大小相次，此为最大的一枚。

西汉 铜钮钟

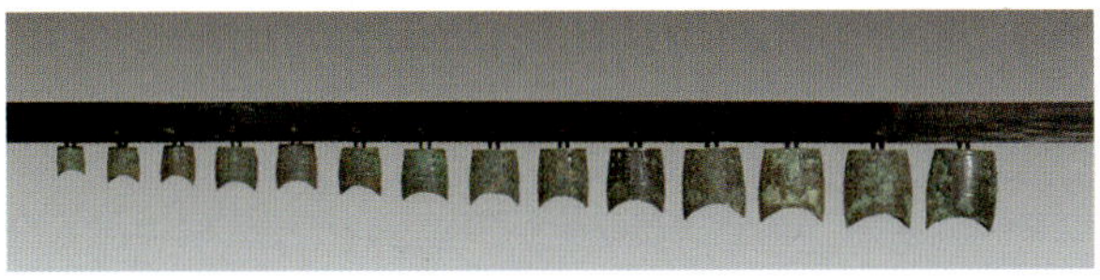

通高11.4—24.2厘米，铣间6.6—14.8厘米。1983年南越文王墓出土。南越王博物院藏。

一套十四件，悬挂钮钟的木横梁痕迹犹存。十四件钮钟形制相同，从左至右依大小递增。方环形钮，口部作弧形，钟体横断面呈椭圆形。经鉴定，这是南越国自铸的一套乐器。

西汉 铜甬钟

通高38—42.8厘米。1983年南越文王墓出土。南越王博物院藏。

一套五件，未见有木架。甬部与钟体同模铸出，保存基本完好。形制相同，大小不一。每件甬钟的外表都有丝绢包裹痕迹，表明系包裹入葬。甬为圆筒形，实心，上小下大，甬身较长，上有两道旋，底处饰一圆箍，宽展如座。斡作蹲兽状，位于舞的边缘处，呈弯钩形。钟体横截面呈椭圆形，两侧边略呈弧形；四篆；枚较短小，三排，每排六枚，两面共有三十六枚。钲部、鼓部无纹饰。鼓部的内壁四角加铸凸起一小长方块，以增强敲击时的承受力。

西汉 “王”字铭铜铎

通高42.8厘米；甬长16厘米，铣间11厘米。1983年南越文王墓出土。南越王博物院藏。

通体修长，器壁厚重，横截面近圆筒状。铎身上狭下宽，两铣尖长，于内弧较深。甬为实心长柄，断面呈八边形，柄端呈圆环状，旋作瓜棱形。由旋至舞面饰单线鳞纹，钲部无纹，仅正面之上端刻一“王”字；两篆部以棱线框成长方格如旗形，内饰羽状纹；鼓部饰垂鳞纹。

西汉 铜瑟枘

枘高8厘米，底径5.5厘米。1983年南越文王墓出土。南越王博物院藏。

漆瑟木胎已朽，仅存部分漆木残片和十二件完整的鎏金铜瑟枘。一瑟四枘，可知墓内原有髹漆木瑟三件。图中瑟枘出自东耳室甬钟旁。通体鎏金，呈博山状。以卷云纹为座，卷云上山峦矗立，云山之间有龙、熊、狮、野猪等嬉戏于山峦中。最上为一猴，蹲在山峰上，旁为二龙，屈体昂首向上；山侧有二虎一熊，奔跑于山腰间；旁有一只野猪，正从山洞中十二钻出半个身体。枘下有方轴，轴上缠有多层的瑟弦痕迹，中空，内存朽木。瑟枘上有丝绢痕迹，表明下葬时整个瑟用丝绸包裹着。

西汉 羊角铜钮钟

高24.2厘米；底横长1厘米，纵宽8.5厘米；孔高5厘米，宽1.5厘米。广州博物馆藏。

钟体上小下大，中空，底边平直，上部有竖长方形穿孔，顶有羊角形钮。钟身素面，仅两侧有一垂直宽带纹，中留有合范痕迹。

西汉　“文帝九年”铜句鑃

“第一”至“第八”通高36.8—64厘米。1983年南越文王墓出土。南越王博物院藏。

一套八件，出土时大小相套。器形基本相同。器身一面光素，另一面阴刻篆文“文帝九年　乐府工造”，分两行，其下每件分别阴刻“第一”至“第八”的编码，“第一”最大，“第八”最小。“文帝九年”即公元前129年，该句鑃是南越国乐府工官铸造的。句鑃是古吴越乐器，盛行于春秋晚期至战国时期。

西汉　铜錞于

高44厘米，口径长16.8厘米，宽15.6厘米，腹径26.5厘米。广州博物馆藏。

椭圆形身，上沿外撇，广肩，上腹略鼓。顶有虎形钮，长尾下垂，虎体四面铸有纹饰。素身，有合范痕迹。

西汉　羽人船纹铜鼓

高24.8厘米，面径32厘米，底径40.2厘米。广州博物馆藏。

形似腰鼓形，中空无底，鼓面双弦分晕，共五晕，晕距宽窄不一。正中为多组三角形芒太阳纹，下部有四组羽人划船纹。鼓身有纵向合范痕两道，内壁无痕。

明洪武　岭南第一楼禁钟

高3.04米，口径2.1米。广州市越秀区博物馆藏。

铸造，悬挂于广州惠福西路五仙观内岭南第一楼梁架中央，铸于明洪武十一年（1378），重约5000千克，为广东现存最大的铜钟。口沿处残缺一块。钟体铸篆文“大明国洪武十一年岁次戊午孟春十八日辛卯广东等处承宣布政使司铸造”共三十一字，阳文。钟口正对楼基中心的方形竖井，与券形门洞相通，形成一个巨大的“共鸣器”。大钟撞击起来，声浪顺着券洞远播，据《广州府志》记载，“扣之声闻十里”。这种匠心独运的钟楼设计，体现了明代匠师的声学水平。这口大钟是作为遇火警等非常事故时召救之用，无事禁止撞击，又名为“禁钟”。

第三节　兵器

商周　靴形铜钺

长9.6厘米，最宽7.7厘米，最厚2.2厘米；銎口长2.5厘米，宽1.6厘米。2020年黄埔沙岭小鹏汽车项目意向用地工地M75出土。广州市文物考古研究院藏。

整体呈靴形，双面宽弧刃，刃部两端不对称，方折肩。銎位于钺身中央，扁长，长方形銎口外凸。钺身光素无纹，銎部正、背面饰两周凸棱。器身两侧合范缝清晰可见，刃部多处磕缺，应为使用痕迹。靴形铜钺亦称“不对称形铜钺”，战国至西汉广泛分布于中国南方地区，是一种具有百越地方风格的兵器，也作为仪仗、礼器之用，是权力的象征。

西周　铜斧

长11.7厘米，刃宽6.5厘米，銎口宽3.9厘米，厚2.4厘米。2009年增城浮扶岭遗址M416出土。广州市文物考古研究院藏。

略呈“风”字形，銎扁长，长方形銎口外凸，銎中部饰一周凸棱，双面扇形刃，刃部光素无纹。器身一面附着横竖经纬麻布类编织物痕迹，一面附着人字纹草席痕迹。编织物可能是墓主身上织物的残留，草席说明古人可能直接在墓底铺草席或用草席包裹墓主入葬。

周　越王铜剑

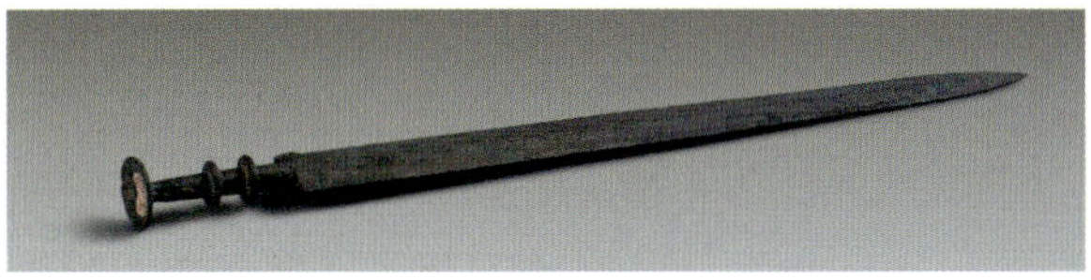

通长55厘米，身长44.3厘米，茎长10.7厘米，腊宽5厘米。陕西关中出土。广州博物馆藏。

水银古色，上有绿锈，锋锷锐利。剑格上左右各铭有“王戉”二字，两面共八字，作双钩鸟书。出于陕西关中，推测铸造于战国早期。1931年秋，容庚先生得此剑于北京式古斋。初释为“王戉”，以为即《史记·秦始皇本纪》之卿王戉也。1932年除夕，铜剑转手于省吾并被载入《双剑誃吉金图录》。之后容庚于日本人原田淑人所著《周汉遗宝》一书中见到“戉王矛”，乃悟此剑铭文应释“戉王”，倒读则为“王戉”。容庚于《鸟书考》称为越王剑。

春秋　铜斧

长9.5厘米，刃宽7厘米，銎口宽5.4厘米，厚2.6厘米。2009年增城浮扶岭遗址M305出土。广州市文物考古研究院藏。

表面豆绿色，锈蚀，局部磕缺。呈“风”字形，銎扁长，长方形銎口，双面弧刃。斧身一面开长方形孔，这在其他同类器物未见。正、背面銎上部饰有一道凸棱，两侧边合范缝清晰可见。刃部多处磕缺，似为使用痕迹。出土时铜斧下面的竹席清晰可见，器身附着有草席痕迹。

春秋　铜钺

长12.2厘米，刃宽7.1厘米，厚2.1厘米。2009年增城浮扶岭遗址M252出土。广州市文物考古研究院藏。

表面灰绿夹草绿，锈蚀，局部磕缺。呈“风”字形，扁长銎，长方形銎口，双面扇形刃，刃尖略上翘。刃部一侧缺损，应为使用痕迹。通体光素无纹。此钺器形与斧相近，但体形略大。铜钺是兵器的一种，也作仪仗、礼器之用，是权力的象征。

春秋　铜矛

长17.8厘米，刃宽3.6厘米，骹径2.3厘米。2009年增城浮扶岭遗址M252出土。广州市文物考古研究院藏。

表面墨绿色，通体锈蚀，锋尖略残。叶扁平，呈柳叶形，中脊起棱，双面刃，舌状锋，筒形骹，圆形銎口内有木柄残留，骹与叶相接处附一半环形单穿。刃部多处磕缺，似为使用痕迹。矛直身，銎内插矛矜，是古代用来刺杀敌人的进攻性武器。

春秋　短剑

长29.4厘米，宽5厘米。1965年暹冈苏元山出土。广州博物馆藏。

宽叶式剑身，两面纹饰相同。中间饰圆涡纹，有剑格。茎分两段，前宽后窄。这种剑在两广、香港等地和越南都有出土。

春秋　铜鐁

长4.2厘米，宽2.4厘米，铤长2.8厘米。2009年增城浮扶岭遗址M459出土。广州市文物考古研究院藏。

表面墨绿夹灰绿，锈蚀，刃锋磕缺。截面呈“人”字形，脊部有棱，双刃聚成三角形前锋。柄部残留有类似竹条捆绑的痕迹。鐁俗称削、刮刀。

春秋　凤鸟纹铜戈

长17厘米，高9厘米，厚0.5厘米。2009年增城浮扶岭遗址出土。广州市文物考古研究院藏。

表面墨绿色，锈蚀，局部残缺。直援中有脊，直内两穿，长胡，阑内侧四穿。舌状锋，援、胡有刃。浅浮雕云雷纹和变形凤鸟纹。戈作为古代的一种曲头兵器，由商代的礼器戈发展而来，固定于柲上，主要用于勾、啄敌人。此戈满布精美的纹饰，疑为仪仗兵器。

春秋　铜戈

长18.5厘米，援长12厘米，胡长5.8厘米，内长6.5厘米。1965年暹冈苏元山出土。广州博物馆藏。

短援，宽胡，四穿，两面铸出云雷纹。

春秋　“鄦白彪”铜戈

援长12.5厘米，胡长7厘米，内长7.5厘米。广州博物馆藏。

援狭而尖。内呈长方形，有一穿。胡上有三长窄条形穿，上有错金六字铭文“鄦白彪之用戈”。

春秋 “秦子”铜戈

援长12.5厘米，胡长7厘米，内长6.5厘米。广州博物馆藏。

圭援式戈，援前锋尖，类似玉器圭头。上刃斜直，下刃在援末和胡相接处作斜缓的弧线，长方形内，长条状孔穿。胡上铭文“秦子作□公戈方用左右重□用□□”。

战国 青铜剑

上：长39厘米，柄长7厘米，厚0.65厘米；下：长43厘米，柄长7厘米，厚0.7厘米。1982年从化吕田中学出土。广州市从化区博物馆藏。

圆茎，双箍。剑身完整。

战国 “张义”铜戈

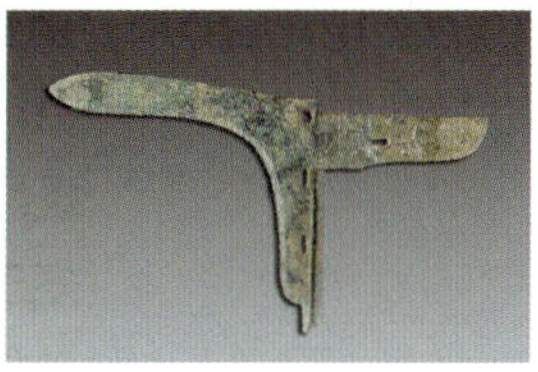

通长22.3厘米，援长13.7厘米，内长8.6厘米，胡长12厘米。1983年南越文王墓出土。南越王博物院藏。

援部狭窄，微向上弯；内稍上翘，一穿；胡狭长，三穿。有阑。阑末端有一扁平齿，下部有一缺口。内上字划浅细草率，一面刻“锡”字，另一面有铭刻三行：“王四年相邦〔张〕义□□□揉牛隥焘界斿亶贱工卯。”“义”古通“仪”，张义即张仪，此戈为秦相张仪所督造。“王四年”即秦惠文王后元四年（前321）。此戈应由秦平定岭南的将士带来，是秦统一岭南的重要历史物证。（该铜戈为西汉南越文王墓出土，带有明确战国纪年文字，故年代定为战国。）

秦 “十四年属邦”铜戈

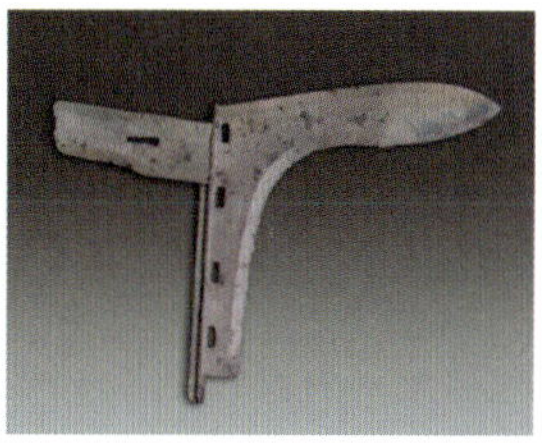

通长26厘米，援长16.3厘米。1962年区庄螺岗秦墓出土。广州博物馆藏。

两面刻铭，据考，戈上铭文曰“十四年属邦工□□蕺丞□□□”，该戈当为秦王嬴政十四年（前223）铸。属邦，官署名，主管附属国事务的机构，始置于战国，秦汉沿置。汉避高祖刘邦讳，改称属国或典属国。工师名为蕺，由于“丞”字后诸文无法辨别，主持铸造者则无从考究。秦制，凡国家铸造兵器，均需刻上官署及其负责人甚至工匠的名字，严格管理，保证质量，这种制度史书称为“物勒工名”。此戈系秦王嬴政十四年铸造，其后随着“秦乃使尉陀将卒以戍越”的秦军南下进入蕃禺，是秦平岭南中一件有绝对纪年的器物。此铜戈无论从形制、铭文体例、字体结构，都与湖南长沙秦墓出土的“四年相邦吕不韦戈”相同，推测同样是秦统一中原后南征将士所执之兵器。

秦 铜戈

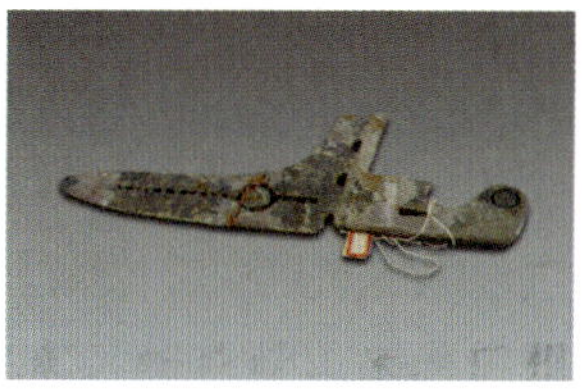

通长19厘米，胡长9.3厘米。1952年西村石头岗秦墓出土。广州博物馆藏。

援微下弯，中间

镂空如轮辐状；内部下弯，亦作轮辐状镂空，有一穿。阑侧四穿，最上一穿如缺口的形状。与长沙楚墓出土戈形制相同，为战国遗物。此戈当是秦平岭南时由秦军带来。

西汉　铜戟

通长32.5厘米，矛叶长17.5厘米，援长15.5厘米，宽2厘米。2005年天河恒福路银行疗养院工地M46出土。广州市文物考古研究院藏。

表面迷彩绿，锈蚀。整体扁平细长，呈“卜”字形，戈援和矛叶呈柳叶形，无内，脊不突出，尖峰锐利。胡上等距设三个圆形穿孔，戈与矛连接处设圆銎，用以固定木柲。戟为戈与矛合体，既有直刃又有横刃，具有钩、啄、刺、割等多种用途，横刃还可以防止刺入过深拔不出来，其杀伤能力胜过戈和矛，是武将用来冲锋的兵器。

东汉　铜戟

长26.4厘米。1998年东山梅花村65号省委大院工地M1出土。广州市文物考古研究院藏。

共两件，大小、形制相同。表面黑褐色，锈蚀，整体扁平细长，呈“卜”字形，矛呈柳叶形，戈援呈弯月形，锋刃保存完整。无胡，内上设两个圆形穿孔。

东汉　铜矛

通长21厘米，叶宽2.4厘米，骹长8.8厘米，骹孔径2.1厘米。2004年番禺小谷围河岗山工地M9出土。广州市文物考古研究院藏。

一对，大小、形制相同。表面由墨绿渐变为灰绿，锈蚀，局部残缺。叶扁平，呈柳叶形，脊不突出，双面刃，筒形骹上有圆形骹孔，用以插钉固柲。出土时两矛尖峰相向，柲已腐朽，仅在骹内残存一小截木柄。

东汉　铜剑

通长57.1厘米，宽4.7厘米，厚2.3厘米；剑璏长5.9厘米，宽1.8厘米，厚1.2厘米。2010年荔湾西湾路旧广州铸管厂工地M61出土。广州市文物考古研究院藏。

表面灰绿，通体锈蚀，光素无纹。菱形剑首，长茎圆扁，剑格横截面呈菱形，与剑身交接处下凹，剑身窄长，舌状尖锋，双面刃，有脊。剑璏呈长方形，长边起棱，短边向下卷折，中部设一长方形穿孔。

东汉　“阳嘉二年”铜环首削

残长6.2厘米，宽1厘米，厚0.3厘米。1998年东山中山一路广铁集团工地M10出土。广州市文物考古研究院藏。

表面墨绿色，通体锈蚀，削体前部残缺，仅余削柄及柄首。椭圆环首，柄作扁长条形，一面阴刻铭文，仅余“阳嘉二年九”五字。

阳嘉为东汉顺帝年号，阳嘉二年即公元133年。环首刀，又称环首削、环首书刀，用于修改简牍上的误笔。

汉　铜钺

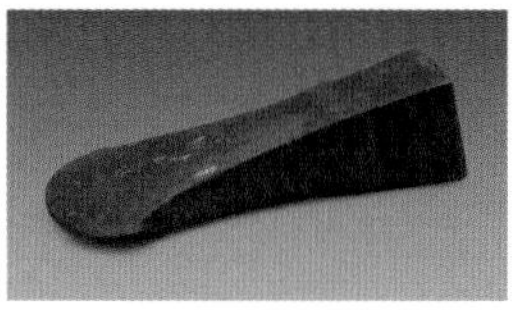

长9.3厘米，顶宽3.1厘米，刃宽5厘米，厚2厘米。1980年从化吕田镇吕新村高顶湾采集。广州市从化区博物馆藏。

顶端方形中空，刃呈弧形。

西晋　铜弩机

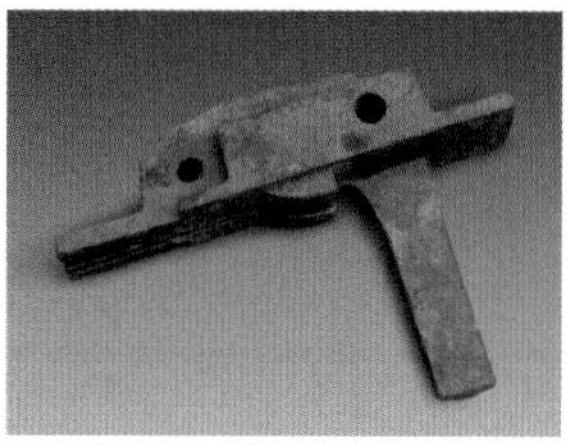

通长17.1厘米。1994年黄埔大沙镇姬堂彭山工地M3出土。广州市文物考古研究院藏。

表面墨绿色，锈蚀。有郭，长方形，外表鎏金，多已剥落。前伸的箭槽如喇叭形，牙与关因锈蚀不能转动。望山有刻度，共分九大格，每大格内有两小格，大格的纵与横直线刻度错银。

第四节 铜镜

战国 五山纹铜镜

直径16.5厘米。广东民间工艺博物馆藏。

三弦小钮，圆钮座。纹饰由地纹和主纹组合而成，两组图纹，主次相间。地纹为羽状纹，主纹为五个“山”字图形回环分布。钮座外有重叠叶形纹相衬，与外区五个柿蒂形的小花朵对应，将铜镜分为五个区域，每区域分别有一“山”字纹。“山”字纹镜是战国时期十分流行的镜类。

战国 六山纹铜镜

直径21厘米。1983年南越文王墓出土。南越王博物院藏。

三弦钮，双重圆钮座。羽状地纹，主纹为六个“山”字图形。“山”字逆时针方向倾斜。钮座边缘与外边缘各有六个花蕾，分布在“山”字纹之间，还有六片花瓣线纹把两层花蕾连接起来，使镜背形成三层纹样。（该铜镜为典型战国时期楚式铜镜，故年代定为战国。）

战国 四山纹铜镜

直径8.4厘米。1983年南越文王墓出土。南越王博物院藏。

三弦小钮，双重方框座。钮座的四角伸出连贯式的四组桃形花瓣，每组两瓣，间于四山纹之间。主纹为四个粗短“山”字图形，其底边略与钮座平行。羽状纹地，窄卷缘。（该铜镜为典型战国时期楚式铜镜，故年代定为战国。）

战国 蟠螭纹铜镜

直径14.6厘米。广东民间工艺博物馆藏。

钮残，圆形钮座，座外有宽凹面形环带一周，素宽卷缘。钮座有组合云纹四组，以云雷纹为地，主纹为相互盘结缠绕的蟠螭纹，蟠螭由宽平凸起的单线条组成，纹饰流畅灵动。

战国 内连弧龙凤纹镜

直径12.5厘米。广东民间工艺博物馆藏。

三弦钮，圆形钮座，座外有宽凹面形环带一周，卷缘。镜背以涡卷纹为地，内向凹面为六连弧纹，连弧外饰三龙三凤，连弧内饰有夔龙纹和鸟纹等。这种由地纹、辅助纹和主纹组合的三层纹饰，层次分明，疏密有致。

西汉 “十”字龙凤纹铜镜

直径27.4厘米。1983年南越文王墓出土。南越王博物院藏。

三弦钮，宽带纹钮座。钮座外有宽带状的“十”字形四叶纹，将纹区分隔成内外两区。周

缘十六个内向连弧纹。内区有四扁叶正对四叶内，四扁叶尖上各站立一只展双翅、翘首远望的凤鸟；外区的四叶之间有四个蟠龙，略呈“S”形，回首怒目，张牙舞爪。地纹是工整的云纹和方形雷纹构成的云雷纹。这类镜的镜面宽阔平坦，纹饰、布局具有秦镜风格。

西汉　错金银嵌绿松石复合铜镜

镜面直径28.5厘米，镜背托直径29.8厘米。1983年南越文王墓出土。南越王博物院藏。

由镜面和背托两部分组合，面与托分别铸制，又称复合镜。镜托为凹形托盘，将镜面套入后用胶漆粘牢。镜托背面错金银、红铜、绿松石嵌砌成复杂的图案，九枚鎏金乳钉布列于图案中。内区有五枚乳钉，纹样的构图是以乳钉为基点而设计的：中央一枚，四方各布一枚构成方形，乳钉座用红铜作成四叶花瓣形，上错金丝；以乳钉为基点，纵横划线，将画面分成许多等份，以红铜为地制出带几何图形的勾连纹，上错金银丝，空隙间再填以绿松石。镜的边缘，等分四枚乳钉和三个环钮。环钮上系以组带，绶带尚存。整镜嵌错精细，绚丽多彩。

西汉　绘画铜镜

直径28厘米。1983年南越文王墓出土。南越王博物院藏。

大钮如半球形，上饰三细弦线。圆钮座。宽素卷缘。镜背中部有一凹面宽带纹将之分成两区。纹饰采用颜料彩绘，锈蚀严重。外区局部经去锈处理，图案内容为四组人物观斗剑表演的情形，其余不可识。出土时有丝织物包裹，上有残茀。

西汉　连弧龙纹铜镜

直径27.8厘米。1983年南越文王墓出土。南越王博物院藏。

三弦钮，圆钮座。座外为一周宽带纹，以两圈方向相反的斜线纹相夹。镜中八弧相连，把主纹分作内外两区，连弧相交点特别尖长，直伸外缘。内外两区有四大龙和四小龙纹布列。四大龙在外区，龙首均右向，前半身在一弧圈内，龙口大张，两肢双爪，左右撑开，呈孔武有力状态，后半身在另一弧圈内，前后体均有一部分穿过连弧纹，伸入内区。内区的四小龙作为补白。主纹八条龙在云雷纹地上突起，做盘桓缠绕状，显得十分繁富。外沿为一周斜线纹，宽素卷缘。

西汉　蟠螭纹铜镜

直径12厘米，钮高1厘米。1982年瑶台柳园岗工地M17出土。广州市文物考古研究院藏。

表面黄绿色，锈蚀。圆形，半球形钮，圆钮座，三角缘。羽翅纹地，钮座外饰多周宽窄不一的凸弦纹，主纹区内弦纹与短斜线纹带之间三组菱形交龙纹相互缠绕、间列，龙首尾相接，身躯呈折叠菱形。

西汉　羽翅纹铜镜

直径11.3厘米。2004年东山环市东路华侨小学工地M15出土。广州市文物考古研究院藏。

表面黑漆、绿漆古包

浆。圆形，三弦钮，四叶纹钮座，三角缘。主纹区满布羽翅纹，每个花纹单元排列四个连续图案，纹饰单元交界处局部重合，近缘处的四个纹饰单元被裁切。羽翅纹是蟠螭纹的变形，粗端作云雷盘旋，细端类羽翅。镜缘光素，呈匙形。

西汉　“长贵富”四乳草叶纹铜镜

直径14厘米。2001年东山太和岗波尔多山庄工地M5出土。广州市文物考古研究院藏。

表面绿漆古包浆。圆形，圆钮，柿蒂纹钮座，钮座外两个凹面方框间四句三言篆书铭文顺时针排列：“长贵富，乐毋事，日有熹，宜相食。”铭文以桃形花苞作间隔，大方框四个外角各饰一双叶桃形花苞，四边各有一个圆座乳钉，乳钉上方饰一桃形花苞，两侧对称装饰一株二叠式草叶纹。内向十六连弧纹缘。

西汉　昭明连弧纹铜镜

直径9.6厘米。1996年东山梅花村军区企业局工地M18出土。广州市文物考古研究院藏。

表面黑漆古包浆。圆形，半球形钮，并蒂十二连珠纹钮座。钮座外为凸圈纹和内向八连弧纹，连弧间置半菱形凸起装饰纹样。其外两周短斜线纹间两句五言篆书铭文顺时针环列：“内清以昭明，光象日月忠。”铭文间以“而”字间隔，又称减字昭明镜。窄缘光素、凸起。镜面光可鉴人。

西汉　日光博局草叶纹铜镜

直径12厘米。2010年荔湾西湾路旧广州铸管厂工地M189出土。广州市文物考古研究院藏。

表面黑漆古包浆。圆形，半球形钮。钮外饰凹面方框和细线大方格，大方格内的“井”字形界格的四角饰“X”形纹，两句四言隶书铭文方折排列，每边二字：“见日之光，天下大明。”方格外饰双线博局纹和草叶纹；方格四边中点向外伸出“T”形纹；与外侧“L”形纹相对，两者间饰鸟首纹或由两个对称三角回纹组成的正方形；四外角各饰一“V”形纹；“T”形纹两侧对称装饰一株二叠式草叶纹。内向十六连弧纹缘。

东汉　东王公西王母画像铜镜

直径22.4厘米。1965年东山马棚岗工地M8出土。广州市文物考古研究院藏。

表面黑漆、绿漆古包浆。圆形，半球形钮，圆钮座。宽平缘。座外一周连珠纹。主纹区以浅浮雕的手法铸出神人车马画像。短斜线纹带内，四个圆座乳钉将画像分为四区，由上而下按顺时针方向，一区为东王公跽坐，右手握简，左手持剑，左右各立一侍者，下方四名侍卫并排而立，上方有“东王公”“王（玉）女”题榜；一区为舞乐百戏，玉女立于席上做长袖舞状，侧旁和下方有“王（玉）女”题榜，多人杂耍及玉兔、九尾狐；一区为西王母拱手跽坐于席上，两侧各立两名侍者，下方有“西王母”“王（玉）女”题榜；一区为六个驭手、十匹骏马，分为两排做奔跑状。缘饰锯齿纹和云气纹带。

东汉　四神博局纹铜镜

直径18.7厘米。1998年东山梅花村65号省委大院工地M1出土。广州市文物考古研究院藏。

表面黑漆古包浆。圆形，半球形钮，圆钮

座。宽平缘。钮座外方框四角饰四叶纹。内区的凹面方框内十二个圆座乳钉与十二地支铭文“子丑寅卯辰巳午未申酉戌亥”相间方折环列。八个圆座乳钉与博局纹将主纹区分为四方八极，分别配置青龙、白虎、朱雀、玄武、麒麟、蟾蜍、仙人骑麒麟和仙人摘枣等纹饰。外区饰铭文“此有佳镜真大好，上有仙人不知老，渴饮玉泉饥食枣，浮游天下遨四海，寿如金石为国葆”和短斜线纹带。缘饰流云纹。

东汉　四乳四鸟纹铜镜

直径8厘米。1997年东山先烈中路凯城华庭工地M3出土。广州市文物考古研究院藏。

表面黑漆古包浆。圆形，半球形钮，圆钮座。三角缘。主纹区四个圆座乳钉和四只飞鸟相间环列，飞鸟两两相对。外区饰短斜线纹和锯齿纹带。镜面光亮。

东汉　“宜君子孙”铭铜镜

直径18.4厘米。1956年先烈路出土。广州博物馆藏。

圆形，圆钮，圆钮座。钮座与方框间布以九乳钉，饰以几何线纹。博局纹间为青龙、白虎、朱雀、瑞兽及八枚乳钉纹。圈带二十九字铭文曰：“来言之，记镜纾如，仓龙在左，白虎在右，辟去不阳（祥）宜古市，长置（宜）君亲利孙子。”

汉　四神四灵兽纹铜镜

直径14.2厘米。广东民间工艺博物馆藏。

圆形，圆钮，联珠纹钮座。三角缘。钮座外围主纹饰以联珠纹座四乳钉将内区分为四区，每区饰以同形的踞坐神人像和神兽纹。主纹饰外区为多圈带纹饰的环带，每周带纹饰的环带均以一周弦纹作间隔。外区环带区域饰有两周联珠纹，两周联珠纹中间饰有一周锯齿纹。近缘处饰一周双线波浪纹。

汉　“长宜子孙”铭铜镜

直径12.5厘米。广东民间工艺博物馆藏。

圆形，圆钮，四叶纹钮座。宽素缘。钮座外为内向八连弧纹一周，连弧纹与钮座间有铭文“长宜子孙”。外区凸弦纹一周，无纹饰。

汉　连弧纹镜

直径10.2厘米。广东民间工艺博物馆藏。

圆形，弦钮。钮周围饰内向十六连弧纹一周，钮外围为内向十六连弧纹缘。

汉　“刘氏作镜”铭三龙纹铜镜

直径14.2厘米。广东民间工艺博物馆藏。

圆形，圆钮，圆钮座。宽平缘。钮座外围内区主纹饰以浮雕技法饰绕钮盘曲的三条龙，其中两龙圆目张口，一龙口衔提梁。外区环绕两道凸弦纹，弦纹间篆书铭文：“刘氏作镜四夷服，多贺国家人民息，胡丰宜子孙，王而山河。”近缘处饰一周栉齿纹。缘饰锯齿纹，双线三角纹。

汉 “日光清涀”铭重圈镜

直径11厘米。广东民间工艺博物馆藏。

圆形，圆钮，圆钮座。宽素缘。钮座外依次饰有一周栉齿纹和两周凸棱圈，将镜背分为内外两区，两区内都配置有铭文。内区铭文为“见日之光，天下大明”，每字间都夹一个由“日”字和圆圈组成的符号。外区铭文“清涀铜华以为镜，昭察衣服观容貌，丝组杂遝以为信，清光乎宜佳人”。

汉 昭明铜镜

直径9.5厘米。广东民间工艺博物馆藏。

圆形，圆钮，圆钮座。宽素缘。钮座外为内向八连弧纹一周，连弧纹与钮座间以相间排列的两段、三段短斜线相衔接，再外饰两周栉齿纹，栉齿纹间有铭文“内日以昭明夫日月”。

汉 “尚方佳镜”铭四神规矩纹铜镜

直径21.2厘米。广东民间工艺博物馆藏。

圆形，圆钮，四叶纹钮座，宽平缘。座外单线方框与双向方框之间饰十二枚圆座乳钉，乳钉间有铭文“子丑寅卯辰巳午未申酉戌亥”。双线方框外环列八枚圆座乳钉与四组双线“T、L、V”规矩纹，将镜背分成四区八方，青龙、白虎、朱雀、玄武各居一区，每区各饰有一大一小两只禽鸟。外围两周凸弦纹，弦纹间镌刻铭文：“尚方佳镜真大巧，上有仙人不知老，渴饮玉泉饥食枣，浮游天下敖四海，寿而金石玉□。”近缘处饰一周栉齿纹。缘饰锯齿纹和云藻纹。

汉 四神禽兽简化规矩纹铜镜

直径16.4厘米。广东民间工艺博物馆藏。

圆形，圆钮，圆钮座。钮座外环列九枚圆座乳钉，乳钉间有铭文“宜候王，乐未央，日富昌”。外围一周栉齿纹。栉齿纹外主纹饰区域环列有四枚乳钉和四组双线“T、L、V”规矩纹，将镜背分成四区八方，青龙、白虎、朱雀、玄武各居一区，每区另填饰羊、鸟及兽纹。主纹饰外有一周铭文带，铭文为：“上太山，见神人，食玉英，渴饮泉，曰有利，宜子孙，长富贵，无亟患，好可观。”近缘处饰一周栉齿纹。宽平缘，饰锯齿纹、云藻纹。

汉 “位至三公”铭铜镜

直径9.8厘米。广东民间工艺博物馆藏。

圆形，圆钮，圆钮座。内区主纹饰为双凤左右挟钮首尾相对，呈轴对称布局。铭文在钮上下方直行排列，钮上方铭文为“位至”，下方铭文为“三公”。近缘处饰一周栉齿纹。宽素缘。

汉 “湅冶铜华”铭连弧纹铜镜

直径14厘米。广东民间工艺博物馆藏。

圆形，圆钮，四叶纹钮座。宽素缘。钮座

四叶间各饰有一个水滴纹和两条弧线组成的图案。钮座外依次饰有栉齿纹、凸宽带和内向八连弧纹一周，连弧纹和凸宽带之间饰有线条和蜗纹等纹饰。连弧纹外围两周栉齿纹，其间有铭文：“湅冶铜华清而明，以之为镜宜文章，延年益寿而去不羊，与天无亟而。”

汉　七乳七鸟纹铜镜

直径12厘米。广东民间工艺博物馆藏。

圆形，圆钮，圆钮座。主体纹饰以镜钮为中心环绕成多圈环带。钮座外饰有九枚圆座小乳钉，其间穿插有九个弧形线条和短直线条的环带。外围一周短直线条并列组合成纹饰构成的环带。外为一周七个圆钮座乳钉，其间饰有同形的七只雏鸟，弧形线条、短直线条穿插其中做辅助装饰的环带。近缘处饰一周栉齿纹。宽平缘，饰锯齿纹，双线三角纹。

汉　龙虎纹铜镜

直径9.9厘米。广东民间工艺博物馆藏。

圆形，圆钮，圆钮座。宽素缘。钮座外采用浅浮雕技法饰有一龙一虎挟钮相互交缠。外区饰有一圈铭文带，铭文为：“永兴元年二月癸巳年李文造，宜君王永用长。”铭文带外围为一周栉齿纹。

汉　四神规矩纹铜镜

直径13.5厘米。广东民间工艺博物馆藏。

圆形，圆钮，圆钮座。宽平缘。钮座外饰双线方框，钮座与双线方框之间的四个角上分别饰有两个涡形纹和一个水滴纹组成的图案。方框外环列八枚圆座乳钉与四组双线“T、L、V”规矩纹，将镜背分成四区八方，青龙、白虎、朱雀、玄武各居一区，每区另填饰鸟兽纹。近缘处饰一周栉齿纹。缘饰锯齿纹和云藻纹。

三国　“五凤二年”铭铜镜

直径16厘米。广东民间工艺博物馆藏。

扁圆钮，圆座。主纹共五段，上、下面的两段同为多位神人并排横列；中间的一段，中心圆钮的左边为一游龙，右边为一巨兽，多有乳钉装饰。边缘处有铭文一周，少数字模糊不清，可认的有：“五凤二年九月十一日庚寅日午造……半卫青龙好宜服者仁至三公诸侯王延年益寿子孙……保去未……”据鉴定，此为三国时期铜镜，五凤二年即公元255年。

西晋　“元康三年”铭铜镜

直径17.9厘米。广州博物馆藏。

镜面微鼓，平缘略呈内斜，缘面饰弦纹三圈，内外各一圈栉齿纹，中为双线锯齿纹。半球形钮，钮外纹饰分三区，内区高浮雕三鼍龙，其中两大鼍龙分布左右，头角身鳞，互相对望，另一小鼍龙夹处其间。中区为鸟兽纹，以七乳钉纹相间隔。外区为一圈铭文带，共铸三十六字：“元康三年五月造大毋伤左龙右虎辟不羊朱鸟玄武顺阴阳长保二亲乐富昌寿敝金石如。”铭文内容为祝愿性质的吉语，道教谶纬氛围浓厚，文字中有笔画减省现象，如将“祥”字写作“羊”。元康三年即公元293年。此镜品相完好，立体感强，乃为晋朝时期铜镜之精品。

西晋　龙凤纹铜镜

直径17.4厘米。1994年黄埔大沙镇姬堂彭山工地M3出土。广州市文物考古研究院藏。

表面绿漆古包浆。圆形，扁圆钮，圆钮座。宽素缘。钮座外四瓣宝珠状叶纹将内区分为四小区，叶内各饰一飞龙，叶间饰相向的对凤，对凤下饰一桃形花叶。龙腾空而起，凤展翅翘尾。近镜缘的内向十六连弧圈带中各饰一瑞兽，有龙、虎、鸟、兔、蟾蜍等，均做飞翔或奔腾状。图案布局疏密相间，华美自然。镜面呈球形凸起。

东晋　重列式神兽纹铜镜

直径13.5厘米。1995年东山农林上路地铁一号线工地M3出土。广州市文物考古研究院藏。

表面绿漆古包浆。圆形，扁圆钮，圆钮座，钮座外环绕一周弦纹。主纹为五段式神兽纹，界线明确。自上而下，第一段为一神人，两侧饰朱雀和玄武；第二段为两个人首兽身神人；第三段为西王母和东王公端坐钮座两侧，二、三段两侧有青龙和白虎；第四段为三神四兽；第五段为一神，左右侧饰朱雀和玄武。主纹外有圈带铭文，未能识读。窄缘上饰卷云纹。此镜铸造工艺精湛，纹饰繁密精细、饱满生动。

唐　天马纹委角方形铜镜与铜镊

铜镜边长约10厘米；铜镊长10厘米。2008年越秀太和岗淘金家园三期工地M91出土。广州市文物考古研究院藏。

表面黑漆古包浆。铜镜方形，委角，桥形钮，无钮座。素缘凸起。镜背面饰象征祥瑞的飞马和灵芝，四匹首尾相接的飞马与灵芝相间绕钮环列。出土时，铜镊置于镜背。铜镊一头呈“一”字形，扁平细长，末端为耳勺；另一头呈“V”字形，两股同长，均呈扁条形。镊作为修眉工具，屡与铜镜一同出土于墓葬中。

唐　雀绕花枝纹菱花形八棱铜镜

直径9.5厘米。广东民间工艺博物馆藏。

八瓣菱花形，圆钮，窄缘。钮周饰祥云，外围饰四禽鸟、四折枝花环绕。四禽鸟两两一组，一组两鹊振翅飞翔，尾翼伸展；一组两雁双脚站立，羽翼伸展。四禽鸟间饰形状稍异的两组折枝花对称分布，两组折枝花上各饰有一蜂或一蝶，两蜂两蝶相间排列。

唐　雀绕花枝纹菱花形六棱铜镜

直径6厘米。广东民间工艺博物馆藏。

镜背呈银白色。六瓣菱花形，圆钮。窄缘。钮外饰一组对称的展翅回头状双雀和一组对称的折枝花。

唐　龙纹铜镜

直径12厘米。广东民间工艺博物馆藏。

圆形，圆钮，圆钮座。钮座压在龙的身躯上，龙高浮雕手法，头尾四肢外露，眦目张口，曲颈，尾曲转。近缘处饰有一周栉齿纹。镜缘坡起，饰锯齿纹和双线三角纹。

唐　四神十二生肖铜镜

直径18厘米。广东民间工艺博物馆藏。

圆形，圆钮，联珠纹钮座。平窄素缘。钮座外内区一周饰四神纹，青龙、白虎、朱雀、玄武环钮四方而置。外区一周饰十二生肖纹，由斜立双线分为十二格，每格内各置写实生肖动物分别为鼠、牛、虎、兔、龙、蛇、马、羊、猴、鸡、狗、猪一个，十二生肖形态逼真，云纹补间。近缘处一周饰突出的三角锯齿纹。

唐　八卦十二生肖纹铜镜

直径14.9厘米。广州海事博物馆藏。

圆形，素缘。镜体完整厚实，造型别致，镜背上弦纹一周凸起，十二种动物按生肖排序围成一圈，呈奔跑状。十二生肖兽形纹内，沿钮座一周饰八卦纹。中部内区钮座为葵花形，钮为龟形，两侧有穿孔。工匠采用高浮雕与浅浮雕相结合的技法刻画，纹饰深浅相宜，结构比例适当，尽管局部附着海洋生物，但十二生肖兽形清晰生动，富于立体感，体现了唐代铸镜的精湛工艺。

唐　“玉匣”铭四兽纹铜镜

直径16.7厘米。广东民间工艺博物馆藏。

圆形，圆钮，圆钮座。钮座外内区饰有四兽环钮奔跑，三兽同向，一兽反向。瑞兽似虎似狮，其间加饰云纹。外围饰有两周锯齿纹带。外区一圈铭文带“玉匣初看镜，清灰拭去尘。光如一片水，影见两边人”。铭文右旋读，“人”字与“玉”字之间有一圆点，表示首尾断句。铭文带外锯齿纹。

唐　摩羯纹方形铜镜

边长12厘米。2004年东山执信中学工地M93出土。广州市文物考古研究院藏。

表面黑漆古包浆。方形，圆钮，素缘凸起。钮左右各饰一摩羯鱼，首尾相对，作奔腾扑跃状。摩羯为梵语音译，在印度神话中它是水神的坐骑，兽头鱼身。摩羯纹在南北朝时期随佛教传入中国，逐渐演变成为人们祈求风调雨顺、国泰民安的祥瑞图案。

唐　双兽双鸾铜镜

直径15.7厘米。广东民间工艺博物馆藏。

八瓣葵花形，圆钮。钮外双兽双鸾相间环绕。双鸾挟钮向对，口衔花枝，振翅起舞，尾部覆羽上翘，一爪露出四趾，一腿屈肢，爪似是抓握绶带。二瑞兽钮上方者似马，有双角，为奔腾形态，两旁饰有流云；钮下方者似虎，有角，四爪抬起作舞蹈状。两边饰有折枝花卉，折枝花瓣呈喇叭形状，一枝花瓣花口向下垂，另一枝花瓣花口向右挺立。

唐 雀绕花枝纹菱花形铜镜

直径11.6厘米。广东民间工艺博物馆藏。

八瓣菱花形，圆钮，窄缘。钮外饰四禽鸟、四折枝花环绕。四禽鸟两两一组，一组两鹊振翅飞翔，尾翼伸展；一组两雁振翅飞翔，头颈伸展。四禽鸟间饰形状稍异的两组折枝花，对称分布，布局清新明朗，流畅自然，活泼灵动。边缘饰四蜂与四朵两叶一苞的折枝花相间排列。

唐 花鸟纹菱花形铜镜

直径9.4厘米。1999年横枝岗内环路工地M26出土。广州市文物考古研究院藏。

表面黑漆古包浆。八瓣菱花形，半球形钮，钮顶部略扁。内外区及镜缘以两周锯齿纹凸棱为界。内区四飞鸟与四朵折枝花绕钮间隔环列，外区八朵折枝花与四飞鸟间隔环列，二花间一鸟，鸟同向飞翔。菱花形缘内饰花叶纹。

唐 真子飞霜铜镜

直径15.7厘米。广东民间工艺博物馆藏。

八出葵花形，圆钮，荷叶钮座。钮上方饰祥云托月、飞鹤翱翔纹；钮下方饰池水山石，自池中伸出一枝荷叶，叶上有一圆钮，镜钮及钮座由此构成。钮左侧一人峨冠博带，置琴于膝，前设香案，后依竹林；钮右侧一凤，单足立于石上，展翅起舞，凤上方饰花两枝。

唐 海兽葡萄纹铜镜

直径10.6厘米。广州博物馆藏。

圆形，伏兽钮。镜背纹饰采用高浮雕技法，以高突棱为界分内外两区，内区为数只海兽相互追逐嬉戏，海兽之间饰葡萄的蔓枝、叶子和果实；外区为飞禽与葡萄的蔓枝、叶子和果实。

唐 葡萄蔓枝纹铜镜

直径9.4厘米。2004年东山永福路干休所工地M1出土。广州市文物考古研究院藏。

表面黑漆古包浆。圆形，半球形钮，钮座饰八花瓣。内外区以一周锯齿凸棱纹为间隔，内区环绕五串葡萄枝蔓，外区饰一周缠枝花。镜缘饰锯齿纹，边缘凸起，镜面微凹，光亮可鉴。葡萄蔓枝镜在广州地区甚为少见，在全国范围也并不多见。

唐 八棱神马双鸾云鹤菱形铜镜

直径19厘米。广州博物馆藏。

菱花形，伏兽钮。镜背纹饰采用高浮雕技法，兽钮周围饰神马、双鸾云鹤纹。造型雅致，工艺精湛。

唐 双鸾衔绶纹铜镜

直径13.4厘米。广东民间工艺博物馆藏。

圆形，圆钮，圆钮座。钮左右各一鸾鸟挟钮相对飞翔，双鸾展翅飞翔，口衔长绶带。窄素

缘。此镜属于唐代铜镜花鸟镜中的对鸟镜，《西清古鉴》中称其为双鸾鉴。此类铜镜形状大多为葵花形，主体纹饰基本结构布局是二禽鸟左右相对，挟钮而立。禽鸟形态以鸾鸟展翅翘尾，口衔绶带最多，亦有双鸾共衔绶带的图案。禽鸟脚下或踏花枝或踩瑞云，形象俊美，婀娜多姿。通常钮上下配置各种纹饰，图案组织变化丰富。禽鸟花卉争妍斗艳，柔美自然，是唐镜中最为绚丽的镜型之一。

五代　双凤纹葵式铜镜

直径7.7厘米。广东民间工艺博物馆藏。

圆钮，素缘凸起。镜缘为八瓣弧边形。镜背沿钮共分为四个区域，左右两侧双凤绕钮对飞，形态一致。双凤细颈弯曲，羽翼丰满，翎羽肌理清晰可见，还有细长的尾翎飘向上方，身下则有云气纹装饰。镜背上下区各有一花卉盛开，枝叶繁茂。

宋　龙纹带柄铜镜

直径9.1厘米，柄长7.7厘米。2004年东山麓湖路南方电视台工地M24出土。广州市文物考古研究院藏。

表面墨绿色，锈蚀。八瓣菱花形带柄，圆柱形小钮，菊花纹钮座。一“C”字形盘龙环绕钮座，做口吐祥云状，钮下饰一宝珠，左侧饰卷云纹。镜缘窄，凸起，菱花形。长柄圆角，镜缘凸边压于柄凸边之上。古代铜镜可分为东方圆板具钮镜和西方圆板具柄镜两大体系，带柄镜是唐代以来东西方文化交流互鉴的产物。

宋　“湖州照子”铭铜镜

直径17.7厘米。1956年东山马渍水岗宋墓出土。广州博物馆藏。

葵花八瓣形，周沿起凸边，小钮扁圆，素面。一侧铸有长方形印铭“湖州真石家念二叔照子”，有边框和竖界。宋湖州造铭文款铜镜有菱边形、圆形、方形、长方形、花瓣形等形制，镜背多素面或弦纹，均铸楷书铭文如上。宋代铜镜在我国古代铜镜发展史上开始转入衰退期，或由盛渐衰的过渡时期，其注重实用，不崇奢华，器体轻薄，装饰简单，湖州铜镜是其突出代表。

宋　龟鹤仙人纹铜镜

直径20厘米。广东民间工艺博物馆藏。

圆形，结形钮。钮左侧一仙人端坐石上，身着长袍，衣褶刻画流畅，头戴冠，有项光。钮右侧有侍童，站立于竹树之下，手捧仙桃。钮上方有一只向下飞翔的仙鹤，鹤转颈往右看向侍童。钮下方有一块草丛，有灵龟伏于草丛中，望向仙人。镜面较为简洁，无底纹装饰。

宋　菊花龟背纹铜镜

直径18厘米。广东民间工艺博物馆藏。

圆钮，方形钮座。纹饰分内外两区，内区以圆钮为中心，有一圈花瓣形成旋转轮状，呈菊花纹样。方形钮座外可见圆点装饰，似宝相花花蕊纹样，已有锈蚀痕迹。内区与外区有三重方框纹间隔，镜边缘位置饰以龟背纹，以六边棱形组合成似蜂窝状的纹饰。

宋　双鱼戏波纹铜镜

直径11厘米。广东民间工艺博物馆藏。

圆形，圆钮。主纹为双鱼戏水，两条鲤鱼头尾相衔，双鱼长背鳍，鳞鳍清晰，展鳍折尾，形象生动逼真。衬底布满水曲纹，浪花起伏，宛如两条活鱼随波逐流。

宋　“亚”字形海棠花铜镜

直径17厘米。广东民间工艺博物馆藏。

“亚”字形，圆钮，圆钮座，镜缘凸起。主题纹饰为浅细浮雕的海棠花卉，上、下、左、右沿钮座分为四个区域，分别有一朵海棠，枝叶连亘，相互缠绕。靠近镜缘处有一圈相连的花瓣，沿“亚”字形边缘弯曲，形成“亚”字形连珠带。

宋　四乳禽鸟纹铜镜

直径10.9厘米。广东民间工艺博物馆藏。

圆形，圆钮，方形钮座，宽平缘。座外围一周双线凹面方框，方框外四角处放置着四枚圆座乳钉，将镜背分成四个区域。外区纹饰以短线组成的禽鸟纹饰为主，上下各饰有一展翅禽鸟，左右则有一对禽鸟相对而立。纹饰外围有一圈铭文，可见“亲”“有”“善”“日”几字，其余有锈蚀现象。缘上有两重锯齿纹装饰，中间隔以一层凹纹。

宋　花卉纹铜方镜

边长8.7厘米。广东民间工艺博物馆藏。

方形，圆钮，钮有缺损，花瓣形钮座。宽素缘。花朵硕大，呈放射状绽放。钮座外有两周凸棱方框，将纹饰分为两层。第一层纹饰以回纹做地，区间正中处有四枚圆座乳钉，并配以弧形线条组成弯月，似是仿古文字“日”“月”，四角有对称的弧形图案。外围为第二层纹饰，满地铺缠枝花叶纹，四角处以大叶做对称装饰。

宋　“日有熹”铭连弧纹铜镜

直径9厘米。广东民间工艺博物馆藏。

圆形，圆钮，连珠纹钮座。宽素缘。钮座外依次饰有栉齿纹、凸棱圈和内向八连弧纹一周，连弧纹与凸棱圈之间有线条、涡纹组成的图案。连弧纹外围两周栉齿纹，其间有铭文：“日有熹，月有富，乐毋有事，宜酒食，居必安，毋忧患，竽瑟侍兮心志欢，乐已茂兮固常然。”铭文字体方正。

明　双云龙纹铜镜

直径20厘米。广东民间工艺博物馆藏。

六尖瓣菱花形，圆钮。圆钮下方有三足炉纹样，漂浮轻烟。双龙分别在钮两侧，龙头相对，在三足炉两侧对立，张牙舞爪，做双龙夺珠状。龙身蜿蜒于龙头上方，周围辅以流云纹装饰。外区至镜边有一圈纹带，使双龙纹与镜缘之间留有狭窄空白。

明 “高泉亲上”铭双鱼戏波纹铜镜

直径10厘米。广东民间工艺博物馆藏。

圆形，圆钮。素宽缘凸起。钮两侧各饰一鲤鱼，二鱼翘首，形态一致，鱼鳞清晰，状似乳钉。鲤鱼首尾相对，甩尾展鳍，绕钮同向回泳。镜背在双鱼身侧满布水波纹，塑造出起伏的浪层。纹饰与镜缘之间饰有一圈凹形纹。镜缘刻有“高泉亲上”四字。

明 惊鸾凤舞铜镜

直径23厘米。广州博物馆藏。

圆形，圆钮，宝莲台蒂。内区铸饰瑞兽若干，或行或走，顾盼神飞。外区一圈阳铸四十字铭文：“明逾满月，玉润珠圆。惊鸾钿后，凤舞台前。生菱上辟，倒井澄莲。精灵应态，影逐妆妍。清神鉴物，代代流传。”以骈体文作镜铭，八字一句，词藻华丽，对仗工整，夸耀此镜形如满月，润如珠玉，制作精良，装饰华美；既可用又可赏，当珍视而流传。

第五节 其他

周 “曾大保”铜盆

高12厘米，口径27厘米，底径15厘米。广州博物馆藏。

敞口，折肩，鼓腹，平底。两兽耳，腹饰窃曲纹。盆内有铭文二十一字：“曾大保譽叔亟用其吉金，自作旅盆，子子孙孙永用之。”容庚《颂斋吉金续录》《善斋吉金图录》著录之。“曾大保”即曾太保，曾国职官名，“譽叔”是其字，“亟”是其名。意即曾太保譽叔亟，用贵重的铜制作盆，希望子孙世代相传，永远享用。容庚认为“器之以盆名者仅此，可证晋邦盦、子叔嬴内君器皆当以盆名之。曾其国，大保其官，譽其字，亟其名也”。

西汉 铜鉴

高15厘米，口径35厘米，底径21厘米。1983年南越文王墓出土。南越王博物院藏。

口微敛，沿稍外折，腹的下部收敛成平底。腹上部附两个半环耳，耳颇大，上焊贴一兽首做装饰。鉴底三个短小方形足。耳、足都是铸后焊接的。器腹上有纹饰四组：第一、三组为蟠虺纹作地的细点圈纹，纹样如小珠突起；第二组是两条绹纹带；第四组为蝉纹，呈下垂三角形，制作十分精细。铜鉴为青铜盥洗器。

西汉 “蕃”字铜匜

通长33.2厘米，横宽27.2厘米，高10.3厘米。1983年南越文王墓出土。南越王博物院藏。

南越王博物院藏十六件铜匜，这件形体最大。素面无纹。长方形圆角，口微敛，腹部直壁折腹成平底。有直槽形流。腹壁的左、右、后三侧各附有一个兽首衔环。兽首衔环是先铸成再附入范中同器身一起铸出的。腹下刻铭“蕃”“容”“二斗”，一次刻出，其中“蕃”字较大，应为南越国蕃禺工官的省称。

西汉 铜臼杵

臼高13.6厘米，口径9.4厘米；杵长27.1厘米。1965年东山较场北路广东省物资局工地M1出土。广州市文物考古研究院藏。

表面迷彩绿，通体锈蚀。臼口微敛，方唇，弧腹斜收为小平底，喇叭形足底缘外折成假圈足，口沿下及腹中部各饰一周凸弦纹。杵呈棒状，一头细，一头粗，光素无纹。臼杵为舂粮食等物的容器和捣棒。

西汉 铜灯

高40.9厘米，盘径23厘米，底径17.4厘米。1983年南越文王墓出土。南越王博物院藏。

一对同出，豆形，大小相同。灯盘敞口，直唇，唇沿外折，盘腹较浅，内立三尖状乳突以插烛。灯盘与柱座用榫卵套合，盘底出一小节突，突上有两个相对的穿孔，套入柱座的圆柄中，圆柄上也有相应的两个小孔，用钉贯拴。柄的上部有一节箍，饰覆瓣四片；近座处也饰介箍。往下宽展成圈足形座，座上饰四片舒展的覆瓣。有刻铭，其一刻“重十三斤十一两”；另一刻“重十三斤十二两”。

汉　辘轳铜灯

长14厘米，宽8厘米，高6厘米。广州博物馆藏。

椭圆形，灯盖饰蝉纹，两端面上有环钮，活动灯盖合处灯体尾端有小钮，可悬挂。灯盘与灯体以活轴相连接，使用时将灯盘扳起，不用时可将灯盘扣合在灯身上。

东汉　辟邪铜灯座

长10.8厘米，宽7.8厘米，高8.2厘米，管径1.2厘米。1998年东山中山一路广铁集团工地M10出土。广州市文物考古研究院藏。

表面迷彩绿，整体锈蚀，局部残断。辟邪弯角立耳，双目圆睁，鼻孔外张，张口吐舌，獠牙外突。四肢向前张开，昂首挺胸，似欲奔跑。长颈、丰胸、肥臀，身形壮硕。全身錾刻羽状纹，背部及躯干一侧各设一管状插孔。

东汉　双龙三足铜吊灯

高8.5厘米，盘径10.9厘米。1995年东山农林上路地铁一号线工地M2出土。广州市文物考古研究院藏。

表面墨绿色，通体锈蚀。圆形灯盘，直口方唇，口沿外凸起棱，浅腹平底。内底中央设圆锥形烛钎，一方孔圆形铜钱串在烛钎上。盘口对称附设双龙鋬，龙头朝外，口大张，细长颈，半环形龙角接圆形环扣铜链，以悬挂照明。三蹄形足与双龙鋬呈四点配列式分布。

西汉　四连体铜熏炉

炉高16.4厘米，座底边长9厘米。1983年南越文王墓出土。南越王博物院藏。

炉体由四个方口圜底小盒组成，平面呈“田”字形，各小盒互不连通。四个小盒体共一方形炉盖，盖面分四格，亦呈“田”字形，每一个小方格顶尖隆起如四阿顶式，各有半环钮一个。盖顶及炉体上部的气孔均作菱形镂空。炉座方柱形，上部呈两级收束，上大下小，每面有菱形镂孔一个。中部束腰。下部宽展成方座足，座足中空，可以见到炉体浇铸的柱状浇口。熏炉的盖、炉体和座足是分铸的，四个分离的炉体铸成后，嵌入座足的内范中，再浇铸炉足时才合成。

西汉　铜熏炉

通高17.6厘米，底径8.3厘米，口径7.3厘米。1956年先烈路黄花岗出土。广州博物馆藏。

方形炉体，盖面及腹部镂空成“回”字图案的气孔，方柄圆座足。出土时炉内残留炭粒状香料。广州两汉墓普遍有熏炉随葬，反映出熏香已成为当时贵族的生活风尚，同时也因需用的大量香料要由海外输入，说明与海路通商贸易有关。

西汉　神人翼虎铜博山炉

通高27厘米，底盘口径26厘米。2010年荔湾西湾路旧广州铸管厂工地M151出土。广州市文物考古研究院藏。

表面灰绿色，锈蚀。由盖、炉身、托盘三部分组成。镂空的山峦形盖上饰卷云纹，盖沿饰一周锯齿纹，顶部置一圆环。豆形炉身，口沿饰云雷纹，腹部由上而下饰凸棱、鸟纹及弦纹。口沿左侧设一环扣，环扣上置一链条与盖顶圆环连接。柄上部为一叉腰神人盘腿坐于一圆座上，下围绕四只翼虎，翼虎首尾相接环立于一圆盘上，做回首状，圆盘饰云雷纹和锯齿纹带。托盘圆形，宽平折沿，斜壁弧收，平底，盘沿上饰云雷纹，造型精美别致。

汉　弦纹铜豆

左上：高6厘米，口径10.3厘米，底径6.1厘米；右上：高6.8厘米，口径9.7厘米，底径6厘米；左下：高7厘米，口径10.3厘米，底径6.5厘米；右下：高7厘米，口径10.3厘米，底径6.5厘米。1980年吕田镇吕新村高顶湾采集。广州市从化区博物馆藏。

共四件。口宽，外卷，高圈足外撇，凸纹线条饰身。

汉　四足铜灶

长16.5厘米，宽13厘米，通高10厘米。广州博物馆藏。

灶面平，头尖，呈船首形，置一大釜眼；釜眼上置一釜一勺，灶前有一小圆形烟囱孔，灶底有蹄状足。

西汉　印花铜板模

小模长3.5厘米；大模长7.5厘米。1983年南越文王墓出土。南越王博物院藏。

为丝帛的印花工具。一大一小，两件成套。大的一件为主纹印板，形体扁薄，背面有一个小钮，可穿绳作执握，花纹近似小树，似火焰状，纹线凸起约0.1厘米，十分薄锐；小的一件为定位印板，形体扁薄，轮廓近似“人”字形，正面有凸起的云纹，背面有一穿孔小钮。出土时两板一起裹有丝织物。此铜板模为目前全国汉墓考古发掘所见的唯一织物印花工具。

西汉　龙龟纹鎏金铜牌饰

长8.1厘米，宽4.3厘米，厚0.4厘米。1983年南越文王墓出土。南越王博物院藏。

一对，大小相同。出土时背面都有裹缠的线绢，与其余六件玻璃牌饰同出于玉衣两侧的铁剑上面。长方形，表面鎏金。镂空，一龙二龟纹样，周边穗状纹带。龙昂首，躯体卷屈成两圈相连的“∞”字形，两圈内各有一龟，位置倒向，均引颈回首。牌饰背面有两个竖置环钮，无背板，钮孔内横贯一段木栓。

西汉　动物纹鎏金铜牌饰

长10.5厘米，宽5.4厘米，厚0.5—0.7厘米。2016年越秀先烈中路广州动物园工地M15出土。广州市文

物考古研究院藏。

残破，一对两件。铜制，通体鎏金。器形呈长方形，边缘凸起，为麦穗纹边框，框内上部中间为一熊首，两边各有四个有角兽首，似马。框内中间为两个相对的凤鸟，凤鸟昂首挺胸，展翅欲飞，两边是两个相背的有角兽首。这类有角神兽纹牌饰，最早发现于欧亚草原地区。在草原游牧文化中，这一题材有重要地位，至少战国时代已经出现于我国北方草原地带，汉代大为流行。这类饰牌部分出自中原工匠之手，为汉代上层贵族所喜爱。

西汉　错银铜伞柄箍

长40厘米，直径5.5厘米。1983年南越文王墓出土。南越王博物院藏。

圆筒形，中部有一节凸起的宽带纹，两端各有一道凸棱。通体鎏金。伞柄内有柄柱，分为两段圆木，其中一段一端出圆形凸榫，另一段一端钻凿出与凸榫大小、长度相应的圆锥形銎，相互套合。柄柱外露部位直径略大，使露出的柄柱与铜箍直径相同。出土时有丝绢包裹痕迹。这一件伞柄箍外表有错银的复杂花纹图案，精致流畅。

西汉　鎏金铜女俑

长8.5厘米，宽9厘米，高24.5厘米。1956年先烈路麻鹰岗出土。广州博物馆藏。

一对。通体鎏金，大部分已脱落。女俑发中分于后，结为朝天髻。身穿交领右衽长服，跪坐，两手合于腹前。

西汉　鎏金铜男俑

左：高15.6厘米，宽5.7厘米；右：高15.5厘米，宽5.2厘米。2008年越秀太和岗淘金家园三期工地M112出土。广州市文物考古研究院藏。

两俑均为男立俑，表面黄绿色，局部锈蚀残缺。大小、形态几乎一致，通体鎏金，大半剥落露出铜胎。头发结成发髻立于头顶。广额，弓眉，眼睛细长，阔鼻，厚唇。着宽袖长袍，交领右衽，双手合拢放在袖子里置于腹前，双脚着靴、与肩同宽。后脑勺和背部伸出两个扣环，身体中空，表明两俑应是固定于另一器物之上的配件。

西汉　铜鸠杖首

通高10.5厘米，长12.4厘米，宽4.7厘米，銎径1.9厘米。2010年荔湾西湾路旧广州铸管厂工地M151出土。广州市文物考古研究院藏。

表面灰绿色，锈蚀，局部磕缺。鸠长喙，目视前方，足贴于腹下，双翅收敛，作待飞状。全身錾刻羽翼。下腹接一圆銎以纳木杖。鸠杖，是汉代朝廷颁赐给七旬以上老人的一种拐杖，因拐杖顶端饰斑鸠，故名“鸠杖”。古代认为鸠鸟是“不噎之鸟”，朝廷以此来祝愿老人饮食顺畅、健康长寿。

汉　方形铜铲

身长15厘米，柄长5.5厘米，口径13厘米。广州博物馆藏。

柄部有圆孔，用以安装木柄。

西晋　铁足铜甗

通高33.2厘米，甑口径21.8厘米，釜口径28厘米。1994年黄埔大沙镇姬堂彭山工地M3出土。广州市文物考古研究院藏。

由铜制的甑、釜与三铁足组成。通体锈蚀，甑、釜锈蚀呈豆绿色，铁足锈蚀呈棕褐色。甑敞口，平折沿，深腹，圈足套入釜的直唇中。甑底的箅气孔镂空如蛛网状。釜为敛口，直唇，扁圆腹，平底。底有一层很厚的烟炱，表明为实用器。釜腹中部伸出平沿，三等分点上设小圆孔，可插入三个铁足支架，把釜和甑抬起，其下可放炭、薪以蒸煮食物。若卸下铁足，则可放在灶眼中煮食。

六朝　双鱼铜洗

高3.5厘米，口径18.5厘米，底径15厘米。广州博物馆藏。

敞口，折沿，平底，腹饰一周蟠虺纹，洗内底錾刻双鱼纹。

南朝　菩萨铜鎏金立像

通高54.5厘米，立像高43.8厘米，座高10.7厘米，座径17.4厘米。广州博物馆藏。

菩萨头梳高髻，涂黑色，头顶饰桃形浮雕宝石花，前额发际正中和左右亦饰桃形浮雕宝石花。头部两侧各有两条飘带垂落至手臂上。双目闭合，鼻梁高直，小口微闭。双耳用阴线纹勾出，戴耳环，颈饰项圈，身前佩挂一圈嵌有宝石花的璎珞，长岐帛自双肩两侧垂至须弥座上。袒胸、露臂、跣足，立于三层八角仰覆莲花须弥座上。第二层座基侧刻有“与曹道文吴夫共造”铭。

唐　模腔流道铜枝

长30.7厘米，叶厚0.1厘米。2000年越秀西湖路广百新翼工地出土。广州市文物考古研究院藏。

表面墨绿色，锈蚀。为铸造铜钱时拆模摘剪铜钱后剩下的干枝部分，一端残断。干为方茎，略显梯形，两侧出枝十一对，枝近似梯形，是连接铜钱的部分。这枚铜枝证明唐代广州铸币使用双合范竖式浇铸法，而不是汉初以后就较为常见、更为高效的叠铸法。

五代十国　南汉鎏金铜瑞兽

通长11.6厘米，宽3.2厘米，高6.5厘米。2009年南越国宫署遗址出土。南越王博物院藏。

表面铜锈严重，鎏金已脱落。整体造型为一飞奔的瑞兽形象。

五代十国　南汉铜观音立像

高11.3厘米，宽2.5厘米。2004年东山麓湖路南方电视台工地出土。广州市文物考古研究院藏。

表面豆绿与黄绿间隔，器身扁平，喇叭状底座，尖状背光。背光上线刻一佛像，尖头圆脸，着长袍，圆领下垂。观音像主体浅浮雕铸造，线刻五官和服饰，呈站立状，戴帽，着交领及地长袍，双手自然下垂。衣纹厚重，脸颊丰腴，线条刻画简洁生动。背面刻有火焰纹，可见合范缝。从中空的喇叭状底座可知，立像应为立于其他器物上的配件。

元 铜壶滴漏

通高2.64米。日天壶高75.5厘米，口径外沿74厘米，容量217升；夜天壶高58.5厘米，口径外沿59.5厘米，容量117升；平水壶高55厘米，口径外沿51厘米，容量63升；受水壶高75厘米，口径外沿38.5厘米，容量49升。原藏广州博物馆。

由四个大小不等的铜壶组成，依次安放在阶梯式的座架上。置于最上的名“日天壶”，第二壶名“夜天壶”，第三壶名“平水壶”，最下的第四壶名“受水壶”。各壶皆有盖，第一、二、三壶下端装有滴水龙头，水依次滴入下一铜壶，滴入受水壶的速度基本不变。受水壶中央插铜尺一把，长66.5厘米，尺上刻有十二时辰，自下而上为子时至亥时。铜尺前插放一木制浮箭，下为浮舟，随着水位提高，浮箭逐渐上升，指示时刻，故又称“刻漏”。“日天壶”外侧刻楷书铭文，文分二十一行，共三百二十字，开列监造官员及工作人员名单共二十人，由铭文可知这套铜壶滴漏于元延祐三年（1316）由广州冶铸工人冼运行等人铸造，为我国现存最大和最完整的古代计时器。这套铜壶滴漏原放在广州城垣的拱北楼上（原址在今北京路青年文化宫附近），用以报时。1919年广州拆城墙开马路时移置越秀山镇海楼。1959年调拨中国历史博物馆（今中国国家博物馆）。

清乾隆 铜镀金楼阁式水法转人铜座钟

高113.5厘米；底长49厘米，宽45厘米。广州博物馆藏。

为两层亭式座钟，飞檐四角饰龙头，座足雕成羊头状。通体錾花遮金，并镶嵌各色料珠花朵，富丽堂皇。内部结构复杂，设计精巧，每隔十五分钟以乐曲报时一次，有两首乐曲以供选择。乐声起时，上部有人物转动，小门缓缓打开，一个手捧“招财进宝”条幅的人出来；下面小桥流水，桥上羊随人行，桥下鸭泛清波。

清康熙至乾隆年间（1662—1795），广州制钟工匠在吸收西洋制作技术的基础上，制造出具有中国传统工艺特点的自鸣钟，世称“广钟”，为贡品。传世品多为乾隆年间制造。

清乾隆 铜镀金珐琅瓶变字转花开花钟

高80厘米，底座长32厘米，宽25厘米。广州博物馆藏。

钟共分三层，底层内置机械装置，正面居中为三针时钟，钟盘左右两侧各设一朵料石转花。二层箱体正面为四字转动吉语“喜报长春”“福与天齐”“福禄万年”“太平共乐”，平台四角各立一瓶状转花。上层为蓝透明珐琅双铺首衔环扁瓶，瓶体饰金色八宝图案和卷草纹，瓶腹中央圆形玻璃开窗内嵌变色料石转花，花瓣形状、颜色均可变换，有红、绿、黄、蓝四色；瓶顶中插一花树，顶花可开合。

清　铜镀金转花水法奏乐钟

高77厘米，底长30.5厘米，宽20厘米。广州博物馆藏。

钟分为上下两部分，上半部为中国传统建筑风格的六角亭，下半部是拱形框架的曲线形箱体。亭内左右两侧悬挂门帘，帘内一象牙人持“加官进爵”条幅，象牙人从亭后左侧门慢慢走出，转身走向右侧门，回到帘子后面，帘子落下。钟盘上方的拱形布景箱内有水法、跑马装置。

清　圆形铜船钟

长20.5厘米，宽9.5厘米，高21.9厘米；钟表盘直径16厘米。广东革命历史博物馆藏。

钟背面为一块圆形木盘。钟表盘面白底黑字，有一大一小两个刻度盘。大刻盘（时针、分针）有两种刻度，外围为中文十二地支，内圈为罗马数字。小刻度盘（秒针）刻度为阿拉伯数字。盘面采用搪瓷工艺烧制。钟面玻璃罩可打开。钟表盘上部有一个长条状小口，下部有一个上发条圆口。

19世纪　美国“JOB”鎏金“中国风”铜胎浮雕童瓷面座钟

长16厘米，宽12厘米，高36.5厘米；表盘直径6.4厘米。广东革命历史博物馆藏。

鎏金座钟。底座为四足形。整体呈中西合璧的风格。钟表机芯下部有两个小童（天使）及中国风格的龙鱼、花鸟雕塑。表盘顶部及左右两侧也有中国风格花卉雕塑。表盘面为陶瓷质，白底黑字，阿拉伯数字刻度。上方有商标“JOB”。双刻度盘。大刻度盘显示时、分，小刻度盘为秒针。表后壳刻有制造商名称。

第五章

金银器

西汉　金带钩

通长8.2厘米；钮直径2厘米。1956年先烈路惠州坟场出土。广州博物馆藏。

重82.2克。金质，侧视呈“S”形，通体线条流畅，腹部为长椭圆形凸起，后又微下陷，上端曲首作龙头状，背面中端有一圆形钩钮。

西汉　雁形金带钩

通高1.9厘米；钮扣径2.3厘米。1983年南越文王墓出土。南越王博物院藏。

重29.3克。钩体为一长喙雁形，作回首状，长喙突出于体外，双翅合敛。眼睛以细线刻划。钮柱呈圆柱形。末端有凹槽。钮扣呈圆形薄饼状，有凸榫套入钮柱中。榫头分叉，套入钮柱之后，钮扣仍可转动。这件带钩神态逼真，造型小巧精致。出土于西耳室。

西汉　金戒指

长径1.95厘米，短径1.85厘米。2001年天河恒福路银行疗养院二期工地M21出土。广州市文物考古研究院藏。

重4.9克。素面，戒面扁平圆形，以戒面为中心两侧环体逐渐变窄，环外壁微鼓。是国内发现年代最早的古罗马风格金戒指，可能是海上丝绸之路的舶来品。

西汉　刻“朱”“山”字金饼

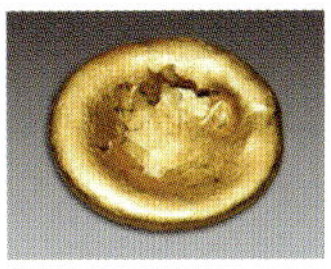

直径6厘米，厚1.2厘米。2011年荔湾西湾路旧广州铸管厂工地M151出土。广州市文物考古研究院藏。

重250克。圆饼形，正面光洁，中部内凹，有裂隙，细刻“朱”“山”字样。背面稍隆起，坑洼不平。出土于女墓主人头部旁。这是迄今为止广东地区发现的唯一一枚汉代金饼，是反映西汉岭南地区贵金属铸造流通、中外贸易交流的珍贵实物。

西汉　金珠

直径0.85厘米。1983年南越文王墓出土。南越王博物院藏。

扁圆形，中间有穿孔，浑身光滑。可能是某组玉佩中的一件饰物。

西汉　金串珠

直径0.65—0.87厘米，孔径约0.3厘米。1983年南越文王墓出土。南越王博物院藏。

共十粒，总重32.2克。圆球形，中穿孔，平素无纹。是墓主赵眜组玉佩上的饰件。

西汉　金饰片

长6.4厘米，宽6.4厘米。1983年南越文王墓出土。南越王博物院藏。

由金箔锤揲镂空而成。中间为璧形，周缘有四叶四芯形相间环绕。出土时与东耳室漆器等混杂在一起，推测是漆木博局上的金饰片，漆木已朽。

西汉　卷云纹金饰片

长11厘米，宽4厘米。1983年南越文王墓出土。南越王博物院藏。

由金箔锤揲镂空而成。卷云纹形。出土时与东耳室漆器等混杂在一起，推测是漆木博局上的金饰片，漆木已朽。

西汉　杏形金饰片

高4.6—4.7厘米，宽4.3—4.4厘米。1983年南越文王墓出土。南越王博物院藏。

金箔锤揲而成。杏形，共八片，每件重2.22—3.03克，形状纹饰相同。缝缀在绢帛上，为盖在玉衣面罩之上的“幎目”，绢帛已朽，仅存金饰。纹饰为两个尖角羊头纹，羊头两两相背，如同一个羊头剖为两个侧面，下部正中以一穗状纹作分隔。顶尖处还有一个图案化的羊头。周边錾出连续的点线纹。金叶片有八小孔，为缝缀用。以卷角羊纹为图案的金银装饰品在中国西北地区多有发现。

西汉　金花饰

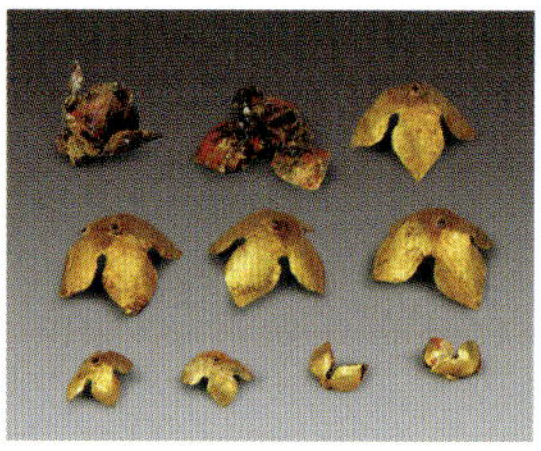

大花瓣6朵：长1.4厘米，最宽0.9厘米；小花瓣4朵：长0.6厘米，最宽0.5厘米。1983年南越文王墓出土。南越王博物院藏。

金箔锤揲而成。做工精细，造型美观。大、小花饰均为四瓣柿蒂形，正中有一小穿孔。内裱粗纹绢一层，绢表附木质一层。这些金花饰与二十四个金泡钉、七十一根金小条钉同出西耳室近过道处，压在底层，可能是已腐朽的漆器的附饰。

西汉　金花泡

高0.5厘米，直径1.1厘米。1983年南越文王墓出土。南越王博物院藏。

共出土三十八枚，总重10.5克。分别为主棺室墓主南越王赵眜身上“珠襦”的三十一枚，西耳室的两枚，东侧室的五枚。花泡呈半圆球，泡壁很薄，底口处为平折沿，平沿处为一圈穗状纹，泡里底处焊接一根横梁，以备穿线连缀于织物上。泡的球面用金丝焊接成圆形、心形、堆珠形、瓣索形等多种立体图样，镶嵌绿松石。绿松石多已脱落。其中两枚的花饰最为繁富，在球面形的泡体上饰有九组图饰，用细如发丝的金丝搓拧成索形的金线，又用素身金丝剪成粒状小珠，分别焊接到泡面上。在20倍放大镜下，可清楚地看到金花泡的焊接点。这种焊珠工艺黄金制品在汉代十分流行，其工艺技术可能来自古代的西亚地区，在古希腊遗址曾有类似出土物。二十世纪五六十年代在广州、扬州、长沙的东汉墓均有焊珠金饰发现。南越文王墓出土的金花泡是年代较早的舶来品，其来源很可能与当时的海外贸易有关。

西汉　金羊

长1.3厘米，高1.1厘米。1983年南越文王墓出土。南越王博物院藏。

共四件，总重6.5克。是主棺室墓主棺椁“头箱”内漆盒的附饰。铸制成羊状，均做伏地翘首回望之态，四蹄伸开，尾巴卷成一圈，当中留出一个小圆穿孔，可贯钉。原或是钉附于漆盒盖上的饰物。

西汉　金座足

高6.4厘米，长径4.6厘米，短径3.9厘米。1983年南越文王墓出土。南越王博物院藏。

重130克。造型似杯，断面呈椭圆形，中空，足腹上端有三道弦纹，弦纹之上有八个三角形的尖峰，连成锯齿状边沿，腹下束腰连接矮圈足。考古出土时在三角形尖峰内壁发现少量的夹纻胎的杯身残余漆皮，根据在广州梅花村一座南越国墓中出土的多件造型与此相类的木胎漆杯可知，该金器应为漆杯的座足。

西汉　焊珠金球、金饰片

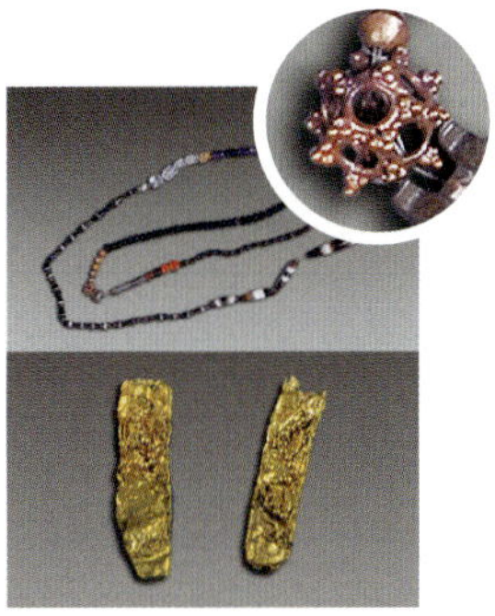

金球直径1.4厘米；金饰片残长2.1厘米，宽0.5厘米。1953年先烈路龙生岗出土。广州博物馆藏。

小金球十二面棱形镂空，每面当中为一个圆孔，每角有一堆小金珠，每堆以下面三粒和上面一粒金珠焊接而成。金球与玛瑙、水晶、玻璃、玉等珠饰同出。另在男棺附近出土的残漆器上附有两块薄金饰片，呈长条形。薄片上由小珠焊接成一串如葡萄状，有细如发丝的流线纹作地，制作十分精巧。

西汉　银卮

通高9.8厘米；筒径6.2厘米，盖径6.4厘米，盖高2.2厘米，钮高2厘米。1983年南越文王墓出土。南越王博物院藏。

重216.7克。圆筒形，平底，直口合盖。筒身附两个小铺首衔环。盖唇较深，面隆圆，錾一周凹弦纹，把盖面分成内、外二区。内区鼓起，鎏金。外区为一周平斜的外圈，分立三个“S”形鎏金立钮。盖在装钮位置处先铸出三个小孔，再用银焊，将立钮接上。外底部刻“一升十二”四字，字划浅细。

西汉　银盒

通高12.1厘米；盖径14.3厘米，口径13厘米；圈足高1.8厘米，圈足径6.9厘米。1983年南越文王墓出土。南越王博物院藏。

重572.6克。出于墓主棺椁“足箱”内。盖身相合呈扁球形，器身有子口，底微向内凹。盖身相合处上下边缘均錾刻一匝穗状纹带，纹带处有极薄的鎏金。器面与器腹锤出蒜瓣形凸纹，盖顶部有两圈凹弦纹。此盒造型、纹饰与中国传统风格迥异，但与伊朗古苏撒城出土的刻有波斯王名字（公元前5世纪）的银器类同，可认定这件银盒是目前已知广州地区发现年代最早的一件舶来品。银盒进入中国后，工匠根据汉代器物的特点，在盖上焊接三个银锭形小凸榫来加上盖钮，在盒底焊接银榫加上铜圈足，盖面刻“名曰百卌一”“一斤四两右游一私官容三升大半□”等铭文，器底也有“私官”等铭文。出土时盒内尚存药丸半盒，已炭化。

西汉　“乘舆”银洗

高4.5厘米，口径20.4厘米。1983年南越文王墓出土。南越王博物院藏。

重511.5克。直口，平沿，折腹，圆底，内底较平，素面。器底捶打的痕迹隐约可见。外底划有五条波形线纹，平沿的正背面均有铭文，正面刻“三”字，背面刻“六升　西共左今三斤二两　乘舆”。“西共”应该是秦代西县共厨之省文。西共器当为祭祀西畤所用的膳食器具。“乘舆”原指皇帝、诸侯乘坐的车子。此洗錾刻“乘舆”二字，表明这是南越王室的专用器。“乘舆”喻御服器械百物，亦袭用汉廷称谓。

西汉 龙形七星勾连纹银带钩

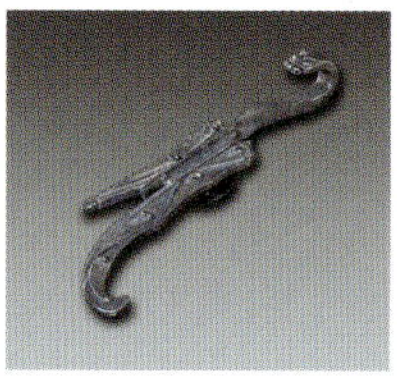

通长8.3厘米，钮径1.6厘米。1983年南越文王墓出土。南越王博物院藏。

重23.6克。钩首龙头形，细长曲颈，腹部为图案形的龙身。后半部分为上下两部分，上部为龙尾，下部为龙爪。龙体饰突起的七星勾连纹，呈北斗七星排列。钩钮扁平，圆形。龙躯用图案组合，尤属罕见。

西汉 雁首鹗形银带钩

长4.5厘米，宽1.8厘米。1983年南越文王墓出土。南越王博物院藏。

重6克。扁平圆形钮。钩首作雁首形，钩腹似鹗，双足立于枝上。

西汉 棋盘银圆片饰件

直径2.5厘米。1983年南越文王墓出土。南越王博物院藏。

圆薄片，出土于小六博棋局残片上，似为棋局上的装饰品。

西汉 双兽连体银剑璏

长3.1厘米，宽1.6厘米，高1.3厘米。2001年东山太和岗御龙庭工地M17出土。广州市文物考古研究院藏。

重7.14克。断裂经粘接。近椭圆形，两头雕刻兽首，连体，拱背，平底，腹下部穿近长方形孔。兽首圆目、阔鼻、龇牙，线条清晰，憨态可掬。广州地区出土的剑璏，以玉石、铜质为主，银质较为少见，此种形制亦仅有一例。

东汉 焊珠金耳珰

长1.4厘米，大端径1.37厘米，小端径0.97厘米，腰径0.7厘米。2016年越秀先烈中路广州动物园工地M23出土。广州市文物考古研究院藏。

一对，分别重5.08克、5.13克。耳珰空心，两端为半球形，中部为腰鼓形，分别制作，可分离、套接。两端半球边缘均焊接一圈小金珠，大头一端焊珠十九个，小头一端焊珠十五个。经科学分析，该耳珰含金量仅有80%—82%，含金量相对西汉金饰品较低。同时在焊珠附近位置检测到汞（Hg），推测在焊接时可能用到了汞。焊珠金耳珰造型独特、材质昂贵、数量稀缺，仅零星发现于南方的广西、广东、湖南地区的汉墓，应与海上丝绸之路开通后的贸易输入有直接关系。

东汉 银戒指

直径1.8—2.2厘米。1998年东山梅花村65号省委大院工地M1出土。广州市文物考古研究院藏。

十一枚，总重25克。两枚出于左棺内，环体扁平，长方形戒面，以戒面为中心，环体向两侧逐渐变窄；九枚出于右棺，环体扁平，多数戒面压成扁平椭圆形，少数戒面为扁平圆形，突起于环体之上。

东汉 水滴形银串饰

最大一颗长1.71厘米，腹径0.70厘米，口径

0.34厘米，孔径0.17厘米；最小一颗长1.28厘米，腹径0.48厘米，口径0.28厘米，孔径0.11—0.16厘米。1998年东山梅花村65号省委大院工地M1出土。广州市文物考古研究院藏。

共十三颗银珠，最大重1.36克，最小重0.56克。水滴形，光素无纹，表面氧化成灰黑色，有颗粒附着。银属天然矿物，不易发生变化，通常为银白色，锈蚀后才变为灰色或黑色。广州出土汉代银珠氧化锈蚀严重的原因除外部环境因素外，应与材质本身混合的其他金属有关。

东汉　银手镯

直径6.7厘米，环径0.742厘米。1998年东山梅花村65号省委大院工地M1出土。广州市文物考古研究院藏。

一组三件，总重36.45克。圆环形，镯体细圆，光素无纹。银质较好，表面多氧化成灰黑色。

西晋　金手镯

直径6厘米，厚0.2厘米。1994年黄埔大沙镇姬堂彭山工地M1出土。广州市文物考古研究院藏。

重7.78克。用中间粗、两头细的细圆金条围成圆环，两端绕着环体拧成螺旋状收口，可调节大小。素面无纹。

西晋　金钗

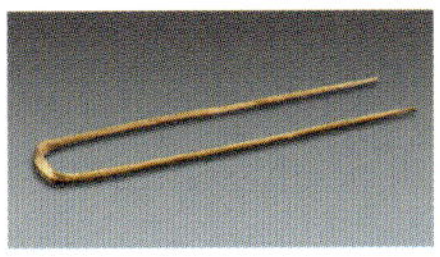

长9.4厘米，宽1.7厘米。1994年黄埔大沙镇姬堂彭山工地M3出土。广州市文物考古研究院藏。

重7.93克。对弯式折股钗，光素无纹。钗梁弯拱，体宽扁，中起一道凸棱，钗脚细圆，双股一长一短，末端尖，长的一枝钗尖弯曲如钩。

西晋　金顶针

直径1.75厘米，壁宽0.7厘米，厚0.06厘米。2002年越秀太和岗御龙庭工地M74出土。广州市文物考古研究院藏。

重5.34克。用扁金条弯曲成圆形环体，壁宽薄，外壁遍布麻点状顶针槽。

西晋　金珠

左：直径0.6厘米；右：直径0.8厘米。1994年东山先烈南路大宝岗工地M13出土。广州市文物考古研究院藏。

一颗呈中间大两头小的双圆锥形，中脊线上下长度不对称，中心纵穿一方孔；另一颗呈十八面空心球形，以腹中部为界，上下对称压制出八个连弧凹面，两端一面内凹，一面近平，对穿圆孔。

晋　对鸟蟾蜍透雕金饰片

直径2厘米。1965年广州西增路出土。广州博物馆藏。

重1克。镂空金饰主体为圆形，中心上部相向而立的一对凤鸟，昂首站立，尖喙，长头，头后披冠或鬣，鼓腹下收，展翅欲飞，长尾上翘，形象生动自然；中心下部为一只蟾蜍，四肢做弯曲状，前肢托凤鸟足部，呈跳跃状。圆形上方有三金环组成短链。

南朝　鱼形金饰片

长3.1厘米，宽1.5厘米。1955年小北横枝岗出土。广州博物馆藏。

两件，各重2克。鱼形，鱼身以阴刻线刻画出鱼鳞，捶打錾刻出鱼眼、鱼嘴、鱼鳍、鱼尾等，上有四孔，其中一孔巧妙作为鱼眼。

南朝　蛙形金饰片

直径2厘米。1955年小北横枝岗出土。广州博物馆藏。

重1克。圆形镂空金饰片，中心有一蟾蜍，金蟾腹部圆润肥大，四肢弯曲，呈跳跃状。

唐　嵌宝石金戒指

高0.8厘米，直径2.1厘米。2018年越秀解放中路安置房项目工地出土。广州市文物考古研究院藏。

重4.04克。戒环完整，以戒面为中心，环体向两侧逐渐收窄，内壁近平，外壁隆弧，素面无纹饰。戒面挖出椭圆形凹槽，以镶嵌宝石。出土时宝石已缺失。

唐　莲瓣印花银质高足杯

高6厘米，口径10厘米，底径4厘米。广州博物馆藏。

花口，深腹，高足，杯身呈莲花式绽放，杯身上半部分锤揲、錾刻纹饰，下半部分光素，下接呈喇叭状的高圈足，圈足亦为瓣形，足印“翁铺”二字。

宋　金质菊花小盏

高5厘米，口径9厘米，底径5.3厘米。广州博物馆藏。

菊花瓣口，花瓣形腹，腹下敛，菊瓣形外撇足。盏心塑以菊花蕊装饰。器物整体如盛开的菊花，虽器壁较薄、尺寸不大，但制作精湛，精致雅观。

明　金分心、金耳坠

金分心：长11.96厘米，宽3.77厘米。金耳坠：（左）通高4.99厘米，（右）通高5.02厘米。2003年番禺茅山岗工地M2出土。广州市文物考古研究院藏。

金分心重12.4克，呈如意云形，中间锤揲一簇牡丹花，两侧对称饰花鸟，分别为缠枝牡丹和凤鸟。凤鸟立姿，引颈回顾，做展翅欲飞状，逼真传神。金耳坠分别重9.9克、10.2克，呈“S”形钩状，一端垂吊如指头般大小的瓜棱纹葫芦。均为墓主人头部饰品，根据出土墓志可知墓主人于明嘉靖二十六年（1547）去世。

清　银鎏金累丝烧珐琅山水花卉纹折扇

长19厘米，展幅宽32厘米。广东民间工艺博物馆藏。

重130克。折扇共二十三叶，用丝带连接。扇面和边骨都有累丝烧珐琅花卉纹，扇面中部有一双心形开光，内有一片湖面景色。湖面间以累丝、掐丝珐琅工艺装饰睡莲、水生植物、小船、湖边的小房子和起伏的山丘。累丝银扇流行于意大利，用鎏金银丝制成，是清代出口扇中最为名贵的一种。

清　银鎏金累丝烧蓝徽章纹折扇

长19厘米，展幅宽34厘米。广州市天河区博物馆藏。

二十四档银鎏金扇骨丝带连缀，通体采用银鎏金累丝烧蓝工艺制成。银累丝烧蓝扇是最奢华的外销扇种，它成本高昂，工艺精湛，观赏性多过实用性，存世量稀少，流行时间亦十分短暂，主要集中在19世纪初期，其后偶用于折扇扇骨的装饰上。

清　银累丝烧珐琅扇骨人物花鸟纹纸本扇面折扇

长24.5厘米，展幅宽43.5厘米。广州市天河区博物馆藏。

扇面为纸质，扇骨为银累丝烧珐琅。扇面部分以官邸庭院人物为主题，在绢纸上彩绘中式庭院，因采用天然矿物颜料绘画，至今色彩仍艳丽如初。庭院内有五十个穿着清装的人物，这是当时很流行的“满大人”图案。这些人物脸部采用象牙贴面，再在象牙片上画上五官，衣服用织锦等布料片裁剪成衣服的样式再粘贴上去。

清　银鎏金累丝捧花棒

通高16.5厘米，口径3.5厘米。广州博物馆藏。

上部为盛开花朵，花口腰部有一长链条银针可固定花束。中部为棒体，底部有带链条金属环，可以环在手指上。整体镂空，造型优雅，设计富有巧思。

清　银鎏金累丝烧蓝山水纹嵌玻璃内胆香水瓶

高11.1厘米，底长4厘米，底宽3.2厘米。广州博物馆藏。

旋盖，直腹，平底。顶盖饰蓝绿花卉纹，内有厚玻璃瓶，瓶带长方形钮玻璃塞。瓶周身裹旋圆纹银累丝，间饰柳亭、松树、帆旗、宝塔等烧蓝珐琅纹饰。瓶身肩部倒花瓣形收紧。造型别致小巧，线条优美。

清　嵌银扣玉金耳环

左：金耳环直径2.61厘米，玉环直径2.3厘米；右：金耳环直径2.67厘米，玉环直径2.27厘米。1958年广州热水瓶厂工地采集。广州市文物考古研究院藏。

一对两件，形制相同，分别重12.2克、13.2克。每件由金耳环、翡翠小玉环、心形鎏金银饰组成。金耳环大半环体宽扁，表面錾刻花叶纹，内面刻“西盛”铭款，一端平直收口，另一端收窄呈细条状，光素无纹，有缺口，便于穿戴。翡翠小玉环的圆孔穿入金耳环之中。心形鎏金银饰表面錾花，内面平素，表面与内面之间有孔，可从金耳环的细条穿孔，卡在环体收窄处，其一缺失。

清　玉首金簪

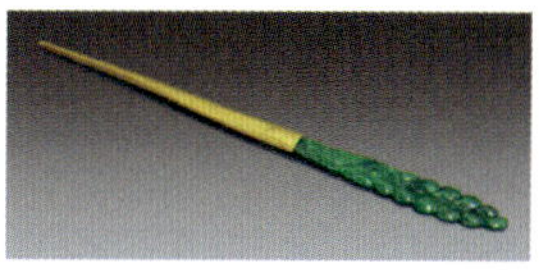

长15厘米，宽1.3厘米。1958年广州热水瓶厂工地采集。广州市文物考古研究院藏。

重10克。簪柄金制，扁平，中空，末端收

尖，呈圆锥状。簪首玉制，翠绿色，宽扁条状，两面雕刻穗叶纹，下端插入簪柄中。

清　金牌饰

长8.1厘米，宽2.8厘米，厚1厘米。1958年广州热水瓶厂工地采集。广州市文物考古研究院藏。

重11.8克。由上下两部分焊接而成，上部呈如意云头形，錾刻蝙蝠纹样；下部呈椭圆形，表面外弧，錾刻组合纹样。正中偏下为“寿”字，其上有梅花及鹿，下有蝙蝠，代表着“福”“禄”“寿”“喜”等美好寓意，象征吉祥如意。外围一周联珠及一周水波纹。内面在左右及下部各焊接一个圆管，穿有小圆环，可佩系。

清　银鎏金累丝烧珐琅纸本贴象牙彩绘火烧十三行图折扇

长30厘米，展幅宽60厘米。广州十三行博物馆藏。

扇骨采用十五支银鎏金波浪形网状纹累丝铺地，饰以烧珐琅折枝花卉；纸本彩绘扇面，分三个开光，中央开光内绘“火烧十三行”题材，左右两开光内绘官邸家居生活场景，以蝙蝠、八宝纹为边饰。十三行商馆区是清代官方指定的西方商人来广州贸易时办公和居住的场所，历史上曾发生三次大火，最后一次大火发生在第二次鸦片战争期间。1856年，愤怒的广州民众出城烧十三行，十三行区建筑就此全部被毁。

第六章

铁器

西汉　错金银铁矛

通长27.3厘米；鞘残长15.4厘米，连鞘宽2.6厘米，筒径2.6厘米；镦长14.1厘米，径2.6厘米。1983年南越文王墓出土。南越王博物院藏。

矛本铁质，有鞘套合。矛筒铜质，上小下大，与矛身接合处略宽展，中有一扁长形卯孔，以纳矛体后端的直榫。筒末开叉，呈偃月形，一侧有一个半环形鼻，鼻中有系缨的丝带残痕。筒内有竹柄朽存。筒表鎏金，正背两面均有金、银错的套叠式三角形图案纹样，两侧有金、银错流云纹，装饰华丽。镦内有竹柄朽存。

西汉　玉具剑一组

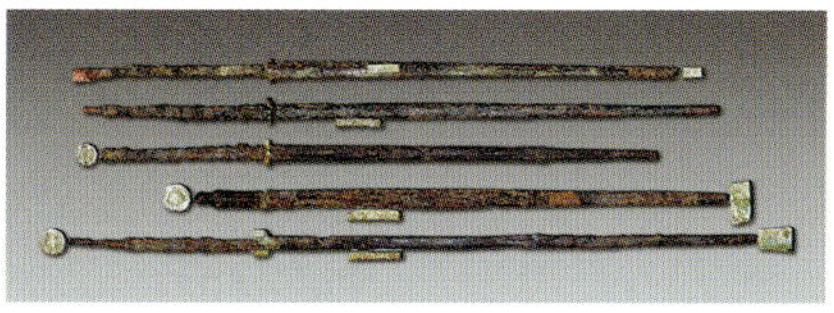

最长：残长146厘米，剑身长104厘米，宽（连鞘）3.5厘米，茎残长34.8厘米。1983年南越文王墓出土。南越王博物院藏。

剑身和鞘粘连一起，锈蚀不能分开。鞘为竹胎，缠丝绢，髹漆，其上再以丝带捆缠。玉璏装在剑格以下20厘米的鞘面处，用丝带穿过璏的銎孔缚缠固定。剑茎两面夹木片，裹缠一层斜“人”字纹织物作底，其上再以辫纹丝带缠绕。其中最长铁剑长146厘米，为目前全国考古发现最长的西汉铁剑，剑上的玉剑饰齐全，首、格、珌分别为浅浮雕卷云纹、涡纹或云雷纹，璏为高浮雕螭虎和熊纹，雕工精细。

西汉　铁铠甲

通高58厘米，胸围102厘米。1983年南越文王墓出土。南越王博物院藏。

出土时卷作圆筒形。外表裹有草席。经中国科学院考古研究所技术室修整复原，是一件无立领、无袖、无垂缘，形状近于坎肩的轻型铁甲；甲片均为四角抹圆的长方形，形状大小相似。片体正面微凸起，周边经锉磨倒棱，基本按统一规格锻制。据测算共有709片甲片，用丝带穿结成型。

西汉　越式大铁鼎

高48厘米，口径30.7厘米，腹径47.5厘米，足高22.5厘米。1983年南越文王墓出土。南越王博物院藏。

小口，直唇，身鼓圆如釜，腹部有一道突棱，圜底，三蹄足。两半环形耳附于上腹部，耳内衔圆环。耳下至底有合范痕迹。鼎造型颇具地方特色，是岭南地区发现年代最早的大型铁铸件。

西汉　铁工具一组

铁削刀：长18.9厘米；铁刮刀：长8.9厘米；铁锉：长21.5厘米；铁锛：长7.2—8.2厘米，宽3.6—7.2厘米。1983年南越文王墓出土。南越王博物院藏。

这批铁工具分别放在两个工具箱中。分十三种，共一百零七件。这批工具数量大、种类多，是在全国汉墓考古发掘所见汉代铁工具中最丰富多样的。铁工具包括了锤两件、锛四件、斧一件、凿两件、削四十四件、刮刀十八件、劈刀四件、弯刀一件、锉刀九件、刻刀十四件、铲刀一件、锥五件、刮刨两件、铜锯三件等。

西汉　铁农具一组

锄：长6.4厘米，刃宽17厘米。锸：长9.2—

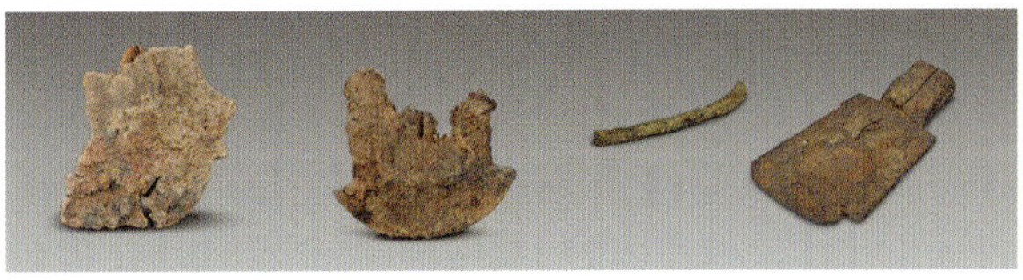

11厘米，宽8.4—11厘米。镢：一长8厘米，刃宽7厘米；一长14厘米，刃宽8厘米。铲：通长16厘米，刃宽9.4厘米。1983年南越文王墓出土。南越王博物院藏。

锄一件。“凹”字形，刃宽平，凹槽内有木柄朽余。

锸三件。“凹”字形，刃口圆弧，刃角上翘。凹槽内尚有木柄朽余。

镢二件。均长方形，刃口呈弧形，顶端的扁方柄孔套木柄，有小孔用以贯钉固定。是多用于山地的农具。

铲二件。双肩，直形扁方筒状柄，柄孔尚存朽木。

西汉 双耳提梁铁罐

高25厘米，带提梁高31厘米，口径16.8厘米，腹径23厘米，底径12.5厘米，壁厚0.4厘米，梁径1.04厘米。1996年南越国宫署遗址出土。南越王博物院藏。

敞口，溜肩鼓腹，腹下部内收，圈足。通体素身。锈蚀严重，罐身有硬物砸过的痕迹。罐肩上部铸双环耳，套接铁提梁，为南越王宫内用于汲水的铁罐。

汉 博山铁炉

高18.5厘米，底径8.8厘米。广州博物馆藏。

炉体呈豆形，上有盖，盖高而尖，镂空，呈山形，山形重叠，其间铸有飞禽走兽。

西晋 铁环首刀、铁环首刀剑

铁环首刀：通长119厘米；铁环首刀剑：通长80厘米。1994年黄埔大沙镇姬堂彭山工地M3出土。广州市文物考古研究院藏。

铁环首刀表面棕褐色，锈蚀。刀身扁长，背脊光平，刃面及锋斜收；鞘为竹胎，仅存小片黏附在刀身上，有扁圆形鎏金铜格。铁环首刀剑表面棕褐色，锈蚀较甚；鞘为竹胎，缠麻布髹黑漆，前段已朽，露出一段长11厘米、两刃有中脊的剑体；后段为长49厘米的平脊刀身。

唐 铁佛像

长12厘米，宽9.6厘米，高31厘米。1950年光孝寺三宝佛腹中发现。广州博物馆藏。

佛像呈盘坐态，体形消瘦清峻，面貌已不可识别。

唐 “贞观七年”佛像铁镜

长12.8厘米，宽12.5厘米，厚2厘米。广东民间工艺博物馆藏。

方形，半环钮。钮右边有一浮雕式佛像，佛像头上有项光，双足结跏趺坐于莲花座上，面容刻画不清晰，仅描轮廓，钮左边有铭文“大唐贞观七年弟子李□□造”。铸有佛像的铁镜存世不多，此镜有明确纪年，为研究佛像镜时代序列的发展提供了实物资料。

五代十国 南汉“芳华苑”款铁花盆

高30厘米，口径27厘米。广州博物馆藏。

敞口，上部呈十二角棱形，下部深圆，三短

足。此花盆为南汉大有四年（931）铸造，盆体两面铸铭文“大有四年冬十一月甲申朔造”“供奉芳华苑永用”。芳华苑为南汉皇帝刘龑的离宫，在今广州城西荔枝湾一带，是南汉帝王游宴的花园。

五代十国　南汉铁塔

（左）西铁塔及塔身铭文，（右）东铁塔及局部

西铁塔今在广州光孝寺大雄宝殿左侧，处寺之西，故名西塔。铁塔平面为四方状，底边长约173厘米，下为须弥座，座高约168厘米。塔原为七层，抗战时房屋倒塌，压毁四层。每层四面塔身均铸有多个佛龛，内有佛像，如底层，横列十六个，四排，共五十三个，四面共二百一十二个；二层略小，全塔如竹节状递减。全塔共铸佛千余，故人称“千佛塔”。第一层（去座后之塔身）边长约122厘米，高约75厘米；第二层边长约108厘米，高约70厘米；第三层边长约90厘米，高约68厘米。

西铁塔东、西、南、北四面皆阴文刻字，文字皆同，文曰：

玉清宫使、德□□□□宫使、开府仪同三□、□内侍监、□□国龚□□，同女弟子□□□□□□，以大宝六年□□□亥五月壬子朔□□□□□铸造，□□□□。

入缘弟子、内给事、都监、韶州梁□鄂（东面）

玉清宫使、德陵使、□□宫使、□府仪同三□、□内侍□、□□国□□□，同女弟子□□三十二□，以大宝□□岁次癸□五月壬子朔□□□□辰铸造，□□□□。

入缘弟子、内给事、都监、韶州梁延鄂（南面）

玉清宫使、德陵使、龙□宫使、开府仪同三司、□内侍监、上柱国龚□□，同女弟子□氏三十二□，以大宝六年岁次□亥五月壬子朔十七日□辰铸造，永□□□。

入缘弟子、内给事、都监、□州梁延鄂（北面）

玉清宫使、德陵使、龙德宫使、开府仪同三司、行内侍监、上柱国龚澄枢，同女弟子邓氏三十二娘，以大宝六年，岁次癸亥五月壬子朔十七日戊辰铸造，永远供养。

入缘弟子、内□□、□□、□□□延鄂

□弟子刘军□（西面）

塔铭称铁塔为龚澄枢及其女弟子邓氏三十二娘所铸造，成于南汉大宝六年（963）。龚澄枢，《宋史》有传，所载龚氏之特进、万华宫使、骠骑大将军、上将军、左龙虎军观军容使、内太师等职，应为大宝七年（964）四月后所加。

龚澄枢所任德陵使之德陵，乃南汉烈宗刘隐之陵。

东铁塔现处广州光孝寺大雄宝殿东一小屋内，以其处东，故名东塔。塔平面四方形，七层，边长约135厘米，高约635厘米，下为石刻须弥座，高约134厘米。每层渐缩趋窄如竹状，内有多个佛龛，中藏佛像，形制如西铁塔。塔础四面皆铸铭文，文曰：

大汉皇帝以大宝十年丁卯岁，敕有司用乌金铸造千佛塔壹所，七层，并相□莲花座高二丈二尺。保龙□有庆，祈凤历无疆，万方咸使于清平，八表永承于交泰，然后善资三有，福被四恩。以四月乾德节设斋庆赞。谨记。（西面）

□□□□□□□□□□军容□□□□□□阳宫使、秀□□□华宫使、□□□□□□□□□□□□□使、宫闱□□□番点检□□□上将军、行内□□□□□□□□□□、开国伯、食邑七百户、□□□□□　（南面西隅）

教中大法师、内□□监□□□□□□□□大夫、检校工部尚书、□法师沙□臣□□ （南面东隅）

教中大法□□□□□□□□□□□□□□大夫、检校□部尚书、□□□□沙门臣□□ （东面南隅）

教中大法师、内供奉、讲经首座、金紫□□□夫、检校工部尚书、宝法大师、沙门臣□□（北面东隅）

内殿大僧录、教中大法师、金紫光禄□□、检校工部尚书、晓真大师、沙门臣道（北面西隅）

塔身铭文称南汉大宝十年（967）敕有司用乌金铸造，以四月乾德节设斋庆赞。此塔铸期后于西铁塔四年。铭文后结衔诸人，除宦官李托外，余四人皆沙门。

明　四爪大船锚

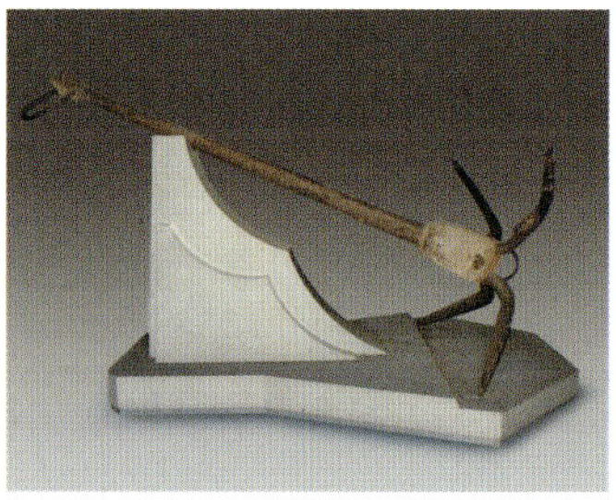

通高340厘米，铁爪最大对角距离220厘米。1978年广州六榕路铁局巷工地出土。广州博物馆藏。

广州目前发现最大最早的铁制船锚，形制规格与山东蓬莱梁山县出土的铸有“洪武五年造”铭文的四爪大铁锚及福建泉州四湖港出土的四爪大铁锚相同，又与明宋应星《天工开物》“锤锚图”及“漕舫图”中所绘制的铁锚一致，定为明代铁锚，且为广州铸造之海船铁锚。

明代制造和应用四爪铁锚的技术已十分成熟。四爪锚是中国独创的系泊工具，其优点是必定有两爪同时抓泥，日本人称之为“唐人锚”。

清顺治　平南王铁钟

通高124厘米，口径92厘米，钮高约31厘米。1982年小北太平庵遗址发现。广州博物馆藏。

双蒲牢兽形钮，钟口微外撇，钟体纹饰简单，三匝铸痕明显。铸于清顺治七年（1650），铭文：

今上龙飞七年，平南王奉命恢粤。二月初六，师抵五羊城北白云山，结营山阿。凡九阅月，将士奋腾，兵马无恙，其间铸炮制药，随手而应，阴有神助。是年十一月初二日恢省，追溯不忘，乃捐资建造太平庵，内塑佛像，爰勒之钟鼎，以志佛力于不朽。仍镌以铭，铭曰：

鸣錞肃旅，以事南征。缘岩列帐，依岫分营。

百岸汇应，乃克坚城。爰溯佛力铸钟铭，用以永播其芳声。

顺治壬辰岁三月吉日。

平南王建。

广州府督捕通判周宪章监造。

清顺治七年，平南王尚可喜、靖南王耿继茂率清兵围攻广州，城中守军闭城不降，百姓亦纷纷助守，历时九个月，城池才被攻破。破城后平南王下令屠城，丁壮多被杀，八旗兵布驻内城。钟铭与这一重大事件有关联。

清　葵花纹铸铁三足缸

通高85厘米，足高11厘米，口径77厘米。广州海事博物馆藏。

广口微敛，鼓腹，平底下附三只兽形足承托起缸身，肩部主纹纹饰分别由荔枝、石榴、佛手花组成三幅图案，上腹部铸有三只大猩猩头像作铁环环套，铁环现存两个，其中一环套上方铸有铭文“乾隆二十七年二月吉日造，丁老三宅置”。下腹部及腰部由六幅不同图案布满器身，分别由向日葵、荷花、菊花组成；底部边沿铸波浪纹一圈；内部光滑无纹。

第七章

漆木器

秦　“蕃禺”铭椭圆形漆盒盖

长28.1厘米，宽12.4厘米，高2厘米。1953年西村石头岗1号秦墓出土。广州博物馆藏。

椭圆长形，木胎黑漆，盖面朱绘云纹。漆盒盖烙印“蕃禺”二字。“蕃禺”即“番禺”，是秦代南海郡治。这是目前岭南地区“蕃禺”地名见于考古实物最早的一例，也是秦统一岭南后设置郡县的重要历史物证。

西汉　漆扁壶

高34.2厘米，口径9厘米，腹部最宽35.9厘米，足长22.3厘米。1960年三元里马鹏岗1号墓出土。广州博物馆藏。

全器为木胎，外表髹黑漆，两面各以朱漆绘一犀牛，两侧及盖面绘菱形、蝉形等图案。

西汉　漆卮

卮通高7.3厘米；金釦总重量167.4克。1983年南越文王墓出土。南越王博物院藏。

漆卮已朽不存，只余金釦，依象牙卮的形状复原。金釦系铸成。釦件包括盖箍、盖顶上的三个环形钩尾立钮，带三蹄足的底座，一个环形连舌鋬，口沿扣圈。金釦外壁打磨平滑，内壁则留有多道凿痕、锉痕。

西汉　黑地彩绘漆壶

通高31.3厘米，腹径16.9厘米，底径11.2厘米；盖高8厘米，盖径8.2厘米。1982年瑶台柳园岗工地M11出土。广州市文物考古研究院藏。

木胎，直口，斜直颈，溜肩，鼓腹弧收，圈足，腹部附两个对称的兽面铺首。壶盖为子母口，盖面对称布置四个变形鸟首立钮。盖面和壶身髹黑漆地，饰朱、黄两色彩绘，壶身彩绘大部分起翘、剥落。盖面绘卷云纹。

西汉　黑地彩绘漆钫

通高34.5厘米，腹径15.7厘米，底径9.8厘米；盖高8厘米，盖径8.2厘米。1982年瑶台柳园岗工地M11出土。广州市文物考古研究院藏。

木胎，直口，短颈，溜肩，鼓腹，圈足，腹部附两个对称的兽面铺首。壶盖呈覆斗形，子母口，盖面突棱处对称布置四个变形鸟首立钮。盖面和钫身髹黑漆地，饰朱、黄两色彩绘，腹部似为卷云纹，大部分起翘、剥落。

西汉　朱书漆耳杯

左：口长11.8厘米，宽10.2厘米，高3厘米；右：口长13厘米，宽11厘米，高3.5厘米。1986年东山农林东路铁路宿舍工地M3出土。广州市文物考古研究院藏。

两件耳杯形制相同。木胎，椭圆形，弧腹，耳缘上翘，平底。器内髹红漆，外髹黑漆。外口沿、耳面和外底朱漆勾边，外口沿和耳面朱绘相间排列的水波纹和圆圈纹。左件外腹部近底处朱书“水”字，外底朱书“万”字。右件外腹部近底处朱书“水”字，外底朱书“平”字。“水”意为水器或酒器，显示耳杯的功能；“万”和“平”或为耳杯制作者名款，反映了汉代“物勒工名，以考其诚”的制度。

西汉　凤鸟纹漆盒盖

长25.5厘米，宽12厘米，高1.6厘米。1997年东山农林上路四横路工地M11出土。广州市文物考古研究院藏。

残缺，经修复。木胎，椭圆形，盖面中央微隆。器内壁髹红漆，外壁髹黑漆，绘朱、黄彩纹饰。盖面以朱绘弦纹划分出内外两个纹饰区，内区绘朱、黄双色变形勾连凤鸟纹，外区朱绘变形鸟首纹和卷云纹。该墓出土的300余件漆器是研究南越国漆器制造业的重要实物材料。

西汉　黄肠木刻

外框纵41.6厘米，横36.5厘米；内框纵35厘米，横29.6厘米。广州博物馆藏。

木面刻“甫九”二字。1916年，广州东郊龟岗发现一座南越国时期墓冢，墓中椁椁刻有十余处“甫”字铭文，此“甫九”木刻即为当时诸多铭文冢木之一。研究认为该墓是南越国时期贵族大墓，木刻是汉代丧葬礼制中用于皇帝、诸侯等贵族的“黄肠题凑”。该墓的发现，对广州乃至全国考古史都具有重要影响。

西汉　木雕骑马俑

马高26厘米，通长26厘米；俑高20厘米；俑马通高31厘米。1960年三元里马鹏岗1号墓出土。广州博物馆藏。

出土时木马和木俑已分离散乱。木马昂首伫立，四足及尾为另行安装，用竹贯牢。原有彩绘，现仅存朱、墨两色的斑点。木俑戴盔，两手前伸，为执缰的姿势；两腿分开跨于马上，臀部向后突出，身体稍向前倾。俑的手和腿为另行安装，原件已脱不存。

西汉　龙凤纹漆器座

长40厘米，宽40厘米，高20厘米。1997年东山农林上路四横路工地M11出土。广州市文物考古研究院藏。

木胎，方形，顶平，四周下斜，呈盝顶形，折腰，壸门形足。顶中央设一圆孔，以插入器物。器表底髹黑漆，朱漆勾边，朱绘动植物纹饰。顶部四角绘桃形花叶纹和卷云纹，腰部四面绘勾连龙凤纹。足部四面绘双龙纹，二龙相对，作回首奔跑状。漆皮局部起翘剥落。

西汉　木镇墓俑

高56厘米，宽20厘米，厚19厘米。1982年瑶台柳园岗工地M11出土。广州市文物考古研究院藏。

表面黑褐色，局部起翘、开裂。男俑，秃头高额，大头圆脸，大眼圆睁，颧骨突出，高鼻厚唇，躯干丰满，作蹲踞状。俑身与手臂分离，以榫卯拼接。右手前伸与肩同高，手掌张开，手心向内，左手作握生殖器状。出土时，可见前胸饰墨彩卷云纹，反映了古越人“断发文身”的习俗。雕工简练，造型生动形象，是研究南越国人形貌、葬俗、木雕工艺的重要实物。

西汉　涡纹漆璧

直径21厘米，孔径7.5厘米，厚1厘米。1997年东山农林上路四横路工地M11出土。广州市文物考古研究院藏。

表面漆皮起翘剥落。木胎，环形，两面底髹黑漆，朱绘方格，方格内绘朱、黄两色相间的涡纹。该墓出土多件漆璧。漆璧是玉璧的替代品，为权力和等级的标志。

东汉　漆套盒

通高10.5厘米，口径8厘米，内口径7.5厘米。1953年先烈路龙生岗出土。广州博物馆藏。

圆筒形，分盖、身、底三部分，套合成上下两层。夹纻胎，髹漆光亮，制作精细。

唐　木雕力士像

高24厘米。1950年广州光孝寺三宝佛腹中发现。广州博物馆藏。

这尊木雕力士像的雕刻手法具有唐代风格，造型浑厚凝重，头部比例较大，刀法朴素自然。发现时左臂已缺，左下角衣褶及左足前部缺，闭嘴张目，眼球为琉璃质。披彩绿色上衣，下裳及帽朱色，原色剥落。裳的中部有一孔。昂头看天，右手抚股，拇指轻触着滚圆下垂的肚皮，若有所思。

唐　木雕罗汉坐像

高30厘米。1950年在广州光孝寺三宝佛腹中发现。广州博物馆藏。

据载寺中三宝佛塑造于唐肃宗时期。罗汉头部比例较大，体形丰腴，脸部饱满，双重下巴，略带微笑，表情和蔼慈祥。眼球用琉璃珠镶嵌，双眉向上挑，鼻棱高直，长耳垂肩。上身彩绘绿色衣，下垂朱色裳，发现时颜色已大部分剥落。缺右手。造像底有一方形孔卯，用于插榫固定在承座之上。

唐　活齿木履

长27厘米，宽9.1厘米，高6.2厘米。2018年越秀解放中路安置房工地出土。广州市文物考古研究院藏。

水松木制成，黄褐色，局部开裂磕缺、开裂。船形，如意云头履，屐面与底部一体成型，底部装设二活齿，上山时去掉前齿，下山时脱掉后齿，如同南朝宋人谢灵运创制的“谢公屐”。木屐透气干爽，适合在常年炎热多雨、路面泥泞的岭南穿着。

明　寒涛琴

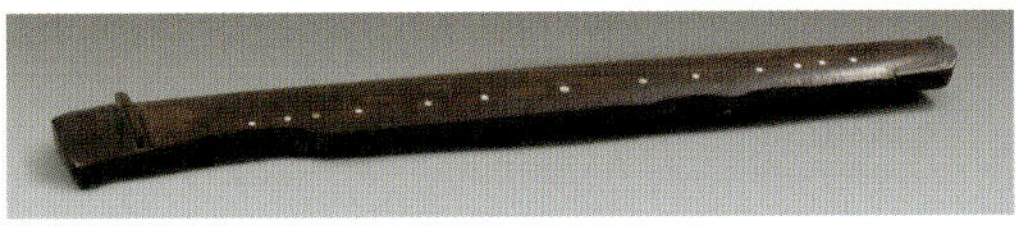

长123厘米，肩宽20.5厘米，尾宽13.5厘米，高7.8厘米。广州博物馆藏。

七弦，琴面有十三徽位，琴底双雁足，刻“寒涛”两字和“石斋”印文。古琴原为明代陈献章收藏和使用，音质好、音量大、音域宽，反映了500多年前我国乐器制造匠师的高超制琴技艺。此琴在1897年10月16日由朱执信的父亲朱启连从陈氏后人手中购得，后由朱执信四弟朱秩如捐献。

明　天蠁琴

长125.7厘米，肩宽19厘米，尾宽13.4厘米，肩厚5.2厘米，尾厚4.2厘米。广州博物馆藏。

有七个黄玉质弦头，十三徽位，两个玉质雁

足。琴底颈部刻篆文“天蠁”两字，下有“万年永宝”印文。据传为唐代成都名琴匠雷氏所制，为著名诗人韦应物故物，被誉为广东四大名琴之一。1984年1月经音乐专家鉴定为明代古琴。

清乾隆　脱胎五彩描金缠枝莲纹佛曰常明圆盘

高3.5厘米，口径16.2厘米。广东民间工艺博物馆藏。

“乾隆年制”款。盘内外髹以黄漆为地，其外部以红、黄、绿等色漆彩绘缠枝莲花图案进行装饰，并填描金“佛曰常明”四字，外底髹黑漆。清代帝王的礼佛活动频繁，在举行宗教仪式时需使用大量法器，此器就是佛前供器之一。

清代帝王崇信佛教，故与佛教有关的图案在清代漆器中经常出现，如佛曰常明、莲花托八宝等。其中莲花有多种含义，因与佛教有着密切的关系，莲花图案成为佛教的一种标志。随着佛教的传播和流传，莲花图案也见于世俗生活，漆器上常见有缠枝莲花等图案。

清乾隆　戗金彩漆云龙纹菊瓣形盒

通盖高17.5厘米，口径42厘米。广东民间工艺博物馆藏。

盒呈菊瓣形，子母口，盖器各半，随形圈足。采用彩漆戗金技法对盒身进行装饰，在朱漆地上饰彩漆戗金花纹。以五条夔龙组成五龙戏珠图进行装饰，四周饰有祥云纹，云朵外围衬以一圈锦纹饰边。色彩绚丽，磨工细致，反映了清代乾隆年间彩漆戗金的精湛工艺。

清乾隆　雕漆缠枝莲纹开光山水人物图海棠形瓶

高32厘米，口径13厘米，腹径20.5厘米。广东民间工艺博物馆藏。

瓶呈海棠形，通体髹红漆，瓶身雕饰锦纹地，漆地上雕菊花和牡丹等图案。在开光图案里，只见巍峨的群山中，一棵松树底下坐着的老者正在观赏壮丽山景，老者身后一个仆童在烹茶，老者面前的孩童正在聆听教诲。此瓶用高超的雕漆工艺生动细致地刻画了一幅风景人物图。

清乾隆　雕漆万花宝盒

通盖高6厘米，口径11.5厘米。广东民间工艺博物馆藏。

“万花宝盒”器名款，“大清乾隆年制”底款。盒呈圆形，子母口，弧壁，圈足。通体髹红漆，盒身雕饰牡丹、茶花、菊花、桃子、石榴等花果图案，清雅秀丽。此盒漆层厚，漆质细密，色泽明亮，刀法娴熟，具有清乾隆时期雕漆工艺的显著特征，是在继承明代雕漆风格基础上对工艺水平的进一步发展。

清乾隆　雕漆寿春宝盒

通盖高13.8厘米，口径37厘米。广东民间工艺博物馆藏。

“寿春宝盒”器名款，“大清乾隆年制”底款。此盒通体髹厚红漆，盖面随形开光，开光内雕聚宝盆，盆内有盘长、珊瑚枝、银锭、古钱、犀角、火珠等，盆中绘有霞光万道，似熊熊火焰，火焰之上压一个

“春”字，“春”字中圆形开光内雕一寿星盘坐松下，其旁有古松瑞鹿。“春”字两侧雕五爪飞龙各一，四周以祥云纹、蝙蝠纹、锦纹三圈吉祥纹饰装饰，侧面是云龙纹饰。清代漆器上的装饰图案，大部分是“图必有意，意必吉祥”，寿春图是其中典型的吉祥图案装饰题材。明嘉靖时期的雕漆作品中已见有寿春图，清乾隆时期大量制作。乾隆皇帝曾多次下旨命苏州织造署以嘉靖雕漆盒图样为范本，制造了多种工艺的漆盒，大部分作品上刻有“寿春宝盒”器名款。

清乾隆　紫漆描金勾莲纹多穆壶

通高58.6厘米，口径7.8厘米，底径15厘米。广东民间工艺博物馆藏。

通体紫色漆地描金，壶身用金漆描绘缠枝莲花纹进行装饰，壶身以五道金色棱线分为五层，每层之间均有一朵描金莲花。方口流，流下描金龙头纹。壶口为僧帽式，盖上有铜葫芦形钮。把上铜链铜珠，便于提携。多穆壶是蒙古族和藏族人民的生活用具，原为盛酥油的桶，也有用作盛奶及酒的。在清代，由于皇室对西藏及藏传佛教的重视，许多具有藏族特色的器物进入宫廷，多穆壶即是一例。

清乾隆　脱胎朱漆菊瓣形盘

高3.5厘米，直径14.3厘米，底径9.4厘米。广东民间工艺博物馆藏。

“大清乾隆仿古”底款。盘呈菊花瓣形，通体髹红漆，盘心刀刻填金隶书乾隆御制诗《咏仿永乐朱漆菊花盘》：“吴下髹工巧莫比，仿为或比旧还过。脱胎那用木和锡，成器奚劳琢与磨。博士品同谢青喻，仙人颜似晕朱酡。事宜师古宁斯谓，拟欲摛吟愧即多。”末署“乾隆甲午御题”及“乾”“隆”二方印章款。“甲午”是清乾隆三十九年（1774）。外底髹黑漆。

从御制诗的题目看，这件盘显系仿照明永乐朱漆菊花盘制作而成，“吴下髹工巧莫比，仿为或比旧还过”，说明乾隆自信当时工艺水平已经超越前朝。据清宫档案记载，乾隆三十八年（1773）以后皇帝曾多次命令苏州织造署成做脱胎朱漆菊瓣形碗、盘，在乾清宫、瀛台、镜清斋、画舫斋等宫殿陈设。

清乾隆　脱胎朱漆菊瓣形盖碗

通盖高9.6厘米，口径10.3厘米。广东民间工艺博物馆藏。

“乾隆年制”底款。碗呈菊瓣形，通体髹红漆，盖内及碗心髹黑漆，刀刻填金隶书乾隆御制诗《题朱漆菊花茶杯》：“制是菊花式，把比菊花轻。啜茗合陶句，裛露掇其英。”末署“乾隆丙申春御题”及“太璞”印章款。“丙申”是清乾隆四十一年（1776）。盖钮及外底均有刀刻填金“乾隆年制”篆书款。

根据清宫《各作成做活计清档》记载，乾隆四十年（1775）二月，皇帝命令苏州织造署按照发去的青白玉撇口碗样款大小，照先做过的朱漆菊瓣盘做法来做朱漆菊瓣盖钟一对，同年十一月送京后，交懋勤殿刻“乾隆年制”方款。次年《题朱漆菊花茶杯》写成以后，再成做菊瓣式钟、碗，要求内底和盖里务必刻诗，诗堂圆形开光内髹黑漆地刻字填金。

清嘉庆　黑漆描金绘葡萄纹折扇

长26.5厘米，展幅宽41厘米。广东民间工艺博物馆藏。

由二十四档黑漆描金扇骨以丝带连

缀组成。扇边骨描金绘卷草纹和龟背网格纹。扇面的主体纹饰是用赤金和青金两种色漆描出的葡萄藤蔓纹。扇面可见三个开光，中间为“双心形”，里面还预留了一块双心形黑色块，当为绘画来样定制的纹章所用。两旁各有一个椭圆形的开光。三个开光内都绘有描金花卉纹，扇叶上下两端的弧形边饰也绘有这种枝叶，扇叶顶端呈半圆形，绘有整齐的龟背网格纹。

清道光　彩漆描金团龙福寿纹盒

通盖高19.3厘米，口径56.5厘米。广东民间工艺博物馆藏。

盒呈圆形，平盖面，子母口。盖面中心描绘团龙纹，围绕中心饰蝙蝠、团寿、缠枝花卉纹等吉祥图案。盒身侧面以凤、牡丹、五蝠捧寿纹围绕。盖面龙纹的金色有深浅变化，龙头及身是较深的金色，背鳍及卷云纹是较浅的金色。盒身侧面描绘的凤纹，头、身及翅尖金色较浅，其轮廓及眼睛用深金色勾出，并以黑漆点睛。

清道光　黑漆描金纸面折扇

长28.1厘米，展幅宽52.7厘米。广东民间工艺博物馆藏。

十六档黑漆描金扇骨，均在中央曲形开窗描金庭院人物及花卉纹。纸本扇面，一面彩绘官宦居家生活，将穿有清装的男女老少置于厅堂或庭院中，人物脸部用象牙绘五官后贴上，人物衣服用丝绸剪裁并加绘后贴上；厅堂的地面铺砌的是广州常见的方形大阶砖，庭院外是岭南地区常见的榕树和芭蕉叶，画面背景处是绿水青山和宝塔。另一面用西方的明暗透视法彩绘西方人熟知的中国广州沿海风景：宝塔、小桥流水、船只、劳作的工人、榕树和屋舍，近景处的山石和树木在绘画技法处理上采用了块面式结构，与中国传统的山石画法并不相同，非常接近西方的风景油画。此类黑漆描金纸面外销折扇，主要盛行于19世纪中期，扇骨可根据海外客户的需求用象牙、银累丝烧珐琅、黑漆描金、玳瑁、贝壳等不同材质制作。扇面常双面彩绘此时期非常流行的“满大人”题材，或另一面彩绘花鸟、风景，是这个时期的扇面绘画的标准化模式。

清　黑漆描金徽章纹团扇

长41.5—42厘米，最宽24—24.6厘米。广州博物馆藏。

团扇形制为上广下狭的芭蕉式，两面以黑漆描金技法绘画庭院人物、河道小船及家族徽章等纹饰，是英国汉门德（Hamond）家族约1830年在广州定制的。扇面绘有英国汉门德家族与格雷姆（Graeme）家族的四等分纹章，可判定定购者为两家族的后辈格雷厄姆·汉门德准男爵，四等分纹章中展现的正是其父安德鲁·汉门德与其母安妮·格雷姆的个人纹章信息。汉门德家族的两代人分别于1790年和1830年前后在广州定制纹章瓷餐具及漆器，留存至今实属不易。这对团扇制作精美、保存完好，且断代准确、流传有序，是清代中西贸易交流极为罕见的实物例证。

清　黑漆描金人物纹游戏盒

整盒长28.8厘米，宽25.8厘米，高7.8厘米。广州博物馆藏。

包括外层大盒和装在里面的五个小盒，皆木胎，带盖并以子母口扣合，长方形，通体黑漆描金。大盒盖面正中绘有方形开光庭院人物纹，内有椭圆形徽章，为订购者的姓名缩写字母“C. M.”；方形外有四个花形开光，内绘圆圈锦地纹，些许红彩点缀其中；其余地方绘金地卷草花卉纹，四边饰黑漆描金缠枝纹。盒身均绘红彩圆圈锦地纹和金地卷草花卉纹，其中一面的卷草锦地纹饰尚未完成描金工序，可见草稿痕迹。盒内有一个大长方形盒和四个小长方形盒，盖面均绘有徽章及庭院人物纹饰，四周绘锦地图案。该盒纹饰繁复，是18—19世纪中国外销漆器产品中最为流行的种类。

清　金漆福寿瓜蝶纹镂空八方盒

通盖高19厘米，口径38.5厘米，底径30厘米。广东民间工艺博物馆藏。

盒为木胎，八方形，随形圈足，通体金漆，装饰描金图案。盖面中心团寿字由穿花蝙蝠拱卫，周围凸起表示饱满的籽料，寓意“开花结子、福寿万代”；外层环绕缠枝藤蔓，花果累累，蝴蝶飞舞其间，寓意“瓜瓞绵绵”，祈愿子孙昌盛。盒壁上下均以瓜瓞纹为饰，弧面中央嵌铜鎏金丝网，口沿处环绕缠枝莲纹。里及外底俱髹朱漆。

此盒用途未见记载，但根据其镂空丝网的设计，推断应为保证盒中空气流通而做，极有可能用于盛装食物。此盒装饰富丽，寓意吉祥，为清代宫廷用器的代表。

清　剔红人物图盖盒

通高4.6厘米，口径9.9厘米，底径11厘米。广州博物馆藏。

子母口，通体雕红漆花纹。盖面以回纹、菱格纹、方格纹及六角形纹为地，上雕人物松树山石图。盒壁雕花卉六角形纹。盒内髹黑漆。此盒雕工精细纯熟，刻画生动。

清　黑漆描金人物故事图女红盒

长36厘米，宽26.5厘米，高16.2厘米。广东民间工艺博物馆藏。

内藏象牙雕刻的各种女红物件，包括纺轮、缠线板、顶针、线盒等，共计十八件。纹样设计繁密，做工细致精美，为19世纪广州的外销漆器，体现了西方上流社会女性的时尚趣味。

清　潮州金漆木雕人物纹榄形供盒

长55厘米，宽19厘米，高40.5厘米。广东民间工艺博物馆藏。

呈菱形，是粤东潮汕地区传统祭祀活动中的盛器。分为上、下两层，下层内可置檀香炉，上层一列五格，可放置果品鲜花，用以供奉祖先或祭祀神祇。底座由六只神态各异的圆雕压脚狮托起。束腰、围栏等部位通雕卷草纹，圆雕花卉栏柱头，六根盘龙柱做支撑。整体通雕人物故事、松鼠葡萄、缠枝苦瓜、珍禽瑞兽、博古雅物等题材，寄托美好寓意。

清　潮州金漆木雕方形香炉罩

长29厘米，宽29厘米，连底座高35.5厘米。广东民间工艺博物馆藏。

香炉罩亦称宣炉罩，由底座和罩两部分构成，常见有六角形、圆筒形、四方形等，罩面、罩顶开孔，四周嵌饰精美的木雕构件，有人物故事、神话传说、花鸟虫鱼、珍禽瑞兽、博古静物等纹饰。平时置放家中大厅或书房的几案上，每逢喜庆之日或祭神祀祖时，置炉于罩内，炉中焚烧香料，香气从孔洞缭绕而出。香炉罩历来是潮汕地区木雕神器装饰品类之一，集木雕、推光、贴金等工艺于一体。

清　潮州红漆木雕人物纹方形香炉罩

长30厘米，宽30厘米，连座高35.3厘米。广东民间工艺博物馆藏。

主体呈正方体，用樟木镂雕而成，只髹红漆，不贴金。罩的三面均雕人物故事，另一面雕狩猎图。周边分别精雕松鼠、葡萄、鸣蝉、葫芦、蝙蝠及南瓜等纹饰。底座栏杆望柱雕有小巧玲珑的狮子、莲花，围栏镂雕各种花鸟。罩的另一面用象牙嵌刻题诗："人巧夺天工，传神阿堵中。云烟多态度，遥望古英雄。"末署"杏樑黄养恬题赠。"

清　黑漆描金开光庭院人物纹缝纫机

最长76.5厘米，最宽44.5厘米，最高72.5厘米。广州博物馆藏。

缝纫台通体以黑漆为地，以描金技法画有开光人物故事图，底部为两兽足，兽足间用木制踏脚相连接。台的正面中央镶嵌有铜质锁头，可打开，作放置针线工具以及缝纫作业之用。

清　潮州金漆木雕神亭

高210厘米，宽80厘米。广东民间工艺博物馆藏。

神亭髹漆贴金，精雕细刻各种人物、动物、花卉等图案，工艺精湛，主体纹饰取材自《封神演义》等神话故事。由上、下两层及基座组成。上层为古建筑中等级很高的重檐歇山式屋面，其屋顶分两重檐，上檐匾额刻"圣旨"二字，下檐匾额刻"恩光"二字；下层为神亭的主体，大殿内设有金漆描金山水围屏，围屏前留有空间可安放神位；殿门上匾额刻"海国慈航"四字，两侧金柱上悬挂一副对联，楷书"圣泽覃敷民熙物阜，慈光普照浪静波平"。据此推测神亭是为当地民间普遍供奉的海神天后（妈祖）诞时游神而制作的，是反映潮汕地区迎神赛会活动的一件珍贵实物。

清　广州木雕神亭

高255厘米；底座长125厘米，宽83厘米。广东民间工艺博物馆藏。

此神亭为楼阁式建筑结构，由须弥座和上层的牌楼、阁楼组成。在牌楼的云石台阶下刻有"羊城公泰造"字样，由清代广州地区的木雕艺人选用酸枝木、紫檀、影木等名贵木材打造。神亭还镶嵌象牙、套蓝蚀花玻璃、汉白玉、翡翠、云石、云母、螺钿、玻璃镜等多种材料做装饰。整体高大，结构复杂，雕工繁富，装饰奢华，富有气势，是不可多得的广州木雕佳品，也是见证清代广州民间迎神赛会活动的一件珍贵实物。

清 潮州金漆木雕神龛

高280厘米，宽155厘米，深111厘米。广东民间工艺博物馆藏。

神龛是潮汕地区祠堂里供奉祖先牌位的重要器具，也是融雕刻、描金漆绘于一体的精美工艺品。这座神龛来自广东省汕头市潮阳区铜盂镇溪边村翁氏世和祖祠，由龛座、龛脚、中盘、框栏、木阶、外龛帽、内龛帽、龛门等八个部分构成。整体木料框架全部采用潮汕传统退光漆技法，神龛所有的木雕、金漆画装饰构件借隐喻、谐音等手法，寄托“喜上眉梢”“满堂富贵”“福禄双全”“多子多孙”等多种吉祥寓意。在龛脚下方分别有圆雕并漆贴金的四只大狮和四只小狮，象征着步步高升，官运亨通；中盘上饰花条，下嵌围栏，里面黑漆三个圆肚凸起、三层边缘描三圈金线，中间分别是“三星图”等人物金漆画。外围四个角再饰浮雕贴金花草图纹，与叶蔓缠绵的枋栏纹形成对应。龛内有两层护栏，木阶分三层共九个小格，用作摆放神主牌位，每一格内黑漆底地上描绘山水、花鸟图。

清 “宣统元年岁次己酉”款番禺木雕神楼

长550厘米，宽480厘米，高500厘米。广东民间工艺博物馆藏。

番禺神楼由约一百六十件木构件组成，榫卯结构，底部面积约20.73平方米，体积105立方米。它借鉴广州传统建筑的平面和立面布局及搭建方式，是岭南地区迄今发现的最大、最精美的广式木雕神楼。

神楼正门左右两侧门框上分别刻有“宣统元年岁次己酉”“东中西龙楼社敬送”字样，门框背面刻有“何秉记造”，表明神楼建于清宣统己酉年，即宣统元年（1909），由石楼村“东中西龙楼社”共同捐资，由“何秉记”建造。主要构件采用圆雕、镂通雕、高浮雕、浅浮雕等多种雕刻工艺，髹漆贴金，还采用彩绘等装饰手法。为考察清末珠江三角洲神诞活动中神功用品的制作工艺尤其是金木雕工艺提供了有力的资料。

神楼的金漆木雕和彩绘装饰取材自吉祥如意图案、戏曲故事和民间传说，反映了清末民间艺术的审美观和价值取向，“郭子仪祝寿”“薛丁山与樊梨花”“鱼跃龙门”“龙吐珠”“渔樵耕读”“八仙贺寿”等，皆为具有吉祥寓意或民间喜闻乐见的题材。

清末民初 紫檀嵌珐琅雕塑人物楼船

船长60厘米，宽20厘米，通高49.5厘米。广州博物馆藏。

船身由紫檀雕刻而成，屋檐、屋顶、装饰雕板等细小部件镶嵌珐琅，人物采用象牙雕刻而成，层次清晰分明，色彩丰富艳丽。楼船由船体和底座两部分组成，船身呈三级台阶式造型，尾部上翘与二级舱顶平齐。船底浮雕海浪纹，使人感受到楼船乘风破浪、长帆万里的动态变化；船舷饰有珐琅云龙戏珠图案，造型灵动、鲜活。

清 潮州金木雕牡丹凤凰花板

长77厘米，宽46厘米，厚6.5厘米。广东民间工艺博物馆藏。

此件花板具有典型的潮汕地区金漆木雕艺术

风格，构图繁密，布局巧妙，层次分明，以菊梅山石、荷塘春色、鸳鸯戏水等题材，衬托出牡丹丛中飞舞的凤凰，富有立体感，动态十足。整件作品采用镂雕技法，髹漆贴金，富丽堂皇，极具观赏价值。凤凰牡丹题材具有富贵吉祥的寓意。

民国　潮州金漆木雕文王登台图花板

长53厘米，宽39.5厘米，厚3厘米。广东民间工艺博物馆藏。

作品题材出自《封神演义》。以樟木为原料，经凿坯、细刻、髹漆贴金而成，将镂通雕、浮雕、沉雕等传统技法融为一体。采取“多层镂空”的特点，以“之”字形构图的方式，由下至上按故事发生的时间顺序刻画，将众多人物以及树木、道路、亭台等安排在有限的空间中。人物神情动态各异，前后呼应，既照顾到故事内容的完整性，又注意到构图造型的高度统一。

民国　黄杨木雕博古炉花卉瓶图挂屏

长95厘米，宽63厘米。广东民间工艺博物馆藏。

画面主体镶嵌黄杨木雕刻的加座花瓶，瓶中插一枝牡丹，周围伴以瓶、炉、书卷、玉璧等。器物身上装饰缠枝纹、勾云纹、莲瓣纹、波涛纹等，牡丹花叶舒展，飘逸自然，整体雕工十分精湛。博古纹是中国传统经典纹样之一，有通古博今、崇尚儒雅之寓意，常用于书香门第或官宦人家的宅第装饰。

民国　樟木粤剧衣箱

长110厘米，宽70厘米，高95.5厘米。粤剧艺术博物馆藏。

该箱为木、铁质地，是粤剧戏班放置戏服道具所用。外髹红漆，各转角位以铁皮镶嵌，防止碰撞损坏；两侧和前板装有铁环，便于搬运；底部用实木垫高，以防受潮。箱盖内部贴有一张泛黄白纸，上写箱内戏服道具清单：“第一号衣箱列后：一号　罗伞一对；二号　宫扇一对；三号……十一号　冚□白洋布一块。”该戏箱为20世纪20年代粤剧戏班在海外演出时留于加拿大温哥华的，是粤剧艺术发展和中外文化交流的见证。

民国　“香港永安公司选品　广州濠畔正声馆制”款黑漆描金“昭君出塞”图蝴蝶形扬琴

纵30厘米，横79厘米，高13厘米。粤剧艺术博物馆藏。

此琴为木、铜、象牙质地，由香港永安公司定制，以木作匣，拈铜为丝，状若蝴蝶。琴盒左上方书：“昭君出塞图　香港永安公司选品　广州市濠畔正声馆制。”盒面描金漆绘“昭君出塞”图，画面人物造型饱满，场景布局错落有致。琴底部音梁板开有两处圆形风眼，上嵌龙纹球状镂空象牙雕饰，左右两侧各有五十二个金属弦钉和七个象牙弦桥，整体造型美观，做工精湛。

第八章

家具

西汉 人操蛇鎏金铜托座

跪坐力士高16.8厘米。1983年南越文王墓出土。南越王博物院藏。

铜铸。这件人操蛇鎏金铜托座位于屏风翼障转角处。屏风出土时已坏塌，尚存残漆木件及铜构件。力士塑形似土著越人，面朝转角处，两眼瞪圆，眼珠外突，鼻短而高，口衔一条两头蛇，四颗獠牙把蛇身啮紧。俑体矮胖，圆膀，宽肩，突胸，上身着短袖长衣，下身穿露膝短裤。跣足，五趾裸露，足弓较矮，足底宽平，呈现出明显的平足形态。跪坐，两手各操一蛇，微向后伸，两腿也各夹一蛇，四蛇相互交缠，向左右延伸，再外连接一组垂向的透雕云纹，底有一覆斗形座与之相连，组成一个平面为曲尺形的着地支点。

南越文王墓出土一具漆木屏风，出土时漆木大多已朽，但仍可见其上有漆木云气纹。根据其器座上刻有的数字编码、套合关系和构件等，进行复原。复原后其底座至顶横枋高180厘米、横宽300厘米，是汉代考古中首次发现的大型实用屏风。

西汉 蟠龙鎏金铜托座

通高33.5厘米，通长27.8厘米。1983年南越文王墓出土。南越王博物院藏。

铜铸。原有鎏金，几乎脱尽。龙昂首，曲体，盘尾，四足踩在一个由两条蛇组成的支座之上。支座为双蛇合体，两蛇头聚合到后部的正中，同拱一个矩形的支座后足。蛇身分向两边外旋，各卷缠一只青蛙，再向前延伸到正中会和，形成一个“U”形触地。蛙张口暴目，双肢前伸力图挣脱。龙四肢微下蹲，做起步之状，双耳后掠，额顶连出一个管形插座，张口瞠目，一蛙蹲在龙口内，蛙体半露，伸出两前肢攫住龙口的两缘，好像逃脱了恶蛇的侵袭，得到龙的保护，状态安稳，与支座被蛇缠身的两蛙截然不同。龙的脊鳍处套一小圆环，脊后与翼障下包角的一个连接圆箍焊接，下葬时被砍断分开。龙的前爪处有刻字，其左前爪之前刻“右”字，另一件蟠龙铜托座的右前爪之前刻“左”字，应是两龙托座分属屏风左右两翼障之下的位置编码。

西汉 朱雀鎏金铜顶饰

通高26.4厘米，双翅距24.5厘米。1983年南越文王墓出土。南越王博物院藏。

铜铸。共出土两件。朱雀昂首展翅，伫立在一个方座之上。通体鎏金，仅存斑点，自颈以下双翅遍刻鳞片状羽饰。方座四面饰有火焰形纹，底座有圆銎，呈锥状凹入。这件的銎径较宽大，方座左侧有一个横向的贯钉小孔。朱雀足后突出短距，显示雄性。头上竖一个管状的插口，一件管口外壁刻有数码“四”，另一件刻“八”。尾巴开口，呈双页的扇形，原来插有雉鸟的尾羽，已朽落，在与之相距80厘米的鎏金铜铺上有雉羽残存，可见原插的羽毛极长。朱雀的腹下有一个箭头状槽口，从槽口可看到腹内的泥范还未完全掏出。

西汉 双面兽首鎏金铜顶饰

通长58.5厘米，通高17.5厘米。1983年南越文王墓出土。南越王博物院藏。

铜铸。共出土三件，每件大小形状基本相同，两面造型一致。正中为兽面，呈横的卵圆形，双目圆突，鼻宽而高，鼻梁分成两截，直贯额顶，张口露齿，上髭中分两边，成“一”字形，末端圆卷上翘。头顶出双角。额顶正中伸出一根圆管形插座，两眉和双耳向外伸展成相互绞缠的卷云纹样，终端处各伸出一根圆管形插座。通体鎏金，顶上双角、眉毛、卷云纹均用黑漆勾勒轮廓线，上下两条线中间再绘双线的鳞状纹样，多已脱落。颏下有长形槽，中空透底，槽内泥范已尽除。兽面的下颚两侧各向下伸出一个曲尺形榫头，以固插在屏风顶的横枋上。这三件顶饰的管形插座都有顺序的编码，刻在管口的筒壁上，每管一字，由左及右顺排，这件上面刻“一”“二”“三”；其余分别刻“五”“六”“七”和“九”“十”“十一”。

西汉　蛇纹鎏金铜托座

通长15.8厘米，通高31.5厘米。1983年南越文王墓出土。南越王博物院藏。

铜铸。整体由两部分组成：一是由三个扁长方形套筒连成一个如“之”字形的主体，套筒内有木枋朽余；一是由三条蛇组成的一个支托，外表鎏金，保存尚好。主体部分有两个扁长方筒，同为横向，一在上，一在下，各套入打横的底枋，承托屏风的壁板和中门。构件一端的下方连着一个如“亞”字形的小础，是分铸的。这个小础与支托中的两个斜撑一同着地。竖向的扁长方筒套入竖枋以嵌纳屏风的壁板和中门。支托部分位于构件的一侧，分铸。正面一蛇、背面二蛇共三条蛇相互绞缠。在右上角和左上角各有两组卷云纹带饰系于蛇身，外向的一组呈飘扬状态，内向的一组仅做出索结，带饰部分隐去。又在绞缠的蛇体正中两面各连着一个斜撑着地，这个构件就有三点着地，成为屏风中部的承重托座。出土时，右托座和左托座共四个斜撑都已被砍断，与构件分离，堆置在东墙北端转角处。

清　酸枝镶瘿木面七巧桌

高83.5厘米。广州博物馆藏。

由大小不同的五张三角形、一张菱形、一张正方形的桌子拼合而成，可以组合成多种形状使用。酸枝框，镶瘿木桌面，牙板透雕缠枝花卉，直脚内翻马蹄足，脚下部横枨用攒斗工艺接成冰格纹踏板。造型新颖，匠心独具，为广式家具中的精品之作。

清　紫檀嵌云石面圆桌、凳

桌：高87厘米，直径75厘米；凳：高52厘米，直径39厘米。广州博物馆藏。

桌面嵌圆形大理石板心，侧沿为劈料做，面下装劈料做牙条，牙条自曲形成拐纹。三弯腿为劈料做，以插肩榫与桌面相接，与牙头相接下部起麻花绳纹鼓出，足部饰以麻花绳纹。四腿间底部饰以劈料做金钱纹圆撑。另配四圆凳，凳面镶大理石板心，工艺同圆桌一致。

清　紫檀镶云石束腰三弯腿扶手椅、几

椅：长65厘米，宽55厘米，高93厘米；几：长50厘米，宽44.5厘米，高76厘米。广州博物馆藏。

椅背分三屏，左右两屏低于中屏，均攒框镶

云石板。扶手后半截为攒框镶云石板作，前低后高，前半截为上翻斗钩，低于后半截。椅面攒框镶席落塘作，面下束腰，牙板上饰斗钩浅浮雕，下设透雕拐纹角牙。展腿，外翻马蹄素足，下带承珠。

几面攒框镶云石板心，面下束腰，牙板上饰拐纹浅浮雕，下设透雕拐纹角牙，牙板上下边沿起阳线与腿外侧阳线相接。展腿式，腿与牙板以抱肩榫相接。几面下方展腿四腿间装面板，攒框落塘作。外翻马蹄素足，下设承珠。

清　紫檀雕西番莲纹束腰带托泥几

长64厘米，宽32厘米，高94厘米。广州博物馆藏。

几面攒框镶板，面沿起拦水线。平直束腰，上饰西番莲纹浅浮雕；券口牙板亦饰西番莲花纹浅浮雕。直腿内翻回纹足，下置托泥，带龟足。此几为清乾隆时期的广作家具，吸收了西方洛可可风格家具的装饰风格，呈现中西结合的特点。

清　酸枝五围屏束腰膨腿罗汉床

床：长196厘米，宽106.5厘米，高99厘米；几：长76厘米，宽41厘米，高27厘米。广州博物馆藏。

床为五围屏式，围子以酸枝裹边，攒以棕黄色楠木，形成色调对比，五围子板心均嵌楠木浮雕鱼肚门形云螭纹。床面攒边打槽镶板，为两幅酸枝板材拼接而成。床面下素面打洼束腰，四面皆设牙板，饰以回纹，牙板与腿相接处有弧形花枝角牙。腿与牙板以抱肩榫相接，膨牙鼓腿，内翻马蹄素足。炕几几面攒边打槽镶板，四面均装镂雕花开富贵缠枝牙板。方腿两侧起阳线，内翻云纹足。该套床具一套五件，用料硕大厚实，纹饰规整大方，十分难得。

清　紫檀嵌藤面如意纹五围屏束腰鼓腿罗汉床

长178.5厘米，宽86厘米，高94厘米。广州博物馆藏。

五围屏式，后背围子中高旁低，中屏顶部雕如意与左右两屏相接；两边屏素无纹饰。床面为攒框嵌藤作。打洼束腰，牙板雕勾连纹和如意纹。膨牙鼓腿，内翻马蹄足。

清　紫檀镶楠木玉璧纹多层亮格柜

长66厘米，宽29.5厘米，高156.5厘米。广州博物馆藏。

上部为亮格，下部双开门柜，中间左侧两小抽屉。上部多宝槅间板边沿皆起灯草线，格角多装透雕卷云纹替木牙子，各层均装低矮小栏杆，或为直棂式，或为扁形海棠开光式，或为斗钩式。亮格部分底部左侧设一小抽屉及一闷仓，面板均为素光绦环板。下部双开门为攒边镶板落堂踩鼓作，板心浮雕蝙蝠吊璧垂穗图，柜门带铜面叶。柜底足间加置牙条，牙条下侧起阳线，上饰玉璧纹，牙头饰拐形螭龙。直方素足。

清嘉庆　嘉兴竹雕留青山水花卉诗文图座屏

长63厘米，宽80厘米。广东民间工艺博物馆藏。

该座屏由十六块竹片组成。由活跃于清嘉庆、道光年间的竹刻名家所作，署有“梅邻散人”“香泉行人”“黄叶村农”“康田居士”“浣华庵主”“筱谷居士”“清溪山人”等款识。上部诗文用楷、行、篆、隶各种字体刻成；下部用留青技法雕山水图及梅、兰、菊、竹图，诗画结合。

清　红木镶瓷画四屏屏风

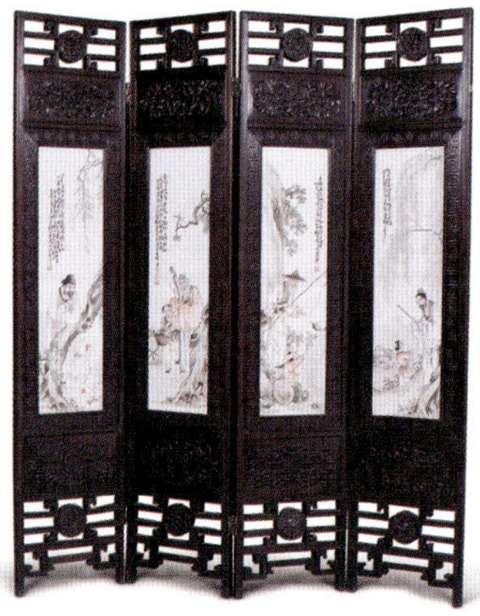

整体高160厘米，宽132厘米，厚3厘米；每屏高160厘米，宽33厘米，厚3厘米；瓷板画纵73.5厘米，横19.5厘米。广州博物馆藏。

屏风由高档红木制作，共四屏。每扇屏风屏心处一面为浮雕瓦当纹，另一面为镶瓷板画。两扇屏风间用两个金属合页相连。正面上下刻团龙，浮雕五蝠云纹、四龙拥寿等图案；中间镶嵌彩瓷画，内容分别是王羲之爱鹅、陶渊明采菊、老翁钓鱼、老叟问路。瓷画四周为回纹，四屏脊面纹饰相同，上下雕变形夔纹，中间雕文字瓦当，瓦当四周雕夔纹。用料考究，雕刻精美，是清末广式屏风的代表作。清末，广东家具镶嵌彩绘瓷画一度盛行，瓷画题材大多采用山水、人物、花卉、吉祥图案，色泽艳丽，主题鲜明，嵌于家具上颇有欣赏价值。

清　酸枝镶楠木六扇寿屏

每屏高350厘米，宽59厘米；狮像高112厘米，宽27厘米，厚18厘米。广州博物馆藏。

共六扇，边框用酸枝木制作，左右各配酸枝木雕狮像座件。屏心均空缺，屏风正面上方的眉板及下方腰间镶嵌楠木雕十二孝图，第一扇和第六扇屏风的边框镶嵌楠木雕八仙图，最下方镶嵌酸枝木雕瑞兽图。屏风背面雕“福在眼前”“五福捧寿”等吉祥图案。

清　“萝峰文昌宫祭台”束腰冰盘沿罗锅枨木条桌

面阔137.3厘米，进深90.7厘米，高83.6厘米。广州海事博物馆藏。

包含束腰、冰盘沿、腿顶端牙条、矮老与罗锅枨，以上下左右入榫的方式连接为一体。桌面与四腿榫卯相连，其中正面分五格、侧面分三格对桌的立体面进行装饰，桌面边抹较宽，攒框大槽，中间面心板为六拼，桌面心底面装托带，以增加桌面的牢固及承重度。该桌正面牙板中间部位阴刻“萝峰文昌宫祭台”七字。

清 "萝峰"束腰管脚枨云纹直腿木方桌

面阔90厘米，进深89.4厘米，高84.3厘米。广州海事博物馆藏。

方木四腿垂直，低束腰，腿下部前后、左右分别由四条管脚枨榫卯连接形成一体，顶端由四条直枨、矮老、牙条组成，与腿之间进行榫卯相连，面板为五拼组成，背面安装托带加固，与下部骨架入榫连接，体现形态方正，结体牢固，形成一张完整方桌。管脚枨相连处下方雕刻云纹，正面牙板中间部位雕刻阴文"萝峰"二字。

清 楠木雕通花镶理石"平山积雪"挂屏

通长178厘米，宽164厘米；理石直径100厘米。广州市荔湾区博物馆藏。

挂屏外方内圆，理石浑然天成，自成一景，远观似山峰耸立，为白雪覆盖；近看山峦积雪若断若连，薄雾缭绕。圆石四周镶以镂雕云纹楠木框，连绵立体。圆石右上方刻有清代两广总督阮元隶书题字"平山积雪"四字，与山石景致衬托呼应。

阮元（1764—1849），字伯元，号云台，扬州人。清代著名学者，曾任两广总督。

清 浮雕枇杷纹酸枝木玫瑰椅

通宽48.8厘米，进深62厘米，高102.8厘米。广州海事博物馆藏。

方木四腿垂直，左右及背面分别由管脚枨入榫连接于腿下端，正面脚枨与左右管脚枨相连，四腿下部均雕刻钩云纹图案，椅面由攒框打槽形成一外框，框内用一木板入槽补满组成椅面，椅面与腿顶端转角处有牙板装饰，素面无纹。椅面与靠背及下隔四腿相连接形成一组完整结构。椅面左右有扶手作护栏。靠背、扶手及椅面间均呈直角，扶手兜结交角圆和，内雕刻一寿桃图案，样子庄重严谨。背板中心主纹纹饰雕刻枇杷纹，上端左右两侧分别雕刻两串葡萄纹，呈镂空状，搭脑下方刻有蝙蝠图案。

清 酸枝雕竹纹框嵌黑缎广绣花鸟图貔貅座插屏

长115厘米，宽50厘米，高213厘米。广州十三行博物馆藏。

插屏由屏心和屏座两部分组成。屏心以黑缎为地，以五色丝线满工绣制开屏孔雀、长尾雉、鹦鹉、喜鹊、仙鹤等祥禽，以及牡丹、玉兰等花卉，百花齐放、百鸟争鸣。整幅画面密不留白，色彩鲜艳，绣工细腻，采用多种针法和绣线，丝理分明，栩栩如生。配酸枝镂空雕竹纹貔貅屏座。

清　黑漆描金庭院人物纹女红桌

长60厘米，宽59厘米，高170厘米；桌面展开长115厘米，宽25厘米。广州十三行博物馆藏。

木胎，落地式，通体黑漆描金装饰。女红桌主要由双门柜、针线盒、桌子三部分组成。双门柜顶为仿西洋柱头装饰；柜门中心椭圆形开光，内绘富人庭院生活场景，柜门嵌锁孔，柜左右两侧板均有同一风格装饰；柜内分大小不一的十个储物格，中央储物格镶嵌椭圆形镜子；针线盒装饰与柜子一致，盒身两侧各配一金属提手；盒内十五个隔断大小不一，内盛象牙制线轴、线梭、顶针等女红工具；针线盒下承桌面，三弯腿随形装饰描金花叶纹。19世纪，附有象牙针线工具的女红桌是颇受欢迎的外销品。这张女红桌尺寸大，保存基本完好，工艺制作精细，具有女红桌与梳妆台的功能，款式受西方文化影响，是中国外销家具中的精品。

民国　酸枝木嵌理石三弯腿花几

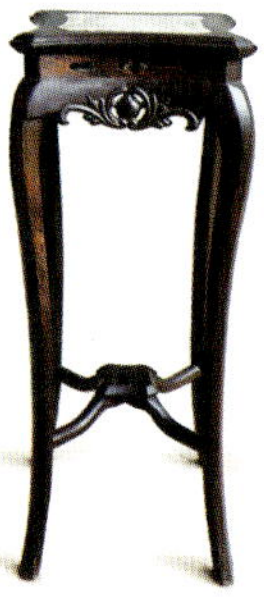

长35厘米，宽35厘米，高91.5厘米。广东民间工艺博物馆藏。

花几酸枝木，几面作四边形，四边内凹为弧状，四角方形凸出，几面镶理石。几面下束腰，锼凿有“十”字和“一”字纹透孔。束腰下榫接牙条与几腿，几腿四面牙条中央各透雕一只蝙蝠纹，寓意“有福吉祥”。几腿四足，三弯腿式，但弧度不大，显得高挑修长。几腿下方近地面处连接有管脚枨，管脚枨向上微凸连接有一个小方盘，方盘素面无装饰。花几出现的时间比茶几晚，又称花架或者花台，俗称高花儿。花几主要用于室内陈设，一般较桌案要高，专门用于陈设花卉盆景，多陈设在厅堂、书斋或寝室各个角落。

民国　酸枝五围屏束腰三弯腿罗汉床

床：长179.5厘米，宽106.5厘米，高123.5厘米；炕桌：长80厘米，宽43厘米，高26.7厘米；脚踏：长65.7厘米，宽23.4厘米，高14厘米。广东民间工艺博物馆藏。

一套四件，纹饰规整典雅。罗汉床五围屏式，围子左右两屏低于后屏，而后屏中间高、两旁低。围子大面积镂空雕，以“尖斗钩”卷云纹和卷草纹做装饰，围心以酸枝裹边，攒以理石。床面攒框镶板心，床面下束腰，束腰下四面皆设牙板，素面。三弯腿足。炕桌桌面攒边打槽镶板心，桌面束腰，与桌腿和牙板狭成一线，四面牙条上饰以浮雕回纹。膨牙鼓腿，内翻马蹄足，四足近地面处接有管脚枨。脚踏一对，素面无纹，脚踏面攒框镶板心，束腰，膨牙鼓腿，内翻马蹄足。

民国　束腰四足八仙桌

长96.2厘米，宽92.3厘米，高87.2厘米。广东民间工艺博物馆藏。

黄花梨木制作，外形简洁大方。桌面方正平直，攒框打槽装板，桌面边沿为双层冰盘沿，下接束腰，束腰下牙条素面无纹，桌腿为方腿直足。八仙桌是尺寸较大的一类方桌，在传统堂屋陈设中，往往与条案、太师椅组合，摆放于堂屋中轴线靠北墙的重要位置。

民国 酸枝卷云纹靠背椅、嵌理石双层几

椅：长52厘米，宽42厘米，高90厘米；几：长30.7厘米，宽41.1厘米，高79.2厘米。广东民间工艺博物馆藏。

靠背椅两侧立材由榫卯相接的两段卷曲的扁斗钩组成。椅子靠背板由两根立材作框，打槽装板，分三段攒成，上方装饰浮雕寿桃纹，中部雕双线方框内填浮雕长方形，最下做成亮脚。椅盘下安有镂空雕双螭牙条。四腿直下，至底端安有管脚枨。嵌理石双层几第一层几面攒框镶理石板心，几面无束腰，下接浮雕卷云纹券口牙子和四足，四足展腿式，足底装饰卷云纹；第二层几位于展腿间，攒框打槽装面板，落堂作，牙条装饰浮雕旋涡纹。广东称家具上的卷云纹为斗钩，依据形状可分为扁斗钩与尖斗钩，其中以尖斗钩最为出名。

民国 嵌理石螺钿花卉云龙纹独柱三足圆桌

高87厘米，直径104厘米。广东民间工艺博物馆藏。

圆形，桌面分为七区，分区依理石板心形状为圆形和扇形，理石云纹纹路清晰。攒框边抹均镶嵌缠枝花卉纹，边沿浮雕一圈花瓣纹，下衬托腮，无束腰，沿下浮雕花卉纹和团寿纹宽花牙，花牙纹饰间镶嵌有螺钿。面下正中浮雕独柱，柱体顶部设一小倒立四方桌，桌腿起支撑面板的作用，柱体雕云龙纹，由三条三弯式兽足支撑。此件圆桌攒框镶嵌特别，整体以华丽的雕刻和充分的装饰发挥出螺钿的特点。

民国 潮州黑漆描金郭子仪祝寿图屏风

通长606厘米；每屏高273厘米，厚5厘米。广东民间工艺博物馆藏。

屏芯采用描金漆绘和彩绘工艺，内容取自郭子仪祝寿。主图上方为描金漆绘花鸟图，左右两侧嵌通雕八仙图花板。屏风中层涤环板金漆浮雕人物故事、蝴蝶莲花、鱼蟹水草等图案。裙板金漆浮雕博古、瓶花、清供等图案。

民国 黑漆描金山水图屏风

通长212厘米；每屏高103厘米。广东民间工艺博物馆藏。

此屏风为一幅八扇的小围屏，整幅就是退光黑漆板，突出表现金漆画的艺术效果，并运用金

银晕化、铁笔勾勒技法。整幅作品金、银、黑三色相映，古朴辉煌。

民国　金漆木雕人物故事图座屏

通长166厘米；每屏宽92厘米，厚3厘米。广东民间工艺博物馆藏。

用于桌上摆放，有九扇屏，由五幅国画、四幅书法以及三十一块大小木雕、两只木雕狮子及各种纹样的木雕饰件组成。木雕髹漆贴金，杉木框用大漆推光，黑金相映，集国画、书法、木雕、漆艺（推光漆和髹漆贴金）等多种工艺于一体，十分罕见。据屏心国画落款可知画的作者为潮汕地区著名民间艺人沈建初（1891—1961）；书法上又见“己巳夏月题”等字，可知作品创作于1929年。

第九章

碑碣石刻

第一节　宗教碑刻

一、光孝寺藏碑

唐　大悲心陀罗尼经幢

通高202厘米，高105厘米；幢身八面各宽14厘米。广州光孝寺藏。

现存越秀光孝寺大殿前左侧。唐宝历二年（826）造，青石质，平面八角柱形莲花方座，方形基座四周雕刻力士像。幢身八面内刻《千手千眼观世音菩萨广大圆满无碍大悲心陀罗尼神妙章句》，章句内容为“大悲咒”，每咒分刻于经幢的四面。此幢为同经略副使将仕郎、前守辰州都督府医博士庐江郡何宥则敬为亡兄节度随军、文林郎、守康州司马宥卿所造。纪年“丙午”作“景午”，以避唐世祖李昞名讳。蒲涧寺在旧志书中以为创建于宋淳化元年（990），据此幢可知实建自唐代。书者钦造，自署闽川人，法性寺（今光孝寺）住持。此幢为寺内现存石刻中年代最早且有绝对年代可考者。清道光《南海县志·金石略》辑录经幢刻字。

宋　大鉴禅师殿记

高56厘米，宽33厘米。广州光孝寺藏。

宋咸淳五年（1269）刻立，记叙禅宗六祖住持光孝寺之经过。先述六祖于光孝寺落发、说法之史事，再以大鉴禅师“无惹尘埃”之说视此举，则建此殿岂非惹尘埃？以师“心不着法”之论视此举，则实为“着法”。又以“师存而不没”“没而不存”议论阐发佛理，最后结为皆善缘也。寓六祖之法于碑记之中，允为佳作。

撰文者陈宗礼，时任广南东路经略安抚使马步军都总管兼知广州军州事兼管内劝农使。篆额者冷应澂，时任提举广南东路常平义仓茶盐公事兼权运判。书丹者王应麟，时知南海县主管劝农公事兼弓手寨兵军正。陈宗礼与冷应澂《宋史》有传，皆以廉谨能干著称。据清钱大昕考证，王应麟是泉州晋江人，非《宋史·儒林传》中曾写《困学纪闻》的浚仪王应麟。

元　达摩像赞碑

高144厘米，宽109厘米。广州光孝寺藏。

元泰定元年（1324）刻立，双面像碑，一面为达摩像碑，另一面为六祖像碑。此双面像碑即为纪念这两位佛教禅宗祖师在寺中的活动。款署：“至元甲午住山宗宝拜撰。泰定甲子七月初五住风幡嗣祖比丘慈信拜立。”至元年号，元世祖忽必烈和惠宗妥懽帖睦尔都曾使用，但甲午值元至元三十一年（1294），应为忽必烈年号。泰定为元泰定帝也孙铁木儿年号，甲子值泰定元年，故慈信立碑在宗宝作赞后三十年。

元　六祖像赞碑

高145厘米，宽110厘米。广州光孝寺藏。

此石刻与达摩像石刻分别在一通碑的两面。赞文行楷书。六祖画像的线条较粗，面貌摹仿南华寺石刻六祖像，下颏宽大，额头较矮，双目半睁，颧骨较高，鼻梁直垂等特征仍然保留了宋代石刻像的形貌。袈裟线条圆劲，无纹饰。左肩佩环为八角形。袖手，一指外露，颈上绘喉结。款署："至元甲午住山法孙比丘宗宝拜赞。泰定甲子七月二十八日住风幡嗣祖比丘慈信拜立。"

像赞作者宗宝，精于佛学，曾于元至元二十八年（1291）重新整理刊刻六祖《坛经》，世称"宗宝本"。

明　重修光孝禅寺大藏经序

高161厘米，宽100厘米。广州光孝寺藏。

明嘉靖三十五年（1556）刻立，赵崇信撰文，记述明正统十年（1445）皇室赐佛经全帙共604函，经"一百五六十年"而残缺可嗟。僧人通轼万里赴北京，购求补缀，得司礼监太监麦公帮助以补全，又得都督兰村公捐款制橱存放。此为梵夹本，即大折子本，俗称"北藏"佛经。民国《光孝寺志》辑录碑文。

明　重修六祖菩提碑记

高65厘米，宽36厘米。广州光孝寺藏。

明万历四十年（1612）刻立。碑上端刻法性寺讲《涅槃经》师印宗及住持法才同立的《菩提碑》，下端刻居士区亦轸绘菩提树图，释通岸撰文，碑文云："宋朝求那跋陀三藏，建兹戒坛，预谶曰：'后当有肉身菩萨受戒于此。'梁天监元年又有梵僧智药三藏航海而至，自西竺持来菩提树一株，植于戒坛前，且立碑云：'吾过后一百六十年，当有肉身菩萨，来此树下，开演上乘，度无量众，真传佛心印之法主也。'今能禅师正月八日抵此，因论风幡语，而与宗法师说无上道……于十五日普会四众，为师祝发。"

通岸，与陈子壮、黎遂球等修复南园诗社，与诸名士唱酬。钱谦益《憨山塔铭》说，与憨山德清始终相依的，有通岸、通炯及觉浪道盛等人，可见通岸是德清的传法弟子。

明　光孝禅寺革除供应花卉碑记

高65厘米，宽35厘米。广州光孝寺藏。

明天启二年（1622）都纲僧超琪、住持僧行佩超昊并阖山大众同立石，王安舜撰文，吴光龙篆额，高为表书丹。碑文载，光孝寺在明代广州是首寺，每有大节日，文武官员集会祝厘颂圣，所有费用均由寺出，又"令其岁输草木之玩，当路道恬而榷之，诸僧贩而供之，了无宁宇"，连官场摆设的花木，亦要由光孝寺供应。幸遇"浙中许比部粤游，憩住持行佩僧舍，睹兹苦役而兴轸恤，于时署郡符司理海宁董公，南、番邑令鸠兹罗公，晋安朱公，慨然发无上道心，特为议革"，因京中有人向代理广州府说情，才免去光孝寺为一府两县供应花卉的繁重差役。民国《光孝寺志》辑录碑文。

清　重建六祖殿拜亭题名记

高168厘米，宽84厘米。广州光孝寺藏。

在《光孝禅寺革除供应花卉碑记》之碑阴，清康熙四十一年（1702）刻立，长寿寺僧石濂大汕撰文，记述光孝寺乃惠能落发受戒之地。碑文称：“本思念慈容，缘塑法身于授戒之所……前住持无际赞公……一肩独任，重建殿宇。”后列捐助者姓名，最前者为两广总督捐80两，最少者捐银仅1钱。民国《光孝寺志》辑录此碑。

石濂大汕，本长寿寺僧，俗姓徐。吴县（今江苏苏州）人，祖籍江西九江。工诗，善画。得平南王支持，从事海外贸易，曾赴越南传法。曾主持广州大佛寺、广州长寿寺、清远飞来寺，扩建澳门普济禅院，后因得罪浙人潘耒，潜于按察许嗣兴，被押送回籍，死于道途。

清　重塑诸佛碑记

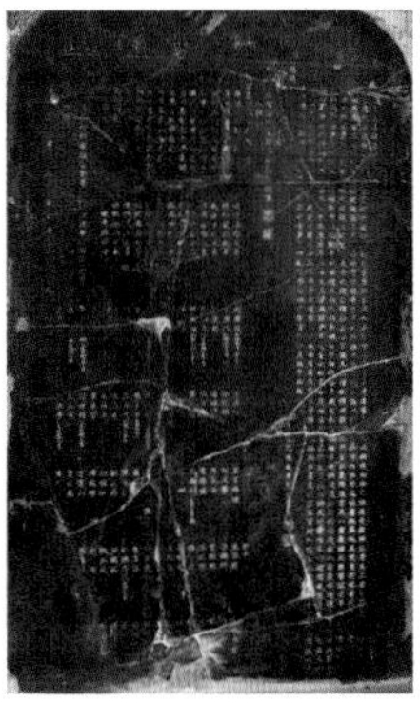

高185厘米，宽107.5厘米。广州光孝寺藏。

清嘉庆五年（1800）刻立，江西欧阳健撰文，记述光孝寺历史沿革，称寺址原为孙吴时虞翻故宅，因种诃子于其中，故称为诃林。后昙摩耶舍、求那跋陀两位僧人前来在此创建道场，寺名“制止”。晋时改为“王园寺”。唐时改名“乾明法性寺”。宋时改“崇明万寿寺”，又改为“报恩广孝寺”。明成化年间改为“光孝寺”，沿用至今。清嘉庆年间诸佛及罗汉像“颇有剥落，栏楯亦渐摧残”，由江西人杨添茂、安徽人李广裕倡议，得乡宦大中丞陈简亭支持，募款重修，嘉庆元年（1796）五月兴工，至嘉庆二年（1797）九月完工。

清　光孝寺重修碑记

高176厘米，宽86厘米。广州光孝寺藏。

清道光十三年（1833）刻立，顺德李翀汉撰文，首事李慎修，督修寺僧敬思等仝立。碑文反映一个较重要的经济史实：当时外来的银圆与市场银两通用，墨西哥银圆输入已不少，银圆上铸有鹰，故号“鹰洋”，“洋”是“洋银”的意思。当时我国使用的传统货币是银元宝（亦称宝银），各地所铸重量成色皆不统一，不利于流通，亦不易分割使用，后清朝改革币制，还是采取外国的办法铸银圆，这也是中外贸易的产物。道光《南海县志·金石略二》辑录此碑。

二、六榕寺藏碑

宋　证道歌碑

高78厘米，宽30厘米。广州六榕寺藏。

现存越秀六榕寺补榕亭侧。碑文相传为僧人玄觉所撰，苏轼手书，刻立于宋绍圣三年（1096），是六榕寺现存最早碑石。碑两面皆刻字，碑石已破碎残缺，字迹漫漶，现存800余字，清乾隆三十五年（1770）碎碑被合成一石。其正面篆额“皇宋广州重开永嘉”八字，但缺碑题。碑阴刻有楷书“证题歌碑”四字。

玄觉（665—713），温州永嘉人。俗姓戴，自幼出家，初学“天台止观”，后谒惠能于曹溪，因惠能留其住宿一夜，后人称其“一宿觉”，其将学佛心得向惠能印证，非惠能正式弟子。后返温州，倡“天台宗与禅宗融合论”，死后被称“无相大师”。门人将其所著辑成《永嘉集》，但此歌未被收入集内。

《证道歌》为七言诗歌，以通俗语言宣扬佛教，影响较大。歌词云：“君不见，绝学无为闲道人，不除妄想不求真，无明实性即佛性，幻化空身即法身。法身觉了无一物，本源自性天真佛。”这是把“佛性”看成自然无为的思想，纯任自然的修行方法，认为性本天然，不假雕琢，绝学无为，不加刀斧，便可作一个“本源自性天真佛”，颇合禅宗倡导的中国特色佛性论，也与当时理学家朱熹所倡“理”为天地万物的根本相同。

据《释门正统》及《佛祖统记》载，《证道歌》因有几句歌词涉及禅宗世系“第一迦叶首传灯，二十八代西天记”，曾引起一些禅宗僧人的不满。在佛教文献中，此歌有两注本，宋代有知讷，元代有永盛，各撰《证道歌注》一卷，法泉有《证道歌颂》一卷。《证道歌》后被译成梵文，传至印度。清周韵生等辑《广东考古辑要·金石一》辑录此碑。

明　重修广州净慧寺塔碑记

高240厘米，宽101厘米。广州六榕寺藏。

现存越秀六榕寺碑廊。宋绍圣四年（1097）刻立，赵叔盎撰并书，赵仲忽篆额，宋宝祐二年（1254）重刻，明弘治九年（1496）再刻，现存者为弘治碑。碑文称南海“海舶贾胡，以珠、金、犀为之货，丛委于市，地大物夥，号称富饶”，反映了当时广州海外交通贸易的盛况。净慧寺在梁时名宝庄严寺，有舍利塔六层，宋初焚毁。宋元祐元年（1086），郡人前宝鸡主簿林修与信士王衢、沙门道琮发起在原地重建佛塔，广其基四十五尺，掘地得古井，中间有巨鼎，内藏三剑一镜，实为旧塔基之物。重建为八面九层，内连暗层共十七层。绍圣四年落成。这是记载花塔重建经过的第一碑，因而一再重刻。

明　重修净慧寺千佛宝塔颂

高82厘米，宽40厘米。广州六榕寺藏。

现存越秀六榕寺碑廊。明嘉靖二十九年（1550）刻立，黄衷撰文，曾世昌书丹，李翱篆额。此碑记载嘉靖十五年（1536）及十八年（1539），塔端夜半放光。这是物理学的尖端放电现象。此塔顶上放光的纪录，以唐仪凤元年（676）为最早。及后明万历年间亦放光，《广州府志》有载。当时人不识，以为舍利放光。嘉靖年间住持净慧僧名德隐，塔放光后大设佛会，僧俗信徒云集，捐钱修塔，于嘉靖二十七年（1548）动工，至嘉靖二十九年完成。此碑记此次重修过程。

清　王文诰监摹苏轼“六榕”题字并跋

高83厘米，宽200厘米。广州六榕寺藏。

现存越秀六榕寺补榕亭侧。镌刻“六榕”楷书二字，清嘉庆二十三年（1818）刻立，著名文学家、诗人苏轼手书，两广盐运使王文诰监摹并跋。据跋文称：苏轼于宋绍圣元年（1094）被贬后，曾数次游广州，宋元符三年（1100）九月，偕其子苏迨北归途经广州。广州安抚使程怀立等迎接，设宴款待，在净慧寺游览，即席手题“六榕”寺榜。寺榜从元符三年至清嘉庆年间，屡经雕漆，后题款损坏，乃将其事刻于石上，以传真迹。20世纪80年代，又据石刻复刻木榜，悬于寺门额之上。

清　重修六榕寺佛塔记

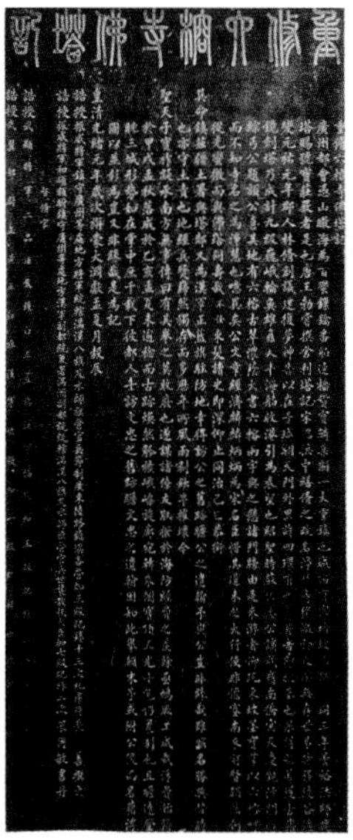

高233厘米，宽94厘米。广州六榕寺藏。

现存越秀六榕寺碑廊。清光绪元年（1875）刻立，广州将军长善撰文，副都统果尔敏书丹，记述重修六榕寺佛塔经过。碑文记述“广州都会，凭山瞰海，为百蛮锁钥，番舶连樯，货宝鳞集，固一大重镇也”，花塔“巍峨轮奂，雄矗天半。海舶收港，引为表望”。作者于清同治八年（1869）奉命来广州，见六榕寺佛塔“地经兵燹，巍然独存，而多历年所，风雨剥蚀，半摧坏……遂谋诸僚友取拨于海防经费之羡余”，于同治十三年（1874）秋动工，光绪元年夏修成。撰文者长善，正红旗人，光绪珍妃、瑾妃伯父。

清　塔内八十八佛圣像图

高180厘米，宽80厘米。广州六榕寺藏。

现存越秀六榕寺碑廊。绘刻八十八佛像及佛名。原塑像始于何时不可考。清同治十三年（1874）重修花塔时，由关圣华塑像店重塑，此碑亦同时建立。八十八佛由《观药王药上二菩萨经》之五十三佛及《大宝积经》卷九十八《优婆离会》和不空译《卅五佛名札忏文》三十五佛合成。释迦生前不许为他立像，佛寂灭后，则由三世佛演至三十五佛、八十八佛、千佛、三千大佛、诸天菩萨、四天王、天龙八部、五百罗汉等，成为偶像最多的宗教。有谑称之为“像教”。传入中国后，亦逐渐汉化，穿衣整齐，不似印度的半裸。据此碑载，明清时亦在六榕塔内塑八十八佛圣像。

民国　摹刻苏文忠公笠屐像

高59厘米，宽28厘米。广州六榕寺藏。

现存越秀六榕寺碑廊。为苏轼画像碑，民国九年（1920）云南赵藩摹刻。碑文作者称生平所见苏轼画像写本、刻本不下数十，大抵画者率意为之，唯翁方纲所摹南薰殿藏宋人写本，以为真实，故摹其容，仍用笠屐拄杖，保存东坡昔日南来与百姓睦邻之风范，交六榕寺住持铁禅大师镌摹上石。人物面容因摹自南薰殿本，肃穆而有俊逸之气；笠屐拄杖，则是典型的岭南谪宦形象，兼具临摹与写实之风。

三、海幢寺藏碑

清　禁妇女入寺烧香示

高61厘米，宽29厘米。广州海幢寺藏。

现存海珠海幢寺碑廊。碑额及正文楷书。清光绪七年（1881），广东布政使姚觐元与按察使倪文蔚联衔颁布告谕，勒石置于寺庙。碑文斥责粤人佞佛，词锋直指海幢寺，因妇女游寺，“男女混杂，大会无遮”，“伤风败俗，莫甚于斯”，故禁之。

光孝寺也有一方类似碑刻，碑已毁，《光孝寺志》辑录碑文，与该碑略同。江苏苏州市、浙江天台县、安徽休宁县等地亦有类似禁止妇女入寺烧香示谕碑记，可知此等禁令并非针对某寺庙，可能适用于所有寺庙。

清律沿袭《明律》，严禁妇女私自入寺。清廷认为邪教蛊惑愚民，由来已久，善男信女上当受骗者，以妇女居多；妇女私入寺庙，辄为无良僧道所惑，骗财失身，故以奸罪论处。此律一颁，妇女私自入庙烧香便触犯官府律例。同时，巫觋术士之妄言吉凶，蛊惑妇女，煽动人心，诱人入教，为害不小，“故为首者绞候”。

民国　联欢亭记

长132厘米，宽52厘米，厚12厘米。广州海幢寺藏。

现存海珠海幢寺碑廊。民国二十三年（1934）五月刻立。民国初期，广州市政当局与河南（今广州海珠区）各界人士议设公园，并在民国十五年（1926）三月市政决议中选址宝岗建“河南公园”。公园筹备期间，因遇到大量迁坟及工程耗资较大，且可能引起民间宗族争议纠纷等问题，故至民国十八年（1929），决定把海幢寺改建为公园。河南各界人士举行联欢大会，并筹措经费作为第一期工程款，同时建“联欢亭”，置立“联欢亭记”碑刻以纪其事。亭原在海幢公园正门内，木结构，后被毁。

四、大佛寺藏碑

清　鼎建大佛寺记

高261厘米，宽145厘米。广州大佛寺藏。

现存越秀大佛寺大殿侧。清康熙三年（1664）平南王尚可喜立，篆额，正文楷书。记述清军平定两粤后，因原龙藏寺毁于兵，为祝厘佑国重建此大佛寺之经过。清宣统《南海县志》辑录此碑。

尚可喜（1604—1676），字元吉，号震阳，明辽东海州卫（今辽宁海城）人。原为明朝副将，后降清。明崇祯十七年（1644）随清军入关，清顺治六年（1649）封平南王，顺治七年（1650）十二月攻破广州城，尽歼广州少壮男子，史称“庚寅之劫”。其与吴三桂、耿精忠并称“清初三藩”，后清廷削藩，其子尚之信于清康熙十五年（1676）二月响应吴三桂起兵反叛，发兵围困其于府邸。同年十月二十九日，尚可喜于广州病逝，享年73岁。

清　大佛寺题名碑

高261厘米，宽147厘米。广州大佛寺藏。

现存越秀大佛寺大殿侧。清康熙三年（1664）平南王尚可喜立，篆额，正文楷书，为一通平定两粤军政官员纪功碑。寺庙建成后，

尚可喜共刻立两通碑，前一通碑为叙事碑，说明建寺缘由（见《鼎建大佛寺记》条）；此碑为题名碑，先叙国家大事，一为祀典，一为戎马，再将定粤过程中有功者姓名刻于碑后，以光祀典。清宣统《南海县志》辑录此碑。

五、怀圣寺藏碑

元　重建怀圣塔寺之记

高165厘米，宽92厘米；额高48厘米，宽115厘米。广州怀圣寺藏。

原碑被毁，仅存碑额，现为据拓本重刻者，环以龙云浮雕的篆额是原石。篆额，正文行楷。碑额下方有三行半阿拉伯文。刻于元至正十年（1350），为我国现存年代最早的汉字伊斯兰教碑记。碑文描述塔的外形及内部结构，“蜗旋蚁陟，左右九转，南北其扃”“其中二道，上出惟一户”“其肤则混然，若不可级而登也”，与现存塔之形制一致。碑文还记述了伊斯兰教在中国的传播：“兹教崛于西土，乃能令其徒颛颛帆海，岁一再周，堇堇达东粤海岸，逾中夏，立教兹土。其用心之大，用力之广，虽际天极地，而犹有未为已焉者。”末段铭辞曰：“中海内外，窣堵表雄。乃立金鸡，翘翼半空，商舶是脉，南北其风。”表明当时的怀圣塔，海船可借以观察风信，亦为航标。白寿彝《中国伊斯兰史存稿》之《跋〈重建怀圣寺记〉》录此碑全文。

撰文者郭嘉，濮阳人。祖昂，父惠，俱以战功显。嘉慷慨有大志，元泰定三年（1326）登进士第，授彰德路林州判官，累迁翰林国史院编修官，除广东道宣慰使司都元帅府经历。后入为京畿漕运使司副使，寻拜监察御史。至正十八年（1358），敌寇进攻上京，辽阳陷落。郭嘉率义兵力战而死。谥忠烈。

书丹者撒的迷失，篆额者僧家讷，皆为当时广东高官。

清　重建怀圣塔寺之记

高165厘米，宽89厘米。广州怀圣寺藏。

清康熙三十七年（1698）刻立，篆额，正文楷书。记重修怀圣寺事。碑中提到“本朝定鼎，城为藩兵所驻三十余年，而寺之礼拜未尝或辍”，可知怀圣寺在当年礼拜一直未尝中断。

撰文者拜音达礼，蒙古乌鲁特人，汉军正白旗，承袭其兄巴图的二等轻车都尉兼佐领世职。康熙十九年（1680），平定三藩之乱后，被授予广州副都统，于康熙二十七年（1688）至三十七年任广州将军。

六、南海神庙藏碑

唐　韩愈撰南海神广利王庙碑

高247厘米，宽113厘米。广州海事博物馆藏。

现存黄埔南海神庙。唐元和十五年（820）刻立，使持节袁州诸军事、守袁州刺史韩愈撰文，使持节循州诸军事、守循州刺史陈谏书丹并篆额。原在神庙大殿侧东廊，今移置庙内头门西侧北向，保存完整。碑文叙述：

元和十二年（817）诏用前尚书右丞、国子祭酒孔戣为广州刺史，次年夏，祝册自京师送到，叙戣祀神恭谨之状；元和十四年（819）祀归，又扩大庙宫，并详叙孔戣在广州的德政。韩愈叙海岳祝册可补两唐书《礼乐志》所未备，《孔戣传》政绩全出于此碑。陈谏为唐代著名书家。郑樵《通志》举此碑为其代表作。欧阳修《集古录》云韩愈集中其他文章错字甚多，此碑独因拓本流传，错字极少。“海事”一词最早见于此碑，更显出其价值。清同治《番禺县志·金石略一》辑录此碑。

宋　大宋新修南海广利王庙之碑

高372厘米，宽159厘米。广州海事博物馆藏。

现存黄埔南海神庙。北宋开宝六年（973）刻立，距潘美攻下广州仅两年。碑额盘龙，雕刻精细，裴丽泽奉敕撰文，韩溥书丹。碑文记述自古交趾七郡贡献，自海沿江达淮，逾洛水到达南河，因岭南为刘氏窃据，近七十年贸易被阻绝，人民受虐，故派潘美讨伐，俘虏南汉后主刘鋹，释放囚犯，赦免流人；另一件大事即派中使修复南海神庙，望得神佑，“限六蛮于外服，通七郡以来王”，即在巩固国防的基础上，加强朝贡形式的对外贸易。所以碑阴结衔，潘美兼领市舶使，谢处玭以广州通判提举修庙，兼任市舶判官，录事参军林洵美监修，均由皇帝特派，与一般规定由令丞掌葺治修饰相较为较高一级规格。裴丽泽事迹不多见，韩溥为南汉降官，史称其博学，善笔札，故特命他撰写此碑。清同治《番禺县志·金石略二》辑录此碑。

明　明太祖御碑

高334厘米，宽169厘米。广州海事博物馆藏。

现存黄埔南海神庙。明洪武三年（1370）刻立。黄宗羲《明文海》载王祎撰文，以明太祖朱元璋语气称：五岳四渎，都是高山广水，它们的神，必受命于天帝，不是国家封号能加上荣耀的，所以一律取消前代封号，只简单称为某某之神。如南海神只称南海之神，而取消“广利洪圣昭顺威显王”的封号。一方面，是朱元璋以退为进，声称不敢超越天帝来封神，而在取消历代封号中，显示其“真命天子”的权威。另一方面，历代不断加封，已使礼官为难，因诸神封号既累积而加长，皇帝及太后的尊号便非要更长不可，故把天神的封号一概取消。

王祎，一作王袆，字子充，浙江义乌人，《明史》有传。朱元璋曾对其云：“江南有二儒，卿与宋濂耳。”此碑为王祎任礼部侍郎时作。清同治《番禺县志·金石略三》辑录此碑。

明—清　御祭南海神碑

明洪武三年《明太祖御碑》高334厘米，宽169厘米；明宣德十年《御祭南海神文》高143厘米，宽81厘米；明正统九年《御祭南海神文》高177厘米，宽103厘米；明景泰五年《御祭南海神文》高175厘米，宽91厘米；明景泰六年《御祭南海神文》高185厘米，宽96厘米；明天顺元年《御祭南海神文》高158厘米，宽84厘米；明成化四年《御祭南海神文》高176厘米，宽88厘米；明成化十三年《御祭文》高170厘米，宽87厘米；明弘治元年《御祭文》高140厘米，宽74厘米；明弘治六年《御祭南海神碑》高180厘米，宽90厘米；明正德元年《御祭南海神文》高214厘米，宽110厘米；明正德七年《御祭南海神文》高200厘米，宽105厘米；明嘉靖十一年《御祭南海神文》高159厘米，宽80厘米；明嘉靖十七年《御祭南海神文》高163厘米，宽85厘米；清康熙三十六年《皇帝亲征噶尔丹剿除狡寇塞北永清奉命恭祭南海神庙碑记》高220厘米，宽110厘米；清乾隆十三年《谕祭南海神文》高218厘米，宽115厘米；清同治三年《御祭文》高140厘米，宽75厘米。广州海事博物馆藏。

明正德元年碑

清康熙三十六年碑

现存黄埔南海神庙。南海神庙是当时国家祀典规定祭祀的庙宇，历代帝王即位、求嗣、祈雨、止疫、平叛，都有祷于南海之神。因撰写者为一时之选，而代祀者也为清要之官，故每祭必立一碑，积累渐多，南海神庙便有“岭南碑林”之雅号。但碑一多，来往官吏索取拓本，寺僧负担亦大，便暗中有计划地毁去一些碑石。至“文化大革命”期间，又遭破坏。今尚余御碑十七块，除明太祖取消一切神号御碑外，其余十六块，可分为四类：一为求保平安者，如“雨旸时若，国家清泰，灾疹不生”等，有明宣德十年（1435）、景泰三年（1452）、正德九年（1514，已残），清顺治三年（1646，已残）、乾隆十三年（1748，现已被作洗衣石，汉字部分几乎全部磨去，只剩满文一面）等。二为祈雨禳灾者，有明正统九年（1444）久旱祭碑、成化四年（1468，已残）的“多方灾疹，雨阳爽候，历疫交行”、弘治六年（1493）的“去冬无雪，今春少雨”等。三为宣告即位或战功者，有明天顺元年（1457）的“复正大统”、弘治元年（1488）的“嗣承大统，谨用祭告，神其嵌鉴，佑我国家”，清康熙三十六年（1697）平定漠北噶尔丹叛乱恭祭南海神碑等。四为求嗣得应者，有明嘉靖十一年（1532）的“顾储宫未立，尤切于怀，伏望茂著神功、锡予元嗣”及嘉靖十七年（1538）的得子酬神碑。

从御祭碑看，南海神的职能，除最初为海神庇佑海不扬波、商贸繁盛，还是兼司生育之神，被融入明清民间信仰。

明　陈献章浴日亭和东坡韵诗碑

高195厘米，宽88.5厘米。广州海事博物馆藏。

现存黄埔南海神庙外章丘冈浴日亭。为陈献章唱和苏轼《浴日亭》诗作一首，诗曰：“残月无光水拍天，渔舟数点落前湾。赤腾颂洞昨宵日，翠展苍茫何处山。顾影未须悲白发，负暄可以献龙颜。谁能手抱阳和去，散入千岩万壑间。”后题：“成化乙巳夏四月望后，翰林国史检讨古冈病夫陈献章书。”全碑以茅笔草书，极豪雄洒脱而自然。

陈献章（1428—1500），新会人，居白沙里，号白沙子，为明代广东著名理学家，被荐至京，不为当权的丘濬所喜，便以母老及自身有病辞官，朝廷授翰林国史检讨，令回粤养亲。此诗有忠君爱国之意，题“古冈病夫”，是坚持不仕之意。清周韵生等辑《广东考古辑要·金石一》辑录此诗碑。

七、五仙观藏碑

宋　广州重修五仙祠记

高202厘米，宽101厘米。广州市越秀区博物馆藏。

现存越秀五仙观碑廊。宋政和四年（1114）刻立。额题“广州重修五仙祠记”，楷书。政和三年（1113），广南东路经略使张励知广州时重修五仙祠，此碑文即翌年竣工时所撰，记述五羊传说以及重修五仙祠的缘由和经过。据碑文载：北宋时，五仙祠位于南海郡治番禺之山的广州州署（即官署）西侧，政和三年前，因守吏更治州舍而迁祠，至政和三年十月方还其所侵。碑文记载了在广州流传已久的五仙五羊的传说，说明各家史书记载大致相同，但所称时间不一致。不过至迟到东晋后期，五仙和五羊的传说已见诸文献记载。由宋及明，祠已几易其址。碑文还提到作者昔日所读两首诗，一首为广州太守程师孟所作，另一首为蒋之奇所作，此二人生活在北宋熙宁、元祐年间。从诗作可知他们作诗时，五仙祠尚在原处。该碑是目前发现最早的一件与五仙五羊降临广州以及广州得名“羊城”有关的实物，也是观内现存年代最早的石碑。碑原藏于五仙观墙壁中，1979年重修五仙观时被发现，因风化剥落，残缺较重。

撰文者张励，古长乐郡（今福建永泰）人，为南宋爱国词人张元幹叔父，政和三年任广南东路经略使。

广州重修五仙祠记

广为南海郡治番禺之山，而城以五羊得名，所从来远。参考南越岭表诸记录并图经所载，初有五仙人，皆手持谷穗一茎六出，乘羊而至。仙人之服与羊各异，色如五方。既遗穗与广人，仙忽飞升以去，羊留化为石。广人因即其地为祠祠之，今祠地是也。然所传时代不一，或以谓繇汉赵佗时，或以谓吴滕修时，或以谓晋郭璞迁城时，说虽不一，要其大致则同。汉距今千三百余年，而吴晋亦九八百余年，前此未之有改也。乃者守吏更治州舍，辄迁祠他所，后守继以其地斥酒室，真仙失故处，非徒神之不安也，而人亦不安。岁多盲风怪雨，疫疠间作，或海溢水潦为患，州人咸以谓五仙失所处而然，愿还其旧有日矣。政和三年春二月，余自乡郡移守此州。夏四月至官，闻州人之说，访问故址，犹有存者。又因读昔守程公师孟诗云：“欲举轻身上碧虚，善邻犹得道流居。”及蒋公诗云：“州宅之西敞华堂，我来跪拜焚宝香。堂中塑像何所见，乃有五仙乘五羊。”二公近在熙宁、元祐间，则知其迁徙亦未久。今不复，将遂失其故处，遗迹扫矣，名存实废，后何所考据。秋八月，乃即故地规度，还其所侵，畚除瓦砾草莱，以胥栋宇。恭承元圭，冬祀赦文，应古迹坛场、福地灵祠圣迹所在，令守令常严加崇奉，繇是滋不敢置。明年八月祠成，其月廿七日奉旧像并五石还祠，维守土之臣事神治民，皆其本职，矧朝廷命令丁宁如是，其敢弗虔！予且代去，虑来者□不知，又□□之者，谨书以告，期永无废焉。十月十五日，长乐张励记。

宋　古仙旧题

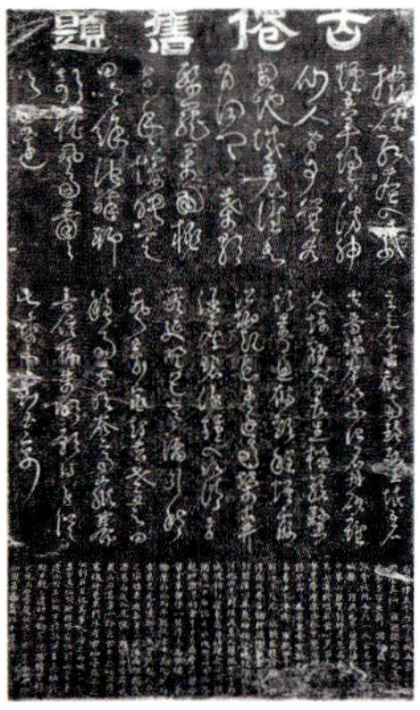

高116厘米，宽70厘米。广州市越秀区博物馆藏。

现存越秀五仙观碑廊。上段为隶额“古仙旧题”，中间两段为草书七律一首及五言排律十韵一首，下段为楷书题跋。正文分诗、文两部分。前一部分两首诗，为宋古成之所作。后一部分跋语介绍古成之生平及将其诗刊石背景。两首诗描述了宋代五仙观风景，跋谓“紫虚真仙”古成之于宋雍熙年间题写咏五仙观之诗，宋德祐年间重修五仙观时，修缮者将其所题之诗镌刻于石上；简介其举进士、任官经历后，叙其卒于宋淳化四年（993），后成仙并于武夷山飞升。此碑不书年月，从立碑人员姓名、任职等情况推测，立碑时间当在宋德祐年间。据阮元主修道光《广东通志》考证，跋文中“国初”“太宗皇帝”等字前均空一字，当为宋刻无疑。此碑诗书俱佳，一碑中有三种书体，皆意态潇洒。广东草书素不为世人所重，但此碑狂草开张跌宕，笔走龙蛇，意态横出，兼有怀素、张旭余绪，允为岭南史上狂草名品。

古成之，字亚奭，人称紫虚先生，惠州河源人。五代末避地增城，尝结庐罗浮山。宋端拱元年（988）进士。卒于官。南汉末已有诗名，因其为宋代岭南举进士第一人，时有“寰中有道逢千载，岭外观光止一人”之誉。

清　重修南海五仙观碑

高162厘米，宽76厘米。广州市越秀区博物馆藏。

现存越秀五仙观碑廊。清嘉庆十七年（1812）刻立，楷书。通奉大夫、广东布政使司布政使南城曾燠（江西南城人，被誉为清代骈文八大家之一）撰文，中宪大夫、署两广盐运使、候补道阳湖杨炜书丹。碑文首叙五仙观历代修建沿革，“自宋以前，其庙迁徙不常”，可知宋之前五仙观几次迁移的位置无考。宋政和三年（1113）张励“复其旧址”。简述历次重修，其中明成化五年（1469）张瑄加修之事，无碑可考，足补观史。次叙曾氏于清嘉庆十五年（1810）来粤履任，于始至之日敬谒诸神祠，见五仙观“庭宇摧颓，香火阒寂”，于是重修。这是记叙五仙观历代修建沿革的重要碑刻。

清　重修五仙观碑（其一）

高245厘米，宽145厘米。广州市越秀区博物馆藏。

现存越秀五仙观碑廊。全碑一套共有四通，第一通为叙事碑，第二通录官绅善信所捐供器，第三通录捐助工金官绅名单，第四通录捐助芳名。前三通立于清道光二十五年（1845），最后一通立于道光二十六年（1846）。此碑为其中第一通，碑文称“粤东祠庙之古，无过五仙观者”，叙五仙观历代修建沿革，以及当年重修之经过。此碑记清雍正二年（1724）冯毅重修事，有补史作用。

撰文者黄恩彤，原名丕范，字绮江，号石琴，别号南雪。山东宁阳人。是中国近代史上首个不平等条约——《南京条约》主要签订人之一，道光二十五年升任广东巡抚。

书丹者爱新觉罗·耆英，字介春，隶满洲正蓝旗，清朝宗室，曾任两广总督，是《南京条约》的主要签订人之一。

撰额者爱新觉罗·奕湘，字楚江，满洲正蓝旗人，清朝宗室，曾任广州将军。

八、三元宫藏碑

清　三元宫观音像碑

高190厘米，宽89厘米。广州三元宫藏。

现存越秀三元宫碑廊。清乾隆五十一年（1786）刻立，正文楷书，款云“唐吴道子笔”，隶书。三元宫始创于晋，为南海郡太守鲍靓修道之所，又作为其女鲍姑修道行医之处，初称越冈院。明万历年间重修，明崇祯年间扩建大殿，改祀三元大帝，名三元宫。世传吴道子擅画人物，尤精佛像，然几无真迹传世。后世依吴道子画稿所摹绘观音菩萨像存世颇多，山东平阴少岱山碧霞元君宫、四川阆中罗寂寺、浙江嘉兴东塔寺、甘肃成县吴道子祠、湖北当阳市玉泉寺、河南嵩山少林寺、河南省博物馆、西安碑林等处均有观音像，其款每作“唐吴道子作”，画貌各异。

题跋者盛世掌，浙江秀水人。

清　三元宫人体修炼穴位图

高140厘米，宽70厘米。广州三元宫藏。

现存越秀三元宫碑廊。清嘉庆十七年（1812）刻立。篆额，正文楷书。落款印文“行舟道人”“邱凤山造叩印”。此碑刻道家修炼兼针灸穴位图，碑正中为一半侧身趺坐人体图，其头面部及双足写实，躯干部分则绘示穴位、内脏及脊柱。人像四周环绕月相、卦相等图形。整碑图文并茂，直观翔实。碑文分八段，前两段属绪论，对人体各部分及修炼要点作概述，其余六段则分别以六神配以六脏论述其功能特点。此碑或为三元宫中给道徒讲解内功课时所用教具。道家养生之法亦涉及医学理论，从此碑中可见中国传统“医”与“道”合一的特征。

清　重修三元宫碑记

高182厘米，宽80厘米。广州三元宫藏。

现存越秀三元宫碑廊。清同治八年（1869）刻立。篆额，正文楷书。碑文记载清咸丰七年（1857）三元宫毁于战乱，道士黄佩青倡议募捐重新修复之经过。

撰文并书丹者朱用孚，宛平人。同治二年（1863）以军功代理东莞县知县。此文撰于朱用孚在三元宫静修期间，应当时住持黄佩青之请所撰。

民国　重修三元宫碑记

高140厘米，宽70厘米。广州三元宫藏。

现存越秀三元宫碑廊。记叙民国三十三年（1944）重修三元宫之事，碑文所提民国二十七年（1938）“省会事变”，指1938年日军侵占广州。当时殿宇被匪人盗拆，墙壁崩颓。后经住持周宗朗、何诚端倡议重修，得复旧观。

撰文者张信纲，曾备资修葺三元宫的虬井古屋一间，以纪念鲍姑于此得道。

九、仁威庙藏碑

明　重修真武庙记

高157厘米，宽74厘米。广州仁威庙藏。

现存荔湾仁威庙碑廊。明天启二年（1622）刻立，篆额，正文楷书，记述天启二年重修泮塘乡真武庙事宜。此次重修由泮塘五社会集募缘筹资兴建，对了解岭南乡社建庙形式有一定参考价值。碑文提到“甲寅岁洪水”，应指发生于明万历四十二年（1614）广州特大洪涝事件。真武本称玄武，

“玄武”信仰起源于古代星宿信仰，北宋真宗时，奉祀玄武已非常流行。

清 北帝庙香灯祭业碑

高131厘米，宽77厘米。广州仁威庙藏。

现存荔湾仁威庙碑廊。清康熙十二年（1673）刻立，篆额，正文楷书，记述康熙十二年恩洲堡泮塘乡乡民因田地产权纠纷，将有争议的田地捐献给北宋帝庙，永为庙中香灯祀典以及修葺庙宇之用。文后声明，这些田地已经官府核批，东南西北四至明晰，是一份珍贵的庙宇经济类史料。

清 帝父帝母碑记

高185厘米，宽92厘米。广州仁威庙藏。

现存荔湾仁威庙碑廊。清康熙五十二年（1713）刻立，篆额，正文楷书，记述泮塘乡于康熙五十二年重作仁威庙时，于庙西崇奉帝父帝母之过程。

撰文者戴佩，广东始兴人。曾任屏山令，为官有令名，时值荒歉，民采蕨根充饥，乃捐俸为购米设粥，以拯民饥。此碑文为戴佩应好友黄东穆之邀而撰者。

清 重修仁威祖庙碑记

高190厘米，宽95厘米。广州仁威庙藏。

现存荔湾仁威庙碑廊。清乾隆十三年（1748）刻立，碑额及正文楷书，记述泮塘乡于乾隆五年（1740）至十三年仁威庙重修之事。从中可知仁威庙除了曾使用真武庙、北帝庙之名，还曾名为玉虚宫。当时仁威庙奉祀北极帝君、帝亲、梓潼帝君暨华光大帝、金花夫人等几位神灵。

清 重修仁威古庙碑记

高177厘米，宽80厘米。广州仁威庙藏。

现存荔湾仁威庙碑廊。清乾隆五十年（1785）刻立，隶额，正文行书。碑一套四通，除第一通碑为叙事碑外，其余三通均为捐助者题名碑。该碑为其中的第一通叙事碑，记泮塘乡于乾隆四十五年（1780）至五十年重修仁威庙过程。

撰文者张锦芳，字粲光（一作粲夫），号药房，广东顺德人。乾隆五十四年（1789）进士，改翰林院庶吉士，授编修。学问博洽，敦崇经术，通《说文》，喜金石文字，长于诗，与冯敏昌、胡亦常称“岭南三子”，著有《南雪轩文钞》。

清 重修仁威祖庙碑记

高177厘米，宽80厘米。广州仁威庙藏。

现存荔湾仁威庙碑廊。清同治六年（1867）刻立，碑额及正文楷书。碑一套七通，除第一通碑为记事碑外，其余六通皆为捐助者题名碑。该

碑为其中的第一通叙事碑，记泮塘乡于同治六年重修仁威庙的经过。据碑文载，北方真武神乃兼司水之神，故水乡泮塘奉祀水神。文中所提清咸丰四年（1854）“红匪蜂起”指广东洪兵（亦称红兵）起义，作者与几位乡绅“首倡团练”，与洪兵斗争，及随同官军作战之事，反映了当时广东地方的“公局”如何产生。“公局”是“团练公局”的简称，是旧时广东地方士绅组织建立、控制乡村基层社会的一种权力机构，在晚清的广东乡村社会普遍存在。

十、广州博物馆藏宗教碑刻

宋　广州重修天庆观记碑

高178厘米，宽170厘米。广州博物馆藏。

现存广州博物馆镇海楼展区碑廊。北宋元丰二年（1079）刻立，原立于广州市天庆观（遗址在今广州市海珠北路祝寿巷），1963年移置广州博物馆。北宋真宗大中祥符二年（1009）十月诏示天下建天庆观，时广东路的广州府、惠州府、琼州府均有建设。全国所建天庆观达千座之上，当时任殿中侍御史的张士逊上奏言：“今营造竞起，远近不胜其扰。愿因诸旧观为之。”真宗下诏允诺：“改旧宫观名题而崇葺之，以奉三清玉皇，并以天庆为额。”广州天庆观在府治西，即唐代开元寺改建。宋代的天庆观属于官设道观，地位较高，具有神道设教“镇服海内，夸示夷狄”的皇权象征意义。碑文记载三佛齐国（在今印度尼西亚）首领捐资重建广州天庆观，宋朝廷也封其美爵予以嘉奖。可补《宋史》有关中外交往之阙略。

宋　南海广利洪圣昭顺威显王记

高188厘米，宽130厘米。广州博物馆藏。

现存广州博物馆镇海楼展区碑廊。南宋乾道元年（1165）刻立，原置于南海神庙，1963年移置广州博物馆。碑文历述各朝所加封南海神之封号：唐天宝十年（751）封南海神为“广利”，以后历代帝王给其加封“洪圣”“昭顺”等封号，至北宋元祐年间，已加封为“南海广利洪圣昭顺威显王”。名号之加，与当时“妖巫窃发新昌”“郴寇猖獗”等民众起事、围攻广州有关。另《宋史》无南宋绍兴七年（1137）加“威显”号事，此碑可补史志之阙。

撰文者陈丰，字宣仲，福建仙游人，绍兴十八年（1148）进士。

宋　六侯之记碑

高177厘米，宽82厘米。广州博物馆藏。

现存广州博物馆镇海楼展区碑廊。南宋绍兴十五年（1145）立，原置于南海神庙，1963年移至广州博物馆。碑文记载的六侯为：助利侯达奚司空、助威侯杜公司空、顺应侯巡海蒲提点使、济应侯巡海曹将军、辅灵侯王子一郎、赞宁侯王子二郎。其事迹多类神话，如达奚司空为南朝梁普通年间菩提达摩之弟，自天竺（今印度）泛海而至广州拜谒南海神，王留共治庙事，“立化庙门之东”。碑文还涉及宋代岑探领导农民造反进攻广州之事。该碑是研究民俗神话及宋代海事可资参鉴的史料。

撰文者方渐，福建蒲阳人，北宋重和元年（1118）进士，绍兴中通判韶州，改知梅州，官至朝散郎。好藏书，曾建有富文阁藏书。

元　宣圣遗像碑

高182厘米，宽111厘米。广州博物馆藏。

现存广州博物馆镇海楼展区碑廊。元至正五年（1345）刻立，原立广州路学宫，1963年移置广州博物馆。碑绘刻孔子像，左有篆书“宣圣遗像”四字，右有隶书一段，记述摹勒原委。据序所述，中奉大夫广东道宣慰使都元帅僧家奴在山东任职时得到石刻拓本，传为唐吴道子所绘孔子像。至正五年广州路属吏刘从龙奉上官僧家奴之命摹刻并立于广州府学宫后圃番山燕居亭。

清　重修三元古庙碑志

高183厘米，宽79厘米。广州博物馆藏。

现存三元里人民抗英斗争纪念馆，镶嵌在三元古庙北墙。清乾隆五十年（1785）刻立，篆额，正文楷书，是现存最早三元古庙碑记。三元乡本有南北两庙，所奉皆为玄天上帝，南庙名聚龙，北庙名三元，此碑叙北庙由“约众”名义捐资修缮之经过，反映了清代乡里以各约之间所构成的地域共同体大都有一定的共有财产基础。

撰文者李茂新，邑人，清乾隆年间人。

清　重修三元古庙碑记

高145厘米，宽74厘米。广州博物馆藏。

现存三元里人民抗英斗争纪念馆，镶嵌在三元古庙北墙。清道光二年（1822）刻立，碑额及正文楷书。据碑载，道光二年重修时，各殿分别奉玄天上帝，文昌帝君，康、方二元帅，金花、禾花夫人。碑文也可见以三元古庙为祭祀中心的三元乡社会组织情况。

清　复建三元古庙碑志

高135厘米，宽70厘米。广州博物馆藏。

现存三元里人民抗英斗争纪念馆，镶嵌在三元古庙北墙。清咸丰十一年（1861）刻立，碑额及正文楷书。据碑载，咸丰年间三元古庙先后遭遇两次浩劫，先是咸丰四年（1854）广州附近的太平天国战火，后是咸丰七年（1857）第二次鸦片战争，庙宇被英法侵略军焚毁。此碑记述复建情况。据碑志又知三元里原有南、北二庙，俱奉玄天上帝。

撰文者李福成，邑人。

清　重修张桓侯庙记

高187厘米，宽84厘米。广州博物馆藏。

现存广州博物馆仲元楼展区碑廊。清顺治十一年（1654）刻立，原在越秀山北麓张桓侯庙，祠宇久废，后移置广州博物馆。碑文称越秀山北麓旧有张桓侯庙旧址，祭祀三国时期蜀国大将张飞（字翼德），盛赞其英武忠义之气概。后毁，清初平南王尚可喜之子尚之信倡议重新修建，并由时任广东巡抚李栖凤撰写碑文。明清时期，关帝庙风靡天下，而张飞庙却少有，此碑可证广州曾有张飞庙。尚之信，字德符，号白岩，清初藩王。祖居辽东，尚可喜长子。据《清史稿》载："之信残暴猜忌，醉辄怒，执佩刀击刺。又屡以鸣镝射人。"性情似与其所崇拜的张飞"暴而无恩"（《三国志》陈寿评语）颇为相似。

撰文者李栖凤，隶汉军镶红旗。顺治六年（1649）任广东巡抚，配合清军平定广东。顺治十五年（1658）任两广总督。

清　中宪大夫署粮盐守巡道广州府知府黎公去思碑

高173厘米，宽81厘米。广州博物馆藏。

现存广州博物馆仲元楼展区碑廊。清康熙元年（1662）刻立，原在广州府学，后移置广州博物馆。篆额，正文楷书。碑文记述广州知府黎民贵在任时的主要政绩，如重修广府学宫和番禺、南海县学宫；罢蔗税，除杂捐；修筑城堡，添炮台，增造战船；惩治奸盗，整顿市价；实施与民休息政策；等等。黎民贵，字天锡，别号汝良，安徽安庆府怀宁人。清顺治九年（1652）任江西南康府同知，顺治十二年（1655）任广州府同知，次年任广州府知府，任职期间重修广州府学。去思碑，即颂德政之碑，用以赞颂贤良仁德官吏。凡清廉秉政之官或吏治能员，有功于社稷民生者，人们撰文勒碑，以示感怀。人称"德政碑"或"颂德碑""惠政碑"等。逝者、生者均可立。

撰文者尹源进，字振民，号澜柱，广东东莞人。顺治十二年进士，官至郎中。康熙二年（1663）曾辞归，康熙十七年（1678）进太常寺卿。居乡期间，常与被誉为清初"岭南三家"的屈大均、梁佩兰、陈恭尹交往吟咏。著有《爱日堂集》。

书丹者胡景曾，广东顺德人。顺治十一年（1654）中举，次年中进士，官至湖北武昌知府。

撰额者陈彩，字美公，广东南海人。顺治九年进士，选弘文院庶吉士、秘书院编修。

清　鼎建西来禅院关帝圣殿碑记

高213厘米，宽105厘米。广州博物馆藏。

现存广州博物馆仲元楼展区碑廊。清乾隆四年（1739）刻立，原在广州西关西来初地之关帝庙内，庙宇毁废，连同该碑在内的数通碑遂移置广州博物馆。据碑载，华林寺暨关帝宫始建于明崇祯十五年至十六年（1642—1643）间，清顺治六至七年（1649—1650）间起建西来禅院关帝圣殿，清康熙十二年（1673）、雍正十一年（1733）皆有添建增置，自是庙宇规模愈大且完备。另据同庙民国五年（1916）《重修西关夫子庙碑记》记载："旧址名西来庵，鼎建于明崇祯壬午癸未间，惟时洪亭敬、林明华、颜养气等同襄其事。”与该碑所记同。

撰文者颜养气、常集甫，皆为里人，候选推官。

清　重修关夫子庙碑记

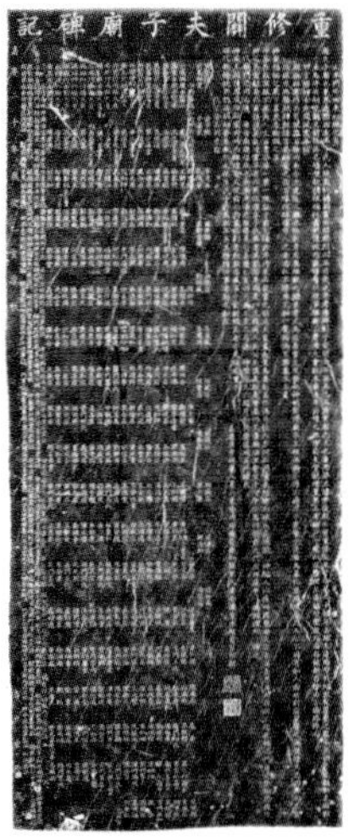

高187厘米，宽76厘米。广州博物馆藏。

现存广州博物馆仲元楼展区碑廊。清嘉庆二十年（1815）刻立，原在广州西关西来初地之关帝庙内，祠宇毁废，碑遂移置广州博物馆。碑文记载西来初地关夫子庙的创建时间及历次修缮沿革：始建于明崇祯十五年（1642），清顺治六年（1649）、康熙十二年（1673）、康熙六十一年（1722）曾重修扩建，至嘉庆二十年再次重修。碑中罗列了众多捐款捐物人名、商号及款目什物等，此次重修时，广州十三行行商之一的伍氏家族参与了捐助。该碑乃研究地方社会经济的可靠文献。

清　重建天后古庙碑记续

高176厘米，宽78厘米。广州博物馆藏。

现存广州博物馆仲元楼展区碑廊。清同治五年（1866）刻立，原在广州城北天后庙内，祠宇毁废，遂移置广州博物馆。篆额，正文楷书。记述同治五年移址重建天后庙之经过。碑载，庙曾毁于丁巳战火。丁巳年即清咸丰七年（1857），是年正值第二次鸦片战争期间，英军进犯广州，庙宇民居多遭毁坏。

天后庙奉祀天后海神。据传，天后原为宋代福建莆田人，性聪慧，好济施，人称林默娘。卒后曾屡显应于海上，元至元中封“天妃”徽号，清康熙时又加封为“天后”。旧时通海之地多立庙祷祀之，有天妃庙、天妃宫、天后宫等之称。

撰文者冯廷熙，广州府新会县儒学教谕。

清　天后元君庙形真迹碑

高177厘米，宽78厘米。广州博物馆藏。

现存广州博物馆仲元楼展区碑廊。清同治五年（1866）刻立，原在广州城北天后庙内，祠宇毁废，遂移置广州博物馆。篆额，正文楷书，平面图说明文字楷书。碑上方为叙事文字，记载天后庙之由来，此处天后庙自宋迄明皆有修建，敕妃封后，封号叠加，影响甚大。碑下方绘刻重修后的天后庙平面形制图，从图中可见此庙规模较大，三间三进，布局井然，结构庄严，城北越秀山上的广州城垣、四方炮台、拱极炮台、镇海楼等均清晰在目，是研究清代岭南地区古建筑工艺的珍贵资料。

民国　重修关夫子庙碑记

高172厘米，宽76厘米。广州博物馆藏。

现存广州博物馆仲元楼展区碑廊。民国五年（1916）刻立，原置广州西关华林寺东侧关帝庙内，后移置广州博物馆。记述关帝庙在广州城西西来庵，即今下九路西来初地一带，始建于明末崇祯十五年

（1642），后于清顺治六年（1649）、康熙十二年（1673）、雍正元年（1723）、道光二十一年（1841）、同治九年（1870）均有重修。

十一、其他宗教碑刻

南明　番禺笔村鼎建玄帝庙碑记

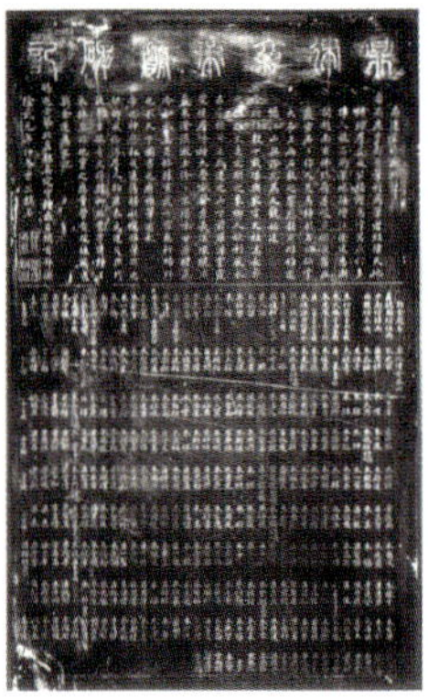

高100厘米，宽60厘米。黄埔云埔街笔岗社区居委会管理。

现存黄埔云埔街笔岗社区玄帝庙内。南明隆武元年（1645）刻立，篆额，正文楷书。文末署“隆武元年”，隆武是明末唐王朱聿键在福州建立的南明政权之年号，存在十一个月后即灭亡。隆武元年即清顺治二年（1645），其时广东仍奉隆武年号，该碑是广州现存碑记中唯一一方南明隆武年号碑刻。

撰文者钟鼎臣，广东新会人，明崇祯六年（1633）中举，连捷进士，由部郎出知浙江嘉兴府。时清兵入关，嘉兴孤城不支，钟鼎臣自缢守节，清帝感其忠勇，赐谥节愍。

清　敕封广济桐君庙碑

碑高190厘米，宽110厘米。广州市荔湾华林街道办事处管理。

原存西关桐君庙，庙久已毁，后移置荔湾下九路五眼古井之侧。清道光二十九年（1849）刻立，碑额及正文楷书，碑周有浮雕龙纹。碑文分为两段，前段为梁同新所撰《重新广济桐君庙碑》，后段为马仪清所撰《敕封广济桐君藻圣王庙碑记》。两段碑文皆记第一次鸦片战争期间，英军攻占广州城北越秀山，炮袭广州内城，时值暴雨，英人火炮丧失威力，广州士民暂赖以安，乃传为暗得神灵桐君保佑；后广州巡抚黄恩彤奏报题请敕封之事，朝廷遂赐加桐君“广济”封号，及批准修建广济桐君庙等史实。

桐君属道教神，主医药业，相传为黄帝医师，曾结庐于浙江桐庐县东山桐树下，识草木金石性味，定为三品，著《采药录》《药性》。桐君在诸神中地位名声并不显赫，仅为黄帝、神农、伏羲三药皇之众多配神之一，自从民间演绎其护城故事及黄恩彤奏报题请敕封后，其不但受赐“广济”封号，还修建专祠祀奉。

撰文者梁同新（1800—1860），原名纶机，字应辰，号矩亭，番禺人，广州十三行行商之一梁经国之子，道光十六年（1836）进士，官至顺天府尹。马仪清，字君湖，号应龙，晚年号芸湖山人，高要人，道光二十四年（1844）进士，官至翰林院编修、江苏候补道。

第二节　书院、祠堂、会馆碑刻

一、书院碑刻

元　至圣加号诏碑

高242厘米，宽131厘米。广州博物馆藏。

现存广州博物馆镇海楼展区碑廊。元大德十一年（1307）刻立，原立广州路学宫，1963年移置广州博物馆。篆额，正文楷体兼隶法。此碑为元成宗加封孔子为“大成至圣文宣王”的诏旨碑。元代尊孔，据《元史·祭祀志》载，此至圣加号诏于大德十一年七月颁行天下，各路、州、县都曾镌碑立于庙学，故直至清代存世尚多，各地金石文献也多有辑载。

明　进士题名记碑

高160厘米，宽90厘米。广州博物馆藏。

现存广州博物馆镇海楼展区。明天顺六年（1462）刻立，原立于广州府学宫（今市第一工人文化宫），1963年后辗转移置于此。辑录明弘治六年（1493）以前广东籍科举登进士者四十四人，其中解元四人、探花一人。明代广东社会经济逐渐走向兴旺，为文化发展创造了良好的物质环境，也造就了一个巨大的人才群体，其中很重要的一部分就是各类科举人才，其数量之多，分布之广，不但超过了前代，也为后世所不及，是广东科举人才鼎盛时期。

撰文者钱溥，字原溥，号九峰，别号瀛洲遗叟，松江华亭人，明正统四年（1439）进士，曾出使安南，成化中官至南京吏部尚书，卒谥文通。曾参修《寰宇通志》《大明一统志》。

明　广州府学图碑

高220厘米，宽120厘米。广州博物馆藏。

现存广州博物馆镇海楼展区碑廊。明天顺七年（1463）刻立，原立于广州府学宫，1963年移置广州博物馆。该碑绘刻广州府学宫平面示意图，是广州现存最早的石刻建筑图。图下附刻《广州儒学修造工费述》一文，详述当时修建学宫工程中，新建及维修房舍的间数，围墙、门窗与所用建筑材料具体数量、费用等，是研究明代广州地区建筑工程工料费等情况的经济史料。

明　胡荣《重修濂溪书院记》碑

高48厘米，宽63厘米。广州粤剧院有限公司管理。

现存越秀西湖路药洲遗址内。明成化八年（1472）刻立，楷书。碑文记录了濂溪书院的历史、布局及成化年间整治历史。碑中人物胡荣、涂棐、宁良俱于《广东通志》有载。濂溪书院所存奉祀的周元公，即宋著名理学家周敦颐。

撰书者胡荣（1424—1498），字希仁，号东州，江西新余人，明景泰五年（1454）进士，历任广东按察司提学佥事，浙江、福建按察司副使，广西参政等职。

明 嘉靖御书程子“言箴”碑

高90厘米，宽140厘米。广州博物馆藏。

现存广州博物馆镇海楼展区。明嘉靖年间（1522—1566）刻立，原立于广州府学宫（今市第一工人文化宫），1963年后辗转移置广州博物馆。碑周围线刻八条游龙，其上以双龙夺珠烘托篆体“宸翰”二字。碑文内容为明世宗嘉靖皇帝为宋代理学家程颐“视听言动四箴言”而做的阐释（原有“视听言动”四方碑记，今仅存“言箴”碑），刻石于京师翰林院，并敕礼部通行两京国子监及十三省提学，刻立于府州县学，为天下士人学子训范。清同治《番禺县志》辑录此碑。

清 广府黎侯重修文庙碑记

高157厘米，宽103厘米。广州博物馆藏。

现存广州博物馆仲元楼展区碑廊。清顺治十五年（1658）刻立，原在广州府学，后移置广州博物馆。青石质。篆额，正文楷书。碑正面左右两边有线刻云纹。现存地方史书未录此碑文。此碑对了解清初广州府学情况、教育机构及其布局等方面均有参考价值，是研究广州地区清初教育史的珍贵资料。

撰文者姓名，现碑记中已漫漶一字。据清宣统《南海县志》卷十二《金石略》录《皇明中宪大夫提督学政广西提刑按察司副使粤良关公传》中所提及的撰文者，可知缺字当是“斯”，则碑记撰文者为李觉斯无疑。李觉斯，字伯铎，东莞人。明万历四十六年（1618）举人，天启五年（1625）进士，官至刑部尚书，后罢官归里，耕田劳作，著书立说，被人喻为“竹林隐士”。

篆额者曾道唯，是明末清初一位颇有声誉的地方官员。

清 重修广州郡学碑记

高171厘米，宽93厘米。广州博物馆藏。

现存广州博物馆仲元楼展区碑廊。清康熙十年（1671）刻立，原存广州府学，后移置广州博物馆。篆额，正文楷书。广州府学位于广州番山一带，肇建自北宋，代有兴修，迄明清而灿然大备，乃广东最高学府。时移世易，昔日学宫建筑群今已无存，现广州博物馆留存广府学宫石碑数方，碑文见清宣统《番禺县续志》卷三十六《金石志四》，言碑在广州府学贯道门。

撰文者刘秉权，字持平，清汉军正红旗人。清顺治元年（1644）任兵部主事，顺治十五年（1658）改任刑部主事，康熙六年（1667）十二月出任广东巡抚，后因平息刘忠在湖州发动的叛乱有功，升为兵部右侍郎。康熙十三年（1674）十一月卒于军中，谥端勤。

清 平定朔漠告成太学碑

高360厘米，宽167厘米。广州博物馆藏。

现存广州博物馆仲元楼展区。清康熙四十三年（1704）刻立，原在广州府学宫，后宫宇废毁，由广州市文物管理委员会移置广州博物馆。汉满双文，汉文楷书，碑额已失。碑文记述清

圣祖康熙帝玄烨平定漠西厄鲁特蒙古准噶尔部噶尔丹叛乱的缘由和经过，盛赞康熙帝的丰功伟绩。康熙十年（1671），漠西厄鲁特蒙古准噶尔部自立为准噶尔汗，不久吞并厄鲁特各部，占领南疆，“威令至于卫藏”，对这些地区各民族恣肆盘剥欺压，进而出兵攻打东部喀尔喀部蒙古，企图控制漠北，威胁清王朝，致整个中国北部处于动荡和分裂的危险之中。康熙帝遂下决心平叛，于康熙二十九年（1690）、三十五年（1696）、三十六年（1697）三次御驾亲征，转战于大漠南北，大败噶尔丹军，粉碎了噶尔丹分裂割据的阴谋。从此清政府对大漠南北诸部实现了更有效的统治。

此御制碑于康熙四十三年（1704）立于京师孔庙（今北京国子监博物馆），是一方把平定叛乱、维护国家统一作为莫大功绩而勒石并告功天下的丰碑，同时诏令“天下文庙，尽皆摹刻树立”。广州府学此碑，道光《广东通志》、光绪《广州府志》等均有记载。

清　摹刻周石鼓文

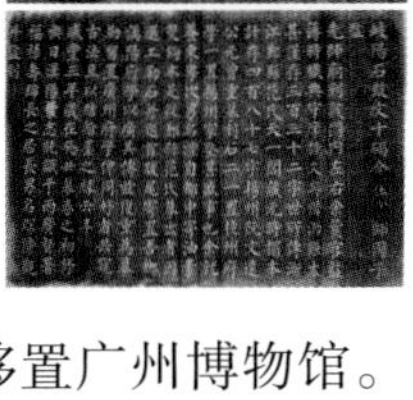

高60厘米，宽80厘米。广州博物馆藏。

现存广州博物馆镇海楼展区碑廊。清咸丰三年（1853）据天一阁宋拓本摹刻，共有十石，另有一石为主持摹刻者叶志诜的题记。现存四石，正文大篆，款题楷书，原置广州府学宫，1963年移置广州博物馆。石鼓文原石是我国现存最古的石刻，所刻文字近似《诗经》的四言诗，每石一诗，唐宋人多数以为是周代文物，现代学者一般认为是春秋战国时期秦国的石刻，所刻书体为秦始皇统一文字前通行于秦国的大篆，即籀文。此石刻于研究中国古代历史、文学和篆刻有一定价值。

清　重修伏波书院碑记

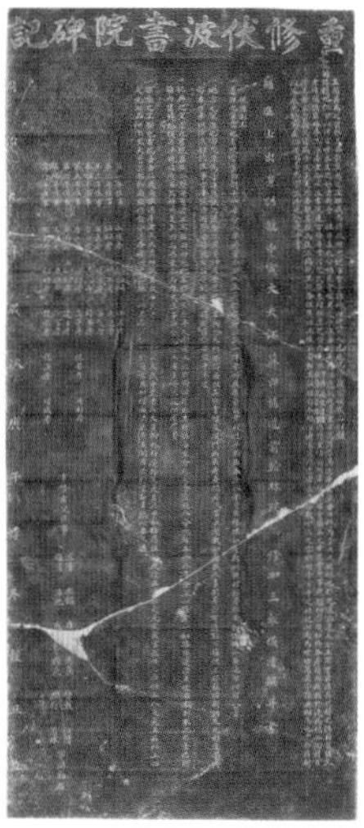

高176厘米，宽76厘米。广州博物馆藏。

现存广州博物馆仲元楼展区碑廊。清同治九年（1870）刻立，原在广州大小马站的伏波书院，书院久废，移置广州博物馆。伏波书院是广东各地马氏族人集资在省城共建的合族祠堂，因敬奉东汉名将马援（曾任伏波将军）为显祖而得名。据碑文推断，此伏波书院可能创建于清乾隆年间，同治九年马氏族人捐资重修。碑文还记载了有关书院的运作方式和管理规则等，为研究地方宗族社会提供了可贵的文献材料。

撰文者马仪清，字君湖，号应龙，晚年号芸湖山人，广东高要人，清道光二十四年（1844）进士，官翰林院编修、江苏候补道。

清　创建广雅书院恭摺

高214厘米，宽92厘米。广雅中学藏。

篆额，正文楷书，清光绪十三年（1887）刻立，内容为两广总督张之洞为创办广雅书院呈光绪皇帝奏折。张之洞任两广总督期间，认为广州虽有粤秀、越华、菊坡精舍、学海堂等书院，但均少斋舍，肄业者不能住院，经费窘拮。于是会同广东巡抚吴大澂、广西巡抚李秉衡、广东学政汪鸣銮、广西学政李殿林呈奏光绪皇帝批准，兴办广雅书院，以一新风气。

撰文者张之洞（1837—1909），字孝达，直隶南皮（今属河北）人。清咸丰二年（1852）中顺天府解元，清同治二年（1863）廿七岁中进士第三名探花，授翰林院编修，历任翰林院侍讲学士、内阁学士、山西巡抚、两广总督、湖广总督、军机大臣等职，官至体仁阁大学士。早年是清流首领，后我为洋务派代表人物。

书丹者杨霁，字子和，汉军正红旗。浙江上杭驻防旗人。同治四年（1865）进士，授编修。

清　开设广雅书局恭摺

高138厘米，宽71厘米。广雅中学藏。

清光绪十三年（1887）刻立，为光绪十三年十二月十二日两广总督张之洞与广东巡抚吴大澂等联名奏请朝廷开设广雅书局事宜之奏折碑。

广雅书局创办于光绪十三年，原设于菊坡精舍，后将省城旧机器局场屋修葺应用，聘请顺德李文田学士为总纂，开局以后，“海内通经致用之士接踵奋兴，著述日出不穷”。雕版成书者千余种，雕片逾十万，刻书数量在当时居全国所有官刻书局之首。书局所刊刻的各种经籍图书，均赠藏广雅书院藏书楼（名冠冕楼），供院中诸生借阅研习。

录碑者陶浚宣，字文冲，号心云，别号东湖居士，浙江绍兴人，光绪二年（1876）举人，精于目录版本学，受聘于广雅书局；精通书法，笔力峻厚，名驰江南。著有《稷山楼诗文稿》。

清　朱子白鹿洞书院学规

高300厘米，宽185厘米。广雅中学藏。

清光绪十四年（1888）刻立，正文篆书，落款楷书。内容为朱熹所撰白鹿洞书院揭示，即《白鹿洞书院学规》。白鹿洞书院位于江西省庐山五老峰南麓后屏山下，因唐李渤尝读书于此，养一白鹿自娱，人称白鹿先生。而此地四山环合，俯视似洞，因名。南唐升元年间，白鹿洞正式辟为学馆，亦称“庐山国学”，后扩为书院。本学规是朱熹为培养人才而制定的教育方针和学生守则，集儒家经典语句而成。首先，它提出教育的根本任务，是让学生明“义理”，以达到自觉遵守之目的；其次，它要求学生按学、问、思、辨的“为学之序”去“穷理”“笃行”；再次，它指明了修身、处世、接物之要，作为实际生活与思想教育的准绳。

篆书者李文田（1834—1895），字畬光、仲约，号若农、芍农，谥文诚。广东顺德均安上村（今广东佛山）人。清咸丰九年（1859）进士，官至礼部侍郎。岭南书法名家，对碑帖源流有深入研究。

清　程子四箴碑

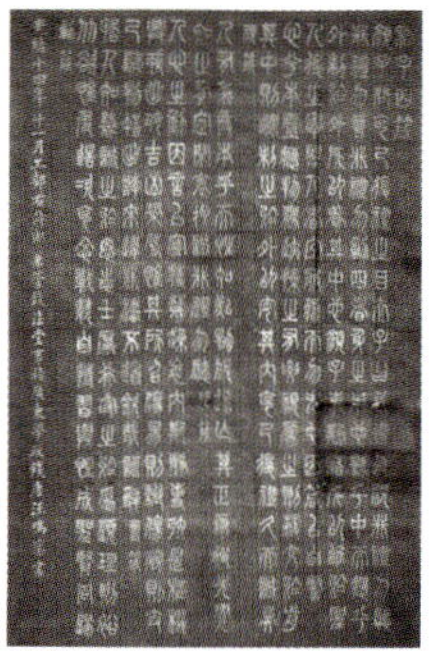

高300厘米，宽185厘米。广雅中学藏。

清光绪十四年（1888）刻立，正文篆书，落款楷书。内容为宋代大儒程颐所撰视、听、言、动四箴。

篆书者汪鸣銮（1839—1907），字柳门，号郎亭，一作郇亭，安徽休宁人，寄籍浙江钱塘（今浙江杭州）。清同治四年（1865）进士，历官翰林院编修，陕甘、山东、江西、广东等省学政，主裁河南、江西、广西、山东等省乡试，选拔人才注重实学。以功晋侍读学士、内阁学士。晚年还乡主讲杭州诂经精舍、敷文书院，潜心治学，化育人才。此碑当是汪氏任广东学政时所书，药洲《续广东学政题名碑》有汪氏名。

清　郑君六艺论碑

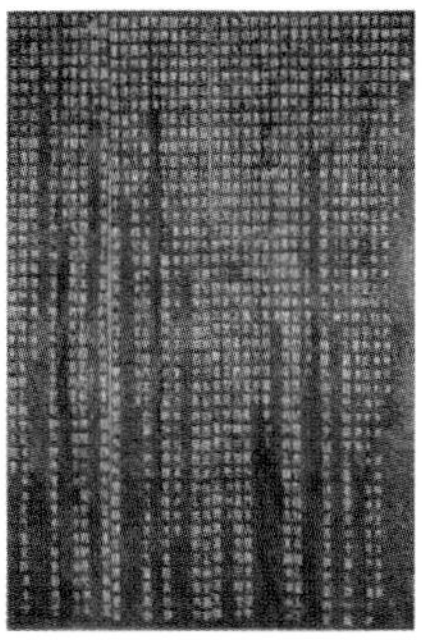

高300厘米，宽185厘米。广雅中学藏。

清光绪十五年（1889）刻立，碑文篆书。《六艺论》为东汉郑玄撰写的经学论作。已散佚，今存辑本约十种。清人皮锡瑞《六艺论疏证》述之甚详。

篆书者吴大澂（1835—1902），字止敬，又字清卿，号恒轩，晚号愙斋，江苏吴县（今江苏苏州）人，清同治七年（1868）进士。历官广东巡抚使，河南、山东河道总督。擅书法，尤精篆书。两广总督张之洞在广州创建广雅书院时，此碑当是吴氏应张之洞之请而书。张之洞、吴大澂在京为官时，即以清流自居，与张佩纶、陈宝琛、黄体芳、邓承修等人一起，放言高论，纠弹时政。

清　许君说文解字序碑

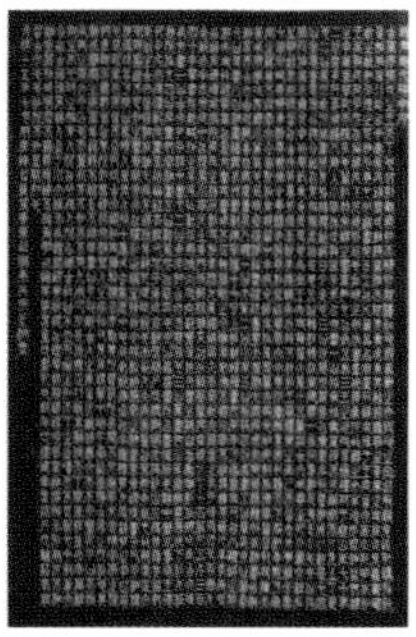

高300厘米，宽185厘米。广雅中学藏。

清光绪十五年（1889）刻立，碑文篆书。《说文解字》为东汉经学家许慎所著的一部文字学专著。许慎在序言中提及其对汉字源流发展、体式、作用等见解，对了解古文字发展情况极有参考价值。

许慎（约58—约147），字叔重，东汉时期汝南召陵（今河南漯河）人。曾任太尉南阁祭酒等职，师事贾逵攻古文经学，为正秦汉以来书体错乱和今文经派臆解经义之谬，撰写《说文解字》，为我国古文字学的开山之作。

清　请颁御书扁额摺

高214厘米，宽92厘米。广雅中学藏。

清光绪十五年（1889）刻立，篆额，正文楷书，为两广总督张之洞奏请光绪皇帝颁给广雅书院御书匾额奏折。碑文列举江苏紫阳书院，浙江敷文、崇文书院，福建鳌峰、正谊书院等均获御书匾额，张之洞援引各案，会同护理广西抚臣马丕瑶等恳请光绪皇帝赐广雅书院御书匾额，用以“垂范士林，以正学术，以励儒修”。

篆丹者英启（1802—1889），号续村，清沈阳汉军镶白旗人，清咸丰九年（1859）进士，授翰林院编修，晋侍讲，以奏办院事典祀记名，曾任两广盐运使。著有《雪堂唱和集》。

清　广雅书院学规

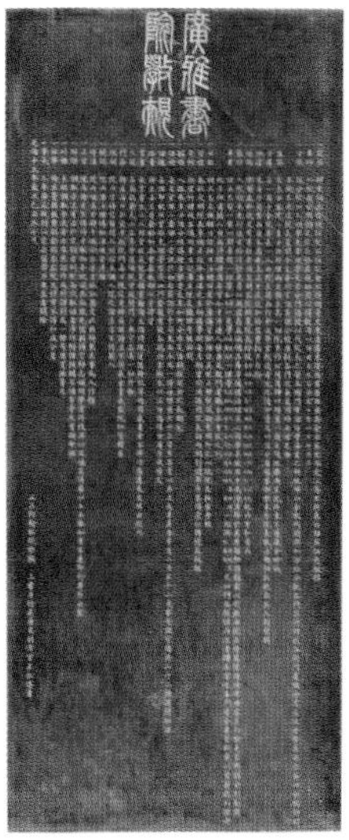

高214厘米，宽92厘米。广雅中学藏。

清光绪十五年（1889）刻立，篆额，正文楷书，内容为广雅书院学规，分定居、尊师、分校、监察、分斋、恤远、给假、敦行、专业、日记、习礼、考核、听讲、课题、给书、学书、人役、门禁、限制、学成等二十七条，可见广雅书院制度极为严格。后又续增十条，更为详细。

书丹者王仁堪，福建闽县（今福建福州）人，光绪三年（1877）正科状元。先授翰林院修撰，后外放山西学政。先后主持贵州、江南、广东乡试。

清　庐江书院碑记

高158厘米，宽74厘米。岭南金融博物馆藏。

现存越秀大马站庐江书院内。清嘉庆十八年（1813）刻立，碑额及正文楷书。记述嘉庆十八年庐江书院鼎建经过，以及岭南何姓繁衍之历史、何氏所出名人。此碑为庐江书院始建历史之最早记录。

撰文者刘彬华，字藻林，一字朴石，番禺（今广州）人，清嘉庆六年（1801）进士，授翰林院编修。不乐仕途，乞假归。先后主端溪、越华书院讲席，著有《玉壶山房诗钞》，辑《岭南群雅》二集。

清　重修庐江书院碑记

高158厘米，宽74厘米。岭南金融博物馆藏。

现存越秀大马站庐江书院内。清道光二十年（1840）刻立，篆额，正文楷书。记述道光二十年重修庐江书院经过，此役将祠东建筑改建为各房寓试之所。

撰文者何玉成，号琢石，番禺（今广州）人。道光十一年（1831）举人。道光二十一年（1841）鸦片战争期间，英军进犯广州，玉成即谋求联合各社学保守乡闾，并组织义勇于三元里牛栏岗击溃英军。随后又奉命率怀清社义兵驻扎城外各炮台，抵御英军。道光二十四年（1844）大挑一等，任四川射洪县知县。至咸丰末，辞官归里，主持乡中保良局，护守乡里。其诗文多散佚，后人辑有《揽翠山房诗辑》。

清　重修庐江书院碑记

高158厘米，宽74厘米。岭南金融博物馆藏。

现存越秀大马站庐江书院内。清同治七年（1868）刻立，碑额及正文楷书。内容为同治四年（1865），因台风致书院屋倾，族人集资重修书院之经过，后录负责是修之值事姓名及资金使用情况。

撰文者何锷，番禺（今广州）人。举人，曾任饶平县教谕、成名县教谕，为何氏族人。

清　增建何氏庐江别墅地基全图

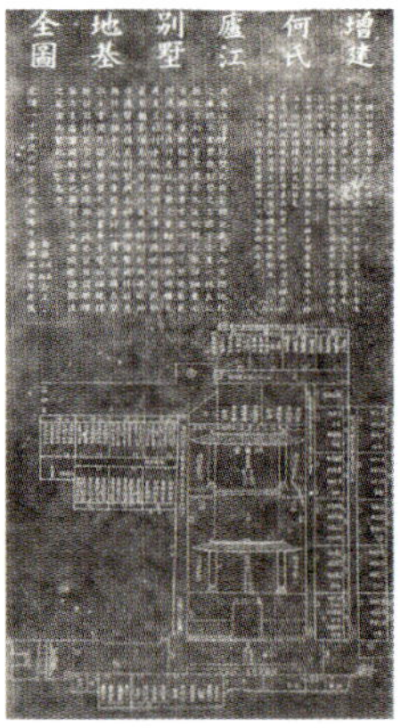

高147厘米，宽75厘米。岭南金融博物馆藏。

现存越秀大马站庐江书院内。清光绪二十年（1894）刻立，碑额及正文楷书。碑分两部分，上半部分为叙事文字，下半部分为别墅地基全图。碑文叙何氏族人购置用于建造别墅之地价银数目及契号，丈量别墅基址绘制全图之缘由。此图为研究当时庐江书院建筑的规模、布局等提供了参考。

清　重建始平书院碑记

高184厘米，宽78厘米。广州博物馆藏。

现存广州博物馆仲元楼展区碑廊。清道光二十七年（1847）刻立，原在广州仙湖街始平书院，后书院被毁，碑移置广州博物馆。始平书院是广东各地冯氏族人集资在省城共建的合族祠，除用作祭祀场所之外，还用于冯氏子弟入省城科考、读书、食宿及族人议事等，起到敬宗收族的作用。明清以来，尤其是清代，各姓合族祠在广州十分普遍。该碑记述了冯氏族人于道光二十七年重修始平书院的情况。始平书院始营于越秀山山麓，此次重修迁址于仙湖（即今广州大小马站一带）。

清　始平书院入主位添置尝产碑记

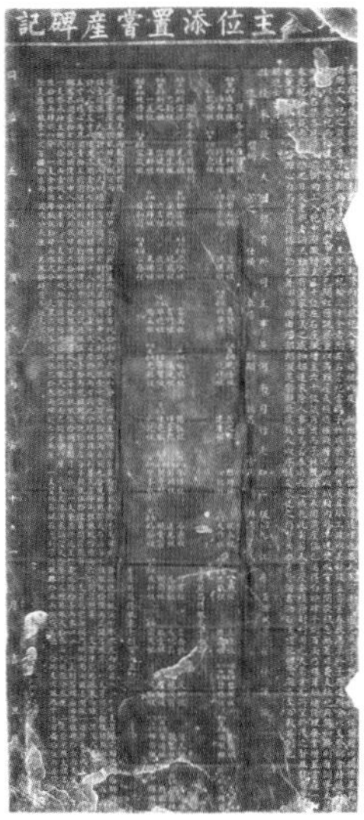

高185厘米，宽78厘米。广州博物馆藏。

现存广州博物馆仲元楼展区碑廊。清同治五年（1866）刻立，原在广州仙湖街始平书院，后书院被毁，碑移置广州博物馆。碑载始平书院（冯氏宗祠）创建于清乾隆元年（1736），清道光二十年（1840）重修，因清咸丰四年（1854）、七年（1857）广东洪兵战乱而遭焚毁，同治五年再次重修。该次维修的集资方法是“助工入祀”，即以集资多少而确定入祀资格与牌位，反映了商品经济对传统社会秩序的影响。该碑还记载了广东冯氏各地各房及其资金收支情况，对地方社会史研究有较高的文献价值。

撰文者冯栻宗，字越生，广东南海人，清同治四年（1865）进士，著有《海日庐诗草》。

民国　始平书院增入主位碑记

高188厘米，宽78厘米。广州博物馆藏。

现存广州博物馆仲元楼展区碑廊。民国十八年（1929）刻立，原在广州仙湖街始平书院，后书院被毁，碑移置广州博物馆。据碑文，始平书院创建于清乾隆元年（1736），始称冯氏大宗祠，后世多次重建，一百余年间，曾相继为乡贤祠、龙城书院、始平书院。至民国十八年，因书院业物微薄窘迫，复因政府辟路改造市政，尝铺被拆割，苦于债欠莫偿，遂再次发动冯氏族人捐资襄助增入新主。反映了广东宗祠入民国以来由盛转衰的现实状况。

撰文者冯百砺，南海人，冯氏族人。

书丹者冯伯樾，南海人，冯氏族人。

二、祠堂碑刻

明　亭岗黄氏祠堂之记

高148厘米，宽98厘米。白云石门街道红星村经济联社管理。

现存白云石井街红星村宣抚使祠内。篆额，正文楷书。该祠为红星村万善约黄姓族人之祖祠，始建于明天顺三年（1459）。此碑刻于明成化五年（1469），为广州目前发现较早的祠堂类碑刻，镌刻精美，品相完整。

撰文者丘濬（1421—1495），字仲深、琼山，号深庵、玉峰，别号海山老人，广东琼山（今海南海口）人。历经明景泰、成化、弘治朝，累官侍讲、礼部尚书兼文渊阁大学士，著述颇丰，声名远播。

明　重建广裕祠碑记

高100厘米，宽65厘米。从化钱岗村委管理。

现存从化钱岗村广裕祠内。明崇祯十二年（1639）刻立，篆额，正文楷书，记述重修陆氏祖祠之缘由与建祠经过。从化广裕祠为该地区陆氏家族宗祠，为有确切建筑年代之明代建筑，是

考据北民南迁历史以及南北建筑风格互相借鉴的一座重要古建筑。历史上曾有六次明确的维修记录，刻在脊檩下或者墙体上。据云，当年南宋宰相陆秀夫在广东崖门以身殉国后，其南迁的部分族人逃至此处藏匿，几百年后发展成钱岗村。

撰文者陆微臣，从化人，陆氏族人。

清　梁氏先贤千乘侯家庙碑记

高175厘米，宽83厘米。广东拙见文化发展有限公司管理。

现存越秀惠福路千乘侯祠（青云书院）内。清康熙四十一年（1702）刻立，篆额，正文楷书。广州梁氏千乘侯祠为广东广州府和肇庆府梁氏合族祠。该碑文叙家庙鼎建之缘由、经过、功用、建筑规模及部分题额等，为该家庙历史较翔实之记录。据碑载，清康熙三十七年（1698），梁氏族人集资购买省城广州马鞍街区、林两家房屋若干间，于此地建家庙。至清康熙四十年（1701），祠堂建成。文中提出，合族祠不仅为族亲在省会聚集之场所，还具有立庙教孝、化民成俗之功用。民国九年（1920）广州九曜坊正文堂刊印《千乘侯祠全书》，对该梁氏合族祠记辑甚详。

撰文者梁贻焘，广东新会人，清康熙三十年（1691）进士。

清　重修梁氏千乘侯家庙碑记

高62厘米，宽49厘米。广东拙见文化发展有限公司管理。

现存越秀惠福路千乘侯祠（青云书院）内。清乾隆四十一年（1776）刻立，篆额，正文楷书。碑文叙祠堂建成七十余年后，于乾隆四十一年由南海梁云池、梁应祥发起重修，自秋至冬越五个多月，工始告竣。迨清同治五年（1866），祠堂再次重修并拓展，越二年即同治七年（1868），祠堂大修告成。扩建后，祀主数目空前扩大。此碑对研究该祠堂的历史及其历代重修情况有一定的价值。

撰文者梁云池，字鹤泉，南海人，进士，授文林郎，拣选知县，梁氏族人。

清　皇恩圣裔历朝优免定案碑记

高189厘米，宽79厘米。广州市黄埔联和街暹岗社区经济联合社管理。

现存黄埔联和街暹岗中街圣裔宗祠内。清雍正三年（1725）刻立，碑额及正文楷书。据碑载，孔子之三十八代孙孔戣后裔定居广州，散处番禺、顺德、南海等县的小龙、诜敦、上冲、罗格等村庄，依例请求优免杂徭。官府准予优免部分杂徭，立石定案，将优免定案碑模分至相关各县。该碑位于暹岗的一通，现白云江高镇叶边村中街的孔姓族人太公祠圣裔家庙内也存有一通，内容与本碑相仿。从碑文中可知清政府因宣扬儒家思想而按明朝之例优待孔子后裔。

清　节马图碑

宽40厘米，残长156厘米。广州博物馆藏。

现存广州博物馆镇海楼展厅。碑端州石质，已断裂为左、中、右三截（左截下缺一块）。碑右半截上端刻“节马图”三字，下端绘刻虎门沙角炮台守将陈连升所骑的黄骠马，昂首挺胸，跃骧左蹄。绘马者署名吴仲山。碑石的左、中截刻跋文和《节马行》七言长诗及跋文，作者为番禺庠士陈昭，顺德赖子猷书丹，署名之下因缺损文字，不清。左面刻“同治元年岁次壬戌”，最后刻有两行并列“水师提标”官衔字样，据《东莞县志》载，应为“调署水师提标中军参将郑耀祥、调署水师提标右营游击赖建猷同立”。

《节马行》诗及跋文记述黄骠马的故事：清道光二十年（1840）六月，第一次鸦片战争爆发。是年冬，沙角、大角炮台被英军攻陷，守将陈连升父子奋力抵抗，壮烈牺牲。陈连升所骑的黄骠马被英军掠至香港，但此马颇有气节，英人“饲之不食，近则蹄击，跨则堕摇”，“刀斫不从”，常“向沙滩北面悲鸣”，见华人“即泪涔涔下”，“以致忍饿骨立”，于道光二十二年（1842）绝食死去。

陈连升父子殉难后，道光皇帝谕“在其阵亡之处所建立专祠”，当时不知何因未建，而附祀于虎门寨“关忠节祠”内。清同治元年（1862），水师提督温贤、水师提标中军参将郑耀祥、水师提标右营游击赖建猷等捐俸筹款重修关忠节祠，刻此“节马图”石立于祠内。抗战期间祠被毁，石刻下落不明。1956年在虎门寨杂草废墟中发现此残碑。

节马行

节马者，都督陈公连升之马也。庚子冬，沙角陷，公父子死之，马为逆夷所获。至香港，群夷饲之不食，近则蹄击，跨则堕摇，逆怒，刀斫不从，放置香港山中，草亦不食，日向沙滩北面悲鸣。华人怜而饲之则食，然必以手捧之，若置地即昂首而去，以其地为夷有也。每华人围视指为陈公马，即泪涔涔下，或呼能带归，亟摇尾随之。然逆终不肯放还，以致忍饿骨立，犹守节不变。道光壬寅四月马卒香港，爰为诗志之。

君不见太白经天海出血（己亥秋七月太白昼见，庚子秋狮海出血），将星坠地天瓯折。抬枪一起海氛生（庚子冬彗星见），人兮物兮成大节。岭南虎海为天关，天设险阻门重环，沙角首当第一隘，英夷突犯先攻攀。乃公死守不肯下，大帅早令避三舍，跋前踬后可奈何，父子精忠贯华夏（时制府相国琦侯令各台不许以炮击夷，其台后有径，前督少穆林公设兵御之，琦侯至撤去，逆夷得由后径入，故前后交攻，仓猝被陷）。岂知有马心如公，汗血霜蹄曾立功。胡沙百战骋神骏，雄姿壮志同群空。主人云亡竟被执，泪眼盈盈垂涕泣。恨不行空驾烈魂，追随神武天门入。逆夷牵向香港中，悲嘶首北难朝东，抚摩叫跳跨摇堕，侧目疾视仇雠同。贞操耻食夷人粟，只受吾华刍一束，忍饥忍痛骨如柴，山下采薇犹自辱。古来骐骥传名驹，如斯节烈前古无，良马之性犹人性，乌骓赤兔难齐驱。可知天朝忠义洽，马犹不肯为夷胁，何况斯民沐化深，肯向蠢夷甘服压？蠢夷投饵奸民贪，奸民见马当怀惭。恩威不顾忍饿死，物犹如此人何堪！吁嗟乎可怜香港荒烟没，谁肯千金收骏骨。今我题诗当史书，壬寅四月节马卒。

番禺庠士陈昭子坡未定稿，顺德赖子猷敬书。同治元年岁次壬戌孟冬吉旦，调署水师提标中军参将郑耀祥、调署水师提标右营游击赖建猷同立石。

清　防御史钟公祠诗碑

高101厘米，宽70厘米。钱岗村委管理。

现存从化太平镇屈洞村防御使钟公祠。清康熙年间刻立，一碑二石，正文草书，刻五言古诗一首及跋。诗之内容为作者来到龙腾里，与钟氏族人相处喜悦融洽。跋文述钟氏始祖防御史钟公轼之事迹及安家于广州之缘由和作者受邀撰序之经过。书以狂草，走笔如龙。

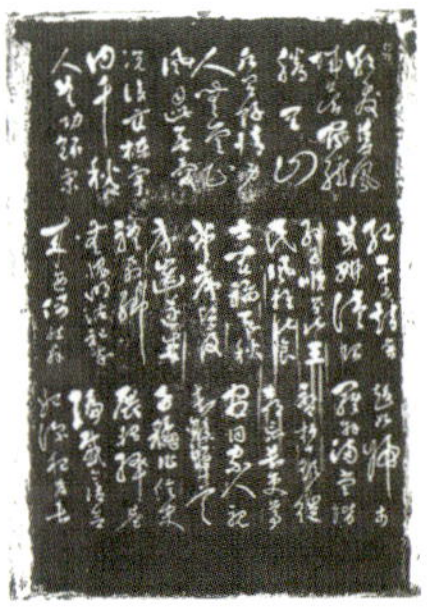

撰诗文及书写者萧大成，云南建水人，康熙年间任从化知县。

民国　重修观音古楼改建妙吉祥室记

高136厘米，宽70厘米。广州市满族文化学会管理。

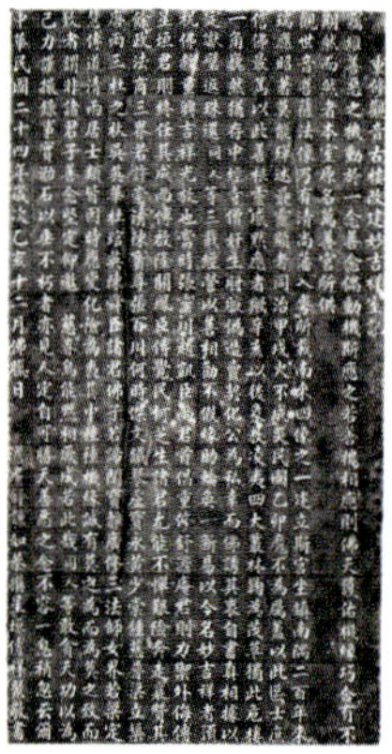

现存海珠中路与惠福西路交汇处之观音楼。民国二十三年（1934）刻立，记述该楼重修及改建缘由经始等。据碑载，该楼本名万善宫，又称万善禅院，肇建于清初，原为八旗官兵崇祀香火之所，奉平南王尚可喜入粤所携来观世音菩萨像一尊，世人又呼之曰观音庙。至民国二十三年重修之，易名“妙吉祥室”。

此地在清代为满洲八旗之正红旗驻防之区，该观音楼一直是正红旗管理。光绪年间曾请来一位贞海和尚做主持，后贞海和尚又将主持之位传给其徒弟作禅和尚。辛亥革命后，广州市政公所清理登记八旗公产，观音楼名列公产范围。当时政府规定所有八旗公产先行没收后再招投，但原使用人有优先承投的权利，这时一部分满族人合议保存并赎回观音楼，由作禅和尚和满人佟广安向外筹款，优先把观音楼承投回来，并将“投回执照”交债权人抵按。不久政府又按中央条例，再次清查庙宇，作禅和尚利用此机会，瞒着满族民众私自向债权人索回“投回执照”，用张贞海与梁作的名义进行登记，办理产业转移手续，换名契税，观音楼遂变为作禅和尚私产。此欺骗行为激起满族民众公愤，傅星垣、舒澹庵、张灵川等人出面与作禅和尚交涉无果，后即向广州地方法院提出控诉，作禅和尚见事情败露，只能承认其过错。民众遂收回观音楼并改建易名“妙吉祥室”。

三、会馆碑刻

清　锦纶祖师碑记

高198厘米，宽128厘米。广州市荔湾文化广电旅游体育局管理。

现存荔湾康王南路锦纶会馆内。清雍正九年（1731）刻立，碑额隶书，正文楷书。碑文先叙广州城西聚集业蚕织者数百家，可知当时蚕织业的规模极大，再叙会馆择地于西来胜地附近，最后详细记录广州锦纶会馆始建经过。从碑文中可知，当时锦纶会馆供奉的是被世人称为“仙槎神”的汉代博望侯张骞。文中简要叙述张骞“乘槎至天河得支机石”之传说。碑文提及“彼都人士擅衣冠文物之奇，远国商帆，尽困载贸迁之盛”，可知广州当时商贸繁盛状况。锦纶会馆为清朝至民国期间广州丝织行业会馆，原位于下九路西来新街，为广州纺织业（即锦纶行）管理者聚会议事之场所，见证了中国资本主义的萌芽，是目前广州唯一留存的行业会馆建筑。

撰文者何梦瑶（1693—1764），字报之，号西池，广东南海人，清代岭南著名医学家。雍正八年（1730）进士，曾任义宁、阳朔、岑溪、思恩等县县令，清乾隆十五年（1750）辞官返回广州，先后在粤秀书院、越华书院主持院务。

清　重修锦纶会馆碑记

高116厘米，宽68厘米。广州市荔湾文化广电旅游体育局管理。

现存荔湾康王南路锦纶会馆内。清光绪二年（1876）刻立，碑额及正文楷书，记述光绪二年重修锦纶会馆事由经过。据碑载，锦纶会馆自清初鼎建，乾隆癸未（1763）至道光乙酉（1825）之岁，曾三度重修。碑后附重修会馆的资金来源，包括历年留存及本次助金款目、实物、商号，对了解当时广州丝织业状况有一定参考价值。

清　外江梨园会馆碑记

高191厘米，宽84厘米。广州博物馆藏。

现存广州博物馆镇海楼展区碑廊。清乾隆四十五年（1780）刻立，原在广州粤省外江梨园会馆（馆久已毁，遗址在今广州解放中路魁巷），1963年移置广州博物馆。碑文记载，该梨园会馆始建于乾隆二十四年（1759），是外省戏班行业公会性质的组织，于乾隆四十五年重修，当时参加重修会馆的有湖南、江西、安徽等省的十多个戏班，其中仅安徽省就有八个，反映了当时广州与外省文化艺术交流的盛况，以及粤剧受外地剧种影响的情况。碑文所列的条规中，有“来粤新班，俱要上会入公，有如充官戏不上会，官戏任唱，民戏不准”的规定，反映了当时在戏剧艺术方面，民班与官班之间存在着矛盾。从一个侧面反映了清代一口通商下的广州，中外商客聚集、各省戏班汇集、经济生活繁荣的景象。

清　财神会碑记

高105厘米，宽56厘米。广州博物馆藏。

现存广州博物馆镇海楼展区碑廊。清道光三年（1823）刻立，原在广州粤省外江梨园会馆（馆久已毁，遗址在今广州解放中路魁巷），1963年移置广州博物馆。据碑载，该梨园会馆原供奉福德财神，此次重修由财神会会众赞助。财神会是该馆外省戏剧艺人捐资设立的福利性组织。碑文所列的条规中，有吉凶相助及给予经济困难者回家路费的帮助等规定，体现了该会的功能，以及民间艺人团结互助的精神。此碑是研究广府地区戏剧史的重要史料。

清　长庚会碑记

高110厘米，宽65厘米。广州博物馆藏。

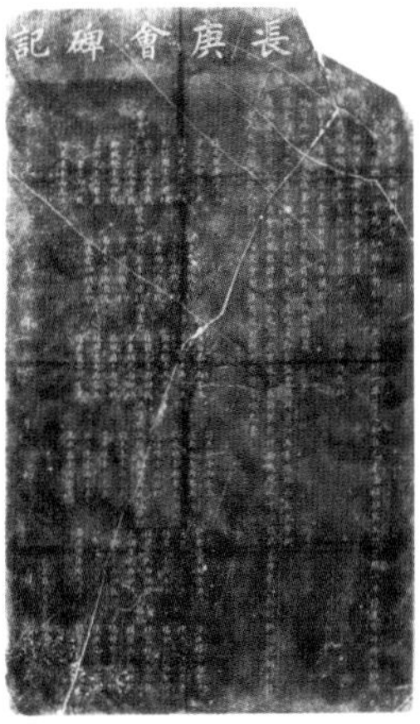

现存广州博物馆镇海楼展区碑廊。清道光十七年（1837）刻立，原在广州粤省外江梨园会馆（馆久已毁，遗址在今广州解放中路魁巷），1963年移置广州博物馆。碑额及正文楷书。碑右上角残缺之字，据考补为“重起”二字。长庚会是当时来广州演戏的外省戏剧艺人所建立的福利组织。碑文所列条规中，有“会内年老之人实不能做班者”“即帮盘费”“孤贫身故无靠者，会上帮银”等内容，体现了民间组织内部成员间互帮互助的情况。

清 创建东平公社碑记

高149厘米，宽72厘米。广州博物馆藏。

现存广州博物馆镇海楼展区碑廊。清道光二十三年（1843）刻立，原在广州北郊东平公社，1963年移置广州博物馆。碑文记述了鸦片战争时期，广州北郊及花县、增城、从化地区二百四十余乡的乡民为抵御外侮、保卫乡土，经两广总督批准而建立起公社，在后来的反抗外来侵略斗争中发挥了重要的作用。此碑是研究晚清以来广州乡郊宗族社团面临战乱动荡而采取组建武装保家自卫的重要史料。

清 癸酉重建会馆碑记

高157厘米，宽77厘米。广州博物馆藏。

现存广州博物馆镇海楼展区碑廊。清同治十三年（1874）刻立，原在西关银行会馆（遗址在今广州珠玑路连珠巷），1963年移置广州博物馆。碑额隶书，正文楷书。银行会馆是金融业的行会组织。据碑载，该银行会馆始建于清康熙十四年（1675），同治十二年（1873）重建，这次重建，建筑规模扩大不少，出资修建的银号有六十四家。而据清乾隆三十四年（1769）该会馆《己丑重修银行会馆碑记》所载，当时参加重修会馆的银号只有三十四家，两次重修相距一百零四年，参加修建的银号增加近一倍之多，可见至晚清广州银号业的兴旺，反映了清代广州商品生产和贸易的繁荣。该碑记对研究当时广州银号的性质、特点和地位等问题有重要的参考价值。

撰文者冯树勋，号述翁，广东南海人，曾任苏州府元和县事等职。

清 增建祥镇军祠添置祀田碑记

高151厘米，宽73厘米。广州博物馆藏。

现存广州博物馆镇海楼展区碑廊。清光绪十二年（1886）刻立，原在广州市东郊乌涌祥镇军祠，祠久已毁，1963年移置广州博物馆。碑文记述在鸦片战争时期，湖南镇军祥福（满族）率领湖南兵900人增援黄埔乌涌炮台，抗击英国侵略者的英勇事迹。1841年2月27日，英军猝然向乌涌炮台发起进攻，祥福率军奋勇抗敌，最后祥福及全军壮烈殉国。清政府在乌涌修建了祥镇军祠，又在祠后的牛山建合葬墓，以表彰殉国的官兵。光绪九年（1883），钦差大臣、太子少保、办理广东防务兵部尚书彭玉麟倡议捐资增置祀田及加修祠宇。碑文后所附捐款名单中，除彭玉麟外，还包括时任两广总督张之洞、广东水师提督方耀、广东陆路提督郑绍忠、潮州镇总兵邓安邦等将领。此碑是研究鸦片战争时期所发生系列战事的重要史料。

撰文者周德芬，广东番禺人，清光绪年间举人。

清 闽会馆修建碑记

高185厘米，宽79厘米。广州博物馆藏。

现存广州博物馆仲元楼展区碑廊。清道光二十三年（1843）刻立，原在广州福建会馆，馆址久废，碑遂移存广州博物馆。该碑额已失，正文楷书，记述福建会馆成立始末。据碑载，该福

建会馆自陈望坡倡建，郑云麓曾更新之。陈望坡，即陈若霖，字宗觐，号望坡，福建闽县（今福建福州）人，清乾隆五十二年（1787）进士，曾任广东署理布政使、广东巡抚兼两广总督，曾主持重修《广东通志》。郑云麓即郑开禧，字迪卿，又字云麓，福建龙溪（今福建漳州）人，清嘉庆十九年（1814）进士，曾分巡广东粮储道。

撰文者林鹗腾，字荐秋，号晴皋，福建同安厦门（今福建厦门同安区）人，道光二十年（1840）进士，官编修。

清　福建会馆建置祀业碑记

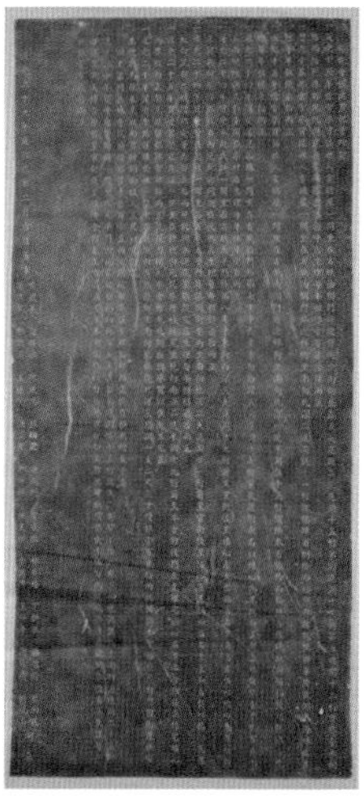

高185厘米，宽81厘米。广州博物馆藏。

现存广州博物馆仲元楼展区碑廊。清道光二十九年（1849）刻立，原在广州福建会馆，馆址久废，碑遂移存广州博物馆。碑文记载福建会馆于广州城内购置了七处房产，作为商铺批租，并收取租银。此碑为了解清代会馆经营方式、广州城坊、民间商号及物价等提供了翔实资料。

会馆，即古代中国同乡或同业设立的封建金融性团体。汉代即有，名称最早见于明代，清代更盛行，宗旨是维护同乡或同业的内部利益。闽会馆，亦称福建会馆，为在粤福建籍官宦或商人创建。该碑于晚清地方社会经济史研究有参考价值。

清　潮州八邑会馆天盘全图

高183厘米，宽78厘米。广州博物馆藏。

现存广州博物馆仲元楼展区碑廊。清光绪二年（1876）刻立，原在广州长堤大马路潮州会馆（现真光中学）内，后移置广州博物馆。该潮州八邑会馆创建于清同治十年（1871），由当时署理潮州总兵方耀倡议在省城广州建立，邀广州、香港两地潮商襄助，现址仅存中堂和礼亭。此碑分文字与图两部分，碑右侧上部为一段记述该会馆之方位堪舆文字，余部刻绘一幅会馆大型平面图。该图镌刻精良，标注细致，构图逼真，展现了当时潮州会馆的恢宏格局，借此可了解当年潮州八邑会馆的建筑规模和布局，于地方经济社会与建筑技术研究均有其文献价值。

清　奕世流芳碑

高182厘米，宽76厘米。广州博物馆藏。

现存广州博物馆仲元楼展区碑廊。清光绪二年（1876）刻立，原在广州长堤大马路潮州会馆（现真光中学）内，后移置广州博物馆。记载了当时修建潮州八邑会馆捐资人姓名及款目。

民国　陈东塾先生像碑

高81厘米，宽54厘米。广州博物馆藏。

现存广州博物馆镇海楼展区碑廊。民国十九年（1930）摹绘刻石，原置于禺山书院（遗址在

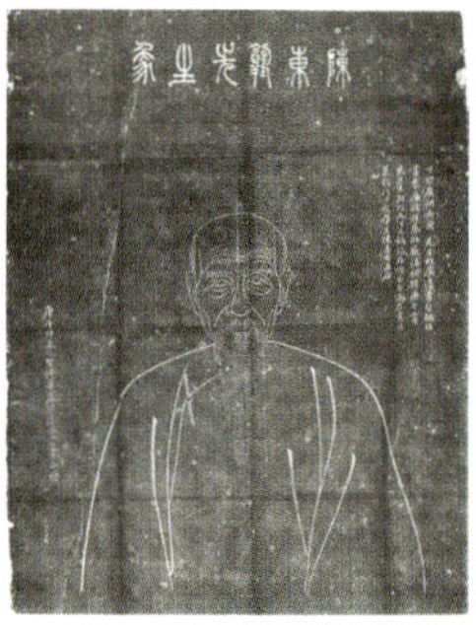

今广州中山四路），1963年移置广州博物馆。篆额，正文行书。此像碑为陈澧学生据其家藏传真画像所刻。跋文所谓“丁卯兵燹”，当指民国十六年（1927）12月11—13日的广州起义事件。是年广州颇不平静，先是4月份的四一五广州大屠杀，再有11月份的“张黄事变”，最后是12月份的较大规模的“广州起义”。堪称兵燹之年。

陈澧（1810—1882），字兰甫，号东塾。清代广东著名学者。其一生从事教育和著述，历任广州学海堂、菊坡精舍等书院山长，在天文、地理、历史、音韵、乐律、数学等方面，均有一定研究和贡献，也善诗词、散文。著有《汉书地理志水道图说》《声律通考》《切韵考》《东塾读书记》《东塾集》《忆江南馆词》等。

民国　永远不得别立名目再行征抽告谕碑

高136厘米，宽70厘米。广州市荔湾区文化广电旅游体育局管理。

现存荔湾康王南路锦纶会馆内。民国十三年（1924）刻立，碑额及正文楷书。碑文分三部分。第一部分为清光绪二十四年（1898）的官府公文。第二部分为民国十三年广东省省长廖仲恺签署的两份布告。第三部分为行会对上述公文的说明。主要内容为政府对出口土绸绣巾等项须将应抽缴厘金经费归回本行，永远不得别立名目再行征抽。此碑为了解晚清及民国时期广州行业会馆的功能、出口税收政策提供了史料。

第三节　名胜园林碑刻

宋　米芾《九曜石》诗刻

高60厘米，宽56厘米。广州粤剧院有限公司管理。

现存越秀西湖路药洲遗址内。宋熙宁六年（1073）米芾题刻，楷书，诗曰：“碧海出蜃阁，青空起夏云。瑰奇九怪石，错落动乾文。”署款：“米黻，熙宁六年七月。”宋代米芾书《九曜石》一首，为药洲重要石刻之一，因年代久远曾难以寻觅。清乾隆年间翁方纲三任广东督学，共八年，第五年时发现此诗刻。民国《番禺县续志》收录此诗刻。

撰书者米芾（1052—1108），初名黻，后改芾，字元章，号海岳外史，又号鬻熊后人、火正后人，湖北襄阳人，北宋书法家、画家、书画理论家，与蔡襄、苏轼、黄庭坚合称“宋四家”。曾任广东浛洸（今广东英德）尉，历任校书郎、书画博士、礼部员外郎。

宋　米芾“药洲”题刻

高28厘米，宽25厘米。广州粤剧院有限公司管理。

现存越秀西湖路药洲遗址内。宋熙宁六年（1073）米芾题刻，楷书，文曰：“药洲。米黻元章题。”阮元《广东通志》以“药洲”题字载于熙宁六年，当与米芾《九曜石》诗刻同时期。熙宁六年，米芾南游粤东，曾题《九曜石》诗刻。此“药洲”二字题刻属米芾早年所作，书体较为端正，不甚老练，但不失天机灵动之感，可由此观米芾早年书风。此石几度迁移，曾被移置布政使署，清光绪十四年（1888）张之洞移置两广总督署，民国二十三年（1934）广东省教育厅厅长黄节又移到永汉公园。20世纪50年代，广东省文物保管委员会复还原地。

宋　许彦先咏药洲诗刻

高45厘米，宽27厘米。广州粤剧院有限公司管理。

现存越秀西湖路药洲遗址内。宋熙宁七年（1074）许彦先题刻。楷书，刻许彦先咏药洲七绝一首，诗曰：“花药氛氲海上洲，水中云影带沙流。直应路与银潢接，槎客时来犯斗牛。”署款：“熙宁甲寅上巳，彦先再游，移、禨、榅稹、秧侍。”千余年来，历代来药洲者多有和韵。阮元《广东通志》认为此诗首句说明“药洲”以种植花药得名，而非《南海百咏》《古迹记》《名胜志》所称之南汉刘氏集方士炼药所在。

撰书者许彦先，字觉之，广东始兴人。宋天圣三年（1025）进士，深于《易》，熙宁五年（1072）任广南转运使。

宋　程师孟等“同游药洲”题刻

高28厘米，宽65厘米。广州粤剧院有限公司管理。

现存越秀西湖路药洲遗址内。宋熙宁七年（1074）程师孟等题刻，楷书，文曰：“程师孟、金君卿、李宗仪、许彦先同游药洲。熙宁甲寅上元日题。”程师孟（1015—1092），字公辟，号正议，吴县（今江苏苏州）人。宋熙宁年间任广州知州时，扩筑西城，大兴文教，政绩卓著，粤人赞服，为其立生祠。他曾两度来药洲，一次石上题名，一次题五言古诗，有“何人移巨石，终日压寒泉”之句。金君卿，字正叔，饶州浮梁（今江西浮梁）人。宋庆历年间登进士甲科，宋皇祐二年（1050）官秘书丞，皇祐五年（1053）官太常博士，累知临川、权江西提刑，入为度支郎中，与许彦先并熙宁中任转运使。李宗仪，熙宁年间知南雄州，广东连州燕喜山亦有其题名。

宋　曾布等“正月晦日游”题刻

高70厘米，宽28厘米。广州粤剧院有限公司管理。

现存越秀西湖路药洲遗址内。宋元丰元年（1078）曾布等题刻，楷书，文曰：“广东经略安抚使起居舍人龙图阁待制曾布子宣、转运副使都官外郎向宗旦公美、转运副使屯田外郎沈叔通道济、前广西转运判官太常赓声叔，元丰元年正月晦日游。”该石刻首行“广”字已为人敲落，兹据翁方纲书《九曜石歌并跋》补阙。据周中孚《九曜石刻录》载，《宋史·奸臣传》中有曾布（1036—1107），字子宣，江西南丰人，曾知广州，宋元丰初，以龙图阁待制知桂州，此石刻上阙字当为“待”字。向宗旦，河内（今河南沁阳）人，见《万姓统谱》，于宋熙宁九年（1076）任广东转运副使。据阮元《广东通志》载：宋熙宁十年（1077）有沈叔通任转运使，遂济即沈叔通。据石刻，元丰元年，叔通尚为副使。

宋　时仲等“同游”题刻

高48厘米，宽57厘米。广州粤剧院有限公司管理。

现存越秀西湖路药洲遗址内。宋元祐元年（1086）时仲等题刻，楷书，文曰：“时仲、公诩、积中同游。元祐丙寅季春初八日题。”清代学者翁方纲认为此题刻为涪洸尉米芾游广州时书写，但据考证，此题刻并非出于米芾手笔。张升卿，字公诩，元祐年间任广东经略安抚使。

宋　邹非熊等“煮茶景濂堂”题刻

高35厘米，宽16厘米。广州粤剧院有限公司管理。

现存越秀西湖路药洲遗址内。宋淳熙十五年（1188）邹非熊等题刻，隶书，文曰：“邹非熊宗望、管湛定天，步自葛仙洲，煮茶景濂堂，采鞠药谷，捞舟九曜石下，摩挲前贤题刻而去。淳熙戊申十月丁卯。”景濂堂为纪念周敦颐濂溪的建筑。邹非熊，字宗望，宜黄人，宋淳熙十一年（1184）进士，官广东提刑。管湛，字定天。《广西通志·职官表》：“管湛，嘉定初，广西转运判官，寻知静江府，又任广西提点刑狱。”

明　陈卿《吴鹏疏甃药洲》碑

高57厘米，宽19厘米。广州粤剧院有限公司管理。

现存越秀西湖路药洲遗址内。明嘉靖十七年（1538）陈卿题刻，楷书，文曰：“督学秀水吴鹏，顷于药洲疏甃起涤，故时胜概复者什九，此即九曜第一石也。同臬事宜宾陈卿、慈溪叶照、钱塘吴玭、建安李默载酒来观，再淹瞑莫。时嘉靖戊戌二月之廿三日卿题。”据翁方纲《粤东金石略》，李默（1494—1556），字时言，瓯宁（今福建建瓯）人，官广东佥事，博览群籍，累官吏部尚书，以不阿严嵩下狱，忿恨卒。据《广东通志·职官表》明嘉靖朝按察司佥事下载，吴鹏、孙世佑、李文凤、雍澜俱十六年任，是刻作戊戌即十七年，吴鹏尚任督学。所谓同臬事陈卿、叶照、吴玭、李默，考诸表副使，吴玭十六年任，叶照十四年任，而陈卿、李默俱失载，此足以补其阙。

撰书者陈卿，四川宜宾人。明弘治十八年（1505）进士，曾任都御史、兵部侍郎。

明　镇海楼记碑

高243厘米，宽134厘米。广州博物馆藏。

现存广州博物馆镇海楼展区碑廊。明嘉靖二十六年（1547）刻立，为现存记载镇海楼最早碑记。碑文记述嘉靖二十四年（1545）广东提督蔡经倡议重建镇海楼，蔡经离任后，由总督侍郎张岳继续主持完成重建工程之经过。时距镇海楼创建一百六十七年，是史志所载镇海楼第二次重修。

撰文者张岳，字维乔，号净峰，福建惠安人，明正德十二年（1517）进士，授行人，因阻谏武宗南巡，被贬为南京国子学正。世宗即位，张岳官复原职，迁行人司右司副。后改任南京武选员外郎。出为广西提学佥事，改提学江西。嘉靖二十三年（1544），迁右副都御史，总督两广军务兼巡抚。嘉靖二十六年任刑部右侍郎，平定湘粤苗民叛乱，其主持重修镇海楼正值此际。

督工者程铎，字子本，歙县人，曾官奉政大夫、广州府同知。

清　锡特库等《游督学园林》诗碑

高135厘米，宽60厘米。广州粤剧院有限公司管理。

现存越秀西湖路药洲遗址内。清乾隆十五年（1750）刻立，在药洲姚文田书“濂溪遗址”碑阴，行书，为广州将军锡特库题《游督学园林》诗二首并序，以及夏之蓉、吴嗣富和韵并跋。药洲于明代曾为提学道道署、于清代曾为学政署所在地，故诗中称此地为“督学园林”。锡特库，清朝将领，曾任广州将军，乾隆二十年（1755）由广州将军调任巴里坤驻防都统。夏之蓉（1697—1784），字芙裳，号醴谷，江苏高邮人，清雍正十一年（1733）进士，授检讨。工书法，用笔在赵孟頫、董其昌之间。著《半舫斋诗集》。吴嗣富，清杭州诗人，曾任陕、粤、湘二省学政。

清　翁方纲《九曜石歌》碑

高30厘米，宽68厘米。广州粤剧院有限公司管理。

现存越秀西湖路药洲遗址内。清乾隆三十一年（1766）翁方纲刻立，一碑原八石，顺序相连，楷书，内容为翁方纲所作《九曜石歌》长诗并跋文，诗并跋原刻在八块碑中，第七块已失，第八块与翁方纲书《题仙掌石并序》共刻一石。诗中“药洲两字亦是元章题”指其寻到的米芾题“药洲”石刻，“不知米家诗句刻何处”指当时尚未寻到的米芾《九曜石》诗刻。跋中记录了药洲九曜石上的部分石刻。

撰书者翁方纲（1733—1818），字正三，号覃溪，晚号苏斋，直隶大兴（今北京）人，乾隆十七年（1752）进士，官至内阁学士，三任广东督学，共八年多，前四年曾遍寻九曜石未获米芾石刻，直到第五年才偶然发现米芾石刻不知何年被移入广东布政使署东园竹林中，成为发现米芾石刻的第一人。著《粤东金石略》，附《九曜石考》。

清 浔冈洲图碑

高176厘米，宽81厘米。广州博物馆藏。

现存广州博物馆镇海楼展区碑廊。清同治十三年（1874）刻立，原置于佛山南海浔冈洲邹氏宗祠（风劝祠），1963年移置广州博物馆。此图为浔冈洲地理形貌，由清代广东著名学者邹伯奇主持绘制。学者陈澧题识曰：“此图每方格为一里，长短结合，二十四向不差，山川形势无不毕肖，地图至此，精密至极矣。”此图刻工精细，代表了当时绘制地图的最高技法和水平。

清 海山仙馆石刻

高34厘米，宽23—90厘米。广州艺术博物院藏。

海山仙馆原在广州城西荔枝湾一带，为清代富商潘仕成的别墅，始建于清嘉庆道光年间，是晚清著名的园林名胜，广近百亩，亭台楼阁众多，游廊曲榭，沿壁遍嵌着高34厘米，宽23—90厘米大小不一的石刻一千多块，皆晋、唐以来名迹暨当代名流翰墨手牍，称“海山仙馆丛帖刻石”。刻石凡七十卷，其中《海山仙馆摹古》十二卷，《海山仙馆藏真初刻》至《四刻》五十二卷，《楔序》二卷，《尺素遗芬》四卷，开创了丛帖中藏真与摹古分开的先例。刻石始于清道光九年（1829），迄于清同治五年（1866），历时三十八年。《海山仙馆摹古》“专取古帖重刻，多世间稀有之本”，书者自晋至唐；《海山仙馆藏真初刻》则多为唐至明、清名家手迹，“俱从墨迹钩摹”；《楔序》是历代名家临摹晋王羲之《兰亭集序》十六种。以上丛帖虽内容丰富，但缘潘氏求全心切，忽略精审，间有真伪良莠杂陈之纰漏，学者多有指述。

《尺素遗芬》为海山仙馆丛帖刻石中的专题之一，内容都是海山仙馆主人潘仕成的知交好友所致之书信。据现存六十石统计，书信作者初计一百一十三人，信函一百三十余件，多系清代鸦片战争后的名宦显贵、地方政要和科第才子。他们大多与潘仕成有公私往还，过从颇密。著名的如钦差大臣、两广总督林则徐，荣为殿撰后成为植物学家的吴其濬，代表清廷签署中英《南京条约》、中法《黄埔条约》、中美《望厦条约》的相国耆英，镇压太平军首领石达开的骆秉章，等等。

当年潘氏对这帮贵交的书信异常珍爱，特选出“归道山者”（即死去的）拓本行世，美之曰《尺素遗芬》。一般每人一篇，也有二篇以至九篇的。每篇或数十字，或数百字，或近千字，共约四五万字，内容繁复，如林则徐赞扬潘仕成捐资招募壮勇保卫广州，邓廷桢知会潘仕成前往广州石门演习试炮，祁埙邀约潘仕成派员前往虎门现场商定海防堤工之进行。又如广州十三行对外贸易议改商办，清政府库房亏缺七百万两等“内情”。再如赞美馆中藏书和石刻是“极石刻之大观，洵艺林之秘藏”等记述。石刻书法有楷、行、隶、篆、草五体，以草书、行书为多。据潘氏在《尺素遗芬》的序言所说：“当年海内麟鸿，投赠宝翰如林，为用式遗芬，珍藏秘笈，永寿贞珉。”

咸丰、同治以后，潘仕成因经营盐务失利而破产，海山仙馆没官拍卖。此后石刻大部分流离散失，到20世纪50年代，所余四百方由广州博物馆收藏，又在“文化大革命”间遭毁坏，幸存完整的仅八十余方，残断的约一百九十方。1989年，丛帖刻石移交广州美术馆，择其精良完整者一百一十方镶嵌于仲元楼旁新建的碑廊中供人观览。

潘仕成，字德畲，番禺（今广州）人。与父兄经营商行，为粤中巨富，雅好文墨，收藏金石书画极多，好古而有力。于广州城西筑荔香园，颜曰“海山仙馆”。刻书刻帖，允为巨制。由于潘氏本人鉴赏力不高，丛帖中收入大量伪劣之作，贻讥学人，殊为可惜。潘氏除刻此丛帖外，还刻有《海山仙馆丛书》一百六十一卷，《佩文韵府》一百四十卷，以私人之力，刻书之多，当推当时粤东第一。

清　刘永福“虎”字摩崖石刻

“虎”字高约196厘米，宽约100厘米。广州市白云山风景名胜管理局管理。

现存白云山能仁寺牌坊右侧岩壁上，为不规整的横长方形摩崖石刻。右方刻一草书“虎”字，是个象形大字，上面为两只大眼睛，拖着一条长长的尾巴。上款书“光绪二十四年重阳日”，下款署“刘永福书”。并钤有“臣刘永福”及别号“渊亭”两个方印。

“虎”字左侧有刘永福部属吴氏所作石刻跋记：

戊戌之春，余在渊亭军门带黑旗旧部返五羊城，营于白云山下，训练士卒，未尝少休。时逢九日，渊亭军门率麾下将佐登山作茱萸会，余携友人刘君□鸣、拜八弟体和、儿子兆基偕往。少长咸集，登高眺远，闻天风之浪响，瀑流水之茫烟，珠海云山，都来眼底，抚时感世，不禁日暮。归营，渊亭军门兴致不浅，蘸墨挥毫，书成“虎”字，余见之爱不忍释，刊于岩壁，以志一时之胜，他日重游来此，不忍不可作雪泥鸿爪观也。屏山吴□□质铭镌，河源陈国材叔远书。

以上所录跋文，石质剥落有缺字，作□为记。

刘永福（1837—1917），字渊亭，本名义，清末抗法、抗日民族英雄。其领导的黑旗军，曾奋起抗法和抗日，威镇中外。清光绪二十四年戊戌（1898），六十一岁的刘永福率黑旗军旧部驻营广州，于重阳日携同僚上白云山游览。登峰远眺，云山珠海，羊城锦绣，历历在目。眼前景色勾起刘永福对戎马生涯的回忆和对现状的感慨，如今黑旗军虽受收编，却不为朝廷所用，恰似虎落平阳，世事沧桑，如风云变幻。归营后，遂写下了这个奇特的“虎”字，借此抒发自己的情怀。其部属将此刻于能仁寺侧岩壁。转瞬逾百年，“虎”字犹存，使人见字如见其人，怀念之情油然而生。

民国　重修镇海楼记

高250厘米，宽104厘米。广州博物馆藏。

现存广州博物馆镇海楼侧。民国十七年（1928）十二月刻立，由广东著名学者、书法家黄节撰写并书丹，碑文行书。镇海楼自明初以来，屡废屡修，至民国初期，镇海楼仅存四壁与楼基，民国十六年（1927）广州市政府重修此楼，翌年竣工，这次重修除四面墙壁、墙基外，还将原来木楼层结构改为钢筋混凝土结构，并于竣工当年辟为广州市市立博物院，即广州博物馆前身。

撰文者黄节（1873—1935），名晦闻，字玉昆，号纯照、蒹葭楼主，广东顺德人，近代著名学者、诗人，曾任孙中山大元帅府秘书长、国民党广东省政府委员兼教育厅厅长、北京大学文学院教授等职。

第四节 墓志铭表碑刻

南朝 滑石买地券

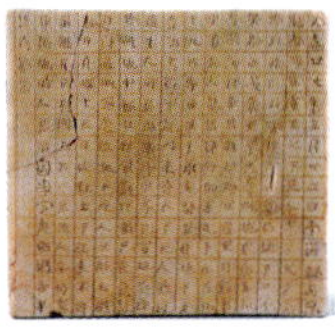

高18.5厘米，宽17.9厘米，厚0.9厘米。2004年东山淘金东路中星小学工地南朝墓出土。广州市文物考古研究院藏。

灰白色滑石，近方形，表面打磨光滑并划出小方格，阴刻文字，字体介于隶楷之间，刻写较随意。共二百一十四字。全文如下：

元嘉廿七年三月廿四日，南海郡番禺县都乡宜贵里地下死人、蒿里父老、墓乡右秩、左右冢侯、丘丞墓伯、地下二千、安都丞、武夷王等，共卖此地，纵广五亩，与南海郡番禺县都乡宜贵里州从事史、男死人龚韬，得钱九万九千九百九十九枚，即日毕了。承玄都鬼律、地下女青诏书：从军乱以来，普天下死人听得，随生人所居郡县乡里亭邑买地葬埋。于此地中掘土作冢，藏埋韬尸。丧魂魄自得还此冢庐，随地下死人之俗。五腊吉日、月晦十五日，休□上下往来，不得留难，有所存问。左右比居他人，妄仍夺取韬地。时人张坚固、李定度，沽酒各半，共为券别。

买地券通过模拟现实生活中的土地契约文书，向地下神祇宣告亡人在冥界的居留权和居住地，同时藉以压胜镇鬼、护卫阴界亡灵乃至阳界生人，它还意味着亡人魂灵不得再回到人世间，从而将生人与亡魂阻隔开来。

这是广州地区首次发现的南朝买地券。“元嘉二十七年”为公元450年，应为墓主下葬时间。墓主龚韬，南海郡番禺县（今广州）都乡宜贵里人氏，生前任州从事史。券文的许多用语与道教信仰有密切联系，同时折射出南朝时期岭南地区土地私有化的进一步发展。

隋 前陈散骑侍郎刘府君墓志铭并序

高81厘米，宽46厘米。清光绪三十二年（1906）北郊王圣堂出土。广东省博物馆藏。

初为四川王秉恩所得，后经广东顺德曾有成、中山甘翰臣递藏，民国三十七年（1948）年归简又文，1972年简氏赠与广东省博物馆。此碑简称《刘猛进碑》，楷书，双面刻字，末署刻碑年代及撰文者姓名。碑圆首方趺，尚存古风，为“广东四大隋碑”之一。碑文记录了刘猛进祖籍，祖、父名及其本人的任职情况和一生功绩，并涉及陈、隋间广东历史地理资料，反映了当时广州的民生民俗，具有极高的历史文献价值。民国《番禺县续志》著录此碑文。

据碑载，刘猛进于陈太建四年（572）十月进授散骑侍郎，张彦生《善本碑帖录》定此碑立于是年。简又文《刘猛进碑考》综合他说，详加辩证，考为隋大业五年（609）十一月，可为确论。

该碑不仅可补史阙，其书法亦为人称道。康有为称其“书法茂密端厚，而环姿逸态，堪与《旧馆坛》比，远过《宁赞》之上”。又云：“此碑书法朴茂而生逸，兼北碑之长，刘君又志节高峻，益可珍。”可见此碑颇有北魏名碑之韵味。

唐 太原王府君墓志

高36厘米，宽34厘米。1998年东山太和岗唐

墓出土。广州市文物考古研究院藏。

唐开成五年（840）刻制，砖质，志文行楷书。墓主王复元，太原祁阳（今湖南祁阳）人，其祖辈曾任别驾、县尉等小吏。王氏早年读书，十年无成，不得已离乡南下，谋得广州同节度副使职，官秩较微，家境亦未能脱贫，甚至殁后也不能归故里，遂葬于南海县归德乡。此碑乃唐中晚期以来世家大族逐渐衰微的一个佐证和缩影，也为探研当时人口迁移、职官及地理等提供了史料。

撰文者斯述，是墓主王复元堂弟。此碑书法宗魏晋，兼见唐人褚遂良余绪。

唐　唐故清海军节度掌书记太原王府君墓志铭

高76厘米，宽78厘米。1954年越秀山镇海楼后出土。广州博物馆藏。

现存广州博物馆镇海楼碑廊。唐天祐三年（906）刻制，志文一合，盖呈覆斗方形，志身方形，志文近两千字，为广州唐墓发现志石中体量最大、文字最多的一例。墓志记述晚唐岭南道节度府署官员王涣的生平史事。王涣，字文吉，太原人，唐大顺二年（891）登进士第，授校书郎，历长安尉、拾遗、补阙、起居郎，后转司勋、考功、吏部员外郎。唐光化三年（900）授考功郎中兼御史中丞，为清海军节度掌书记。工诗，有诗约三百篇，其《惆怅诗》十二首脍炙士林，其他著作甚多，多散佚。《全唐诗》存其诗十四首。王涣随岭南节度使徐彦若南下，以疾卒于南海金利镇，初葬于朝汉台侧，天祐三年改葬于广州城北越秀山上。晚唐社会动乱，不少北方的一些世家大族士绅引身避祸南下，其中多有流落到岭南者，王涣家族即其一。其墓志于研究晚唐史和广东地方史有参考价值。

撰文者卢光济，官职岭南东道观察判官、朝议大夫、行尚书吏部郎中兼御史中丞。

五代十国　南汉吴存锷墓志

高59厘米，宽40厘米。广州博物馆藏。

南汉乾亨元年（917）刻制，青石质，志文楷书。墓主吴存锷历晚唐、后梁以及南汉三朝，事梁为官，故名称年号为梁，内文则称南汉新朝年号，事迹繁复，品秩累加，颇耐人寻味。文中涉及职官、地理、官署机构及后梁贞明三年（917）十一月一日改号乾亨元年等内容，皆可补征文献之用。该碑书法拙朴闳约，意趣天成。

撰文者何松，进士。

五代十国　南汉太中大夫李纾墓志

高120厘米，宽84厘米。2019年越秀横枝岗南汉墓出土。广州市文物考古研究院藏。

南汉大有元年（928）刻制，青石质，志文楷书。墓主李纾，唐代申王、惠庄太子李成义（唐玄宗李隆基之兄）第五代孙。唐末世乱，举家南迁后补佐刘龑，官至南汉给事中等职，反映了晚唐北人南迁的史事。据碑文，李纾最初任知县一职。“知县”，唐中晚期出现，称“权知县事”“权知县令”，寓试才之意，非正官，也无定名，五代亦然，至北宋以朝官、京官掌知县事，遂成定制，此为五代十国“知县”职衔之又一例。据碑文所载，墓地现处的横枝岗当时为兴王府咸康县石子径，为南汉都城研究提供了重要资料。

五代十国　南汉高祖天皇大帝哀册文

高115厘米，宽154厘米。2003年番禺小谷围岛南汉康陵地宫出土。广州市文物考古研究院藏。

南汉大有十五年（942）刻制，青石质，志文楷书。碑文全称《高祖天皇大帝哀册文》，保存甚好，镌工精良。据旧志载，刘龑墓在今广州番禺区新造镇北亭乡原南汉之荔枝洲昌华苑，可知碑刻出土之地即为昌华苑故址。碑文为四六体诔文形式，在赞词中概括总结了刘龑生平之业绩、才能和性情。分为八个方面：一为开国创业之功，二为北伐中原之志，三为崇祀先祖列圣，四为学识广博宏深，五为勤理朝政、治国有方，六为富机智雄辩之才，七为精于医药阴阳推步术数，八为治国安邦之谋略和志向。在序文里也对刘龑追尊先祖、兴建宫殿苑囿、生平业绩、性情才能等方面予以赞颂。该碑为研究南汉时期的经济、社会、文化和城市建设等提供了重要的史料。

高祖天皇大帝哀册文

翰林学士承旨、银青光禄大夫、行尚书左丞、知制诰、上柱国、范阳县开国男、食邑三百户、臣卢应奉敕撰并书。

维大有十五年，岁次壬寅，四月甲寅朔，二十四日丁丑，高祖天皇大帝崩于正寝，粤光天元年九月壬午朔、二十一日壬寅迁神于康陵，礼也。符卯金而叶运，绍斩蛇之开基，覆同乾建，载并坤维，法成周而垂范，稽世祖而作则，构大业而云终，偃巨室而不惑。嗣主仁孝，黾晏俛祚阶，抑情登位，感结疚怀，动遵遗诏，讵蹶俄顷，六府三事，肃然整修，亿兆乂谧，国家钟庆，痛深茹慕，启引神皋，衔恤颁诏，命臣摛毫。伏维高祖天皇大帝，日月孕灵，星辰诞圣，爰本玄符，式隆景命，经天纬地，武库文房，搓尧掐舜，迈禹超汤，君临万国，星躔三纪，四海镜清，九州岛风靡，开物成务，知机其神，光宅宇县，司牧蒸民。惠施五车，葛洪万卷，听朝之余，披览周倦，损益百氏，笙簧六经，东西飞阁，周孔图形。命鸿儒以临莅，选硕生而雠校，郿束皙之补亡，陋郑玄之成学。奋藻兮，魏文收誉；挥毫兮，齐武藏名。品量舛谬，别白重轻。禁暴戢兵，讴歌狱讼，龙韬虎韬，七擒七纵。扼腕北顾，中原多事，吊伐在怀，未伸睿志。旻旻王业，巍巍皇猷，三王可拟，五帝难俦。天纵聪明，凝情释老，悉造贼微，咸臻壸奥。谭玄则变化在手，演释乃水月浮天，神游阆苑，智洞竺干。若乃阴阳推步，星辰历数，仰观俯察，罔失常矩。此外留情药品，精究医书，或南北臣庶，或羽卫勤劬，疾瘵所萦，御方救疗，名医拱手稽颡，神妙将圣多能。视民如伤，朝野忭蹈，亿兆欢康，多才多艺，允文允武，戡难夷凶，栉风沐雨。呜呼哀哉，天机秀异，韫藉风流。缮营苑囿，想象十洲，鹤立松巅，鸳穿花坞，水石幽奇，楼台回牙。万机之暇，翠华爰处，花朝月夕，嬉游辇路。灾缠阳九，不裕中春，针石药饵，备尽精臻，晨昏问竖，拱默而退，有加无瘳。导扬遗制，爰命嗣王，守位承祧，彝伦弗紊。祖述唐尧，远法成周，近遵孝惠，懿范具存，丕训罔替，中外庶务，悉禀谟猷。呜呼哀哉，玉音在耳，大渐弥留，亿兆号天，如丧考妣，攀髯不及，摧殒而已，叶从龟筮，先远有期。玄宫将閟，龙輴在兹，休列耿光，与天攸久，刻诸贞珉，万年不朽。

其词曰：

帝尧贵胄　豢龙受氏　蕈沛建旗　南阳崛起

代不乏圣　乾亨绍位　泽被八埏　镜清三纪

开物成务　知机其神　龙飞绍汉　虎视窥秦
历兵秣马　睿志未伸　梯山航海　慕义归仁
严敬在躬　先敦柴燎　列圣立祠　礼同九庙
祖考来格　灵山洞照　美矣孝思　光远有耀
钻研百氏　蹂躏六经　对峙飞阁　周孔图形
乙夜披览　循环罕停　群儒惕息　悚惧靡宁
王业艰难　开基定霸　栉风沐雨　早朝晏罢
经营四方　牢笼九野　事出机先　策无遗者
损益三代　商较百王　重轻黍累　剖析毫芒
风驰雄辩　电疾雌黄　至鉴罔测　至圣难量
将圣多能　博通术数　君臣药石　阴阳推步
太使胆折　和缓色沮　宣诏敷扬　拱默无语
圣文英武　帝业王猷　黄石三略　洪范九畴
志期席卷　牧马休牛　睿志未就　大渐弥留
呜呼哀哉
逸致高情　风流韫藉　齐武藏名　魏文减价
不世英才　挺生王霸　青史已编　浅辞舄写
呜呼哀哉
龙輴启引　将閟玄宫　式扬文德　爰纪武功
福流嗣主　车书混同　刻石献颂　永播无穷

五代十国　南汉马氏二十四娘买地券

宽40厘米，高22厘米，厚3厘米。清同治年间北郊下塘路出土。广州博物馆藏。

南汉后主大宝五年（962）刻制。同治年间出土于广州小北门外，辗转流落至香港，为学者罗原觉购得，后由其家属捐赠给广州博物馆。深褐色青石质，形制完整，字迹清晰，楷书，每行文字正反相间。券石右刻符箓一道，券顶刻半剖画符。该券文有浓厚的道教色彩，如提及墓主买风水宝地为墓穴，神仙李定度等为证人，龙神守护云云。书法刚劲，构字拙陋奇逸，具魏碑韵味。券中所称诸仙，或依托或虚造，多无实指。“卖地主神仙张坚固，知见神仙李定度”，俱为虚拟人物，此二仙于券中多有出现。所称“领钱神仙东方朔”，当指汉武帝时之东方朔。所称“领钱神仙赤松子”，世传为上古时神农氏之雨师。此马氏买地券所记买地时间、亡人所属郡治、所买之地地名，均详悉载录，考之于史，略可相证。清同治《番禺县志》载：“墓券在小北门外白云山古冢中，下塘村李某得之，今藏其家。”李某得石后，于白云山南麓设茶寮，以该地券之“大汉”“大宝”名其茶寮为“宝汉茶寮”，将此券石拓本与同出土之唐《程乡县令王君妻孙夫人墓志》拓本置壁上，供茶客观咏，一时称为雅事。今广州尚有“宝汉直街”一名，与此南汉地券有关。

维大宝五年岁次壬戌十月一日乙酉朔，大汉国内侍省扶风郡没故亡人马氏二十四娘，年登六十四命终，魂归后土。用钱玖万玖阡玖佰玖拾贯玖佰玖拾玖文玖分玖毫玖厘，于地主武夷王边买得左金吾街咸宁县北石乡石马保菖蒲观界地，名云峰山下坤向地一面，上至青天，下极黄泉，东至甲乙麒麟，南至丙丁凤凰，西至庚申章光，北至壬癸玉堂，阴阳和会，动顺四时，龙神守护，不逆无行，金木水火土，并各相扶。今日交券，应合四围，分付受领，百灵知见，一任生人兴功造墓，温葬亡人马氏二十四娘，万代温居，永为石记。愿买地内侍省扶风郡殁故亡人马氏二十四娘券。卖地主神仙武夷王。卖地主神仙张坚固，知见神仙李定度，证见领钱神仙东方朔，领钱神仙赤松子，量地神仙白鹤仙，书券积是东海鲤鱼仙，读券元是天上鹤，鹤上青天，鱼入深泉，岗山树木，各有分林。神仙若问，何处追寻，太上老君敕青诏书，急急如律令。

宋　单起岩夫妇墓志

高72厘米，宽48厘米。增城朱村街道办事处管理。

现存增城朱村街神岗村丰湖山望九岗宋承务郎前权韶州军事判官单起岩夫妇合葬墓享堂壁上。享堂正中的墓碑上刻“奉天敕命”四字，右为“有宋佥判承务单公之墓”碑，刻于宋景定五年（1264）；左为“有宋恩封孺人丘氏之墓”碑，刻于景定二年（1261）。两碑正中大字为篆书，两旁小字为楷书，分别记述了墓主夫妇的生平传略。此两方碑是广州保存较好较完整的宋代墓碑。

据碑文记载，因单起岩之子单崔明曾于宋淳祐十年（1250）清广海寇难，故夫妇二人得恩封承务郎、孺人。据《单氏族谱》，单起岩，石滩镇元洲单氏八世祖，宋恩封承务郎韶州佥判。

元　高丽穆斯林剌马丹墓碑

长64厘米，宽42厘米，厚6厘米。1985年广州先贤古墓园出土。广州市伊斯兰教协会管理。

现存广州怀圣寺内。花岗岩石，长方形，上刻有中文和古阿拉伯文。墓碑除底边外，三面边沿刻缠枝花纹饰。左右两边各有一竖行的中文小楷，右边一行清晰可读，“大都路宛平县青玄关住人剌马丹，系高丽人氏，年三十八岁，今除广西道容州陆川县达鲁花赤”；左边一行残缺难辨，大致为“于至正九年三月二十三日□□（殁后）八月十日□□□□□□□（葬于广州城北）流□□□花桥畔□□□□（并立）石。”

在两边中文间，横刻九行古阿拉伯志文，汉译如下：

人人都要尝到死亡的滋味。

真主，除他外绝无应受崇拜的。他是永生不灭的，是维护万物的。瞌睡不能侵犯他，睡眠不能克服他，天地万物都属于他。不经他许可，谁能替人说情呢？他知道人的前前后后的事；除他启示的外，绝无人能窥测他的玄妙；他的知觉包罗天地。天地的维持，不能使他疲倦，他确是至尊的，至大的。

真主的使者曾说：“死在奉公者，已成为殉教的烈士了。”这座坟茔，是阿老丁之子剌马丹教仆归宿处。祈求真主慈悯和宽恕他……他旅行于库尔德……时在七百五十一年真主的吉月。

阿拉伯志文系录自《古兰经》，其意既为逝者祝福，复以警醒世人。剌马丹曾游叙利亚，元至正九年（1349）在赴任广西陆川县“达鲁花赤”（相当于县令）时逝世于广州。清同治《广州府志》杂录所记“元至正间留萨都剌十七家居粤看寺及坟”，可能与墓主人有关。

明　赠翰林院编修湛公墓表

高93厘米，宽58厘米，厚12厘米。广州海事博物馆藏。

原存黄埔区九龙福洞村湛若水父亲湛瑛墓，后移置黄埔区博物馆。志文楷书，王守仁撰文。湛瑛，号怡庵，平生耿介，好打抱不平，因被诬陷积愤发病而殁，当时湛若水十九岁。后湛若水中进士，官国史编修，朝廷赠封其父湛瑛为礼部尚书。王守仁与湛若水皆为一代大儒，相知相契，故王守仁为湛若水父亲湛瑛撰写碑文。此碑文见载《王阳明全集》，文字略有不同。

撰文者王守仁（1472—1529），字伯安，号阳明，浙江余姚人。明代著名的思想家、文学家、军事家，陆王心学之集大成者，精通儒学、道学、佛学。王守仁的学说思想，世称王学（阳明学），是明代影响极大的哲学思想。其学术思想传至日本、朝鲜半岛以及东南亚等地，弟子极众，世称“姚江学派”。其文章博大昌达，行文间有俊爽之气。著作由门人辑成《王文成公全书》。

明　礼部尚书霍韬夫妇墓志

高150厘米，宽70厘米。增城宁西街道办事处管理。

现存增城新塘镇九如村后龙山（即南香山）

霍韬夫妇合葬墓前。共五方，碑额及正文楷书。该墓规模大，规格高。为皇帝赐葬、御笔祭文、当时名人题写墓表、各类官员撰写祭文。碑文内容均为介绍霍韬生平事迹和褒扬霍韬为人刚正不阿，嫉恶如仇，忠于朝廷，以天下为己任，以及赞扬其夫人郑氏贤良淑德等。

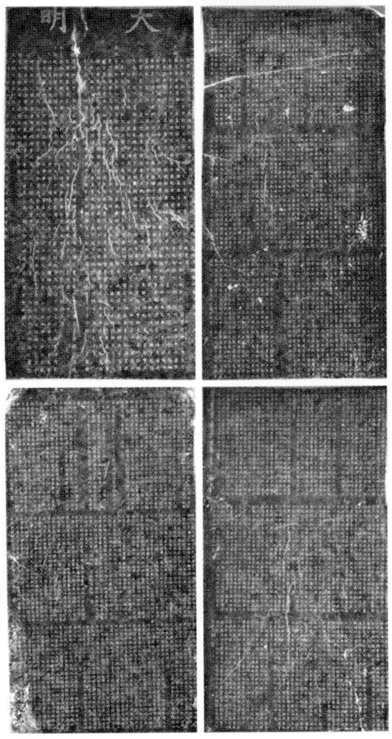

位于碑塔正面的为“奉天诰命”碑，碑首刻“奉天诰命”四字，上半部分刻明嘉靖皇帝御笔嘉奖霍韬及其夫人的祭文。下半部分刻“太子太保礼部尚书掌詹事府事谥文敏霍公偕诰赠夫人郑氏之墓”。另四方碑铭，其一是明嘉靖二十一年（1542）武英殿大学士同邑友人方献夫撰的《明故太子太保礼部尚书掌詹事府事谥文敏渭崖霍公墓表》，概述霍韬生平传略。其二、其三、其四皆为朝廷各级官员及其门人的祭文碑，多为赞颂霍韬品格之辞。霍韬（1487—1540），字渭先，号兀崖，广东南海县石头村（今广东佛山市禅城区澜石镇）人。明正德八年（1513）乡试第二名，翌年会试第一名进士，累官至礼部尚书。“大礼议”之争时，其援引古礼，揆之事体，主张嘉靖帝（明世宗）应尊生父兴献王为皇考，不同意群臣以兴献王为皇叔考之名称，力排众议。事后升职，因避嫌媚上取宠，三次坚辞不受。嘉靖十五年（1536）官至礼部尚书太子少保。嘉靖十九年（1540）逝世。追封其为太子太保，谥文敏。霍韬学博才高，工书法，擅丹青，著有《诗经注解》《象山学辨》《程周训释》等。今有《霍文敏公全集》传世。

明　状元伦文叙夫人区氏墓志

高81厘米，宽60厘米，厚13厘米。2014年花都状元山出土。广州市花都区博物馆藏。

篆盖，正文楷书。碑文记述并赞颂区氏贤淑勤俭，慈爱明礼，深明大义。据碑载，“太恭人区氏者，岭南右族一葵翁廷佐配陈氏之女也。南海会元状元累官春坊谕德翰林侍讲迂冈伦公伯畴文叙之元配也”，证明墓主区氏乃伦文叙之妻，纠正了此前认为墓主为伦文叙母之误解。又从碑文中可知状元山在明代称作石燕山。伦文叙（1466—1513），字伯畴，别号迂冈，南海县黎涌村（今广东佛山市禅城区石湾镇街道黎涌村）人。明弘治十二年（1499）状元，官至翰林侍讲，著有《迂冈集》。伦氏一门父子相继登三元，非但在岭南绝无，即便全国也少有，皇帝御赐“中原第一家”，曾立牌坊在南海黎涌村前。

撰文者湛若水（1466—1560），字元明，号甘泉，广东增城人。明代哲学家、教育家、书法家。明弘治十八年（1505）进士，选庶吉士擢编修。后历南京礼、吏、兵三部尚书。少师事陈献章，后与王守仁同时讲学，各立门户。主张“随处体认天理”。著有《湛甘泉集》。碑文载“青萝”者，为湛若水门生王渐逵，字伯鸿，号青萝子。

明　明封淑人劳氏墓志铭

高112厘米，宽62厘米。1985年广州海珠赤岗出土。广州博物馆藏。

现存广州博物馆仲元楼展区碑廊。明万历八

年（1580）刻制。该墓志于1985年广州赤岗一座明代墓出土，墓主为明代南京礼部尚书何维柏夫人劳廉。该志撰于万历八年，时何维柏尚在世，记述了其妻劳氏生平贤良事迹，涉及诸多何维柏之史事，为《明史》本传所不详载。何维柏，字乔仲，号古林，谥端恪，广东南海（今广东佛山南海区）人，明嘉靖十四年（1535）进士，官至南京礼部尚书，清正廉明，颇负盛誉。著有《天山草堂存稿》。

撰文者庞尚鹏，字少南，号惺庵，广东南海（今广东佛山南海区）人，明嘉靖三十二年（1553）进士，历任江西乐平知县、监察御史、浙江巡按、福建巡抚等职，颇有直声。后因得罪张居正受弹劾，遂罢官归里，居家四年卒，谥惠敏。

清　番禺屈氏墓松图碑记

高54厘米，宽45厘米。番禺新造镇思贤村民委员会管理。

现存番禺新造镇思贤村宝珠岗屈大均墓右侧。楷书。据《番禺县志》载，墓主屈大均葬于清康熙三十五年（1696），该碑由屈大均之孙刻于清乾隆十二年（1747），记述屈氏墓园之环境布局及四界情况。屈氏后人为免奸小妄生觊觎谋伐墓亭旁松树，绘图镌石竖于坟前，并志其先人手泽。碑文因风雨剥蚀，多字不清。屈大均（1630—1696），初名邵隆，号非池，字翁山，广东番禺（今广州）人。明末清初著名学者、诗人，与陈恭尹、梁佩兰并称“岭南三大家”，有“广东徐霞客”的美称。曾与魏耕等进行反清活动。后避祸为僧，中年仍改儒服。诗有李白、屈原遗风，著作多毁于雍正、乾隆两朝。后人辑有《翁山诗外》《翁山文外》《翁山易外》《广东新语》及《四朝成仁录》，合称“屈沱五书”。

该碑撰文者为屈氏后人。

清　叶廷勋墓表

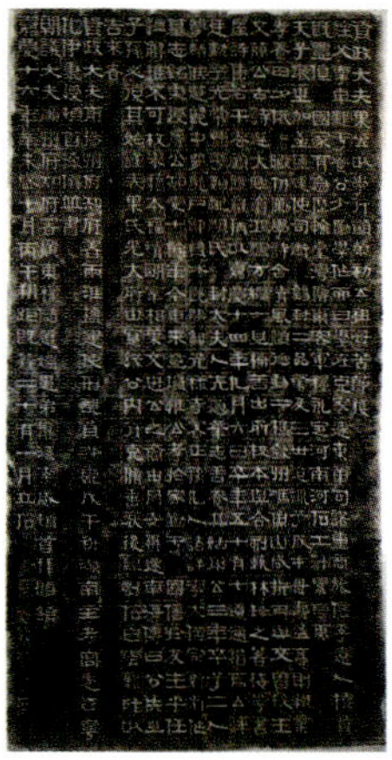

高178厘米，宽87厘米。广州市白云山风景名胜管理局管理。

现存广州白云山“天南第一峰”石牌坊侧。隶书，伊秉绶书丹。墓主叶廷勋，字光常，号花溪，原籍福建福清，其祖上为明万历年间首辅叶向高。叶廷勋在广州开设义成洋行，从事商贸。

撰文并书丹者伊秉绶（1754—1815），字组似，号墨卿，晚号默庵，福建宁化人，清代书画家。历任刑部主事，后擢员外郎。

题额者李威，字畏吾、述堂，号凤冈，福建龙溪人，时任广州知府。

清　朱澄墓表

高68厘米，宽64厘米。1963年东郊华南植物园内朱澄墓出土。广州博物馆藏。

现存广州博物馆镇海楼展区碑廊。清同治四年（1865）广州朱姓族人立。楷书。墓始建于元初，明、清有重修。据碑载，朱澄乃宋人著名理学家朱熹的曾孙，于宋淳祐“七年丁未任江西吉安府庐陵教谕，文天祥从学出其门”，以及文天祥“大魁天下”后，推荐恩师升官这段史事，《宋史》未载。有学者认为该墓表对研究南宋抗元英雄文天祥的师承关系，以及朱熹学派在政治上对外主张抗敌，对内主张修明政治、减免赋税的思想提供了新的参考资料。但也有学者指出该碑文内容多不合史事，殆不可信。

清　广州蒲氏先祖墓碑

高87厘米，宽78厘米。广州博物馆藏。

原在越秀山上蒲氏先世墓。据《南海甘蔗蒲氏家谱·坟茔》载，广州蒲氏先世坟茔有知府窿和菱角冈两处，均在越秀山上，学者罗香林曾于20世纪40年代末亲自做过勘访，著有《广州蒲氏宋元二代祖坟发现记》一文，时坟茔已残破不堪，如今更是踪迹全无。所记八墓主，除三世祖蒲双于《甘蔗谱》无征外，其余均合于谱乘。内有珠冈房之祖，啹噜嗯、悦山；蒲村房之祖啊噜嗢；甘蔗房之祖捏古栢、甫山、守发。

民国　处女黎君墓志

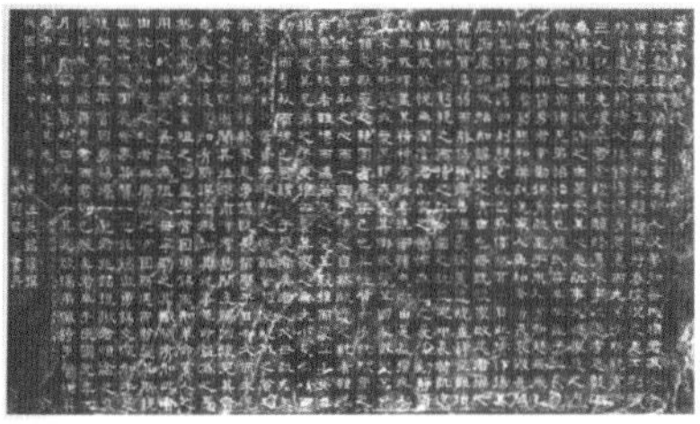

高69厘米，宽105厘米。广州市白云山风景名胜管理局管理。

现存广州白云山。端石质，隶书。碑文记墓主黎氏终身不嫁、勤勉持家之事。文中言及黎氏之侄黎勇锡与撰文者汪兆铭曾在南洋策划奔走革命事业，互为革命同志。

撰文者汪兆铭（1883—1944），字季新，笔名精卫，生于广东番禺，祖籍浙江山阴（今浙江绍兴）。清光绪三十一年（1905）参与组建同盟会。清宣统二年（1910）3月，暗杀清摄政王载沣，事泄被捕，闻名于世。武昌起义后出狱，追随孙中山，后为国民党副总裁。于抗日战争时期投靠日本，任伪国民政府行政院院长兼伪国民政府主席。民国三十三（1944）11月10日，因病卒于日本。

书丹者刘庆崧，一作庆嵩，字聘孙、邢孙，号萍僧、留庵，又号留公、非翁、四不翁、观复道人。祖籍江西南城，后寓广州，蓄碑版书画之属甚富，擅诗词、书法、治印。著有《艺隐庐篆刻》等。

民国　朱执信先生墓表

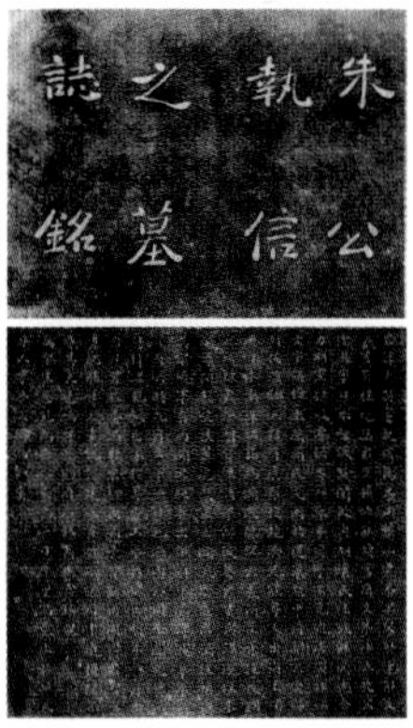

高240厘米，宽100厘米。广州市执信中学管理。

民国十一年（1922）刻立，原存广州执信路执信中学（原址在先烈东路驷马岗，后迁至现址），记述朱执信家世及其生平事迹。墓表碑题隶书，正文楷书。朱执信（1885—1920），原名大符，字执信，广州番禺人。近代中国民主革命家。清光绪三十一年（1905）加入中国同盟会，投身革命，曾策划广州新军起义，参与广州“三二九”起义。

题碑者汪兆铨（1859—1929），字辛伯，一字莘伯，晚号惺默，别署苌轩，汪兆铭之兄。曾任海阳县教谕、菊坡精舍学长、广雅书院总校及广东省教育会会长等职。

民国　王昌烈士墓表

高120厘米，宽80厘米。黄花岗烈士陵园管理处管理。

现存广州黄花岗烈士陵园。端石质，隶书。墓表记述革命志士王昌刺杀汤化龙后自尽之经过。王昌（1885—1918），广东香山人，早年随父侨居加拿大维多利亚，以开理发馆为生。民国

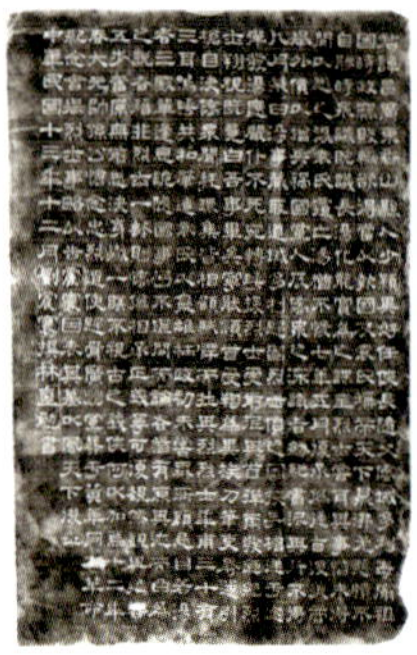

五年（1916）加入国民党海外支部。民国七年（1918）9月，因痛恨北洋政府屡借外债、准备内战，遂将北洋政府借款谈判代表汤化龙在维多利亚击毙，自己亦饮弹身亡，其遗骨后被安葬于广州黄花岗，是国民党以党礼安葬的第一人。

撰文者刘震寰（1890—1972），原名瑞廷，字显臣、显承，广西柳州人。民国时广西军阀。撰此碑文时任建国军桂军第三军军长。

书丹者林直勉，原名培光，晚号鲁直，祖籍广东增城，后迁居东莞石龙。早年经胡汉民介绍加入同盟会。后曾任孙中山军政府秘书。擅长书法，尤精汉隶，简古朴拙，是中国近代杰出书法家。有《林直勉先生墨迹》刊行。

民国　史坚如烈士墓志

碑高130厘米，宽48厘米。黄花岗烈士陵园管理处管理。

现存广州黄花岗烈士陵园。原在先烈路青菜岗，民国二年（1913）建成，1978年迁葬至现址。篆额，正文隶书。碑文记述史坚如为推翻帝制，谋炸两广总督，事未遂，英勇就义的过程。碑文高度赞扬史坚如之义举，认为他与历史上的聂政、荆轲不同，是为民族大义杀身成仁的烈士。史坚如（1879—1900），原名文纬，广东番禺（今广州）人，民族英雄史可法的后裔。清光绪二十五年（1899）加入孙中山创建的兴中会，从事革命活动。次年10月，为了配合郑士良等在惠州三洲田起义，他挖地道谋炸两广总督德寿未遂，不幸被捕，于同年11月9日就义，年仅二十二岁。

民国　五烈士墓碑记

高140厘米，宽80厘米。广州市华侨五烈士墓陵园管理处管理。

现存广州市先烈中路华侨五烈士墓陵园，为爱国华侨谢八尧、邓伯曜、郑行果、谭振雄、范运焜五位烈士合葬墓。隶书。记载南洋五烈士就义经过。民国十一年（1922）6月16日，陈炯明叛变，派兵围攻观音山越秀楼和总统府，华侨革命党人谢八尧秘密联络华侨中的邓伯曜、谭振雄、郑行果和范运焜等革命党人，谋刺陈炯明，不幸事败，五人先后被捕遇害，暴尸于白云山麓，由华侨革命党人殓葬。民国十三年（1924）10月10日，国民革命政府迁墓于先烈路并重新立碑。

民国　南明绍武君臣冢记

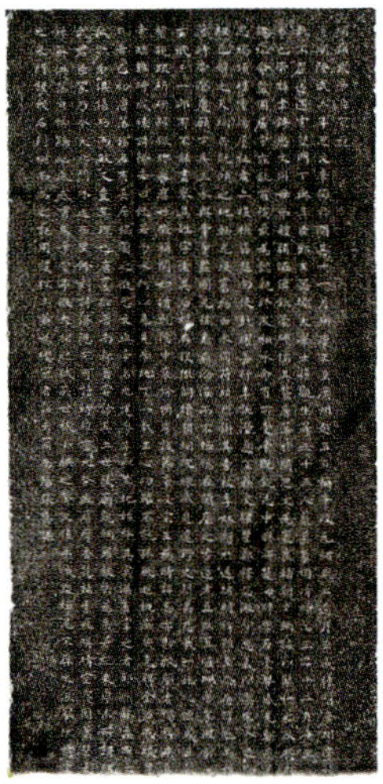

高130厘米，宽62厘米。广州市越秀公园管理处管理。

现存越秀山秀湖畔明绍武君臣冢前。楷书。绍武政权为明亡后的地方政权之一，由南明隆武帝之弟朱聿鐭在广州建立，存在时间极短，建立仅四十一天即被清军攻破，君臣被俘，或自缢或遭戮。事后，时人将绍武帝君臣等人收葬于城北象岗山北麓，1954年因基建迁葬于越秀公园木壳岗，1981年再迁葬于越秀公园南秀湖畔。

撰文并书丹者张嘉谋（1874—1941），字中孚，晚年自号梅溪钓徒。祖籍直隶开州（今河南濮阳），高祖父时迁居河南南阳。民国时期教育家、藏书家。清光绪二十三年（1897）举人，曾任内阁中书。创办南阳敬业学堂、河南女子师范学堂等学校。曾任民国时期的国民党河南省议会议员、中州文献征辑处调查员、河南通志馆纂修、河南省博物馆馆长等职。

民国　明绍武君臣冢重修碑

高133厘米，宽79厘米。广州市越秀公园管理处管理。

现存广州越秀山南秀湖畔明绍武君臣冢前。楷书。墓冢正面竖一墓碑，中刻“明绍武君臣冢”，上款为“光绪癸未孟冬吉旦”，下款为“粤东绅士重修”。此碑乃民国十六年（1927）广州清查坟山公所刻立。

撰文者卢乃潼（1849— 1927），字清辉，号梓川，广东顺德人。清光绪十一年（1885）举人，历任广东谘议局议长，广州菊坡精舍、学海堂书院学长，广雅书院院长，广州中学校长。广东近代著名教育家暨中医学教育家。

书丹者任元熙（1873—1943），字子贞，广东南海人。受业于简岸读书草堂，清宣统己酉（1909）拔贡，官学部二等书记官，总司务学习行走，以学务劳职升一等书记官。一生从事教育，曾掌教广府中学堂，民国初年自创广才中学，培育人才甚众。

民国　屈翁山先生墓碑

高112厘米，宽52厘米。番禺新造镇思贤村民委员会管理。

现存番禺新造镇南村屈大均墓园。端石质，楷书。碑文先简述屈大均生平事迹，赞颂其气节文章。后述南海陈伯任读屈大均遗书而慕之，访求墓址，葺治墓园，并筑八泉亭以纪念屈大均之经过。

撰文并书丹者吴道镕，字玉臣，号澹庵，广东番禺人。清光绪八年（1882）进士，授翰林院编修，后以讲学终其身。工诗文，书法自成一体，曾主修《番禺县续志》，著有《澹庵诗存》《澹庵文存》《明史乐府》等。

民国　重修陈独漉先生墓记

高93厘米，宽50厘米。天河凤凰街道办事处管理。

现存广州天河长湴陈恭尹墓园。端石质，楷书。墓记记述了陈恭尹生平事迹，以及民国时期粤士绅搜寻、营缮陈恭尹墓，购新石为其撰写碑文之经过。陈恭尹（1631—1700），字元孝，初号半峰，晚号独漉子，又号罗浮布衣，广东顺德人，抗清志士陈邦彦之子。与屈大均、梁佩兰并称“岭南三大家”。

撰文者汪兆镛（1861—1939），广东番禺人，原籍浙江山阴（今浙江绍兴）。辛亥革命后侨居澳门。尝受业陈澧门下，治经史。著有《晋会要》《碑传集三编》《微尚斋诗文集》等。

书丹者张锡麟，字务洪，别号虫天生、贲南拙夫，广东番禺人。清光绪二十三年（1897）拔贡生。著有《椠园词钞》。

第五节　其他碑刻

宋　石水笕题刻

长43厘米，宽19.5厘米，高21厘米。广州博物馆藏。

现存广州博物馆。宋绍定三年（1230）刻制，民国初年拆广州城垣时发现，为文物鉴藏家罗原觉收藏，后转赠广州博物馆。此石水笕原为宋代广州城内引水的装置，石面刻铭云："城南厢信女傅氏二娘，舍钱造石水笕，祈保平安者。绍定三年七月中元题。""笕"即引水长竹管，石水笕就是石制的引水管道。"绍定三年"是南宋理宗时期。古代广州每年秋、冬期间，雨水较少，城中居民缺淡水使用，珠江水又受海潮倒灌影响而咸苦。北宋时，苏轼曾建议用竹管引白云山泉水入城，此题刻的发现，说明南宋时期广州已利用石水笕引水入城饮用。

明　归德门石额

长163厘米，宽99厘米。广州博物馆藏。

现存广州博物馆镇海楼碑廊。花岗岩质，篆体双勾，字径逾尺，刚劲雄浑。署款楷书。

归德门为明洪武七年（1374）广州扩建城垣时新开之八个城门之一，遗址在今解放路与大德路交界处，当时各城门均有一块刻有城门名称之石额，此"归德"石额当书刻于其时，为广州仅存一件明代城门石额，是广州城市扩建之历史物证。

篆书者易贵，番禺人。当代书法家麦华三评此石额曰："篆尚婉而通，婉通二字，易贵此书足以当之。"

明　重修理问所记

高172厘米，宽80厘米。广州博物馆藏。

现存广州博物馆仲元楼展区碑廊。明弘治五年（1492）刻立，原置于广东布政司署内（今广州北京路南越王宫博物馆考古发掘区），后移置广州博物馆。篆额，正文行书，记述广东布政司理问贺廉倡议并完成重修理问所署衙之经过。布政司为明代行省最高行政机关，行政长官布政使主掌一省之政；理问所，元朝始设，为行中书省所属机构，掌勘核刑名案件。明清时期，理问所为布政使司所属机构。

撰文者刘大夏，字时雍，号东山，湖广华容人。与王恕、马文升合称明"弘治三君子"。弘治二年（1489）任广东右布政使，赈灾平乱，劝农治吏，饶有声绩。弘治十五年（1502）任兵部尚书。卒追赠太保，谥忠宣。

明　"贪泉"碑

高234厘米，宽134厘米。广州博物馆藏。

现存广州博物馆镇海楼展区碑廊。明万历二十四年（1596）刻立，原立于广州西郊石门西华寺内贪泉井旁，旁有吴隐之祠，后祠井俱毁，此碑于1963年移置广州博物馆。为一方明代广东右布政使李凤等人刻立的东晋广州刺史吴隐之《贪泉》诗碑。

吴隐之，字处默，濮阳鄄城（今山东鄄城）

清 摹刻秦琅琊台刻石

高115厘米，宽85厘米。广州博物馆藏。

现存广州博物馆镇海楼展区碑廊。清光绪二十八年（1902）粤中金石学家何瑗玉据古拓善本，并亲临山东琅琊台研习原石笔势而摹刻，原置广东肇庆七星岩，后移置广州六榕寺，1963年移入广州博物馆碑廊。秦始皇二十八年（前219），始皇帝东巡，所到之处多刻石颂扬统一天下威德功勋。现保存下来原石形制的，只有琅琊台刻石。刻辞传为秦相李斯所书，为标准小篆。李斯被称为小篆鼻祖，其传世书迹除《琅琊台刻石》外，还有《峄山刻石》《泰山刻石》和《会稽刻石》等。

民国 整理东濠下游碑记

高124厘米，宽60厘米。越秀区小北街道办事处管理。

碑位于越秀东风东路与越秀北路交界处、东濠涌高架桥下。刻立于民国二十四年（1935）十一月。

东濠，又名东涌、东濠涌，源于白云山长腰岭之西，由北向南经麓湖、下塘、小北、越秀路东侧，在大沙头西部注入珠江，全长约7000米，宽7—11米。其上游丘陵起伏，每遇大雨，汇白云山坑水十一条、淘金坑坑水五条，奔腾而下，水源浩大，为市区各濠之冠，最易泛滥成灾。民国二十一年（1932）七月二十九日，大雨倾盆，白云山山洪暴发，又遇大潮顶托，一时间雨水、山洪、潮水齐至。东濠上游弯曲狭窄，下游又多被船艇、杉排堵塞，洪水排泄不及，水位壅高，小北一带，顿成汪洋，毁屋伤人，如造币厂（今省委党校处）前惠老院被洪水溺毙的老人达九十八人，造成了百年未有的大惨剧。该碑文所载正是此事，并因而促使广州市政府决意整治下游东濠涌。

民国二十二年（1933）冬，广州市政府筹款修治东濠涌，由市工务局（时陈树声任局长）负责实施。工程从民国二十二年十月开始，至民国二十四年秋完成，这次修治一定程度上缓解了危情。

整理东濠下游碑记

粤城设置肇始于周赧王。时越人公师隅所筑之南武城，历时二千余载，濠渠淤塞事所常有。虽代有疏浚，第多因陋就简，只顾目前，无一劳永逸之策，以故水患叠见，而东濠则尤甚焉。民国二十有一年七月二十九日广州市大雨竟夕，东濠上游山洪暴发，小北区域首当其冲，塌宇伤人，遽罹浩劫，百年以来未尝有也。翌岁秋，复遭巨浸，为患无已。补牢之举，自不容缓；兴利除弊，责在有司。二十有二年冬，树声忝长工务，谋为市民安居弭患，即致力修治渠务。乃秉承□□□□□□意旨，筹集款项，缮治图则，凡十余月始克竣事。爰于二十有四年秋举工事，自竺横沙以迄双眼桥，濠长凡万尺，隘者宽之，淤者浚之，分级跌流以杀激湍，并于濠傍拓筑行路以示濠界而利往来，复于潼关渠口建置活闸以压倒流。沿濠有桥凡五，曰竺横沙桥，曰小东门桥，曰东华路桥，曰大东门桥，曰越秀桥，而桥孔皆隘，宣泄维艰，故皆夷而新之，斯桥其一矣，此皆下游之工事也。至若扩而充之，凿沟以泄河源，筑坝而成涵湖，利用山洪以资灌溉，斯则上游工事之设施，更为完美。然亦未可视为缓图也。兹因桥成，爰纪其要以勒贞珉。

中华民国二十四年十一月 广州市□□

□□□□□ 撰并书

民国 九善堂碑

高140厘米，宽63厘米。白云大源街道大源村经济联社管理。

现存广州白云太和镇大源路，民国九年（1920）刻立，为九大善堂联合出面调停石湖与南村村民持续百余年的水利纷争而立。晚清时期

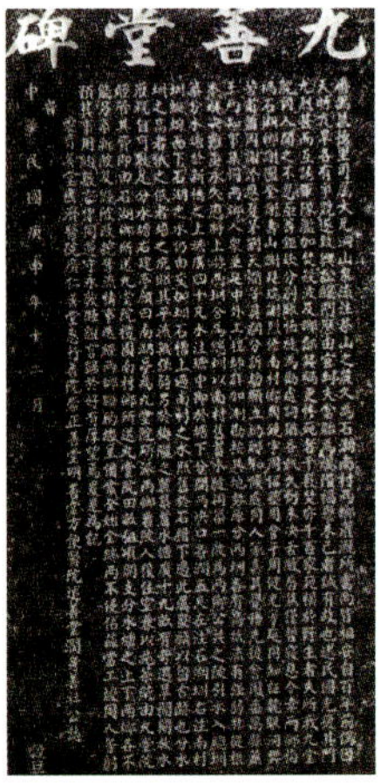

广州出现了适应城市社会救济需要而以商人行会为主导的民间慈善组织——善堂，从19世纪下半叶至20世纪初，先后设立于广州的各种善堂（包括善社、医院）不下十八家。其中爱育善堂、广仁善堂、崇正善堂、润身社、述善善堂、明德善堂、广济医院、方便医院、惠行善堂，即清末民初著称一时的“九大善堂”，它们多分布于西关人口密集、工商业繁盛的地区，是晚清时期广州特有的社会机构。

民国　血泪洒黄华碑

碑高171厘米，宽76厘米。越秀区建设街道办事处管理。

位于黄华路黄华塘（黄华中约外街21号对面），以花岗石镌刻。碑文正中为隶书“血泪洒黄华”五个大字，刚劲有力，字迹清晰，大字两旁为小楷书，字迹基本清楚，记述日寇轰炸黄华塘乡的惨况。

抗日战争初期，在广州沦陷前，日本帝国主义的飞机对广州狂轰滥炸，许多房屋和田园被毁，无数市民在炸弹下丧生。1938年5月，广州近郊黄华塘乡先后两次惨遭敌机轰炸，居民死伤一百多人。1946年，该乡民众组织“追悼殉敌会”，在乡中被炸地点刻石立碑，以志日寇凶残暴行和乡民受害的惨况。

血泪洒黄华

溯自“七七”事变，倭寇肆虐，滥炸我民众，侵略我郡土，其凶暴行为，言之殊堪发指。我乡不幸，于民国二十七年五月初二日正午，为敌机轰炸乡之南约；又同月十三日下午九时许，复大举轰炸乡之中的闸口。两役共死伤百余众，田园庐墓尽成丘圩，一片荒凉，惊心怵目。迨二十七年，粤为敌陷，妖氛益炽。本乡位于市郊，为敌占据。乡民等向皆深明大义，虽处敌铁蹄之下，靡不痛心疾首，敌忾同仇，沦陷八载，被其残害又不知凡几？兹幸敌人屈膝，还我山河。复员建设伊始，为慰忠魂而勖生者，爰刻石志其事，题曰：“血泪洒黄华”，永垂纪念云尔。

中华民国三十五年七月　追悼殉敌会立

民国　广州市界碑（东圃碑）

碑通高2460厘米，碑座高76厘米，宽48厘米；碑身净高1700厘米，上宽34厘米，下宽38厘米。广州市天河区博物馆藏。

现存天河区博物馆。民国十九年（1930）刻立，原立于东圃石码头之西第二涌口东便岸基围边。花岗石质。民国十九年12月，广州市政府颁发《市县勘界条例》，由市土地局负责测绘本市界址，并在广州市边界上竖立四十六方界碑，以此划分与南海县、番禺县的行政管治范围。广州市界碑规格统一，方尖碑式样，白麻石质，柱身为长方柱形，上部为立锥体。碑身正面刻“广州市界”四字，其左侧刻“市区界石毁窃严究”八字，其右侧刻“中华民国十九年立”八字，陆界碑背面亦刻“广州市界”四字，水界碑背面则刻“以对河中心线为界”八字。广州市界碑现存九方，在户外的七方界碑均已列为广州市文物保护单位，分别为南漖碑、石围塘碑、小洲碑、沥滘碑、上元岗碑、元下田碑、同德围碑。广东革命历史博物馆收藏了原本竖立于小洲村的市界碑。

第十章

书法、绘画、唐卡、外销画

第一节　书法

西汉　南越木简

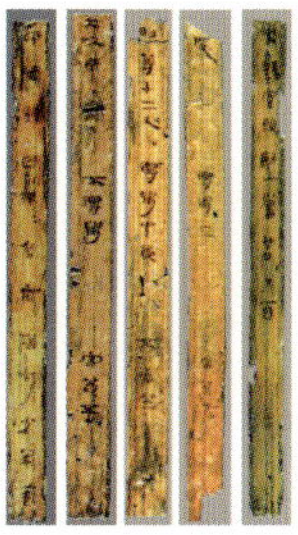

长24.6—25.3厘米，宽1.55—2.1厘米。2004年南越国宫署遗址出土。南越王博物院藏。

广州南越国宫署遗址一口渗水井内清理出的一百余枚木简，堪称“岭南第一简”。这批木简的年代为公元前178年前后，是南越王宫内的档籍文书，内容涉及职官、纪年、地名、宫室管理等。字体均为墨书隶书，个别字体含篆书笔意。书写风格与湖南长沙马王堆汉墓帛书竹简、山东临沂银雀山汉墓竹简、湖北江陵张家山汉墓竹简接近，词汇、文法也与中原汉简相似，实证岭南地区逐步融入华夏民族大一统体系的历史进程。

唐　佚名楷书大般若波罗蜜多经手卷

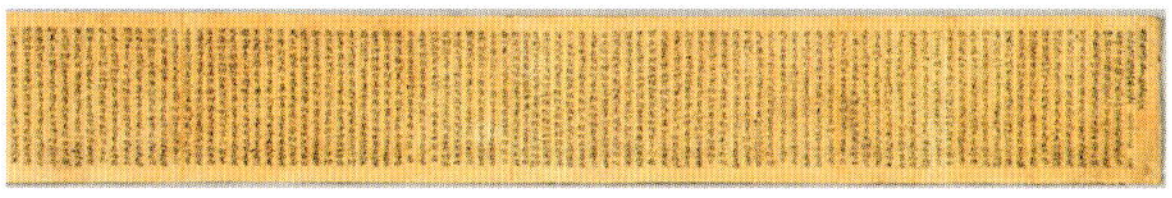

纸本。纵25.5厘米，横870.5厘米。广州艺术博物院藏。

书文：

大般若波罗蜜多经卷第廿五。初分教试教授品第七之五。三藏法师玄奘奉诏译。善现！汝复观何义言：即眼界若有为若无为增语非菩萨摩诃萨，即耳、鼻、舌、身、意界若有为若无为增语非菩萨摩诃萨耶？……（中略）此增语既非有，如何可言：即眼识界若可得若不可得增语是菩萨摩诃萨，即耳、鼻、舌、身、意识界若可得若不可得增语是菩萨摩诃萨？大般若波罗蜜多经卷第廿五。

此卷除三行各为一字、十四字、十五字外，其余每行均为十七字，全卷共四百七十五行，八千零五十四字。字形整齐划一，结构圆实紧密，用笔以中锋和藏锋为主，横轻竖重。横画左低右高，竖笔左短右长，造成微错落感。风格清俊秀健，庄重浑厚，颇具骨力。无署款及书者印。

明　沈周行书诗卷

纸本。纵32.5厘米，横149厘米。广州艺术博物院藏。

书文：

山漫衍，水萦回，风物似与人追陪。峰来势或□（被）树隔，岭峻直欲教云埋。人家间住自村落，老屋差差间茅缚。雅见疏□（梅）闯户中，亦有幽篁耸墙角。买书且教子孙读，种枣种桑生意渥。与世迂疏心自闲，信我耕渔意还朴。君不见，纡朱曳紫自有人，直是云泥不可亲。又不见，雕墙峻宇自有地，我欲比之冰炭异。山边水涘吾有天，吾乐吾分吾安然。沈周画并题。

钤“沈氏启南”朱文方印、“白石翁”白文方印、“石田书画”白文长方印。

此卷书法笔墨坚实豪放，其跌宕起伏、一波三折的笔法和中宫紧敛、长笔四展的结体无不深得黄庭坚遗韵，然运笔迟行涩进，锋芒少露，则与黄庭坚书法的精神气质截然不同。

沈周（1427—1509），字启南，号石田，晚号白石翁。长洲（今江苏苏州）人。与文徵明、唐寅、仇英合称“明四家”。吴门画派领袖人物。画风老辣苍润，笔墨刚毅沉着，简括豪放，浑厚隽朗。

明 陈献章草书卷

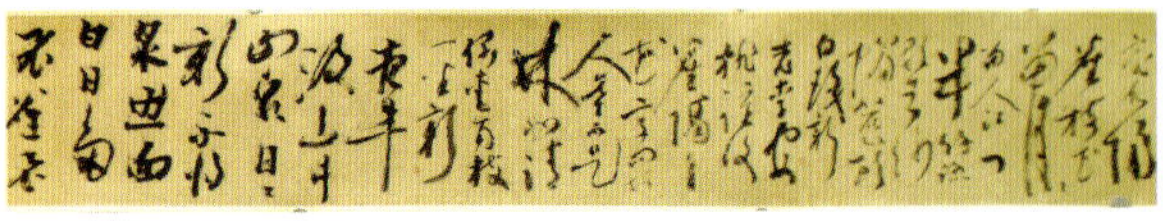

纸本。纵29厘米，横232厘米。广州艺术博物院藏。

书文：

云隔溪扉水隔尘，梅花留月月留人。江门半醉踏歌去，纱帽笼头白发新。老李安排谁后尘，隔年花意问故人。先生不是林和靖，偶爱南枝一半新。夜半汲山井，山泉日日新。不将泉照面，白日多飞尘。飞尘亦无害，莫弄桔槔频。陈献章。

此卷为陈献章自作诗，笔致挺健雄奇，极具峭拔荒率之特色。

明 祝允明行草书怀知诗卷

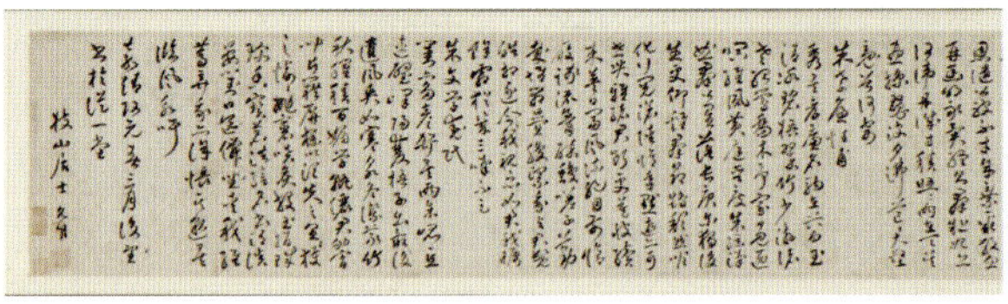

纸本。纵29.5厘米，横697.5厘米。广州艺术博物院藏。

书文：

怀知诗。卧病泊然，缅□……知爱，遂各为少长隐显远近存□皆非，所记只以心肺之真，凡十有八人，共诗一十九首。……（中略）嘉靖改元春三月后（望）望（后），书于从一堂。枝山居士允明。

钤“祝允明印”白文方印、“希哲草”朱文方印。

此卷书于明嘉靖元年（1522）。行笔遒劲，结体奇趣，为祝允明晚年力作。

祝允明（1461—1527），字希哲，号枝山，长洲（今江苏苏州）人。与徐祯卿、唐寅、文徵明合称“吴中四才子”。明代草书的代表性书法家。所作天真纵逸，似绵裹铁，如印印泥。

明 湛若水草书甘泉洞诗轴

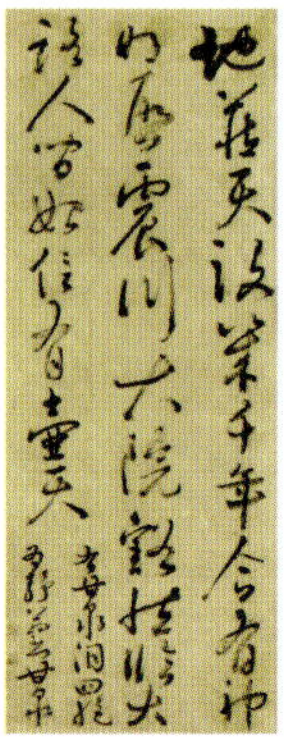

纸本。纵149.5厘米，横56厘米。广州艺术博物院藏。

书文：

地藏天设几千年，今有神明启震川。大院豁然临大路，人间始信有壶天。右甘泉洞四绝，为静翁书。甘泉。

钤“吏礼兵三部尚书”白文方印、“湛氏元明”朱文方印。

此轴气势雄峻，宏逸遒劲，当为湛若水晚年得意之作。

明 文徵明行草书近作诗轴

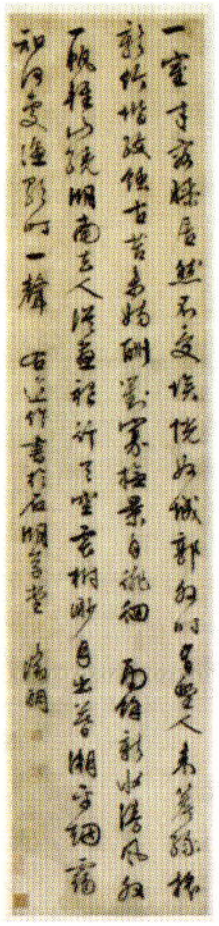

纸本。纵136厘米，横30厘米。广州艺术博物院藏。

书文：

一室才容膝，居然不受埃。恍如城郭外，时有野人来。檐绿摇新竹，阶纹蚀古苔。未妨酬对寡，抚景自徘徊。雨余新水漫，风外一帆轻。山绕湖南去，人从画里行。天空云树渺，月出暮湖平。烟霭知何处？渔歌时一声。右近作，书于石湖草堂。徵明。

钤“文徵明印”白文方印、“衡山”朱文方印。

此轴书法细劲峭利，既清雅明丽，又不乏沉实内蕴，颇具王羲之《十七帖》遗意。

文徵明（1470—1559），名壁，字徵明、徵仲，号衡山居士、停云生。长洲（今江苏苏州）人。与沈周、唐寅、仇英合称“明四家”。吴门画派代表人物之一。多写江南景色，用笔细劲秀润，墨法精微。

明　董其昌草书轴

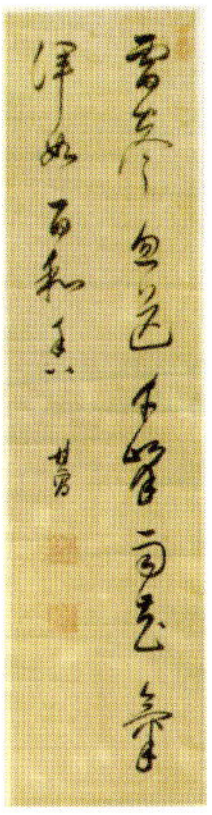

纸本。纵146厘米，横35厘米。广州艺术博物院藏。

书文：

雷声忽送千峰雨，花气浑如百和香。其昌。

钤“文宗伯印”白文方印、“玄宰氏”白朱文方印。

此轴书法清秀中和，恬静疏旷，用墨明洁隽朗，温敦淡荡，天机溢发，气韵深厚。

董其昌（1555—1636），字玄宰，号思白、香光居士。松江华亭（今上海）人。绘画师法董源及“元四家”，为松江画派代表人物，倡“南北宗论”，对后世影响甚大。书法出入晋唐，自成一家。

明　王铎草书轴

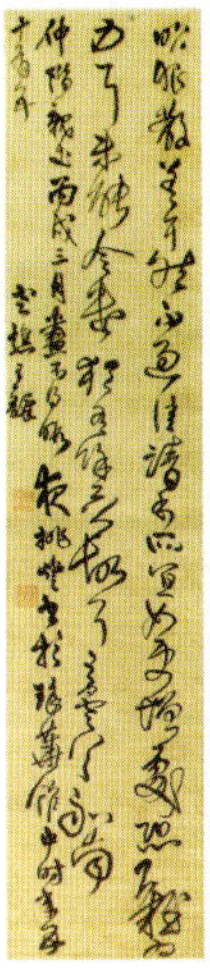

绢本。纵227厘米，横47厘米。广州艺术博物院藏。

书文：

昨服散差耳（可），然不过佳，请示所宜。如更增剧，恐难为力耳。未能令遣，犹有余言故耳。王昙首和南。仲阶亲丈。丙戌三月，昼不得暇，夜挑灯书于琅华馆中，时年五十有五。云樵王铎。

钤“王铎之印”白文方印、“烟潭渔叟”白文方印。

此轴书法笔力雄健，苍老劲疾，全以力胜，不极势而势若不尽，隐然有风雷激荡之象。

王铎（1592—1652），字觉斯，号嵩樵、石樵、云樵、烟潭渔叟。河南孟津人。明末清初书坛的代表人物。

明　南园诸子送黎美周北上诗卷

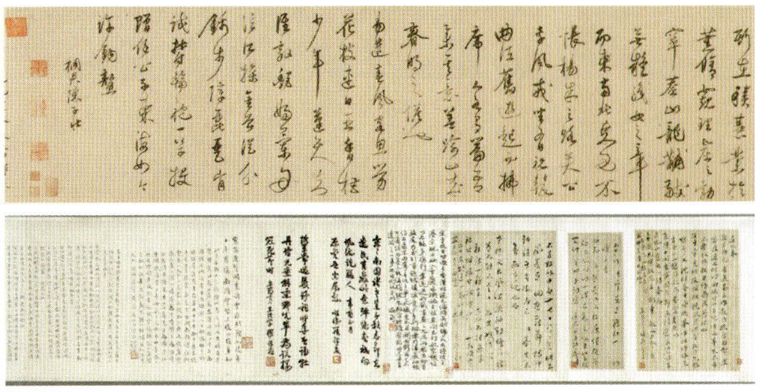

纸本。纵31.5厘米，横574厘米。广州艺术博物院藏。

书文略。

南园坐落于广州城文明门之南。元末明初，孙蕡、王佐、黄哲、李德、赵介五人结诗社于园中抗风轩（文德南路原中山图书馆南楼），世称“南园前五子”。嘉靖年间，欧大任、梁有誉、黎民表、吴旦、李时行等于此重开诗社，称“南园后五子”。明末崇祯年间，陈子壮又集当时名士欧必元、欧主遇、徐棻、黄圣年、黄季恒、通岸、陈子升、区怀瑞、区怀年、黎遂球、黎邦瑊等修禊于南园，世称“南园十二子”。

此诗卷集明崇祯癸酉（1633）曾晢复等赋诗送行时曾序作卷首文，和另一次南园诸人陈子壮等为黎美周（遂球）北上的送行诗，以及黎遂球与安仲书札三通合于一卷。曾晢复文字被残蚀多处，纸质与各人题诗有别，可证。卷中题赋者均为明末岭南之忠烈、名贤，向为粤中珍贵文献。

明　陈洪绶行书词扇面

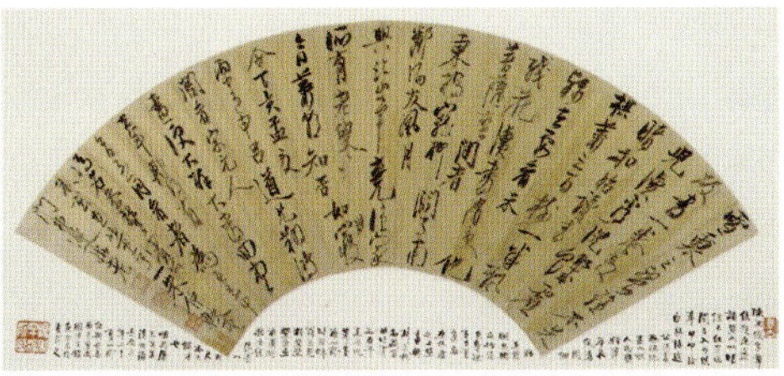

金笺纸本。纵19厘米，横56厘米。广州艺术博物院藏。

书文：

雪里之餐虽不足，破书一卷教儿读。不得说饥虚，晴和始读书。棋萧三百树，一半飘残去。要看未残花，读书消受他。菩提蛮。闲者东桥宠柳，阔了南邻酒友。风月与江山，毕竟渔家所有。老叟、老叟，今日萧朝知否？如梦寝令。丁亥孟夏，雨中过申吕道兄翔鸿阁，看宋元人画，便大醉大书。回想去年，那（哪）得有今日？列一同看者为王素中、冯名参、龚宾公、朱玄生、董子一、朱仲轶。云门弗迟悔老。

钤“僧悔”白文方印、“弗迟”朱白文方印。

此扇面书法结体疏放随意，横画圆润与瘦劲相并用。在结字上打破汉字的方块形式，以长方形为主。字的大小比例不均，用墨浓淡相间，富于虚实变化，使人感觉灵动跳跃、纵横奔放，技巧纯熟。

陈洪绶（1598—1652），字章侯，号老莲、悔迟。浙江诸暨人。擅人物画，笔下人物形象躯干伟岸，衣纹线条细劲清圆，晚年则形象夸张，或变态怪异，性格突出。

明末清初　道忞行书七言联轴

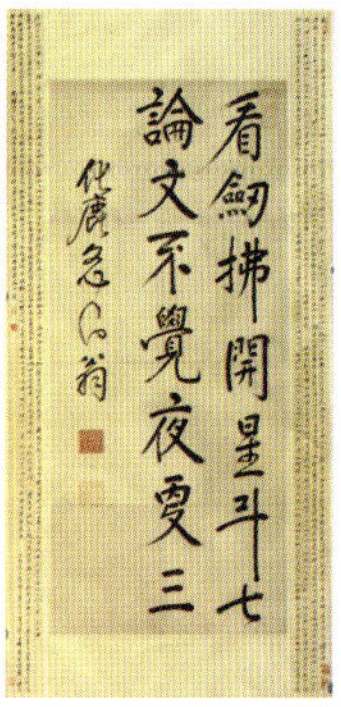

纸本。纵135厘米，横57.5厘米。广州艺术博物院藏。

书文：

看剑拂开星斗七；论文不觉夜更三。

化鹿忞山翁。

钤“阳明洞主”白文方印、“道忞之印”朱文方印、“电拂居”朱文长方印。

道忞墨迹传世极少。此轴为道忞晚年之作。浙江查有镳旧藏。清光绪二十八年（1902）春，查有镳在安宜泰山殿方丈中借读一宿庵之《法海心灯录》，见有道忞传，便抄录于此轴裱边。

道忞，俗姓林，字木陈，号山翁、阳明洞主。广东大埔人。青年时赴江西庐山开先寺出家为僧。清顺治十六年（1659）奉召进京，说法内廷，赐号弘觉国师。

清　傅山草书李商隐赠庾十二朱版诗轴

纸本。纵208厘米，横45厘米。广州艺术博物院藏。

书文：

固漆投胶不可开，赠君珍重抵琼瑰。君王晓坐金銮（銮）殿，只待相如草诏来。傅山。

钤“傅山印”白文方印。

此轴书法纵逸跌宕，自由飞动，古拙而不失流畅，苍劲有力而又婀娜多姿。

傅山（1607—1684），字青主。山西阳曲（今山西太原）人。明末清初书坛代表人物之一。提出“宁拙毋巧，宁丑毋媚，宁支离毋轻滑，宁真率毋安排”的著名书论。其书法着力追求独特、倔强的意趣。

清　今释草书古松诗轴

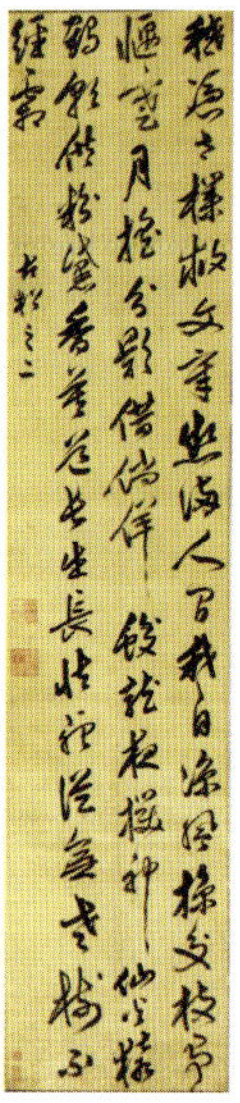

绫本。纵229厘米，横47.5厘米。广州艺术博物院藏。

书文：

秖凭太朴救文章，热满人间我自凉。风掠交枝争偃蹇，月摇分影借倘佯。蛟龙夜攫神仙火，猿鹤朝供粉黛香。莫道长生长怯殆，从无老树不经霜。古松之二。

钤“游戏三昧”朱白文方印、“释今释”白文方印、“丹霞山主”朱文椭圆印。

此轴书法转折提顿变化自然，笔力强劲，结体精整而豪纵，极见功力和气质。

今释（1614—1680），原姓金名堡，字道隐，号卫公。仁和（今浙江杭州）人。抗清志士，后出家为僧，师从天然禅师，法名今释，法号澹归。

清　薛始亨行草书诗册

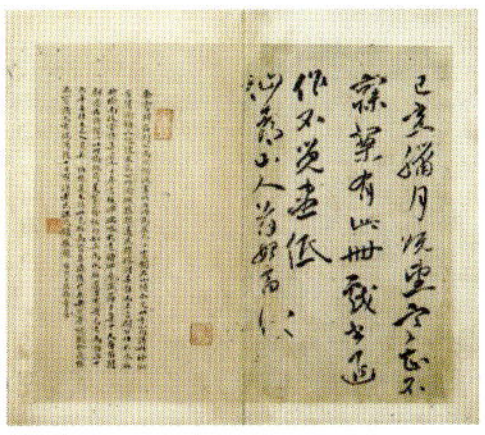

纸本。纵27.3厘米，横31.5厘米。广州艺术博物院藏。

书文：

（前略）已亥腊月既望，寒甚不寐，案有此册，戏书近作，不觉尽纸。仙都山人薛始亨识。

钤“剑公”朱文长方印。

此册书于清顺治十六年（1659），诗为作者自端江辞官归经三水之作。原为陈伯越旧藏。共十四页，其中第十二页缺。汪兆镛从《南枝堂集》中选《归次三水》一首补缺。其余各首和《南枝堂集》对校，有不少出入。

薛始亨（1617—1686），少从陈邦彦学。清顺治三年（1646）后隐居，以著书自乐。工诗古文辞，著有《南枝堂稿》等。

清　朱耷行草五言联

纸本。各纵152.8厘米，横31厘米。广州艺术博物院藏。

书文：

采药逢三岛；寻真遇九仙。

八大山人。

钤“八大山人”白文方印、“浪得名耳”白文方印。

此联用笔以圆为主，方圆兼备，转折处婉转流畅。点画之间牵丝较少，干净利落。笔画粗细比较均匀，露锋处仍圆厚含蓄。结体稍倾侧以取姿态，并产生呼应感。

朱耷（1626—1705），名统𨨗，号雪个、个山、八大山人。江西南昌人。明宗室后裔。明亡后一度为僧，后又改当道士。绘画以花鸟为主，画风雄奇隽永。并擅书法诗文。

清　梁佩兰行草书诗轴

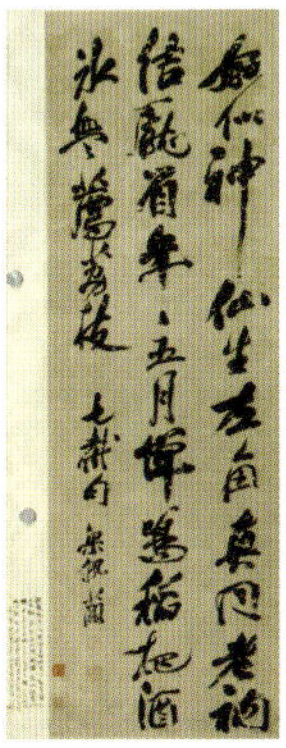

纸本。纵132.3厘米，横42.5厘米。广州艺术博物院藏。

书文：

好似神仙生左角，真同老衲结庞眉。年年五月蝉鸣稻，把酒冰盘荐荔枝。七截句，梁佩兰。

钤“梁佩兰印”朱文方印、“药亭氏”白文方印。

梁佩兰的书法，下笔收笔着力较重，起伏较大，行草结体往往显示出隶书意趣，别具风格。此书轴正是他的本色。

梁佩兰（1629—1705），南海（今广州）人，清初诗人，与屈大均、陈恭尹并称“岭南三大家”。

清　屈大均行书杜甫八阵图句轴

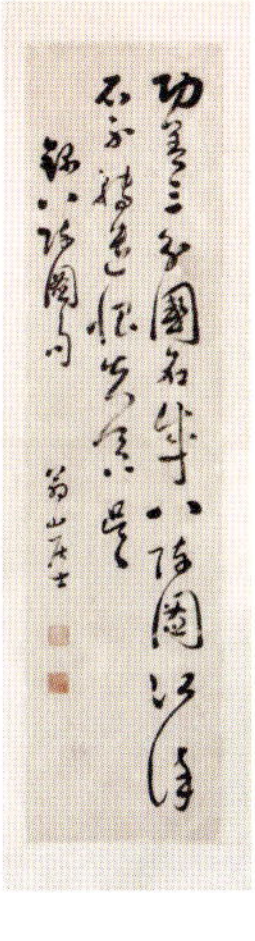

纸本。纵119厘米，横30厘米。广州艺术博物院藏。

书文：

功盖三分国，名成八阵图。

江流石不转，遗恨失吞吴。

录八阵图句，翁山居士。

书轴落笔圆厚朴茂，沉着平稳。

清　陈恭尹行书镇海楼赋卷

纸本。纵23.5厘米，横162厘米。广州博物馆藏。

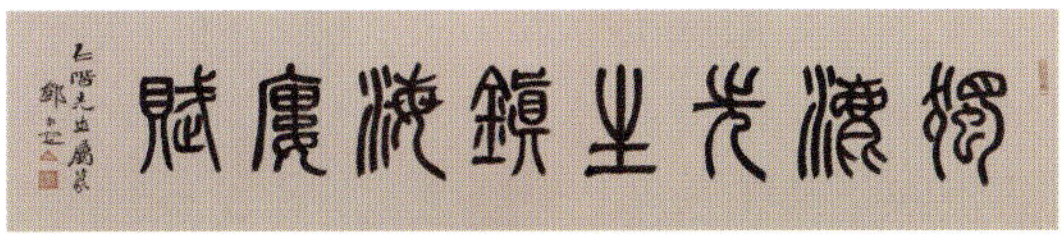

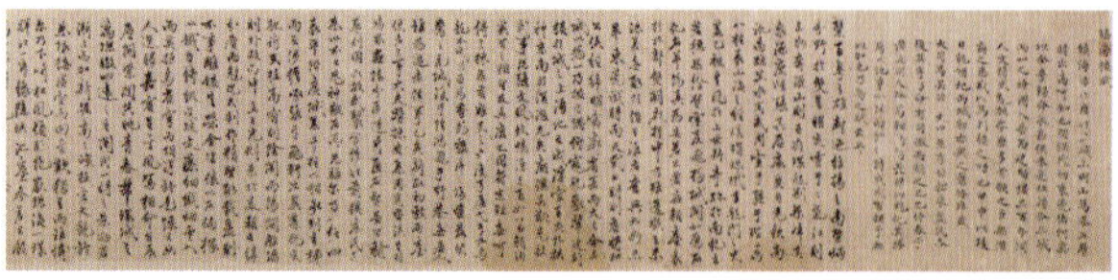

书文略。

清康熙二十八年（1689），陈恭尹和一班同人相约登越秀山镇海楼，作此赋自书。笔致清劲秀雅，流利温润。该赋后与卢振寰摹绘的《陈恭尹像》、卢子枢绘制的《镇海楼图》、赵浩书录的《独漉传记》合装裱为卷，由邓尔雅篆“独漉先生镇海楼赋”引首。另有桂坫、汪兆镛、吴道镕、张学华题诗，陈樾题跋。

清　彭睿壦草书菜根谭轴

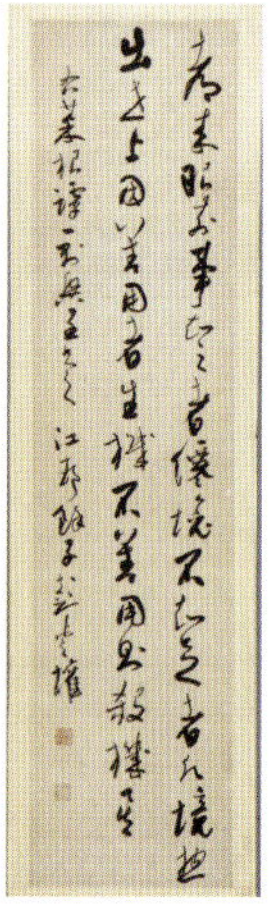

纸本。纵194厘米，横46厘米。广州艺术博物院藏。

书文：

都来眼前事，知足者仙境，不知足者凡境；总出世上因，善用者生机，不善用则杀机矣。右《菜根谭》一则，兴至书之。江村馀子彭睿壦。

钤“彭睿壦印章”白文方印、“龙江村獠”朱文方印。

此轴笔致粗细相间，自然悠远，一股高洁气质现于笔墨间。

彭睿壦，字公吹，号竹本、龙江村獠。顺德（今广东佛山）人。工画，草书别具一格，世称竹本派。

清　伊秉绶隶书九言联

纸本。各纵343厘米，横37厘米。广州艺术博物院藏。

书文：

真学问从五伦上作起；大文章自六经中得来。

辛未十月十三日，伊秉绶。

钤“伊秉绶印”白文方印、“默庵”朱文方印。

此联用笔挺拔劲直，字形沉着古拙，雄伟壮阔。

清　吴荣光行书十一言联

纸本。各纵242厘米，横42.5厘米。广州艺术博物院藏。

书文：

交错高枝白催异骨龙蛇老；乱垂古干黑入太阴雷雨回。

集浣花草松障歌。道光壬寅五月，吴荣光时年七十。

钤“荷屋”朱文方印、“御赐观象砚斋”白文长方印。

吴荣光书法早年由欧阳询、苏轼化出，晚岁化碑入行草，笔锋奇恣。此联为吴氏晚年的得意之作。

吴荣光（1773—1843），字殿垣、伯荣，号荷屋。清嘉庆年间进士，官至湖南巡抚、湖广总督。清代著名鉴藏家、书法家。

清　何绍基行书七言联

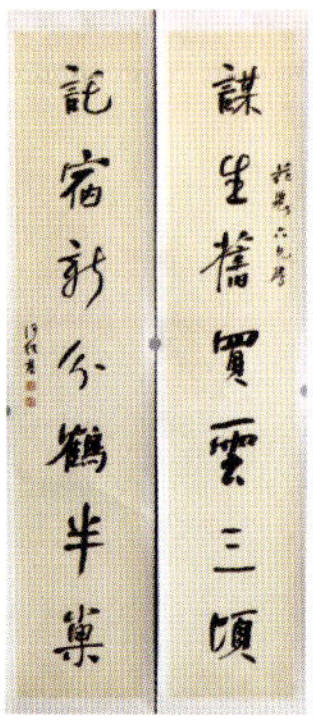

纸本。各纵172厘米，横32.5厘米。广州艺术博物院藏。

书文：

谋生旧买云三顷；托宿新分鹤半巢。

花农六兄属（嘱）。何绍基。

钤“何绍基印”朱文方印、“子贞”白文方印。

此联书法从颜体化出，略参魏碑笔意，遒劲峻拔，别具意蕴。

何绍基（1799—1873），字子贞，号东洲、蝯叟。道州（今湖南道县）人。清代著名书法家。

清　朱次琦行书笺

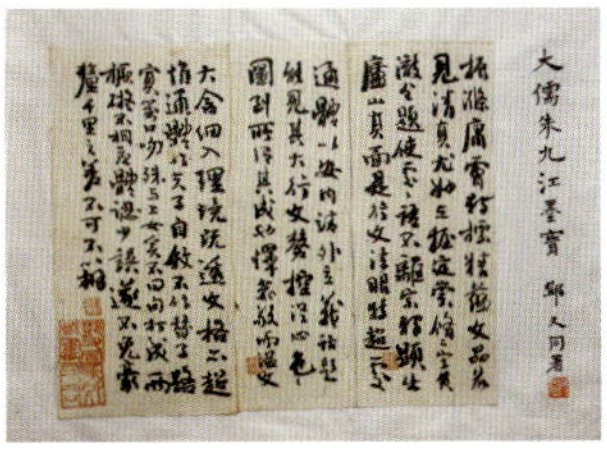

纸本。裱纵34.5厘米，横42.5厘米；心纵21厘米，横24.8厘米。广州博物馆藏。

书笺内容为朱次琦对学生课艺卷的审阅批语。

书文：

振涤庸肤，独标精蕴，文品兹见清真，尤妙在握定“崇修”二字，贯彻全题，使处处语不离宗，独显出庐山真面，是行文法眼特超处。通体以安内靖外立义，诂题能见其大，行文磬控从心，色色圆到，所谓其成也。怿恭敬而温文，大含细入，理境既透，文格亦超。惟通体作夫子自叙，不作替子路寘对口吻，殊与上“女奚不曰”句打成两橛，碍不相应。体认少误，遂不免毫厘千里之差，不可不辨。

朱次琦（1807—1882），字子襄，号稚圭。广东南海九江（今佛山南海）人。晚清大儒，世人尊称“九江先生”。康有为对其书法的评语是：“先师朱九江先生，于书道用功至深，其书导源于平原，蹀躞于欧虞，而别出新意。相斯所谓鹰隼攫搏，握拳透爪，超越陷阱，有虎变而百兽跧气象。鲁公之后，无其伦比，非独刘、姚也。”

清　陈澧行草书郦道元水经注语轴

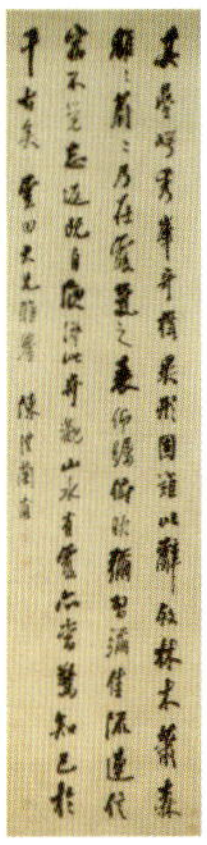

纸本。纵240厘米，横56厘米。广州艺术博物院藏。

书文：

其叠崿秀峰，奇构异形，固难以辞叙。林木萧森，离离蔚蔚，乃在霞气之表，仰瞩俯映，弥习弥佳，流连信宿，不觉忘返。既自欣得此奇观，山水有灵，亦当惊知己于千古矣。云田大兄雅鉴。陈澧兰甫。

钤“陈澧之印”白文方印、“兰甫”朱文方印。

此轴行笔凝重俊朗，自有一种爽健沉厚之势。

清　赵之谦隶书八言联

纸本。各纵160厘米，横40.5厘米。广州艺术博物院藏。

书文：

百种千名陈书缀卷；五福四利考传谕图。

笙巢都转大人正书。赵之谦。

钤“赵之谦印”朱文方印、“赵抝叔”白文方印。

此联笔法变化多端，体现出明显的提按顿挫和轻重缓急，能见笔锋的起止藏出和墨色的浓淡干湿，笔情墨趣极其丰富。其长横一波三折，收笔锋芒毕露，显示出一种委婉动人的风韵。

赵之谦（1829—1884），字益甫、抝叔，号悲盦、无闷。会稽（今浙江绍兴）人。清代著名书画、篆刻家，碑学派及海上画派的代表人物。

清　李文田楷书七言联

纸本。各纵143厘米，横37厘米。广州艺术博物院藏。

书文：

按部况闻秋稼熟；弹琴长对月轮低。

月波老公祖大人正。集殷文圭李中。治愚弟李文田。

钤“李文田印”白文方印、“泰华山馆”朱文方印。

此联将北碑笔法融于行楷书中，风格雍容厚重。

清　吴大澂篆书木刻联

木刻。各纵154.6厘米，横31.2厘米。广州海事博物馆藏。

书文：

民乐遂生千万户；我来将历百重山。

集开母庙石阙铭字。吴县吴大澂书。

长方体，背面有两托带加固，米黄色底漆，上层红底黑字，红漆未涂到边缘。

清　刘永福“虎”字轴

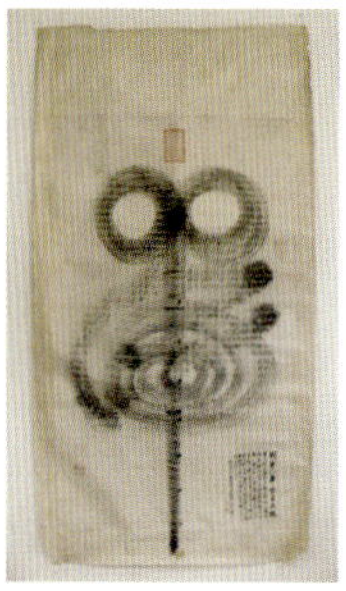

纸质。纵183.2厘米，横93.5厘米。广州市天河区博物馆藏。

自拍卖公司购入，现暂存放于天河区档案局。“刘军门虎字真迹跋”内容如下：

军门刘永福，吾粤赳赳之干城也，清季威震一时。彼乃武人不擅文翰，惟精书此虎字，士实珍之。以其笔半枯墨，运此腕力，有如狮子博兔之势。究其一生，所师是仿张国梁者，张书中直屹然如铁柱，刘有其八九矣。此帧，吾得自前清友人转赠，故为宝藏，并跋数语志之。民国十一年壬戌夏六月纪佩挥汗补笺。

民国　康有为行草书焦赣易林语轴

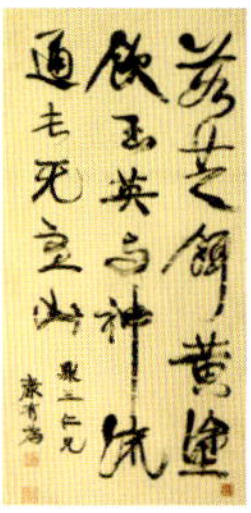

纸本。纵101.5厘米，横50厘米。广州艺术博物院藏。

书文：

茹芝饵黄，涂饮玉英。与神流通，长无忧凶。鼎三仁兄。康有为。

钤“康有为印”白文方印、“维新百日出亡十六年三周大地游遍四洲经三十一国行六十万里”朱文方印。

此轴书法气魄强雄，苍劲厚重，质朴古拙，自有一种纵横扩张的气势，是康有为晚年书法的佳作。

康有为（1858—1927），原名祖诒，字广厦，号长素、更生。南海（今广东佛山）人。晚清维新运动领袖，书法碑派代表人物。其书法主要得力于《石门铭》，追求气势，不拘小节，恣肆豪放乃至粗野荒率。

民国　梁启超楷书杜甫日暮诗轴

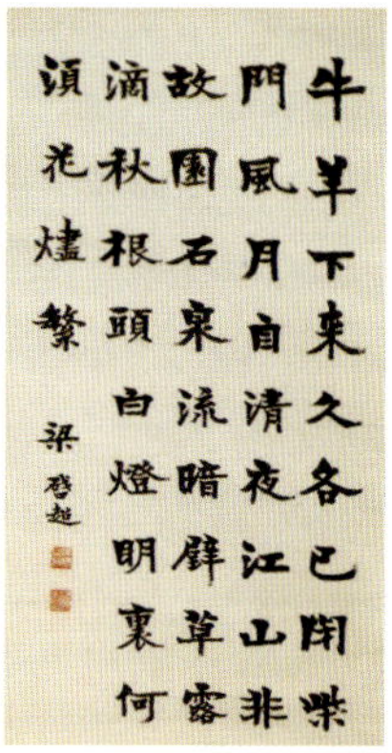

纸本。纵112厘米，横54厘米。广州艺术博物院藏。

书文：

牛羊下来久，各已闭柴门。风月自清夜，江山非故园。石泉流暗壁，草露滴秋根。头白灯明里，何须花烬繁。梁启超。

钤“新会梁启超印”白文方印、“任公四十五岁以后所作”白文方印。

此轴书法结字严谨，神气内敛，意态平和。楷体微带行书笔意，在朴茂淳和中显畅快轻松，饶有情趣，是梁启超晚年书法的佳作。

梁启超（1873—1929），字卓如，号任公、饮冰室主人。广东新会人。晚清维新运动领袖，著名学者、书法家。其书法主要脱胎于《张玄墓志》，具有清雅温润的视觉效果和娴静安详的古典气质。

第二节 绘画

北宋 文同墨竹图轴

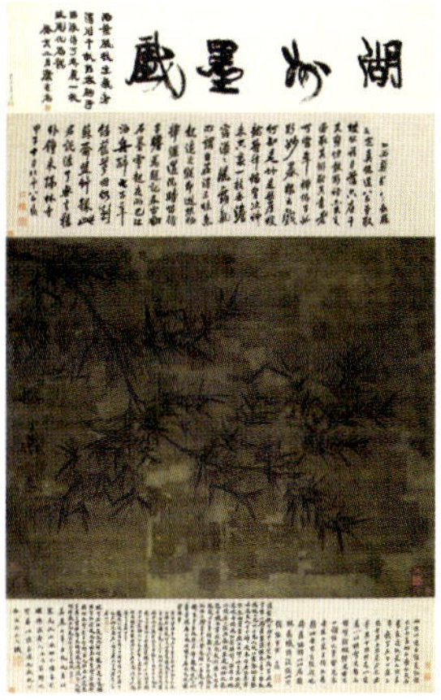

绢本水墨。纵124.7厘米，横144.6厘米。广州艺术博物院藏。

此画文同采用了“S”形构图，以水墨画了一杆崖壁拗竹。竹子的姿态先俯后仰，其身姿使人感到一种百折不挠的精神气魄。画法上，文同注重讲求物理，用笔以书法性的撇出和绘画性的描绘相结合，造型写实，情态生动，竹叶浓淡相间，恰如画史所说“以墨深为面淡为背”。

画左边上的作者落款残缺，右上方印章模糊难辨。画上方有康有为、翁方纲题跋和罗振玉观款，画下方有吴荣光题跋。画上还有吴荣光、伊秉绶、安绍宽、莫元瓒等人的鉴藏印。此画清代以来一直在广东流传，先后归温汝遂、吴荣光、罗原觉、莫元瓒等藏家所有。它与台北故宫博物院所藏文同《墨竹图》基本为同一稿本，为各地研究者所重视。鉴定意见不一，有人认为是文同真迹；也有人认为年代可到宋，作者存疑；还有人认为是摹本。

文同（1018—1079），字与可，自号笑笑先生、锦江道人，世称石室先生等。梓州永泰（今四川盐亭）人。擅诗文书画，以画墨竹著称，在其影响下，形成了“湖州竹派”。

元 佚名四烈妇图册

绢本设色。每页纵24厘米，横52厘米。广州艺术博物院藏。

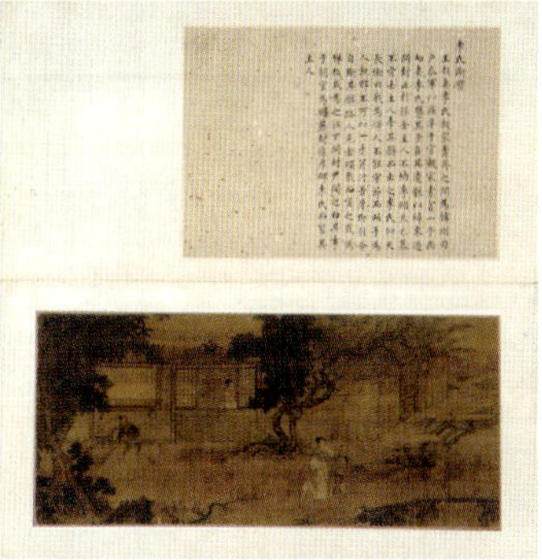

此册现存三图，分别是《浙台避水》《李氏断臂》《刺虎救夫》，《婕妤当熊》一页已散佚。画上无款。此作曾为明代尚宝司司丞沈廷美所有。他邀请了同僚张弼、姜立纲、吴宽三人题跋，其中张弼和姜立纲还分别以隶书和楷书书写题名。这三人都是明代著名书法家，其书写的题跋也具有较高的艺术价值。

张弼（1425—1487），字汝弼，号东海。华亭（今上海）人。明成化二年（1466）进士，授兵部员外郎。善诗文，工草书，怪伟跌宕，震撼一世，人称“张旭复生”。

姜立纲（1444—1499），字廷宪，号东溪。浙江瑞安人。官至太常少卿。善楷书，清劲方正，自成一家。

吴宽（1435—1504），字原博，号匏庵、玉亭主，世称“匏庵先生”。长洲（今江苏苏州）人。明成化八年（1472）状元，官至礼部尚书。善诗文，工书。

元 李衎纡竹图轴

绢本设色。纵138.5厘米，横79厘米。广州艺术博物院藏。

元延祐五年（1318）作。

作者自题：

□□（纡竹）图□（第）一。

东□（嘉）之□（野）人，编籬竹为虎落，以护蔬果。□（既）殒获，则舍而弗顾。予过

□□（其傍），怜无罪而就桎梏者，乃命从者释其缚而扶植之，不胜困□（悴）。再阅月而视之，则芃芃然有生意矣。噫，当其长养之时，横遭屈抑盘辯已久，伛偻□（者）卒不能伸，偃□者卒不能起，萧条寂寞，见弃于时。虽□□（外若）不堪其忧，而霜筠雪色、劲节虚心存诸内者，固不少衰也。猗与（欤），伟与（欤）！此君之盛德也！贫贱不移，□（威）武不屈，有大丈夫之操；富贵不骄，阸穷不□（悯），有古君子之风。忆绘而传之好事，抑可□（化）强梁于委顺之境，拯懦弱于卓尔之途，其于世□（教）或□□（有助）云。大德乙巳，为廉大卿作此一图，次为卢疏斋作第二图，似未惬其意。今元帅走书以征拙笔，故并作四图，以答拳拳好竹之意云。延祐戊午秋八月晦，息斋道人记。

钤“李□□□（衎之印）”白文长方印、“□□（息斋）”朱文方印。

李衎在郊野时看到一株幼竹曾被人用来编篱笆，因已萧条破败而被舍弃。他心生怜悯，遂让仆从将其重新扶植起来。一个月后，他再次看见这株小竹，发现它长出了不少翠绿的叶子，主干上又长出了很多新枝，呈现出勃勃生机。纡竹这种逆境中顽强求生的精神，让李衎联想到了君子之德。于是，他将这株纡竹画下来，希望以此自勉勉人。李衎十分喜爱这一题材，六十二岁时曾画过两幅送友人，七十五岁时又画了四幅，现存的这幅《纡竹图》就是他七十五岁时创作的。画家虽已暮年，但笔力犹健，状物写生，一丝不苟，所画竹子枝叶交错，疏密重叠，繁而不乱；竹叶以石绿、汁绿、淡赭、粉白等色晕染，表现出向背、远近、荣枯、老嫩等不同形态，如实描绘出竹子的生长特点和情态。整幅作品法度严谨，格调清新，确实达到了李衎所追求的“清且真”的境界。

此画曾为清代著名鉴藏家吴荣光所有，《辛丑消夏记》中有著录。画上还有吴尚时、吴荃选、吴尚廉等吴氏后人题跋。

李衎（1245—1320），字仲宾，号息斋道人。蓟丘（今北京）人。以擅画竹名世，画竹师五代李颇，墨竹初学金代王庭筠，继师北宋文同。他深入竹乡，于竹之形色情状，辨析精到。著有《竹谱详录》。

元　黄公望溪山图轴

绢本设色。纵161.8厘米，横46厘米。广州艺术博物院藏。

此画上作者无款印，有清代画家恽寿平题跋：

痴老名迹，润州有《秋山图》，娄东有《沙迹图》，逸翁有《富春图》，皆脍炙人口。此图因无款识，遂沦落东园之瓯香馆，能不为此图叹息？然此图一有款识，便为贵戚王孙有力者所收，岂得沦落于东园之瓯香馆？又能不为东园称快？无款无识，是此图乐与东园为蜜友也。东园友之藏之，若不表而出之，使他日不与《秋山》《沙迹》《富春》为伍，是东园有负于此图也。遂研墨识于左角。乙丑春三月之望日，东园生寿平。

此图是双拼巨幅的左半幅。画中河流蜿蜒而过，坡上半露平屋，远山淡云缭绕，近景烟树无际，气势蓬勃，溢于纸外。恽寿平认为这是黄公望的真迹，甚为爱重。容庚购得此画后请吴灏、谢稚柳鉴别。谢氏认为，虽然黄公望学画较晚，但不会一幅早年作品都没有流传下来，因此他认为此幅《溪山图》便是黄公望早期作品（谢稚柳《元黄子久的前期画》）。谢氏还指出王时敏、恽寿平他们都学黄公望，虽然所追求的是黄公望晚年风貌，但还带着黄的前期温润的气味，应是从类似这种早期作品而来。通过这幅作品，可以探寻黄公望画风的演变。

吴灏和谢稚柳分别在裱纸上题跋，记录了这幅画的鉴定意见和流传情况。画上还有清代收藏家方浚颐的鉴藏印“曾在方梦园家”。据其《梦园书画录》所记，他大力搜罗黄公望这幅山水图，如愿使两半合璧，其所得的右半幅上有“黄氏子久”方印。

黄公望（1269—1354），字子久，号一峰、大痴道人等。江苏常熟人。“元四家”之一，擅画山水，幽静自然，笔法简淡，有荒率天真之趣。

明　戴进山高水长图卷

纸本设色。纵50厘米，横2073厘米。广州艺术博物院藏。

作者自题“钱塘戴进”。

此卷是戴进存世作品中最长的一幅，卷前后各钤一方“文进”朱文方印，画面内容基本连贯，证明此卷未被裁切过。画上有明代太常少卿王谦、清代著名鉴藏家李恩庆等人的鉴藏印。1988年，中国古代书画鉴定组专家对该卷认真审视研究后，认为“名款书写自然流利，毫无做作痕迹”，因而一致肯定此为戴氏真迹，并正式定名为《山高水长图》。杨仁恺发现此卷是对临自辽宁省博物馆收藏的传为夏圭所作的《江山无尽图》。除了质地不同，两件作品如出一辙，丝毫不爽，只是《江山无尽图》不如《山高水长图》完整。《山高水长图》是戴进早年用力之作，是他学习南宋院体画风的实证。此作也保留了原作的全貌，有下真迹一等之妙。虽是临摹，但戴进也融入了自己的喜好，用墨较原作要淡，降低了明暗对比度，同时赋色较原作要鲜亮，作品给人清润明朗之感，一扫南宋沉郁的气格，变为挺健豪迈，洋溢着少年人特有的青春气息。

戴进（1388—1462），字文进，号静庵、玉泉山人。钱塘（今浙江杭州）人。其技法在继承南宋李唐、刘松年、马远、夏圭四家的基础上，兼融北宋各家和元人之长，笔墨挺健豪放，自成一家，成为“浙派”的开派画家。

明　林良秋树聚禽图轴

绢本设色。纵152.5厘米，横77厘米。广州艺术博物院藏。

作者自题款识“林良”，钤“以善图书”朱文方印。

此画描绘了深秋时节，夜幕降临之际，一群鸟雀栖息在枝头的景致。林良以草书线条表现树枝的跌宕、曲折，又以有力的“丁头点”表现短枝和苔点，使画面有一种草书疾走般的节奏感和力度。

此轴是一件流传有绪的珍品，最早为明代内府收藏，画上还有明代著名书画家董其昌、清代收藏家郑文燮等人的鉴藏印。近代时，此画先后归著名收藏家刘体智和容庚所有。1956年，为了支持地方博物馆的建设，容庚将此画捐赠给广州博物馆，由广州博物馆划拨给广州美术馆收藏。1988年，中国古代书画鉴定组专家一致认为此轴具真、精、新之三美，为林良存世作品中之珍品。

林良，字以善。南海（今广州）人。明代宫廷画家，擅画花鸟，以草书用笔作水墨写意花鸟画，在艳丽工巧为主导的宫廷画风中别树一帜，为时人所重，对后世花鸟画画风产生了很大影响。

明　李孔修驴背吟诗图轴

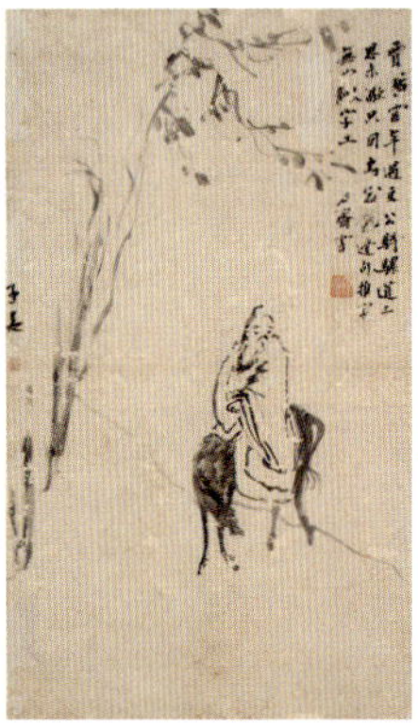

纸本水墨。纵91.5厘米，横52.7厘米。广州艺术博物院藏。

款识“子长”。钤“子长”“石斋印”二白文方印。

画面右上角有陈献章诗跋：

贾岛当年遇文公，骑驴道上思未融。只因鸟宿池边句，推字无如敲字工。石斋书。

此画描绘唐代诗人贾岛骑驴吟诗的情景，用笔极简，构图精炼，画面只一人、一驴和山石一角，寥寥数笔已勾勒出人物形象与神态，意趣清逸闲雅。代表了李孔修人物画水平，以笔墨意趣取胜，属写意画人物精品。

李孔修（1462—1531），字子长，自号抱真子。广东顺德（今广东佛山）人，居广州。工诗能画，擅画翎毛、走兽、山水。李孔修是陈献章的得意弟子，性格刚直，操守廉正，不畏权势，一生过着贫困的生活，但安贫若素，曾写贫居自述诗：“闲居乐事少人知，野老风情自不羁。”“乐守清贫年过年，何须计较苦求钱。”“时人都说处贫难，我处贫时适所安。”

明　沈周吴门十二景图册

纸本水墨。每页纵25.8厘米，横22.5厘米。广州艺术博物院藏。

此册十二页，画虎丘山、玄墓山、虎山桥、南峰、横塘、光福山、天池山、贺九岭、上方山、觉海寺、姑苏台、莲花峰等十二处吴门胜景。此册为沈周存世之精美山水小品，属其晚年作品的典型面貌，其装池亦属明代。画后有张寰、朱隆禧、吴灏等人题跋。

每开有沈周自作五言诗对题，并署“沈周”款，钤“启南”朱文方印。

明　沈周复崦清溪图轴

纸本设色。纵149.5厘米，横70厘米。广州艺术博物院藏。

自题：

复崦清溪落叶重，地深犹有客相逢。因君借问城中事，果有寒山半夜钟。沈周。

钤“沈氏启南”朱文方印、“梁孔生平真赏”朱文方印、“雪审定”朱文方印。

此作为全景式构图，兼具高山大川三远之景，其笔法缜密细秀，沉着劲练，将北宋之壮丽清润与南宋之苍茫浑厚融为一体。

明　沈周松坡平远图轴

绢本设色。纵254厘米，横99.5厘米。广州艺术博物院藏。

明弘治十五年（1502）作。作者自题：

吴江王君思善，为乐善翁之主器。自幼佐父拓业，性孝友诚笃。慕马少游之为人，人重其顾名修身，声称翕著。余尝交乐善及思善与思德侍御，知其积善非一世，而乐善又发乎诗书，收乎富贵之效，于今日宜享若此。且子孙众多，诗书之绪，衍而莫绝，抑见将来之宜，不期然而然者，如契之符，如吻之合。信天之报善，既不忒其富贵，行及于寿考，而使为善者，有劝良自王氏始矣。思善今兹甫登五十，其配庞孺人生后一年，骎寻百年偕老之境，将属望矣。其子恩，求图与诗，以侑寿尊之乐。诗曰：月湖主人湖心胸，廓而纳物无不容。饥寒婚瘗有告诉，施与一一亲疏同。性中所存惟孝友，允蹈礼义诚且恭。奉亲教子并睦弟，此外世好浮云空。郡南信起董子誉，江夏蔼有黄生风。行年五十筋力壮，家裕志乐气体丰。堂中元配差一齿，推先顺后相雌雄。夫德妇相两相得，如此完美知天钟。匪曰幸也而云公，有弟衣岫今乘骢，有子读书其股从。有百有千寿拟后，天固难必德可通。生中之旦惟孟冬，天朗风惠日更融，济济贺客皆章缝。笙歌沸座酒如海，一双凤皇（凰）醉堂中。人问此庆善所致，以善继当无穷善（此句疑作“以善继善当无穷”）。弘治十五年十月二十四日，长洲沈周。

钤“启南”朱文方印、“白石翁”白文方印。

此图和图上题诗是沈周应王恩之邀为贺其父王思善五十岁寿而作。由于是祝寿图，画中的主体是象征着长寿的松树，而且其中两棵巨松交缠在一起，便是取“在地愿为连理枝”之意，比喻夫妻情深。此画的处理手法在沈周的作品中并不多见，特别是远山和滩涂，淡墨渲染，略施斧劈皴，完全是马远、夏圭或浙派的手法。整幅作品富装饰趣味，接近院体画风。

明 唐寅江南春图卷

绢本设色。纵31.5厘米，横146厘米。广州艺术博物院藏。

此图绘江南一临水而建的私家园林，园内水榭楼台、小桥湖石、繁花佳木错落布置，生活在园中的仕女或赏景，或捧书，或调琴，或执扇，各具情态；园内外桃花、李花盛开，一派春意盎然的美景，引得园外经过的旅人流连观赏。此画后段有未尽之意，应是被人裁割过，故现在的落款应为后添，所以鉴定专家认为书法的真伪性尚待研究。但此画构图讲究，境界变化多样，山水与界画技法结合，庭院台榭等建筑描绘工整精巧，让人有可游可居的感觉，画中树木种类繁而变化多，极具匠心，点景人物线条流畅，情态生动，山石的皴法也是唐寅所创的带水长皴，这些都符合唐寅绘画的特点，所以专家还是审定此画为唐寅真迹。画后有李可亭、张大千题跋。

唐寅（1470—1524），字伯虎、子畏，号六如居士、桃花庵主等。吴县（今江苏苏州）人。“明四家”之一，擅画山水，兼工人物、花鸟，笔墨秀润峭利，景物清隽生动，工笔、写意俱佳。

明 文徵明山水扇面册

纸本金笺。纵30厘米，横59.5厘米。广州艺术博物院藏。

画心左上题识：

落日浮图昏，遥钟隔烟岭。应有未眠人，冷然发深省。徵明。

钤“徵”“明”白文方印。

画中山林被云雾萦绕，两幢亭楼一远一近置于其中。题识中的“遥”与“隔”为画中山景空间补充信息；画中人背着包袱正缓缓穿过近处的松林，与题识中的“未眠人”对应，营造强空间感之余又使画面极具叙事趣味。

明 仇英停琴听阮图

纸本设色。纵112.2厘米，横42厘米。广州艺术博物院藏。

作者自题“仇英实父制”。钤印“十洲”朱文葫芦印、“仇英之印”白文方印，并有鉴藏印五方，为“田溪书屋鉴藏”朱文长方印、“李佐贤收藏书画之印”白文方印、“丽圃心赏”白文方印、“休阳汪彦宣小梅甫珍藏”朱文长方印、“后山珍藏”白文长方印。

图中所画是两位高士“停琴听阮”的情景，山涧流泉旁一位高士停下古琴弹奏，倾听另一位高士弹奏阮琴。画中的山石用小斧劈皴，行笔灵动；树干用粗笔，树叶双勾，高低疏密，穿插得致；人物体态自然，用笔精细，画面格调清新淡雅。此画曾经鉴藏家李佐贤、何冠五、黄咏雩递藏。

仇英（约1501—约1551），字实父，号十洲。太仓（今属江苏太仓）人。出身工匠，后从周臣学画。善画人物，尤长仕女，既工设色，又善水墨、白描，作品精工妍丽。山水多学赵伯驹、刘松年，细润而风骨劲峭，亦善花鸟。与沈周、文徵明、唐寅并称“明四家”。

明　董其昌仿云林山水图轴

纸本水墨。纵85.5厘米，横44.5厘米。广州艺术博物院藏。

自题：

云林画绝去画史纵横习气，今日拈此聊为赝笔解嘲。玄宰并题。

钤“董其昌印”白文方印、“沈庵墨缘”白文方印、“李氏艺圃所藏”朱文方印、“惠均”朱文方印、“肃恭王孙辅国将军恒训珍藏”朱文方印。

此图呈现倪瓒最擅长的平远小景，采用“一河两岸”的典型构图，以及标志性的“空亭一座”。整幅作品用笔淡雅，以淡墨为主，浓墨勾点山石关键处、树叶，浓淡分明，富有层次感。

明　董其昌剪江草堂图轴

纸本水墨。纵254厘米，横99.5厘米。广州艺术博物院藏。

作者自题：

雪浪云堆势可呼，移将点缀草堂图。谁知王宰剪江手，却似初平叱石符。玄宰。

钤“宗伯学士”白文方印、“董氏玄宰”白文方印。

此轴原为鉴藏家、书画家吴湖帆旧藏，裱边上有吴氏题跋。此作笔墨萧散简淡，已脱尽倪瓒、黄公望面目，有自己独特之致，是董其昌晚年经意之作。

明　丁云鹏柳岸放舟图

纸本设色。纵37.3厘米，横59.3厘米。广州艺术博物院藏。

画心中上题识“丙午春日，丁云鹏”。钤“云鹏”朱文印。

此画注重描绘松林与柳树，屋宇藏于柳间，画中人物动态不一而形神具备，各相呼应，使画作饶富趣味。此画作于明万历三十三年（1605）。

丁云鹏（1547—1628），字南羽，号圣华居士。安徽休宁人。善书画，精研多位古画家画作，取其精粹，融会而自成一家。精工白描、人物、山水、花卉、佛像与墨模，但以人物画著称，山水绘画主要取法文徵明。曾供奉内廷十余年。

明　归昌世墨竹图轴

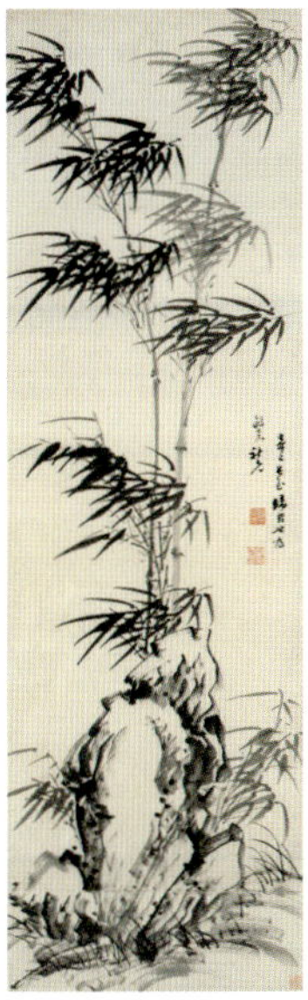

纸本水墨。纵146.2厘米，横44.7厘米。广州艺术博物院藏。

款识：

辛巳长至，归昌世为敏嘉社兄。

钤“归昌世印”白文印、“文休”朱文印，右下角有收藏印“偶存沈天鹤处”朱文印。年款辛巳为明崇祯十四年（1641）。

此图是文人墨竹的精品。画中有墨竹两竿，竹枝叶或浓墨点撇，或淡墨挥洒，竹枝刚劲挺直不屈，竹叶随风摇荡不止，极尽潇洒之姿。画面着意表现竹的坚强气质，并含有清丽纵逸的情意，得宋元人墨竹的意态而自具新意。归昌世画竹，《无声诗史》称：“枝叶清丽，逗雨舞风，有渭川淇澳之思。”

归昌世（1573—1644），字文休，号假庵。江苏昆山人。归有光之孙。工古文诗词，书宗晋唐，亦善书画，擅画墨竹、兰花，笔墨松灵沉着，神趣横溢，有徐渭、陈淳意韵，时与李流芳、王志坚合称“三才子”。此图为作者晚年之作。

明　陈栝五色蜀葵图轴

绢本设色。纵133厘米，横66.5厘米。广州艺术博物院藏。

题跋：

沈约堂前葵似麻，枝枝开出向阳花。根从西蜀移来久，种托东君衍去赊。抱赤不妨同报国，贻谋只许自传家。愿言奕世垂千叶，五色流芳永蔽遮。登诠翁厥子□文并举进士。以忠孝称，盖有得于葵者深矣。冢孙复号绍葵，奕叶云仍，知其未艾，为赋此。海山钱籍书。

款识：

嘉靖庚戌春日，沱江子陈栝写。

此图画湖石间，五色蜀葵繁花叶茂，正如钱籍题称“愿言奕世垂千叶，五色流芳永蔽遮”意。陈栝绘画甚少流传，此图更显得珍贵。

陈栝，字子正，号沱江。陈淳之子。吴县（今江苏苏州）人。善画花鸟、山水。

明　梁元柱迎风竹图

金笺水墨。纵128厘米，横55厘米。广州艺术博物院藏。

明天启甲子年（1624）作。作者自题：

迎风行矗乱，暴雨老龙狂。天启甲子初秋，为敦吾世丈写于邸中。梁元柱。

钤印“梁元柱”白文方印、“御史之章”白文方印及“森琅”朱文方印。并有鉴藏印四方，为“番禺叶氏遐庵珍藏书画典籍之印记”“何”“公卓偶得”“不堪持赠”朱文方印。

画中所绘为暴风狂雨之竹，竹叶随风飘动而枝干不折，作品笔墨清劲，情意扶疏。这幅作品可视为作者梁元柱个人心迹的写照，以竹喻己，抒发身处政治暴风雨之中而不屈其志的决心，是其重要的代表作之一。该画作曾为何荦、叶恭绰收藏。

梁元柱（1581—1628），字仲玉，广东顺德（今属佛山）人，明天启二年（1622）进士，官至陕西道御史，因不愿巴结魏忠贤而被魏党借故削职，归隐广州越秀山。梁元柱善画山水、松石，兼能写竹。

明　蓝瑛秋山图轴

纸本设色。纵304.7厘米，横105.5厘米。广州艺术博物院藏。

右上角自题款识：

北苑太守画法于河湄，似士任老社长兄正之。甲申冬仲，蝶叟蓝瑛。

此作作于明崇祯甲申年（1644），为蓝瑛中晚年巨作。用董源笔法，画高山峻岭、小桥溪流，林中屋舍掩映，仕人对话，近处一人赴行。画面清疏，笔墨细腻，笔势苍劲，设色高雅。

蓝瑛（1585—约1666），字田叔，号蝶叟、石头陀等。钱塘（今浙江杭州）人。善画山水，师黄公望，兼采南宋院体画法。早年作品清简秀润，中晚年作品渐趋苍劲疏宕。兼工人物、花鸟、兰竹。人称“浙派殿军”。

明　伍瑞隆富贵平安图卷

纸本水墨。纵24.5厘米，横393.5厘米。广州艺术博物院藏。

自题款识：

甲辰三月于鸠艾山之紫薇阁下，八十二老种花农伍瑞隆。

此画卷为伍瑞隆晚年半隐居后的小写意之作，牡丹、墨竹穿插其中，以淡墨为主、浓墨为辅，花叶、枝干、花瓣、花蕊、竹叶、竹干用墨浓淡相宜，富有野逸之趣。

伍瑞隆，字国开，又字铁山，号鸠艾山人。广东中山小榄雩乐村人。

明　黎遂球送区启图北上山水斗方

绢本水墨。纵33厘米，横25厘米。广州艺术博物院藏。

自题款识：

辛巳九月既望寄送启图先生北上，年社弟黎遂球。

此图笔致清劲，境界萧疏，属文人随兴挥毫之作。

黎遂球（1602—1646），字美周。广东番禺（今广州）人，寓居广州。精工诗文书画，为明末抗清官员，与邝露、陈邦彦合称“岭南前三家”。

明　袁登道笔底烟霞图卷

纸本水墨。纵26.5厘米，横574.2厘米。广州艺术博物院藏。

明崇祯十三年（1640）作。作者自题：

苍茫元气自无穷，万叠云山一抹中。欲识烟霞真骨格，好将消息问鸿蒙。社丈张少文，吾辈中韵人，清修绝俗之士也。平生无所嗜好，唯嗜拙笔。余亦乐其所好，每晤辄为之挥毫。缣缃几满，犹谓余曰：“尚缺一长卷。”涎津津然，余心许之。兹岁庚辰闰月既望，过余曲木庵，袖楚藤一卷，曰：“愿副前诺，兼了吾愿。”茗熏之暇，遂搦管，自辰及未，濡染既就，聊复题识而归之。曲木庵弟袁登道笔。

钤“登道之印”白文方印、“字道生”白文方印、“曲木庵道人章”白文方印、“迷花醉月”朱文长方印。

东莞籍画家中能有作品存世的最早为明代画家袁登道。此卷引首为东莞人陈万几所题。画后有东莞人袁良揆题跋，记下了收藏的经过。原来此卷曾被人截为三段，袁良揆初得一段，他到处搜罗阙失，最终找到了另外两段，重新装裱，使此卷得以“璧合珠联，复睹本来面目”。

袁登道，字道生，号强名。广东东莞人。与父敬并以诗名。精于画，山水宗胡宗仁，晚法米芾而能出以己意，每伸纸泼墨，倏忽间烟云万状，若置身岩壑中。

明末清初　弘仁黄山始信峰图轴

纸本设色。纵214厘米，横84厘米。广州艺术博物院藏。

清康熙二年（1663）作。作者自题：

始信峰图。癸卯春，弘仁为旦先居士作于番阳之且读斋。

钤“渐江学人”白文方印。

康熙二年，弘仁与友人王艮相约一起去庐山游玩，他从黄山来到鄱阳与王艮会合，留寓吕旦先家。吕氏是弘仁同乡，与其气味相投，弘仁曾为其画过不少作品，其中一幅便是《黄山始信峰图》。此图绘黄山始信峰上的各种奇松怪石，画家以尖峭简洁的笔法概括地表现出黄山松、石的特质，营造出空灵、冷逸的意境，方折的用笔，简洁的皴法，涤尽一切世俗之气，显露出刚正高洁的精神。此画是弘仁生命最后时期的一幅得意之作。画上还有王艮的题跋。

弘仁（1610—1663或1664），俗姓江，名韬，字六奇。歙县（今安徽黄山）人。明亡后出家为僧，改名弘仁，字渐江。擅画山水，师法倪瓒，构图洗练简逸，笔墨苍劲整洁，风格冷峭静谧，简远脱俗。为“新安画派”代表画家。清初“四画僧”之一。

明末清初　张穆七十龙媒图卷

纸本水墨。纵25.2厘米，横1068.5厘米。广州艺术博物院藏。

清康熙二十年（1681）作。作者自题：

辛酉腊月，为公叔世兄作《龙媒卷》，得七十体□……。□（张）穆。

钤“张穆私印”“铁桥道人”白文方印。

《七十龙媒图》是张穆画马之代表作，堪称巨制。卷中七十匹骏马情态各异，或嘶鸣，或奔驰，或俯卧，或饮水，或翻滚，或磨痒，几乎囊括了马的日常各种情态和习性。张穆画马继承了唐宋的传统，主要采用勾勒晕染之法，但在配景上吸收了明清山水画的特点，构图也颇为讲究，七十匹马以不同姿态，不同组合错落分布，皆无堆砌重复，配景也转折自然，变化丰富，展现了画家高超的技巧。引首有民国收藏家梁效钧书写的篆书题名，卷后有民国书画家赵浩的题跋。

张穆（1607—1683），字尔启，号穆之、铁桥。广东东莞人。画马负有盛名，继承宋元传统，笔法谨细。

明末清初　唐泰前赤壁赋书画卷

绢本设色。纵27.5厘米，横376厘米。广州艺术博物院藏。

明崇祯元年（1628）作。作者自题：

崇祯□（戊）辰秋□（七）月，□（为）振侯盟兄。唐泰。

钤“迟道人”朱文方印、“唐泰”白文方印。

此卷是唐泰过访陈继儒时，观赏其收藏的文徵明《前赤壁赋图》后创作的。虽是仿文之作，但用笔全无文派习气，而是融会元人用笔，并参以己意，画面明净散淡，深得苍茫野逸之致。画后有唐泰行草书苏轼《前赤壁赋》全文，书法董其昌。此卷是唐泰现存作品中纪年最早的作品，对研究唐泰早期画风具有重要意义。卷后有纪昀、桂坫、李天马等人的题跋。

唐泰，字大来，号迟道人。晋宁（今属云南昆明）人。明亡后出家，法名普荷，号担当。师从董其昌，诗书画俱佳，山水法倪瓒，风格荒率纵放。

明末清初　张穆、高俨等送胡大定之官邓川州书画册

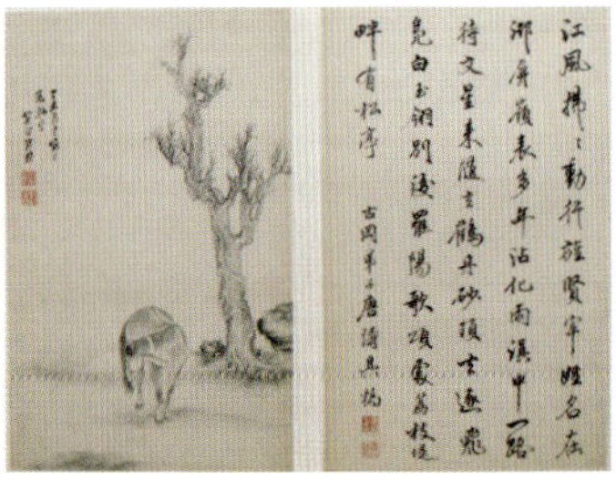

绫本水墨、设色。纵42厘米，横26厘米。广州艺术博物院藏。

清康熙六年（1667）、十年（1671）作。此册共十四页。从释今无跋文可知，此册是为送别即将赴任云南邓川州的博罗知县胡大定而作，目前册内有十三人的书画作品（梁梿的画已佚），其中作画的有古毫、英遇、唐郁文、高俨、张穆、李象丰；题跋和诗者有今无、今覞、唐郁文、唐龙祯、唐文莹、唐元楫、唐涛、陈恭尹等。胡大定于清康熙二年（1663）任广东博罗知县，任内重视文教，对罗浮书院诸生多有资助，粤士人感念于此，故作诗画以送别（但高俨、张穆、李象丰所作之画较其他人早四年，因而不能确定三人是否参与了此次送别）。此册后经胡壁城、吴昌绶、曾习经、陈伯陶、容庚等人过眼，可谓流传有绪。此册集合了十多位广东士人的精妙之作，乃研究岭南明清时期美术的珍贵文物。

古毫，字月旋，广州海幢寺僧，今无弟子。工水墨兰石。

英遇，生平待考。

唐郁文，生平待考。

高俨（1616—？），字望公。广东新会人。博学，工诗书画。明亡后不事清廷。善画山水，不依傍古人门户，笔墨苍劲浑厚。

李象丰，字怊生。广东佛山人，尚书李待问侄。清顺治十四年（1657）举人。工山水。

今无（1633—1681），俗姓万，字阿字，别署虫木。番禺（今广州）人。函昰弟子。广州海幢寺僧。其书法近宗天然和尚，用笔遒劲、超迈，不染一点尘埃气。

今覞（1619—1678），字石鉴，俗姓杨，名大进，字翰序，号无见居士。广东新会人。函昰弟子。广州海幢寺僧。诗文、书法均有建树。

唐龙祯，生平待考。

唐文莹，生平待考。

唐元楫，生平待考。

唐涛，生平待考。

清　王时敏秋山图轴

纸本水墨。纵71厘米，横38.3厘米。广州艺术博物院藏。

右上角自题款识“西庐老人时年八十有三”。

此图作于清康熙十三年（1674），为王时敏晚年力作。画中峰峦起伏，林木深秀，笔墨清妍，醇厚蕴藉，随心适意之中极见功力。

王时敏（1592—1680），字逊之，号烟客，又号偶谐道人，晚号西庐老人。江苏太仓人。

清初画坛“四王”之首，开创了山水画的“娄东派”。

清 王鉴仿北苑山水轴

纸本设色。纵216厘米，横98.5厘米。广州艺术博物院藏。

自题款称：

鸿雁来时水拍天，平岗古木尚苍烟。借君此地安渔艇，着我西窗听雨眠。戊申秋七月仿北苑笔。王鉴。

本图布景繁密，墨色浓润，丘壑深邃。

王鉴（1598—1677），字玄照，后避玄烨讳，改为元照，又字圆照，号湘碧、染香庵主。江苏太仓人。崇祯年间曾到广东任廉州知府，世称王廉州。王鉴一生以摹古、仿古为宗旨，善作青绿设色画，为清初画坛“四王”之一。

清 朱耷花鸟杂册

纸本水墨。纵25厘米，横20.9厘米。广州艺术博物院藏。

册页共十三页，前十二页分别画水仙、鹧鸪、游鱼、兰花、奇石、雄鸡、黄头雀、荷花、萱花、鸲鹆、茶花、白鸫鸟，末页为李天马、黄金海跋。此花鸟杂册笔墨精简，造型奇特，清奇有趣，为作者晚年力作。

清 八大山人湖石翠禽图轴

纸本水墨。纵129厘米，横40.5厘米。广州艺术博物院藏。

作者于右上题“壬申之二月既望涉事，八大山人”，可知此画作于清康熙壬申年（1692）。落款下钤“可得神仙”“八大山人”两方白文印。另有白文“谢□之印”、朱文“雅柳居士”两方鉴藏印。

画面危石突兀，一只翻白眼的小鸟孤寂蹲于石头的顶端。格调清冷枯寂，笔墨奇特夸张，表现了作者悲凉苦恼、孤傲不群的心态。

清 八大山人荷花图轴

纸本水墨。纵69.5厘米，横23.3厘米。广州艺术博物院藏。

此画未署年款，作者仅于右上角署名“八大山人写”，并钤白文印“八大山人”。画面右下角有白文鉴藏印“高□之印”。

荷花是朱耷作画最爱使用的题材，此画重心置于下方，留上方一片“余白”，虽是水墨，却浓淡相宜、层次分明，凸显朱耷写意自在的表现力。

清 八大山人、石涛兰竹图轴

纸本墨笔。纵120厘米，横57.4厘米。广州艺术博物院藏。

此图先由八大山人画兰石，并于右上角签“拾得”签押，钤方印二枚，一白文“八大山人”，一朱文“何园”。石涛补画墨竹两竿，并于左上角题识云：

八大山人写兰，清湘涤子补竹。两家笔墨源

流，向自独行整肃。大涤子补墨并识。

钤“不可一日无此君”白文长方印。

此图两家都未署年款。据学界普遍看法，八大山人、石涛两人毕生未曾会面，双方书信往来及绘画合作，均由友人传递而成。“拾得”是八大山人于清康熙四十一年（1702）后取用的签号，“何园”也是他晚年常用钤记，故可推知此作完成于清康熙四十一年至四十四年（1702—1705）间。此图八大山人笔墨简练拙朴，石涛笔墨则变化较多，但两人都有兀傲不群、疏放不羁的气格。此画为清初中国画坛两位大师合作的精品，实属珍稀。

石涛（1641—约1718），本姓朱，名若极。本籍桂林（今属广西）。明宗室后裔，明亡后出家为僧，法名原济，字石涛，号大涤子、苦瓜和尚等。擅画山水，取之造化，技法不拘一格，具豪放郁勃之气势。清初“四画僧”之一。

清　石涛山水图册

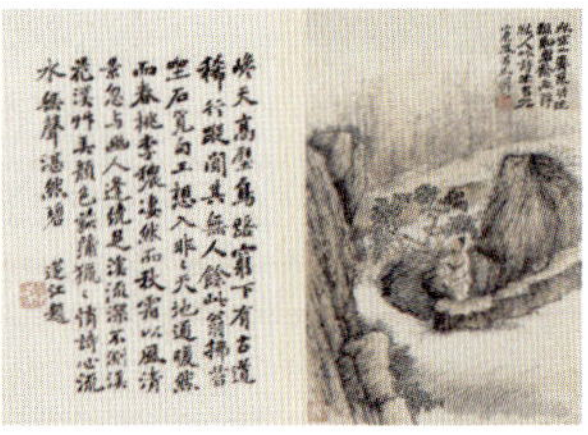

纸本设色。纵38厘米，横24.5厘米。广州艺术博物院藏。

约清康熙二十九年至三十三年（1690—1693）作。此诗画册有《风雨山楼》《行人持杖》《独立苍茫》《草舍流泉》《秋雨淋漓》《清流觅句》《荒烟秋城》《山亭喜雨》八页，每页皆有作者自题与钤印，以及清代广东文人张维屏、陈其锟、熊景星等人对题与钤印；画册第九页则为现代画家张大千的题跋与钤印，称石涛该作“尤极变化之奇”。

画册所绘，有清晨傍晚、风雨如晦等不同景色，水墨变幻，笔墨淋漓，清刚放纵，极富生意。其中六开有石涛的自题诗，与画相得益彰，极得“画中有诗、诗中有画”之境界，为石涛晚年所作的精品。有研究者考证，此画册是石涛晚年居住在扬州时为其富商友人姚曼而作，流露了画家晚年孤寂、黯然的愁绪。

此画册曾经广东收藏家孔广陶、黄咏雩鉴藏。

清　王翚连山积雪图轴

纸本设色。纵77.5厘米，横39厘米。广州艺术博物院藏。

画面自题：

曹知白学宋人雪图，去刻画而趋清润，树石峰峦别具高寒之致。撮仿大意以助赏音。

钤“王翚之印”白文方印、“石谷子”朱文方印。

又题：

连山积雪入层林，满地樵歌隔暮岑。高阁倚空僧欲定，一方钟梵散知音。

乙酉夏五，画于澄怀阁，耕烟散人王翚。

钤“王翚之印”白文方印、“石谷”白文方印。画作下方左右各有鉴藏印。

这是王翚七十三岁时的作品。画中高旷苍凉的皑皑雪山，衬托出山寺的萧散寂静，营造出一种冷逸的境界。其笔墨繁密而又具有秀润之感，在师古之中显现出自己的特色。

王翚（1632—1717），字石谷，号耕烟散人、乌目山人、剑门樵客等。江苏常熟人。擅画山水，博采宋元各家技法，自成一家，创“虞山画派”。与王时敏、王鉴、王原祁合称清初画坛“四王”。“清初六大家”之一。

清　恽寿平蟠桃图轴

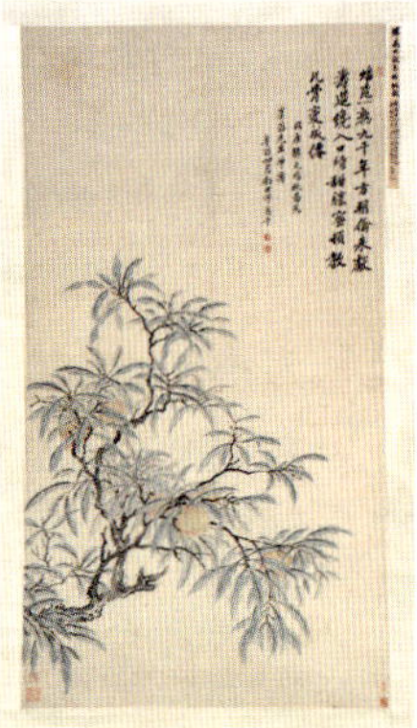

纸本设色。纵150厘米，横80厘米。广州艺术博物院藏。

款识：

蟠桃一熟九千年，方朔偷来献寿筵。才入口时甜胜蜜，顿教凡骨变成仙。

临唐解元蟠桃图为虞

翁先生华寿。

辛酉四月南田恽寿平。

钤“恽正叔”白文印、“寿平”朱文印、“寄岳云”朱文印。年款为辛酉，即清康熙二十年（1681）。

恽寿平以徐崇嗣为宗，兼取各家之长，极大地发展了没骨画，其没骨花卉形神兼备，清润明丽，别开生面。此图以没骨法写桃和桃叶，笔墨构图雅致，用色淡雅不俗，画面题字亦精妙雅致，整幅画令人赏心悦目。

恽寿平（1633—1690），初名格，后以字行，更字正叔，号南田。江苏武进（今江苏常州）人。能诗，精行楷书，初工山水，后以花卉著名，发展了没骨花卉的画法，与“四王”、吴历合称“清初六大家”，为“常州派”创始人之一。

清　王原祁赠姚文侯胜弈图轴

纸本水墨。纵75.9厘米，横40厘米。广州艺术博物院藏。

画面上方自题：

康熙甲申孟春之杪，料峭乍舒，风日晴美，闲窗寂静，鸟啼花放。余公余乘暇放笔，写梅道人法甫竟，适娄君子恒、姚君文侯来寓对弈。清景嘉会，良不多觏。时观弈者为邹君元焕、陈君位公、吴子玉培暨蕉士、覆千二上人，欲余即以此图寓旌胜之意。因奉赠文侯先生，并纪其事。麓台祁。

此画作于清康熙四十三年（1704），为王原祁晚年之作。画作笔墨苍浑，气格高旷，极具功力。名为胜弈图，不见所记述人物，纯以山水画记胜。

王原祁（1642—1715），字茂京，号麓台，又号石师道人。江苏太仓人。王时敏之孙，清初画坛“四王”之一。

清　黄慎钟馗图轴

纸本设色。纵117厘米，横58.5厘米。广州艺术博物院藏。

清雍正九年（1731）作。作者自题：

雍正九年端五日，闽中黄慎。

钤“黄慎字恭寿”白文方印。

此图是画家应端午时节而作，画中钟馗手持艾叶和百合两种端午应时花草。黄慎善画写意人物，多为半工半写，人物面容描绘精细，神态生动，而服饰衣纹多以草书线条写就，潇洒简练，富笔情墨趣，其作品雅俗共赏。

黄慎，字恭懋、恭寿，号瘿瓢子。福建宁化人。一生布衣，靠卖画为生。擅画人物。早年师法上官周，多作工笔。中年画风为之一变，多作粗笔写意。善草书，以狂草笔法入画。为“扬州八怪”之一。

清　黄慎踏雪寻梅图轴

纸本设色。纵170厘米，横81厘米。广州艺术博物院藏。

作者自题：

骑驴踏雪为诗探，送尽春风酒一甔。独有梅花知我意，冷香犹可较江南。瘿瓢。

钤“黄慎”“瘿瓢”白文方印。

此图绘一隐士在冬日里踏雪寻梅的情景。黄慎的山水画吸收了后期浙派的作风，善以草书用笔入画，破豪秃颖，时断时续，方折顿挫，其行笔迅疾，挥洒飒飒如风，可谓别具一格。

清 黄士陵粤中花卉斗方册页

纸本设色。纵26.9厘米，横21.4厘米。广州艺术博物院藏。

此画作于清光绪二十九年（1903），画册各页题识如下。

册页一：款识“含笑花、鹰爪兰”，钤“士陵”白文方印；

册页二：款识“白玉兰”，钤“穆父”朱文长方印；

册页三：款识“紫兰、狗牙花”，钤“券叟”朱文长方印；

册页四：款识“蟹爪水仙。相传有一老僧，解剖其苞，误伤其叶。之后见其自生于檐溜间，蟠尾奇观，乃复拾置盆中。好事者争仿为之。”钤“黄士陵”白文方印；

册页五：款识“龙吐珠”，钤“江夏”朱文方印；

册页六：款识“海棠、素馨”，钤“士陵”白文方印。

黄士陵（1849—1908），字牧甫，或作穆甫、穆父。安徽黟县人。长期寓居广州，在广雅书局校刻书籍。致力于金石研究，并创作大量书画及篆刻作品。善画花卉蔬果，融厚重拙朴的金石意趣于花卉画中，风格方刚朴雅。

清 华嵒芝兰松鹤图轴

纸本设色。纵234厘米，横118.5厘米。广州艺术博物院藏。

清乾隆十九年（1754）作。作者自题：

层壁耸奇诡，云浪郁纡盘。松根芝草茂，常令鹤护看。甲戌冬十月，新罗山人写。

钤“华嵒”白文方印、“秋岳”白文方印、“布衣生”朱文圆印、“空尘诗画”朱文长方印。

此图是祝寿题材。画中仙鹤情态生动，羽毛质感栩栩如生，而松树上的藤蔓则以行草用笔写就，工笔之细腻工致与写意之秀逸洗练相结合，构图新颖，设色淡雅，得明丽松秀之致。

华嵒（1682—1756），字秋岳，号新罗山人。福建上杭人。寓居杭州。花鸟、人物、山水皆能，其花鸟画吸收融合了没骨花卉工笔画法和水墨写意技法，造型灵动，设色秀雅，雅俗共赏，对后世影响深远。

清 罗聘幽篁兰石图轴

纸本水墨。纵161厘米，横90厘米。广州艺术博物院藏。

清乾隆四十八年（1783）作。作者自题：

清溪溪上竹无数，爱竹移家竹林住。阶前老竹铿玉声，秋夜读书沾竹露。书声绕屋杂竹声，竹色侵书助书趣。竹根个个长龙孙，竹上鸾凰亦来聚。有时携琴倚竹弹，两袖清阴分竹翠。云梢月干竹弄影，杖竹寻诗过桥去。平生性癖亦爱竹，不问主人造竹所。君不见，一節投坡（陂）忽变化，万卷蟠胸胜插架。（陂）。癸卯八月，两峰道人笔。

钤“罗”朱文圆印、“两峰书画”朱文方印、“满地月明金错刀”朱文方印。

此图绘幽谷中山坡上一丛兰竹，构图别致，用笔古拙质朴，格调秀逸典雅。

罗聘（1733—1799），字遯夫，号两峰。原籍安徽歙县，先祖迁居扬州。博闻好学，随金农学画。善画人物、山水、花草、梅竹，技法全面。花卉工写兼能，表现技法丰富，功力深湛。“扬州八怪”之一。

清　龚贤、吴宏等金陵八家山水图册

纸本设色。纵15.9厘米，横19.2厘米。广州艺术博物院藏。

此册共十页，为金陵画家极精之品。册中除了有入选为“金陵八家”的龚贤、吴宏、高岑、樊圻外，还有龚贤的学生王概、高岑的侄子高遇、常熟画家顾文渊。另外还有一页无款印，但画风与“金陵八家”相近。除画外，还有龚贤题诗和周亮工题跋各一页。画页尺寸基本相同，各人画风虽然相异，但作品气息相近，有“和而不同”之趣，可能是应某人之邀而作。

龚贤（1618—1689），字半千，号野遗、半亩、柴丈人。江苏昆山人，寓居金陵（今江苏南京）。“金陵八家”之一。擅画山水，深得造化神韵，墨色浑厚，笔势雄奇，自成一家。

吴宏（1615—1680），一作吴弘，字远度，号西江外史。江西金溪人，寓居金陵（今江苏南京）。“金陵八家”之一。山水入能品，于纵横放逸中，见步伍整齐之法，墨竹飞舞绝俗。其画自辟一径，不肯寄人篱下。

顾文渊（1647—1697），字文宁，号雪坡。江苏常熟人。擅画竹。

高遇，一作高适，字雨吉。浙江杭州人，寓居金陵（今江苏南京）。高岑之侄。山水师其叔高岑而上之。

王概，初名匄，一作改，亦名丐，字东郭，一字安节。秀水（今浙江嘉兴）人，久居金陵（今江苏南京）。山水学龚贤。率先编绘《芥子园山水画谱》，对后世影响巨大。

高岑（1621—1691），字蔚生。浙江杭州人，寓居金陵（今江苏南京）。“金陵八家”之一。初师从朱翰之，晚乃以己意行之。擅画山水、水墨花卉，写意入神。

樊圻（1616—？），字会公。江宁（今江苏南京）人。与兄沂同以画名。“金陵八家”之一。山水、花卉、人物，无不极妙。

清　释大汕墨竹图轴

纸本水墨。纵140厘米，横58厘米。广州艺术博物院藏。

清康熙十八年（1679）作。作者自题：

岁□（在）已未冬□（十）月望后十日，为□老维摩华诞，五岳□（行）脚□（嗣）法沙□（门）大□□□（汕于长）寿院□（竹）浪斋之菩□□□画祝。

钤“□祖仙□古竹赖□”白文长方印、“沙门大汕”白文方印。

此图画迎风竹数竿，风吹得竹叶翻动乱舞，但竹竿却仍挺拔劲直。

清　高其佩指画杂册

纸本水墨。各纵23.5厘米，横37.2厘米。广州艺术博物院藏。

清康熙四十九年（1710）作。

钤“手即是笔”朱文方印、“指头蘸墨为之”白文方印等。

此册共十二页，高其佩以手指蘸墨代替毛笔作画，笔墨简洁，落笔洒脱，线条飞动飘逸，意趣盎然。

高其佩（1672—1734），字韦之，号且园。铁岭（今属辽宁）人。善指画。

清　袁耀拟阿房宫山水图轴

绢本设色。纵180.2厘米，横134.5厘米。广州艺术博物院藏。

作者自题：

拟阿房宫意，时庚午春月，邗上袁耀。

钤“袁耀”白文方印、“昭道”朱文方印，右侧中下方有“自乐”白文方印，左下角押“张勋伯珍藏”朱文椭圆印。

此图为经典的大青绿山水界画，画中以大量的矿物质颜料描绘世人想象中金碧辉煌的阿房宫及周围山水景色。画中山石以赭石打底，以汁绿分染，最后大面积罩染石绿、石青。宫阙楼阁的瓦顶施以金色，横梁为石青色，屋脊、立柱以朱砂设色，地面、梯级用蛤粉设色。树干部分用赭石罩染，树叶则用汁绿加淡墨敷色。整个画面青绿相间，色彩鲜明，造型严谨，极富瑰丽之质。

袁耀，字昭道。江都（今江苏扬州）人，袁江之侄。工山水楼阁界画，笔法严整工细，设色艳丽浓郁。

清　李鱓风雨蕉竹图轴

纸本水墨。纵126厘米，横62厘米。广州艺术博物院藏。

作者自题：

听雨听风听不得，道人何苦画芭蕉。复堂李鱓醉后写于竹西寓斋。

钤“木头老子”朱文不规则印、“知希我贵”朱文不规则印。

此图绘滂沱大雨之中的芭蕉和竹子。由于是李鱓醉后所绘，笔墨尤为恣肆放纵，水墨淋漓。

李鱓（1686—1762），又名鳝，字宗扬，号复堂、懊道人等。江苏兴化人。早年曾随蒋廷锡学画，画风工细明丽，后向高其佩求教，在扬州又从石涛笔法中得到启发，风格大变，放笔写意，泼墨淋漓。为“扬州八怪”之一。

清　郑燮竹石图轴

纸本水墨。纵140厘米，横91.5厘米。广州艺术博物院藏。

清乾隆二十五年（1760）作。

作者自题：

秋风昨夜窗前到，竹叶相敲石有声。及至晓来浓露湿，又疑昨夜未秋清。乾隆庚辰秋杪，板桥郑燮。

钤“郑燮之印”白文方印、“丙辰进士”朱文方印。

此画中瘦劲挺拔的竹子与嶙峋突兀的石头相互交错，枝叶偃仰，萧疏清逸。画家以书法用笔入画，写意之中见写实功底，将竹之高洁素雅、坚韧不屈的物性尽现。

郑燮（1693—1766），字克柔，号板桥。江苏兴化人。曾任山东范县、潍县知县。为官清廉，关心民生，后以助农民胜讼及办理赈济，得罪豪绅而罢官，后居扬州，卖画终老。工诗词，善书画。擅画花卉，尤善兰竹，以书入画，脱尽时习，秀劲绝伦，称誉古今。

清　董邦达溪山深秀图卷

纸本水墨。纵23.5厘米，横232厘米。广州艺

术博物院藏。

作者自题：

溪山深秀。臣董邦达恭仿王绂笔意。

钤“臣达”朱白文联珠印。

此卷画层峦叠嶂，涧水平坡，小桥曲径，笔墨精到苍劲。此画是画家供奉内廷时所作，《石渠宝笈续集》收录，长期收藏在清宫。

董邦达，字孚存，号东山。浙江富阳人。工书，善画山水，远师“元四家”，近学清初“四王”。其山水画水墨疏淡，设色淡雅，用笔轻柔，皴法松秀，多用枯笔。

清　李世倬仿古山水图册

纸本设色。每页纵22.9厘米，横32.2厘米。广州艺术博物院藏。

此册共十二页。李世倬虽言仿王蒙、管道昇、米芾、董源、李成、倪瓒、王维、黄公望、阎立本等前代名家笔意而作，但也参以己意，用墨简淡而不干涩，皴笔短促而细密，得王翚余韵。

李世倬（1687—1770），字天章，一字汉章、天涛，别号十石居士、太平拙吏等。奉天（今辽宁沈阳）人，一作三韩（今内蒙古喀喇沁旗西南）人。高其佩外甥。少时曾问学于王翚，善画山水、人物、花鸟、果品，所作山水秀润，笔法淳厚。

清　黄璧桃源行书画图卷

纸本设色。纵30厘米，横726厘米。广州艺术博物院藏。

作者落款：“韩溪黄璧画”。钤“黄璧”白文联珠印、“颠狂”白文长方印。

此卷是黄璧根据陶渊明《桃花源记》的故事创作的。画卷起首便是一渔人缘溪而行，然后在山洞前，渔人的小舟停在洞口，暗示渔人已从洞口而入。穿过山洞，便是一片开阔之地。此时，几位村民彬彬有礼地接待意外闯入的渔人。画卷的中后部画家描绘了桃花源里安宁美好的生活：妇女在织布、带娃、煮饭，小孩在玩乐、读书，青壮在田里劳作，老人在闲聊。画卷就像是一幅连环画，向观者形象地讲述了陶渊明笔下的桃花源的故事。画后黄璧还书写了明代丘濬长诗《桃源行》（按：黄璧误写为陶渊明诗）。黄璧以草书见长，行笔圆润遒劲，结体跌宕善变，章法纵横潇洒。

黄璧（约1720—1780），字尔易，号小痴。澄海（今广东汕头）人。善画山水，兼长虫鱼鸟兽。

清　黎简春岩簇锦图轴

绢本设色。纵177厘米，横42厘米。广州艺术博物院藏。

清乾隆四十七年（1782）作。作者自题：

春岩簇锦，壬寅九秋，作此巨障（幛），为潜斋先生大人寿，二樵学侄黎简识。

钤“黎简私印”白文方印、“简民”朱白文方印。

此图设色浓丽、风格独特。画中以开阔的江面和江中小岛的树林为界，将山石分为前景与远景。山石均以赭石打底，再以石青、石绿分染不同的山石顶部，且不同于传统青绿山水画对暖冷色过渡的重视，画家对石青、石绿的处理是染至某处时戛然而止，以山石轮廓为界，而无色彩的过渡。近景处，画家着重以石青和朱砂点染两棵树的叶片，形成蓝与红的鲜明对比。色彩的冲突和对比使该作具有夸张而独特的风格。

黎简（1747—1799），字简民，号二樵。顺德（今广东佛山）人。清代乾嘉年间岭南著名诗人、书画家。擅画山水，笔法融古汇今而自成风格，作品苍润清新，境界清邃。

清　谢兰生山水图册

纸本设色。每页纵30.6厘米，横40.7厘米。广州艺术博物院藏。

此册共十三页，分别拟李思训、高房山、倪瓒、沈周、黎简等名家笔意而作。画家虽言仿古，却已融汇各家技法，显自家面貌，笔墨秀润超逸。容庚得此册后请好友罗惇㬊题跋。

谢兰生，字佩士，号澧浦，又号里甫，别号理道人。南海（今广东佛山）人，寓居广州。清嘉庆七年（1802）进士。善诗文，主持粤秀、越华、端溪书院和羊城书院。擅画山水，用笔隽逸有奇气。

清　戴熙海天霞唱图卷

绢本设色。纵36.5厘米，横137.7厘米。广州艺术博物院藏。

清道光二十六年（1846）作。作者自题：

海天霞唱图。丙午九月，为南山先生画。醇士戴熙作于清远舟中。

钓鳌归去，正长空，吹起晴霞一片。杰阁高寒烟雾杪，小试紫鸾仙管。万木无声，众山皆响。咳唾从天半。元农豪气，怒涛飞上歌版。曾记乌帽青衫，铜琶铁绰，正斜阳秋晚。猛拍栏杆翻变徵，不怕海风吹断。孤鹤盘云，瘦蛟掀浪，听我红牙按。数声终彻，月轮空际圆满。画后复题《壶中天》一阕，即求拍正。醇士翌日又书。

钤“戴熙”白文方印、“鹿床”朱文方印、“习苦斋”白文方印。

此卷是戴熙第二次赴广东督学政时，与友人张维屏同游清远，在船上为张氏所作。

戴熙（1801—1860），字醇士，号鹿床、榆庵、松屏、井东居士、鹿床居士等。钱塘（今浙江杭州）人。官至兵部右侍郎，辞官归里后主持崇文书院。擅画山水，学王翚笔墨，兼师宋元诸家，尤善花卉及竹石小品。能治印。

清　招子庸墨竹十二联屏

纸本水墨。每屏纵352.5厘米，横70厘米，全长840厘米。广州艺术博物院藏。

清道光十一年（1831）作。作者自题：

道光辛卯三月画于西爽斋。招子庸。

钤“招子庸印”白文方印、“铭山”朱文方印。

此图是招子庸的墨竹画代表作，由十二联屏组成，气魄宏大，是古代竹画题材中少有的巨构。画家以写实的手法描绘了庭院里一片茂密葱郁的竹林，竹子分布错落有致，当中掩映着一些湖石。竹子形态尽师自然，用笔秀健，笔墨淋漓，全图似被墨气所笼罩，给人以清雅无比的感觉。

招子庸（1789—1846），字铭山，号明珊居士。南海（今广州）人。清嘉庆二十一年（1816）丙子举人。曾在山东潍县等地任职，为官清廉，却因冤屈被革职，回乡后靠卖画为生。工诗文。通音律，著有《粤讴》。擅画墨竹、蟹。

清　苏仁山五羊仙迹图轴

纸本水墨。纵136厘米，横72.5厘米。广州艺

术博物院藏。

作者自题：

五羊仙骑羊，蝗神骑驴。分野之下，能修德政，则蝗神逐蝗于柳，种稑兆丰年，九谷遍阡陌，故附祀之。帝高阳苗裔跋。

钤“金玉锦绣”白文方印。

广州有“羊城”别称。传说此地原本海天苍茫、遍地荒芜。某日五位仙人身穿五色彩衣，骑着口衔谷穗的五色仙羊降临此地，将谷穗赐予土人后腾云而去，羊化为石，此后广州成了一方富饶之地。画中五男一女六位仙人各持谷穗相聚。苏仁山在题跋中自言五仙之外加一位蝗神附祀，方能保证不受虫害、五谷丰登。五男一女谁是蝗神难以断定。画家以浓墨干笔勾勒人物形态，用笔利落。画中左侧男女二仙正面相向，右侧四男仙直排站立，几乎成垂直线。作品构图独特，画风粗豪雄健，为苏仁山代表作之一。

苏仁山，字静甫，号长春。顺德（今广东佛山）人。擅画人物、山水，人物画造型简拙，夸张奇异，特立独行，不同凡响，为清代晚期广东出色的人物画家之一，与苏六朋并称“岭南画坛二苏”。

清　苏六朋药洲品石图卷轴

纸本设色。裱纵44.5厘米，横732厘米；心纵40.5厘米，横193厘米。广州博物馆藏。

清咸丰四年（1854）作。作者题识：

余少有米颠癖，尝选石罗浮山，得石楼、铁桥、瑶石、罗汉岩诸胜。志将有终焉之想。爰以俗累缠人，有志未遂，而梦寐常在铁桥、石楼间也。及来往羊城，闻古药洲九曜石之胜，奈以学院隔之，无由赏玩。甲寅立春前一日，瑞山驾部偕吴鼎臣、黄二山茂才、金向鱼小尹、陈大樵孝廉、李子虎茂才、陈南洲上合暨嗣君笛樵过枕琴庐，邀同迎春游剧。即日饮于禺山一邱馆，醉中拟游九曜石。余闻之神往焉。遂罢酌赴院，仿若天开图画，心旷神怡，口占一联云：“新篆寻春携旧侣；品题扫石认前朝”。话茶仪蝶，少长忘形。日暮归鸦，远钟送响焉，向慕之怀，今日始获生平好古之心也。驾部以纨素嘱作图，醉归灯下，余兴方浓，写此卷，仅得大略，未暇求似。

咸丰四年十二月十八日，弟苏六朋再识。

钤“苏六朋”朱文方印一枚、“枕琴”白文方印一枚。

此图绘制羊城名胜药洲之景物。苏六朋自言“少有米颠癖”“闻古药洲九曜石之胜”而携酒邀朋游览，并乘兴写此卷。

苏六朋，字枕琴，号怎道人、南水村佬、南水渔郎、南溪渔者、罗浮樵子、浮山山人、浮山七十二洞天樵子等。顺德（今广东佛山）人。清代画家。青年时居罗浮山读书，并向宝积寺僧德堃学习书画，后至新会乡下当塾师。中年移居广州石亭巷，以开馆授徒和卖画为生。室名作“石亭池馆”“枕琴庐”“毕竟如是轩”等。与苏仁山并称“岭南画坛二苏”。

清　苏六朋东山报捷图轴

纸本设色。纵238.5厘米，横117厘米。广州艺术博物院藏。

清道光十七年（1837）作。作者自题：

东山报捷图，雨辰三兄词长雅属（嘱）。丁酉重九后画于柳塘吟馆。枕琴苏六朋。

钤“苏六朋”朱文方印、“南水村佬”白文方印。

此图取材于历史上著名的“淝水之战”。公元383年，前秦皇帝苻坚率八十七万大军南下入侵东晋。谢安被晋孝武帝任命为大都督，与侄子谢玄一起率兵拒敌。谢安从容调度，沉着应战，最终出奇制胜，凭八万人马把苻坚的近百万大军打垮。画家在表现这个故事时，没有描绘激烈的战斗场面，而是描绘主人公谢安运筹帷幄，安然于东山下棋等待捷报的情景。作品构思新奇，笔法多样。画面近景人物工致，刻画细腻；山中林木繁茂，营造出林中恬静清幽的氛围。远景山石挥洒写意，山间直流而下的清泉和远处山径上飞奔前来报捷的骑兵，与近景形成动静对比，点明了画中主题。

清　居巢花鸟人物山水扇面图册

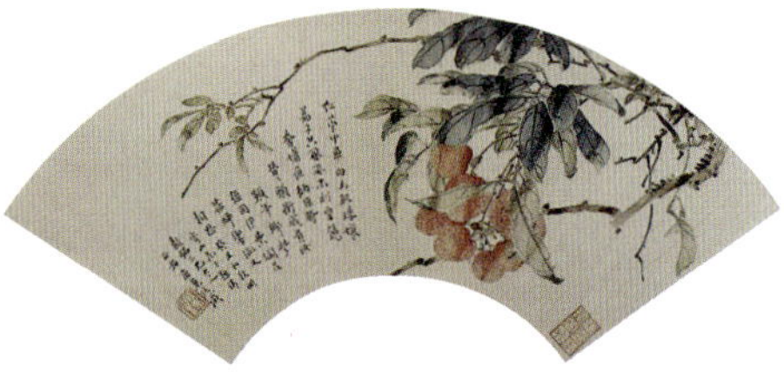

纸本设色。每页纵18.5厘米，横53.5厘米。广州艺术博物院藏。

该图册共十五页。分别为牡丹、白梅、兰石、芙蓉、含笑、文殊兰、白剪绒、荔枝、白鹭、腊嘴鸟、鱼、大头鱼、买春雨话、月色情思等。用笔简洁，设色轻淡，既具秀雅的文人格调，又充满大自然的活泼生机。

居巢（1811—1865），字梅生，号梅巢。广东番禺（今广州）人。中国清代晚期画家，被称为“岭南画派启蒙祖师”，与居廉并称“二居”。

清　居廉花卉草虫图册

绢本设色。每页纵25厘米，横26厘米。广州艺术博物院藏。

画册共十二页。工笔分别画南瓜花、九里香、山茶花、绣球花、文珠兰、迎春兰、珠兰、牵牛花、白萼花、鸡冠花、茼蒿花等花卉。所绘花卉和昆虫，清新活泼，有浓郁的岭南乡土气息。

居廉（1828—1904），字古泉，号隔山老人。广东番禺（今广州）人。中国近代岭南地区著名国画画家，与居巢并称“二居”。

清　王应华兰石图卷

纸本水墨。纵25厘米，横240厘米。广州艺术博物院藏。

此画卷署壬寅年款，应作于清康熙元年（1662），为王应华晚年之作。画卷中水墨兰石相间，笔致萧疏，意态飘逸；兰叶的笔势轻重变化，转动有致；兰花以墨随意点画，明洁清香，显示出文人画的诗情画意境界。

王应华（1600—1665），字崇闇，号园长。东莞人。明万历四十六年（1618）举人。历官工部主事、宁绍道副使、福建按察使、礼部侍郎。明亡后回广东，隐居水南。

清　汪后来罗浮山水图册

纸本浅绛。纵29.5厘米，横21厘米。广州艺术博物院藏。

此册描画罗浮山古迹名胜，每幅画均有自书题识，分别有“鹿冈”“白岸”“汪后来印”“白道人”“臣来之印”“后来”“臣本武夫”“鹿冈武夫”等钤记。末另有题五言诗一

页。汪后来在画页中自书题记有罗浮山古迹“麻姑峰”“水帘洞”等十九处。

此册笔致清秀，设色雅淡，是汪氏传世精致之作。

汪后来(1678—？)，字白岸，号鹿冈。原籍安徽歙县，少年随父宦游广东，落籍番禺（今属广州）。清康熙四十一年（1702）考中武举人。曾署佛山千总。工诗，善画山水，风格近黄山派。

清　熊景星写李义山诗意图轴

绢本设色。纵190厘米，横46.5厘米。广州艺术博物院藏。

自题款识：

数家同老寿，一径自阴森。

戊申冬写李义山句意。篴江熊景星。

钤“熊景星印”“笛江”章。年款戊申为清道光二十八年（1848）。

此图用笔壮健老硬，落墨厚重深浓，笔法近吴镇、沈周一路。画下角自钤“子孙永宝”印，为其晚年得意之作。

熊景星（1791—1856），字伯晴，号笛江。南海（今广东佛山）人。清嘉庆十一年（1806）举人，任开建训导。后辞官卖画，自称“闲来自写春山卖，不使人间作孽钱”。擅画山水。反对软靡轻浮的笔调，主张运笔要重要奇，用墨要深要厚，认为“古人挥毫落纸必用浓墨，故垂之数百年，而吴沈诸公流传杰作黑气如新，正为此乎！”

清　李魁山亭听瀑图轴

纸本设色。纵136厘米，横35厘米。广州艺术博物院藏。

清道光二十六年（1846）作。作者自题：

菊侣大兄先生雅鉴，丙午八月斗山李魁。

钤“臣魁”朱白文印。

该图境界清新，虽笔法布局无奇境，但极富生活气息。

李魁，原名魁业，又名李奎，字斗山，号青葵、绿屏山樵、圭峰樵长等。广东新会人，长住佛山。以卖画为生。相传他曾学画于郑绩。擅画名种皴法山水，笔致浑厚，设色清雅，用色用墨都有奇致，画市井小民生活小品，形神逼真。

清　虚谷梅鹤图轴

纸本设色。纵179厘米，横47厘米。广州艺术博物院藏。

清光绪二十年（1894）作。作者自题：

梅鹤图。甲午长夏，虚谷。

钤“虚谷书画”朱文方印、“耿耿其心”白文方印。

此图绘一只鹤孤立于梅树之下，神情倨傲；梅树枝干用笔随性挥洒，花朵漫天盛放，梅花之热烈与孤鹤形成了对比，不羁孤傲之态跃然纸上。

虚谷（1823—1896），俗姓朱，名怀仁。新安（今安徽歙县）人。“海上画派”代表画家。擅画花卉、蔬果、禽鱼、山水和人物，造型简练夸张，意境清虚冷隽，耐人寻味。

清　任伯年浣裙仕女图轴

纸本设色。纵145厘米，横35厘米。广州艺术博物院藏。

此图轻倩明快，画家以飘动而又顿挫的线条、清淡而又华滋的水墨、匀净而又透明的色彩，描绘了空中的树梢，河面的涟漪，以及河中大片的荷花荷叶，灵动地烘托出洗衣女子的神韵。

任伯年（1840—1895），即任颐，初名润，字小楼，后改名颐，字伯年，别号山阴道上行者、寿道士等，以字行。山阴（今浙江杭州）人。晚清著名画家，人物、花鸟山水无所不能。为“海上画派”代表画家之一。

民国　吴昌硕萧斋清供图轴

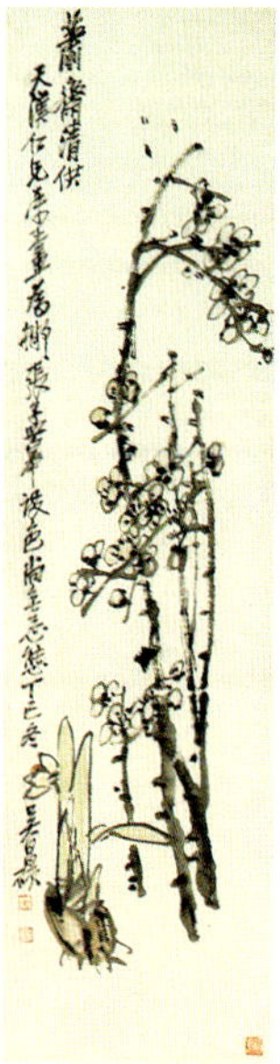

纸本设色。纵102.5厘米，横26.5厘米。广州艺术博物院藏。

民国六年（1917）作。作者自题：

萧斋清供。天汉仁兄属（嘱）画，为拟张孟皋设色，尚无恶态。丁巳冬，吴昌硕。

钤“吴俊之印”白文方印、“吴昌石”朱文方印、“缶无咎”白文方印。

此图绘书斋中的清供花卉水仙和梅花。吴昌硕以篆书用笔入画，线条古拙浑朴，富有金石味，寥寥数笔写就，便能于疏简中见雄浑气魄。

吴昌硕（1844—1927），原名俊、俊卿，字昌硕，后以字行，别号缶庐、苦铁等。浙江安吉人。“海上画派”代表画家。擅画大写意花卉，笔墨雄浑拙重，色彩厚朴斑润，有浓重的金石味。

民国　吴昌硕铁网珊瑚图轴

纸本设色。纵185厘米，横95.5厘米。广州艺术博物藏。

款识：

铁网珊瑚。己未秋孟，吴昌硕年七十六。

钤“吴俊之印”白文方印、“吴昌石”朱文方印、“染于苍”朱文方印。

“铁网珊瑚”为“搜罗珍奇”之意。吴昌硕以“铁网珊瑚”题识，比喻珍奇。此画以大写意落笔，豪放浑朴，色彩斑斓厚重。此画是吴昌硕七十五岁（1919）时所作。

民国　高剑父秋鹰图轴

纸本设色。纵167.5厘米，横78.5厘米。广州艺术博物院藏。

作者自题：

落日平原散鸟群，西风夹气动秋旻。江边老树身如铁，独立槎丫一欠伸。剑父。

钤“剑父不死”白文方印、“高仑之鉨”白文方印、“乱画哀乱世也”朱文扁方印。

此幅作品描绘了在秋风萧瑟、红叶片片的景致中，一只雄鹰伫立于老树上，神情落寞，但雄风依旧。高剑父采用了工写结合的手法，雄鹰以精细的笔法画出，造型准确，神情生动，羽毛真实可感，充分展现了高剑父扎实的写生功力。背景采用写意笔法，树干以高剑父喜用的排笔画出，枯藤和红叶采用传统的用笔，技法兼采中西，充分体现了高剑父“折衷中外，融汇古今”的艺术主张。

高剑父（1879—1951），名崙，字爵庭，号剑父。番禺（今广东广州）人。早年随居廉学画。后赴日本进修美术，受竹内栖凤和山元春举等影响。在日本加入孙中山领导的同盟会，参加民主革命运动。辛亥革命后致力于“新国画”的创作，提出“折衷中外，融汇古今”的口号。为“岭南画派”主要创始人之一。

民国　高剑父鸡声茅店月图轴

纸本设色。纵120.5厘米，横51.5厘米。广州艺术博物院藏。

民国七年（1918）作。作者自题：

鸡声茅店月，人迹板桥霜。余爱温飞卿《早行》诗，因节一联以作画题。剑父客沪作，时戊午新秋。

醒初兄获此旧作寄示，爰志岁月归之。庚午仲秋，剑父，春睡别院听秋阁灯下。

钤“剑父之鉩”白文方印、“多事”朱文长方印、“麒麟”肖形印、“剑父不死”白文方印、“广州番禺县”朱文方印。

此图根据温庭筠《商山早行》诗意创作而成，描绘天寒时节拂晓时分一处山野客栈的景象。画面上山石嶙峋，溪流潺湲，残月阑珊，杂树笼烟，茅店围篱，板桥覆霜。此图呈现出明显的日本风格。画中山石造型显然属于棱角峥嵘的北宗山水一路，笔法也与北宗山水水墨苍劲的斧劈皴一脉相承，但同时又带有西洋素描的造型、运笔特点。树叶则完全突破了传统勾叶法和点叶法的限制，采取了类似于西洋水彩画的笔法，以强调树冠的整体形象。远山笔法亦然。由此造成一种若隐若现的朦胧感，并在源自日本经验的背景渲染的烘托之下，进一步展现特定时空中晨光熹微、朝雾弥漫的情景。

民国　高奇峰秋鹰图轴

纸本设色。纵164.5厘米，横67厘米。广州艺术博物院藏。

作者自题：

士彝先生正，奇峰高嵡。

钤“岭南高嵡”“奇峰画印”二朱文方印。

此图描绘雄鹰以展开双翼的姿态屹立于苍老嶙峋的树干上，雄鹰身姿威武矫健，羽毛纤毫毕现，目光如炬，体现了画家超人的写实能力。与雄鹰羽毛的工致细腻形成对比的是树干的肌理，画家以斧劈皴层层叠加的方式表现树干粗糙苍老的结构，以涩笔勾勒表现树枝的肌理，又以撞水撞色表现零星枯叶的质感。画面整体色调以褐色为主，凸显秋风萧瑟的氛围。

高奇峰（1889—1933），名嵡，字奇峰。番禺（今广东广州）人，高剑父弟。与高剑父、陈树人同为“岭南画派”创始人。擅画花鸟、走兽，画风或奔逸或细润，不拘成法，形体逼真而又生气勃勃；所画月夜、冬雪等景物则清丽秀润。

民国　高奇峰花鸟图轴

纸本设色。纵109.5厘米，横39.5厘米。孙中山大元帅府纪念馆藏。

钤“高押”朱文长印、“岭南高嵡”白文方印、“奇峰画印”朱文方印。

高奇峰善绘花鸟、走兽，亦能山水、人物，作品融中日画法于一炉，注重写生，形成独特的艺术风格。

此为他在民国六年（1917）春所作的花鸟图轴，用笔雄健，敷色湿润，雅致自然。

民国　陈树人六朝桧图轴

纸本设色。纵104厘米，横36.2厘米。孙中山大元帅府纪念馆藏。

民国十七年（1928）春作。钤“番禺陈氏”朱文方印、“树人之印”白文方印。

民国十七年春，陈树人与时任南京特别市市长刘纪文相约到南京中山大学观赏一棵六朝时期已种下的桧树，校园内突发大火，刘纪文指挥消防人员奋力灭火，这棵两千年的古木幸得保存下来，为纪念此事，陈树人根据古木绘《六朝桧图》并跋赠予刘纪文。

陈树人（1884—1948），又名哲、韶，字树人，号葭外渔子、二山山樵等。广东番禺（今广东广州）人。“岭南画派”创始人之一。工诗擅画，花鸟、山水兼长，强调写生，著有《专爱集》《战尘集》等。

民国　陈树人红棉图轴

纸本设色。纵181厘米，横99厘米。广州艺术博物院藏。

作者自题：

烧天血火灿红棉，壮丽元堪冠大千。

写得兹图真左券，山河收拾定明年。

卅一年立秋陈树人。

钤“树人之印”白文方印。

此图为陈树人晚年作品，画老树红棉，挺拔雄劲，繁花璀璨，表现了红棉直冲云霄的英雄气概。

民国　赵浩公白鹅图轴

绢本设色。纵179厘米，横103厘米。广州艺术博物院藏。

自题“台山赵浩笔”，钤朱文“赵□□”“浩公延年”两印。

此图以工笔画两只鹅带四只小鹅于河滩学步觅食，形态逼真自然，是赵氏工笔花鸟画的精工之作。

赵浩公，晚年作画多署“浩公”。广东台山人。曾执教于广州市立美术学校。

民国　何香凝卧狮图轴

绢本设色。纵124厘米，横100厘米。广州艺术博物院藏。

自题款“何香凝”。右下角钤“香凝绘事”白文印、“不栉书生”朱文印。

该图为何香凝早期作品，画中月色朦胧的草丛中横卧着一只昂首的雄狮，笔墨清劲，情调和谐爽朗，具有日本画风貌。

何香凝（1878—1972），原名谏，又名瑞谏。南海（今广州）人。是我国杰出的女革命活动家和出色的艺术家。

民国　李铁夫飞雁图轴

纸本水墨。纵76.6厘米，横36.5厘米。广州艺术博物院藏。

此作无年款，自钤“李铁夫”朱文印。

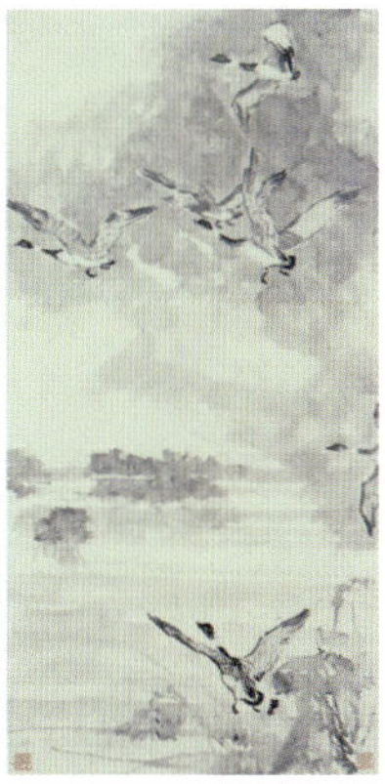

此图以水墨画河滩群雁起飞，掺以西洋水彩画的技法。

李铁夫（1869—1952），原名玉田。广东鹤山人。近代中国第一位到西方学油画者。孙中山称他为“东方画坛巨擘”。新中国成立后曾任华南文联副主席和华南文艺学院教授。

民国　卢振寰山水画册

绢本设色。每页纵24厘米，横26.5厘米。广州艺术博物院藏。

民国二十三年（1934）作。此册共十二页。卢振寰于北宗山水着力最深，此套山水册尤可见其笔墨功力。他将北宗山水的雄奇峻伟和浙派用笔之劲挺爽利的特点融为一体，画面清新明快，醒人耳目。

卢振寰（1887—1979），名国俊，字振寰，号浮山居士。广东博罗人。擅画山水、界画、花鸟，笔法近夏圭、马远及浙派。问学于王根，与赵浩公等人组织成立国画研究会。曾任广州市立美术学校教授，文联广东分会副主席。

民国　梅兰芳、薛觉先、邓芬合作《岁寒三友图》

纸质。通长300厘米，通宽30.2厘米；画心纵30厘米，横53厘米。粤剧艺术博物馆藏。

此画作于民国三十一年（1942），由邓芬绘松、薛觉先画竹、梅兰芳作梅并题字，卷左上方题：

壬午夏，余与从心先生暨薛君觉先作短期间之旅行。归后，从心先生拟作《岁寒三友图》以寄意。先生绘松，薛君画竹，嘱余作梅。余愧未能也。先生书画名重一时，愿以余画厕身其间，能无忝乎。书此以志鸿雪云尔，梅兰芳识于香江。

钤印“缀玉轩”“梅兰芳”“肖梅心赏”“邓芬”。

画卷借“岁寒三友”的意象，以松、竹、梅不畏严寒的品格同抒民族气节、互勉傲视艰危。后该画经收藏者装裱，前后分别接上赖少其和唐云的题跋。

现代　黄般若香港风光横幅

纸本水墨。纵27.5厘米，横68.5厘米。广州艺术博物院藏。

其一题款：

希白姻兄方家指教。戊戌七月，黄般若。

作者署款“般若”，钤“般若”白文方印。

黄般若（1901—1968），字波若，号万千。广东东莞人。晚年移居香港，以香港山水入画。

第三节 唐卡

11—13世纪 唐卡释迦牟尼及其故事

布本设色。纵60厘米，横51.1厘米。广州艺术博物院藏。

此幅唐卡主尊所绘为释迦牟尼，主尊左右分别侍立了弥勒佛和文殊菩萨，三边描绘的是释迦牟尼转动法轮的故事。人物与忍冬草和动物装饰纹样串联起来，以类似花边样，井然有序地排列在三边。构图遵循了古老的印度—尼泊尔样式。佛的造像方面，风格基本属于波罗—尼泊尔样式。佛像表情沉郁，富于个性。两位胁侍身形样貌类南亚人。佛像描绘以平涂和凸凹晕染相结合的手法，尤其是两位胁侍佛，注重突出的体积感和肌肉表现。其他人像和佛像靠背的处理则比较简洁，主要采用简单线描、平涂和略施晕染，协和几种颜色，交替排比，整个画面色彩厚重沉着，浓丽而不俗。此幅唐卡年代久远，风格古拙，反映了早期藏传佛教绘画艺术的面貌，具有重要的历史价值和艺术价值。

元 唐卡金刚持佛

布本设色。纵96.7厘米，横62.8厘米。广州艺术博物院藏。

此幅唐卡主尊所绘为金刚持佛。他身为蓝色，双手各持金刚杵、金刚铃交叉于胸前，结跏趺坐于莲座上。图的右下方画的是阿底峡大师（982—1054，古印度高僧，把佛教传到西藏的人之一）。图的正中下方画的是吐蕃二十七世国王拉托托日年赞。元末，唐卡艺术的发展产生了新的变化。这种变化突出表现在构图和用色上。《金刚持佛》体现了这一发展的新方向，在构图上放弃了尼泊尔样式，不再采用二维平面法，而是吸收中原绘画常用的散点透视，主尊与小像融入一种和谐的环境之中，整个画面安排得错落有致，富于变化。人物造型轻盈优美，形态各异。山水、亭台楼阁纹样表现上有汉地的特色。用色以青绿为底，并采用大量的金黄色。这些变化表明西藏唐卡艺术发展至元代已逐渐消化各地的艺术养分，越来越显露出本土独特的艺术风格。

明 唐卡千手千眼观世音菩萨

布本设色。纵73.2厘米，横50.4厘米。广州艺术博物院藏。

此幅唐卡主尊所绘为千手千眼观世音菩萨。千手千眼观世音菩萨是佛教密宗本尊。据佛经所记，观世音发愿普度众生，于是长出千手千眼，以千手护持，以千眼照见世间。藏传佛教所描绘的千手千眼观世音菩萨为十一头，分五层，下面三层各有三个头，上面两层各一个头。图中观世音四周描绘的是印度和西藏众高僧，第二行最右边一位是米拉日巴大师（1040—1123，藏传佛教噶举派早期代表人物之一）。此幅唐卡背面还画有佛塔，意为“佛在内”。此唐卡以红色为主调，协和绿、黄等色，构图基本采用二维平面法，用色和构图还带有早期藏传佛教绘画的特点。人物线描圆劲细腻，面相柔美，明显受到了汉地佛教绘画的影响。整幅作品精工细作，展现了画师高超的技艺。

明　唐卡喀尔桑巴

布本设色。纵63.5厘米，横47厘米。广州艺术博物院藏。

此幅唐卡主尊所绘为喀尔桑巴，四周所描绘的是他的本生故事。喀尔桑巴是古印度佛教密宗一位大成就者，宋时曾到西藏传法。此唐卡以绿色为主调，协和红、黄等颜色，佛像基座装饰较为简洁，整体画风素朴，体现了勉唐派流行之前的艺术风格。

明末　唐卡马头明王

布本设色。纵87厘米，横55.9厘米。广州艺术博物院藏。

此幅唐卡主尊所绘为马头明王。马头明王是护法神。他全身红色，三头、六臂、四足。主头红色、右蓝、左白，均具骷髅冠，头上各有一个红鬃蓝色马头。面开三眼，圆瞪怒目，咬牙切齿。上身裸露，下身系虎皮裙，展左肢于莲座上，手抱明妃。人物造型夸张，威猛可怖。此唐卡以红色为主调，协和绿、黄等色；主尊周围的佛像规整排列，用色和构图都还带有早期藏传佛教绘画的遗风。

明末　唐卡无量寿佛

布本设色。纵84.8厘米，横60.2厘米。广州艺术博物院藏。

此幅唐卡主尊所绘为无量寿佛。无量寿佛是阿弥陀佛之意译，是西方“极乐世界”的教主。此幅唐卡描绘了西方“极乐世界”的美好景象。整幅作品构图繁复，人物众多，画工极尽华美精细，当中的楼台环廊、佛像面相造型均受到汉地佛教绘画的影响。

清初　唐卡吉祥天母

布本设色。纵60.1厘米，横45.3厘米。广州艺术博物院藏。

此幅唐卡主尊所绘为吉祥天母。吉祥天母，藏语叫班丹拉姆，是佛教的护法神。西藏的大小寺院和布达拉宫都有她的壁画、塑像和唐卡供奉。此唐卡中吉祥天母是忿怒佛母，她骑一骡行走于血海之中，四周风火交加，她身披人皮，头戴人头骨饰，手捧有装着人心人血的头盖骨，给人以恐惧的感觉。此唐卡在构图上还保持了印度—尼泊尔绘画传统中主尊较大的特点，重点突出，周围众小像排列井然有序。怒相神面相威严孔武，人物造型丰满，形象稳健而多跃然舞姿，动中有静，具阳刚之美；色彩沉着饱满，多对比色，强烈而跳跃，配色细腻讲究，装饰味很强。

清初　唐卡宗喀巴大师

布本设色。纵85.5厘米，横63厘米。广州艺术博物院藏。

此幅唐卡描绘的是宗喀巴大师说法的情景，画中主尊为宗喀巴大师。宗喀巴（1357—1419），是迄今影响最大的藏传佛教派别——格鲁派的创始人。随着格鲁派兴盛，唐卡艺术发展到了一个新的高峰，并逐渐形成了具有本民族特色的画风。此幅唐卡就是新风格建立后的作品，以蓝色为底色，画面人物众多，构图繁复，画工精细华丽，装饰图案采用有藏区特色的山峦、草原、建筑等和传统的吉祥物，充满了西藏情调。

清　唐卡作明佛母

布本设色。纵102厘米，横68.2厘米。广州艺术博物院藏。

此幅唐卡主尊所绘为作明佛母，最顶一排画的是她的化身。作明佛母是佛教密宗的本尊菩萨。她是忿怒佛母，有六手三眼，其中一手持箭，一手持弓，头戴人头骨饰，双足踩魔鬼。此幅唐卡属于早期勉唐派画风，以蓝色为底色，在取景布局上，综合运用对称、均衡、反复等多种构图法，构图饱满；用散点透视式或俯瞰式手法，把远近景物组织在一个画面内，各种景物又有自身的透视关系，利用景物的轻重主次、虚实疏密等关系加以联系，使画面有咫尺千里之感。起着分割画面作用的装饰图案采用有藏区特色的山峦、雪峰、草原等自然风光和传统的吉祥物，作品具有强烈的民族特色。

清　唐卡坛城

布本设色。纵62厘米，横62.8厘米。广州艺术博物院藏。

此唐卡为坛城画。坛城的梵文为“曼荼罗”，源于印度佛教密宗，指神的宫殿。密宗信徒在修习的过程中，把坛城作为观想的模型，形式上可分立体与平面两种。坛城画外形都是正圆形，中间有一个“亞”字形空间，在“亞”字形中间有一个圆形，这个小圆形的中心，或画密宗佛像，或画密宗法器，或写上该密宗本尊名的梵文字头。“亞”字形的范围表示该坛城的密宗所在的神殿，四面有四殿门及装饰。画面协和绿、红、黄等颜色，交替排比，极富装饰性。

清 唐卡释迦牟尼与十八罗汉等

布本设色。纵78.9厘米，横111.7厘米。广州艺术博物院藏。

此幅唐卡描绘了释迦牟尼说法的情景。图中释迦牟尼面目慈祥，仪容庄严；他的左右分别侍立了阿难和迦叶两大弟子；图的左边十位罗汉、右边八位罗汉均面向释迦牟尼，形态各异；图的右下方画了两位供奉人；图的下方画的是四大天王。此图人物造型受到汉地佛教艺术的影响，注重表现人物的内在神韵；线条吸收了中原绘画方法，细密均匀，看不出线的起笔和落笔，工整精细，流畅华美；而在用色方面则富有本民族特色，注重色彩对比，喜大量运用金色，使画面金光闪烁，充满富丽堂皇之气。

清 唐卡多闻天王

布本设色。纵108.2厘米，横67.2厘米。广州艺术博物院藏。

此幅唐卡主尊所绘为多闻天王。多闻天王是四大天王之一。佛教传说，须弥山腰有一犍陀罗山，山有四峰，各有一王居住，各护一天下，故名四大天王，而多闻天王护北方。图中他身为黄色，环披天衣，戴头盔，面带微笑，右手持宝幢，左手持宝兽（银鼠），骑狮于莲座上，背后有美丽的云纹装饰。

多闻天王是施福护财的善神，因而在藏族地区受到广泛的信仰，常常成为佛教艺术表现的对象。此唐卡人物造型大胆，神情生动夸张，富有个性；衣纹勾勒繁密紧凑，服饰飘逸潇洒，具有自由生动的风韵；设色偏重青绿色调，雅逸清丽；背景借鉴了汉地山水画，多用山石、楼阁、花鸟、树木等作装饰。

清末 唐卡时轮金刚

布本设色。纵64厘米，横50.5厘米。广州艺术博物院藏。

此幅唐卡主尊所绘为时轮金刚。时轮金刚为佛教密宗本尊之一。他四头二十四臂。主头蓝色，右为红色，左为白、黄二头，每头三眼，高髻菩萨冠。上身裸露，下身系虎皮裙，展右肢立于莲座上，脚踏象征邪恶的精灵。主臂抱明妃。明妃身为橘黄色，四头八臂，全身裸露，展左肢，主臂抱时轮金刚颈。此幅唐卡以橙色为主调，协和绿、黄等颜色，用色单纯，对比强烈。此画用色和构图都带有早期藏传佛教绘画的遗风。尽管到了清代，西藏佛教绘画以勉唐派为主流，但远古画风还是在一些地区保留了下来。

第四节 外销画

清 黄埔锚地

象牙油画。纵17.1厘米，横20.9厘米。广州博物馆藏。

画作绘制时间约1845年。画面中各国帆樯云集，各种接驳小艇往来穿梭，再现了广州黄埔港昔日的繁华。正中央的小岛为黄埔挂号口所在，设有税馆及其他机构，负责丈量船只、清查收税。康熙二十四年（1685），清政府设粤海关，加强对进出广州口岸的外国商船的管理，凡前来广州的外国商船，必先泊于澳门，向海防衙门办理申报手续获批后，方可驶入虎门，到黄埔锚地停泊，再用舢板船将货物运至十三行商馆区贸易。

清 象牙画人像盒

象牙油画。纵9.4厘米，横7.3厘米。广州博物馆藏。

画作被镶嵌在椭圆形带盖的小木盒内，绘制的是一幅身穿正装的西洋人物肖像画。在掌心大小的象牙上用油画颜料绘制的细密画细腻精致，盒盖内面的绸布上用红色颜料书写英文字样“Hinqua”，这表明这幅作品出自Hinqua之手。Hinqua是广州的一名油画家，其活跃时间在1810至1825年间。

清 广州十三行商馆区玻璃画

玻璃油画。纵36厘米，横50厘米。广州博物馆藏。

画心为画玻璃镜广州十三行商馆区图，整个画面以十三洋行的建筑为主体，描绘了当时广州珠江上番舶云集的繁茂通商景象，商馆建筑前从左至右依次可见丹麦、西班牙、美国、瑞典、英国、荷兰六国国旗。此外画面中著名的建筑还有海珠炮台、越秀山镇海楼等。18、19世纪，英国、法国、荷兰、西班牙、丹麦、瑞典、美国等国相继获准在十三行商馆区开设商行，与中国进行贸易往来。广州十三行又称“洋行”或“洋货行”，是清政府指定专营对外贸易的牙行，具有半官半商和垄断贸易性质。外国商人到广州后，只能在商馆中居住。商馆是由十三行行商划出行地的一部分租赁给外国商人，供其在贸易季节暂住并与行商进行贸易活动的场所，一般为两层，上层居住，下层办公或存货。十三行商馆区从形成到消亡曾遭遇多次火灾，1856年，在英法联军侵略广州的炮火中，十三行商馆区在大火中彻底化为灰烬。

清 广州十三行商馆油画

布本油画。框纵58厘米，横91厘米；画心纵44厘米，横76厘米。广州十三行博物馆藏。

画作为从珠江南岸眺望十三行的景物，江面上停泊着大大小小各式船只，有载客船、载货船、花艇等，十三行商馆建筑沿着江边一字排开，商馆前可见美国、法国、英国等国国旗，圣公会教堂矗立在珠江边，画面中美国商馆、英国商馆前郁郁葱葱的植被分别是美国花园和英国花园。圣公会教堂为清道光二十七年（1847）美国在花园旁建立，由此判断，此画应为道光二十七年以后创作。

清　“大眼鸡”商船

油画。纵14.2厘米，横18.1厘米。广州博物馆藏。

“大眼鸡”又称“红头船”“鸡目船”，是我国广东地区和东南亚地区建造的海洋贸易商船，为晚清时期广船的典型代表。

1746年　从珠江眺望广州城图

铜版画。纵24.5厘米，横36厘米。广州博物馆藏。

这幅画作名为“KANTON”，最早由17世纪荷兰首批访华使团管事约翰·尼霍夫绘制，描绘了从珠江南面眺望广州城的景象。画中，除了荷兰使团乘坐的两艘帆船外，还绘制了珠江上各式各样的中国船艇和当地渔船以及陆地上驮着货物的马与骆驼等，展现了当时广州航运发达、商贸繁荣的生动景象。画面正中的广州城南城门，是该图的焦点，只要顺利通过这扇门，西方人便能进入中国，开展他们梦寐以求的商品贸易。

1746年　广州城全景图

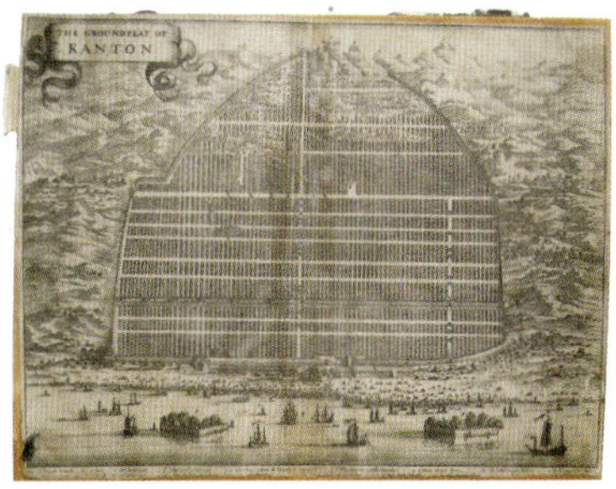

铜版画。纵29.6厘米，横37.4厘米。广州博物馆藏。

在荷兰使者约翰·尼霍夫绘制的这幅由广州城平面图及鸟瞰图组成的广州城全景图中，广州城规模恢宏，“后倚粤秀，南临珠江”，城中街道、市坊布局整齐有序，较为准确地再现了当时广州独具特色的丘陵地形地貌和城区平面图。在尼霍夫所著《荷使初访中国记》中，他以大量的画稿（约150张铜版画）描绘了他亲眼所见的中国，成为西方人了解中国的重要材料，西方出版商更在出版有关中国的文章时必模仿或翻印其画稿作为配图。

19世纪　“浩官”花园

油画。纵75厘米，横125厘米。广州博物馆藏。

画面以十三行行商花园景色为主题，直观、形象地展示了岭南园林建筑的特色。画中花园采用几何形式组织空间，庭院内凿池置石，周边以四时花木点缀，配置以高大乔木留荫。亭、廊、桥、舫、景门、花窗等多种建筑穿插其中，结构精巧，色彩艳丽，三位仕女在庭院中纳凉。岭南园林在中国园林建筑中自成一派，开阔的空间内广植岭南特色树木，便于通风纳凉；四时花木种植在花盆中，便于移动，也集中了岭南盆景的较高艺术水平。

19世纪　五层楼

通草水彩画。纵31.2厘米，横43.2厘米。广州博物馆藏。

画中以广州老城标镇海楼为主体，描绘了清末越秀山优美的自然风景。镇海楼，肇建于明洪武十三年（1380），迄今已逾六百春秋，俗称“五层楼”，集军事防御、登高游娱、风景点缀多种功能于一体，一直是广州的一处显著标识和一方人文胜景。现为广州博物馆馆址。

清　官邸生活图

通草水彩画。纵16.2厘米，横29.5厘米。广州博物馆藏。

画面以清代官邸生活为主题，直观、形象地展示了清代官宦世家的家庭生活场景，同时也展示了清朝的服饰特点。官邸生活是一种较为流行的外销画题材，所绘成画是西方人了解神秘东方的重要途径之一。

清　售茶图

通草水彩画。纵32.2厘米，横44.2厘米。广州博物馆藏。

画面描绘了清代拣茶、炒茶、茶叶装箱以及品茗等一系列茶叶加工过程和清人品茗情景。我国是茶的故乡，唐陆羽《茶经》载：“茶之为饮，发乎神农氏。”清代，我国茶叶的内销及外销均达到历史最高水平，而清人品茗则多用图中所绘盖碗。

清　“船运”图

通草水彩画。纵30厘米，横42.6厘米。广州博物馆藏。

画面中描绘了往来于珠江沿岸载客、运货的小型内河船舶，是18、19世纪广东水路运输和商业活动的珍贵图像资料。

清　丝线生产图

通草水彩画。纵21.5厘米，横16.6厘米。广州博物馆藏。

这组丝线生产图共八幅，分别描绘了古代浴蚕、养蚕、缫丝、染色、晒丝、锤丝、络丝、卷纬等一系列丝线生产过程。蚕丝是中国古代最早利用的动物纤维之一，早在新石器时代，植桑和养蚕便是人们生产生活的重要内容，衣食皆以农桑为本。“生自蚕茧，成于机杼”是对我国纺织品最为形象的描述。技术精妙、色彩绚丽、质感柔滑的中国纺织品不仅美化了人们的物质生活，也充实了人们的精神世界，更是世界各国经济、政治、文化交流的重要桥梁之一，在世界历史上有着深远的影响。

清　鸦片的危害

通草水彩画册页。纵25厘米，横36厘米，广州博物馆藏。

该画册由广州永泰兴画室绘制，全册十二幅，每幅均有英文注释其画面的含义。其内容为吸食鸦片让人一步一步从健康富裕到家破人亡的堕落过程，具有重要的警醒意义。鸦片在清代中晚期被西方殖民者看作一种既可赚钱、又能消磨中国人意志的侵略武器，不断从广州等地走私进入中国，吸食鸦片的大烟馆在广州城遍地开花。一些清醒的仁人志士意识到鸦片的危害，通过各种方式呼吁禁烟。这种绘图也是呼吁禁烟的方式之一。

清　茶叶种植及制作销售

通草水彩画册页。纵22厘米，横29厘米。广州博物馆藏。

一册十二页。其内容为描绘茶叶从种植、采摘、杀青、晾晒、包装到品尝、销售的过程。茶叶是明清时期广州外销的主要商品之一，掀起了西方社会饮茶风尚。

清　杨桃图

通草水彩画。纵16.5厘米，横26厘米。广州博物馆藏。

图中所绘为岭南常见的水果——杨桃。清代中晚期西方对中国的风俗人情、山川地理等都抱有很大的好奇心，在18、19世纪西方博物画兴起的背景下，中国的外销画也受到影响。有西方的机构甚至专门派出画师来到中国，或者在广州的画室订制博物画形式的作品，以写实的形式绘制船舶、花鸟鱼虫、水果等题材。该件杨桃图在通草纸上绘制，色彩层次分明，枝蔓、花叶等细节的描绘都很讲究，兼具科学性和艺术性。

清　十三行救火图

通草水彩画。纵30厘米，横42.6厘米。广州博物馆藏。

两幅画描绘的是清代十三行街区使用救火车和云梯救火的场景。清代广州是中国对外贸易的主要口岸，大量进出口的商品和财富集中在十三行商馆地区。1822年十三行就曾发生过一次大火，烧毁大量货物与银两，据说仅银两就有4000万两。于是十三行商馆也建立了专门的救火队，并学习西方制造了专门的救火车。

清　通草水彩风景人物节日贺卡

通草水彩画。框纵27厘米，横72厘米；每小

幅纵10厘米，横7厘米。广州十三行博物馆藏。

此套画作为用广州英语表达祝辞的贺卡。18世纪初至19世纪，广州英语被运用于中西商业贸易和日常往来中，其没有完全遵循英语的语法和发音，在发音、造句等方面深受澳门葡语的影响，又融入了汉语特色和粤语方言的部分发音，极具特色。在19世纪中晚期以后被“洋泾浜英语”取代。

清　粤剧传统例戏《玉皇登殿》通草画

通草水彩画。纵20厘米，横35厘米。粤剧艺术博物馆藏。

《玉皇登殿》是粤剧四大例戏之一。此画中人物阵容庞大，排列规整，画面色彩明艳，人物表情丰富，共绘制了玉皇、左天蓬、右天蓬、天罡星、地罡星、雷公、雨师、电母、桃花女、功曹、门官、灶君、太监、太阳星、太阴星等二十八位人物，生动地展示了早期粤剧的脸谱形象、服装特色和道具特点。

第十一章

文具

第一节 砚台

西汉 石砚

砚台边长12.5—13.2厘米，高2.8厘米；研石直径3.2—3.3厘米，高2.2厘米。1983年南越文王墓出土。南越王博物院藏。

由砚台和研石组成，通体染有朱、墨两种颜色。砚台用天然鹅卵石制成，圆角方形，扁体。研石为黑色页岩，利用管钻的石芯加工而成，一面有研磨使用的痕迹。墓中共出三套石砚。

东汉 石砚

直径18.8厘米，高1厘米。1999年东山先烈中路102号工地M1出土。广州市文物考古研究院藏。

青灰色砂岩制成。砚板圆形，研石略呈圆锥形，研面光滑。汉代刘熙在《释名》中说："砚者，研也，可研墨使和濡也。"早期的砚台，就是用一块小研石在一面磨平的石器上研墨。直至汉代，人们发明了人工制墨，可直接在砚上磨墨，砚台才开始真正地发展起来。

南朝 青釉三足瓷砚

口径19厘米，腹径20厘米，底径16.8厘米，高5.7厘米。1997年南越国宫署遗址出土。南越王博物院藏。

青灰胎，残。内底隆起与口沿平，外底内凹明显。外底饰四道旋纹，底部接三个蹄足。整器施青釉，内、外底均有支垫痕。

隋 青釉七足砚

口径15.8厘米，腹径17.4厘米，高5厘米。2003年东山执信中学工地M26出土。广州市文物考古研究院藏。

圆盘形砚台，子口，尖唇，平底下附七个乳状足。砚面圆平，以利研墨，边缘斜削形成凹槽，以蓄墨液。灰白胎，施青釉，多脱落。釉色青绿，开细碎冰片。砚面素净，无使用痕，应为专供陪葬的明器。

唐 青釉辟雍瓷砚

直径5.6厘米，高2厘米。1955年小北横枝岗出土。广州博物馆藏。

砚面圆形微向内凹，与口沿相隔一道沟槽，辟雍瓷砚的主要特点是砚池围绕砚堂，如水环辟雍。砚的下部用十三足承托。"辟雍"本为周天子所设立的大学，建筑形状为圆璧形，四面环水。古代工匠仿效辟雍形状创制了辟雍砚。

唐 "钟□□订"箕形端砚

长14厘米，宽9.9厘米，高3厘米。2001年天河恒福路银行疗养院二期工地M17出土。广州市文物考古研究院藏。

端石，深灰色，圆头箕形。砚面土锈明显，有局部风化崩缺，砚背上部附着大块泥土，粘有一锈蚀铜镊，应是磨墨时夹取墨块的工具。砚缘较窄，砚堂后端平浅，缓缓斜深向砚首，与砚首交接为圆弧状。砚背后部两侧各有一纵向梯形笔方足。底部线划“钟□□订”四字，当为实用器。

端砚是中国四大名砚之一，产于唐代初期端州（今广东肇庆一带），故名端砚。箕形砚是唐代的流行砚式，因形似长方形箕，故名。

唐 “吴永判官”箕形端砚

长7.2厘米，宽0.9厘米，高0.4厘米。2009年越秀广州医科大学附属第二医院工地M1出土。广州市文物考古研究院藏。

端石，深灰色，石质细腻，砚尾二角有磕缺。箕形，平底无足。砚首、砚尾微弧，砚墙较厚，折角方直。砚堂平阔，斜深向砚首。砚背打磨光滑平整，有明显土锈，刻有“吴永判官”四字，笔画纤细，当为实用器。

唐 箕形端砚

长11.1厘米，宽7.9厘米，高1.6厘米。2009年天河先烈东路沙河顶工地M9出土。广州市文物考古研究院藏。

端石，灰绿色，有横向条纹。箕形，圆首窄缘，前窄后宽。砚堂浅斜，砚底近箕口处有两个梯形长方足，与砚首弧底形成鼎立之状。

唐 箕形端砚

长17.2厘米，宽11.5厘米，高3厘米。2009年荔湾站西路广州机务段工地M30出土。广州市文物考古研究院藏。

端石，红褐色，体形较大，石质经氧化表面显粗，有明显土锈，两侧砚缘有崩缺。箕形，砚首、砚尾向外弧，两侧砚缘中部向内收束，砚堂平直斜深至砚首，形成砚池。砚背前端着地，中后部雕刻两个粗壮的梯形长方足。

唐 端石箕形砚

长18.8厘米，宽12.5厘米，高3.2厘米。1965年广州动物园唐墓出土。广州博物馆藏。

朝天岩石，石质细腻，呈紫蓝色，有微尘青花。砚台呈风字形，素身，砚面前后分别向中间倾斜，连接处形成砚池。砚底后部有两个梯形方足，与砚池底呈三足鼎立。

唐 箕形双足端砚

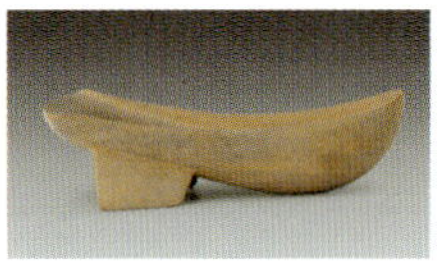

长17厘米，宽12.7厘米，高8.8厘米。增城增江街岭尾山采集。广州市增城区博物馆藏。

端石，砚体前端翘起，下设矮板柱形双足，与砚首底部形成三个支点以着地。通体青黄，泛紫色，间有条状石纹。砚尾间残有余墨。

唐 青黄釉刻花纹瓷砚

上部高0.7厘米，口径4.5厘米；下部高1.5厘米，口径5.7厘米。广东民间工艺博物馆藏。

此砚一套两件，圆形。上部中间凸起，高于口沿，中心微向内凹，与口沿相隔一道沟槽，平底，通体露胎无釉。下部砚面低于口沿，中央微向内凹，无釉以利研墨，外环水渠为砚池，圈足外撇，底内凹露胎，其余皆施青黄釉，釉面开片，器身饰有青色花纹。

宋 抄手端砚

长17.8厘米，宽11.5厘米，高2.4厘米。2004年东山环市东路华侨小学工地M24出土。广州市文物考古研究院藏。

端石，紫褐色，局部发黄，石质细腻，打磨光滑，长方体，器型规整，砚堂斜深向砚首，砚面微弧，砚池四边有直线凸棱围绕，砚尾开一缺口。砚墙微内敛，砚底挖空，两边为墙足，可用手抄底托起，为宋代流行的抄手砚样式。

宋 端溪抄手砚

长17.3厘米，宽11.4厘米，高3厘米。广州博物馆藏。

坑石雕成，石质致密，呈紫灰色。砚池面凸雕一圆形，周边刻有芒齿状的太阳纹，旁边刻流云纹，砚背面亦雕有两个太阳纹饰。砚台两侧刻“宋故右朝奉大夫”“连州太守陈觉枢”楷书铭。

宋 端溪宋坑钟形双足砚

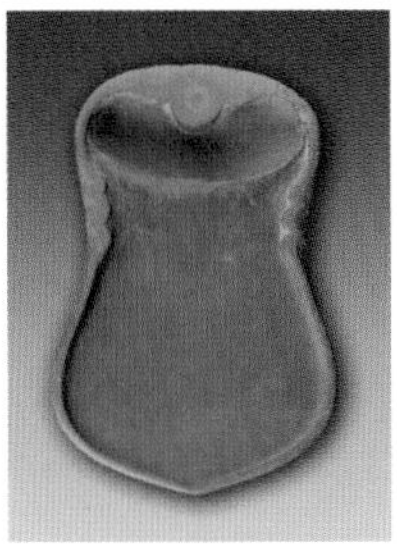

长21.2厘米，宽13.9厘米，高3.1厘米。广东民间工艺博物馆藏。

砚体仿蝉造型，砚石色紫红如猪肝，石质幼洁润滑。宋坑石极少有眼，此砚有四颗绿色石眼，一在砚面，余在砚背。砚面开一腰形墨池，池头以一筑眼柱做装饰；砚背束腰，腰下有两柱形足，利于稳立。

明 端溪坑仔岩双龙戏珠砚

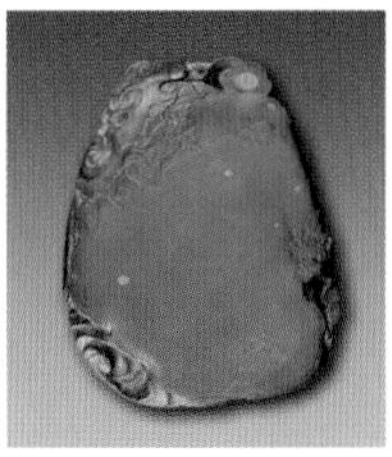

长19厘米，宽14.5厘米。广东民间工艺博物馆藏。

砚近椭圆形。墨堂中有微尘青花，不规则砚台上分布五颗石眼，其中四颗为鸲鸽眼。砚台以右上角最大的一颗鸲鸽眼为珠，珠的左右下方各雕一条具有明代特征的猪嘴龙，双龙吐舌舞爪逐珠。砚边和砚背雕翻滚的流云和露出云端的龙背，衬托出双龙戏珠的画面。雕刻以浅刀雕刻为主，深刀适当穿插其中。

明 端石雕蟹纹诗文铭砚

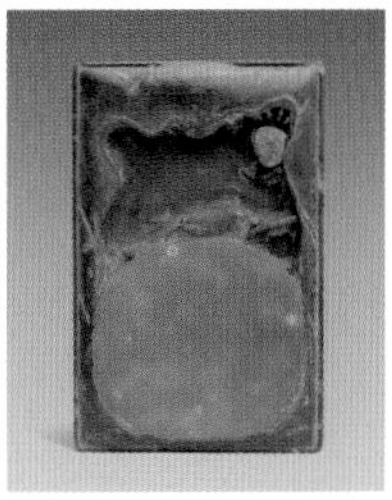

长23.4厘米，宽15.2厘米，高6厘米。广东民间工艺博物馆藏。

宋坑端石。长方形，砚体厚重，砚面下开砚堂近圆，有数石眼。上端深凿一洼为砚池，墨锈深厚，池中栖息两蟹，边饰芦荻，寓“二甲传胪”之意。砚背挖空，四隅有足，一边浅雕一斜伸如意状灵芝，中间篆文印章“发解传庐”。砚两侧镌刻题识，一侧：“降胎匪蚌，入角匪犀，呈马肝之绛彩，来玉女之睥睨，际神光于天地，会见三千礼乐，任君纵横于彤陛之墀。”署款：“鲁氏青父题。”另一侧：“彤霞烁石，紫雾涵星，耀玄之之甲胄，虚纯父之箕精，惟尔空阙里之旧名，特晋尔于黄堂，用建皇极之清声。”署款：“鲁氏青父题。”

明 端石刻修禊图兰亭集序铭长方砚

长23.5厘米，宽14.5厘米，高6.5厘米。广东民间工艺博物馆藏。

宋坑端石，砚为厚实长方形，石色呈玫瑰紫，侧墙留有大片胭脂晕，遇水则艳，古雅美观。砚面刻兰亭修禊图；光滑微洼处为砚堂，亭、桥之下深凿出砚池；右上角和左下角刻王羲之四言和五言《兰亭诗》。砚背墙足，内凹处刻王羲之《兰亭集序》全文。砚四侧浅雕通景曲水流觞图，人物众多，行止坐卧，神态各异，生动有致，每侧右上角均刻《兰亭诗》。

清　“卍”字款青花八宝纹瓷砚

高2.5厘米，直径9.5厘米，底径9厘米。广东民间工艺博物馆藏。

白瓷胎，圆形，中心砚池内凹，与砚边有一道水沟相隔，侧边饰有青花八宝纹，底用蓝料画双圆圈，中心书“卍”字楷书款。

清　端石刻铭文抄手砚

长17.5厘米，宽10.9厘米，高1.8厘米。广东民间工艺博物馆藏。

此端砚造型为长方形，石质细腻，呈紫红色。砚台边沿仅刻一线为框，砚堂两侧雕一凹槽斜向砚池。砚堂与砚池之间有一石眼，很有装饰效果。此砚为实用砚，整体砚面为素池加线条，素池虽小却线条有力，把整个砚堂都留作磨墨区域，加快了磨墨的时间。砚背刻有：“温润其容坚贞其德维公子之则　西郇铭。”

清　端石雕云中月、江上行舟铭文砚

长12.8厘米，宽11厘米，高1.9厘米。广东民间工艺博物馆藏。

黄蚓矢端石，色青黑泛紫。砚面右上方凿月形凹池，并雕流云掩映其上。砚背浅浮雕江上行舟图，右下角署有行书款“吴门顾二娘制”。一侧镌“得少佳趣”，篆书印“黄绢幼妇”；另一侧篆书印“十砚主人”“黄任珍藏”。清早期，制砚以顾二娘名气最大，玩砚则以黄任名声最响。

黄任（1683—1768），字于莘，又字莘田，因喜藏砚，自号十砚老人，永福（今福建永泰）人。清康熙四十一年（1702）举人，官广东四会知县兼署高要县事。工诗善书，是闽中首屈一指的诗翁，尤有砚癖。著有《秋江集》《香草斋诗注》等。

清　端石刻“遂闲堂写经砚”铭文砚

长14.1厘米，宽9.7厘米，高1.5厘米。广东民间工艺博物馆藏。

朝天岩端石。砚面门字式，砚堂开阔，深凹月形池。砚额刻卷草纹。砚侧铭“遂闲堂写经砚”。砚背平，居右下刻石涛《雪中怀张笨山》，落款“石涛上人雪中怀我高祖笨山公长古一首元孙虎拜敬铭”。有盒，盒底内贴有一文，虽残仍可辨，下署“乾隆戊申啸崖氏识于妙香阁”。钤印“张虎拜印”“啸崖”。此砚铭文及盒内贴有的题识文字，含有一段清早期活跃于天津张霔遂闲堂的文人雅士旧事，也隐含了张氏家族数代的兴衰始末。

张霔（1658—1713），字汝作，号鲁庵，又号卧松老衲，原抚宁（今河北秦皇岛市）人，后移居天津。清康熙二十年（1681）张霔由例贡任官工部主事，后升兵部郎中、陕西驿传道、安徽按察使、福建布政使、云南布政使等职。著有《遂闲堂稿》。

清　端石雕蟾蜍纹砚

长16.8厘米，宽13.5厘米，高2.3厘米。广东民间工艺博物馆藏。

朝天岩端石，砚随石形雕成。砚面上首利用黄膘雕出蟾蜍吐祥云图样，有蝙蝠穿云飞舞，当中如意云头作砚池，下出砚堂稍洼；右边空白处镌刻铭文：“润莹石膏，香沁薰心，弥云一片，供众清以。”署“丙子七月铭于三山醉石斋”“韶九”，篆字印“筠卿”“韶九氏”。砚背天然，略加砻治为云山小景。

清 端石雕云龙、砚坑图砚

长19厘米，宽15厘米，高3.8厘米。广东民间工艺博物馆藏。

老坑端石。砚形近椭圆，额雕龙腾云端。砚背刻端溪地形图，图中有广东肇庆与采石有关的古迹庙宇及老坑透视图，标示水岩洞内一些砚坑名称、位置，虽非专业地图，但对端砚的研究具有参考价值。这类端溪图砚是道光朝肇庆砚人研制的新产品，天津博物馆和美国纽约大都会博物馆各藏一方。与同时期出版的高要藏砚家何传瑶名作《宝砚堂砚辨》所载的《砚岩内图》（广东香山举人黄培芳绘）相呼应。

清 端溪老坑雕象耳瓶形双面砚

长23厘米，宽24.2厘米，高2.1厘米。广东民间工艺博物馆藏。

此件作品由老坑石精制，双面雕花，双面开墨堂如象耳瓶形。正面墨堂较大，瓶口内阴刻“陈氏世系”四个篆字，周边雕刻仿铜器、玉器纹饰。瓶口为卷草纹、回纹和弦纹，颈部左右分别刻凤纹和兽面纹。背面刻如意云纹、卷草纹和回纹，边沿刻四条两两相对的草尾龙。墨堂中有金银线、微尘青花、火捺等。

清 青花锦地开光菊纹瓷砚

口径10厘米，腹径12.2厘米，底径11厘米，高3厘米。广东民间工艺博物馆藏。

圆形，鼓腹，平底露胎，胎体厚重。砚堂下凹，光滑细腻，不施釉，边缘口沿凸起，砚堂边缘有一椭圆形墨池。腹部通饰锦地纹，并分布四个开光，分别绘两组菊纹、两组牡丹纹。底书“文方四宝　曹金龙□”八字款。

清雍正 仿官窑带流瓷砚

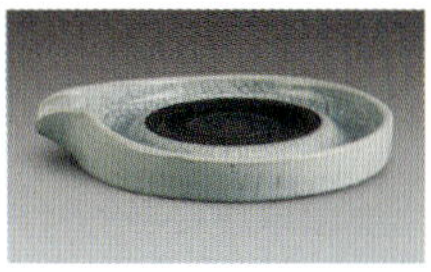

长27.3厘米，宽24.5厘米，高5.2厘米。广东民间工艺博物馆藏。

圆形砚，中心凸起圆形墨台，面为涩胎不施釉，利于研墨舔笔。旁凹处圆形渠沟，施粉青釉，有细小开片。上挖有流嘴。底部留有一圈未施釉，可见米黄色厚重胎体，为特意仿造宋代官窑胎体特征；底部青花书“大清雍正年制”六字三行篆书款。整砚胎质细腻，釉汁肥厚，晶莹润泽，造型素朴端正，有古朴凝重的美感。

清 石湾窑龟形陶砚

长16厘米，宽13.5厘米，高9.5厘米。广东民间工艺博物馆藏。

此砚仿生造型，砚体龟形，龟首前伸上昂，四足踞地，尾巴甩向一侧。背部下凹为砚堂，集实用性和观赏性于一体。配有甲壳形红木盖，上刻龟背纹，可以打开。

民国　端石刻山水铭文砚

长30厘米，宽26厘米，高4.5厘米。广东民间工艺博物馆藏。

宋坑端石，随天然石形琢制。砚面受墨处平滑微凹，上方凿一轮云雾半遮的圆月以作砚池；边上雕刻高山峻岭，悬崖峭壁有瀑布飞流而下；右上篆刻杜甫《醉歌行》句“词源倒倾三峡水”，下篆刻章“文嘉”，左下篆刻“智乐仁寿”，篆刻印“山水有清音”。砚背雕远处峰峦叠翠，水绕山环；近处山间水畔，一高士抚琴自乐；中间平滑处楷书刻晋代僧人释慧远《庐山东林杂诗》：“崇岩吐清气，幽岫栖神迹。希声奏群籁，响出山溜滴。有客独冥游，径然忘所适。挥手抚云门，灵关安足辟。流心叩玄扃，感至理弗隔。孰是腾九霄，不奋冲天翮。妙同趣自均，一悟超三益。”下署“万历辛卯秋八月仁和李时英”，篆刻印“祯阳”；右边草书刻宋代诗人周芝田的《琴诗》：“膝上横陈玉一枝，此音惟独此心知。夜深断送鹤先睡，弹到空山月落时。”下署“文彭”，篆刻连珠印“寿”“承”；左下角篆印“高濂深甫家藏”。

民国　端石刻松鹤山水铭文砚

长16.2厘米，宽10.8厘米，高2.8厘米。广东民间工艺博物馆藏。

老坑端石，有胭脂云、石眼、蕉白等石品。砚面苍松横斜，仙鹤起舞，巧妙利用石上黄膘雕出松树杆上的嶙峋树皮，自然生趣。砚背就石纹起伏雕高峡出平湖，缥缈云烟，小亭隐现。有一石眼，如月之倒影，湖边几只芦雁在苇丛或觅食，或低飞，意态悠闲，颇有野趣。湖心处镌刻有铭文：“云之质，水之肪，乃西洞之精粹。媲东坡之贤良。彤坡贤契清玩。”后署“权抚州太守赵之彰持赠。”

民国　端石雕云龙、雀鹿蜂猴双面对砚

长25厘米，宽16.5厘米，高2厘米。广东民间工艺博物馆藏。

麻子坑端石，石色青苍紫蓝，石质细腻，纯净无瑕，有天青色、蝇头青花、席纹、翡翠眼等石品，包浆醇厚。对砚无分面背，两面皆可用，雕刻内容一致。一面正圆形砚堂，砚额浮雕雀、鹿、蜂、猴，寓意“爵禄封侯”，形象生动。另一面正方形切角砚堂，砚额深雕云龙驾雾腾云，活泼生动。

第二节 笔筒

明崇祯 青花八仙图瓷笔筒

高21厘米，口径19.2厘米，底径18.2厘米。广东民间工艺博物馆藏。

撇敞口，直身，呈筒式，口底相若，白砂底无釉。胎质细腻厚重，青花发色青翠，水墨渲染层次丰富。外壁通体用蓝色青花钴料绘八仙、鹿、山石、树木等图案。图案描绘用笔流畅，笔法娴熟，画面人物布局疏密有致，构图合理，层次清晰，故事情节完整。口沿及近足处分别暗刻一周卷草纹和几何纹。

明 石湾窑翠毛釉笔筒

高14.5厘米，口径11厘米。广东民间工艺博物馆藏。

陶胎，胎色灰。底刻阴文楷书“可松制”三字。手捏成型，器身厚重，造型规矩。器内及底部施赭色护胎釉，器外施仿钧窑翠毛釉，口沿一圈微有露胎。翠毛釉因其釉色酷似翠鸟的羽毛而得名。

作者“可松”，姓苏，为明代万历至天启年间石湾陶艺名家，其作品重视师古，造型多仿商周青铜器之精华，并善制钧窑式釉，造型结构严谨，雕工精巧，堪称后世石湾制陶的师表。

清康熙 青花三彩山水纹笔筒

高15厘米，口径18.5厘米，底径17.5厘米。广东民间工艺博物馆藏。

胎色莹白，胎质较为细腻。敞口，竖腰，平底，造型规整。通体以釉里三彩为饰。其中以青花绘群山峻岭、房屋、河流、小船、松树树冠，以釉里红绘松树树干，以豆青施皴法绘山石，色调鲜艳明快，颜色搭配舒适，浓淡彩相映成趣。

清 青玉山水人物鹤鹿笔筒

高16.4厘米，口径16.2厘米，底径15厘米。广东民间工艺博物馆藏。

青玉质，圆筒形，以青玉掏膛整挖，中空以纳笔，平底下承五矮足，足间等距。筒身外壁雕集高、浅浮雕和线刻等多种技法于一身，通景式构图，琢山水、人物、亭台、苍松、鹤、鹿等图案。整器营造的氛围恬静，充满文人画意与趣味。

清 牙雕人物纹笔筒

高13.5厘米，口径9.5厘米。广州博物馆藏。

直筒式。在口沿及底边的回纹装饰间雕刻人物山水场景，利用圆形筒身铺排情节，步步设景，每一转侧均为不同的画面，十分巧妙。此笔筒以高浮雕为主，配合浅浮雕、镂雕等技法，精巧娴熟。

清 竹雕诗文山水人物图笔筒

高11.2厘米，口径5厘米，底径5.8厘米。广东民间工艺博物馆藏。

直筒式，下承浅三足。器身以去地浮雕技法一面雕刻松树、山石、骑马人物，另一面阴刻诗文：

见说蚕丛路，崎岖不易行。山从人面起，云傍马头生。芳树笼秦栈，春流绕蜀城。升沉应已定，不必问君平。李白送友人入蜀诗

山阴仲京弥玩

岩岩梁山，积石峨峨。远属荆衡，近缀岷嶓。南通邛僰，北达褒斜。狭过彭碣，高逾嵩华。惟蜀之门，作固作镇。是曰剑阁，壁立千仞。穷地之险，极路之峻。世浊则逆，道清斯顺。闭由往汉，开自有晋。秦得百二，并吞诸侯。齐得十二，田生献筹。矧兹狭隘，土之外区。一人荷戟，百夫趑趄。形胜之地，匪亲勿居。

录张孟阳剑阁铭，京先生雅嘱。

题款“道光丁亥闰端阳素川黄濬书并镌”。

清　竹雕松溪浴马图笔筒

高15厘米，口径12厘米，底径11.9厘米。广东民间工艺博物馆藏。

筒式，底内凹。外壁刻有峭壁流泉、松树人物及骏马。画面分为两组，第一组：有三老者，二老者相偎于松树旁，一老者蹲坐在松树底，居高临下地观看马匹翻腾。第二组：在溪边有四马，二马在草地上觅食，一马立在溪边憩息，一马在奔跑。该作品采用“薄地阳文”浮雕技法，以画入竹，布局妥帖，运刀灵活，刻工深峻，雕技圆浑生动。

清　竹雕“子谦”款七贤图笔筒

高12.3厘米，口径6.5厘米，底径6.6厘米。广东民间工艺博物馆藏。

直筒式，下承浅三足。筒身以去地浮雕技法为主，雕刻七位士人在竹林里或弈棋，或扶竹观棋，或泛舟湖上，或亭中寒暄。在画面的交接处刻：“捲慢白雪峰顶落，甲寅季冬，子谦。”

清　竹雕“少溪山人”款渔樵问答图笔筒

高12.5厘米，口径6.5厘米，底径6.6厘米。广东民间工艺博物馆藏。

直壁式，平口沿，底承浅三足，包浆古朴。外壁上方高峰挺秀，山峦重叠，近处古松苍劲，竹林茂密，在山幽的竹林前面，一老者与樵夫、渔夫席地对坐，老者在凝神倾听樵夫与渔夫的对答。背面的空白处阴刻文字“渔樵问答，戊戌正月既望，少溪山人制”款识。

清　封锡禄作竹雕东山报捷图笔筒

高12厘米，底径6.5厘米。广东民间工艺博物馆藏。

直筒式，下承浅三足。外壁满雕东山报捷图案，画面为一处深山老林，悬崖陡壁，有二老者于石盘前对弈，其中一人为大将谢安，另有二女立于其旁，手执书卷和书盒窃窃私语，一旁有两童子烧水煮茶。峭壁的另一侧，一骑兵举旗疾驰而来，向谢安报告东山大捷。笔筒署“锡禄”款。

封锡禄（1662—1735），字义侯，晚号廉痴，嘉定（今上海）人。精于竹刻，于康熙年间被召入宫廷，成为御用刻竹艺人。

清　苏州竹雕老桐作刻诗文笔筒

高11.5厘米，口径4.5厘米。广东民间工艺博物馆藏。

作者利用竹根须眼的天然奇趣，以最简单的手法，稍经雕削便成造型奇巧的笔筒。在竹根节眼间刻“虚其心，坚其节，供我文房，与共朝夕”诗文，署“老桐”款。

潘西凤（1736—1795），号老桐。其竹刻极为精细，被郑板桥誉为濮仲谦之后第一人。

清 尚勋作竹雕留青纳凉图笔筒

高10.3厘米，底径5.4厘米。广东民间工艺博物馆藏。

笔筒圆口，用留青浅刻法雕成。外壁画面雕溪船纳凉图，小船停靠在江边山石树荫下，一长髯老翁袒腹持扇，臂倚藤墩侧身而卧。船篷、窗敞开，童子似倚舷而眠。数条浅刻线条表现江面的水波荡漾，用留青的深浅表现江面及岸边。刻“尚勋”二字款。尚勋是清代中期嘉定派留青技法的名家。

清 竹雕东坡游赤壁图笔筒

高15.2厘米，口径11.4厘米，底径11.2厘米。广东民间工艺博物馆藏。

直筒式，下承浅三足，平口。器身以高浮雕或透雕等技法雕刻飞鸟、松树、山石、泛舟人物、波浪、水草等。这些人物有的煮茶，有的回望，有的交谈，有的对饮，生动展现了宋代文豪苏轼夜游赤壁的故事。

清 竹雕荷花纹笔筒

高12.8厘米，口径7.1厘米，底径7厘米。广东民间工艺博物馆藏。

直筒式，下承浅三足。正面刻出一幅生趣盎然的荷塘清趣图，所现二株荷花展颜盛开，含苞待放的花蕾也露出尖角；卷曲的荷叶，脉络清晰，线条流畅优美；一只螃蟹伏在荷叶上。画面的上侧有“曲江水满芙蕖，艳正是莲登黄”题诗和“甲时、梅邻”落款。该作品以陷地浅刻的刀法刻画荷花小景。层次较少，画面大部分陷入地纹之下，色泽较浅。小部分与地纹齐平，色泽较深；用凹凸变化的微妙，以展现荷花、荷叶的阴阳背向，显示作者王梅邻卓越的技巧和作品雅致的格调。

王梅邻，字茂林，王玘从子，嘉定（今上海）人，活跃于清道光、咸丰年间，擅刻浅浮雕山水，亦工阴刻小楷。

清 竹雕山水人物图笔筒

高10.3厘米，口径5.1厘米，底径4.9厘米。广东民间工艺博物馆藏。

直筒式，平口，平底，呈熟栗色。器身线刻两人在湖上泛舟的画面，穿梭于两岸群山、白鹭和垂柳之间；一侧器身上阴刻“清溪浴鹭句，仿山人，清芷岩刻”款。

民国 竹刻海棠形笔筒

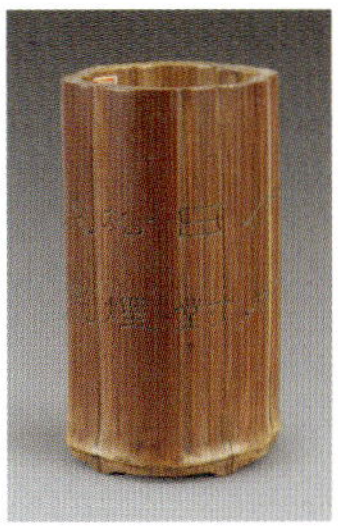

高13厘米，口长8厘米，口宽6厘米。广东民间工艺博物馆藏。

海棠式，下承浅六足，平口。筒身刻“以梅为礼，以竹为用，日对松烟，岁寒与共”“瑶州铭云虚书命男明刻”“南海黄钟珎藏”。

第三节　墨

西汉　墨丸

直径0.81—1.31厘米，厚0.23—0.42厘米。1983年南越文王墓出土。南越王博物院藏。

色泽黑中泛微红。质地细腻。小圆饼形，表面漫圆，底平，如滴珠凝聚之状。共出土4000余颗，总重876.75克（湿秤）。从外形观察，制作时当是将糊状原料随意在一平面上滴聚成型，颗粒大小不一。出土时成堆散落在地面上，能保存完整的不及半数。

清　“康熙癸丑年”“恽格监制”“养性殿珍藏”御制贡硃红彩墨

直径13.2厘米，厚1.8厘米。广东民间工艺博物馆藏。

圆形，朱砂色。一面涂双龙戏珠，二龙正中篆书“御制贡硃”，另一面模印篆书“百寿图”，正中涂“寿”字。双面均外绕涂金五蝠。侧边铭刻阳文“康熙癸丑年春望正月上元吉日新安按易水法制”“恽格监造”“养性殿珍藏”等款识，钤“恽”“格”两个金底红字小印。

清　“凤阁书云”蓝彩墨

长17厘米，宽6.5厘米，厚1.7厘米。广东民间工艺博物馆藏。

长方形，蓝色，一面正中金字隶书“凤阁书云”四字，四角饰连方蝶形图案。另一面金字楷书“贡硃”二字，左下刻“臣张英恭呈”，再下为一圆形“张”字印和一方形“英”字印，四角亦饰连方蝶形图案。顶面阳文楷书“御制”二字，左侧阳文楷书“养性殿珍藏”，右侧阳文楷书“康熙甲子按易水法制”。

清　“康熙十七年”仿铜镜墨

直径8.7厘米，厚1厘米。广东民间工艺博物馆藏。

圆形，黑色，纹饰仿唐镜。半圆形钮，钮外绕三道凸弦纹，将纹饰由内向外分为四环。内环饰青龙、白虎、朱雀、玄武四象，二环饰十二生肖，三环饰二十八星宿，每一宿内刻斗、牛、危、女、室、虚等与星宿对应的名字，外环饰云纹。侧款“康熙十七年五月，小臣刘源薰沐监制”。

清　“乾隆年制”谷纹磬形墨

长10.3厘米，宽4.2厘米，厚0.9厘米。广东民间工艺博物馆藏。

磬形，外沿浅刻回纹填金，正面刻谷纹和勾云纹，均填金。背面与正面纹饰相同，不填金。侧款阳文楷书刻“乾隆年制”款。这是一款仿磬形的古墨。

清　“乾隆年制”四库全书馆墨

圆形墨：直径8厘米，厚1厘米；文源阁墨：长13.6厘米，宽6.1厘米，厚1.9厘米；文渊阁墨：长15.5厘米，宽5.2厘米，厚1.9厘米；文津阁墨：长

14厘米，宽6.2厘米，厚1.9厘米；文溯阁墨：长15.5厘米，宽5.1厘米，厚1.9厘米。广东民间工艺博物馆藏。

清代宫中文具用品。套墨共五锭，其中一锭为圆形，正面中心有一金线圆圈，圈内刻双龙纹，篆书“御制”二字，圈外书十二时辰，背面雕刻十二生肖。

文源阁墨呈舌形，正面铭刻《御制文源阁诗》，右侧铭刻阳文“文源阁墨”款识。

文渊阁墨为磬式，正面铭刻《御制文渊阁诗》，右侧铭刻阳文“文渊阁墨”款识。

文津阁墨呈长方云头式，正面铭刻《御制文津阁诗》，右侧铭刻阳文“文津阁墨”款识。

文溯阁墨呈玉簧式，正面铭刻《御制文溯阁诗》，右侧铭刻阳文“文溯阁墨”款识。

四锭墨左侧均有阳文“乾隆年制”款识，背面雕刻庭院、楼阁、山水等画面。

清 “乾隆戊戌年”九苞墨

直径8.8厘米，厚1.7厘米。广东民间工艺博物馆藏。

圆形，外沿起宽边，正面凸印凤凰流云纹，背面填金阴文篆书“九苞”二字。侧款“乾隆戊戌年”“赐砚堂仿墨”。九苞，是指凤的九种特征，《初学记》卷三十引《论语摘衰圣》载：“凤有六像九苞……九苞者：一曰口包命；二曰心合度；三曰耳听达；四曰舌诎伸；五曰彩色光；六曰冠矩州；七曰距锐钩；八曰音激扬；九曰腹文户。”

清 “乾隆戊戌年”九畴墨

直径8.8厘米，厚1.7厘米。广东民间工艺博物馆藏。

圆形，外沿起宽边，正面正方形减地开光内印洛书九宫图，背面填金阴文篆书“九畴”二字。侧款“乾隆戊戌年”“赐砚堂仿墨”。九畴指传说中天帝赐给禹治理天下的九类大法，即《洛书》。

清 “乾隆三十年造”千岁苓墨

直径12.3厘米，厚1.5厘米。广东民间工艺博物馆藏。

正圆形，凸沿起宽边。正面模印老松图，松根以灵芝、草和山石点缀，背面阴文填金楷书“千岁苓”三字，周边暗刻云纹装饰。侧印楷书“乾隆三十年造”。

清 “嘉庆三年”“略园主人”彩色墨

广东民间工艺博物馆藏。

博古形彩墨，一组四锭，仿古器钟、瓶形而造，有红、蓝、黄、绿四色，色彩艳丽，墨质精良。此种墨研磨后绘画，颜色鲜明久而不褪，为书画家挚爱。墨面以金彩描绘夔龙、谷纹、莲花、人物等纹饰，侧面题款“嘉庆三年制”“略园主人法墨”“略园主人精选”“五石顶烟”等。顶烟是标示制墨烟料等级的术语，源于宋代，砌窑燃取松烟时，一侧顶部开取烟口，靠近烟口之烟称顶烟，以下称项烟，再以下称身烟。康熙时，制墨家将“顶烟”二字标示在墨身上，以示烟料之精。后衍生出多种新标法，常见的有五石顶烟、超顶烟等。

清 “光绪元年”凌云堂选烟墨

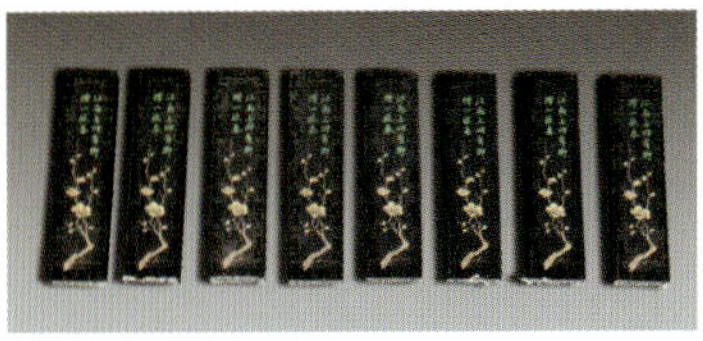

单件长7.8厘米，宽2厘米，厚0.8厘米。广东民间工艺博物馆藏。

一套八锭。此墨呈长方体，正面四周以凸起的几何纹装饰，内部描金绘制一枝梅花，并以绿色彩绘题写“江南无所有，聊赠一枝春”。此诗句出自南北朝诗人陆凯的《赠范晔诗》，诗中用赠送梅花来表达作者与友人之间的深厚情谊，后人常引用此诗句以表达友情。墨背面四周也以凸起的几何纹装饰，内部以金漆书写“凌云堂选烟”五个字。

清 “神品”铁如意墨

单件长12.5厘米，宽3厘米，厚1.2厘米。广东民间工艺博物馆藏。

套墨共四锭，长方形，正面篆书“铁如意”三字，铭词两行：“其钩无鑯，廉而不刿，以歌以舞，以弗若是折，维君子之器也。赵南星。”背面篆书“屈阴堂藏”“天启壬戌张鳌春制”款。侧边一面铭文“高邑赵忠毅公铁如意，为常熟屈默成所藏，同治十二年夏，默成摹式寄新安，胡开文制墨，杨沂孙铭之”；另一面铭文“君子之器，名臣所持，二百三十六年于兹，不磨不折，棱棱如斯，摹之墨之，同志是诒，后昆是垂，以忠直是师”。俱隶书阴识填金。《清代名墨谈丛》记载，此类铁如意墨为赵南星制，为常熟著名藏墨家赵宗建所藏，赵南星同乡屈默成于清同治十二年（1873）夏又按同式样制屈氏铁如意墨。

胡开文（1742—1808），清代四大徽墨制作家之一，徽州绩溪县（今安徽黄山）人。胡开文制墨，集各家之长，既坚持按易水法制墨，又有所创新。为创出高质量产品，挑选旧墨模中之精品，不惜巨资购买上等原料，聘良工刻模制墨，以“造型新颖，墨质精良”在诸多墨家中独领风骚。苍珮室是胡开文的斋号。

清 “徽州休城胡开文监造顶烟”仿秦铁权墨

高16.5厘米，底径15厘米。广东民间工艺博物馆藏。

半球形、空腹，顶有鼻钮。墨面一侧为小篆填金阴识铭文，书秦始皇诏版四十字和秦二世诏版六十字，内容分别为“廿六年，皇帝尽并兼天下诸侯，黔首大安，立号为皇帝，乃诏丞相状、绾，法度量则不壹歉疑者，皆明壹之。”“元年，制诏丞相斯、去疾，法度量，尽始皇帝为之，皆有刻辞焉。今袭号，而刻辞不称始皇帝，其于久远也，如后嗣为之者，不称成功盛德，刻此诏，故刻左，使毋疑。”另一侧为时任湖广总督的端方所作后记，记述对度量衡的收藏与研究，阳文楷书十六行，内容为：

《汉书·律历志》云：权者，铢、两、斤、钧、石也。二十四铢为两，十六两为斤，三十斤为钧，四钧为石。东武刘燕庭所藏重四两之权钱，得今湘平一两八钱，秦一斤应合今七两二钱。此权重湘平五十四斤，适合四钧，权之重所谓石权也。所得权二十余品，当以此为第一。清光绪癸卯十月，浭阳端方后记。

后钤小印“匋斋”。墨内侧有楷书阳文款“徽州休城胡开文监造顶烟”。此墨为清光绪癸卯（1903）端方在胡开文墨庄定制的一款墨。

清 吴天章墨

长6.5厘米，宽6.5厘米，厚1厘米。广东民间工艺博物馆藏。

八瓣葵花形，外沿起宽边饰如意云纹，内浅刻波涛纹。一面阴文填金“正翮博风 临钟太傅”，金字钤印“天章”。另一面浅浮雕一只雄鹰，阴文填金“仿宋徽宗”。

吴天章，名倬，字天章，号开泰，别号暗然室主人，安徽休宁人。明清间著名墨工，子孙承其业，至雍正、乾隆后不衰。天章墨业年代久远，以康熙初年所制者较为优质。

清 御制耕织图墨

长5.2—10.8厘米，宽1.8—3.3厘米，高0.9厘

米。广东民间工艺博物馆藏。

套墨共二十三锭，其中一件一面模印戗金龙纹，另一面金字楷书“御制耕织图诗”。其余二十二锭，一面模印农人耕织画面，题金字款识，另一面书写与画面相应的乾隆御制诗。分别为：

练丝　煮茧炊烟扬短篱，丝肠累累练成时。探汤试展纤纤手，那听枝头叫画眉。

耕　宿雨初过晓日晴，乌犍有功足春耕。田家辛苦那知倦，更听枝头布谷声。

经　砌下风飘待女兰，新丝经理欲成纨。安排头绪分长短，约伴同来仔细看。

纬　蚕缫轮转遍千家，午静人慵鸟语哗。浸纬欣看供织作，阿香轧轧转雷车。

蚕蛾　蚕蛾丝尽方生子，送向溪头任所之。默祝明春盛今岁，隔年生理计家资。

捉绩　蚕筐高下架头分，食叶声烦似雨闻。捉绩欣看光练练，一家妇女共辛勤。

砻　相将南亩苦胼胝，望岁心酬庶免饥。石硙碾来珠颗润，家家鼓腹乐雍熙。

布秧　二月春风料峭寒，原田鳞叠入遐观。最怜旧谷生新颖，欲布秧还仔细看。

成衣　戋戋束帛费缝纫，只为祁寒事切身。圣意忧勤图画里，宵衣永庇万方人。

插秧　甫田万井水弥弥，拔得新秧欲插时。槐夏麦秋天气好，及时树艺莫教迟。

炙箔　重帘不卷畏风寒，犹爇松明向夜阑。皑雪霏霏堆满箔，殷勤弱女把灯看。

持穗　场圃平坚灰甃成，如坻露积最关情。殷勤妇子争执穗，好听千家拍拍声。

碌碡　带雨扶犁一夕周，作劳终亩敢辞休。纵横碌碡如梭转，膏壤匀铺遍旧畴。

拔秧　匀铺绿毯满平川，万井风和花欲然。移自南畴向西陌，拔秧时节日长天。

收刈　桐风潇洒露珠晞，满野黄云映落晖。是处腰镰收获遍，担头挑得万钱归。

大起　春光荏苒去堂堂，无那黄莺一日忙。箔上吴蚕方大起，冰丝色映绿筠筐。

择茧　弱茧何时成绮纨，拮据冀免一身寒。八蚕独蛹还须择，几上分明取次观。

初秧　柳暗花明春正深，田家那得冶游心。老翁策杖扶儿笑，却喜初秧摆绿针。

分箔　柳絮飞时昼下帘，桑柔蘩细食徐添。却凭纤手为分箔，未暇朝餐日过檐。

攀花　簇簇堆成锦绣纹，攀花断巧最精勤。堪怜织妇空劳勩，着体无过大布裙。

窖茧　春日迟迟执妇功，何心恋赏牡丹红。茧成好向村头窖，荷锸携儿绿荫中。

灌溉　抱瓮终输气力微，桔槔轮转迅如飞。池塘水满新禾润，树下乘凉待月归。

清　太极八卦彩色墨

八卦八件：长均为5厘米，宽均为2.8厘米，高均为0.8厘米。太极二件：半径均为2.5厘米；高黄色1.5厘米，红色1厘米。广东民间工艺博物馆藏。

彩墨共十锭，墨色各不相同，双面刻有填金阴阳卦象及镂金小字，正面：“正白、间碧、正黑、间紫、正青、间红、正赤、间绿、正黄、间骝。”背面：“东流耀洁、春江烟涨、易水余香、鹅管山霜、朱厓积翠、仙源华雨、沅井流霞、桂岭储精、海藤芳芷、津剑宵光。”彩色墨的制作与一般制墨工艺相同，只是以彩色矿物或植物原料，替代黑色墨灰，与胶调和，再经拌合杵捣、揉搓成果、入模塑形、翻晾阴干、描金饰纹等各道工序，制成彩色墨锭。

清　“大富贵亦寿考”如意墨

长44厘米，宽9厘米，高9厘

米。广东民间工艺博物馆藏。

如意形，两面有阴文填金“大富贵亦寿考”“子子孙孙永宝用”“新安胡开文遵南唐李氏按易水法制”等字。如意首部和柄身彩绘或雕刻图案，有福禄寿三星、山水、松石、龙纹、蝙蝠等。此墨为特制的礼品墨，有富贵长寿、多子多福等吉祥祝颂之意。

清 “徽州胡开文制”棉花图墨

单件长10.5厘米，宽3.2厘米，厚1.2厘米。广东民间工艺博物馆藏。

套墨共四锭，均为长方形，一面模印农人耕织画面，题金字款识，另一面书写与画面相应的诗文。侧面有“徽州胡开文制”“苏州织造奴才椟兴恭呈”款。其中两件的题字和诗句相同，共三首诗，分别为：

灌溉　土厚由来产物良，却艰致水异南方。辘轳汲井分畦溉，嗟我农民总是忙。

织布　横纬纵经织帛同，夜深轧轧那停工。一般机杼无花样，大辂推轮自古风。

练染　五色无论精与粗，茅檐卒岁此般需。布棉题句廑民瘼，敬缵神尧耕织图。

清 “苍珮室造”兽钮印墨

长2.7—3.1厘米，宽2.1—2.6厘米，高7.2厘米。广东民间工艺博物馆藏。

套墨共八锭，墨身圆柱形或长方形，顶部镶金漆瑞兽钮，墨身铭刻“休城胡开文藏烟”“苍珮室主人”款。

清 “曹文埴敬书”诗文鱼戏莲彩色墨

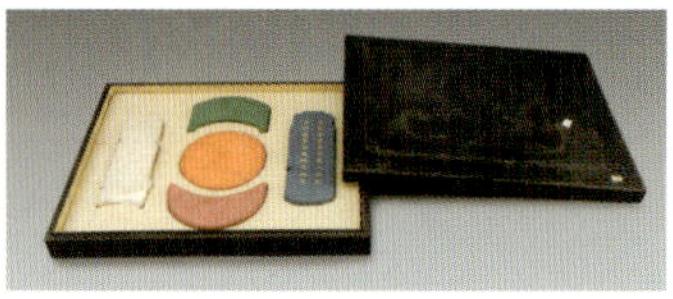

红色：长14.6厘米，宽6.2厘米，厚2.2厘米；墨色：长21.5厘米，宽7.4厘米，厚2.2厘米；橙色：直径13.5厘米，厚2厘米；白色：长23厘米，宽6.7厘米，厚2.2厘米；绿色：长13.3厘米，宽6厘米，厚1.8厘米。广东民间工艺博物馆藏。

套墨共五锭，有红、墨、橙、白、绿五色，每锭的形状各不相同。每锭墨的一面浅刻鱼儿在池塘莲叶间嬉戏的图案，另一面金色楷书乾隆御制拟古诗五首，描绘鱼儿在莲叶间及东、南、西、北四方位游戏的情景。诗文分别为：

鱼戏莲叶间，随波往复还。
先主善为譬，武侯克厥艰。

鱼戏莲叶东，明霞入水红。
吴娃荡桨去，为妒花相同。

鱼戏莲叶南，乐意浮波恬。
花瓣落明漪，闯然相喁唅。

鱼戏莲叶西，物固有不齐。
网钓弗获者，失水僵涂泥。

鱼戏莲叶北，潜跃适生殖。
周南喻民劳，慎哉鲂尾赤。

落款“臣曹文埴敬书”及“臣”“埴”印。

民国 “云行雨施万国咸宁”墨

长9厘米，宽9厘米，厚1.5厘米。广东民间工艺博物馆藏。

由两锭正八棱形墨组成，墨色黝黑，质地均匀细腻，漆边高起。正面为高浮雕髹金云龙戏珠图；背面阴文隶书填金“云行雨施　万国咸宁”八字。侧印“徽州休城胡开文制”。此墨是民国时期仿制品。

第四节　其他

明万历　青花狮子戏球纹鼓形瓷镇纸

直径10.3厘米，底径8.8厘米，高4.8厘米。广东民间工艺博物馆藏。

扁圆形，白色瓷胎，胎质细腻，正面用蓝色钴料绘狮子戏绣球纹，侧面绘书卷图案。狮子戏绣球是传统吉祥图案，有祛除灾难，好事降临之寓意。镇纸又称压尺，主要压放于书写、绘画用纸和绢帛等边缘，以保持纸帛的平整、舒展，也可用于阅读时压平书籍。

明　嘉兴竹雕貔貅形水丞

长7.5厘米，宽5.5厘米，高4厘米。广东民间工艺博物馆藏。

貔貅圆头大颅，粗眉瞪眼，阔鼻大口，形体肥硕。一条长尾分成两股，一股盘曲在大腿后，一股横穿过貔貅口转在腮颊上。貔貅背开一圆孔制成水丞，作为文房器具，置于案头，贮水以供研墨，具有纳水招财的寓意。此件竹雕水丞造型古拙，具明代竹雕的典型风格。

清　竹雕荷蟹图臂搁

长23厘米，宽7.5厘米。广东民间工艺博物馆藏。

纹饰是以荷花、螃蟹为主题的池塘小景。画面以两片荷叶及两朵荷花为主，置于底部荷叶上的螃蟹正努力往上爬，两片随风翻卷的荷叶栩栩如生。此器表面装饰为陷地深刻法，同时采用高浮雕和镂雕手法，达到了似阳实阴、阴中有阳的特殊装饰效果，凹凸变化精微，显示出高超的技巧和雅致的格调。

臂搁是文人在用笔绘画、写字时用以承腕垫臂的文房用具。

清　竹刻山水图臂搁

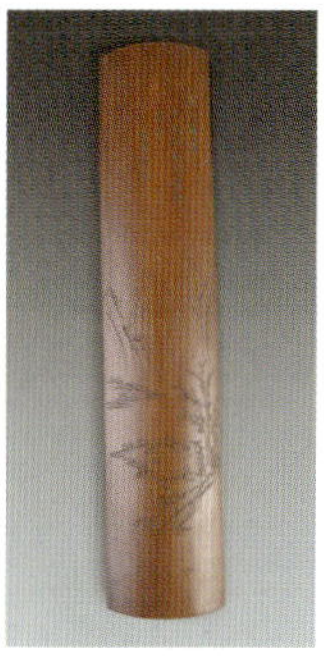

长31厘米，宽7厘米。广东民间工艺博物馆藏。

长形，覆瓦式。正面浅刻群山纹，有一茅屋置于岸边的梅树下，虽未刻水纹，却能让人感受到水的意境，有山水画的画意。顶端刻“溪山尽，丙戌仲秋仿云林笔意”“芷岩樵写”款。

清　竹刻竹溪款山水诗文图臂搁

长28.5厘米，宽9厘米。广东民间工艺博物馆藏。

长形，覆瓦式。正面浅刻山水人物风景图案。远处崇冈叠岭，形势险奇，山峦间树木繁茂，其间有茅屋二间置于群山幽谷之中，近景处山石陂陀，溪桥上一老一少携行而来。其上题诗一首，阴刻“楚英先生正”“万叠青山拥翠屏，楼台十里暖风轻。分明一幅晴川画，说与王维写不成”“竹溪偶识”文字。该作品采用浅刻技法，诗画合一，相得益彰。作品布局严谨，构图层次分明，刻划线条流畅有力，极具国画效果。

清　竹雕灵芝形笔洗

长22厘米，宽15.5厘米，高11厘米。广东民间工艺博物馆藏。

选用厚实坚致的竹根，随形雕琢成灵芝合拢状。整器似变形的云朵，敛口、曲沿内卷，鼓腹，从灵芝的蒂茎上引出两朵小灵芝附着器口上。器表巧用竹根天然的肌理，树瘤结痂，老茂古朴；器底承托莲花及莲叶瓣纹红木座，巧妙自然。该作品根据材质的形色删繁就简，因材施刀刻成，舒卷有致，粗而不糙，形色逼真，惟妙惟肖，宛如天成。

民国　竹刻加彩山水图臂搁

长26.8厘米，宽7厘米。广东民间工艺博物馆藏。

长形，覆瓦式。正面浅刻群山、两行白鹭、松树、亭台楼阁，人物穿插其中，有的在湖上泛舟，有的在亭内寒暄，有的独走于小木桥上，有的在草地上骑马。整个画面进行了加彩制作，使其更加立体、逼真、清晰。

民国　木雕荷花叶形洗

长19.5厘米，宽15厘米，高2厘米。广东民间工艺博物馆藏。

以黄杨木为材，采用圆雕加浮雕的技法，制作成一片硕大翻卷的荷叶形笔洗。叶脉花纹刻画细腻写实，口沿呈自然的波浪起伏，荷叶上有盛开的莲花和欲放的花苞，叶面趴伏一只螃蟹和一只青蛙，独具妙趣。

民国　竹刻诗文梅花笔架

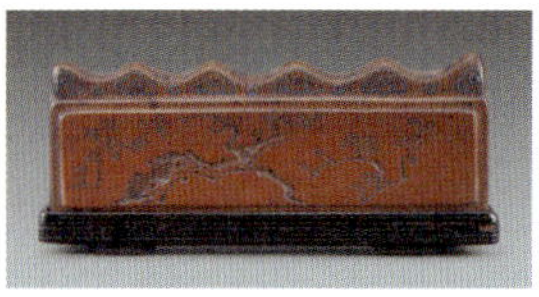

长10.5厘米，宽1.5厘米，高4厘米。广东民间工艺博物馆藏。

笔架形，一面用阴刻手法雕刻刚劲的梅花图及“疏影横斜”四字，落款“竹溪”；另一面阴刻“笔花独山”四字，落款“颐性老人阮元偶书”。

第十二章 玺印、封泥、符牌

战国　错金铭文铜虎节

长19厘米，最高11.6厘米，最厚1.2厘米。1983年南越文王墓出土。南越王博物院藏。

全器铸成一只蹲踞状老虎。虎口大张，露齿，弓腰，尾上卷成“8”字形，姿态生动威猛。前后足下均有浅槽。虽为一扁平铜板，但头足各转折位置及脸部皱纹等均用粗线条勾勒，层次清楚。虎的毛斑铸出弯叶形浅凹槽，贴以金箔片，斑斓有序，立体感强。虎节正面有错金铭文“王命命车驲”五字。虎节出土时，通体裹有丝绢，与银片、鎏金瑟枘等物品堆放在一起，位于西耳室中部南墙根下。（该虎节为西汉南越文王墓出土的典型战国时代器物，故年代定为战国。）

西汉　“文帝行玺”金印

印面长3.1厘米，宽3厘米，通高1.8厘米；重148.5克。1983年南越文王墓出土。南越王博物院藏。

出自主棺室墓主玉衣上身胸部。方形，龙钮，印面有边栏和十字界格，阴刻篆文“文帝行玺”四字。印文是铸后加工刻凿的。印钮为一“S”形游龙，龙首伸向印台一角。龙鳞及爪是铸后凿刻的。经电子探针测定（印台部位），含金量98%强。

“文帝行玺”金印是目前考古发现最大的西汉金印。印文不用“皇帝行玺”而用自尊号“文帝行玺”，充分反映了南越国在承袭秦汉之制的同时，还保留了浓郁的本地政治色彩。此印为确定墓主人的身份、墓葬的绝对年代以及对墓中随葬物的研究奠定了极为重要的前提和基础。

西汉　“帝印”玉印

印面边长2.3厘米，印台高0.9厘米，通高1.7厘米。1983年南越文王墓出土。南越王博物院藏。

南越文王赵眜的印章。青玉质，沁蚀成黄白色，有黑斑。方形，螭虎钮。螭虎周围刻有云气纹衬托。印文篆体，阴刻“帝印”二字。印面有边栏和竖界。印台的四侧刻有“T”形云纹。

西汉　“赵眜”玉印

印面边长2.3厘米，印台高0.9厘米，通高1.6厘米。1983年南越文王墓出土。南越王博物院藏。

主棺室出土。青玉质，沁蚀成黄白色。方形，覆斗钮，横穿一小孔。印面阴刻篆文“赵眜”二字，有边栏和竖界。为墓主南越文王的名章。

西汉　“泰子”金印

印面长2.6厘米，宽2.4厘米，印台高0.5厘米，通高1.5厘米；重74.7克。1983年南越文王墓出土。南越王博物院藏。

方形，龟钮。印面阴刻篆文“泰子”二字，有边栏和竖界。印文为铸后凿刻。印钮龟背上点线组成的鳞状纹是铸后刻出的。经电子探针测定，含金量98%。

“泰”古通“太”，“泰子”即“太子”，汉代册立嗣位的皇子或诸侯王之子均称太子。

西汉 “泰子”玉印

印面边长2.05厘米，台高0.7厘米，通高1.25厘米。1983年南越文王墓出土。南越王博物院藏。

青玉质。方形，覆斗钮，横穿一小孔。印面阴刻篆文“泰子”二字，无边栏和竖界。与同出的“泰子”金印的印型、印文书体风格迥异。

西汉 “右夫人玺”金印

印面边长2.15厘米，印台高0.5厘米，通高1.5厘米；重65克。1983年南越文王墓出土。南越王博物院藏。

龟钮，印面方形，阴刻篆文“右夫人玺”四字，有边栏和十字界格。刻凿痕迹明显。龟钮背刻鳞状纹，不甚规整。龟尾短，略向左下垂。四足，前两足刻三爪，后两足刻四爪。

汉代的印文称玺，仅见于帝、后或部分诸侯王，右夫人印文称玺当属仅见，应是南越国后宫制度的一种特殊现象。

西汉 “赵蓝”象牙印

印面边长1.9厘米，印台高0.8厘米，通高1.4厘米。1983年南越文王墓出土。南越王博物院藏。

阴刻篆文“赵蓝”二字，有边栏和纵界。“赵”字左下角稍有残蚀。此印与“右夫人玺”金印同出，可确认是右夫人的名章，右夫人与墓主赵眜同姓。

西汉 “左夫人印”鎏金铜印

印面边长2.4厘米，印台高0.6厘米，通高1.7厘米。1983年南越文王墓出土。南越王博物院藏。

出于东侧室南部。印面方形，阴刻篆文“左夫人印”四字，刻凿工整，有边框和十字界格。龟钮，龟首略伸出印台外；龟背平素无纹；四足，尾向左垂；腹下中空，可系绶。表面鎏金，保存良好。

西汉 “泰夫人印”鎏金铜印

印面边长2.5厘米，印台高0.6厘米，通高1.7厘米。1983年南越文王墓出土。南越王博物院藏。

出于东侧室东南部，形制与“左夫人印”同。阴刻篆文“泰夫人印”四字。

西汉 “部夫人印”鎏金铜印

印面边长2.5厘米，印台高0.7厘米，通高1.8厘米。1983年南越文王墓出土。南越王博物院藏。

出于东侧室，形制与“左夫人印”同。阴刻篆文“部夫人印”四字，第一字已残泐，仔细审察，左旁似“邑”字，右旁似“音”字。印文应为“部”字。锈蚀严重，部分已成粉末，鎏金亦多脱落。

西汉 “景巷令印”鱼钮铜印

印面边长2.4厘米，印台高0.6厘米，通高

1.8厘米。1983年南越文王墓出土。南越王博物院藏。

出土于前室，为前室殉人的随葬品。方形，鱼钮，阴刻篆文“景巷令印”四字。“景”古通“永”，“景巷令”即“永巷令”。《汉书·百官公卿表》记载，少府、詹事属官皆有永巷令，据此推测前室佩“景巷令印”的殉人当是职掌南越王室家事之宦者。

西汉 “赵安”玛瑙印

印面边长2.1厘米，通高1.5厘米。1955年华侨新村出土。广州博物馆藏。

玛瑙质，乳白色，覆斗钮，阴文篆书“赵安”二字。此带印文玛瑙印在南越国的墓葬中是仅见的，墓主“赵安”很可能是南越国赵氏宗室。

西汉 “辛偃”玉印、“臣偃”玉印

“辛偃”玉印：印面边长2.2厘米，通高1.5厘米；“臣偃”玉印：印面边长1.5厘米，高1.5厘米。1956年先烈路麻鹰岗出土。广州博物馆藏。

玉质，黄白色，覆斗钮。两“偃”字的结体稍有变化。两印同出于墓中棺位置的一端，置于漆器（已朽）内。“辛”为姓，“偃”为名，墓主“辛偃”应属南越国的高级官吏。

西汉 “李嘉”玉印

印面边长2厘米，通高1.5厘米。1957年华侨新村出土。广州博物馆藏。

玉质，黄白色，覆斗钮，阴刻篆文“李嘉”二字。据墓葬的规格和随葬品的数量来看，墓主李嘉当属南越国一位高级官吏。

西汉 “向贲”覆斗钮玉印

印面边长2.4厘米，通高2厘米。1988年越秀登峰路花果山工地M3出土。广州市文物考古研究院藏。

整体土沁呈米黄色，局部磕缺。覆斗钮，方形印台，印面设边框，阴刻篆文“向贲”。钮式、印文保留秦印传统，属于西汉早期私章。

西汉 “毛君明印”龟钮琥珀印

印面边长1.3厘米，通高1.5厘米。2001年天河恒福路银行疗养院二期工地M21出土。广州市文物考古研究院藏。

印面一角有裂纹。红褐色，质地温润细腻。龟钮，龟背部隆起，抬头目视前方，四肢紧贴印台，前后肢间双穿圆形系孔。方形印台。印面有十字界格，无边框，阴刻篆文“毛君明印”。经检测，琥珀含铁量高，可能产自缅甸北部的胡康河谷。此印为利用外来原料在本地加工制作而成，是研究海丝贸易历史和中外文化交流的重要实物材料。

西汉 蛙钮琥珀印

印面边长1.8厘米，通高1.6厘米。2001年天河恒福路银行疗养院二期工地M21出土。广州市文物考古研究院藏。

红褐色，质地温润细腻。蛙钮，蛙做俯卧状

趴于印台上，前后肢间双穿圆形系孔。印台近方形，素面无字。

西汉 "赵延康印"龟钮铜印

印面长1.4厘米，宽1.5厘米，通高1.5厘米。2008年越秀太和岗淘金家园三期工地M112出土。广州市文物考古研究院藏。

表面灰绿色，锈蚀。龟钮，龟昂首，背拱起呈陡坡形，背上阴刻六边形，四肢张开，形成纵横系孔，作欲爬行状，形态生动传神。印台近方形，印面设边框及十字界格，阳刻篆文"赵延康印"。

西汉 螭虎钮玉印

印面边长2.4厘米，通高1厘米。2008年越秀太和岗淘金家园三期工地M112出土。广州市文物考古研究院藏。

表面灰黄色，局部保留黄色石皮。螭虎钮，螭虎四肢张开盘卧于印台上，大头圆耳，大眼圆睁，眼窝深陷，嘴微张，嘴角咧至脸颊，腰身修长，悬空以作系孔。方形印台较薄，呈覆斗形，素面无字。

西汉 "陈顺私印"铜印

印面边长1.7厘米，通高1.6厘米。2005年天河恒福路银行疗养院工地M46出土。广州市文物考古研究院藏。

表面灰绿色，锈蚀。钮残缺，无法辨认样式。方形印台。印面阴刻篆文"陈顺私印"。

西汉 "帝印"封泥

印文边长1.8厘米。1983年南越文王墓出土。南越王博物院藏。

西耳室出土两枚"帝印"封泥。泥面印篆文"帝印"二字，字体大小及写法均与"帝印"玉印有别。这表明墓主生前至少使用过两枚"帝印"。封泥是缄封随葬品的信物，以"帝印"缄封，说明墓中的一部分随葬品是赵眜生前亲自缄封作死后随葬用。

西汉 "眜"字封泥

印文直径1.1厘米。1983年南越文王墓出土。南越王博物院藏。

西耳室出土两枚"眜"字封泥，泥团近方形，面微隆起，底部及上下沿均有木匣印痕。一件表面盖一"眜"字，另一件面上盖印四个"眜"字。均圆印，印文清晰，朱文，有边框。

西汉 "泰官"封泥

印文边长2.2厘米。1983年南越文王墓出土。南越王博物院藏。

后藏室共出土十三枚"泰官"封泥。印面方形，有边栏和竖界。印文篆体阳文，字体端庄。细审印文字体及边栏尺寸，可证明由同一方印章钤印而出。

西汉 "殿中"封泥

印文边长2.2厘米，厚1—1.6厘米。2004年南越国宫署遗址出土。南越王博物院藏。

泥质，近方形，下部稍残。文为“殿中”，阳文，从右向左读，字迹方正，清晰，其中“殿”字下部稍残，无界格，灰白色，背面有封缄遗痕，经火烤过。古代宫廷分“宫”“殿”“省”三个特定区域。其中“殿中”或与宫廷议事议政的管理机构有关。

西汉　“中府啬夫”封泥

残长2.2厘米，残宽2.3厘米，厚1.2厘米。1997年南越国宫署遗址出土。南越王博物院藏。

泥质，方形，下部稍残。文为“中府啬夫”，字迹方正，清晰，其中“府”字残，无界格，褐色，侧面有指纹痕迹，背面有封缄遗痕，经火烤过。与这枚封泥共存的还有一堆半两铜钱，铜钱大多已被火烧结成块。

中府啬夫即主管天子或诸侯财货的官吏。这枚封泥与半两铜钱共出，可知这批铜钱原是由中府的啬夫缄封在府的，在汉兵“纵火烧城”时，从中府散落出来。

东汉　“大丞之印”桥钮玉印

印面长1.4厘米，宽1.3厘米，通高1.3厘米。2002年越秀太和岗淘金家园工地M52出土。广州市文物考古研究院藏。

表面灰黄色，局部磕缺。桥形钮，长方形印台。印面阴刻篆文“大丞之印”，有磨损，印文不甚清晰。

西晋　“牙门将印章”龟钮银印

印面长2.4厘米，宽2.3厘米，通高2.3厘米；重71.6克。1994年黄埔大沙镇姬堂彭山工地M3出土。广州市文物考古研究院藏。

表面灰黑色。龟钮，龟昂首，背拱起，饰粗绳纹和管状戳印纹。四足踏方块，有纵横穿孔系绶。方形印台，较扁。印面无边框界格，分3行阴刻篆文“牙门将印章”。这是广州晋墓出土首枚银质官印。

西晋　“关内侯印”龟钮滑石印

印面边长2.7厘米，通高2.5厘米。1994年黄埔大沙镇姬堂彭山工地M3出土。广州市文物考古研究院藏。

红褐色，局部土沁。龟钮，龟仅刻出轮廓，腹部设圆形的横穿孔。方形印台，较扁。印面设竖界，阴刻篆文“关内侯印”。印章造型及印文均为急就章式，当为随葬明器。

西晋　“梁盖”滑石铭牌

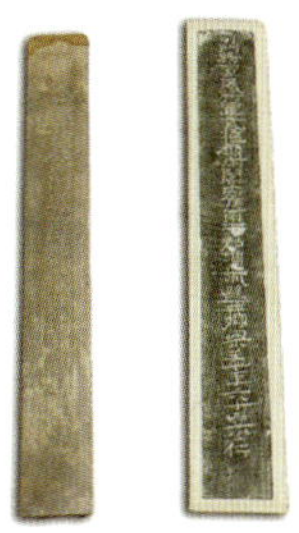

长24.4厘米，宽3厘米，厚0.8厘米。1994年黄埔大沙镇姬堂彭山工地M3出土。广州市文物考古研究院藏。

褐色，牌头土沁，石质细腻光滑。长方形石板，中刻“牙门将宣威将军武猛都尉关内侯南海郡增城县西卿（乡）梁盖年六十宜公位”。末三字有漏笔，未刻完全，书体在隶、楷之间。这块铭牌功能与墓志相当，牌上刻记有墓主梁盖的享年、籍贯和生前历任的职事官。魏晋时，牙门将与宣威将军同属杂号将军，为五品武官。

西晋　“梁盖”滑石谒牌

长24.2厘米，宽8.1厘米，厚0.8厘米。1994年黄埔大沙镇姬堂彭山工地M3出土。广州市文物考古研究院藏。

褐色，尾部土沁。长方形石板，正中顶格刻“谒”字，右侧划出一条长20厘米的竖界，界内刻“牙门将宣威将军武猛都尉关内侯梁盖再拜”十八字，书体在隶、楷之间。此谒牌应为随葬的明器。谒是汉晋时社会上流行的一种文书形式，相当于现在的名片。该谒牌在广州属首次发现。

晋　“部曲将印”铜印

印面边长2.3厘米，通高2厘米。1953年先烈路龙生岗晋墓出土。广州博物馆藏。

铜质，鼻钮，正方形印台，制作规范，造型质朴，属魏晋型印。印面刻阴文篆书两行四字曰“部曲将印”。“部曲”系汉代官职，“部曲将”设置于东汉末年，魏晋时期沿用之，统领部曲的将领称为“部曲将”。魏晋南北朝时期部曲制迅速发展，因社会动荡，部曲逐渐成为世家豪族的私人军队，并为主人从事生产劳动。该印反映出此时广州跟北方一样，以部曲制为地方性军事和生产制度。

东晋　“周颐”六面铜印

印面边长1.9厘米，通高3.2厘米。2004年东山竹丝岗战士杂技团一期工地M3出土。广州市文物考古研究院藏。

表面灰绿色，局部锈蚀磕缺。长方体台钮，钮中下部设圆形系孔。印台为正方体。台钮顶面、印面和印台四侧面均阴刻篆书印文。台钮顶面刻“白信”，印面刻“周颐”，印台四侧面分别刻“周颐示”“周颐白对”“臣颐”“周颐白事”，其中除“臣颐”无框外，余皆加边框。

南朝　“周承公”六面铜印

印面边长1.9厘米，通高3.2厘米。1957年华南工学院晋墓出土。广州博物馆藏。

台印为正方体，钮下部有圆形系孔。台钮顶面、印面和印台四侧面均刻有篆书印文。台钮顶面刻“白记”二字，印面刻“周承公”三字，印台四侧面分别刻“周君时”“周承公白事”“周承公白牋”“臣承公”。

印文中“周承公”“周颐”是印章主人姓名；“周君时”是印章主人的别号、别名；“白事”“白记”“白牋”中的“白”是明示、表白的意思，行文中又具有述事、陈词、告语的含意；“牋”，也作笺，行文中有表识的含意，近似于近人之手书、手启。凡此诸种，分属不同用场。臣，为下级对上级所用的谦称用语，既然称“臣”，其身份应是官僚。

宋　“许申之印”玉印

印面边长2.2厘米，通高2.1厘米。广州博物馆藏。

寿山石质，弧形桥钮。印文阴刻，曰“许申之印”。许申，字维之，号化州，先世自泉州迁潮，居韩山麓，遂为海阳人。为唐宋潮州八贤之一。北宋大中祥符三年（1010），应“贤良方正”科被举荐。适逢宋真宗到泰山举行封禅大典，许申献赋颂，在三百名应试者中得第一，授秘书省校书，出任鄞县（今浙江宁波鄞州区）知县。北宋天禧元年（1017）升任韶州（州治在今广东韶关曲江区）知州。又先后任吉（州治在今江西吉安）、柳（今广西柳州）、建（州治在今福建建瓯）三州的知州，再升任广南西路提点刑狱。北宋景佑二年（1035）后，任度支判官、工部郎中、江南东路转运使。宋神宗时，许申曾极力陈说新法流弊，触犯宰相和执政官，被贬湖南，后复任广南东路转运使，官至刑部郎中。见识通达，为文渊洽，著有《高阳集》。被后世人列为唐宋潮州八贤之一，亦为广府“许地”（许氏家族）之远祖。

宋　“番禺县尉司朱记”铜印

印面边长4.1厘米，通高4.5厘米。广州博物馆藏。

杙钮，印文“广州番禺县尉司朱记”，书体近似九叠篆；印背楷体刻写“治平元年少府监铸”。铸造于北宋英宗治平元年（1064）。

县尉为县令（县长）之属僚，职掌一县治安事务，秩九品上或下；县尉司，即县尉办公治事之署。朱记，印章之别称。此官印由中央少府监铸并颁发。

西夏　正德三年“首领”铜官印

印面长5.2厘米，宽5.4厘米，通高2.5厘米。广州博物馆藏。

西夏铜官印，形制略呈长方形。长方柱形直钮，有穿。印面篆体西夏文，汉译“首领”；印背右款楷体西夏文，汉译“正德三年”，左款楷体西夏文，汉译“□□巴怒”。

“正德”系西夏崇宗李乾顺年号，“正德三年”即南宋高宗建炎三年（1129）。“首领”，西夏武职官称，多以部族酋首担任，授铜印。

清　西村“张王之宝”玉印

印面边长11厘米，通高16.5厘米。广州市荔湾区博物馆藏。

玉石通体绿色，方形印体，刻“张王之宝”四字，印台四侧分别有“羊城”“西村”“道光丁酉年季春吉旦”“沐恩信士积善堂奉敬”字样。张王爷相传为唐代张巡，在“安史之乱”中为保卫睢阳而殉难，后世逐渐演变出张王爷信仰，民间视张王爷为保护家宅的神仙。

清　“臣崇曜印”玉印、“伍氏紫垣”玉印

“臣崇曜印”玉印：印面边长6.2厘米，通高8.9厘米；“伍氏紫垣”玉印：印面边长6.2厘米，高8.7厘米。广州博物馆藏。

伍崇曜印章两枚，寿山石质，印文篆体，一枚阴刻“臣崇曜印”，边款“次闲赵之琛仿汉铸印”；一枚阳刻“伍氏紫垣”，边款“六十八叟次闲制”。伍崇曜（1810—1863），原名元薇，字紫垣，商名绍荣。祖籍福建，后迁居南海。伍秉鉴（敦元）之子，袭父业，在广州经营怡和行，富甲天下，名列广州十三行之前茅。第一次鸦片战争期间，因居中调停，成为中外谈判之重要人物。清咸丰七年（1857），英法联军攻陷并入侵广州，伍崇曜为广东巡抚柏贵经办议和事宜。被朝廷钦赐为举人，授候补郎中，候选道加布政使衔，赐二品顶戴，授荣禄大夫等职衔。

制印者赵之琛（1781—1852），又名次琰，字次闲，号献父，又号宝月山人，钱塘（今浙江杭州）人，书法刻印卓然大家，引领浙派。著有《补罗迦室集钞》《补罗迦室印谱》。该印边款曰“六十八叟”，时当在清道光二十八年（1848）。

清 黎简"有此伤心人"铜印

印面边长2厘米，通高2厘米。广州博物馆藏。

印文"有此伤心人"五字。此为黎简用印之一，用于钤印书画典籍图册。清代金石之学大兴，篆刻艺术流派纷呈，名家辈出，广东印坛也呈现出一片繁荣景象，其中最特出的当推黎简。黎简是位通才，诗文书画，无所不精，其书名为画名所掩，画名又为诗名所掩，篆刻更是他的"余事"，但亦足以称世。他的友人黄丹书为其撰《明经二樵黎君行状》，谓其"才思最敏""兼工书画印章，篆隶真草，得汉人之髓"。《顺德县志·黎简传》载其"十岁能为诗，工缪篆摹印，每取肆具范铜，父禁之不予"。可知黎简尝亲自"范铜"铸印，研究铸印技术，其诗集有"冶铜仿古私印破一月得三十颗"之题，可见用功之勤，铸印之多。推知此枚"有此伤心人"铜印亦为黎氏自铸者。宋代大词人秦观与晏几道善写伤心词，被后世称为"古之伤心人"，黎简铸此印，盖以古人自况者。

第十三章

钱币

战国 “賹化”铜钱

钱径2.46厘米，穿宽1.05厘米，厚0.1厘米。1997年南越国宫署遗址出土。南越王博物院藏。

賹化铜钱是战国晚期齐国的钱币。以“賹”名钱，示钱之贵重。“化”通“货”，“化”为一贝之数。

秦 “半两”铜钱

钱径3.1厘米。1975年广州秦造船遗址出土。广州博物馆藏。

秦始皇二十六年（前221）兼并六国，统一币制。秦朝半两钱钱文小篆体，字体端正，笔画粗细均匀，工艺工整。

西汉 鎏金“半两”铜钱

钱径2.32厘米，穿宽1厘米，厚0.08厘米。1995年南越国官署遗址出土。南越王博物院藏。

无内外廓，钱型不规整。鎏金“半两”铜钱不常见，应是皇帝用于赏赐给皇族宗室或贵族大臣的特殊货币。

西汉 “五铢”铜钱

钱径2.4厘米，穿宽1厘米，厚0.1厘米。1956年海珠大元岗出土。广州博物馆藏。

面有外廓，背有内外廓。笔画较粗，清晰，无锋棱。《汉书·武帝纪》载，汉武帝元狩五年（前118）罢半两钱，推行五铢钱。这枚铜钱从钱型及书法来看，应属西汉中期，约为武帝至宣帝时期铸造。

新莽 金错刀币

通长7.3厘米，环径2.7厘米，厚0.3厘米。广州博物馆藏。

西汉居摄二年（7）王莽摄政时始铸。质地青铜，体似刀形，刀环即方孔圆钱，大小与“大泉五十”币相当，错金篆文“一刀”二字在环部，“一”字在穿上，“刀”字在穿下。“平五千”三字竖书，阳文，铸于刀体。金错刀是纪值货币，“平五千”即值钱（五铢）5000枚，表示一个金错刀可当5000钱用。

新莽 “大泉五十”铜钱

钱径2.7厘米，穿宽0.82厘米，厚0.17厘米。1995年南越国官署遗址出土。南越王博物院藏。

正面和背面均有内外廓。公元6年，王莽摄政，变汉制，禁行五铢钱，并进行了四次币制改革，造成社会大动荡。“大泉五十”铜钱是新莽时期铸行的货币。“泉”是“钱”的借用，表示大泉一枚值五铢钱五十枚。大泉法定重十二铢，只比普通五铢钱重一倍半，但其名义价值大大超出实际价值。王莽居摄二年（7）始铸，铸行时间仅十三年，但却是王莽新朝通行货币中流通时间最长、铸量最大的货币，版别甚多。

新莽 “货泉”铜钱

钱径2.22厘米，穿宽0.75厘米，厚0.12厘米。1995年南越国官署遗址出土。南越王博物院藏。

正面有外廓，背面有内外廓。天凤元年（14），王莽进行第四次货币改革，铸行“货布”和“货泉”。

新莽 “大泉五十”铜钱

钱径2.8厘米，穿宽0.7厘米，

厚0.3厘米。1999年东山先烈南路大宝岗工地M8出土。广州市文物考古研究院藏。

表色灰绿色，锈蚀。圆形，方孔。面、背均有内外廓，廓缘较窄，面肉钱文对读，篆书阳文“大泉五十”，背肉光平。广州地区“大泉五十”钱常出于东汉早期墓葬中。

东汉 “五铢”铜钱

钱径2.41厘米，穿宽0.86厘米，厚0.16厘米。1997年南越国官署遗址出土。南越王博物院藏。

面有外廓，背有内外廓，面穿下有半月形符号。

三国 “大泉五百”铜钱

钱径2.9厘米，穿宽1.03厘米，厚0.18厘米。1995年南越国官署遗址出土。南越王博物院藏。

正面和背面均有内外廓。“大泉五百”铜钱是三国时期东吴所铸行的货币，于嘉禾五年（236）春始铸，一当五百，此钱仿效王莽大钱而加以变化，有些背面还有星等钱文符号。

三国 “大泉当千”铜钱

钱径3.3厘米，穿宽1.1厘米。2000年越秀西湖路广百新翼工地出土。广州市文物考古研究院藏。

表色棕褐色，锈蚀。圆形，方孔，面、背均有内外廓，廓缘较窄。面肉钱文旋读，篆书阳文“大泉当千”，背肉光平。为三国时期吴国货币，始铸于吴大帝（孙权）赤乌元年（238），赤乌年间还铸有“大泉二千”“大泉五千”。三国时，广州地区属吴。

三国 “大泉二千”铜钱

钱径3.2厘米，穿宽1.1厘米。2000年越秀西湖路广百新翼工地出土。广州市文物考古研究院藏。

表面灰绿色，锈蚀。圆形，方孔，面、背有内外廓，廓缘较窄。面肉钱文旋读，篆书阳文“大泉二千”，背肉光平。为三国时期吴国货币，始铸于吴大帝赤乌年间。

三国 “大平百钱”铜钱

钱径1.93厘米，穿宽0.83厘米，厚0.08厘米。2004年南越国官署遗址出土。南越王博物院藏。

正面和背面均有内外廓。钱文篆书“大平百钱”，对读。“大”古通“太”，“大平百钱”即“太平百钱”。有学者认为其为三国蜀汉钱。

隋 “五铢”铜钱

钱径2.34厘米，穿宽1厘米，厚0.08厘米。2005年南越国官署遗址出土。南越王博物院藏。

隋于开皇元年（581）铸行五铢钱。《隋书·食货志》记载，隋五铢“背面肉好，皆有周廓，文曰五铢，而重如其文，每钱一千，重四斤二两”。

唐 “开元通宝”铜钱

上：钱径2.5厘米，穿宽0.7厘米；下左：钱径2.65厘米，穿宽0.7厘米；下右：钱径2.5—2.6厘米，穿宽0.65厘米。2000年越秀西湖路广百新翼工地出土。广州市文物考古研究院藏。

面、背均有内外廓。面肉钱文对读，楷体阳文“开元通宝”，书写清晰规范，背肉光素无纹。

唐　“开元通宝”铜钱

钱径2.3厘米，穿宽0.7厘米。1994年东山德政中路担杆巷工地出土。广州市文物考古研究院藏。

五枚大小、形制相同。面、背均有内外廓，轮廓突显。面肉钱文对读，阳文楷书“开元通宝”，局部笔画模糊，背肉阳文楷书“广”“潭”“兴”“昌”。唐会昌五年（845），武宗因无铜铸钱，废各地铜佛钟磬等作为铸钱材料。除扬州铸钱背铭“昌”字以记年号，其余各州铸钱均背铭以州名，今所见背文计有二十三种之多。其中“广”为广东广州、“潭”为湖南潭州、“兴”为陕西兴王府。“广”字“开元通宝”钱是广州见诸史籍的最早一次地方铸钱记载。

唐　“乾元重宝”铜钱

钱径2.47厘米，穿宽0.61厘米，厚0.14厘米。2004年南越国宫署遗址出土。南越王博物院藏。

正面和背面均有内外廓。钱文对读，字体规整清晰，背面穿下有一直月纹符号。“乾元重宝”铜钱是唐肃宗于乾元元年（758）始铸行的货币，一当“开元通宝”钱十。其后又经过多次再铸发行、调整币值，一当“开元通宝”钱二至五十不等。乾元重宝的铸行是在“安史之乱”后，为筹措军资、解决社会经济衰退、百业凋零而铸，但经多次发行调整，仍不能解决朝廷经济困难，反而引起更为严重的通货膨胀和市场混乱，最终于唐代宗宝应元年（762）四月停铸。

五代十国　南汉“乾亨重宝”铅钱

钱径2.45—2.7厘米，穿宽0.6—0.8厘米。2011年越秀惠福西路五仙观工地出土。广州市文物考古研究院藏。

三枚形制相同，大小略有差异。表面黑褐色，锈蚀。面、背均有内外廓，面肉钱文对读，阳文楷书“乾亨重宝”，背肉阳文楷书“邕”或“邑”。“邕”“邑”指邕州（现广西南宁一带）。“乾亨重宝”是目前已知我国历史上铸行数量最多的铅钱，反映了五代十国时期南汉庞大的贸易需求。

五代十国　南汉“乾亨重宝”铅钱

钱径2.1厘米，穿宽0.8厘米。广州博物馆藏。

1953年以来，南汉“乾亨重宝”铅钱在广州荒郊常有发现，少则十多斤，多的达六七百斤。有零散的，也有穿贯成串、堆叠一起的。钱的厚薄、大小不一，文字畸斜不正，铸工甚劣。其中有极少数在背面的好廓上有“邕”字，是当时邕州铸造的。《五代史》记载，南汉国刘氏定都广州后，乾亨二年（918）铸“乾亨重宝”铅钱，“十当铜钱一”。乾和（943）以后，更实行“城内用铅，城外用铜，禁其出入，犯者抵死，俸禄非特恩不给铜钱”的规定。可见当时铜贵铅贱、劣币泛滥和币值极低的情形。

南唐　“唐国通宝”铜钱

钱径1.8厘米，穿宽0.57厘米，厚0.09厘米。2005年南越国宫署遗址出土。南越王博物院藏。

钱文楷书体，对读。正面有内外廓。“唐国通宝”铜钱是五代十国时期南唐铸行的货币，南唐在与北方后周的军事战争中战败，被迫割地赔款，以致“府藏空竭，钱货益少”，南唐中主李璟于交泰元年（958）铸行“唐国通宝”钱，多为铜钱，亦有铅钱，钱文有篆书、隶书和楷书三种。

北宋　“宋元通宝”铜钱

钱径2.52厘米，穿宽0.59厘米，厚0.1厘米。2005年南越国宫署遗址出土。南越王博物院藏。

“宋元通宝”铜钱是赵匡胤于公元960年建立宋朝后，承袭后周宝钱制度铸行的货币，为国号加宝文的国号钱。该钱有铜钱和铁钱，钱文隶书体，字体规整清晰，背面大多光素，也有星月纹等符号。

北宋　“太平通宝”铜钱

钱径2.45厘米，穿宽0.57厘米，厚0.09厘米。2003年南越国宫署遗址出土。南越王博物院藏。

“太平通宝”铜钱是北宋太宗赵光义于公元976年即位后，以年号“太平兴国”为名所铸的钱币。钱文隶书体，背面光素或有星月纹等符号。

北宋　“淳化元宝”铜钱

钱径2.28厘米，穿宽0.55厘米，厚0.08厘米。1997年南越国宫署遗址出土。南越王博物院藏。

钱文楷书体，顺时针旋读。外廓较宽。“淳化元宝”铜钱是北宋太宗于淳化元年（990）始铸货币，皇帝亲自书其钱文，有楷书、行书和草书三种字体，开宋代多书体钱制之先河。

北宋　“至道元宝”铜钱

钱径2.51厘米，穿宽0.59厘米，厚0.12厘米。1997年南越国宫署遗址出土。南越王博物院藏。

钱文草书体，顺时针旋读。外廓较宽。“至道元宝”铜钱是北宋太宗于至道元年（995）始铸的货币，钱文有楷书、行书和草书三种书体，背面大多光素，偶见有星纹符号。

北宋　“咸平元宝”铜钱

钱径2.47厘米，穿宽0.55厘米，厚0.14厘米。2006年南越国宫署遗址出土。南越王博物院藏。

钱文楷书体，顺时针旋读。外廓较宽、不规整。“咸平元宝”铜钱是北宋真宗赵恒于咸平元年（998）始铸货币。常见背面光素，偶见背面有星纹等符号。

北宋　“景德元宝”铜钱

钱径2.52厘米，穿宽0.57厘米，厚0.13厘米。2006年南越国宫署遗址出土。南越王博物院藏。

钱文楷书体，顺时针旋读。“景德元宝”铜钱是北宋真宗于景德元年（1004）始铸货币，为宋真宗在位期间的第二个年号钱。

北宋　“祥符元宝”铜钱

钱径2.56厘米，穿宽0.55厘米，厚0.14厘米。2004年南越国宫署遗址出土。南越王博物院藏。

钱文楷书体，顺时针旋读，外廓较宽、不规整。“祥符元宝”铜钱是北宋真宗于大中祥符元年（1008）始铸货币，为真宗的第三个年号钱，与“祥符通宝”钱币同时发行。背面多为光素，偶见有星月纹符号。

北宋　“祥符通宝”铜钱

钱径2.51厘米，穿宽0.56厘米，

厚0.12厘米。2005年南越国宫署遗址出土。南越王博物院藏。

钱文楷书体，顺时针旋读，背面外廓较宽、不规整。“祥符通宝”铜钱是北宋真宗于大中祥符元年（1008）始铸货币，为真宗的第三个年号钱，与“祥符元宝”钱币同时发行。背面多为光素，偶见有星月纹符号。

北宋　“天禧通宝”铜钱

钱径2.35厘米，穿宽0.6厘米，厚0.1厘米。2003年南越国宫署遗址出土。南越王博物院藏。

钱文楷书体，顺时针旋读，背面外廓较宽。“天禧通宝”铜钱是北宋真宗于天禧年间（1017—1021）铸行的货币，为宋真宗在位期间的第四个年号钱。

北宋　“天圣元宝”铜钱

钱径2.46厘米，穿宽0.53厘米，厚0.15厘米。2004年南越国宫署遗址出土。南越王博物院藏。

钱文楷书体，顺时针旋读。“天圣元宝”铜钱是北宋仁宗于天圣年间（1023—1032）铸行的货币，钱文有楷书和篆书两种书体。

北宋　“明道元宝”铜钱

钱径2.51厘米，穿宽0.65厘米，厚0.12厘米。2005年南越国宫署遗址出土。南越王博物院藏。

钱文楷书体，顺时针旋读，背面外廓较宽。“明道元宝”铜钱是北宋仁宗于明道年间（1032—1033）铸行的货币，钱文有楷书和篆书两种书体。

北宋　“景祐元宝”铜钱

钱径2.52厘米，穿宽0.6厘米，厚0.11厘米。2004年南越国宫署遗址出土。南越王博物院藏。

钱文楷书体，顺时针旋读，背面外廓不规整。“景祐元宝”铜钱是北宋仁宗于景祐年间（1034—1038）铸行的货币，钱文有楷书和篆书两种书体。

北宋　“皇宋通宝”铜钱

钱径2.45厘米，穿宽0.75厘米，厚0.11厘米。2006年南越国宫署遗址出土。南越王博物院藏。

钱文篆书体，对读，背面穿下有竖纹符号。“皇宋通宝”铜钱是北宋仁宗于宝元二年（1039）始铸的非年号钱。钱文有楷书、隶书和篆书三种书体。大多背面光素，少量背面有钱文符号。

北宋　“至和通宝”铜钱

钱径2.51厘米，穿宽0.68厘米，厚0.1厘米。2004年南越国宫署遗址出土。南越王博物院藏。

钱文楷书体，对读。“至和通宝”铜钱是北宋仁宗于至和年间（1054—1056）铸行的年号钱。至和年间铜钱有通宝、重宝、元宝三种，其钱文有楷书和篆书两种书体，有对读和旋读两种形式。

北宋　“至和元宝”铜钱

钱径2.37厘米，穿宽0.6厘米，厚0.14厘米。2004年南越国宫署遗址出土。南越王博物院藏。

钱文篆书体，顺时针旋读，背面外廓较正面外廓要宽。“至和元宝”铜钱是北宋仁宗于至和年间铸行的年号钱。

北宋 “嘉祐通宝”铜钱

钱径2.48厘米，穿宽0.68厘米，厚0.14厘米。2006年南越国宫署遗址出土。南越王博物院藏。

钱文楷书体，对读。背面边廓不明显。“嘉祐通宝”铜钱是北宋仁宗于嘉祐年间（1056—1063）铸行的年号钱。钱文有楷书和篆书两种书体，有对读和旋读两种形式。

北宋 “嘉祐元宝”铜钱

钱径2.37厘米，穿宽0.62厘米，厚0.15厘米。2004年南越国宫署遗址出土。南越王博物院藏。

钱文楷书体，顺时针旋读。“嘉祐元宝”铜钱是北宋仁宗于嘉祐年间（1056—1063）铸行的年号钱。钱文有楷书和篆书两种书体，有对读和旋读两种形式。

北宋 “治平元宝”铜钱

钱径2.4厘米，穿宽0.65厘米，厚0.1厘米。2003年南越国宫署遗址出土。南越王博物院藏。

钱文楷书体，顺时针旋读。“治平元宝”铜钱是北宋英宗于治平年间（1064—1067）铸行的年号钱。治平年间铜钱有元宝、通宝两种，钱文有楷书和篆书两种书体，有对读和旋读两种形式。

北宋 “治平通宝”铜钱

钱径2.5厘米，穿宽0.68厘米，厚0.11厘米。2003年南越国宫署遗址出土。南越王博物院藏。

钱文楷书体，对读，背面外廓较正面外廓要宽。“治平通宝”铜钱是北宋英宗于治平年间（1064—1067）铸行的年号钱。

北宋 “熙宁元宝”铜钱

钱径2.41厘米，穿宽0.72厘米，厚0.1厘米。2006年南越国宫署遗址出土。南越王博物院藏。

钱文楷书体，顺时针旋读。“熙宁元宝”铜钱是北宋神宗于熙宁元年（1068）始铸货币。钱文有楷书和篆书两种书体。

北宋 “熙宁重宝”铜钱

钱径3.21厘米，穿宽0.73厘米，厚0.14厘米。2004年南越国宫署遗址出土。南越王博物院藏。

钱文楷书体，顺时针旋读。“熙宁重宝”铜钱是北宋神宗于熙宁四年（1071）始铸货币，一当“熙宁元宝”钱十。钱文有楷书和篆书两种书体。这一时期，适逢王安石变法，钱币铸造量大，版别复杂多样。

北宋 “元丰通宝”铜钱

钱径2.45厘米，穿宽0.66厘米，厚0.12厘米。2004年南越国宫署遗址出土。南越王博物院藏。

钱文行书体，顺时针旋读。“元丰通宝”铜钱是北宋神宗于元丰年间（1078—1085）铸行的年号钱，钱文常见有行书和篆书两种书体，隶书较为少见；背面大多光素。

北宋 “元祐通宝”铜钱

钱径3.05厘米，穿宽0.72—0.8厘米，厚0.18厘米。2004年南越国宫署遗址出土。南越王博物院藏。

钱文行书体，顺时针旋读。“元祐通宝”铜钱是北宋哲宗于元祐年间（1086—1094）铸行的年号钱。钱文常见有行书和篆书两种书体。

北宋　“绍圣元宝”铜钱

钱径2.4厘米，穿宽0.65厘米，厚0.12厘米。2003年南越国官署遗址出土。南越王博物院藏。

钱文行书体，顺时针旋读。“绍圣元宝”铜钱是北宋哲宗于绍圣年间（1094—1097）铸行的年号钱。钱文有篆书、隶书和行书三种书体。

北宋　“元符通宝”铜钱

钱径2.42厘米，穿宽0.57厘米，厚0.14厘米。2004年南越国官署遗址出土。南越王博物院藏。

钱文篆书体，顺时针旋读。背面外廓不规整。“元符通宝”铜钱是北宋哲宗于元符年间（1098—1100）铸行的年号钱。钱文有行书、篆书、楷书和隶书四种书体。

北宋　“崇宁元宝”铜钱

钱径2.4厘米，穿宽0.48厘米，厚0.12厘米。2005年南越国官署遗址出土。南越王博物院藏。

钱文楷书体，顺时针旋读。“崇宁元宝”铜钱是北宋徽宗于崇宁年间（1102—1106）铸造的年号钱。钱文有楷书和隶书两种书体。

北宋　“崇宁重宝”铜钱

钱径3.24厘米，穿宽0.78厘米，厚0.16厘米。2005年南越国官署遗址出土。南越王博物院藏。

钱文楷书体，顺时针旋读。“崇宁重宝”铜钱是北宋徽宗于崇宁年间（1102—1106）铸造的年号钱。钱文有楷书和隶书两种书体。

北宋　“圣宋元宝”铜钱

钱径2.46厘米，穿宽0.51厘米，厚0.15厘米。2006年南越国官署遗址出土。南越王博物院藏。

钱文行书体，顺时针旋读。“圣宋元宝”铜钱是北宋徽宗于建中靖国元年（1101）到崇宁年间（1102—1106）铸造的钱币，是继仁宗“皇宋通宝”之后又一种非年号钱。钱文有篆书、隶书、楷书、行书四种书体。

北宋　“大观通宝”铜钱

钱径2.43厘米，穿宽0.61厘米，厚0.15厘米。2004年南越国官署遗址出土。南越王博物院藏。

钱文瘦金体，顺时针旋读。“大观通宝”铜钱是宋徽宗于大观元年（1107）始铸的货币，钱文为宋徽宗亲笔书写的瘦金体。

北宋　“政和通宝”铜钱

钱径2.45厘米，穿宽0.61厘米，厚0.15厘米。2004年南越国官署遗址出土。南越王博物院藏。

钱文篆书体，顺时针旋读。“政和通宝”铜钱是北宋徽宗于政和年间（1111—1118）铸行的年号钱。钱文有篆书、隶书、楷书三种书体。“政”和“通”字有多种变化，版别丰富。

北宋　“宣和通宝”铜钱

钱径2.43厘米，穿宽0.57厘米，厚0.14厘米。2004年南越国官署遗址出土。南越王博物院藏。

钱文隶书体，顺时针旋读。“宣和通宝”铜钱是北宋徽宗于宣和年间（1119—1125）铸行的年号钱。钱文有篆书、隶书、楷书三种书体。

南宋　“建炎通宝”铜钱

钱径2.94厘米，穿宽0.65厘米，厚0.14厘米。2005年南越国宫署遗址出土。南越王博物院藏。

钱文篆书体，对读。“建炎通宝”铜钱是南宋高宗于建炎年间（1127—1130）铸行的年号钱。钱文有篆书和楷书两种书体。

南宋　“绍兴元宝”铜钱

钱径2.76厘米，穿宽0.78厘米，厚0.12厘米。2005年南越国宫署遗址出土。南越王博物院藏。

钱文楷书体，顺时针旋读。“绍兴元宝”铜钱是南宋高宗于绍兴年间（1131—1162）铸行的年号钱。钱文有楷书和篆书两种书体。

南宋　“淳熙元宝”铜钱

钱径2.98厘米，穿宽0.67厘米，厚0.17厘米。2007年南越国宫署遗址出土。南越王博物院藏。

钱文楷书体，顺时针旋读。“淳熙元宝”铜钱是南宋孝宗于淳熙年间（1174—1189）铸行的年号钱。钱文有楷书和篆书两种书体，背面有星月等符号。淳熙七年（1180）之后铸造的钱背有“柒”至“十六”等纪年符号。

南宋　“嘉泰通宝”铜钱

钱径2.94厘米，穿宽0.77厘米，厚0.16厘米。2003年南越国宫署遗址出土。南越王博物院藏。

钱文楷书体，对读。背面穿上有“四”字纪年符号。“嘉泰通宝”铜钱是南宋宁宗于嘉泰年间（1201—1204）铸行的年号钱。钱文背面有“元”至“四”字纪年符号。

南宋　“开禧□宝”铜钱

钱径3.01厘米，穿宽0.78厘米，厚0.16厘米。2003年南越国宫署遗址出土。南越王博物院藏。

钱文楷书体，顺时针旋读，第三字残缺，未知是“元”或“通”字，背面穿上有“二”字纪年符号。“开禧□宝”铜钱是南宋宁宗于开禧年间（1205—1207）铸行的货币。开禧钱有元宝、通宝之分，背面有“元”“二”“三”纪年符号，或记监地名。

南宋　“淳祐元宝”铜钱

钱径2.4厘米，穿宽0.71厘米，厚0.1厘米。2004年南越国宫署遗址出土。南越王博物院藏。

钱文楷书体，顺时针旋读，背面穿上有“四”字纪年符号。“淳祐元宝”铜钱是南宋理宗于淳祐年间（1241—1252）铸造的年号钱。背面有“元”至“一十二”纪年符号。

南宋　“皇宋元宝”铜钱

钱径2.44厘米，穿宽0.64厘米，厚0.11厘米。2003年南越国宫署遗址出土。南越王博物院藏。

钱文楷书体，顺时针旋读。背面穿上有“三”字纪年符号。“皇宋元宝”铜钱是南宋理宗于宝祐元年（1253）始铸的非年号钱，背面有“元”至“六”字纪年符号。

南宋 “咸淳元宝”铜钱

钱径2.3厘米，穿宽0.657厘米，厚0.09厘米。2004年南越国宫署遗址出土。南越王博物院藏。

钱文楷书体，对读。“咸淳元宝”铜钱是南宋度宗于咸淳年间（1265—1274）铸造的年号钱。

元 “何圣”铭银锭

银锭长3.8厘米，腰宽2.3厘米，高2.1厘米；印面长1.8厘米，宽1厘米。2006年南越国宫署遗址出土。南越王博物院藏。

出有四枚。银锭形体似舟，两端短而上翘，外壁面呈弧形内收，两侧面斜收，平底。内底面模印螺纹，中部为横向戳印，无界栏，但中部边沿低，与内底面平，印“何圣”二字，楷书体。表面灰黑，内质白。

元代实行以银为本的货币政策，白银取代铜钱成为最重要的流通货币。其中，束腰元宝形银锭最为常见，官府铸造的银锭表面常錾刻有编号、来源、重量、经手官员、工匠姓名、铸造年份等铭文。此枚银锭应为私铸钱。

元 “大中通宝”铜钱

钱径3.31厘米，穿宽0.62厘米，厚0.21厘米。2005年南越国宫署遗址出土。南越王博物院藏。

仅出一枚。圆形方孔，有内外廓。正面铭文“大中通宝”，字体清晰可辨，楷书体。“大中通宝”铜钱是元末明初农民起义军领袖朱元璋所铸的钱币，于元至正二十一年（1361）始铸。其后，又于元至正二十四年（1364）、明洪武四年（1371）两次再铸。元末所铸的“大中通宝”铜钱背面光素，明代所铸的背面多有“京”“浙”“广”等地名符号。

明 威尼斯银币

钱径1.3厘米。1964年东山韦眷墓出土。广州博物馆藏。

近圆形。为威尼斯共和国总督帕斯夸尔在任时（1457—1462）所铸。银币正面为威尼斯城的保护神圣马可，他正将一面长杆军旗交给帕斯夸尔总督。两像的外侧有缩写的“Z.P.”字母，为铸工名字。银币背面为耶稣像。这种银币被称为“格罗索”或“格罗塞托”，现今世界上仅存两枚。14世纪开始，威尼斯禁止从陆路输出格罗索银币，只允许商人从海路带出，故这枚银币应是通过海路来到中国。韦眷，明成化至弘治年间曾任广州市舶太监。据记载，其在广州“纵贾人，通诸番，聚珍宝甚富”。韦眷墓约建于明弘治八年（1495），由此推算，银币埋藏的时间与铸造年代相差不到40年，即在当地铸造40年后在广州流通，这反映出明代广州跟欧洲应有海贸往来。

明 孟加拉银币

钱径1.3厘米。1964年东山韦眷墓出土。广州博物馆藏。

近圆形。孟加拉早在两汉时期就在中国船只航往印度洋的航线上，15世纪的孟加拉银币在广州出土，表明孟加拉已建立独立国家，在海上丝绸之路上扮演了重要角色。

明 “洪武通宝”铜钱

钱径3.92厘米，穿宽0.89厘米，厚0.25厘米。2007年南越国宫署遗址出土。南越王博物院藏。

钱文楷书体，对读，字体端庄，制作规整。背面穿右“广”字，穿左“五”字，为记铸地和当值符号，“广”代指宝广局，表明为广东钱局所铸，“五”为当值符号，重五钱。

1368年，明太祖朱元璋即位，铸行“洪武通宝”钱，分为当十、当五、当三、当二、当一五等，当十重一两，当五重五钱，余下顺减。南越国宫署遗址出土“洪武通宝”铜钱三枚，另一种背面光素。

明　“宣德通宝”铜钱

钱径2.55厘米，穿宽0.4厘米，厚0.14厘米。2004年南越国宫署遗址出土。南越王博物院藏。

钱文楷书体，对读。“宣德通宝”铜钱是明宣宗于宣德八年（1433）铸行的年号钱。

明　“万历通宝”铜钱

钱径2.5厘米，穿宽0.47厘米，厚0.14厘米。2004年南越国宫署遗址出土。南越王博物院藏。

钱文楷书体，对读。“万历通宝”铜钱是明神宗于万历年间（1573—1620）铸行的年号钱。

明　“泰昌通宝”铜钱

钱径2.47厘米，穿宽0.53厘米，厚0.11厘米。2003年南越国宫署遗址出土。南越王博物院藏。

钱文楷书体，对读。明万历四十八年（1620）八月，明光宗朱常洛即位，定年号泰昌。九月，光宗卒，其子明熹宗朱由校即位，次年改元天启，补铸“泰昌通宝”钱。

明　“天启通宝”铜钱

钱径2.53厘米，穿宽0.48厘米，厚0.14厘米。2004年南越国宫署遗址出土。南越王博物院藏。

钱文楷书体，对读。“天启通宝”铜钱是明熹宗于天启年间（1621—1627）铸行的年号钱。

明　“崇祯通宝”铜钱

钱径2.31厘米，穿宽0.5厘米，厚0.08厘米。2003年南越国宫署遗址出土。南越王博物院藏。

钱文楷书体，对读。背面穿上有“工”字，为工部监制的记钱局符号。“崇祯通宝”铜钱是明思宗于崇祯年间（1628—1644）铸行的年号钱。

明　“弘光通宝”铜钱

钱径2.52厘米，穿宽0.51厘米，厚0.17厘米。2004年南越国宫署遗址出土。南越王博物院藏。

钱文楷书体，对读。“弘光通宝”铜钱是南明福王朱由崧于弘光年间（1645）铸行的年号钱，分小平钱和当二钱两种。

明　“永历通宝”铜钱

钱径2.5厘米，穿宽0.52厘米，厚0.14厘米。2004年南越国宫署遗址出土。南越王博物院藏。

钱文隶书体，对读。“永历通宝”为南明桂王朱由榔于永历年间（1647—1661）铸行的年号钱，分小平钱、当五、当十四等。

清 “洪化通宝”铜钱

钱径2.31厘米，穿宽0.53厘米，厚0.14厘米。2003年南越国宫署遗址出土。南越王博物院藏。

钱文隶书体，对读。1673年，康熙下令撤藩，吴三桂举旗反清。1678年吴三桂病死，其孙吴世璠袭位，改年号洪化（1679—1681），铸行“洪化通宝”钱。

清 “顺治通宝”铜钱

钱径2.46厘米，穿宽0.51厘米，厚0.13厘米。2003年南越国宫署遗址出土。南越王博物院藏。

钱文隶书体，对读。背面穿右“陕”字，为陕西铸钱的标记，穿左直书“一厘”二字，指折银一厘，表示制钱同银两的法定比价为一千文钱值银一两。该“顺治通宝”一厘折银铜钱是顺治十年至十七年（1653—1660）铸行的铜钱。

清 “康熙通宝”铜钱

钱径2.59厘米，穿宽0.49厘米，厚0.1厘米。2004年南越国宫署遗址出土。南越王博物院藏。

钱文隶书体，对读。背面穿左为满文“广”字、穿右为汉文“广”字，“广”字是广东铸钱的标记。康熙元年（1662），铸行“康熙通宝”铜钱，由户部、工部和各地方钱局铸造。户部宝泉局和工部宝源局制钱沿用顺治时期的背满文记局的样式，地方制钱沿用背满汉文记局的样式。

清 “雍正通宝”铜钱

钱径2.3厘米，穿宽0.55厘米，厚0.1厘米。2003年南越国宫署遗址出土。南越王博物院藏。

钱文隶书体，对读。背文为满文，穿左“宝”字，穿右“云”字，是云南宝云局铸钱的标记。1723年，清雍正登基后，采取了一系列整顿币制的措施，规定各局所铸钱币一律采用背满文记局名式，即穿左为“宝”，穿右为局名简称。

清 “乾隆通宝”铜钱

钱径2.59厘米，穿宽0.48厘米，厚0.12厘米。2002年南越国宫署遗址出土。南越王博物院藏。

钱文隶书体，对读。背面穿左与穿右分别为“宝”“云”二字满文，为云南宝云局铸钱标记。“乾隆通宝”发行时间长，铸量大，版式多，重量沿袭雍正十一年（1733）的规定，每文重一钱二分。

清 “嘉庆通宝”铜钱

钱径2.54厘米，穿宽0.54厘米，厚0.12厘米。2003年南越国宫署遗址出土。南越王博物院藏。

钱文隶书体，对读。背面穿左与穿右分别为“宝”“广”满文，为广东宝广局铸钱标记。“嘉庆通宝”铜钱铸行于清嘉庆年间（1796—1820），基本沿袭“乾隆通宝”之制。

清 “道光通宝”铜钱

钱径2.45厘米，穿宽0.57厘米，厚0.1厘米。2003年南越国宫署遗址出土。南越王博物院藏。

钱文隶书体，对读。背面穿左与穿右分

别为“宝”“云”二字满文，是云南宝云局铸钱标记。“道光通宝”铜钱铸行于清道光年间（1821—1850）。

清　“咸丰通宝”铜钱

钱径2.01厘米，穿宽0.62厘米，厚0.1厘米。2006年南越国宫署遗址出土。南越王博物院藏。

钱文隶书体，对读。背面穿左与穿右分别为“宝”“桂”二字满文，是广西宝桂局铸钱标记。“咸丰通宝”铜钱铸行于清咸丰年间（1851—1861）。

清　“光绪通宝”铜钱

钱径2.41厘米，穿宽0.54厘米，厚0.08厘米。2003年南越国宫署遗址出土。南越王博物院藏。

钱文楷书体，对读。背面穿左与穿右分别为“宝”“广”二字满文，是广东宝广局铸钱标记。“光绪通宝”铜钱于清光绪年间（1875—1908）铸行。

清　粤海关银锭

长5.1厘米，宽4.6厘米，高2.3厘米。广州海事博物馆藏。

锭面中心微凹，两边竖书戳印汉文“咸丰九年”，上横戳印汉文“粤海关”字样，字体深峻工整、刚劲有力。锭底及周边有蜂窝孔和细密状水波纹，孔、纹深浅不一，圆润光洁，有一长约4厘米的裂口，整体包浆淳厚、形制规范、色泽温润。

清　“光绪元宝”铜元

钱径2.83厘米，厚0.16厘米。2005年南越国宫署遗址出土。南越王博物院藏。

铜元正面圆圈内为汉文“光绪元宝”，外缘上面为满文“光绪元宝”，左右为铸造地名“北洋”二字，下面是“当制钱十文”。受洋务运动影响，两广总督张之洞于清光绪十三年（1887）从英国购进造币机器铸造铜元和银元“光绪元宝”，其后各省纷纷仿效。

民国　“十文”铜元

钱径2.82厘米，厚0.15厘米。2002年南越国宫署遗址出土。南越王博物院藏。

铜元正面为十八星军旗和五色国旗交叉，两旗中间有带穗锦带并列下垂，两侧各有一折枝花，旗上隶书“中华民国”，旗下隶书“开国纪念币”；背面正中直书币值“十文”，亦为隶书，左右为稻穗组成的双禾拱卫，外环以双圈线珠，线珠外上缘为英文“THE REPUBLIC OF CHINA”（中华民国），下缘为英文“TEN CASH”（十文）。1912年4月，为纪念中华民国成立，南京造币厂首铸开国纪念币双旗“十文”铜元，以后各省亦纷纷仿造，背面嘉禾有稻穗图和麦穗图之分。

民国　当十铜元

钱径2.83厘米，厚0.16厘米。1997年南越国宫署遗址出土。南越王博物院藏。

铜元正面圈内为十八星军旗和五色国旗交叉，双旗上方有十二瓣扁圆菊花，圈外上缘隶书“中华民国”，下缘隶书“当十铜元”以记值，两侧边缘各有一交叉折枝花；背面周圈内为嘉禾麦穗图案，圈外上缘为英文“THE REPUBLIC OF CHINA”（中华民国），下缘为英文“TEN CASH”（十文）。

第十四章

玻璃器、珠饰

西汉 玻璃料珠

直径2—2.1厘米，高1.6厘米，内孔径0.9厘米。1983年南越文王墓出土。南越王博物院藏。

模制，灰黑色，扁圆算珠形，中有一孔。表面有绿、白两色“蜻蜓眼”，并有白色小点排成双线菱形纹饰。

西汉 “蜻蜓眼”玻璃珠

长1.9厘米，宽1.9厘米，高1.7厘米。1956年先烈路黄花岗出土。广州博物馆藏。

圆球形，两端略高，有纵穿圆孔。珠体底色蓝黑，表面有多个“蜻蜓眼”，绕眼的中心黑点嵌有红、白、绿色分层组成的眼圈，呈圆或菱形的图样。经检测，含铅40%、钡7.33%，属中国古代的铅钡玻璃系统。

西汉 琉璃带钩

长7.8厘米，最宽1.4厘米，最高1.5厘米。1954年小北横枝岗出土。广州博物馆藏。

青绿色透明，钩扣弯圆形，体扁平无纹饰，尾端齐平。经化验，含钙、钾，与中国古代的铅钡玻璃系统有别。

西汉 蓝色琉璃碗

高4.5厘米，口径10.5厘米，底径4厘米，壁厚0.3厘米。1954年小北横枝岗出土。广州博物馆藏。

同墓出三个碗，已碎裂成小片，斗合后有一个仍缺小半。均深蓝色，半透明，广口，圆腹，平底，口沿外有一周凹形宽弦纹。内壁光洁如镜，外壁打磨呈毛玻璃状。经化验，含钙、钾，与中国古代铅钡玻璃系统有别。

西汉 鎏金铜框玻璃牌饰

长10厘米，宽5厘米。1983年南越文王墓出土。南越王博物院藏。

长方形。在铸出穗状纹饰鎏金的铜框内嵌纳一块浅蓝色透明的平板玻璃。玻璃底部衬麻布，嵌入薄木板，再覆一块铁盖，盖板当中有两个半环钮。经化验，成分以铅、钡为主，属中国古代玻璃系统。南越文王墓共出此类玻璃二十二件，尚属西汉平板玻璃之首见。

西汉 蚕纹琉璃璧

直径14厘米，内径5厘米，厚0.3厘米。1953年西村石头岗出土。广州博物馆藏。

深绿色，一面为谷纹和圆涡纹，另一面涡纹，内外沿有弦线。

西汉 琉璃璧

直径11.6厘米，内径3.8厘米，厚0.5厘米。1983年南越文王墓出土。南越王博物院藏。

西耳室共出土五件。色青白。器形较小，器表饰蒲纹，内外沿各有一道凹弦纹。表面有剥蚀。五件大小略有差异，表明是逐个分铸。

西汉　玻璃小串珠

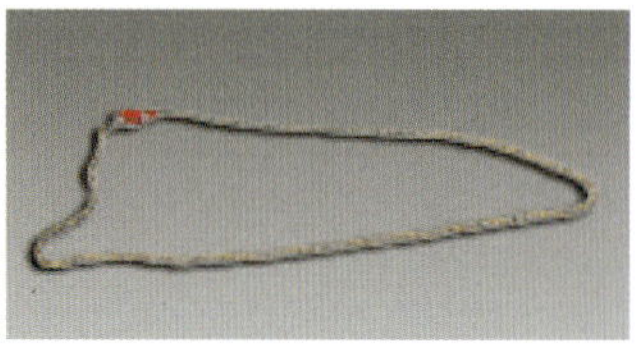

直径0.3—0.4厘米，孔径0.2—0.3厘米。1983年南越文王墓出土。南越王博物院藏。

主棺室与东侧室中均发现一定数量的玻璃珠。主棺室的玻璃珠在玉衣胸部，大多散乱，少数可见到排列状态，朽坏严重，收集的标本数以千计。东侧室的串珠约二千一百粒，出土于B组和C组组玉佩附近。玻璃珠多呈黄白或灰黄色，个别青绿，清洗后呈浅蓝色。环形，高温下拉丝围圈而成，大小相似而不全同，有竖孔。

西汉　玻璃贝饰

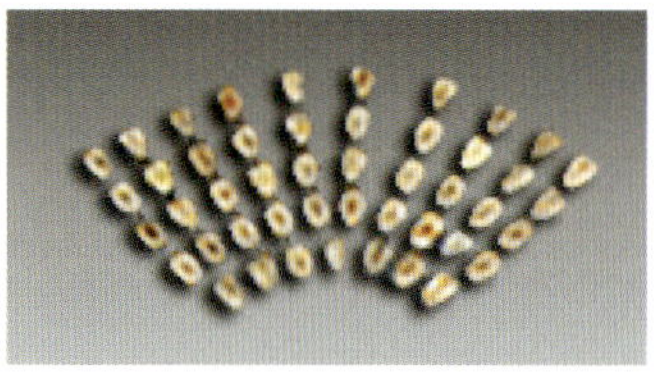

长1.4—1.5厘米，宽0.9—1.1厘米。1983年南越文王墓出土。南越王博物院藏。

玻璃质。出土于主棺室玉衣胸部的组玉璧上，多已散乱。浅蓝色，从残碎件的断口可以看到气泡气孔，模铸，仿贝形，器形大小不全同。正面当中凹下，有纵向凹沟，有窄有宽，沟槽较宽的透出底面，窄的不透底，沟旁两侧密排齿状线纹。贝底边磨平。这些玻璃贝缝缀在织物上，宽沟的便于穿线，窄沟的另钻有两个小孔，为穿线用。经检测，此贝为铅钡玻璃。

西汉　珠串饰

2000年天河恒福路银行疗养院工地M21出土。广州市文物考古研究院藏。

出土于墓主人腰旁的两个残漆匣内，共一百一十四颗，出土时已散乱。材质丰富，包括金、玉、水晶、绿柱石、琥珀、玛瑙、玉髓、石榴石、玻璃等；器型多样，包括圆形、棱柱形、橄形、系领形、纺锤形、算珠形、十二面空心球形、管形、胜形、狮形、鸟形等十余种；形状、色泽、大小各异，鲜艳夺目，多是通过海上交通贸易输入岭南的域外珍玩。

西汉　玛瑙红玉髓玻璃珠串饰

1997年天河横枝岗95号工地M3出土。广州市文物考古研究院藏。

含榄形玛瑙珠四颗、胆形玛瑙坠饰一颗、长六方双锥形红玉髓珠四颗、圆形红色玻璃珠四十八颗。其中的红色玻璃珠经检测属中等钙铝型钾玻璃，最早发现于印度，后向外传播，两汉时期传到岭南地区。

西汉　马赛克玻璃红玉髓珠饰

2002年越秀太和岗淘金家园一期工地M47出土。广州市文物考古研究院藏。

含三角形马赛克玻璃珠一颗、圆形红玉髓珠三颗、八方双锥形红玉髓珠一颗。其中的马赛克玻璃珠呈扁平三角形，有褐、紫、白色条纹，色彩过渡自然，类似玛瑙，尖角一端横穿孔，当为坠饰。器形具有地中海风格，化学成分经检测属钠钙玻璃，应来自西亚地区。

西汉　玻璃红玉髓玛瑙水晶珠串饰

2010年荔湾西湾路旧广州铸管厂工地M151出土。广州市文物考古研究院藏。

此墓为夫妻合葬墓，出土各类珠饰共计二千四百余颗。其中，女主人头部旁散落数十颗水晶、玛瑙、红玉髓、玻璃珠，按照穿配起来的长度，推测是女主人的项链或手链。另在男、女主人的腰部或身体下半部分，出土二千三百余颗玻璃珠，以蓝绿色系为主，可能原连缀成珠襦（珠被、珠衣）。此夫妻合葬墓陪葬的珠饰数量之多，在岭南乃至国内同时期墓葬中，都属罕见。

东汉　琉璃珠饰

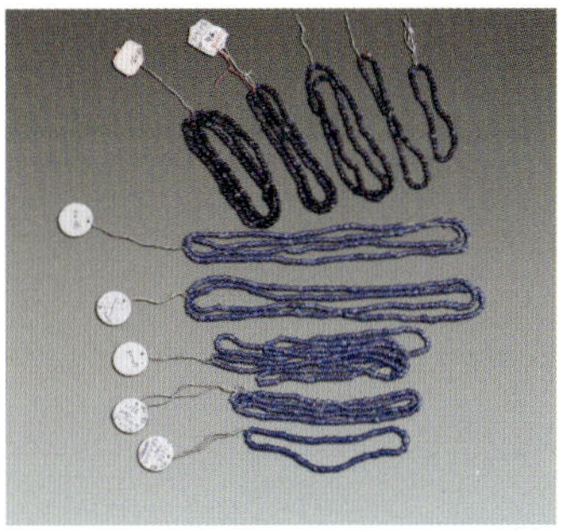

1953年先烈路龙生岗出土。广州博物馆藏。

大小不一，深蓝色半透明琉璃珠、浅蓝色半透明琉璃珠、紫色半透明琉璃珠共计一千九百二十颗。

东汉　金球玛瑙水晶珠串

1953年先烈路龙生岗出土。广州博物馆藏。

珠串出土时因串绳腐朽，已散乱于棺内，计有水晶、玛瑙、金及琉璃珠等。其中一个镂空十二面菱形焊珠小金球格外引人注目，此球焊珠工艺源自西亚，是当时海路贸易的输入品。

东汉　玛瑙琥珀玻璃金珠串饰

2010年荔湾西湾路旧广州铸管厂工地M35出土。广州市文物考古研究院藏。

含算珠形金珠一颗、多面焊珠金球一颗、扁椭圆形褐色琥珀珠饰二颗、橄形缠丝玛瑙珠十颗、扁圆形蓝色玻璃珠七颗。其中的焊珠金球，有十二面，每面呈五边形，正中是一个圆环，三个圆环交接处焊接突起的圆珠，每个圆环内焊满细密的小金珠。焊珠细密繁复，工艺精湛。用焊珠工艺制成的多面体金珠，出现于公元前5世纪的地中海沿岸，随着贸易、战争和移民四向传播。广州出土的三颗焊珠空心金球中，以此颗制作工艺最为精湛。

东汉　杂宝珠饰

2016年越秀先烈中路广州动物园工地M23出土。广州市文物考古研究院藏。

含狮形琥珀珠二颗，棱柱形琥珀珠二颗，瓜棱形煤精珠一颗，橄形玛瑙珠三颗，圆形、圆柱形、橄形红玉髓珠六颗，不规则圆形石榴石珠三颗，蓝绿色多面体费昂斯珠一颗。其中两颗琥珀珠可拼合成一具狮身，可能在加工过程中断裂，随势改制，既各自独立，又可合体。狮形珠起源于地中海沿岸，后来传播至印度，与佛教文化相结合，汉代进入中国以后，迅速与本土文化相结合，由佛的象征成为辟邪之物，因此亦成为辟邪型珠。瓜棱形煤精珠具有西亚风格，可能为域外输入。

唐　玻璃杯

高3.8厘米，口径7.7厘米。1997年南越国宫署遗址出土。南越王博物院藏。

做工精细，胎体

极薄。从造型和化学成分分析，是从西亚地区进口的伊斯兰玻璃。

五代十国　南汉玻璃瓶

高12.2厘米，口径5.3—5.5厘米，底径4.7—5厘米，壁厚0.1厘米。2003年番禺小谷围岛南汉康陵出土。广州市文物考古研究院藏。

湖水绿色，较厚处呈墨绿色。圆唇，折沿，束颈，广肩，深腹斜壁，平底内凹。器壁有十一道凸棱。整器不十分周正，口、肩、底稍厚，壁甚薄。来自西亚伊斯兰国家。

廣州文物卷

第十五章

牙角雕、竹雕、贝雕、骨雕、榄雕、椰雕

第一节　牙角雕

西汉　金釦象牙卮

牙筒残高5.8厘米，卮身厚约0.3厘米；金釦总重154.63克。1983年南越文王墓出土。南越王博物院藏。

出土时装在鎏金铜釦漆卮内。卮的盖与身相合如圆筒形，盖面饰一整块圆饼形象牙板，外扣金质圆箍，盖面分立三个金质环形钩尾立钮，嵌入象牙板中。卮身是一个象牙筒，上口套入金釦，底下承一个有三蹄足的金质底座，空地。卮中部嵌纳一个环形连舌金鋬。盖面的象牙板表里均有针刻线画，器身的牙筒外表亦有针刻线画，并以朱、蓝二色填色。这件汉代针刻填色的象牙制品尚属初见。

唐　牙雕外国人像

通高3厘米。2000年南越国宫署遗址出土。南越王博物院藏。

头像高鼻，深目，卷发。椭圆形印与中国传统的方形或长方形印章迥异，与埃及和两河流域的圆形或椭圆形印章一致，应为唐代来华的阿拉伯商人私章的毛坯件。

明　陈绍儒象牙朝笏

长53厘米，宽6—7.5厘米，厚0.4—0.6厘米。广州博物馆藏。

长条式弧形象牙板，上窄而薄，下渐宽厚。左下角内刻楷书“南京工部尚书臣陈绍儒”十字，字迹清晰，除文字外光素无纹。朝笏是古时大臣朝见时手中所执的一块狭长形物，又称“手板”，为记事之用。陈绍儒是明末岭南三忠之一陈子壮的曾祖父。

明　鹿形犀角杯

高9.5厘米；口长15.5厘米，宽7.4厘米。广州市文物总店有限公司藏。

材质为犀角。鹿呈蹲坐姿态，头微向上仰，神态自若，游丝雕刻，毛发灵动自然，肌体矫健丰满，造型优美。鹿头朝下成为杯足，鹿腹为杯。是一件兼具欣赏价值及实用价值的艺术珍品。

明　浮雕荷叶形犀角杯

高7.2厘米；口长15.3厘米，宽9厘米；底长5.5厘米，宽5厘米。广州博物馆藏。

敞口，杯口为荷叶形，内壁阴线刻叶脉纹，外壁浮雕含苞待放的荷花、荷叶及枝梗，杯足以镂雕技法雕刻出缠绕的荷叶及枝梗。造型浑圆厚重，技艺纯熟。

清　象牙镂雕蝠寿宝相花套球

直径9厘米。广州博物馆藏。

球体镂雕共十层，层层转动自如，雕工精巧，玲珑剔透。最外一层雕蝠寿团纹及缠枝莲纹，构图完美。里面各层雕不同的几何纹饰。多层转动的象牙球，是广州独创的牙雕特技。此球是入贡清宫的制品。

清雍正　象牙镂雕彩绘“渔家乐”图折扇

长25.8厘米，展幅宽39厘米。广东民间工艺博物馆藏。

此扇由二十八档象牙扇骨以丝线连缀，扇双面镂空雕并施以彩绘。扇面彩绘处有三个开光，开光底部为白色，中间的开光用红彩、蓝彩、褐彩等多种颜色绘以渔民打鱼为主题的“渔家乐”图，两旁的开光内分别用红彩、绿彩等绘牡丹，其余扇面部分也用红彩、绿彩等绘多对喜鹊、锦鸡、蝴蝶等吉祥动物，或透雕几何形图案。扇边骨雕刻并彩绘有纹饰，扇骨内描金彩绘树木、屋舍和飞鸟。此把象牙折扇用于外销，彩绘使用了浓烈的红彩、绿彩和金彩，扇面彩绘具有典型的“中国伊万里”外销瓷风格。

清乾隆　象牙雕持梅花女像摆件

长8厘米，宽6厘米，高39厘米。广东民间工艺博物馆藏。

运用圆雕技法，塑造了女子手持梅花独自伫立的优雅姿态。女子头顶发髻高盘，脑后留有部分头发自然披肩，头簪一枝粉红色小花，神态宁静，目光向下，略微躬身，右手执一枝梅花于胸前，左手轻拉右手衣袖，衣纹刻划流畅自然，人物造型生动形象。背面有“大清乾隆御制”款识。

清乾隆　象牙劈丝花卉徽章纹折扇

扇骨长26.3厘米，最宽1.8厘米，展幅宽44厘米。广州博物馆藏。

此扇全部由象牙制作，共二十八档扇骨，扇骨间用丝带连接。扇边骨剔地浅浮雕菊花枝叶纹。扇面单面雕工，采用劈丝、镂空雕及浅浮雕技法，分上、中、下三层装饰。上层顶端呈半圆形，镂空团花纹；中层为劈丝及浮雕缠枝花鸟蝴蝶纹饰，正中有一盾形开光，内雕英文徽章及缠枝花卉，两旁各有一个圆形开光，内雕缠枝花鸟蝴蝶纹饰；下层镂空雕菱形方格纹。此扇雕工细腻，展现了广州象牙雕刻多种精湛技艺。

清乾隆　象牙镂空雕绘“耶稣降生”图折扇

长22厘米，展幅宽39厘米。广东民间工艺博物馆藏。

18—19世纪的广州外销工艺品中，肖像、人物、风景、静物与历史、神话、宗教画等均是常见的纹饰题材。这把扇子通体镂空雕刻并以垂直牙丝补地，上有三个椭圆形开光，开光正面是油画绘“耶稣降生”图，反面为水彩绘花卉图。扇边骨深雕菊花枝叶纹与亭台楼阁纹相间，是乾隆年间象牙折扇的特征。全扇具有典型的外销品特色，工艺十分精湛。

清乾隆　透雕人物徽章纹象牙扇

长27.5厘米，展幅宽33厘米。广东民间工艺博物馆藏。

此扇全部由象牙制作，共二十三档象牙扇

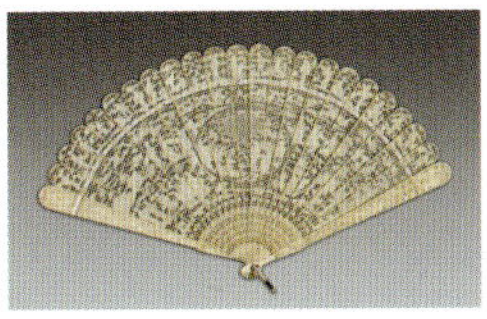

骨，以丝连接。扇边骨运用浮雕手法，一叶雕刻有龙纹，一叶雕刻人物、云纹及蝙蝠纹。牙片很薄，全扇为单面工，通体镂空雕刻中国古装人物，人物众多，计有各类人物五十四人，没有人物的镂空处全用垂直象牙丝填充。扇叶中央一大一小两个椭圆形开光，大开光内的人物图案与开光外的图案相连，小开光内的镂空象牙丝上刻有“Catherine”，表明扇子的主人叫Catherine（凯瑟琳）。扇叶用丝带相连，丝带以一段段菱形砖纹图案贯穿，丝带下面镂雕龙凤；在中部Catherine纹章的上方，是双龙捧一个三角形的花叶纹图案；丝带上方的扇叶顶端处作半圆形，每一叶都雕刻形态各异的中、西方人物。

清道光　雕刻纸面双面彩绘人物庭园图象牙扇

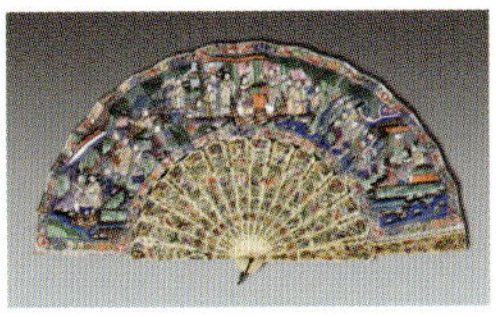

长26.2厘米，展幅宽49厘米。广东民间工艺博物馆藏。

纸面折扇，共十六档。这把扇子的双侧扇面均彩绘“满大人”图案，每面各有三十个人物。“满大人”最早见于17世纪初，是葡萄牙与中国通商时对中国官员的尊称，之后与中国贸易的西方商人沿用此称呼指代清朝各级地方官员。此扇较常见的“满大人”图折扇人物稍大，正面的人物面部用象牙绘五官后贴上，人物衣服用丝绸剪裁并加绘后贴上；反面的人物似在看戏。扇面边饰杂宝、金钱、蝙蝠等图案。扇骨下半段用镂空雕刻加彩象牙制成，绘人物纹。边骨有加彩浮雕庭园人物纹。

清道光　纸面绘竹纹镂西洋人物象牙扇

长29.5厘米，展幅宽50厘米。广东民间工艺博物馆藏。

由二十档象牙扇骨和纸质扇面组成。扇边骨镂空雕卷草纹、花篮和身穿礼服的西洋人物。扇骨处部分镂空雕，中间雕有两对翩翩起舞的西洋男女，两侧各雕有一位裸体的西洋女性。扇面纸质，单面绘画，彩绘具有中国传统绘画风格的翠竹图。此把象牙纸面折扇将中西两种不同文化风格的元素结合在一起，体现了中西文化的交融。

清道光　象牙缎面绣花折扇

长33.6厘米，展幅宽61厘米。广东民间工艺博物馆藏。

此件象牙缎面绣花折扇由十八档象牙扇骨和米白色缎面组成。扇边骨高浮雕蝙蝠衔花篮、人物、楼阁和花草树木，扇小骨素身无纹，可见牙质的莹润。扇面缎面，以月白、浅绿、黑、橙黄、浅粉等五彩丝线双面绣蔷薇、梅、菊花、蝴蝶、雀鸟等花鸟图案。花朵用线清新淡雅，粉嫩不娇，雀鸟蝴蝶两两呼应，线绣图案优雅有趣。扇面顶端饰有一圈白色羽绒毛，增加了折扇的别致、灵动。此扇规格较大，结合了广绣和牙雕工艺。配有一个黑漆描金扇盒，是广绣工艺与牙雕工艺的结晶。

清道光　描金漆骨贴绘“满大人”纸面折扇

长24.5厘米，展幅宽47厘米。广东民间工艺博物馆藏。

由十六档黑漆描金扇骨和纸质扇面组成。扇骨双面图案相同，均描金庭院人物及花卉纹。扇骨可伸缩，折扇可按使用需要伸长或缩短。扇面纸质，双面均彩绘广州地区的官宦居家生活，将穿有清装的人物置于厅堂或庭院中，人物脸、手和衣服均用象牙和丝绸剪裁并加绘后镶贴，扇面边沿由蝙蝠衔盘长、金钱、回纹、渔鼓、阴阳板等中国传统装饰图案串成花边。这类折扇在外国被称为“Mandarin Fan”，即“满大人”扇，又称“官家扇”。

清　象牙骨描金绘神话故事图扇

长24.5厘米，展幅宽47.5厘米。广东民间工艺博物馆藏。

由二十二档象牙扇骨和纱质扇面组成。扇边骨剔地透雕梅雀图，并贴金装饰，扇骨以同样手法描金绘梅花、蝴蝶、雀鸟图。扇面纱面，彩绘神仙故事图。扇面正中央近圆形开光处描绘庭院前的一群女子正在弹琴、吹笛、抽签、穿针乞巧，面前山石后有一只玉兔在捣药，此场景描绘的是人间。开光之外描绘的是云雾缭绕的仙界，远处一位老者正在将人间女子所祈求的愿望禀告给一位头戴王冠、颈戴如意形金项圈、手执如意、腰配玉佩、绶带飘飘的神仙，可能为主管实现愿望的主神。扇面彩绘场景既体现了俗世间的美好愿望又充满神秘色彩。

清　象牙扇骨广绣花鸟纹折扇

长30厘米，展幅宽55厘米。广州市海珠区文物博物管理中心藏。

由十八档象牙骨组成，扇边骨上方剔地浮雕柳亭人物徽章。绸缎扇面，双面刺绣花鸟纹图案，彩色丝线绣花枝、花卉及飞禽。绣画中的花卉设色淡雅，珍禽羽翼用色艳丽、神态生动。

清　象牙牌绢面纨扇

纵47.5厘米，横36.5厘米。广东民间工艺博物馆藏。

绢面纨扇，黄色丝质绢面，包绸缎花边。扇面中间有一扇骨，与扇柄相连，以牙钉固定。正面扇骨由镂通象牙片和牙牌组成，牙牌上端横卧一瑞兽，瑞兽之下雕人物五个，以及亭台楼阁、花草树木，似“携琴访友”图；

下承四瓣形如意云头纹，内以镂空格子纹作地，中间有一圆形开光，开光内有一大菱形，由四个小菱形组成，小菱形内各镂通一“卍”字纹图案。背面的扇骨为斑竹。手柄也是斑竹，外以玳瑁包裹。《清代广东贡品》一书收入一件清宫旧藏“牙牌葵扇”，形态与这把类似，是清嘉庆、道光年间的产品，由此推断此件象牙牌绢面纨扇可能是同时期广东送入宫廷的一件贡品。

清　象牙拉丝浅浮雕花卉徽章纹折扇

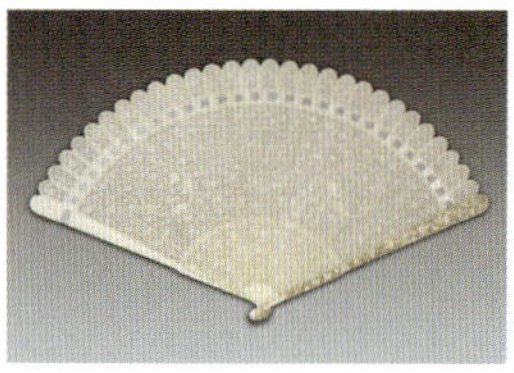

长27厘米，展幅宽46厘米。广州十三行博物馆藏。

三十档象牙扇骨，扇边骨剔地浮雕菊花小鸟纹。薄如蝉翼的扇面通体采用劈丝薄意浅浮雕技法，牙丝细如毛发，连枝花朵纹细密繁复，贯穿整个扇面。扇面主体用连续圆珠纹组成扇形委角开光，内置三个椭圆形开光，中心椭圆形徽章内为花体字母，可能是定制者姓名的英文缩写；两边对称椭圆形开光内为风景纹。此扇精雕细琢，象牙单面镂雕工艺玲珑剔透，纹饰精美华丽。

清　象牙透雕徽章纹花卉扇

扇高26厘米，宽2厘米，厚1.8厘米。广州市花都区博物馆藏。

由二十六档扇长条状的象牙片组成，上部分由一条丝带连接，下部由一细圆柱状金属连接。扇骨为象牙透雕徽章纹和花卉纹。

清同治　象牙镂空雕龙船摆件

长93厘米，宽17.5厘米，高53厘米。广州博物馆藏。

清同治年间（1862—1874）广州制作。三层楼船，船体用象牙片拼装而成，镶有少量铁和贝壳等材料。制作工艺为镂雕和圆雕相结合，雕有各种形态的人物和花草盆景、旗旗等装饰。人物、花草、旌旗多施彩绘。工艺精巧，玲珑剔透。这是为庆贺慈禧太后四十寿辰的特制贡品。

清　象牙雕开光柳亭人物故事天使信插

长21.5厘米，宽13厘米，高11.5厘米。广东民间工艺博物馆藏。

信插通体采用象牙材质，四面满工，每一面的主体图案均为开光山水柳亭人物故事，辅以花鸟纹作装饰。信插中间用牙板作间隔，牙板上雕刻一对天使，辅以缠枝花卉纹作装饰，天使中间留有两个圆孔，可能是用于悬挂，信插中空部分用以放置信件。此信插装饰纹样既有中式传统图案，又融入了西方元素，整体装饰艺术呈现出一种混搭风格，是典型的"西式用品，中式制造"，在广州的外销工艺品中十分常见。

清　象牙雕花卉纹圆盒

通高7.5厘米，底径7.6厘米。广州博物馆藏。

盒呈圆形，盒盖和盒身的外壁均以浮雕技法雕刻连枝花卉纹饰。盒盖突出两层，最顶层浮雕龙纹，第二层雕刻连枝花卉纹饰。

清　象牙雕牡丹水鸟纹盖盒

长9厘米，宽9厘米，高9.5厘米。广东民间工艺博物馆藏。

盖盒通体为象牙材质，采用浮雕技法制作而成，圆柱形，分为盒盖、盒身两部分。盒盖满雕牡丹纹图案，边缘以两圈花叶形纹样装饰。盒身雕刻有水鸟、水草、花卉等纹饰，水鸟有的站立在石头上，有的停留在水草上，有的展翅欲飞，形态各异，造型栩栩如生。整件作品构图精巧，雕刻纹路清晰，刻工精细，极具观赏价值。

清　象牙透雕人物故事瓶

高20.4厘米，口径5.5厘米，腹围29厘米，底径6.5厘米。广州市花都区博物馆藏。

此瓶质地为象牙，敞口，长颈，腹微鼓，逐渐下收，圈足外撇。颈部和腹部为透雕人物故事图，口沿处雕有线纹和几何纹。颈两侧设有龙耳，近底处雕几何纹和组合纹，圈足雕缠枝莲纹。

清　象牙雕市井人物图针线盒

长25.5厘米，宽19.5厘米，高16厘米。广州博物馆藏。

此盒呈八角形，盒盖和盒身八面均雕有市井百态图，人物、亭台楼阁、花草树木相互穿插，布满整个盒面。盒身近底部处则用透雕手法雕刻缠枝花卉纹，美观大方，更具观赏性。盒的正面中央镶嵌有铜质锁头，近底部处镶有另一个铜质锁头及铜把手，拉开把手是一个扁长的小抽屉。打开盒盖，内里是一个活动托盘，两侧附有铜提手，作提取之用。托盘又分为十六个小格，其中两个小格附盖，用于放置针线工具。

清　象牙雕柳亭人物纹针线盒

长27.5厘米，宽18厘米，高10.2厘米。广州十三行博物馆藏。

由象牙精镂细刻而成，牙质莹润，雕工精巧。盒面雕刻人物一百多个，人物五官、手部等细节雕刻细腻。盒内各式象牙针线配件齐全。盒周身满工镂刻人物、山石、园林、亭台水榭及楼阁等主题纹饰，周围饰以虫鸟花卉纹。

清　象牙雕花卉纹盖盒

高8厘米，口径8.7厘米，腹围30.2厘米，底径9.9厘米。广州市花都区博物馆藏。

一套两件，象牙质地。子母口，直腹，浅圈足。盖面凸起，雕有花卉纹。盒外壁雕花卉纹。

民国　象牙雕象桥

长34厘米，高9厘米。广州市荔湾区博物馆藏。

以一支象牙就势手工雕成，底部为弧形牙板，前宽后窄，呈桥状，桥上六头象（缺一头小象）体形依次变化，在头象的带领下朝着一个方向前进，给人以厚重威武之感。因象寿命极长，被视为瑞兽，寓意吉祥安宁，太平有象。

民国　“欧阳驹赠高剑父七秩生日”微刻象牙笔管

长25厘米，直径0.8厘米。广州市海珠区文物博物管理中心藏。

该笔以象牙制成笔管及笔帽，白中泛黄，牙纹自然天成；笔芯及笔锋用较硬的狼毫制作而成。笔杆正上方刻有“剑父先生七秩荣寿志庆，欧阳驹敬贺”字样。背面还微刻着一幅水墨山水图，雕工精细。画面生动。画上方阴刻行楷诗文二首：“春草浅浅绿微微，拔船小溪歌未归。柳兜一丈桃花水，青虾时与白鳊肥。录华秋岳句。枫岩荡幽岚，影落秋潭碧。潭里宿渔家，炊烟袅虚白。戊子仲秋月，冯公侠画于羊城。”诗文寓意，与画面景物相符，意境深远。由铭文内容可知，此笔为欧阳驹赠予高剑父，以贺其七十岁生日的礼物。

第二节 竹雕

明 竹雕狮子卧像摆件

长9.5厘米，宽8.2厘米，高7.7厘米。广东民间工艺博物馆藏。

卧狮整体造型圆润，雕刻线条流畅，简练粗放。面部宽额凸眼，张开阔口，耳朵短小立于脑后，鬃毛底部回旋卷曲，自下颌绕至脖子后方。在其余毛发的刻划上，正面毛发线条浅显细致，而背面毛发线条深刻粗犷。狮子坐卧于底座之上，后腿提起至头部抓痒，形态生动可爱，具有明代雕像的典型风格。

明 竹雕“三松”款抱狮罗汉图摆件

长2.8厘米，宽2.3厘米，高7厘米。广东民间工艺博物馆藏。

取材自佛教十八罗汉的第八位——笑狮罗汉，运用圆雕技法，塑造罗汉手抱小狮的形态，表现出罗汉的慈祥及小狮的可爱。罗汉脸部笑容及衣纹刻画流畅，整件作品充满潇洒与逸趣。据说，由于笑狮罗汉从不杀生，广积善缘，故一生无病无痛，被看作是慈善、长寿的象征。底部有“朱三松”款。朱三松即朱稚征，号三松，是嘉定竹刻之父朱松邻之孙，朱缨次子。

明 竹雕十八罗汉渡江槎

长39厘米，宽14厘米，高25厘米。广东民间工艺博物馆藏。

呈赭红色，选用天然粗大的竹根雕琢成槎形，槎首圆平，槎身呈半圆形，槎尾随竹根自然弯曲而上翘，槎身和槎尾有苍健弯曲、密布鳞皴瘿节的古松，古松树干斜生，枝叶繁密，覆盖形成一个自然的船篷。槎中雕出十八罗汉乘舟渡江，或坐或立，或展卷，或闲憩，不一而足；槎头有两童子摇橹。下配以镂空海水纹红木几座。整器用镂空雕、立雕等多种手法雕琢而成，利用竹根的形态，巧妙地随形施艺，安排布置了多个人物形象，所雕人物姿态多样，神态各异；松木枝叶茂盛，纹饰细腻，既不失天然竹根形态，又有人工精雕细刻的艺术意趣。“槎”的意思是木筏，所以还可以用槎来形容船。传说三月初三王母娘娘寿诞，众多仙人各持礼物乘槎前去祝贺。

明 竹雕朱小松款松树纹酒杯

高9.5厘米；口长12.5厘米，宽10.5厘米；底长8.5厘米，宽6.2厘米。广东民间工艺博物馆藏。

采用深浅浮雕技法制成，用竹根雕成松树形，敞口敛足。外壁雕一棵枝叶繁茂的老松树，主干镂空，松针如轮，重重叠叠，杯耳以松干镂空而成。近杯底处刻有“小松制”款。

朱缨（1520—1587），字清父，号小松，是明代嘉定竹刻的代表人物之一。

清 竹雕蟾蜍图摆件

长8厘米，宽5厘米，高5.2厘米。广东民间工艺博物馆藏。

运用圆雕技法，塑造了蟾蜍鼓腹蹲坐，双目外凸的形象。蟾蜍头部微侧，眼睛似在盯着前方的猎物，身体向后蹲坐，双腿蓄力，似可随时一跃而起。作者利用削去竹子根须产生的点点斑痕，来展现蟾蜍后背鼓起的癞疣。整件竹雕无须多施刀凿已形象逼真，妙生佳趣。

清 竹雕紫微貔貅摆件

长13.5厘米，宽10厘米，高11.5厘米。广东民间工艺博物馆藏。

以竹根雕成，紫微大帝上裸胸腹，盘腿席地而坐，右手置于右膝处，左手轻抚仰望着他的貔貅。作品采用圆雕、浮雕等雕刻手法，造型和谐、风趣、自然，将紫微大帝和貔貅相处的和谐场景传神地表现出来。刀法工艺严谨而透剔，线条运用恰到好处。

清 陈宝林铁笔“戊午余府莲仙大兄大人”款竹根雕老人摆件

长20厘米，宽17厘米，高60厘米。广东民间工艺博物馆藏。

运用圆雕技法，利用竹根节眼的奇特形态，雕刻成老人头戴尖帽、身着长袍、腰挂葫芦、面露笑容、手捻长须的慈祥形象，并利用粗壮的竹根天然筋脉和盘根错节的纹理，加强人物衣纹的处理效果，人物刻画细致入微。老人背面刻有“戊午”“余府莲仙大兄大人正”“晓山陈宝林铁笔”等款。“戊午”为清咸丰八年（1858）。

清 竹雕钟馗出游摆件

钟馗，长13厘米，宽9厘米，高30.5厘米；小鬼，长6.5厘米，宽5.5厘米，高13.5厘米。广东民间工艺博物馆藏。

由两件组成，一件为钟馗侧身坐于毛驴上，头戴官帽，身着官服，左手持笏板，右手捻须，双脚下穿靴子踏于脚蹬上。一小鬼半蹲在驴身一侧，双手牵着驴缰绳，仰头看着钟馗。一小鬼赤裸上身，赤足双手为钟馗撑伞。整器以圆雕技法为主，人物表情生动、夸张，整体构图因应材质随形而成。

清 竹雕牧童骑牛图摆件

长13厘米，宽8厘米，高10.5厘米。广东民间工艺博物馆藏。

采用通雕、镂雕技法制成，以牧牛为摆件主体，牛身旁有两童子，神情憨厚。一童子登牛背试图牵拉鼻绳，另一童子则用双手握牛角，并举足抵牛颊，富有田园生活情趣。此摆件技法写实，童子的五官神情、衣服的褶皱、牛的纹理均一丝不苟，充分展现了雕刻的细节。

清 竹雕行舟图摆件

长31厘米，宽10厘米，高11.5厘米。广东民间工艺博物馆藏。

作品展现了船夫一家老小在行舟时艰难保

持小船平衡的情景。整件作品的雕刻线条粗放有力，人物姿势和比例虽然极为夸张，但又真切，充满民间生活气息，是竹雕作品中的佳作。

清 竹雕瀑布垂江图摆件

长9厘米，宽4.2厘米，高5.5厘米。广东民间工艺博物馆藏。

作品用竹根雕成，山峦上奇石重叠，松树围绕其中，中部有一小桥连接两边山石，瀑布从山上倾泻下来，直至底部；背部的山石平面处刻“仿李营丘瀑布垂江夏衡”。整器用镂雕技法雕成，线条简练，别具特色。

清 竹雕牧童骑牛图摆件

长13.5厘米，宽11厘米，高35.5厘米。广东民间工艺博物馆藏。

作者运用圆雕、浮雕等技法，塑造了牧童骑于牛背放牧时的形态。牛儿身形丰润健硕，牛首回望，与草地上的鸟儿相映成趣。牛背驮一牧童，牧童手持短笛，面带笑容，头微倾，望向远方，一条腿蜷缩在牛背上，另一条腿自然下垂，展现出悠然自得的神情。

清 竹雕松舟渡江图摆件

长14.5厘米，高8厘米。广东民间工艺博物馆藏。

作品以竹根雕成，以圆雕技法为主。一老者头部有一发髻，披飘逸的衣袍于身，左肩衣袍松脱露肩，脚穿草鞋，面带微笑坐于松舟右侧，双手作握桨撑舟状。原配座雕成波浪纹，把老者悠闲泛舟江上的情景生动表现出来。

清 吴之璠作竹雕二乔图香筒

口径4.5厘米，腹围14厘米。广东民间工艺博物馆藏。

香筒雕刻二女漫步在庭院中，与老松树、山石相互呼应，神情自然。一女手持诗稿，低头吟诵，另一女手持芭蕉扇。山石上署有“之璠”二字款。

吴之璠，字鲁珍，号东海道人，嘉定人，为清初嘉定著名竹刻家。“薄地阳文”技法及在器物上留白是他的艺术特色，以镂空和高浮雕、浅浮雕技艺相结合，使景物产生远近和多层次的空间感。

清 竹雕“芷岩”款吞江醉石图香筒

高24.6厘米，直径4.2厘米。广东民间工艺博物馆藏。

筒身修长，平顶盖和承座以骨制成。香筒以镂雕技法雕成，布局章法紧凑。上下口沿镌刻回纹，外壁采用通景方式雕“吞江醉石”图。中间画面山峦重叠，壑深林密，两人在临江的亭台楼阁内倚栏眺望，激流的江水中，两艘小舟上有人在撑杆前行。筒上题刻“吞江醉石”“芷岩”款。

周芷岩，本名周颢，号雪樵，尧峰山人。工画山水，又善雕刻，是嘉定竹刻名家。

民国 竹雕三多果如意

长4.5厘米，宽10厘米，高8.5厘米。广东民间工艺博物馆藏。

如意用竹根随形成如意式。如意柄屈曲有致，其间雕作树干枝叶状，底部雕成石榴果，中部雕两对称的佛手果，如意头雕两对称的寿桃。该作品用圆雕、镂雕等技法雕刻而成，整体构图错落有致，又突出了三多果。三多果分别是指佛手、寿桃、石榴，寓意“多福”“多寿”“多子”。

民国　竹根雕葫芦式盒

长12.5厘米，宽9.5厘米，高5厘米。广东民间工艺博物馆藏。

盒竹根制，雕作葫芦式，从中间分剖为二，盖与身子母口相合。器表以高浮雕等雕刻技法刻画葫芦的藤叶和多个小葫芦等。葫芦自古有“多子多福”的寓意，是极为常见的雕刻题材。此盒盒身藤蔓的牵缠、叶片的翻卷、虫蚀的痕迹以及葫芦的位置等都经过悉心安排，既形态逼真，亦富于装饰意味。

民国　竹雕引福归堂图摆件

长13厘米，宽12厘米，高18.5厘米。广东民间工艺博物馆藏。

作品以竹根雕成，钟馗头微仰，坐于松树头上，右脚置于左腿膝盖上，左脚置于地面，左手捧一只蝙蝠于胸前，腰间系有佛手果和石榴果；一小童上裸胸腹仰卧在地面，左手抬起，掌心向上，似乎也要与蝙蝠嬉戏。作品采用圆雕、透雕等雕刻手法，将人物传神的表情、飘逸的衣饰表现得淋漓尽致。

民国　竹雕佛手果树纹茶杯

杯口长13厘米，宽10厘米；杯底长8.4厘米，宽6.2厘米；高10厘米。广东民间工艺博物馆藏。

此杯用竹根雕成松树形，敞口敛足，平底，杯内壁用金属材质包裹。外壁雕一棵枝叶繁茂的佛手果树，杯耳以树干镂空而成。此器采用深、浅浮雕和透雕等技法雕成，构思巧妙，雕工精细。

民国　竹水衣

衣长54厘米，衣宽141厘米。粤剧艺术博物馆藏。

竹质，由细竹管穿结而成，穿在布水衣（汗衫）和戏服之间，起到隔汗清凉和保护戏服的作用。由于竹水衣的制作和保养方法较为复杂，只在清末民国的大戏班中偶有使用。

第三节　贝雕、骨雕、榄雕、椰雕

清乾隆　玳瑁劈丝开光山水花卉徽章纹折扇

长19.5厘米，展幅宽34.5厘米。广州博物馆藏。

此扇全部由玳瑁制作，共二十六档扇骨，扇骨间用丝带连接。扇边骨剔地浅浮雕花卉纹。扇面单面雕工，整扇劈丝成地，再结合浅浮雕技法，分上、中、下三层装饰。上层顶端呈半圆形，雕花叶纹；中层上部分别雕有圆形缠枝纹、菱格花卉纹两行装饰，正中有一椭圆形开光，内雕英文徽章，两旁各有一个圆形开光，内雕宝塔庭院纹饰；下层雕缠枝花卉纹。玳瑁是指栖息在热带、亚热带海域的玳瑁龟的背甲，18至19世纪中国外销玳瑁折扇的制作工艺与象牙相近，多采用镂雕、透雕、浮雕、深雕、拉丝等雕刻技法，有时也会采用描金或描银的技法装饰。

清　砗磲骨纸面彩绘十三行风景图折扇

长26厘米，展幅宽48厘米。广东民间工艺博物馆藏。

这把扇子以砗磲为扇骨，扇骨可伸缩。纸质扇面正面为“满大人”图案，反面描绘了广州城外珠江沿岸的十三行商馆区以及珠江上的海珠炮台和各式船只，二者均为当时外销工艺品中流行的题材。十三行商馆区是广州“一口通商”时期西方国家来华商人的生活和贸易区域，其建筑都是西洋风格。从18世纪中期到19世纪中期，一系列以十三行为主要题材、描绘广州口岸港口风光的外销画深受西方市场欢迎，这些题材也出现在扇子等外销工艺品上。

清　玳瑁徽章山水花鸟图帽章扇

长25厘米，展幅宽18厘米。广东民间工艺博物馆藏。

由三十档玳瑁扇骨以丝带连缀而成，展开呈圆形。扇边骨剔地浅浮雕花卉和亭台松树纹，扇骨采用拉丝底纹，以同心圆从扇心向外分三层装饰，浅浮雕花卉、亭台、屋舍、飞鸟和船只。扇面有三个联珠纹开光，内饰有英文花体字母纹章及花卉纹。扇钉采用珍珠母材质，扇柄呈剪刀形，浅浮雕花卉纹，末端为圆环形状，用联珠纹做装饰。帽章扇，西方人称之为“cockade fan”，是清乾隆、嘉庆年间广州口岸出现的一款欧式的扇子，其工艺复杂，价格昂贵，多为欧洲皇室贵族旧藏。

清　贝雕广州“百子桥”人物故事图摆件

最长16厘米，最宽14厘米。广州博物馆藏。

以完整贝壳雕刻而成，形如簸箕，外壁素身无纹，内壁剔地浅浮雕广州“百子桥”河道景观，展现了清代广州水道及河岸美景。据《广州城坊志》的记述：“百子桥，在东门外育婴堂侧，原名百花桥，又名状元桥。建育婴堂时，改名百子桥。”

清 贝雕粤海关金花古庙图摆件

长23.6厘米，宽3.4厘米，厚1.4厘米。广东民间工艺博物馆藏。

扇贝材质，配折枝梅花纹实木底座。内壁用浅浮雕和阴刻技法，描绘了水上贸易的繁盛。画面中贸易船只来往繁忙，左侧为金花古庙，庙前有前来拜祭金花夫人的妇女；右侧为厘金局，厘金局内案前坐有收税的官员，桌上放着交税用到的账目及工具，一名商人交完税后正欲离去。厘金局立有旗杆，一名仆工升旗告示：奉旨抽厘。贝雕远景为屋舍、山峦，近景边饰特刻画了翻腾的鲤鱼及绽放的花朵。厘金是从19世纪中叶至20世纪30年代征收的一种地方商业税，因初定税率为一厘，故名厘金，又称厘捐、厘金税，具体指对商人售卖的商品按1%抽税，按月征之。19世纪中叶，清王朝面临内忧外患、国库亏空的困境，通过在国内水陆要道设立关卡抽取货物厘金的方式保证清政府短期内的财政收入。此件贝雕个体大，雕工精美，图案内容再现了当时水上要道关卡厘金局运作的场景，具有一定的历史研究价值。

清 徽章纹深雕庭院人物玳瑁名片盒

长10.5厘米，宽6.8厘米，高1.5厘米。广东民间工艺博物馆藏。

18世纪末至19世纪，名片在西方社交圈内广泛流行，放置名片的名片盒由此成为重要的随身之物。此件名片盒呈长方形，通体以玳瑁制成，采用了深浮雕技法，雕刻庭院人物纹装饰，其中一侧中央还雕刻有徽章纹，是当时中国匠人为外国顾客私人定制的标识。此件作品雕工精巧，是典型的广州外销产品。

清道光 杂骨贴绘“满大人”纸面折扇

长28厘米，展幅宽53厘米。广东民间工艺博物馆藏。

由十六档不同材质和工艺的扇骨组成。扇边骨使用银鎏金累丝，以累丝旋涡纹做底纹，其上装饰累丝龙纹，里面以烧珐琅绘花纹。扇骨的材质和工艺主要有银累丝烧珐琅、银鎏金累丝烧珐琅、玳瑁、象牙、贝雕、红漆骨、绿漆骨等。边骨和扇骨取材质和工艺相同的为一组，左右对称排列，展开时扇骨有序美观。扇面纸质，扇边缘以金鱼、回纹、盘长和植物花卉相互串联组合为扇边饰，中心区域用象牙和丝绸镶贴于庭院之中休闲家居的“满大人”。“满大人”制作精良，每面四十人，画面繁复却规整有序。此扇扇骨为杂骨，可能用于洋商看样选购时提供扇骨样式。

清 混合骨庭院人物图样板扇

长29厘米，展幅宽54厘米。广州博物馆藏。

此扇为纸面折扇，共十六档扇骨。扇骨选用不同材质的物料制作而成，并雕刻不同题材的图案。两侧扇骨为铜鎏金柳亭人物纹，其余扇骨分别为茜红象牙雕人物花卉纹、贝雕人物纹、银鎏金累丝烧蓝宝相花纹、象牙雕庭院人物纹、玳瑁雕庭院人物纹、檀香木雕庭院人物纹。扇面彩绘，一面绘有三个开光，正中为广州风景图，蜿蜒的河道中一艘典型广船——“大眼鸡”正扬帆，两岸群山叠翠，宝塔民居行人隐现其中；另外两个开光绘有庭院人物图，四周描银绘花篮、绶带、乐器、花卉等吉祥纹饰。另一面绘有宴席图，“满大人”共计五十人，人物面孔采用象牙片粘贴，其上描绘五官，服饰也用丝绢剪裁贴上，四边绘杂宝、花果等纹饰。样板扇是向前来订货的买家展示、供其选择的各类扇骨样板，反映了清代外销扇贸易的订购方式。

清　海南黎族骨发簪

长22厘米，宽2厘米，厚0.7厘米。广东民间工艺博物馆。

骨簪纹饰分为上下两部分，上部雕出并列的两个侧面男性人像，头戴高长帽，身骑怪兽。骨簪下半部分纹样规整，呈黑白相间的格状分布，其间装饰以锯齿纹、水波纹、米字纹、十字纹等几何纹饰，以及花朵纹、飞鸟纹等动植物纹饰。双人形骨簪是海南黎族地区所独有的工艺品。

民国　黎族双人形骨簪

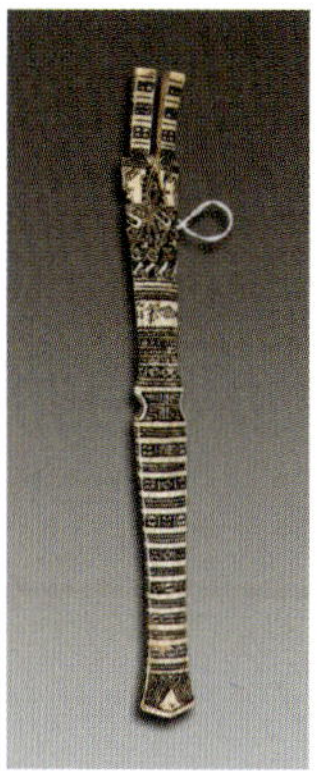

长24.5厘米，宽2.5厘米，厚0.7厘米。广东民间工艺博物馆。

双人形骨簪纹饰分为两部分，上部雕出并列的两个侧面男性人像，头戴高长帽，身骑怪兽。下部由水波纹、十字纹、半身形齿纹、锯齿纹、斜线纹等几何纹饰和鱼纹组成，在鱼纹旁边刻有“春符在手”四字。骨簪是海南黎族妇女用的饰物。

民国　黎族人形骨簪

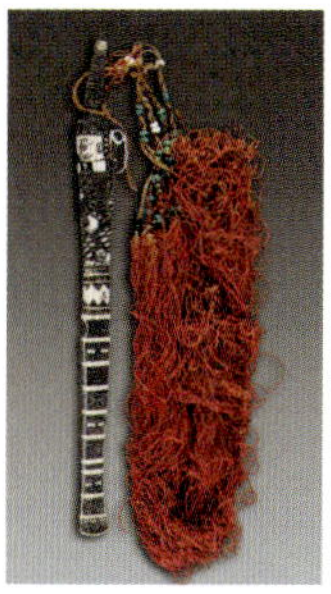

长25厘米，宽2.2厘米，厚1厘米。广东民间工艺博物馆。

骨簪雕刻一个侧面男性人像，是黎族人民崇拜的偶像“总管二”的形象，头戴高尖帽，脚踏怪兽和一条盘缠的蛇。簪身两面刻有水波纹、锯齿纹、工字纹、棱形纹、弯月纹、火焰纹装饰，在空白处刻有一“天”字。这是独具黎族特色的雕刻工艺品。

清　“赤壁游舫”榄雕

长4.43厘米，宽1.9厘米，高2.02厘米。广州市增城区博物馆藏。

榄核雕“赤壁游舫”是清代微雕大师、邑人湛谷生用本地产体型较大的乌榄核精制而成。乌榄核质坚实，纹理幼滑。该榄核雕将榄核头部作船头，中部作船舱，尾部作船尾。船头雕一桌，桌上有三只小杯，苏东坡、佛印僧、黄庭坚三人围桌而坐，他们借助月色在观赏三国时孙权、刘备联军击败曹操之地赤壁；船尾雕梢妇手把木桨作摇橹状，俯首哄逗膝下挂有葫芦（浮亭子）的幼儿，其旁书童正在向炉灶扇风煲茶，书童背后置盛水罐，六个人物栩栩如生。在船头由榄核本身雕刻出一条能挪动的锚链，锚链已不存。中舱具一门，船篷的左右有门窗各二，雕有通花，均可开合。篷顶刻有菱格内加十字图案，其上浮雕展翅仙鹤；篷的两旁雕有红梅。作者仿王羲之书体，把《前赤壁赋》全文五百三十七字刻在面积只有半寸见方的船底上。仅有缝衣针大小的橹桨背上刻有“咸丰甲寅时五十三”落款，其字笔画微如蚤爪，肉眼难辨。此作品具有较重要的历史、艺术和文物价值。

清　椰雕镶银掐丝珐琅提梁壶

通高10.5厘米，口径5厘米，腹径13厘米。广东民间工艺博物馆藏。

壶盖底有楷书“钰兴”印款及“钰兴”直行楷书刻款，当是制造此器的店号或作者名字。珐琅提梁壶背面镶有篆书“延年益寿”吉祥语。壶腹刻有楷书“暮雨吾妹惠存，姊秀生敬赠”上下款，应是馈赠人所题刻。壶盖上镶银掐丝珐琅缠枝花卉图案，并巧用四片绿叶上结一金瓜作为盖钮。壶身的一面镶珐琅山水图，另一面镶花鸟图。壶内以银片为胎，椰壳与银胎隔有一层空间，起到保温作用。

清　锡胎椰雕温酒壶

通高10.5厘米，口径5厘米，腹径13厘米。广东民间工艺博物馆藏。

以锡作为壶的内胆。温酒壶由外壶与内壶组成，外壶为盛热水温酒之用，有活动提梁而没有流。壶腹的下半部为椰壳雕刻，花纹以椰树、松树及鸟雀为主体，上部花边为回文图案，雕工精细。内壶为一直筒形的壶，有一活动提梁和流，为盛酒之用。酒壶放入外壶后成为一个整体，是海南椰雕极具特色的作品。

第十六章

珐琅器

清雍正 铜胎画珐琅花鸟纹餐盘盖

高14厘米，口径38.3厘米，盖钮直径11.2厘米。广州博物馆藏。

英国布特尔（Bootle）家族约1730年定制，此餐盘盖随同纹章瓷一起在广州定购。18世纪末期该家族还同时在欧洲和中国两地定制了此套餐具的增补器皿。英国德比瓷厂的记录显示，1787年布特尔太太曾光顾瓷厂定制与中国瓷器配套使用餐盘和茶具，并指出以这种方式定制的瓷器价格不菲。该家族再次通过东印度公司在中国增订的纹章瓷，虽然纹饰完全一样，但增加了一些直到1790年才出现的新器型，某些彩绘的色泽也发生了变化。

清乾隆 铜錾胎珐琅金鼎

通高17厘米，直径13厘米。广州博物馆藏。

翡翠钮，双耳作云花式，三兽首足，腹底钤“乾隆年制”款。鼎身和盖均以金色为地，满錾红色蝠纹、蓝色和绿色祥云纹，四面对称錾圆形“寿”字纹。錾胎珐琅是在金属胎上錾出纹饰凸起轮廓线，后在凹陷处填上红、黄、蓝、绿等多色珐琅料，再经焙烧、磨光等工艺处理的一种珐琅制作工艺，是广州珐琅制作的一大特色。该鼎精美华丽，代表了乾隆时期广州珐琅制作工艺的高峰。

清乾隆 广珐琅勾莲八宝纹面盆

高14厘米，口径47.5厘米，底径34厘米。广州博物馆藏。

圆形，折边，口沿鎏金，矮圈足。盆外壁均以银片贴饰花卉纹，通罩宝蓝色透明珐琅釉，在盆内壁釉上与折边以金片分别贴饰八宝纹与暗八仙纹。

清乾隆 画珐琅缠枝花卉山水人物纹双耳瓶

高45.5厘米，口径10.5厘米，腹径19.5厘米。广东民间工艺博物馆藏。

此瓶为一对。瓶身赭色地彩绘缠枝花卉锦地，腹部前后开光用西洋画法，绘西洋仕女和山水，用红、蓝等单色渲染山水，以金线勾勒图案花纹的轮廓，追求掐丝效果。以蓝、红、绿等彩绘双螭耳，颈部绘一圈芭蕉叶纹和一圈回形纹。底有方形双框“大清乾隆年制”三行楷书款。

清乾隆 画珐琅缠枝花卉纹香盒

长14厘米，宽14厘米，高8.5厘米，口径9厘米，连盖高8.8厘米。广东民间工艺博物馆藏。

香盒造型精美，分盒盖、盒身两部分，盒盖隆起，顶端有一小圆捉手，器身敞口，外折宽荷叶边，微束颈，腹下部缓收成平底。内壁及底部施白色珐琅釉，外部以锦地彩绘缠枝牡丹纹装饰。用笔流畅，严谨工整，用色丰富多彩，是广州珐琅的特点。

清乾隆 画珐琅人物花卉纹圆碟

高2.9厘米，口径16.4厘米。广东民间工艺博物馆藏。

此件珐琅圆碟为铜胎，内部边沿以黄色珐琅为地，绘缠枝花卉纹。盘内共开光四处，其中三处开光均匀分布在圆碟边沿，内部绘有花卉、绿叶等纹饰，另一处开光位置在碟心，碟心处以山石、树木、小桥为背景，刻画了男子、老者、少女三人前行过桥的画面。圆碟背面则以白色珐琅为地，绘有红、黄、粉三组花卉，底有“乾隆年制”款。

清乾隆　铜胎画珐琅葫芦纹高足盘

高8.9厘米，口径14.4厘米。广东民间工艺博物馆藏。

敞口，浅弧腹，高圈足外撇。口沿和足端鎏金。盘面和高圈足施黄色珐琅釉作地，上以红、绿、蓝釉绘葫芦、花卉纹。盘外壁为浅绿地，上以红釉彩绘三只精致的蝙蝠，寓意吉祥。高圈足上有一圈凸起，上施蓝釉为地，饰描金海水纹。足内施胭脂红釉。此盘釉色纯正艳丽，釉质莹润明亮，花纹富丽，整体具有雍容华贵的皇家风格。

清乾隆　掐丝珐琅勾莲纹香插

高3.3厘米，口径10.8厘米。广东民间工艺博物馆藏。

浅圆盘，口沿镀金，盘心安一小瓶，以供插香。全器施浅蓝釉，内外以掐丝珐琅装饰番莲纹和缠枝花卉。内壁以小瓶为中心围绕四枚如意形开光，内饰黄地蓝釉回首夔龙纹。小瓶口外侈，细颈，扁腹，撇足成一花瓣底座。小瓶口、颈、底座皆镀金，瓶身饰蓝地五瓣花纹。器底饰四枚红色番莲纹，底心錾“乾隆年制”楷书款。

清乾隆　掐丝勾莲纹双耳三足炉

通耳高11.4厘米，口径9.1厘米，腹径11.5厘米。广东民间工艺博物馆藏。

用于祭祀的实用器。炉为圆形，鼓腹，短直颈，平口，双直耳，蹄形足。双耳、口沿鎏金。口沿下天蓝色地上饰红黄色缠枝小花；肩饰深蓝色如意纹一周；腹部通体施天蓝釉，掐丝珐琅装饰缠枝番莲纹，施红、黄、蓝釉；三足饰红色五瓣小花。

清乾隆　掐丝珐琅勾莲纹笔架

长10.3厘米，宽3.2厘米，高6厘米。广东民间工艺博物馆藏。

笔架用于搁置毛笔，是重要的文房用具，因其形状似山峦，故又有“笔山”的雅称。该笔架以天蓝色釉为地，上勾宝相花纹，下饰如意云纹，下置铜镀金錾花椭圆形底座。笔架铜胎形状规则周正，釉色纯正，为精致的案头用品。

清乾隆　掐丝珐琅勾莲纹八卦朝冠耳三足熏炉

通耳高28.3厘米，口径18.3厘米，腹径22.1厘米。广东民间工艺博物馆藏。

清宫廷祭祀、实用器，庙堂陈设五供之一。器形为圆腹，短颈，丰肩，朝冠式双耳，象首式三足。有盖，盖上镂空八卦纹，盖钮须弥纹。通体以天蓝色釉为地，掐丝装饰缠枝莲纹，花朵两侧各出两枝卷藤叶蔓盘绕。花瓣以红、黄、蓝、橙等多种釉色装饰，叶肥花茂，藤蔓缠绕翻折。香炉造型工整，比例得当，细节处的描绘亦十分精致，为宫廷御制佳品。

清光绪　掐丝珐琅团花纹海棠式手炉

长20厘米，宽15.5厘米，高10厘米，通耳高

15.5厘米；口径长13.4厘米，宽10厘米。广东民间工艺博物馆藏。

手炉为海棠式，盖顶镂空，炉身鼓肩，腹部斜收，器底设圈足，外壁委角形成起伏的弧壁，左右设提梁。盖顶中间置菱花式开光，掐丝绘莲叶蜻蜓，填珐琅釉，开光外镂雕缠枝花纹。炉壁以蓝釉珐琅彩绘为地，肩饰蕉叶纹，腹部绘缠枝莲托八宝纹，腹下绘如意云纹。整器图案描绘层次多样，极具装饰效果，彰显宫廷御制器具繁复精致的特色。

清光绪 掐丝珐琅花卉纹灵芝盖委角方尊

长25厘米，宽21厘米，通盖高55厘米；口径长14.5厘米，宽11.5厘米。广东民间工艺博物馆藏。

器形呈方体折角，有盖，盖为子母口，盖钮为一组鎏金灵芝。阔肩，深腹，腹下敛，肩部折角处各有一只鎏金蝙蝠，衔一枚用绳系着的铜钱，有“福在眼前”之意。腹下四狮子抱球形足。全器饰天蓝色“卍”字锦地纹，盖四面分别饰梅兰竹菊，肩腹四面对称，装饰牡丹、菊花各二面。此器形制端庄厚重，为宫廷陈设器。

清 铜胎画珐琅人物纹大碗

高14.5厘米，口径34厘米。广州博物馆藏。

敞口，收腹，圈足。碗内底饰蓝色地折枝花卉纹，外一圈黄色地连枝花卉纹。碗壁主体图案为戏曲人物纹，画面人物丰富，神态各异，故事性强。口沿一周饰桃、葡萄、花蝶。碗外壁亦以戏曲人物纹为主体图案。该碗设色鲜明，构图饱满，具有浓郁的中国特色。

清 铜胎画珐琅花卉纹酒壶

通高32厘米，口径6厘米。广东民间工艺博物馆藏。

盘口，有盖，细颈，扁圆腹，有弯曲细小的长流和曲形高执柄，高圈足外撇。壶盖有钮，施绿釉，如摇铃状。壶盖上部绘花瓣纹，盖沿绘蓝彩弦纹。器身口沿绘黄地红彩回字纹。执壶颈部以一周粉红彩绘卷草纹凸起为间隔，上下均饰白地蓝彩弦纹及蕉叶纹。壶腹为浅粉蓝色地绘缠枝花卉纹，前后开光内粉红地绘双夔龙纹。高圈足以蓝色弦纹间隔，上下分饰黄地红彩回字纹及粉红地彩绘缠枝花卉纹。执壶柄及流饰浅黄地点缀碎花，颈与流间以浅绿地云带状配件连接加固，既稳定了细长的壶嘴，又增加了装饰的美感。

清 铜胎画珐琅喜字宝相花纹温碗

通盖高14.5厘米；碗高9.5厘米，口径13厘米；架高6.3厘米。广州博物馆藏。

原藏于紫禁城斋宫后寝殿诚肃殿内。一套五件，为碗盖、碗、碗架、温碗杯、碗托。碗盖和碗外壁为深蓝色地，上饰彩色宝相花及金“囍”字，碗内底饰五蝠捧寿纹。碗架内壁为黄地，外壁蓝地饰描金花纹。温碗杯铜柄，杯壁上饰蓝地彩色宝相花。碗托口沿饰蝠纹一周。此类温碗用于食物加热和保温。故宫博物院有同样形制温碗。

清　冰梅委角长方形铜胎画珐琅花盆

长18.8厘米，宽12.6厘米，高6.5厘米。广州博物馆藏。

长方形，花盆质地细腻匀净，设色明净，通体施宝蓝色珐琅釉地，用金色勾出不规则的冰裂纹，再洒落梅花满处，别具意境。

清　铜胎画珐琅花卉瓶

高26厘米，口径11厘米，底径6厘米。广州博物馆藏。

敞口，长颈，溜肩，鼓腹，腹下渐收，平底。瓶身饰宝相花纹、蕉叶纹。花瓶纹样典雅，花、叶舒卷自如。

清　铜胎画珐琅“渔樵耕读”图攒盘

高2厘米，口径15厘米。广州市花都区博物馆藏。

此物一套七件，攒盘中间为圆形，四周六件为扇形。扇形上部分沿边为花口，敞口，斜直腹，平底设有四个“7”形状足。内壁底部绘珐琅“渔樵耕读”图，腹部绘缠枝莲纹，外壁腹部绘几何纹，底部绘花草纹。中间圆状攒盘为敞口，斜直腹，平底。底部设有三足。此物绘画精细，色彩艳丽，为摆设品。

清　铜胎画珐琅花卉纹提梁壶及温炉

温炉：高9厘米，口径8.3厘米，底径14.5厘米；壶：高22厘米，口径7厘米，底径7.5厘米。广州十三行博物馆藏。

茶壶弧壁深腹，弯流，提梁柄，花蕾盖钮，底承直足，连接底座。底座座身分四瓣花口形，垂于四足间，足外撇。茶壶通体白地，巧绘折枝花果；肩部环饰墨彩描金如意纹、黄彩锦地间以开光折枝花卉和蓝彩团风纹、蓝彩回形纹各一周，其弯流、盖纹饰风格类似。提梁柄呈枝条状，把手处缠绕藤条用以隔热。温炉呈直筒状，环饰红彩镂空梅花纹，中心为酒精加热器；底座座身外壁绘黄地缠枝莲纹。四足绘黄地彩绘狻猊纹。口沿、盖钮、提梁和足露铜胎。提壶和温炉保存完整，形制特别，用料精细，釉色光亮，花卉纹描画细腻。这件藏品的造型可上溯至约1720年的英国银器，随着茶叶出口贸易的繁荣，这种茶具的需求也相应增加。

第十七章

织绣

明　金线绣麒麟补子

长36厘米，宽36厘米。1956年梅花村明代戴缙夫妇墓出土。广州博物馆藏。

这方补子为墓主戴缙所穿第二层殓服，绸袍公服胸、背部其中一方，运用金线平绣等针法绣制，麒麟侧身坐像，狮身、鹿角、圆目、尖耳、颚鬃上冲、前肢直撑、后肢屈曲、背飘火焰、四周簇拥如意祥云，威风凛凛。戴缙（1427—1510），曾任明成化年间右都御史、南京工部尚书等职。

清　红木雕八仙框白缎地绣花鸟纹挂屏

每屏连框高136厘米，宽51厘米。广州博物馆藏。

清代贡品，由清末广州彩元绣庄制作。屏框用红木浮雕八仙及寿字、几何图案。挂屏均以白缎为地，采用扭针、咬针、撕针、勒针、铺针、风车针、打子针等针法分别绣出以孔雀、凤凰、锦鸡、梅花鹿为主体的图案。四屏绣品构图丰满、色彩艳丽、层次分明、绣工精细。其中一幅名曰“丹凤朝阳”，另一幅名曰“鹿寿同春”。在“鹿寿同春”一屏左下角，绣有“广东”“彩元绣庄”字样。

清　广绣百鸟朝凤图座屏

连框长24.5厘米，宽19.5厘米；座高21厘米；画芯长20厘米，宽15厘米。广东民间工艺博物馆藏。

绣有雌雄两孔雀，雄孔雀在竞放的牡丹、玉兰、梅花间开屏而立，与雌孔雀对目相视。锦鸡、喜鹊、燕子和蝴蝶飞翔其间，构成一幅生机盎然的图画。绣品设色艳丽明快，浓淡相宜。此件用扭针、续针、撕针、咬针、勒针、勾针和珠针等传统针法绣出，绣技精细，针法整齐，针步均匀，为广州刺绣的精品。座屏用红木雕刻镶螺钿，更显得精巧美观。

清　蓝地金色斜“卍”字广缎

长870厘米，宽79厘米。广州博物馆藏。

用蓝色丝线织成地，以金丝线织成四方相连的小斜纹“卍”字纹作为主体装饰图案，有“万德吉祥”“万寿无疆”等寓意，缎尾织有“粤海关监督臣海绪”字样。该缎构图严谨规整，编织细密精巧，色泽华丽，质地细软，是当时粤海关监督海绪进献清宫的贡品。

清　绿色花蝶纹广缎

长1620厘米，宽75.5厘米。广州博物馆藏。

清代广州丝织业发达，广缎质密而匀，其色鲜艳，光泽柔顺，皱折易直。这匹广缎用白、绿、红、黄、紫等色织成花蝶，花蝶纹饰虽小巧细碎，但构图严谨繁密，配色明艳，蝴蝶穿梭于百花之间，繁而不乱，富有活泼流动之感，呈现出一派热烈欢快的气氛，具有浓郁的岭南风格。

清　红色花蝶纹广缎

长1660厘米，宽75厘米。广州博物馆藏。

这匹广缎用白、绿、蓝、黄、紫等色织成花、蝶，构图严谨繁密，色彩艳丽，可用于制作喜庆时节服饰。

清　灵仙祝寿纹线绣补子

长25厘米，宽23厘米。广州博物馆藏。

绣件上部以蓝白丝线绣如意祥云，中部以橙、白、蓝、粉、绿、紫等色丝线绣水仙、桃实、灵芝、竹子等纹样，下部以蓝、白、绿等色丝线绣江崖海水纹，边框饰回纹，有“灵仙祝寿”的吉祥寓意。

清　广绣青缎地吉祥金寿字团花纹补子

长39厘米，宽39厘米。广东民间工艺博物馆藏。

应为衣服上的花补子，以石青色缎为地，质地细密，构图饱满，色彩搭配和谐。补子中央以钉金绣针法绣一“寿”字，边饰为法螺、法轮、宝伞、白盖、莲花、宝瓶、金鱼、盘长八种吉祥物组成的佛教八吉祥纹，每个吉祥物与飘带搭配。此纹样从藏传佛教流传而来，始于元，流行于明清。八吉祥中点缀蝙蝠、寿桃、梅花、珊瑚等纹饰，寓意“多福多寿”“幸福美满”。

清　钉金银线青蛙纹元宝式香包

长10厘米，宽6厘米，连穗长25厘米。广东民间工艺博物馆藏。

荷包为元宝形，以明黄色素缎为地，满地钉金绣，中央圆形开光内金线绣青蛙纹。囊口采用垂直竖褶，呈“风琴”样式，配四条明黄色流苏。荷包又称“配囊”，悬挂于服饰腰带的左右两侧，成对而用，样式有腰圆式、鸡心式、元宝式和葫芦式等。满族荷包的原型是与其游猎生活密不可分的干粮袋，清入关后，逐渐由征战游猎转为安定的家居生活，荷包也演变为纯粹的装饰，男女老幼均可佩戴。

清　粉红缎地绣花鸟纹台布

长123厘米，宽123厘米。广州博物馆藏。

台布以粉红色缎为地，色泽亮丽，因面料宽幅有限，于二分之一处有明显的拼接痕迹。采用打子针、扭针、咬针、勒针、勾针、铺针、扎鳞针、渗针、撕针等针法绣凤穿牡丹图。纹饰由内至外分两层，居中以凤凰、山雀、牡丹、竹子等纹样作团花状，四周以菊花、山茶等折枝花卉围饰一周；台布周边缀以与面料同色吊钟流苏。设色清雅亮丽，构图层次分明。

清　缂丝缠枝牡丹图画幅

长93厘米，宽93厘米。广东民间工艺博物馆藏。

台布以蓝地万花锦地纹织锦镶边，底衬为黄地织农耕图暗花绫。画心缂丝缠枝牡丹图案，并有部分加绣金线，间缝用金线填满。

清　金线绣花幅

长29.5厘米，宽19厘米。广州博物馆藏。

金线网格绣为地，以五彩绒线绣牡丹、雀鸟、蝴蝶等。画面正中绣蓝色团寿纹，加上蝴蝶、牡丹等动植物，寓意“富贵长寿”。

清 月白缎地水墨莲花蝶绦

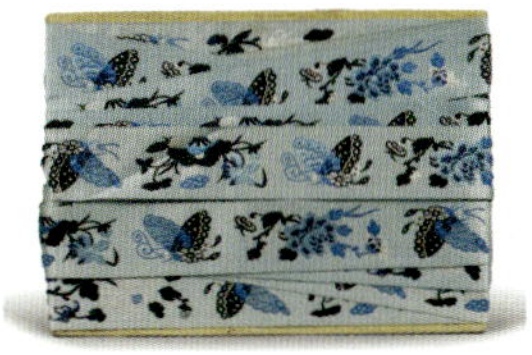

宽3.7厘米。广州博物馆藏。

花绦是用丝线或珠子编织成的花边或扁平的带子，用于装饰衣物。清代广州刺绣和绸缎以构图丰满、色彩鲜明、装饰性强、手感柔软等特点在全国丝织刺绣业占有一席之地。清代广州花绦常作为贡品进贡皇宫。该花绦以月白缎为地，以蓝、黑、白三色线织成墨莲、花蝶纹饰。

清 元青缎地湖色净芝兰花绦

宽4.2厘米。广州博物馆藏。

以元青缎为地织芝兰纹饰，纸板一侧用墨印“粤东裕和号加重本机造”。另有当年进贡时的黄色包装纸袋，不仅印有制作商“粤东裕和号”商号，还保留了该花绦名称、长度、数量等信息。

清 金万字品月地掐线绦

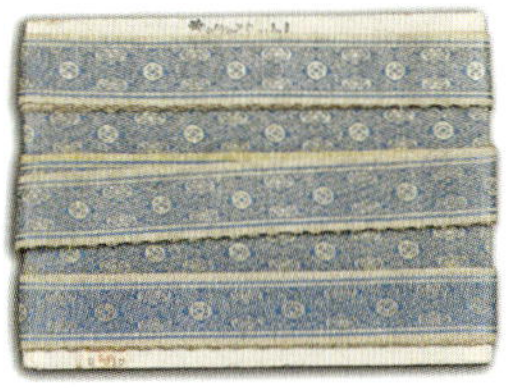

宽3.5厘米。广州博物馆藏。

月白缎地饰蝙蝠纹、万字纹、钱纹，寓意“富贵绵长”“福寿绵长”。纸板一侧印黑色字“粤东忠盛和足尺”。

清 穿玻璃珠花绦

宽2厘米。广州博物馆藏。

以颜色不一的玻璃珠组合穿成造型连续的纹样，纸板中央印有商号“瑞丰”二字，并标注英文“REGISTERED TRADE MARK”（注册商标），表明该产品在国内外市场均有销售。

清光绪 紫色三多纹妆花缎氅衣

衣长111.5厘米，通袖长130厘米，下摆宽93厘米。广州博物馆藏。

立领，大襟，衣身自胸部至下摆逐渐扩大，下摆呈弧形，两侧开裾，有如意云形装饰。选用紫色三多纹妆花缎，三多纹即石榴、佛手、寿桃纹样，寓意“多子”“多福”“多寿”，搭配黑缎地绣蝴蝶花卉纹缘饰及挽袖，色彩、层次感丰富。

清光绪 绿色绸绣蝶恋花纹衬衣

衣长131厘米，通袖长200厘米，下摆宽78厘米。广州博物馆藏。

衣身较长，穿着时长及小腿，衣袖直身略窄，袖口为双挽平阔袖，日常可作挽袖也可展开为舒袖。衣身为绿色绸质面料，刺绣蝶恋花纹样，采用中国传统的对称式构图方式，左右图案排列匀称。衣身正中为牡丹花，两侧为玉兰花，下摆处为梅花，从花蕊至花瓣的绣线颜色均采用由深至浅的渐变配色，叶片也采用同样的手法表现，立体效果突出；两侧蝴蝶形态各异，与花卉排列相辅相成，整体色彩明亮。

清 缂丝“百子图”帐幛

纵47.5厘米，横203厘米。孙中山大元帅府纪念馆藏。

帐幛全景式构图，珊瑚红底色，土黄色镶边，中间主配灰、蓝二色。整幅帐幛层次清晰、色泽古朴。全帐共十九个场景，各组画面上的童子从一人到六人不等，组成不同的场景，嬉戏方式和神情亦各不相同。构图和谐，配色喜庆。这件清代缂丝“百子图”帐幛，应为民间婚庆用品，蕴含着人们祈盼新人子孙满堂、阖家欢乐的美好愿景。

清光绪　红缎地排金绣“风云际会”仙鹤花鸟纹挂帐

长147厘米，宽93厘米，流苏长27厘米。广州博物馆藏。

双面均有图案，凌空挂起可前后观赏，绣工精致，色彩鲜艳。挂帐顶端用绿色棉布拼缝，红地金线绣“粤东省状元坊余同和造”字样。挂帐主体以红缎为地，正中为绿地盘金绣“风云际会”四字，用红色丝线勾勒字体轮廓，外镶铜包边圆形薄片，薄片呈六角形排列。四字上方两侧用黄色丝线绣“光绪廿九年吉旦”“砵崙致公堂仝置”字样。其余空间以中心对称，用盘金绣、打子绣等技法，满绣仙鹤、燕雀、荷花、梅花、牡丹等吉祥纹饰，镶铜包边圆形薄片，装饰效果丰富。挂帐三边均镶绿地铜包边薄片、金线花卉地开窗花鸟纹饰边及金属斜纹编织边；最下方设六色流苏，流苏扎结处有金线编织的蝴蝶造形，配铜片加以固定，流苏三绺一簇，按大红、翠绿、柠黄、深红、桃粉、牙白六色依次排列。背后为八仙贺寿画作。“砵崙”指美国俄勒冈州的波特兰市。“致公堂”又称义兴公司、洪门，是清末海外华侨会党组织，清咸丰、同治年间成立，总部设于旧金山，纽约、芝加哥等地设有分堂，以反清复明为帜志。

清　七彩缎相间贴绣如意头仕女人物纹马面裙

裙长94.5厘米，腰围141厘米，下摆围307厘米。广州博物馆藏。

选用七彩暗花缎拼接而成，花缎有暗八仙、花鸟纹饰。裙门间用黑色素缎及织锦花边均匀压缝成条状，相间处贴绣花卉花篮纹装饰，富有层次感。前裙门正中为蓝色回纹地开窗彩绣仕女人物纹，两侧贴绣如意纹及彩凤花卉纹。

清　广绣白缎地百鸟纹对襟长氅衣

衣长103厘米，通袖长134厘米。广州十三行博物馆藏。

白缎地，满绣孔雀、鸳鸯、鹌鹑、八哥、鹦鹉等多种鸟类以及荷花、梅花、牡丹、菊花等数种花卉，针法多样，配色华美富丽而不失雅致。针法上采用了金鱼起鳞片、流星赶月、起鳞雾彩、打枣针等多种广绣传统针法表现形式，针工细密，画面精美。

清末　黑绸地挖云花卉纹对襟女褂

衣长79厘米，通袖长156厘米，下摆宽72厘米。广州博物馆藏。

形似披风，无领，对襟，袖口有淡粉色地刺绣花鸟纹挽袖。衣料为黑色绸，领圈、门襟、袖口、下摆选用淡粉色及青色缘边，饰挖云佛手与牡丹纹样，装饰手法丰富。

清　广绣花鸟纹女服

衣长87厘米，通袖长160厘米。广东民间工艺博物馆藏。

圆领，对襟，袖端平，两侧开衩。整件衣服几乎被宽大的花边镶满，在两肋处饰以云头边饰，富于变化。在缎面上以五彩丝线绣出“凤凰牡丹”“鸳鸯戏水”以及各类花卉、吉鸟纹饰。刺绣用捆咬针、洒插针、风车针、霎针、珠针、勒针等针法，图案分布密集均匀，色彩艳丽，充分反映出广绣的特点。

清　广绣缠枝莲花纹褂裙

褂长63厘米，下摆宽49厘米；裙长90厘米，下摆宽68厘米。广东民间工艺博物馆藏。

上衣立领，对襟，领口和门襟共有六对盘花扣，袖身及袖口平直，两侧开衩，第五对盘扣下缀两条飘带。后衣片中间开衩。上衣为黑色缎面，彩绣缠枝莲纹，并绣彩色小花点缀。莲花花瓣颜色以大红、紫红为主，由里至外颜色由浓渐淡，以白色线绣花边，层次感强。裙为红缎地绣缠枝莲纹，其式样为两侧折裥，中间有一段光面，俗称“马面”。这套褂裙绣工精细，图案规整，黑红搭配，富丽华美。

清末　淡黄色网地彩绣花卉纹披肩

长215厘米，宽203厘米。广州博物馆藏。

以淡黄色网为地，网孔呈六边形，面料独特不常见。最外一层以缠枝花卉纹饰为框，枝条自然衔接呈波浪形；四角分布团花纹饰，以粉红色的山茶、月季为主，疏密有致，对称分布；中心留白处呈正方形，形态各异的折枝花卉点缀其间，错落有致，色泽雅丽，和谐统一。刺绣技法主要为打子绣和垫绣，花卉的花蕊及部分花瓣运用打子绣绣制，而垫绣则运用于其余花瓣和枝叶的绣制或勾勒轮廓，将丝线垫底再按纹样刺绣，呈现出玲珑浮凸的立体感，有跃动的视觉效果。披肩四角呈圆弧形，四边缀有重新编织打结的网格及流苏，网格边幅较窄，结构复杂，分别为正六边形与等腰六边形，两种造型依次排列。

清末　黑绸地绣花卉纹披肩

长208厘米，宽193厘米。广州博物馆藏。

以黑绸为地，彩绣牡丹、莲花、菊花等纹饰，配色主要为正红、玉白、蓝紫。中心对称布局，由内至外共有三层方形图案组合。最外层是蜿蜒相接的缠枝，绽放的梅花穿插其中。中间一层图案面积稍大，花卉纹饰更为丰富，对角和对边的花束相互呼应；最内层是四角对称的花束，使披肩中心形成十字留白。花枝图案色彩搭配浓淡相宜，晕色自然，层层递进，花卉舒展，枝叶摇曳，绣工细腻。披肩四边缀编织网格与流苏，格纹细小紧密，流苏飘逸灵动。

清末　白色绸白线绣花卉纹披肩

长244厘米，宽201厘米。广州博物馆藏。

以白色绸为地，配以同色绣线，质感轻柔，用色素雅。披肩四角呈直角，四边缀原网格及流苏，网孔细小紧密，有三种不同的编织造型。披肩构图呈中心对称，主体纹饰为分布于四角的佩斯利花纹，呈旋涡状自然卷曲，花草纹饰布满其间，并从四角向中心聚拢；同时在最外一层包裹一圈缠枝花卉纹饰。该披肩是西班牙来样定制、用作嫁妆的外销披肩，通常提前二至三年订造，有些还会绣制家族徽章。

民国　嫩绿缎地彩绣花卉纹衣裙

衣长72厘米，通袖长138.5厘米，下摆宽54厘米；裙长95厘米，腰围172厘米，下摆围133厘米。广州博物馆藏。

上衣下裙形制。上衣立领，对襟，衣袖直身平口，衣身两侧开衩；领口及门襟处共有六颗浅绿色盘花扣，门襟中部饰有飘带；领口、门襟、袖口、下摆、开衩及飘带底部均有浅绿色细滚边。下裙为改良款马面裙样式，裙腰有松紧带设计，裙门两侧有同色系细滚边；裙身褶裥较宽，先打褶再刺绣，裙摆有金属线流苏。衣身和裙身均绣月季等花卉，在衣身领口、袖口、门襟、开衩处和裙身四周都有盘银绣，以花卉纹为主，寓意“富贵荣华”。

民国　粉红暗花缎地镶黑边女袄

衣长88厘米，通袖长160厘米，下摆宽79厘米。广州博物馆藏。

圆领，大襟。大襟处有蝴蝶与花篮形状的盘花扣，袖口平直，有黑色挽袖。面料选用粉红色暗花缎，领圈、大襟、下摆以及两侧开衩饰黑色如意云头形宽边，如意云头、领口下方以及背面运用挖云工艺做出莲花、兰花、蝴蝶、五福捧寿等纹饰，寓意“长寿”。

民国　粉红暗花绸绣孔雀花鸟纹马面裙

裙长101厘米，腰围127厘米，下摆围209厘米。广州博物馆藏。

以粉红暗花绸为地，裙身两侧刺绣花卉纹后打鱼鳞褶。两块裙幅各有一个长方形裙门，中部饰如意云头，两侧及底部镶浅绿色花卉织锦边及黑色缎挖云兰花纹宽边。裙门正中彩绣孔雀开屏、锦鸡、花卉、鹿、瑞鸟等纹饰，花团锦簇，有“吉祥如意”等寓意。

民国　红缎地绣“和合二仙”十二生肖纹女袄

衣长71厘米，通袖长125厘米，下摆宽74厘米。广州博物馆藏。

圆领，袖长及腕。衣身选用红色缎，以平针绣为主，少量打子绣点缀，刺绣和合二仙、花卉、江崖海水、鱼跃龙门、十二生肖等纹样，寓意“美满如意”“富贵千秋”等。

民国　白缎地绣人物花卉吉祥纹层叠式四合如意形云肩

长56.5厘米，宽56.5厘米，领围32.1厘米。广州博物馆藏。

如意头四出，造型饱满，为典型四合如意形，共有四层，由上至下面积逐层增加并有序叠加，每层均以白缎为地，由内至外滚浅绿色织锦边及宝蓝色素缎边，外宽内窄，针脚紧密。第一、第二层绣花卉纹饰，第三层绣“福在眼前”、花篮花卉纹饰，第四层广绣山水人物、柳树花卉纹饰，人物面容五官精致，开面讲究。

民国　红缎地排金绣人物纹贺寿横幅

长383厘米，宽105厘米，流苏长17厘米。广州博物馆藏。

色彩明艳喜庆，以大红缎为地，大量运用盘金绣工艺，隆重珍贵。横幅共有十九个人物形象，两侧各绣一禄星，其余人物从左至右一字排开，其中六名侍从手举姓氏旗帜，依次是“燕”“齐”“楚”“魏”“赵”“韩”。横幅还刺绣落款及人名“清封淑人□伯母伍太夫人九秩开一荣寿大庆”“陈鹤龄　伍耀浓　蒋葆阶　李锡海　尹荫楠　林昇乔　赵玉衡　胡卓凡　陈光大　伍仕成　伍贯南　廖仲文　黄经璇　黄焯南　黄弼廷　梁云生　余昭中　梁培基　鞠躬”“圣旨”等。落款中“九秩开一”代表八十一岁高寿。整体布局疏密有致，繁而不乱，四周点缀蝙蝠、仙禽、牡丹等传统吉祥图案。横幅边缘镶白缎地绣喜上眉梢花卉纹缘饰，下方缀编织网格及彩色流苏，既缓和主体大红与盘金绣的艳丽，又起到点缀作用。

民国　广绣猴画幅

长107厘米，宽56厘米。广东民间工艺博物馆藏。

作品以一猴攀着一松枝嬉戏为主体。猴毛用颜色深浅不同的松珠猛线（猛线的一种），使用乱针法绣成，猴毛逼真，质感极强，形象生动，为20世纪30年代广州刺绣精品之一。作品原为广州状元坊吉昌顾绣店保存，原绣品底布已破烂，猴子身体边沿的毛亦已松脱。1956年该店请广州刺绣生产合作社许炽光师傅用去底贴绣法精心修补。

民国　广绣孔雀牡丹图绣件

长300厘米，宽114厘米。广东民间工艺博物馆藏。

画中绣一只美丽的雄孔雀微敛尾部立于河边，侧身回首用嘴啄羽，身后绣山石、牡丹、梧桐，身前草地上绣锦鸡、鸳鸯、花草等；空中绣几只鸟雀欢飞。画面细密有致，针法多样。颜色以蓝、绿、白、紫为主，整体素雅。绣画上留有用铅笔打稿、尚未绣制的款识，字迹模糊，根据其底印可辨认为，上款“坤维女学堂全堂学生绣”，下款“德育女学堂□□□□□□”。据查证，坤维女学堂应为私立坤维女学，初在广州市西关三连新街租赁民房设校，光绪三十三年（1907）在广州多宝路尾建新校舍；民国元年（1912），改为私立绅维女子师范学校；民国十七年（1928），遵照教育部关于私人不得办师范学校的规定，改为坤维女子中学。这件绣画落有“坤维女学堂”款，说明当时学校可能开设了刺绣课程。此绣画反映了清末民初刺绣教育的情况，具有较高的历史研究和艺术价值。

民国　海南黎族哈方言区女筒裙

长57厘米，宽41.5厘米。广东民间工艺博物馆藏。

筒裙分为裙头、裙腰、裙身三部分，色调以黑、黄、白、红为主。裙头为黑色布料，间隔以黄色项链花纹。裙腰以黑色为底料，用红、白色绣线绣有飞鸟纹与锯齿纹，上下用黑色格子间隔。裙身装饰有红、白菱形飞鸟纹，下方有多层整齐的正方形黑、红、白格子，间隔以锯齿纹及波浪纹。为民国时期海南岛黎族哈方言区妇女的筒裙。

民国　黎族杞方言区女筒裙

长52.5厘米，宽38.5厘米。广东民间工艺博物馆藏。

该筒裙出自海南岛黎族五大方言区之一的杞方言区，裙齐膝筒形，由裙头、裙腰、裙身三幅缝接而成。裙头采用纯黑色布料；裙腰、裙尾则以红色为主调，配以绿色、白色、黄色，织成传统婚礼纹饰。图案纹饰规整，色彩鲜艳悦目，手艺精巧，是黎族杞方言区保留下来的珍贵筒裙。

民国　生铁黎裙

长53.5厘米，宽37厘米。广东民间工艺博物馆藏。

生铁黎是海南岛黎族五大系之一杞黎中的一个支系。裙齐膝筒形，由裙头、裙腰、裙身三幅缝接而成。裙头是纯黑色的布料，裙身主题图案以红、黄、白色线织出规整抽象的黄麋纹为主，嵌地子为人祖纹（又称“王纹”）。黎族人民将甘工鸟喻为幸福的化身，该裙在主题图案上织一排整齐有序的甘工鸟纹，在菱形格内各嵌一只展翅欲飞的抽象鸟形纹。裙幅图案纹饰规整，色彩鲜艳，是海南岛琼中县杞黎保留下来的珍贵筒裙。

民国　倖黎女上衣

前长70厘米，后长60厘米，围宽106厘米。广东民间工艺博物馆藏。

用木棉和麻的纤维织出粗布染成靛蓝色缝制而成。对襟，前长后短，带流苏，用铜钱作纽扣；襟前、衣脚前后和袖口周边，用红、黄、白、青等多种色线以双面绣技法，绣出折角锯齿纹、三角形几何纹的图案花纹；背面正中稍下还有对称的茅寮纹；前襟和衣脚的流苏串上白色小柱、铜钱和小铜铃。这样制作考究、精工刺绣的上衣，是海南岛乐东县倖方言区妇女盛装中的精品。

民国　本地黎裙

长22厘米，宽37厘米。广东民间工艺博物馆藏。

本地黎为汉称，意为“土著黎族”，又称“润黎”。筒裙由棉纱织造，由裙头、裙腰、裙身、裙尾四条幅缝合而成，构图规整。裙头以黑色为主，配以黄色、白色。裙腰用黄色、绿色、白色线织成五行菱形格，格内饰树花纹，每行花纹又以项链花纹作间隔。裙身与裙尾以红色为主调，配以绿色、白色。裙腰、裙身、裙尾均织成长方格图案，每方格内饰有茅寮纹或黄麋纹和生活图景。方格之间，每幅之间均织有分隔纹饰。筒裙制作精细，形制、纹饰与色彩也反映了民俗审美，是海南黎族润方言区黎族服饰中的精品。

第十八章

古籍善本

清康熙　《广东新语》二十八卷

开本高26.5厘米，宽16厘米；版心高17.2厘米，宽26.6厘米。广州市文物考古研究院藏。

清屈大均撰。清康熙三十九年庚辰（1700）水天阁刻本。黄纸，线装，十册。卷首有潘耒《序》及屈大均《自序》。序言首页盖有“抚松阁藏”朱文藏书印。此书部分书页被虫蛀蚀，已精裱，少数文字笔画虽有残缺，无碍阅读。总目分天语、地语、山语、水语、石语、神语、人语、女语、事语、学语、文语、诗语、艺语、食语、货语、器语、官语、舟语、坟语、禽语、兽语、鳞语、介语、虫语、木语、香语、草语、怪语等二十八门，每语为一卷。内容包括广东天文、地理、经济、物产、人物、风俗、文物、史迹等。其所以取名《广东新语》，据作者自序说：“吾于《广东通志》略其旧而新是详，旧十三而新十七，故曰‘新语’……是书则广东之外志也。”可见其书可补《广东通志》之不足。

清雍正　《广东通志》六十四卷

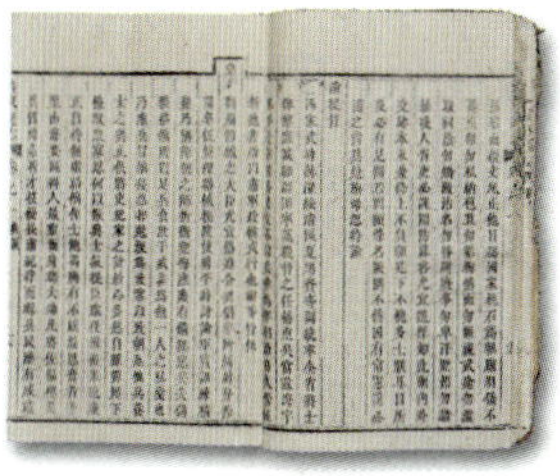

开本高27.5厘米，宽17厘米；版心高22厘米，宽30厘米。广州博物馆藏。

清郝玉麟等修，鲁曾煜总辑。清雍正九年（1731）刻本。白纸，线装，三十四册。卷首辑雍正九年广东总督郝玉麟、广东巡抚鄂弥达《为纂修省志告在折》。目录分典谟、星野、舆图、疆域、沿革、编年、礼乐、海防、山川、城池、水利、学校、公署、坊都、贡赋、兵防、屯田、盐法、职官、选举、封荫、名宦、坛祠、茔墓、仙释、岭蛮、外蕃、艺文、杂事等三十五门。其中，“沿革”自唐虞、三代，迄清雍正七年（1729）。“编年”从“五帝纪”之“颛顼创制九州，南至于交趾。尧命羲叔宅南交。舜巡狩至衡之南”至清雍正八年（1730）。该通志为清代各省中最先修成（雍正八年六月开局，于九年五月告成）者。存在沿袭旧文且繁杂及体例不一、彼此抵牾等问题，但叙事首尾详明，胜于旧志。特别值得一提的是，广东地处南疆，海外交通贸易发达，因而新增“外蕃”（友好往来的国家和地区）一门，为他志所无而属首创，为续修的《广东通志》《广州府志》等沿用。

郝玉麟，清汉军镶白旗人，后入汉军镶黄旗。雍正年间授云南提督。以战功，历任粤、浙、闽等省总督，官至吏部尚书，后因受贿去职。

清乾隆　《广州府志》六十卷卷首一卷

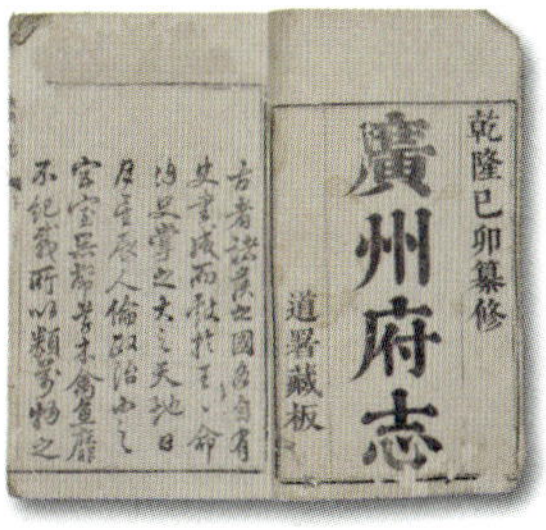

开本高28.2厘米，宽17.5厘米；版心高22.1厘米，宽32厘米。广州博物馆藏。

清张嗣衍修，沈廷芳纂。清乾隆二十四年己卯（1759）道署刻本。白纸，线装，三十册。卷首辑两广总督李侍尧等人序。目录分星野、疆域舆图、建置沿革、城池、山川、海防、关津、古迹、风俗、贡赋、仓贮、兵制、盐政、学校、祠坛、公署、职官、名宦、选举、人物、列女、物产、艺文、杂录等二十四门。

主修张嗣衍，山西浮山人，时任广州府知府。总纂沈廷芳，浙江仁和（今属杭州）人，曾任河南按察使、广州粤秀书院掌教。

清嘉庆　《羊城古钞》八卷

开本高27厘米，宽15.5厘米；版心高17.9厘

米，宽27厘米。广州市文物考古研究院藏。

清仇巨川辑。清嘉庆十一年（1806）文畬堂刻本。黄纸，线装，六册。卷首有仇巨川自序及温汝能序。该书所辑资料专以羊城为对象，具体地域则以清代“羊城八景”所在之范围以内者为限。资料来源以《广东通志》为主，次及《南海县志》《番禺县志》，其他史乘、杂书亦多采录，总计凡一百一十四种，还参以辑录者本人所知见，故其所辑内容较为丰富。目录采方志体例，分星野、城池、山川、祠坛、学校、坊表、寺观、恤政、茔墓、沿革、事纪、名宦、人物、仙释、古迹、灵异、杂事、杂物等诸门。罗浮山虽地处“羊城八景”之外，因属“名胜之大者”，附于卷末。纪事始于秦末汉初之赵佗，迄于清代。卷首绘粤秀连峰、琶洲砥柱、五仙霞洞、孤兀禺山、镇海层楼、浮邱丹井、西樵云瀑、东海鱼珠等清代羊城八景图。

仇巨川，广东顺德人，好读书，老而不倦。工诗文，毕生无意于仕途，以布衣终其身。

清嘉庆 《粤中见闻》三十五卷

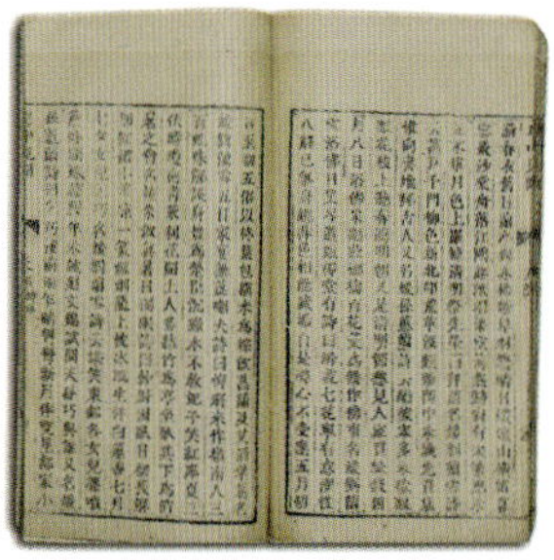

开本高25.5厘米，宽15.5厘米；版心高19.8厘米，宽23.6厘米。广州博物馆藏。

清范端昂纂辑。清嘉庆六年（1801）刻本。黄纸，线装，十二册。卷首有范氏自序。该书是作者据本人见闻纂辑而成的地方笔记，目录分天、地、人、物四部。其中天部，记日、月、星、风、雨、气候、时序等；地部，记山川及名胜古迹，如海珠、河南、石门、南海神庙、五仙观、白云山、越秀山、贪泉、九眼井、北江、西江、东江、珠江等；人部，记名宦、忠贞、孝义、道统、诗宗、仙术、法术、技艺、神媛、仙媛、才媛、烈媛、奇妇等；物部，记金、银、檀香、绵布、剑、刀、谷、粟、竹、藤、兰花、素馨花、荔枝、龙眼、孔雀、鹤、虎、鹿、鸡、鹅、鸭、蚕等。末将比邻之安南、占城等作为附录。

范端昂，广东三水人。

清道光 《广东通志》三百三十四卷卷首一卷

开本高26厘米，宽17厘米；版心高20厘米，宽30厘米。广州博物馆藏。

清阮元修，陈昌齐、刘彬华、谢兰生等纂。清道光二年壬午（1822）修，清同治三年甲子（1864）重刊本。黄纸，线装，一百一十七册。《广东通志》旧有明嘉靖十四年（1535）戴璟撰之初稿四十卷，嘉靖三十六年（1557）黄佐撰之七十卷，明万历二十九年（1601）郭棐等撰之七十二卷，清康熙十二年（1673）刘秉权修之三十卷。该通志据黄志重修。卷首辑两广总督阮元、广东巡抚李鸿宾为纂修广东通志的奏折，阮元和广东巡抚嵩孚恭奏纂修广东通志告成折及阮元序。目录分训典、郡县沿革表、职官表、选举表、封建表、舆地略、山川略、关隘略、海防略、建置略、经政略、前事略、艺文略、金石略、古迹略、宦绩录、谪宦录、列传、杂录等十九门。其中，列传分人物、列女、耆寿、方伎、宦者、流寓、释老、岭蛮、外蕃等目，列传一至列传二十所志人物均为广州府所属各县人。职官表从秦至清道光二年，前事略叙至明崇祯十七年（1644）。民国廿三年（1934）上海商务印书馆据同治刻本影印，精装五册。以上二种版本均藏广州博物馆。

清道光　《岭南丛述》六十卷

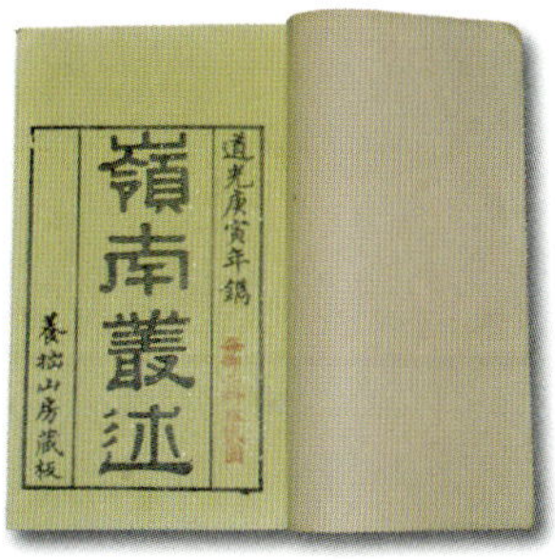

开本高25.5厘米，宽15.5厘米；版心高18厘米，宽26.4厘米。广州博物馆藏。

清邓淳编撰。清道光十年（1830）刻本，线装，十八册。邓氏曾任《广东通志》（清阮元修）分校，得以摘录资料分类编成该书。该书“列目四十，厘卷六十”，要目有天文、岁时、舆地、水道、宦纪、礼制、乐器、文学等。其中动植物类别收录尤详。

清道光　《岭南遗书》六集六十一种三百四十四卷

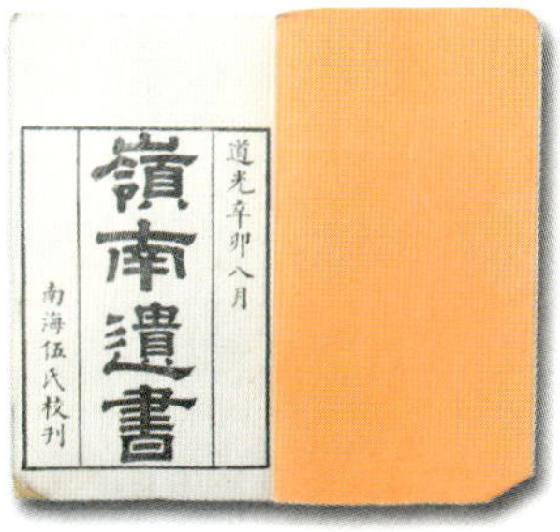

开本高26.6厘米，宽16厘米；版心高18.8厘米，宽28.6厘米。广州市文物考古研究院藏。

清伍崇曜辑，道光十一年（1831）至清同治二年（1863）刻本。黄纸，线装，九十册。卷首有道光十一年辛卯伍崇曜序。所辑均属广东地方文献及当时不传本。其中包括黄佐撰《广州人物志》二十四卷，明欧大任撰《百越先贤志》四卷，明陈献章撰《白沙语要》一卷，明黄衷撰《海语》三卷，宋崔与之撰《崔清献公集》五卷，明陈梿撰《罗浮志》十卷，汉杨孚撰《杨议郎著书》一卷、《异物志》一卷，清吴应逵撰《岭南荔枝谱》六卷，清吴兰修撰《南汉纪》五卷、《南汉地理志》一卷、《南汉金石志》二卷、《端溪砚史》三卷。

伍崇曜以广东虽号富饶，而书版绝少，书店所售，仅科场应用之书，于是决心刊印书籍，以惠士林。延聘同邑谭莹协助编订。《岭南遗书》为其首刊。后陆续刊刻，于清光绪十一年（1885）汇编为《粤雅堂丛书》三编三十集二百一十八种一千二百五十一卷，共四百册。

清道光　《平海心筹》二卷

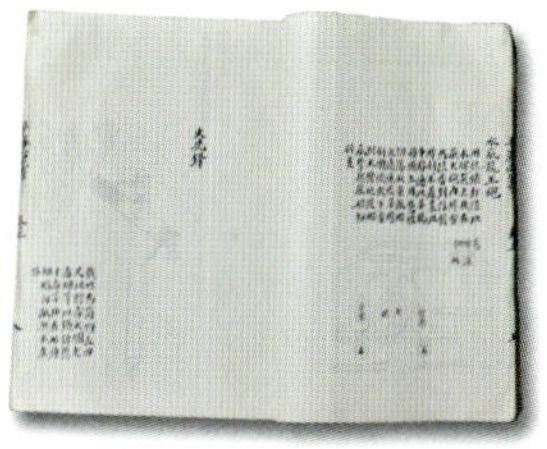

开本高26.2厘米，宽19厘米。广州博物馆藏。

清道光二十三年（1843）成书。旧手抄本，白纸，线装，一册。卷首有林福祥自序。卷上所录：

（1）“火器十三种”，如神火飞将军、水底雷、水底龙王炮、火先锋等。每种附图及制造、用法。

（2）“制药二十八方”，如火药方、火线方、扁线方、火攻神药法品、无敌毒龙火药方，解圣药方等，每种药方详列原料及配制之法。

（3）《广东省河水路指掌握要图》，后附说明，如省城至某处里程，虎门、猎德等处有炮台几座，广东潮涨潮退时辰等。卷下辑《防夷十八论》《三元里打仗日记》《上制军祁宫保乞收复香港书》《谕林家义勇文》《上云舫夫子书二叩》。

此书记载了鸦片战争时期广州三元里人民的抗英斗争。作者曾参加过这一斗争，但对其本人在斗争中的作用有不少夸大之处。

林福祥（1814—1864），广东香山（今中山）人。字亮予，号季薇（或作季眉）。出身世家巨族，好为诗文，喜谈兵略，屡试不中。鸦片战争爆发后，于道光二十一年（1841）二月谒广州知府余保纯，陈述战守方略，未被接纳。后投效粤督祁𡎴，被委招募水勇，组成“平海营”，任管带，率其所部五百七十二人，战船十六艘，驻守广州城西离明观海口，抗击英军。同年5月30日，三元里人民奋起抗英时，他在城郊石井“闻锣声不绝，即带水勇应之”，参加战斗，旋上书粤督，“乞即收复香港”。后历任南昌、抚州、饶州知府，吉安赣宁兵备道，浙江布政使等职。

配合江忠源在安徽、江西等地与太平军作战。清咸丰十一年（1861）在太平军进攻杭州时被俘，得李秀成礼遇，并领受“鐀金”一百两。得释后，走上海、九江。清同治三年（1864）被左宗棠捕杀于浙江衢州。另有《林福祥遗稿》一卷，计有诗五十九首、文十三篇，未刊行。

清道光 《夷氛闻记》五卷

开本高23.8厘米，宽13厘米。广州博物馆藏。

清咸丰初年成书。因叙事率直，恐触时讳，故不署撰写人姓名。据考证，作者为清梁廷枏。抄本，五卷。《清史列传》载，该书1937年改名为《夷氛闻记》，由北平研究院史学研究会付印，但讹误极多。此书史料起于清道光初年禁烟运动，迄于道光二十九年（1849）“反入城”斗争，除卷四外，皆为广东境内发生的重大事件。

清道光 《南海县志》四十四卷卷首一卷

开本高25.3厘米，宽17厘米；版心高19厘米，宽30厘米。广州市文物考古研究院藏。

清潘尚楫等修，邓士宪、谢兰生等纂。清道光十五年（1835）修，清同治八年（1869）重刊。刻本。黄纸，线装，二十二册。卷首辑主修、前南海县知县黄定宜，南海县知县刘开域及总纂、云南粮储道、番禺邓士宪等序。目录分圣谟、图（省城、县署、学宫）、舆地略（前事沿革表，附灾祥、疆域、都堡、山川、气候、风俗、物产）、建置略（城池，附炮台；廨署，附仪注；学校，附书院社学；坛庙，附祀黄仪注；津梁，附道路、邮铺、圩市）、经政略（户口、田赋、杂税、积贮、盐法、禄饷、兵防）、江防略（基段、潦期、抢救、筑护、疏濬、图）、职官表（南朝梁至清）、选举表（唐至清，附武科、行伍、仕宦、封荫）、古迹略（城址、署宅、坊表、冢墓、附祠堂、附寺观）、艺文略（经、史、子、集）、金石略（周至明）、列传（宦绩，附寓贤，人物从周至明；耆寿、列女、方伎、仙释）、杂录等总目十二门，子目四十七，其体例多沿旧志，但前事、沿表、职官、选举等则易“志”为“表”；其中“选举表”附武科、行伍、仕宦、封荫，以励功名；鉴于西、北两江潦害最剧而创“江防略”；旧志“艺文略”仅专录诏诰、奏议、诗赋、碑记，这次重修将南海人所撰经、史、子、集诸书均予编入，以鼓励著作；将周秦以迄明代的金石文字收入“金石略”总目，以资考据。

清道光 《洋防辑要》二十四卷

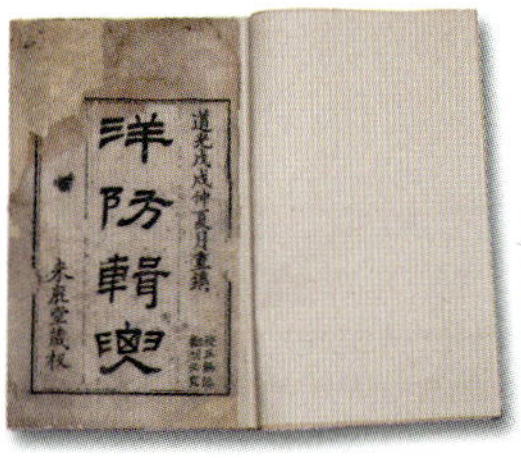

开本高31.6厘米，宽21厘米。广州海事博物馆藏。

清严如熤辑。清道光十八年（1838）刻本。线装，十四册。

严如熤（1759—1826），湖南溆浦人，曾在两广总督那彦成手下参与筹划海防事宜，得以编撰该书。全书共二十四卷，记载了清代水师与出海民船管理，各省水师分防编制与人事管理、沿海府州县概况，浙江、福建、广东等沿海地理，并按防海略、策略、风潮占验、操练水师略、水战筹等篇目分门别类论述了防海要略，是鸦片战争前夕一部重要的海防著作，体现了作者防寇、备寇的使命感和强烈愿望。

清道光 《粤讴》四卷

开本高27.5厘米，宽16.9厘米。广州博物馆藏。

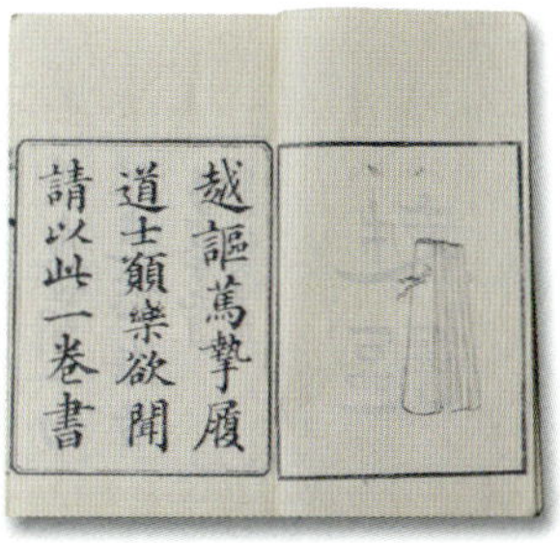

清南海举人招子庸著。十六甫萃古堂版，一册。清道光八年（1828）首版，以后屡经翻刻。该书为广州地方性民间说唱集，用广州方言写成。粤讴是在木鱼、南音等说唱形式的基础上新创的民间文学体裁。此集内容多涉及男女情爱及道德说教，曲调低沉，词意悲切，如泣如诉，令人一唱三叹，反映了作者对世俗的洞察及对社会下层女性的同情。作品既保留了鲜明的音乐特点，又添以文学辞藻，比兴灵活，个性突出，雅俗共赏。1904年，英人金文泰把《粤讴》译成英文，题为《广州情歌》，远播欧洲。他将《粤讴》与希伯来民歌并列，认为同样具有不朽的文学价值，当代文学评论家郑振铎等也盛赞此集。

清道光 《白云越秀二山合志》四十九卷

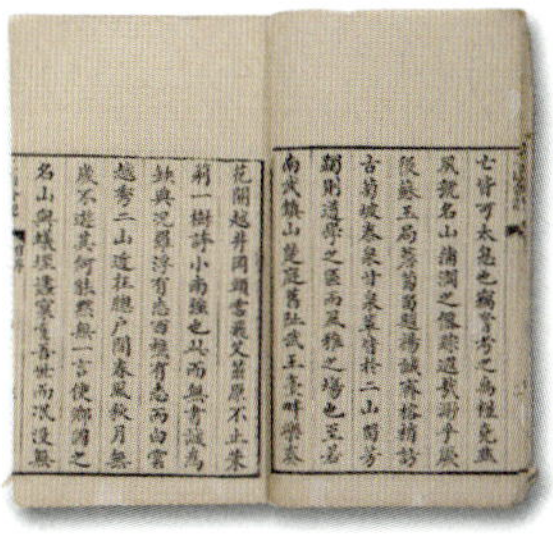

开本高25.5厘米，宽15.2厘米；版心高17厘米，宽26.4厘米。广州博物馆藏。

清崔弼初辑，陈际清［番禺（今广州）人］续辑。清道光二十九年（1849）刻本。黄纸，线装，二十四册。卷首辑国史馆纂修林召棠及陈际清序，与《广州府城郭图》《白云山图》《越秀山图》。此书所辑，以白云、越秀二山为主，凡所志山川胜迹、古今人物皆与二山及广州城有关者。目录分天、地、人、物四部，下分为四十九门。其中卷一为“天部”，辑清帝御制诗，两广总督孙士毅《为清颁赐白云山龙王庙额奏折》等。卷二至二十三为“地部”，志山、水、楼、台、亭、阁、堂、祠、宫、庙、坛、园、寺观、桥梁村店、驿站坊表、书院、仓储、衙署、城池、炮台、墓、塔等门。卷二十四至三十七为“人部”，分名宦、将略、宦游、忠孝、名儒、著述、诗宗、甲第、隐逸、技术、暴逆、闺阁、仙释等门。卷三十八至四十九为“物部”，分草、木、花、果、谷食、蔬药、鸟兽、虫鱼、货宝、器用、前事、艺文等门。

清同治 《中西纪事》二十四卷

高26.2厘米，宽16.6厘米；版心高17厘米，宽25.8厘米。广州博物馆藏。

成书于清道光三十年（1850），清咸丰十年（1860）、清同治四年（1865）先后重订。同治十年（1871）活字重印。本书原署江上蹇叟撰，不署作者真实姓名，但从书的后序可知作者实为夏燮。内容分通番之始、猾夏之渐、互市档案、漏卮本末、英人窥边请抚、粤东要抚、闽浙再犯、江上议款等二十四目，记述内容始于通商起源，迄于咸丰十年各国换约。

夏燮，安徽当涂人。任临城训导，有感于国事之艰辛，搜集传钞、闻说及当时公文档册，编辑成书。

清同治 《广东图说》九十二卷

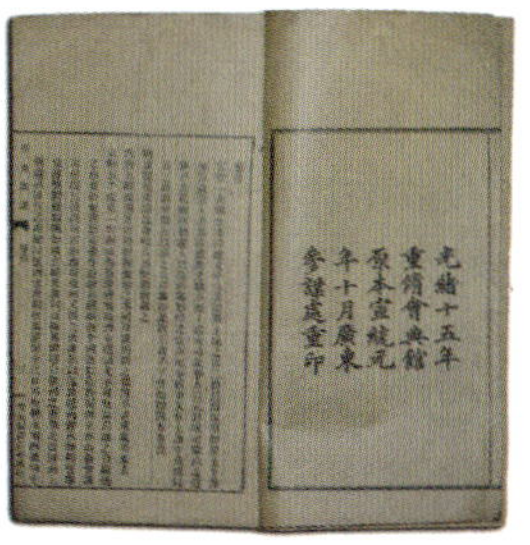

开本高26.3厘米，宽15厘米；版心高18.3厘米，宽24厘米。广州博物馆藏。

清陈澧、邹伯奇、赵齐婴绘图，桂文灿编说。清同治年间刊行。十八册，卷首辑两广总督瑞麟序。除广东省全图外，省内各府、厅、州、县皆有图示，且所绘各图均标有四界、里程、山形、水脉、圩镇、乡村及有关官防隘道情况等说明。各图以文武官员所绘图册为底本，参以《广东通志》和各府、厅、州、县地图，以及商民所绘水程海岛图绘制而成，对当代绘制广东省地图有重要的参考价值。广州博物馆另藏有清光绪十五年（1889）粤东编译公司重修本。

清同治　《南海县志》二十六卷卷首一卷

开本高27厘米，宽16厘米；版心高18厘米，宽30厘米。广州市文物考古研究院藏。

清郑梦玉等修，梁绍献等纂。黄纸，线装，十二册。清同治十一年（1872）刊。刻本。南海之有县志，据有关记载，以宋李木撰《南海图经》五卷；宋陈岘修，南宋嘉定年间（1208—1224）刻《南海县志》十三卷；宋方大琮修，南宋淳祐七年丁未（1247）刻《南海县志》；元大德八年（1304）陈大震修《南海志》二十卷（此书现藏北京图书馆，仅存六至十卷，二册。1986年广州市地方志研究所据广东省立中山图书馆影抄本刊印，名《大德南海志残本》）等为较早。其后有明刘廷元修，明万历三十七年（1609）刻本（北京图书馆及台湾“中央”图书馆有藏，但均缺五至九卷）；明朱光熙修，明崇祯十五年（1642）刊《南海县志》十三卷（旧抄本，北京图书馆藏）；清郭尔祀修，清康熙三十年（1691）刊《南海县志》十七卷；清李文焰修，康熙三十六年（1697）刊《南海小志》五卷；清魏绾修，清乾隆六年（1741）刊《南海县志》二十卷；清潘尚辑等修，清道光十五年（1835）刊《南海县志》四十四卷卷首一卷等。该志据旧志续修，故封面题《南海县志》，封二又题《续修南海县志》二十六卷。卷首刊广粮通判、前署南海县知县陈善圻序。目录分图说、舆地略（前事沿革表，附灾祥）、建置略（城池、廨署、学校、书院、社学、祠庙、津渡、桥梁、圩市）、经政略、江防略、职官表、选举表、艺文略、金石略、列传（人物、官师、孝义、节义、文学、善行、艺术、耆寿、列女）、耆寿表、节孝表、杂录等十三门。其中卷一至二之“图说”，总纂邹伯奇，首附省城图（广州），次为历朝之《县署图》等，再次为《县境全图》《捕属图》及《金利司图》等分图。

梁绍献，字国乐，号槐轩。南海（今属佛山）人。道光二十一年辛丑（1841）进士。由翰林改御史。后乞归，主讲羊城书院。著有《怡云山房诗文集》。

清同治　《番禺县志》五十四卷卷首一卷

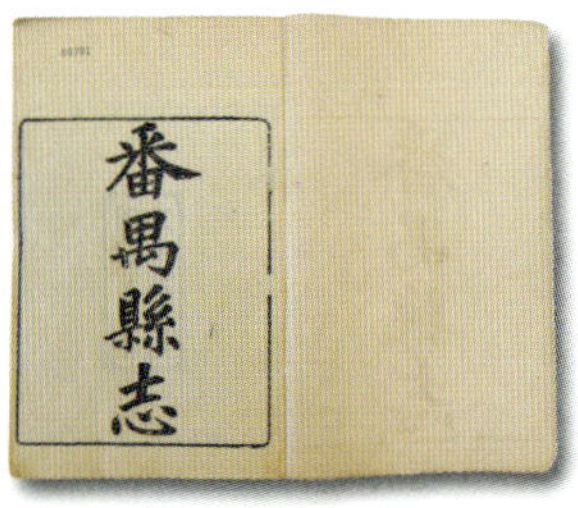

开本高26厘米，宽16.5厘米；版心高18.4厘米，宽30厘米。广州市文物考古研究院藏。

清李福泰修，史澄等纂。清同治十年（1871）刻本。黄纸，线装，十六册。该志据清乾隆三十九年甲午（1774）任果等修《番禺县志》二十卷重修。卷首辑李福泰《番禺县志序》、史澄《重修番禺邑志序》。总目分沿革、舆图、舆地略、职官表、选举表、建置略、经政略、前事略、古迹略、艺文略、金石略、列传、杂录等十三门。此前曾有明万历四十年壬子（1612）郑升修《番禺县志》、清康熙二十五年丙寅（1686）孔兴连修《番禺县志》三册。

主修李福泰，曾任番禺县知县、广东巡抚。

主纂史澄，原名淳，字穆堂，原籍江苏溧阳，曾祖游幕至粤，以侨寓久，占籍番禺（今广州）。清道光二十年（1840）进士，曾任翰林院编修、实录馆纂修、国史馆纂修、右春坊右中允、日讲起居注官、山西乡试正考官等。后乞归奉母，返粤后掌教丰湖书院、端溪书院、粤秀书院。晚年在广州越秀山麓购得黎瑶石清泉精舍故址，建藏书楼，旁辟地莳花养鱼，名继园。终年七十七岁。著有《安和堂世范》二卷、《趋庭琐语》八卷、《鉴古迩言》五卷、《史氏本源录》一卷、《退思轩行年自记》四卷、《古今体诗》十卷等。

清同治　《南海县图》二卷

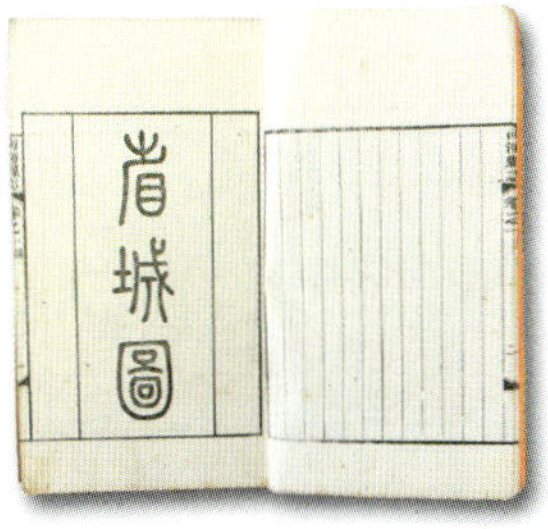

开本高29.2厘米，宽17.3厘米；版心高19厘米，宽30厘米。广州市文物考古研究院藏。

清邹伯奇总纂，邹琎、罗照沧分纂（绘图）。清同治十年辛未（1871）刻本。白纸，线装，三册。该图将清郑梦玉等修清同治十一年壬申（1872）《南海县志》二十六卷卷首一卷及卷一至二（三册）分辑而成，且二者印刷所用的雕版基本相同。但细考本志图与郑志卷一至二，有如下小异：

（1）郑志卷一《省城图》之第十三至十七页，为《南海学宫尝田图》，本志图则缺。

（2）郑志卷一《南海县图》第一页第一行有“南海县志卷一”六字，第二行有“图说”二字，版心下面有“壬申续修”四字，而志图均无。但“图说”（即说明文字）的具体文字、每页行数、每行字数，则与志图完全相同，而该页雕版则不同。

（3）志图之卷一《县境全图》之“又五十页”末行，有“南海县志卷之一上”等数字，而郑志同一页则无此数字。

（4）志图之卷二，末附同治十年辛未邹琎《跋》，略称志图是按照邹伯奇所教授的绘图法绘制而成，并附邹伯奇所创的绘图所用的“指南分率尺”图样。而郑志无此《跋》及分率尺图样。

（5）志图因用较优质白纸印刷，故图文均较清晰，而郑志用一般黄纸印刷，图上个别地名模糊不清。

邹伯奇（1819—1869），广东南海（今广州）人，清代著名科学家。在数学、天文、地理及摄影器材研制等方面，均取得了较大成就，后人辑录其生前著述为《邹徵君遗书》九卷。

清光绪　《续修南海县志》二十六卷卷首一卷卷末一卷

开本高27厘米，宽16厘米；版心高18.2厘米，宽30厘米。广州市文物考古研究院藏。

清郑逺等修，桂坫等纂。清宣统三年（1911）刊。刻本，黄纸，线装，十四册。卷首刊南海县知县张凤喈《重修南海县志序》及总纂何炳堃《后序》。本志仿清同治十一年壬申（1872）郑梦玉修《南海县志》二十六卷卷首一卷体例，但删去子目“官师”，而增“古迹”一门，及近年出现的学堂、铁路、实业、警察等内容。目录分图说、舆地略（前事补、前事沿革表、疆域、都堡、山川、气候、风俗、物产）、古迹略（城址、衙署、楼台、洞壑、园林、祠宅、坊表、冢墓、寺观）、建置略（廨署、局厂、仓廒、善堂、学校、学堂、书院、社学、祠庙、津渡、桥梁、圩市）、经政略、江防略、职官表、选举表、艺文略、金石略（三代至清）、列传（人物、孝义、忠义、文学、善行、艺术、耆寿、列女）、耆寿表、节孝表、杂录等十四门，卷末为捐册。该志所记，上起三代，下迄宣统二年庚戌（1910）。

清　《南海百咏》

开本高26厘米，宽15.2厘米；版心高17厘米，宽24.6厘米。广州博物馆藏。

南宋方信孺撰。甘泉江氏所藏影钞原本。封面及序言缺页，刊页年代不详。黄纸，线装，一册。辑作者咏广州名胜史迹七绝诗一百首，其中有咏番山、禺山、任嚣城、五仙观、九曜石、卢循河南故城、浴日亭等。题下并叙该处名胜史迹所在地及沿革等概况。其中《法性寺》（今光孝寺）诗云："金碧参差兜率天，曾煎诃子试新泉。荒园废宅无人问，门外桃花却是禅。"

方信孺，字孚若。南宋兴化军（今福建莆田）人。有隽才，未冠能文，南宋理宗朝（1225—1264）以父崧卿荫，补番禺县尉，曾以计捕海盗，不失一人。后任萧山丞，以朝奉郎、枢密院参谋官的名义，持书问于金国元帅府，以口才折服强敌。归国后不久，任韶州知府。《南海百咏》是其任职广州时所撰。

清光绪　《南海百咏续编》四卷

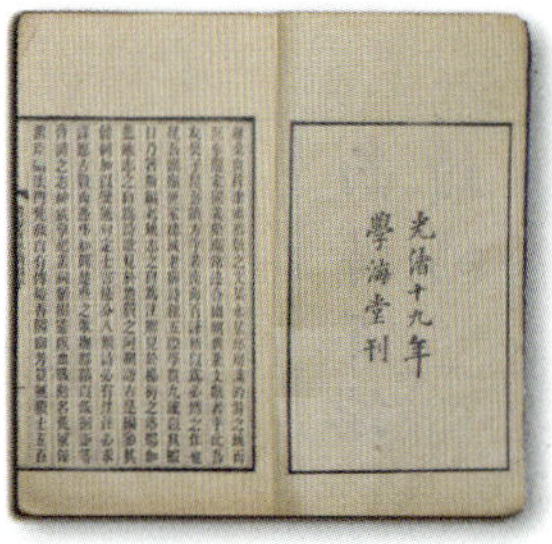

开本高26厘米，宽15.2厘米；版心高18.4厘米，宽24厘米。广州博物馆藏。

清樊封撰。清光绪十九年（1893）广州学海堂刊。刻本。白纸，线装，二册。此书辑作者咏广州名胜史迹七绝诗一百三十首。体例较南宋方信孺《南海百咏》略有改变，目录分名胜、遗构、佛寺、道观、神庙、祠宇、冢墓、水泉等八门；题后叙所咏史迹位置、沿革等概况；诗后双行夹注有关掌故。其所咏诗，有五羊驿、莲花城、六榕寺、大佛寺、五仙观等。其中《镇海楼》咏诗云："万井莺花晓雾寒，瑶窗洞达海天宽。监奴易感丹砂眼，特展朱幢亚字栏。"

樊封，字昆吾。广州驻防汉军人。为诸生，有才气。清道光初，阮元督粤，曾使纂辑《三朝御制诗注》，分校《皇清经解》。清同治九年庚午（1870）恩赐副贡，充广州学海堂学长。所著还有《朴学山房文集》等。

清光绪　《波罗外纪》八卷

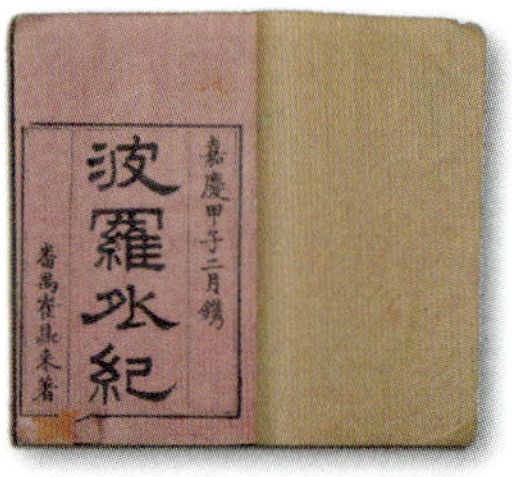

开本高26.5厘米，宽16.3厘米；版心高18.9厘米，宽28厘米。广州博物馆藏。

清崔弼撰。此书初刊于清嘉庆九年（1804）。现藏本为清光绪八年（1882）补刊。刻本。白纸，线装，四册。卷首辑翰林院编修帅承瀛、南海谢兰生及撰者序，与崔福葆绘五联页的木刻画《波罗全图》。图中所绘并标明地名或建筑物名称者，自右而左有虎门、莲花城及狮子塔、南冈头、大滥尾、二滥尾、戙旗冈、鹿步司署、尉迟岩、海光寺、御碑亭、南海神庙、凝真观、浴日亭、白沙、鱼珠等。另有两幅南海神庙铜鼓图，图中附崔弼跋。目录分神灵、庙境、法物、遗荫、年表、碑牒、文赋、诗歌等八门，每门一卷。其中年表纪事迄于清嘉庆五年（1800）。

崔弼，字积匡，号鼎来。广东番禺（今广州）人。弼少承家学，年十二能诗，未弱冠成诗一卷，名《卯兮集》。及长，才气横溢，倾倒时贤。嘉庆六年（1801）中举人，曾燠为布政使枉驾访之，赠以粟帛，坚持乃受。曾燠曾赠诗云："崔子商歌出金石，豪气不为饥寒销。"卒年八十九岁。两广总督阮元题其墓："诗人崔鼎来宝藏。"所著还有《珍帚篇》《游宁草》《两粤水经注》等。

清光绪　《海国图志》一百卷卷首一卷

开本高24.5厘米，宽15厘米；版心高16.4厘米，宽24厘米。广州市文物考古研究院藏。

清魏源编著。清光绪二年（1876）平庆泾固道署重刻本。白纸，线装，三十二册。卷首刊三序：序一，清道光二十二年（1842）魏源在扬州所著《海国图志原叙》。叙后有注云：“原刻六十卷，清道光二十七载刻于扬州。清咸丰二年重补成一百卷，刊于高邮州。”序二，清光绪元年左宗棠《重刻海国图志叙》，略谓“邵阳魏子默深《海国图志》六十卷成于道光二十二年，续增四十卷成于清咸丰二年，通为一百卷。越二十有三年，清光绪纪元，其族孙甘肃平庆泾道光焘惧孤本久而失传，督匠重写开雕，乞余叙之”。序三，清咸丰二年（1852）魏源于高邮州所著《海国图志后叙》。据以上三序知，此书旧有道光二十七年（1847）刻六十卷本，及咸丰二年重补成一百卷刻本。据上海辞书出版社1979年版《辞海》（缩印本）946页“海国图志”条称，此书之1842年刻本仅五十卷，1847年刻本扩大为六十卷，1852年刻本增补为一百卷。此说可能另有新据。此书是道光二十一年（1841）作者在镇江受林则徐嘱托，根据林则徐在广东主持禁烟时为了解西方情况而请人译述英人慕瑞的《世界地理大全》而辑成的《四洲志》，还加上其他中外文献资料整理而成的。作者在《原叙》中说：“是书何以作？曰：为以夷攻夷而作，为以夷款夷而作，为师夷长技以制夷而作。”具体内容为叙述世界各国的历史和地理，并主张学习西方的科学技术。该书的刊行震动当时思想界。

魏源（1794—1857），湖南邵阳人。原名远达，字默深。道光进士，曾任内阁中书。属今文经学派，主张“通经致用”。他是近代中国资产阶级改良思想的先驱，还著有《圣武记》《古微堂集》《元史新编》《老子本义》等。

清光绪 《防海纪略》二卷

开本高24.8厘米，宽14.5厘米；版心高18.2厘米，宽24厘米。广州博物馆藏。

清芍唐居士撰。清光绪六年（1880）上洋文艺斋刊。刻本。白纸，线装，一册。此书成于清同治十年（1871），除现名外，还曾分别以《夷艘入寇记》《夷艘寇海记》《英舶入寇记》《道光洋艘征抚记》《洋务权舆》等书名刊行或传抄流传。

著者芍唐居士，中国史学会主编的《鸦片战争・书目解题》认为是魏源，而广东省文史研究馆编的《三元里人民抗英斗争史料》则认为作者是李德庵、李凤翔父子。此书卷首辑撰者《自序》、淡溪氏《序》及退省山人《题句》等，为记叙鸦片战争之重要史料，其中对林则徐在广东严禁鸦片和广州三元里等地人民英勇抗英及揭露清政府投降派琦善等媚敌卖国事记载颇详。

清光绪 《粤东金石略》九卷卷首一卷附录二卷

开本高18.8厘米，宽12厘米；版心高13.8厘米，宽20厘米。广州市文物考古研究院藏。

清翁方纲撰。清光绪十七年（1891）广州石经堂据清乾隆三十六年（1771）刊本影印。白纸，线装，四册。此书收录翁方纲本人在广东任官八年所得当地金石拓片五百六十二种。卷前有翁方纲自序。其中，卷首，康熙、乾隆御笔二十八种；卷一，广州府金石六十七种；卷二，广州南海神庙金石六十七种；卷三，广州清远禺山峡诸刻三十九种、西樵山二十六种；卷四至五，韶州府金石四十八种；卷六，韶州碧落洞诸刻二十四种、南山诸刻二十七种、泐溪石室五种；卷七，连州金石四十四种；卷八，肇庆府七星岩诸刻六十二种、三洲岩诸刻十五种、阳春岩二种；卷九，肇庆府金石十种、惠州府十三种、潮州府三十三种、嘉应州二种、高州府三种、廉州府一种、雷州府五种、琼州府十三种；附录二卷，广州九曜石考二十八种。此书所录金石刻，只记其名称、地点、年代、撰书人、行数、字径、题跋等，对金石刻文字内容一般不全录。

清光绪 《广东考古辑要》四十六卷

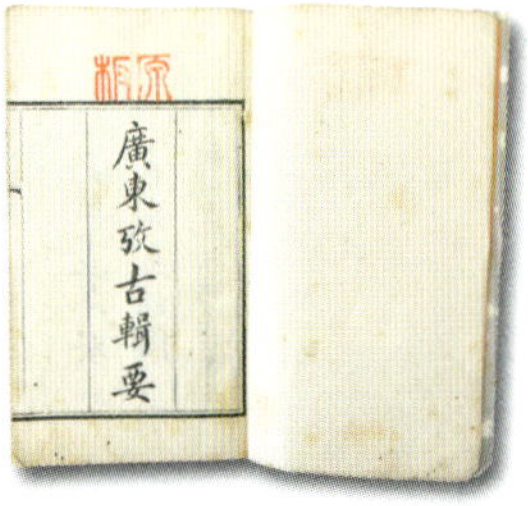

开本高18.4厘米，宽11.5厘米；版心高13厘米，宽19厘米。广州市文物考古研究院藏。

清周韵生、郑海苍、郑宗山、魏叔平同辑。清光绪十九年（1893）刻本。白纸，线装，十册。此书博采广东地方历史文献纂辑而成，按方志体例。卷首辑罗浮蜕叟序。编目分郡县沿革、分野、形势、风俗、水道、山川、堤堰、关隘、津梁、城址、第宅、寺观、陵墓、封建、官制、铨选、田赋、钱法、盐法（附铁政）、榷税、市舶、学制、选举、祀典、土贡、兵制、马政、海防（附兵船、潮汐）、艺文、金石、名宦、谪宦、人物、流寓、耆寿、释老、方伎、物产等三十八门。其中郡县沿革，据洪北江乾隆《府厅县图志》《大清一统志》及《广东通志》编纂。其有近年改置者，如阳江县升为厅，钦州升为直隶州，及新置防城县等均据司册编纂。形势门多采自顾祖禹《读史方舆纪要》，山川、堤堰、关隘、津梁、城址、第宅、寺观、陵墓等门均按府、厅、州编次；封建、官制、铨选、田赋、钱法、盐法、榷税、市舶、学制、选举、祀典、土贡、兵制、马政等门均按朝代编次，上自周秦，下迄明代；金石一门多采自翁方纲《粤东金石略》；名宦、谪宦、人物、流寓、耆寿、方伎、释老诸门，亦按朝代编次，录至明代；物产一门，则将《南方草木状》《岭表录异》诸书所载者，均予辑录。援引各书，注明出处。

辑纂者周韵生等四人，均为清末湖南人，因致仕或入幕僚而流寓广州多年。

清光绪 《广州府志》一百六十三卷

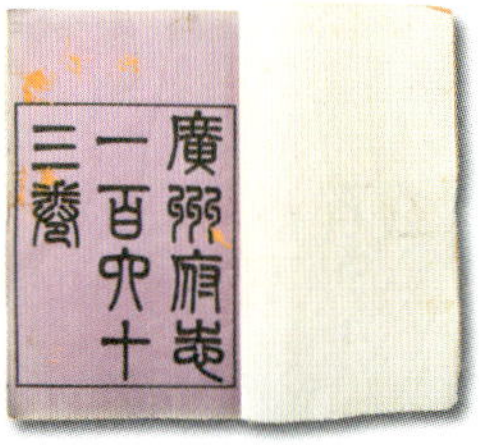

开本高27厘米，宽17厘米；版心高18.3厘米，宽30厘米。广州市文物考古研究院藏。

清戴肇辰等修，史澄等纂。清光绪四年（1878）重修，光绪五年（1879）粤秀书院刻本。白纸，线装，六十册。广州之有地志，据记载，以宋王中行撰《广州图经》二卷、宋人（未详名氏）撰《广州新图经》、宋人（未详名氏）撰《南海郡略》等为较早，其次为明成化九年（1473）吴中等修《广州志》，明嘉靖六年丁亥（1527）黄佐辑《广州府志》七十卷，清康熙十二年（1673）汪永瑞修《广州府志》五十四卷，清乾隆二十四年（1759）张嗣衍等修、沈廷芳纂《广州府志》六十卷卷首一卷。现存世的以明成化吴志为最早，惜不全，藏北京图书馆。戴志据乾隆张志重修。卷首辑同治九年戴肇辰及光绪四年史澄等《重修广州府志序》。目录分训典、沿革表、舆图、舆地略、职官表、选举表、封建表、建置略、经政略、前事略、古迹略、艺文略、金石略、宦绩略、寓贤录、列传、杂录等十七门。地域包括府治广州及所辖南海、番禺、顺德、东莞、从化、龙门、增城、新会、香山、新宁、三水、清远、新安、花县等十四县。所志年代，上起周秦，下迄清。

主修戴肇辰，广东候补道、前广州府知府。主纂史澄。

清光绪 《广艺舟双楫》六卷卷首一卷

开本高28.7厘米，宽15.7厘米；版心高17.8厘米，宽26厘米。广州市文物考古研究院藏。

清康有为撰。清光绪十五年（1889）刻本。

黄纸，线装，二册。据康有为《自编年谱》，作者于光绪十四年（1888）赴京参加顺天乡试落选，第一次上书光绪帝又始终未能上达，有人劝其“勿言国事，宜以金石陶遗”，于是“日以读碑为事，尽观京师藏家之金石凡数千种，自光绪十三年以前者略尽睹矣。拟著一金石书，以人多为之，乃续包慎伯为《广艺舟双楫》焉”。所称慎伯者，为包世臣字，是清代学者、书法家、书法理论家。其所著《艺舟双楫》六卷，上篇四卷为论文，下篇二卷为论书。论书首述学习书法之经验、心得，并论汉代以来书法用笔源流，提倡学习北碑，对后来书风变革颇有影响。康有为《广艺舟双楫》专论书法，进一步提倡学碑，特别推重北魏，反对学帖，不满唐代结构严整的书风。其阐述书派源流，好为臆说，在品评书法艺术中，也存有偏见。但该书对研究书法有一定的参考价值。卷首有康氏《叙目》，叙撰书缘由及篇目。目录分原书、尊碑、购碑、体变、分变、说分、本汉、传卫、宝南、备魏、取隋、卑唐、体系、导源、十家、十六宗、碑品、碑评、余论、执笔、缀法、学叙、述学、榜书、行草、干禄、论书绝句等二十七篇。

清光绪　《长兴学记》

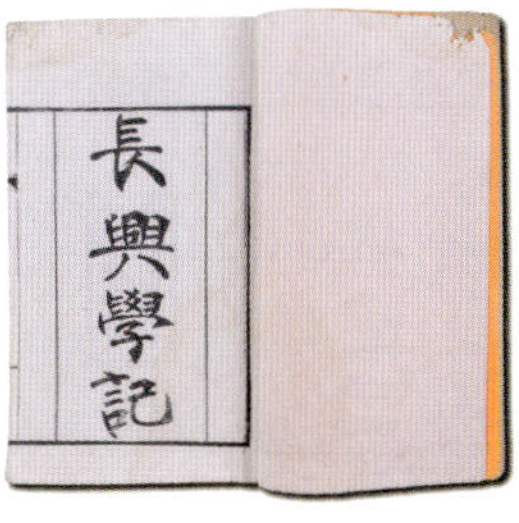

开本高29.6厘米，宽18.2厘米。广州博物馆藏。

清康有为撰。清光绪十七年（1891）广州万木草堂刊，刻本，白纸，线装，一册。

这是康有为于光绪十七年开始在广州长兴里讲学所著学规。正如其在《自编年谱》中所记：“光绪十七年辛卯，三十四岁。始开堂于长兴里讲学，著《长兴学记》以为学规，与诸子日夕讲业，大发求仁之学，而讲中外之故，救中国之法。”其倡导以“志于道，据于德，依于仁，游于艺”“四言为纲”。在四纲之下，又有若干学目，归属于德育、智育和体育三方面。德育方面，他提出格物、励节、慎独、习礼，检摄威仪、敦行孝悌、崇尚任恤、同体饥溺等传统的思想道德修养。智育方面，他提出义理、经世、考据、词章，以及礼、乐、书、数、图、枪的知识灌溉。体育方面，他提出音乐、舞蹈、体操和军事体操的训练，开展游历活动。最后，他向学生提出“耻无志”“耻徇俗”“耻鄙吝”“耻懦弱”四耻作为戒条。康有为在此书里，虽沿袭大量旧的教育思想内容，但在中国近代教育史上第一次明确提出了学生要在德、智、体三方面发展的教育思想。梁启超在其所著《南海康先生传》中，曾对长兴学舍及学规作如下评论：“其教旨专在激励气节，发扬精神，广求智慧。中国数千年无学校，至长兴学舍虽其组织之完备万不逮泰西之一，而其精神则未多让之。其见于形式上者，如音乐至兵式体操诸科，亦皆属创举。”该书虽封面已缺，随意以鸡皮纸写上书名，但内容完整无缺，为难得的初刻善本。

清光绪　《驻粤八旗志》二十五卷卷首一卷

开本高28.5厘米，宽16厘米。广东革命历史博物馆藏。

清代驻防广州八旗将军长善、广州驻防汉军副都统果勒敏、广州驻防满洲副都统尚昌懋、广州驻防汉军副都统吉和主纂。清光绪元年（1875）修，光绪五年（1879）二月初刊，光绪十年（1884）续修。石印，玉扣纸，线装，十六册。封面字“驻粤八旗志”为篆书。全书分敕谕、建置、经政、职官、选举、人物、杂记七大部分。有地图、水陆战图七十余幅。该书记载了清代广州驻防八旗在政治、经济、军事、文化等方面的典章制度及其社会生活、风俗习惯、人物事迹等。目录分卷首敕谕，卷一官兵额设，卷二至卷四建置志，卷五至卷七经政略，卷八至卷十一职官表，卷十二选举表，卷十三至卷二十三人物表，卷二十四杂记（附录旗境故迹）。

《驻粤八旗志》是研究广东当地满族和地方历史的资料，是研究清末“满学”不可缺少的宝贵资料。

民国 《广州石室始末记》

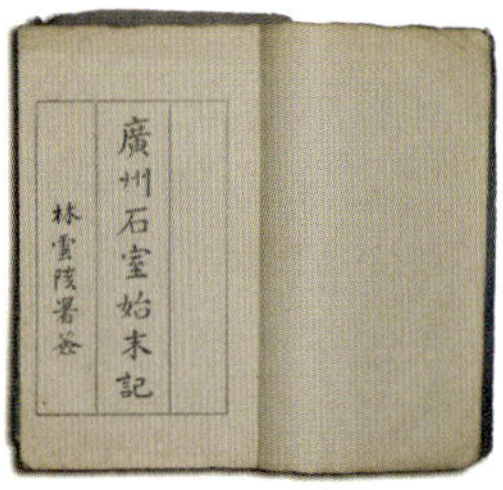

开本高22厘米，宽12.7厘米。广州博物馆藏。

民国李泰初撰述，民国十九年（1930）出版。32开本，铅印，八十八页。该书揭露了法国侵略者强迫清两广总督出租督署旧址建天主教堂（石室）的始末。第二次鸦片战争期间，英法联军侵占广州，英法侵略军逼迫清政府签订了不平等的《天津条约》和《北京条约》。清咸丰十年（1860），法国又以传教为理由，强迫两广总督劳崇光同意出租旧总督署建天主教堂（石室）。以后，继续蚕食占地建房出租牟利，每年收租银8000多元，而交纳给清政府之地租不及100元。直至民国十九年，广州市政府才收回租地。书中对此有翔实记载。

民国 《广东文物》十卷卷首一卷

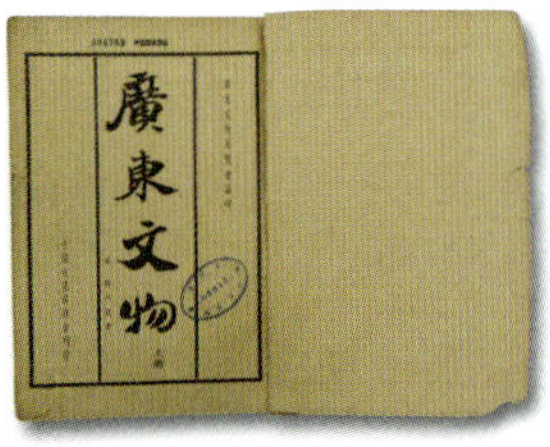

开本高26厘米，宽18.7厘米。广州市文物考古研究院藏。

广东文物展览会编。主编简又文。民国廿九年（1940）刊。杜林纸，16开，铅印，平装，分上、中、下三册。广州市文物考古研究院仅存上、中册。

1940年春，中国文物展览会在香港冯平山图书馆举办“广东文物展览会”，展出文物约2000件，展品为广东文物之精华。展期八天，观众数万人，中西各报记载和评论文字达10余万言。会后，推举简又文等将展览内容及有关研究文章、报纸评介等编印成此书出版。卷首辑孙科等人《序》、简又文《引言》及《总目》等。上册共五卷，为“图录之部”，内容为展品目录、图版、展览会记录、报章记载及学生征文。其中图版刊有孙中山、张九龄、陈子壮、屈大均等人像，以及元赤符鎏金佛像、“南越王赵胡冢”木刻、陈献章草书诗卷、林良松鹊轴、石湾窑潘玉书作陶瘦仙像等。中、下二册共五卷，为“研究之部”，分为史地、交通、人物考证、人文艺术、学术文艺、鉴藏考古等六门。末附叶恭绰《跋》。

民国 《皇明四朝成仁录》十二卷

开本高19厘米，宽13.2厘米；版心高13.6厘米，宽20.8厘米。广州市文物考古研究院藏。

清屈大均撰，民国叶恭绰校订。广东丛书编印委员会编《广东丛书》第二集之一种。民国三十六年（1947）刊，手抄影印本。白纸，线装，六册。此书似原为未定稿，且为清政府所禁，故无刊定之本，而流传诸本之书名、篇名、卷数、篇数，以至字句，均有异同。此书是据卷四《西宁死事传》所载而从之。书所记事，起自明崇祯二年（1629），迄南明永历十六年（清康熙元年，1662）。所记均为明末清初全国各地抗清死事及起义等传略，共一百四十一传。其中卷首辑民国三十六年叶恭绰《广东丛书》第二集《序》、屈翁山先生《四朝成仁录序》《皇明四朝成仁录校订例言》。卷一至五，记崇祯朝《畿辅死事传》《韶州死事传》等七十七传。卷六至七，记南明弘光朝《归德死节臣传》等二十三传。卷八至九，记隆武朝《抚州前后起义传》《广东州县起义传》《前广州死难诸臣传》等二十传。卷十至十二，记永历朝《顺德起义大臣传》《东莞起义大臣传》《南海起义大臣传》《后广州死事三将军传》等二十一传。所记南海陈子壮、东莞张家玉、顺德陈邦彦、恩平王兴等起义抗清，南明绍武帝臣下苏观生等在广州城陷时死难及李成栋在广州反正等事记载颇详。

民国 《广州城坊志》六卷

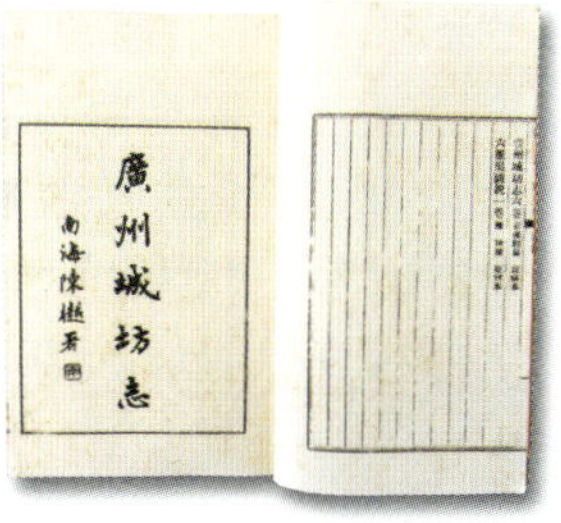

开本高19厘米，宽13.2厘米；版心高13.8厘米，宽20厘米。广州市文物考古研究院藏。

民国黄佛颐纂。广东丛书编印委员会编《广东丛书》第三集之一种。民国三十七年（1948）据原稿本影印。白纸，线装，六册。此书以原广州府城及附郭为范围，考叙城坊沿革史迹，详古而略今，史迹考至清末。卷首辑叶恭绰《序》。著者在《凡例》称，城坊街道间有无事迹可考者，则阙之。民国后广州城坊史迹之变迁，拟别为记载。但未见有续编刊行。卷一至卷三为城内，卷四为北城外、新城，卷五为西关，卷六为东关、河南。其所征引资料，均注明出处。是研究广州城坊沿革史迹的重要参考书和工具书。

黄佛颐，广东香山（今中山）人。清末拔贡生。曾据省志及各家著述，编纂《广东乡土史教科书》上、下册，于清光绪三十二年（1906）由广州时中学校刊行。线装。为清末广东小学教材。癸亥（1923）重修《香山县志》任分纂。

民国 《光孝寺志》十二卷卷首一卷

开本高21.6厘米，宽14.8厘米；版心高16.5厘米，宽23.6厘米。广州市文物考古研究院藏。

清顾光修，何淙纂。民国二十二年（1933），据清乾隆三十四年（1769）初刻本及清光绪十七年辛卯（1891）重刻本重刊。顺德大良昌兴行铅印。玉扣纸，图杜林纸，线装，五册。卷首除刊顾光等序及旧图外，并增1933年重刊时所绘《今志全图》《菩提树图》等。目录分法界、建置、古迹、法宝、净业、法系、释次、檀越、语录、艺文、题咏等门。其中法界记叙寺址范围及大殿等诸建筑物及菩提树、大悲幢、东西铁塔等。光孝寺之有志，始于明崇祯十三年（1640），刻本，二卷，张悰撰。广州博物馆亦藏两套，其中一套铜版，另一套为民国二十六年（1937）广东省立编印局铅印本，四册。

主修顾光，仁和（今杭州）人，广州府知府。主纂何淙，广东连平人。

民国 《番禺县续志》四十四卷卷首一卷

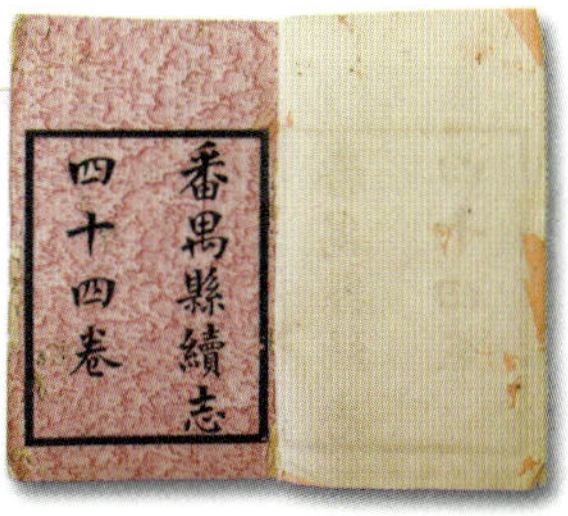

开本高26.3厘米，宽16厘米；版心高17.8厘米，宽30厘米。广州市文物考古研究院藏。

清梁鼎芬等修，丁仁长、吴道熔等纂。民国二十年（1931）刊本。文字用黄纸、图用白纸，线装，十六册。番禺之有县志，据记载以明万历四十年壬子（1612）郑升修、高为表等纂《番禺县志》（卷数不详）为最早。其后有清康熙二十五年丙寅（1686）孔兴琏修、彭演等纂《番禺县志》三册，清乾隆三十九年甲午（1774）任果等修、凌鱼纂《番禺县志》二十卷，清同治十年（1871）李福泰修，史澄等纂《番禺县志》五十四卷卷首一卷。该续志纪事，起自同治八年（1869），迄于清宣统三年（1911），为续李志之后，以纪该县数十年间诸事之发展变化，民国纪元以后则不记。该志卷首有吴道熔《序》，目录分舆地、建置、经政、学校、实业、官师、选举、人物、艺文、金石、古迹、前事、余事等十三门，以下又分沿革、舆图等七十四子目。其中，舆图既有全县总图，也有详细的分图。在分图里已绘有粤汉铁路及黄沙车站、广三铁路及石围塘车站、广九铁路及广九车站、史坚如墓、黄花岗七十二烈士墓等当年新建建筑物。此外，还有白云山图、六脉渠图等专图。

梁鼎芬，字星海，号节庵，番禺（今广州）人。清光绪六年（1880）进士，曾任翰林院编修，湖北按察使、布政使，广东丰湖书院、端溪书院、广雅书院院长。

民国　《广东文物特辑》

开本高25.7厘米，宽18.5厘米。广州博物馆藏。

广东文物编印委员会编，主篇简又文。1949年三月刊。杜林纸，铅印，16开，平装一册。此书分图像与研究两部，图像之部有遗像、物品、名胜、金石、书法、绘画等六门；研究之部有革命文献、史地、人物、人文（包括民族、医药、宗教、方物风俗等）、文艺（著述文字、法帖、绘画等）、考古等六门。其中图像之部有海瑞、袁崇焕、陈邦彦、陈恭尹、宋湘、苏六朋、伍廷芳等人像，陈献章沧海龙吟琴、宋潮州窑白瓷佛像、清石湾窑黄炳造罗汉像、宋白玉蟾书札卷、孙文书“博爱”横额、林良双鹰图等。

民国　《刘永福历史草》

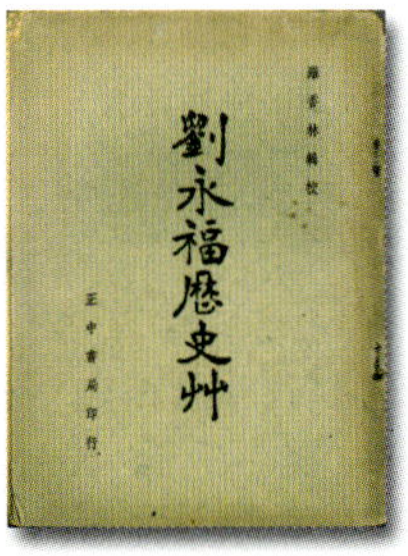

开本高20.5厘米，宽15厘米。广州市天河区博物馆藏。

刘永福口述，黄文澜记录整理，罗香林辑校。罗香林征得口述稿后整理校点，对遗漏谬误之处加按语考订。该书较为详细记录了中国近代军事家、民族英雄刘永福生平经历，还保存了许多鲜为人知的史实，如太平天国时桂南天地会农民起义、农军转入越南垦荒自立等；尤其是对黑旗军在越南抗法、在台湾抗日，以及刘永福在辛亥革命时出任广东民团总长有详细记载，是研究中越关系史、中法战争史的重要资料。

罗香林（1906—1978），广东兴宁人，中国近现代著名的历史学家、华侨史专家、民族学家，客家学的奠基人、族谱学创立者。一生著述丰富，通史类著作有《中国民族史》《中国通史》《唐代文化史》《唐代桂林之摩崖佛像》《明清实录中之西藏史料》等，宗教及文化史著述有《唐元二代之景教》《中国族谱研究》《百越源流与文化》《蒲寿庚研究》等。

第十九章

碑帖拓本

元　摹刻苏轼南海浴日亭诗碑拓本

纵154厘米，横84厘米。广州文物考古研究院藏。

原碑存南海神庙外章丘浴日亭，已毁损。据翁方纲所记，清代此碑下半已略损，碑之大小只能约略而言。正书五行，第一行是“南海浴日亭”诗题。

其余四行各十四字，诗曰：

剑气峥嵘夜插天，瑞光明灭到黄湾。坐看旸谷浮金晕，遥想钱塘涌雪山。已觉苍凉苏病骨，更烦沆瀣洗衰颜。忽惊鸟动行人起，飞上千峰紫翠间。

诗后题小字四行，行书文曰：

右绍圣初元，东坡先生谪惠州，过浴日所作也。壁间今存小刻，乃后人所书，□微有舛异。筠旧得此真迹于湘中，嘉定辛巳立夏，祗奉皇帝祝册来谒祠下，因出以寿诸石，以补斯亭之阙，盖斯亭观览之伟，固自足以雄视海天，而此诗词翰之神，尤足以弹压千古，是可私其□□□无传也哉！清源留筠端父书。

清王昶据广东旧志职官一栏记载，提点刑狱留筠为留正的次子，宋端平年间（1234—1236）在任。考《宋史·留正传》，其儿子恭、丙、端均任尚书郎。《金石续编》又载此石有元至元十八年（1281）上将军都元帅白佐重刻题记，至清代已不可全部辨认，今已一字俱无。清同治《番禺县志·金石二》辑录此诗碑。

明　玄妙观重修三皇真像碑拓本

纵146厘米，横69厘米。广州博物馆藏。

碑原置广州玄妙观，明嘉靖二十八年（1549）刻立，道观现已不存，仅有拓本。梁有誉撰文，吴旦篆额，黎民表书丹。

碑载嘉靖二十八年道士吴时修建玄妙观三皇殿事宜。玄妙观为广州知名寺观，唐时为开元寺，宋大中祥符二年（1009）改为天庆观，宋皇祐四年（1052）侬智高围攻广州，焚毁该观，宋治平四年（1067）南洋三佛齐国出资重建，至宋元丰二年（1079）告竣，并刻立《重修天庆观记碑》（该碑今存广州博物馆）。元元贞二年（1296）又改名玄妙观，明清皆沿袭此名。元大德年间（1297—1307）重修，后毁。明洪武初又重修。清康熙五年（1666）再修，后再毁于何时不明。此碑文所述嘉靖二十八年重修三皇殿之事，可以补史志之阙。

道教三皇者，即天皇、地皇、人皇，确指不一，或谓伏羲、女娲、神农，或谓伏羲、神农、祝融，或谓燧人、伏羲、神农。

该碑之撰文、篆额及书丹者三人皆一时名流（均为“南园后五子”成员），文书俱佳，品貌完整。

明　摹刻苏轼题广州蒲涧寺诗碑拓本

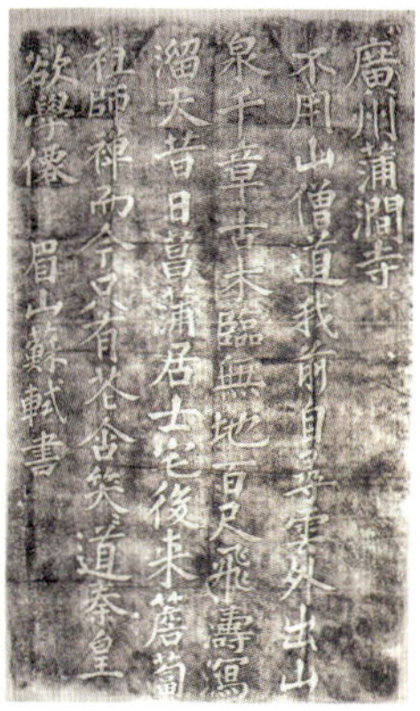

纵120厘米，横68厘米。广州市文物考古研究院藏。

此石刻原存白云山蒲涧寺，宋刻已失。明万历五年（1577）刘介龄摹苏轼笔迹刻石以还旧观，今亦无存，仅存拓本。楷书。此诗“溜天”一本作“漏天”，“居士”一本作“方士”。蒲涧寺即以唐之菖蒲观改建而来，唐诗人许三畏作《题菖蒲废观》诗，称“本是安期烧药处，今来改作坐禅宫”。其所见已为释教之禅宫矣，据此可知观于唐僖宗时（873—888，许氏为该朝进士）已易为禅寺。

东坡寓居广州游蒲涧寺题诗一事，最早见载于南宋方信孺《南海百咏》。

清 贞隐园法帖

纵17.1厘米，横14厘米。广州博物馆藏。

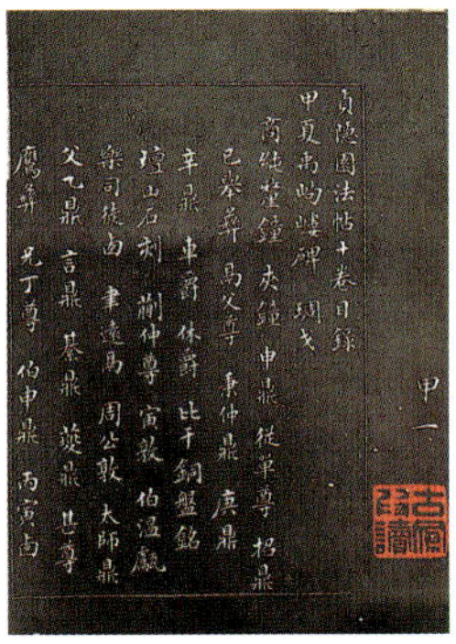

此帖为广东丛帖较早者，十卷，杂帖，清嘉庆十八年（1813）南海叶梦龙撰集，谢青岩摹勒。为当时书手郭秉詹临写古帖之作，以天干分卷，自上古迄明，共刻书一百八十余种。其中所临古篆，颇失古人笔法，行草则多杂用《淳化阁帖》中之伪迹。冼玉清《广东丛帖叙录》谓其所临，“与原迹对照，精神既失，结字亦多不合”。唯镌刻精美可观，仍可反映粤中摹刻之工艺水平。清道光二十五年（1845），石归潘仕成所有，其后所刻者，改题《海山仙馆法帖》。

叶梦龙，字云谷，南海（今属佛山）人。官至户部郎中。归里筑倚山楼于白云山麓，与一时名流觞咏其中。嗜金石书画，所藏甚富。刊刻法帖除《贞隐园法帖》外，尚有《友石斋集帖》四卷、《风满楼集帖》六卷。另著有《岭南群雅》《松轩随笔》《石云山人文集》《岭南书征略》《风满楼书画录》等。

清 友石斋法帖

纵30.8厘米，横18.7厘米。广州博物馆藏。

此帖为广东丛帖之较早者，清嘉庆二十年（1815）南海叶梦龙编次，谢兰生摹刻。四卷，收唐至明人书计二十家二十八帖。卷首唐张旭《尚书省郎官石柱记序》为摹古帖，其余乃真迹，中有宋胡铨，元饶介、张雨、倪瓒书。余三卷为明人书，共十五家，其中粤中书家有海瑞、陈子壮、邝露。叶氏选择精审，帖学名家张伯英《法帖提要》谓“此刻只覆唐碑一种，余以元明人为多，其中绝无赝书，甚可观也”。共推有胜于时流，为粤中丛帖之佳品。

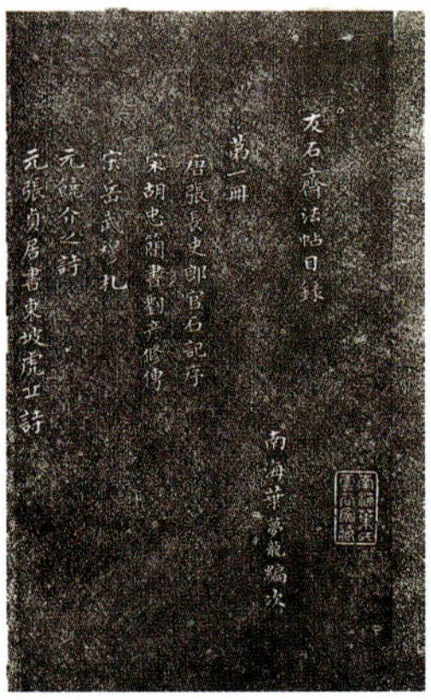

清 筠清馆法帖

纵31.5厘米，横17.6厘米。广州博物馆藏。

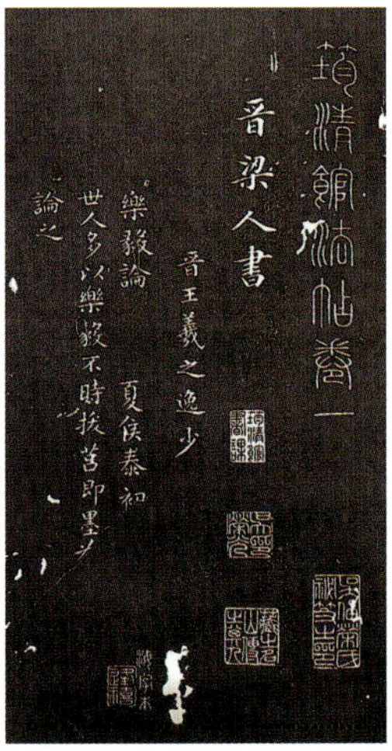

论者谓此帖为粤中丛帖之最佳者。清道光十年（1830）南海吴荣光编次。六卷，卷一为晋、梁人书；卷二为唐君臣书；卷三为宋君臣书；卷四为宋人书；卷五、卷六为元人书。此帖唐以前人书多取材自《绛帖》及《群玉堂帖》，宋人书则于此二帖之外兼采墨迹，元人书则专取墨迹。共刻书五十余种，多属善本。吴荣光为粤中著名收藏家，精于鉴赏，眼法高超，故此丛帖多刻入他帖未收之珍品，每帖之后各有跋语。其中所收唐太宗《温泉铭》和《唐摹十七帖》片段等，为法帖研究极有用之资料。刻亦精良，初拓，《王献之地黄汤帖》无剥落。冼玉清《广东丛帖叙录》于此帖十分推崇，曰：“同时粤中潘伍孔诸家皆有帖。海山仙馆多至六十余卷，亦粲然巨帙。筠清馆寥寥数册，当远过之。选帖无识，未有不乘谬者。荷屋（吴荣光号）书学，自非诸家可望也。”

清　风满楼集帖

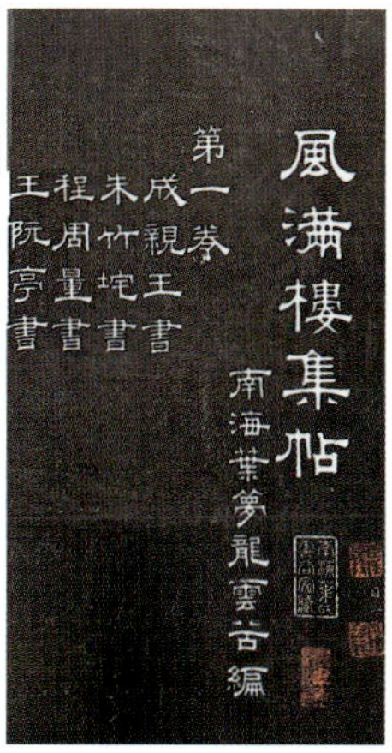

纵31厘米，横17.5厘米。广州博物馆藏。

清道光十年（1830）南海叶梦龙编，高要陈龢兆摹刻，六卷，皆清人之书。叶氏既以唐宋元明书刻成《友石斋法帖》，复取清代名人墨迹三十七家，刻为此帖。帖中以小楷书最多。叶氏自跋云：“今值家居偶暇，再检国朝诸贤法书，择其尤者编为若干卷，小楷居其泰半，以学书必从楷入也。”所选三十七家中，粤人居十家十二帖，于研究粤中书法颇有参考价值。

清　海山仙馆法帖初刻

纵30.3厘米，横16.4厘米。广州博物馆藏。

清道光九年（1829）番禺潘仕成摹刻，十六卷，收自晋至清书迹，共六十人九十三帖。卷一有自序及吴荣光题词。此帖编次零乱，当系随得随刻所致。鉴别亦不甚精。故张伯英对之评价甚低：“晋迹内有大令《舍内帖》、张茂先《神物出世帖》，《舍内》曾刻于《淳化》，其为唐摹，抑依法帖重摹，无由悬断。张茂先书久已绝迹人间，此帖语意庸浅，书体尤俗，去晋人不知几千万里。研经老人诗跋，亦属伪造。唐人书有褚摹《兰亭》，无名人《兰亭》残本。怀素《王右军传》《兰亭》残本，软弱无骨气，未必唐临褚摹本，显系伪物，米元章款印皆劣极。”晋、唐伪帖林立，一如斯言。宋、元人尚有佳迹，亦有可观之处。

清　寒香馆藏真帖

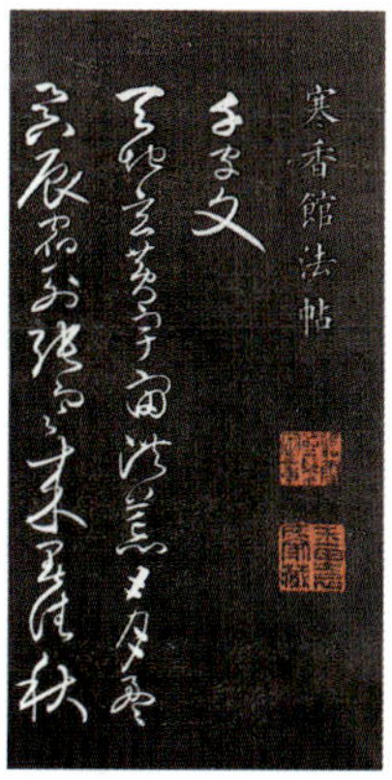

纵32.7厘米，横19厘米。广州博物馆藏。

清道光十六年（1836）顺德梁九章撰集，六卷。收自唐朝至清嘉庆二十二家之书迹，二十六帖。所录唐、宋书帖多伪，张伯英云：“非惟无一唐，并无一宋。”且讥评为“粤帖中之最下者”。唯一首肯者，为卷三元人鲜于必仁《陈情表》，此为陈望之故物，甚可宝贵。卷五梁同书《与友人论书》十一条，中多精辟之论。所刻书迹后有广东文人伍瑞隆、吴荣光、程可则、姜宸英等跋语，于广东书学亦有意义。

梁九章，字修明，号云裳，梁蔼如从子。工画梅，嗜石，喜收藏，侨居佛山，筑室曰“十二山石斋”。自序是帖曰：“仆少时即喜古人诗书，殆北游京师，宦西蜀（西川知府），所得日夥……古人遗迹，恐就湮没。爰就其就忻赏者二十二家，手摹泐石，俾垂久远。”其用意诚恳，良足称道。

清　耕溪霞法帖

纵36.2厘米，横18.5厘米。广州博物馆藏。

清道光二十八年（1848）南海叶应旸摹勒，四卷。此刻为摹自旧拓及真迹之精美者，自晋迄明，凡二十八家，约数十百种重摹上石，“与筠清馆刻多同而益精湛”。卷一所收之《孟法师碑》，有王文治、王澍、张维屏跋，张伯英评为“世间孤本”。卷二黄庭坚《海岳二家书》、米芾《西园雅集记》《褚临兰亭序》《游壮观诗并札》，及卷四文徵明小书五种，“莫不精绝”。卷四董其昌帖“奇逸奔放，为董书仅见之作”。此外，帖中翁方纲、刘墉、铁保、鲍俊等名家题跋，“多蝇头细楷，摹勒尤精，允学书之津筏矣”。在粤刻诸帖中，与《筠清馆帖》并为佳品。

冼玉清《广东丛帖叙录》谓：“绛帖之刻，吴氏筠清馆，叶氏耕霞馆，潘氏海山仙馆均有之。叶胜于吴，吴又胜于潘，终以耕溪霞馆为胜。”“摹古之刻，行草部分，粤帖当逊中原。惟晋唐楷帖底本之最精者，仍在粤东。”此诚公允之评。

叶应旸，字树声，号蔗田，为叶梦龙之子，官至兵部员外郎。酷嗜金石书画，绰有父风。

清　听帆楼法帖

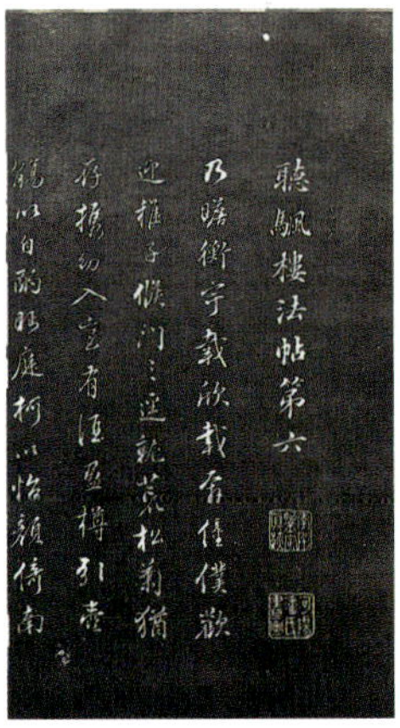

纵27厘米，横15.6厘米。广州博物馆藏。

清道光二十八年（1848）番禺潘正炜编次，杨万年刻石，六卷。该帖自魏晋至明季八十余家，钟繇、王羲之帖大都出自石本，咸有可观。唐、宋、元人书则真伪杂糅，张伯英均一一指出。容庚《丛帖目》谓此帖中，除张伯英所指外，其他如宋高宗、钱惟演、赵孟頫、倪瓒、黄公望、赵肃、柯九思、岳飞、杨维桢、吴镇诸人题画皆伪。唯明人帖中多佳品，吴荣光附记中称第五、六册自祝允明至傅山，“有明一代书法，备于此矣”。

此帖中粤人陈献章、湛若水、海瑞、释函昰、邝露、陈子壮、梁元柱书迹皆工美可观。

潘正炜，字榆庭，号季彤，又号听颿楼主人，附贡生，即用郎中。开设同孚行，为十三行行商之一，好古而有力，购帖甚夥，建听颿楼以贮之，一时名流群集。

清　澄观阁摹古帖

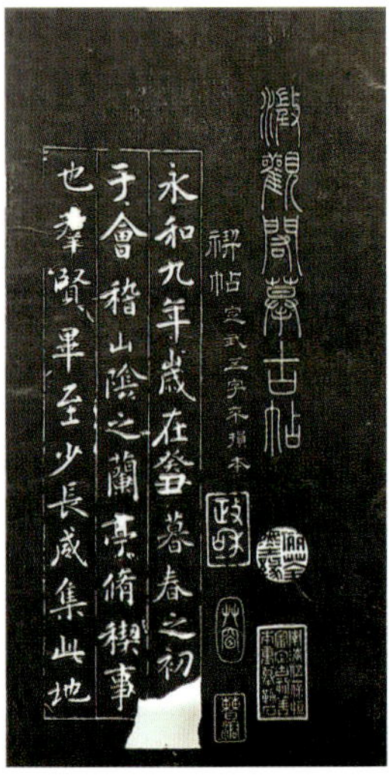

纵30.6厘米，横17.9厘米。广州博物馆藏。

清咸丰二年（1852）南海伍葆恒审定重摹勒石，四卷。

伍葆恒，字元蕙，号丽荃、南雪道人。为十三行怡和商行伍秉鉴之子，钦赐举人，官刑部郎中。笃嗜石墨，鉴别弥精，其集晋唐宋元明诸书家真迹上石者，凡十二卷，名曰《南雪斋藏真帖》。复以旧刻中之罕传者摹为《澄观阁摹古帖》四卷，颇多宋拓之佳者，其中卷一出自《泉州阁帖》。《泉州阁帖》为宋时所刻，流传甚稀，得此翻刻，亦胜于通行之明人翻刻本。故张伯英誉曰：“伍氏藏帖既富，欲广古刻流传，亦以嘉惠艺林，意其善也。”

清　海山仙馆藏真三刻

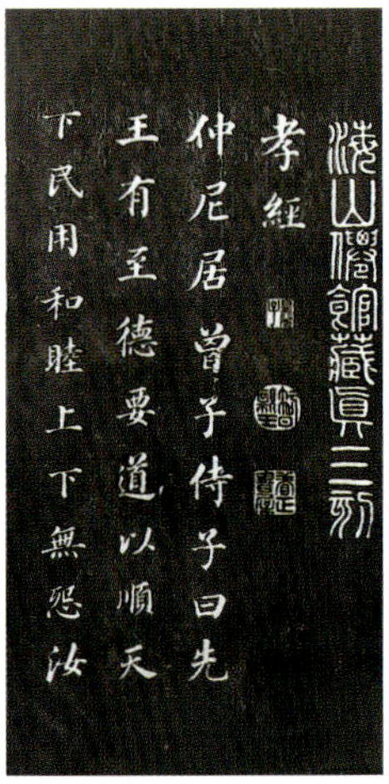

纵29.2厘米，横16厘米。广州博物馆藏。

《海山仙馆丛帖》一种。刻于清咸丰七年（1857），十六卷。皆明清人书，共三百一十四人三百三十五帖，真伪优劣杂糅不等。杨守敬《平帖记》、张伯英《碑帖举要》评之甚低。然其中所录粤人书迹，亦不乏善作，足资文献。如卷三海瑞《小楷书金刚经》并翁方纲跋；卷三欧大任《行书五绝诗一首》、黎民表《五律诗一首》；卷四陈献章《草书绝诗》并翁方纲跋、陈子壮《行书慧山帖》；卷五湛若水《行书归来赋》；卷十三梁佩兰《行草题白云图》、陈恭尹《隶书题白云图》；卷十四宋湘《近作帖》；卷十五张岳崧《书札四通》、吴荣光《书札四通》；卷十六蔡锦泉《书札》、鲍俊《书札》、桂文耀《书札》。

清　尺素遗芬

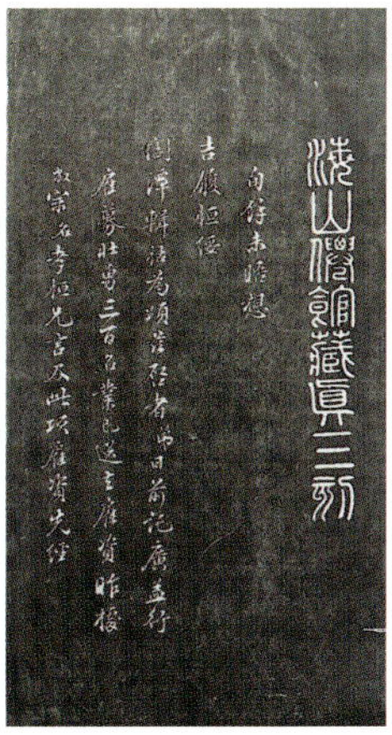

纵30.4厘米，横17.3厘米。广州博物馆藏。

《海山仙馆丛帖》一种。清咸丰七年（1857），番禺潘仕成撰集，梅州邓焕平摹刻。此帖所刻全为各家与潘仕成书札及诗文，系从《海山仙馆藏真三刻》卷十五、十六增删而成。潘仕成交游遍天下，此刻多名流遗迹，不独有益书学，亦可考时事，具有史料价值。张伯英于《海山仙馆丛帖》多有微词，而于此帖则多首颔，谓此帖“视其所摹古人伪迹转胜矣”。

此帖录当时名流书札及诗文，如林则徐、邓廷桢、汤贻芬、骆秉章、张祥河、郭尚先等。

清　倦舫法帖

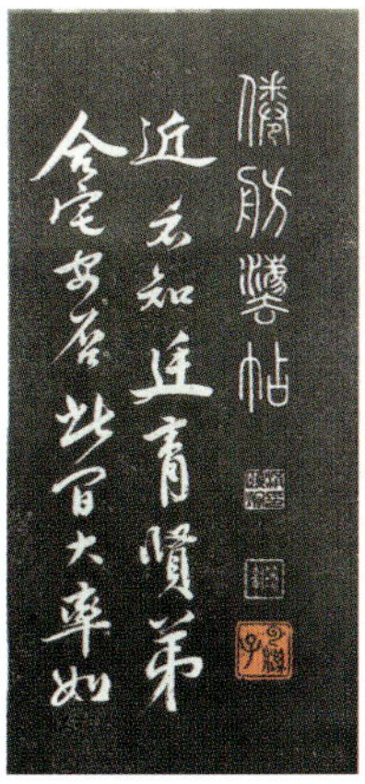

纵30.4厘米，横14.3厘米。广州博物馆藏。

清道光五年（1825）临海洪瞻墉编，高要梁同琨镌刻，八卷。此帖刻于端州石上。明、清书各四卷；明四十八人，清五十二人，共一百家。选摹俱精。被评为当时粤中丛帖之美者。

清　宋四大家墨宝

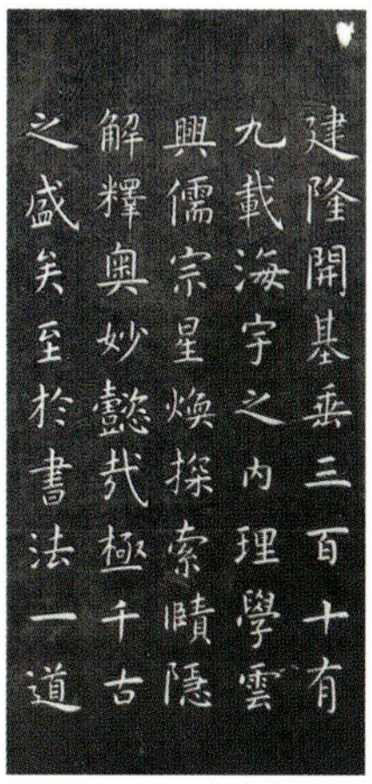

纵31.4厘米，横17.2厘米。广州博物馆藏。

清道光二十九年（1849）潘仕成海山仙馆模勒上石，潘仕成编，六卷。此帖收宋苏、蔡、米、黄四家书四卷，另李太白、欧阳修各一卷，伪帖居多，无大价值。其中宋四家书，除蔡襄外，均见于其所刻《海山仙馆藏真》初刻及续刻中。

清　岳麓书院法帖

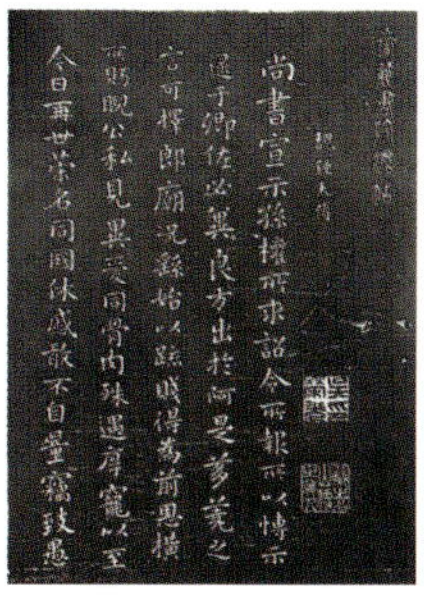

纵29.3厘米，横21厘米。广州博物馆藏。

清道光十九年（1839）南海吴荣光撰集，端州郭子尧摹刻，一卷。其石现存长沙岳麓书院。

清　永胜古寺增塑十八罗汉碑记拓本

纵152.2厘米，横78厘米。广州市文物考古研究院藏。

碑原存广州永胜寺，寺久已毁。隶额，正文篆书，附捐助题名楷书。碑文记述清咸丰三年（1853）永胜寺增塑十八罗汉像之经过。永胜寺，旧在广州城东门外（今东皋大道），创自明朝，清康熙四年（1665）僧宜重募修。清嘉庆十八年（1813）僧觉耀再修。清道光十七年（1837）、二十九年（1849）僧灵苗再修。咸丰初，粤中名士黄培芳曾招邀名流宴集于此。

撰文者灵苗，时永胜寺住持僧。

书丹者颖勤，灵苗弟子。

题额者黄培芳，字子实，号香石，又号粤岳山人。广东香山（今中山）人。以诗文誉世，书法亦佳，传世遗墨多行草书，亦工隶书，李蟠《楚庭书风》谓其“不与诸贤同功，八分书自超脱”。该碑额即为隶书。

清　麦氏始祖隋宿国公桂香祠记拓本

纵120.5厘米，横69厘米。广州博物馆藏。

碑原存麦氏始祖隋宿国公祠（旧址位于今中山五路与起义路交会处），祠久已不存，原碑亦佚，仅存拓本。篆额，正文楷书。据碑文载，该麦氏宗祠规模较大，为明清时广州城内诸多合族祠之一，即广东各地麦姓族人在省城广州捐资修建的大宗祠。乾隆《南海县志》载：“麦氏始祖隋宿国公祠，在桂香街，裔孙调元、吉临等建。”广东麦氏，多聚居于广府地区之番禺、南海、顺德、香山、新会、东莞及粤北韶州、始兴等地，而咸以隋宿国公麦铁杖为始祖。

撰文者麦雄宗，南海（今属佛山）人，麦氏族人。

清　镇海楼诗碑拓本

纵20厘米，横157厘米。广州博物馆藏。

碑原在广州海幢寺内，今不存，仅有拓本。

清乾隆九年（1744）农历秋九月，赐进士及第、翰林院修撰、状元金甡奉钦命入粤任乾隆甲子岁乡试正考官，政务之暇，游览广州城北越秀山，登镇海楼并撰《镇海楼》五言古诗一首，刻碑置于海幢寺。清宣统《番禺县志·金石志四》载辑此诗刻，云在海幢寺。金甡，乾隆七年（1742）进士及第。乾隆九年为广东乡试正考官。散馆复第一，在上书房行走。淹贯史事，诗宗韩杜。官至礼部左侍郎。乾隆三十七年（1772）又奉命祭告南海神来粤。旋告归，主讲敷文书院。年八十一卒，入祀乡贤。此诗与《重游海幢寺诗八首》《镇海楼》诗同刻立于海幢寺，为金甡祭祀南海神、游览广州古刹名楼之见证。

清　粤海关告示碑拓本

纵111.5厘米，横54厘米。广州博物馆藏。

原碑在广州城西有油栏门（又称“幽兰门”，位十三行街之西）油行会馆，清乾隆五十四年（1789）刻立，现碑不存，仅有拓本。

碑文为粤海关颁发之告谕，严申粤海关佛山口收税之规例暨不得徇弊营私诸事宜。粤海关有总口七处，即省城大关总口、澳门总口、庵埠总口（在潮州）、乌坎总口（在惠州）、梅菉总口（在高州）、海口总口（在琼州）、海安总口（在雷州）。各总口之下，又设有六十多个小口岸，分布于江河港汊，交织为严密的税网。文中所谓佛山、紫坭、总巡、东炮台、西炮台等均属各小口岸，均设有税馆，以为征榷检验稽查防暴之用。文中所谓木油税即货税之一种，以货之精粗及重量征收，按《粤海关志》佛山挂号口条有“佛山木油往香、澳并下路各乡，每桶收银六分，每埕收银一分。往上路不收”载记，与碑文所载一致。文中所谓月册印簿，是官府为规范税则防范营私而设置的一种业务监察制度，即由粤省总关制印簿册，设定条目，按月发放各关口，各关口必须务实填写，以便勘合。钦命督理粤海关税务热河总管额，即指额尔登布，于乾隆五十四年七月署粤海关监督，乾隆五十六年（1791）九月卸任。

清　邹伯奇墓志拓本

裱纵36.6厘米，横37.4厘米；心纵28厘米，横30厘米。广州博物馆藏。

此碑原存广州旧南海县邹伯奇墓前，今已佚，仅存拓本。楷书。此志文撰写方法独特，是以七言诗形式撰写，概述邹氏之人品、才学、生平、逝世时间等。

书丹者陈璞，字子瑜，号古樵，晚号息翁，自号“尺冈归樵”。广东番禺（今广州）人，官至江西安福县知县，后为学海堂学长数十年，工诗书画。

清　南海朱公神道碑拓本

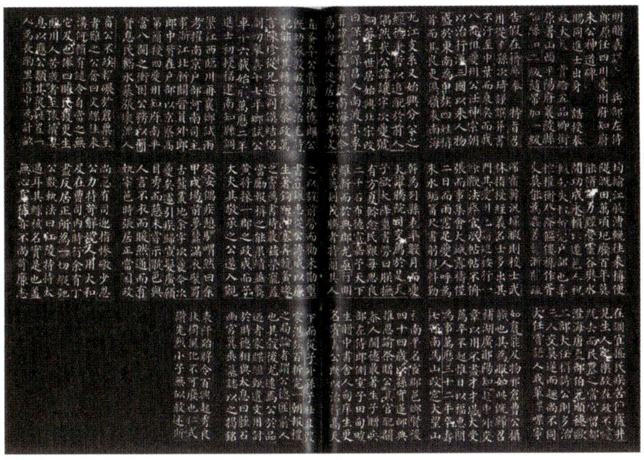

纵150厘米，横约100厘米。广州博物馆藏。

碑原存南海朱氏祖墓前，现存毁不清，存有拓本，楷书。清朱次琦撰书，年代不详，是为其先祖朱让所立神道碑。碑文记载，朱让为官“无心宽猛，亦不尚苛廉，志在调剂时宜，拯民疾苦”。朱让外孙，乃明末抗清将领、“岭南三忠”之一的陈子壮。碑末书撰文时间，朱次琦落款官职中有五品卿。由于朱次琦于清光绪七年（1881）获赏五品卿衔，数月后卒，据此推测此文当写于光绪七年。

清　故京卿朱先生祠堂碑拓本

纵170厘米，横110厘米。广州博物馆藏。

碑原存南海县九江下西村朱先生祠内，现祠久毁，碑之存毁不清。篆额，正文楷书。碑文记述朱门弟子为朱次琦作祠于其乡祀之缘起及经过，并歌颂朱九江先生德行事业、师表高风。

撰文者何炳堃，篆额并书丹者邓骥英，选石者梁知鉴，皆为朱门弟子。

民国　十九路军淞沪殉国将士纪念碑拓本

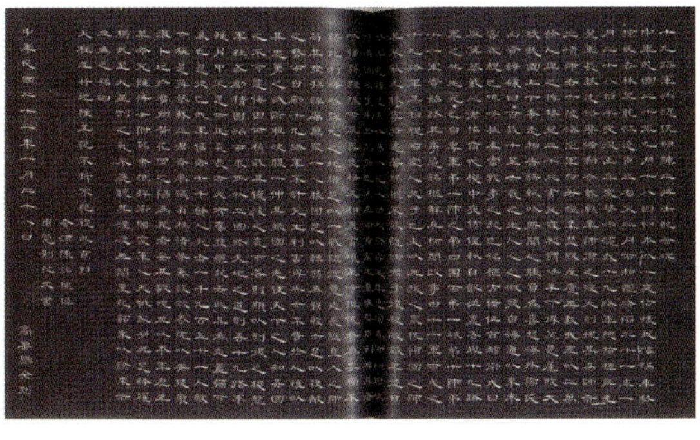

纵73厘米，横144厘米。孙中山大元帅府纪念馆藏。

此碑已佚，仅存拓本，楷书。碑文是陈铭枢

于1933年“淞沪血战”周年纪念日撰写，纪念为国牺牲的十九路军将士。该碑文未见载广州十九路军淞沪抗日阵亡将士园和历史文献，可补史阙。碑文中的憬然即蒋光鼐，贤初即蔡廷锴，孝悃即戴戟。

撰文者陈铭枢，字真如，广东合浦（今属广西）人，民主革命家、北伐将领。曾任民国政府军事委员、广东省政府主席、行政院代理院长，中华人民共和国成立后任全国人大常委会委员等职。是民国时期国民党上将、铁四军的元老，中国国民党革命委员会的创始人之一。

书丹者李济深，原名李济琛，字任潮。广西梧州人。原国民党高级将领，中国国民党革命委员会主要创始人之一。中华人民共和国成立后历任中央人民政府副主席、全国人大常委会副委员长、政协全国委员会副主席等职。

第二十章

近现代文物

第一节　信函

清　梁启超致康有为书

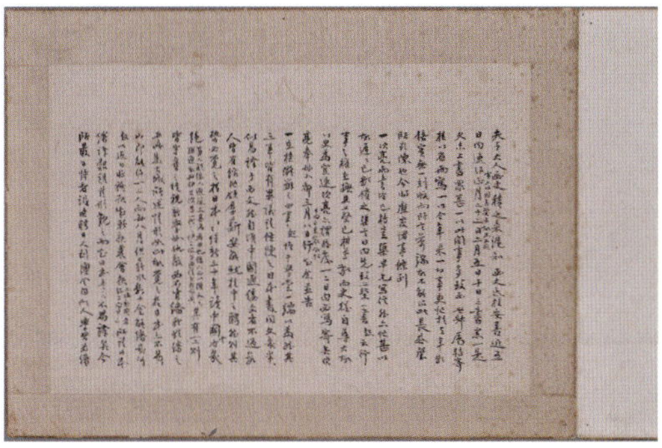

玉扣纸本。纵37.8厘米，横26.2厘米。广州博物馆藏。

笺表“万木草堂”信笺共八页，全文三千六百余字，行草书。信末落款日期“三月三日”，根据内容判断当在清光绪二十三年三月三日（1897年4月4日）。此时梁启超在上海担任《时务报》撰述一职，而康有为正在广西桂林讲学及处理其他相关事务，信由梁启超自沪寄往居桂的康有为，全文大致可分两大部分：一是梁启超对康有为所征询意见的答复；二是梁启超介绍他自己与一些人的交往及看法。梁启超在信中对康有为欲在桂林办学堂、开报馆、编译日文书、修筑铁路事宜，除办学堂外，其余均提出不同想法，多所否定。此信写作时间恰值百日维新之前，所涉内容较多，为一份了解近代维新运动领袖康有为、梁启超思想的珍贵历史文献。

清　鹿步司石岗书院飞柬

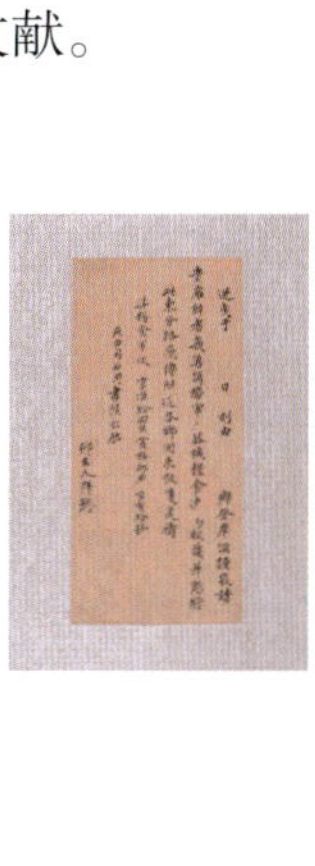

纵23.5厘米，横10.8厘米。广州博物馆藏。

用宣纸楷书印刷，尚未填写日期和乡名。从飞柬内容看，互助抗英的行动是政府支持的，此柬未填写日期和乡名，表明是没有使用过的。

民国　康有为致邓华熙父子诗笺及手札

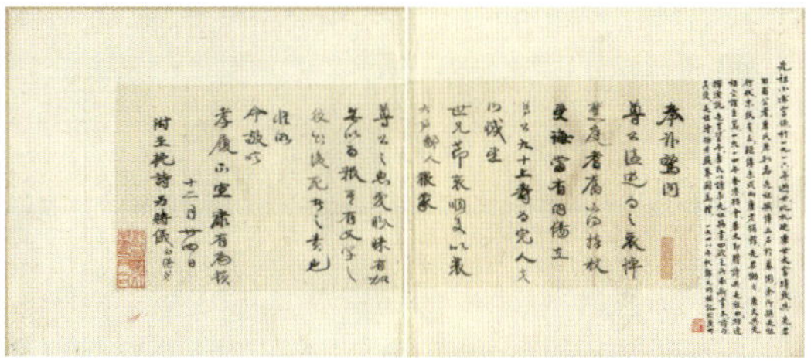

诗笺纸本。诗笺纵22厘米，横13厘米；手札纵18厘米，横49厘米。广州博物馆藏。

诗笺书于1915年，行书诗文为：

峤南耆旧剩灵光，大劫同逢睹海桑。欲乞所南新画本，老臣泪点洒先皇。

其下夹注：

宫保谈及景皇事辄下泪，小生倍感伤也。

奉呈小赤宫保丈并乞赐画。康有为。

康有为与邓华熙交情甚笃，两人不仅是粤籍同乡，政治主张也多相同。1913年，流亡海外多年的康有为返回香港，将其母亲及弟灵柩安葬家乡，事毕再回香港。其时邓华熙亦在香港小住，与康氏多次会晤。邓华熙返穗后，康有为致函邓华熙以诗求画，即上述信札。

1916年11月24日邓华熙病逝于广州，次月康有为由香港向邓华熙家属寄来唁文、挽联、悼词及赙仪，以示慰问并希节哀顺变：

奉讣惊闻尊公溘逝，为之哀悼。楚庭耆旧，不得捧杖受诲，当有同伤。在尊公九十上寿为完人，夫何憾。望世兄节哀顺变，以襄大事。鄙人猥蒙尊公之惠爱，盼睐有加，无以为报，其有文字之役，则后死者之责也。惟所命敬唁孝履不宣。康有为顿。十二月廿四日。附呈挽诗另赙仪由港交。

手札函中自谓“猥蒙尊公之惠爱，盼睐有加，无以为报”。邓华熙确实有恩于康有为，早在康有为、梁启超在京鼓动维新变法时，邓华熙即表示同情与支持。民国甫立，邓华熙即积极联合粤中缙绅请求广东政府发还戊戌变法后被清政府抄没的康氏家产，又请求加发官产作为康氏流亡多年损失的赔偿。

民国　居正关于中国同盟会鄂支部经费事宜致孙中山函

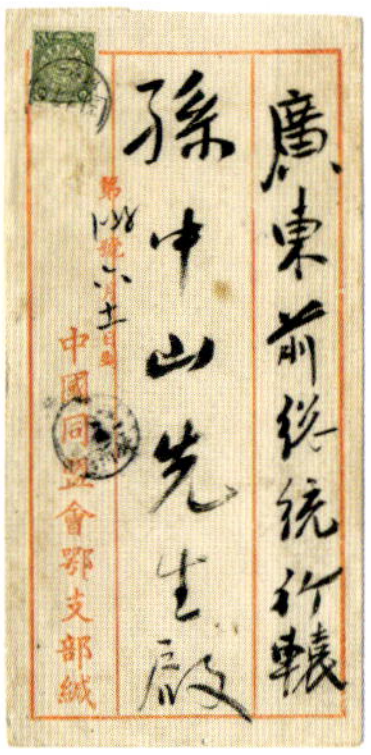
廣東前總統行轅
孫中山先生啟
中國同盟會鄂支部緘

封纵11.3厘米，横23.3厘米；内页纵27.5厘米，横16.6厘米。孙中山大元帅府纪念馆藏。

竖版手写，一封三页。内页为中国同盟会鄂支部笺纸，信封印“中国同盟会鄂支部缄”。这是1913年时任中国同盟会湖北分会负责人居正致同盟会总理孙中山函，函中汇报了鄂支部经费收支情况，并提及由于经费拮据，希望孙中山予以接济。

民国　胡汉民就民初革命党人交往事宜致古应芬、李文范函

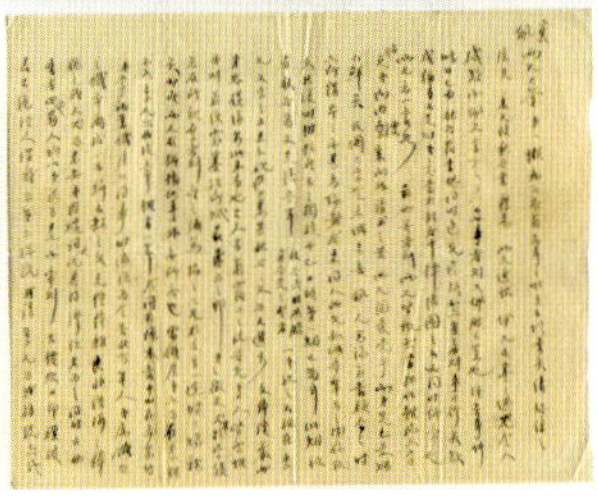

纵20.1厘米，横25.1厘米。孙中山大元帅府纪念馆藏。

竖排手写，共二页。此为1914年5月14日胡汉民致古应芬函，函中谈及东京《民国》杂志编撰情况，并向李文范、古应芬等人约稿，又论及胡汉民与孙中山、孙中山与黄兴的关系等。

民国　朱执信关于革命党人在日革命活动情况致古应芬、李文范函

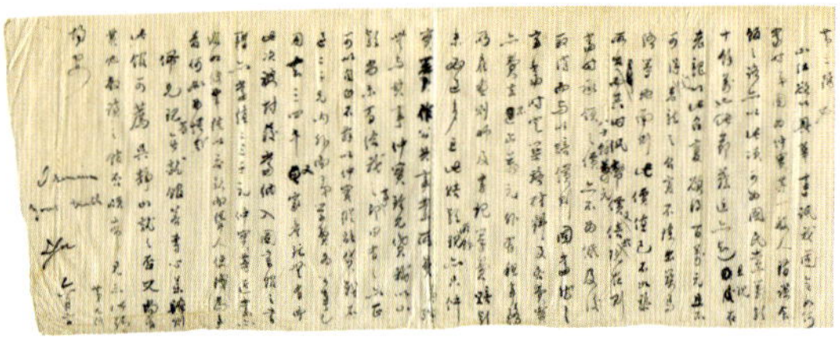

页一纵17.8厘米，横135.8厘米；页二纵17.2厘米，横58.8厘米；页三纵17.7厘米，横45.9厘米。孙中山大元帅府纪念馆藏。

竖排手写。此为朱执信1914年6月2日在日本期间致古应芬、李文范函，介绍了孙中山与黄兴等革命党人在日本的活动情况。函中陈述二次革命失败后，孙中山、黄兴二人对未来发展方略的分歧，并约定黄兴暂避美国，由孙中山独立领导革命，若其不成，再由黄兴主持，是护国运动时期的重要史料。函中以“大炮友”“黄陂手”指代孙中山、黄兴，为以往文献所未见，价值极高。

民国　朱执信就在日革命党内部分歧事宜致古应芬函（其一）

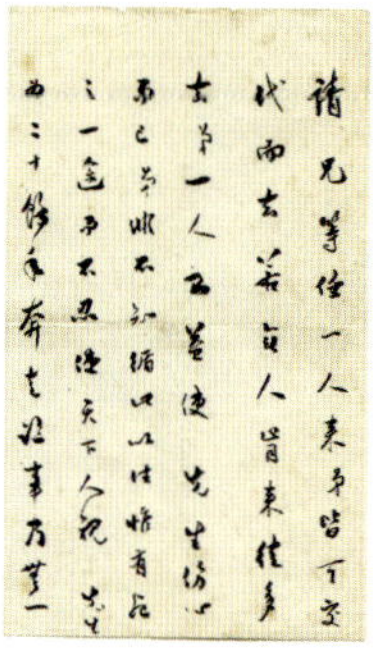

纵23.1厘米，横13厘米。孙中山大元帅府纪念馆藏。

竖排手写，共三页。1914年朱执信致古应芬的函中谈及国民党内部人员意见分歧，让朱执信有离去之意，反映出孙中山等革命党人在日活动期间复杂的内部关系。

民国　朱执信就在日革命党内部分歧事宜致古应芬函（其二）

纵20.9厘米，横27.1厘米。孙中山大元帅府纪念馆藏。

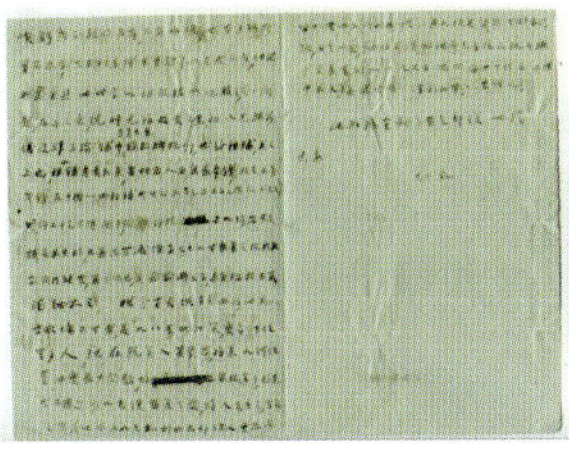

横排手写，共二页。1914年，孙中山、黄兴分裂，黄兴赴美国，党内意见分歧严重，不少人欲离孙中山而去，后情况有转机，朱执信即致函古应芬，请其趁机向孙中山进言以求转圜。

民国　朱执信就袁世凯复辟事宜致古应芬函

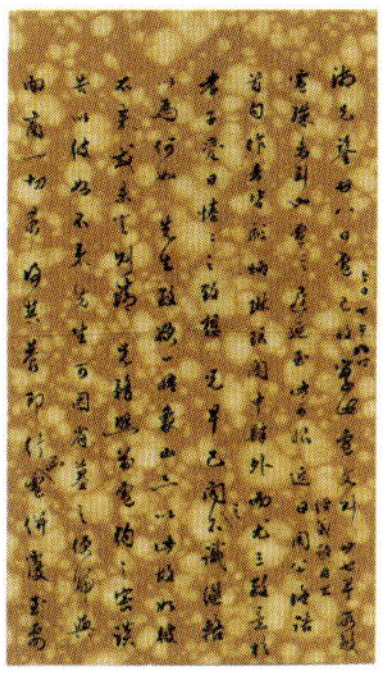

纵17.9厘米，横11.4厘米。孙中山大元帅府纪念馆藏。

竖排手写，共二页。袁世凯继任临时大总统之后，复辟的活动逐渐明显，在函中朱执信借用《周书·洛诰》经义题目之名（朕复子明辟），表达反对孙中山试图与陆荣廷会面之意，却欲言又止，反映出当时特殊的政治环境。该函是研究孙中山、袁世凯正式决裂前国民党内部人员思想、活动的重要史料。

民国　胡汉民关于孙中山拒绝参加民政党等事宜致王宠惠、古应芬函

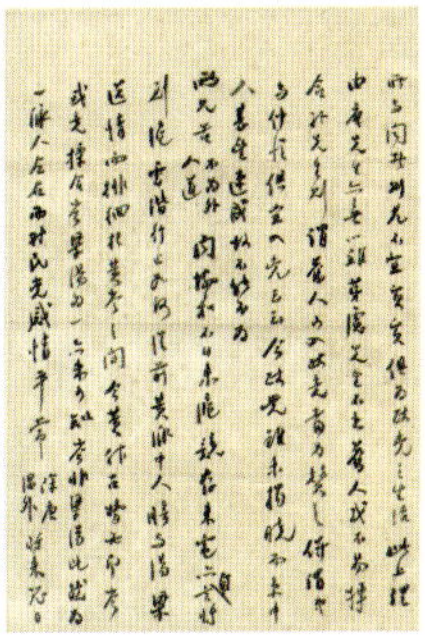

纵26厘米，横16.7厘米。孙中山大元帅府纪念馆藏。

竖排手写，共三页，落款是民国五年（1916）十一月九日。此函谈及北京孙洪伊等组建民政党，孙中山表示不参加，但同意其他人参加；又谈及李烈钧、陈炯明的行踪，以及黄兴病逝之后其追随者的行止。此函所涉各人皆民国要角，对研究民国历史十分重要。

民国　胡汉民就孙中山北上处理党务事宜致古应芬函

封纵9.5厘米，横14.8厘米；内页纵26厘米，横16.7厘米。孙中山大元帅府纪念馆藏。

竖排手写，一封一页，落款是民国五年（1916）十二月三日。胡汉民在函中谈到周兰初为人风评低劣，但容伯挺未能详知，请古应芬提醒容伯挺；同时告知孙中山将在黄兴丧事结束之后北上；最后胡汉民对党务工作不能加快推进表示遗憾。该函反映了孙中山在护国运动时期的革命活动。

民国　孙中山、吴景濂等人致日本政要犬养毅等人同文函件抄本

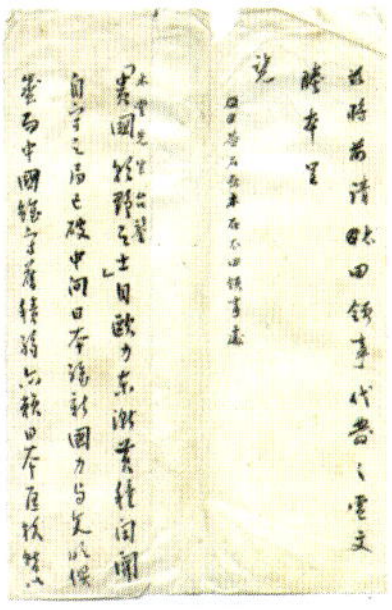

封纵21.4厘米，横10.5厘米；内页纵26厘米，横16.8厘米。孙中山大元帅府纪念馆藏。

竖排手写，一封二十一页。该函书写者为时任护法军政府机要秘书邵元冲，函前便笺显示该函拟由当时日本驻广州领事太田喜平转呈。1917年9月孙中山在广州建立起护法军政府，就任海陆军大元帅之后，亟须得到外国政府的支持。该函系孙中山与吴景濂、王正廷、李烈钧、程璧光、林保怿等军政府军政要员联名致日本政界、商界要人犬养毅、头山满、涩泽荣一的长函，试图获取日本的外交和实力支持。

民国　陈炯明致汪精卫、古应芬函

纵21.6厘米，横29.5厘米。孙中山大元帅府纪念馆藏。

竖排手写。此为1917年9月前后，陈炯明致

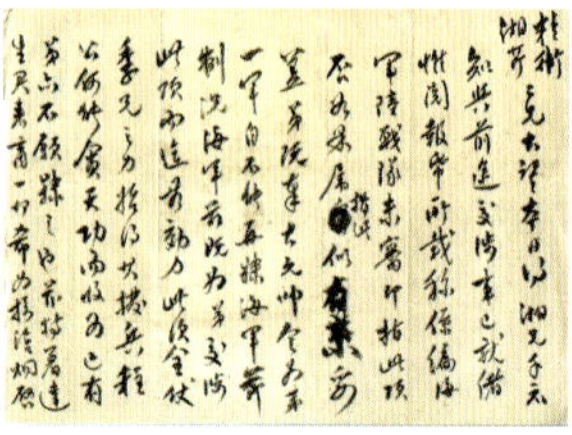

时任军政府秘书长古应芬等人的函。陈炯明在函中表示不愿再受海军节制，希望拥有属于自己的军队。这是反映孙中山、陈炯明为掌握军事力量积极争取将原属于广东省省长的警卫军收归军政府的重要史料。

民国　胡汉民致古应芬问询行滇事宜函

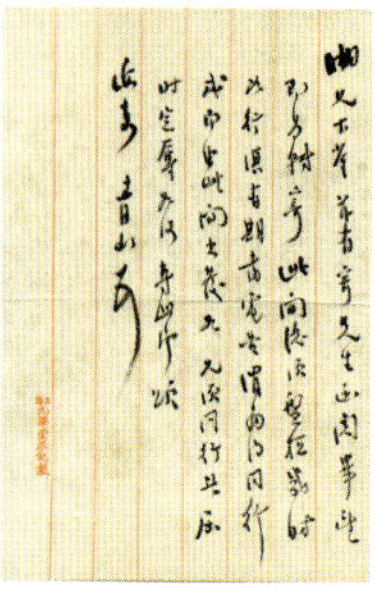

纵26厘米，横16.7厘米。孙中山大元帅府纪念馆藏。

竖排手写。胡汉民奉孙中山命出使广西期间，致函古应芬告知自己下一步将赴云南，并与之商量是否同行。

民国　章炳麟致陈炯明函

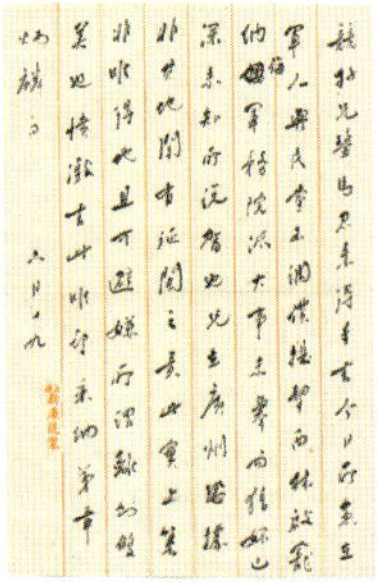

纵26.8厘米，横17.3厘米。孙中山大元帅府纪念馆藏。

竖排手写。1918年4月起，陈炯明率领“援闽粤军”从广州远赴粤闽交界，并建立起福建护法区。此函写于1918年6月19日，通过此函可见深知广东军界复杂关系的章炳麟对陈炯明以援闽之名远离广东到闽南开拓局面的赞赏。该函对于认识当时广东军政界之关系，以及章炳麟、陈炯明之关系价值极高。

民国　邵元冲就孙中山就任总裁事宜致古应芬函

纵26.4厘米，横16.9厘米。孙中山大元帅府纪念馆藏。

竖排手写，共三页。孙中山在第一次护法运动失败后，辗转日本，最后寓居上海。此为邵元冲1918年7月22日致古应芬函，函中向古应芬讲述了孙中山对于是否就任七总裁之一的态度及对广州护法政府诸人之品评等，是研究该时期孙中山的思想与活动的重要史料。

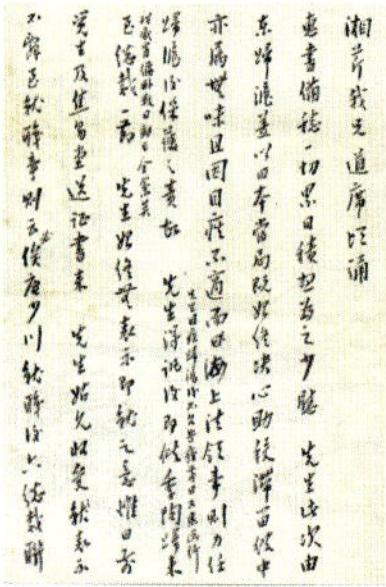

民国　胡毅生致古应芬函

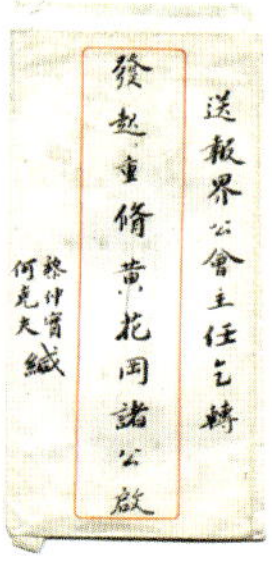

封纵19.5厘米，横9.1厘米；内页纵26.5厘米，横16.9厘米。孙中山大元帅府纪念馆藏。

竖排手写，一套四件。此件系1918年11月14日中华革命党重要成员胡毅生致古应芬函，后附黎仲实、何克夫致报界公会主任发起重修黄花岗诸公函，详细记录了革命党人努力奔走筹款，重修黄花岗墓园的情形，是研究黄花岗烈士陵园的史迹变迁以及护法运动时期革命党人活动的重要史料。

民国　朱执信就粤军援闽事宜致古应芬函（其一）

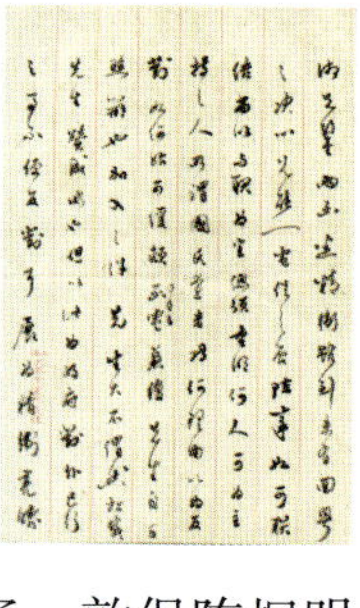

纵23厘米，横13.2厘米。孙中山大元帅府纪念馆藏。

竖排手写，共二页。1917年12月，孙中山领导的广东护法军政府组建援闽粤军，总司令为陈炯明。1918年，援闽粤军进军福建，并开辟了“闽南护法区”。孙中山屡屡派员或致函，敦促陈炯明开拔返粤，将广东建设成为革命根据地，但陈炯明顾虑实力对比悬殊，迟迟未能出发。此函为1919年朱执信向古应芬表达应该尽力争取陈炯明；同时对陆荣廷等人的行止亦有述及。

民国　朱执信就粤军援闽事宜致古应芬函（其二）

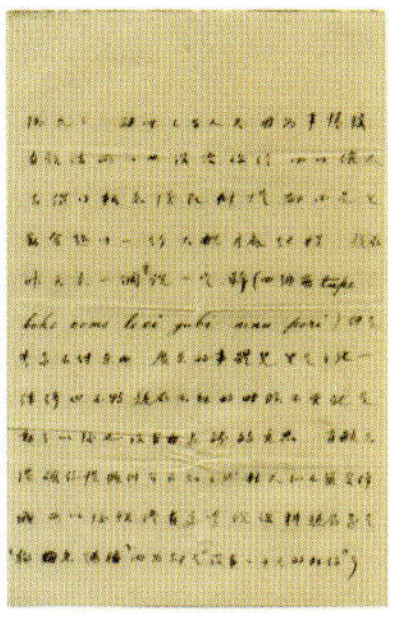

纵37.3厘米，横15.8厘米。孙中山大元帅府纪念馆藏。

1920年8月，陈炯明率领援闽粤军即将出发返粤驱桂。此时朱执信身在陈炯明军处致函古应芬，告知孙中山已命令广东方面停止活动，并命胡汉民、廖仲恺等人赴川；函中亦谈到对桂系的态度，是研究护法运动的重要史料。

民国　金章就巴黎和会后国人反应致古应芬函

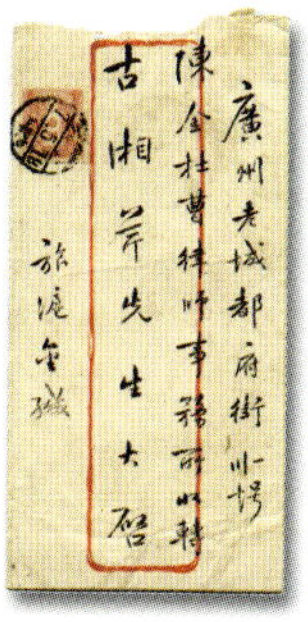

封纵18.5厘米，横8.7厘米；内页纵26.1厘米，横16.7厘米；报纸纵21.4厘米，横10厘米。孙中山大元帅府纪念馆藏。

竖排手写，一套三件。金章是古应芬、胡汉民、朱执信等的清末留日同学，民国后在广东设律师事务所，社会关系广泛。1919年5月5日金章身在上海，来函向在广州的古应芬探听广东情形。函中谈及邓铿、黄强等人，同时谈及巴黎和会后国人的反应（五四运动）情况。

民国　胡汉民关于《建设》杂志事宜致古应芬函（其一）

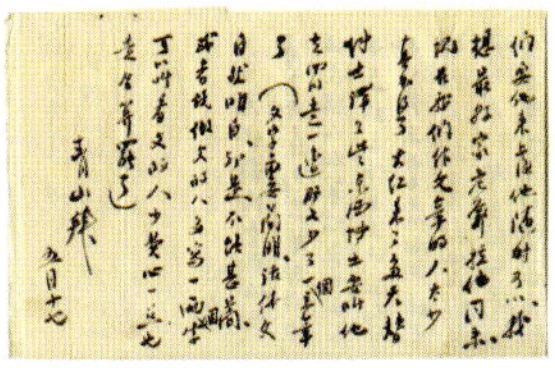

纵18.3厘米，横68厘米。孙中山大元帅府纪念馆藏。

竖排手写，共二页。此为1919年5月17日胡汉民致古应芬函。函中提及林云陔自美国留学归来，可成为《建设》杂志的重要作者。

民国　胡汉民关于《建设》杂志事宜致古应芬函（其二）

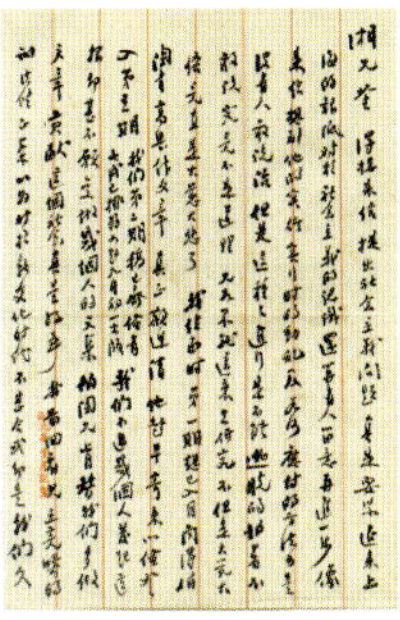

纵26.1厘米，横16.8厘米。孙中山大元帅府纪念馆藏。

竖排手写，共二页。此为1919年8月15日胡汉民以“青山”为笔名致古应芬函。函中谈及当时各界对于社会主义的态度，以及请曹受坤为《建设》杂志撰写稿件等事。

民国　胡汉民关于《建设》杂志事宜致古应芬函（其三）

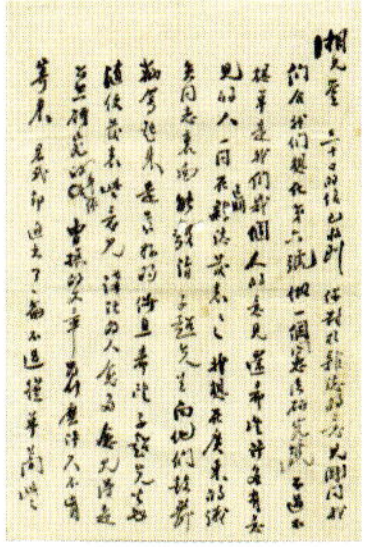

纵26厘米，横16.8厘米。孙中山大元帅府纪念馆藏。

竖排手写，共两页。此为1919年10月9日胡汉民致古应芬函。函中提及《建设》杂志编撰、发行事宜，并谈及在广东代理之事。

民国　朱执信探讨“爱国主义”致古应芬函

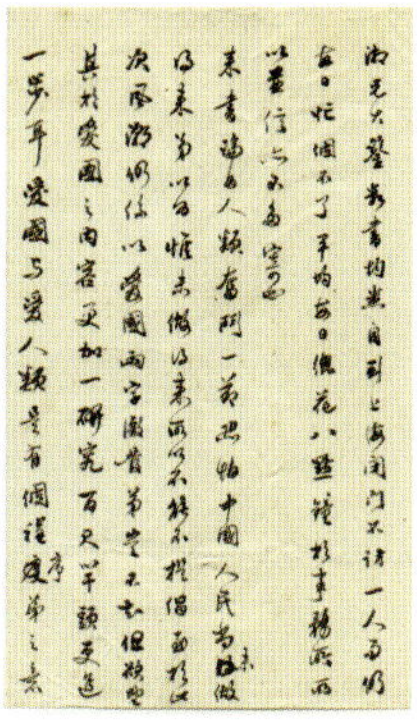

纵23厘米，横25.8厘米。孙中山大元帅府纪念馆藏。

竖排手写，共五页。1919年朱执信陪同孙中山寓居上海，6月30日他在五四运动发生后致古应芬函。函中深入探讨了“爱国”与“爱人类”的区别，显示了朱执信对于当时不顾国内特殊情况而泛泛谈论人类和平的批评。该函是研究朱执信思想和同时期社会思潮的重要史料。

民国　朱执信就购买飞机事宜致古应芬函

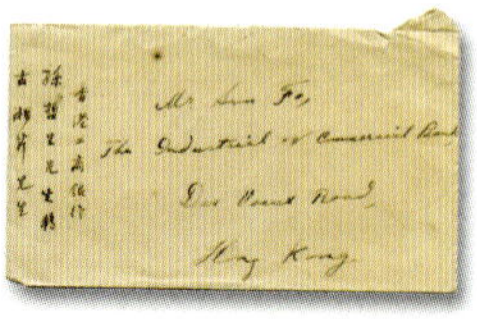

封纵9厘米，横15厘米；内页纵15.9厘米，横20.3厘米。孙中山大元帅府纪念馆藏。

竖排手写，一封一页。1920年，孙中山积极谋划在广州重建护法大本营，并要求陈炯明回攻广州。陈炯明十分重视飞机在回攻广州战争中的作用。1920年7月9日的函提到陈炯明关于购买飞机的两个条件：一、必须将飞机运到漳州方能交易；二、须有熟悉飞机的西方技师驾驶。同时对购置飞机的价格、采购人等具体问题也有讨论。

民国　陈炯明就购买飞机事宜致古应芬函

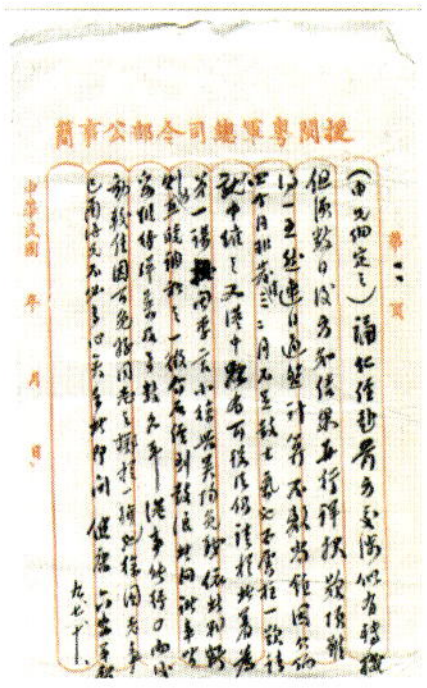

纵30厘米，横17.9厘米。孙中山大元帅府纪念馆藏。

竖排手写，共二页。使用援闽粤军总司令公事简信笺纸。该函是1919年7月10日援闽粤军总司令陈炯明在粤军返旆前夕，以笔名“六安”致古应芬函，商讨购买作战飞机事宜及其对飞机战略价值之认识，同时谈及粤军开拔款项等重要事务。

民国　胡汉民关于粤军回粤事宜致朱执信函

封纵14.8厘米，横9厘米；内页纵26厘米，横16.8厘米。孙中山大元帅府纪念馆藏。

竖排手写，一封二页。此为1920年9月13日胡汉民致朱执信函，函中提及粤军回粤战况，及谭延闿部军队的开拔费用等，具有重要史料价值。

民国　胡汉民关于孙中山处事方式及态度致古应芬函

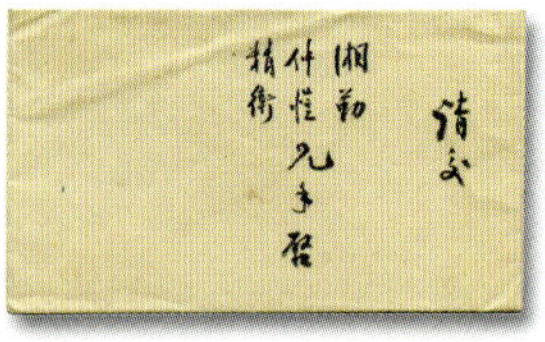

封纵9厘米，横14.8厘米；内页纵26厘米，横16.7厘米。孙中山大元帅府纪念馆藏。

竖排手写，一封六页。落款时间为民国九年（1920）九月三十日。胡汉民在该信函中用“铎”代孙中山，谈及对孙中山多方面事情处理方法的不认可：一、在粤军返旆时汇钱与委任问题；二、对孙中山处理陈炯明态度以是否听话为条件；三、以四总裁名义发电等。具有十分重要的史料价值。

民国　胡汉民就询问孙中山回粤事宜致古应芬等人函

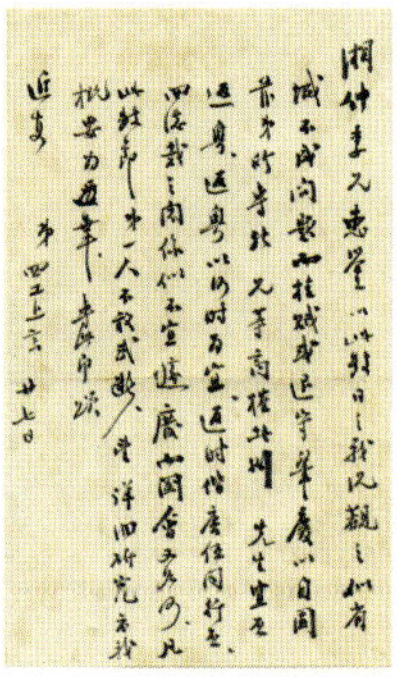

纵23.1厘米，横13.1厘米。孙中山大元帅府纪念馆藏。

竖排手写。1920年10月，粤军返旆战事将定，广东省城即将拿下，10月27日，胡汉民向古应芬、廖仲恺、汪精卫致函，询问孙中山是否即刻返粤，返粤时是否偕其他三位总裁同往，是否邀约国会议员南下等。是孙中山第二次在广州建立政权前的重要史料。

民国　胡汉民关于朱执信殉国事宜致古应芬等人函

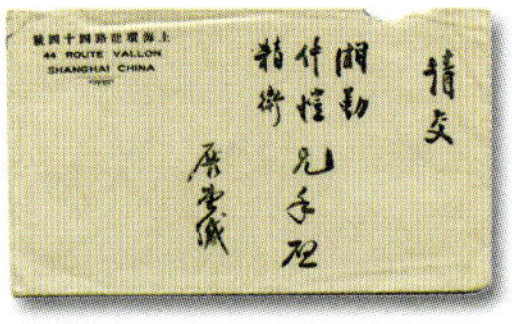

封纵9.1厘米，横14.9厘米；内页纵23厘米，横13.1厘米。孙中山大元帅府纪念馆藏。

竖排手写，一封二页。胡汉民在1920年10月30日函中提及已得知粤军克复广东省城，同时深为朱执信在虎门不幸殉国而感慨，并请刘纪文护送朱夫人到香港为朱执信办理丧事。

民国　戴季陶关于孙中山、陈炯明合作前景致古应芬等人函（其一）

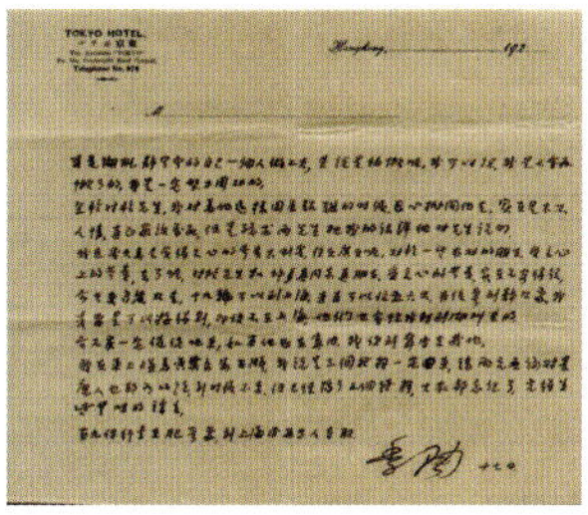

封纵9.5厘米，横15.0厘米；内页纵19厘米，横21.6厘米。孙中山大元帅府纪念馆藏。

横排手写，一封三页。此为1920年12月17日，戴季陶写给胡汉民、廖仲恺、古应芬的信函，函中戴季陶对孙中山在广州重建护法军政府表示十分高兴，尤其对孙中山与陈炯明合作的前景充满希望，反映了当时国民党高层的关系。

民国　戴季陶关于孙中山、陈炯明合作前景致古应芬等人函（其二）

封纵10.7厘米，横13厘米；内页纵20厘米，横25厘米。孙中山大元帅府纪念馆藏。

竖排书写，一封一页。1920年12月20日，戴季陶致函古应芬和邓铿，再次表达对孙中山与陈炯明合作的期望，并对未来形势发展充满乐观之意。

民国　大本营就随军东征事宜致古应芬函

封纵20.1厘米，横10.5厘米；内页纵31.2厘米，横21.7厘米。孙中山大元帅府纪念馆藏。

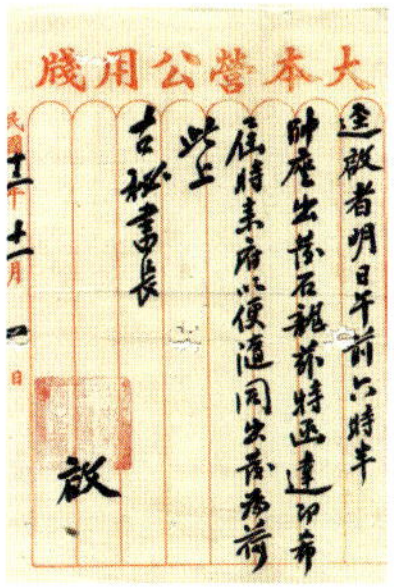

竖排手书，一封一页。封印“大本营参军处缄”，内页为大本营公用笺纸。1923年11月初，孙中山将出发往东江前线，11月1日发此函指令行营秘书长古应芬随军出发，与古应芬《孙大元帅东征日记》相吻合，是反映大本营时期重要军事活动的史料。

民国　冯轶裴关于东江战事致古应芬函

封纵22.5厘米，横11.7厘米；内页纵32.5厘米，横22厘米。孙中山大元帅府纪念馆藏。

竖排手写，一封二页。封印有“东路讨贼军总司令部缄”，内页为东路讨贼军总司令部公事简。古应芬时任大本营行营秘书长，冯轶裴时任大本营东路讨贼军旅长，冯轶裴在函中向古应芬详细汇报了东江前线与陈炯明部的作战情形。

民国　冯轶裴关于孙中山检阅军队事宜致古应芬函

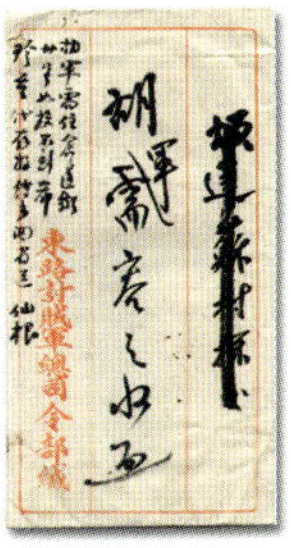

封纵20.5厘米，横10.4厘米；内页纵34.1厘米，横22.5厘米。孙中山大元帅府纪念馆藏。

竖排手写，一封二页。封印有“东路讨贼军总司令部缄”，内页为粤军总司令部用笺纸。该函系冯轶裴于1923年致大本营行营秘书长古应芬函，函中代粤军总司令许崇智询问孙中山是否如期检阅军队，并称吴铁城部暂未编好，请其最好缓期检阅。该件涉及孙中山以及多位民国要人之行止。

民国　邓演达关于国民党内部情况致古应芬函

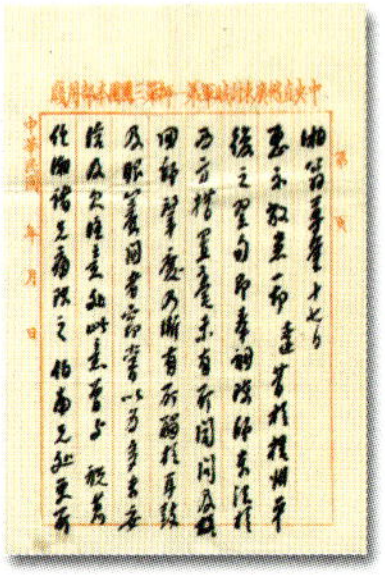

纵26.8厘米，横17.3厘米。孙中山大元帅府纪念馆藏。

竖排手写，八页。内页为中央直辖广东讨贼军第一师第三团团本部用笺纸。1923年大本营先后在广东的西江和东江流域进行系列军事行动，东路讨贼军团长邓演达于1923年12月30日亲撰此函致大本营财政部部长古应芬，函中对大本营财政问题提出看法，并对国民党高层人员的情况加以论列。

民国　李福林关于江防事变事宜致古应芬函

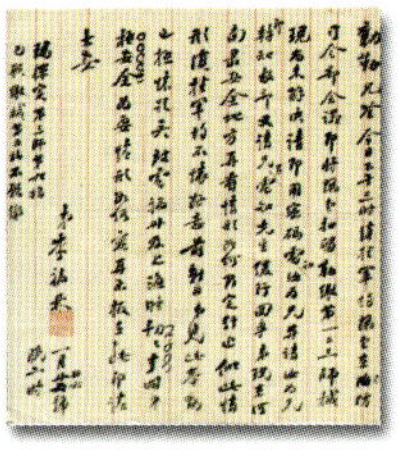

纵23.6厘米，横22.7厘米。孙中山大元帅府纪念馆藏。

竖排手写。1923年初，粤、滇、桂等联军将陈炯明部逐出广州后，联名邀请孙中山南下主持广州局面，但桂系沈鸿英部企图独占广州，于1月26日突然发动“江防事变”，为保护孙中山的安全，粤军将领李福林紧急在当日深夜写信给古应芬，陈述了江防事变的情形，并请其电告孙中山暂勿返粤。

民国　李烈钧关于西江战事致古应芬函

封纵23.3厘米，横11.3厘米；内页纵31.1厘米，横21.5厘米。孙中山大元帅府纪念馆藏。

竖排手写，一封一页。封印有“大元帅行营参谋处缄”，内页为大本营参谋处用笺纸。该函由大本营参谋长李烈钧于1923年12月20日亲笔书写，记述了前广东省省长李耀汉率部进攻大本营驻江门行营，形势危急，孙中山命李烈钧、古应芬、许崇智等紧急会商应对方略。

民国　大本营军政部运输处关于东江前线战况致古应芬的报告

封纵23.4厘米，横11.5厘米；内页纵31.4厘米，横21.9厘米。孙中山大元帅府纪念馆藏。

竖排手写，一封一页。封印有“大本营秘书处缄”，内页为大本营公用笺纸。该报告详细记述了1923年东江前线滇军的活动情形，对于还原当时军事斗争史颇具史料价值。

民国　邓泽如关于国民党改组事宜致古应芬函

封纵19.7厘米，横9.9厘米；内页纵31.8厘米，横18.5厘米；附件纵26.5厘米，横15.8厘米。孙中山大元帅府纪念馆藏。

竖排手写。一封三页。信封印有“中国国民党广东支部缄”。内页为中国国民党广东支部用笺纸，国民党改组预备会议后，孙中山特派胡汉民、林森等九人为临时执行委员，特派汪精卫、李大钊等五人为候补委员，筹备国民党改组事宜。这是1923年10月27日邓泽如就此事及有关召开会议事宜致古应芬的信函（附特派临时执行委员及候补委员名单），极具史料价值。

民国　陈树人就任大本营内政部侨务局局长并启关防致大本营各部首长及相关单位公函

封纵19.7厘米，横10.2厘米；内页纵29.5厘

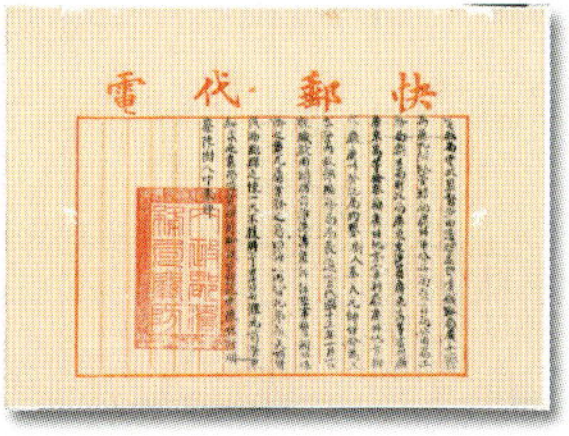

米，横39.5厘米。孙中山大元帅府纪念馆藏。

一封二页。使用“快邮代电”纸，钤“内政部侨务局关防”朱文长印，封印“大本营内政部缄”。1924年1月1日，陈树人就任大本营内政部侨务局局长并启用关防印信，这是他发给大本营各部首长及相关单位的告知函。

民国　许崇智关于任职广东省省长事宜致古应芬函

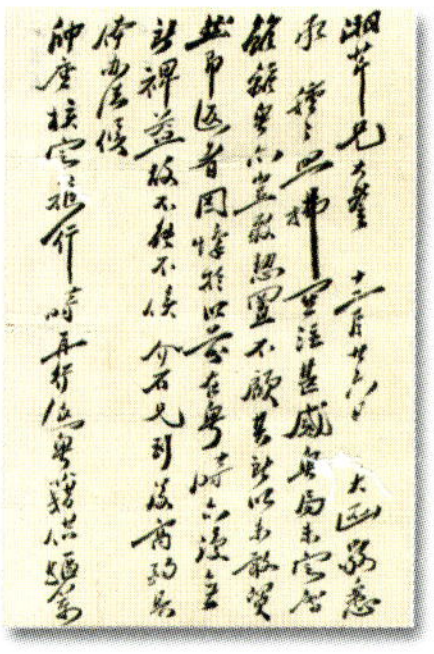

纵26厘米，横16.9厘米。孙中山大元帅府纪念馆藏。

竖排手写，共二页。孙中山第三次回粤建立政权之后，面临军事和经济上的双重压力。许崇智所率粤军在与陈炯明部作战中失利，被迫离粤。但关于广东省省长之职，许崇智却是外界认定之重要人选之一。许崇智在1924年1月4日的函中向古应芬讲述了不愿回粤任职的原因，反映了大本营内部政局的复杂关系。

民国　大本营参谋处致古应芬的邀请函

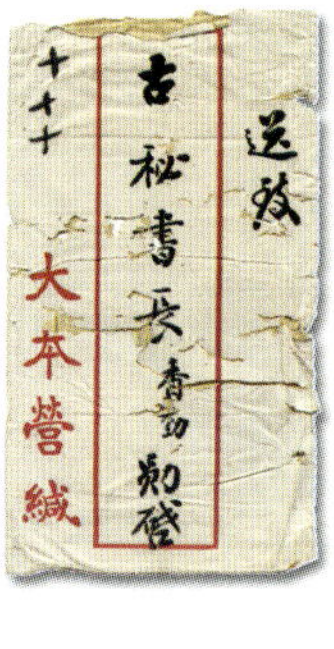

封纵26厘米，横14厘米；内页纵31.5厘米，横21.8厘米。孙中山大元帅府纪念馆藏。

竖排手写，一封二页。封印有“大本营缄”，内页为大本营公用笺纸，1924年元旦后，孙中山邀约陆海军大本营重要军政官员至大元帅府会商东江战事，此为1月8日大本营参谋处代拟的邀请函，字迹出自时任参谋长李烈钧之手。

民国　陈可钰就西江军事情况致古应芬函

封纵20.3厘米，横10.2厘米；内页纵32.4厘米，横21.3厘米。孙中山大元帅府纪念馆藏。

竖排手写，一封一页。封印有“西江善后督办行营缄”，内页为西江善后督办署用笺纸。1924年4月15日，粤军将领陈可钰在函中介绍了广西统一前期的军事状况，以及大本营财政部筹措经费之细节。

民国　戴季陶关于大本营宣传工作致古应芬函

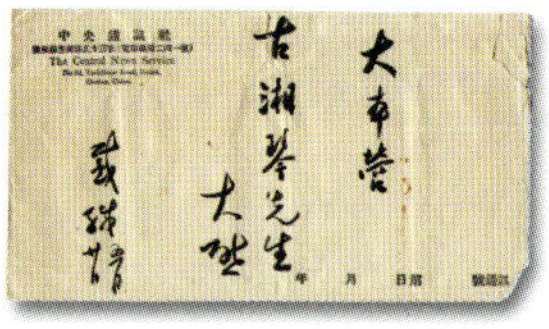

封纵13厘米，横23.4厘米；内页纵31厘米，横21.5厘米。孙中山大元帅府纪念馆藏。

竖排手写，一封二页。内页为中央通讯社用笺纸，信末钤“宣传部长”印。此为1924年5月20日时任大本营宣传部部长戴季陶致古应芬函，函中明确表示出对大本营宣传工作的批评，并提出应对处理的办法。

民国　胡汉民关于大本营财政事宜致古应芬函

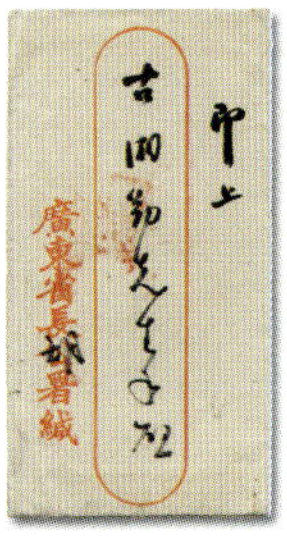

封纵23.3厘米，横11.9厘米；内页纵31.6厘米，横21.8厘米。孙中山大元帅府纪念馆藏。

竖排手写，一封一页。封印“广东省长公署缄”，内页为广东省省长公署用笺纸。1924年6月18日，时任广东省省长胡汉民致古应芬函，胡汉民在函中陈述了赣军李明扬部收入与支出问题，反映了大本营时期财政统一问题及实际推行中的情形。

民国　古应芬就处理商团事变一事致孙中山电文（其一）

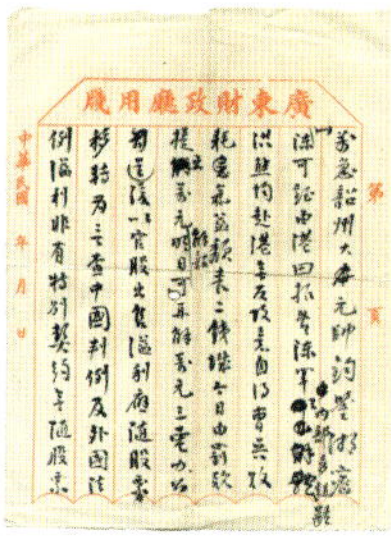

页一纵27.1厘米，横20.1厘米；页二纵26.5厘米，横17.9厘米。孙中山大元帅府纪念馆藏。

竖排手写，广东财政厅用笺及大本营财政部用笺纸，共二页。1924年10月商团事件发生后，大本营要求与陈廉伯等商团军有牵连的商户缴纳罚款，这是政府重要经济来源，此函论及向陈廉伯等商团军有牵连之商户罚款及惩处措施，并述及该时期陈炯明集团内部情形。

民国　古应芬就处理商团事变一事致孙中山电文（其二）

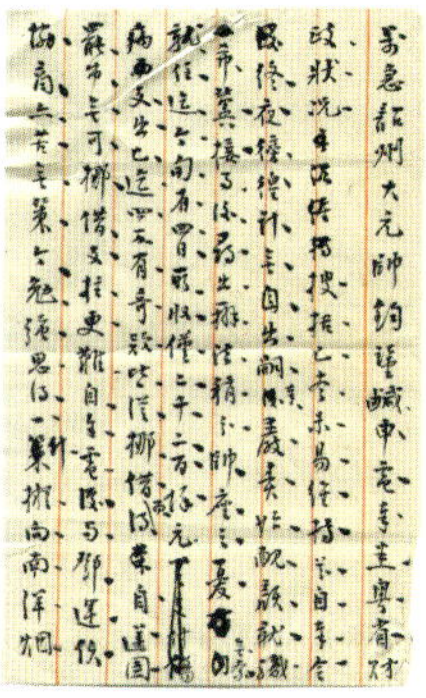

纵25.6厘米，横15.8厘米。孙中山大元帅府纪念馆藏。

竖排手写，一套二件。此为1924年10月大本营财政部部长古应芬致孙中山电文，其中汇报粤省财政极其拮据的状况，及拟向与陈廉伯等商团军有牵连之商户罚款的筹措办法。

民国　蒋介石关于派遣黄埔军校教官赴前线致古应芬函

纵32.1厘米，横21.6厘米。孙中山大元帅府纪念馆藏。

竖排手写，使用陆军军官学校用笺纸。此时，孙中山督师北伐，大本营财政部部长古应芬陪同。1924年9月12日，蒋介石在函中陈述派遣学生队及三名教官前赴韶关行营，并请其调用。

民国　胡汉民关于大本营军费事宜致古应芬函

封纵23厘米，横10.5厘米；内页纵32厘米，横21.5厘米。孙中山大元帅府纪念馆藏。

竖排手写，一封一页。封印有“大本营缄”，内页大本营秘书处用笺。1924年12月23日，胡汉民在函中提及谭延闿、何成濬、陈嘉祐、宋鹤庚等部军队开拔，急需军费等事宜，请财政部部长古应芬设法解决。

民国　蒋介石关于黄埔军校经费事宜致古应芬函

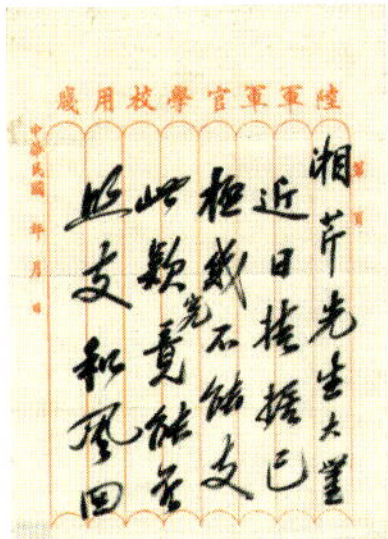

纵31厘米，横21.7厘米。孙中山大元帅府纪念馆藏。

竖排手写，共三页。内页为陆军军官学校用笺纸。1924年6月，蒋介石受孙中山委派，出任黄埔军校校长。但大本营的经济十分拮据，黄埔军校经费也是左支右绌。这是12月17日蒋介石向时任大本营财政部部长古应芬要求经费的信函，甚至以经费不至，将以辞职相要挟。这是研究大本营时期历史及蒋介石早期思想活动的重要史料。

民国　蒋介石关于东征事宜致古应芬函

纵31.1厘米，横21.5厘米。孙中山大元帅府纪念馆藏。

竖排手写，二页。使用陆军军官学校用笺纸。此时孙中山病重，广东第一次东征在进行之中，古应芬身为大本营财政部部长兼中央军需总监，身负重任。蒋介石在东征前线，亟需后勤供应，因而于1925年2月2日致函古应芬，请其不要离粤。

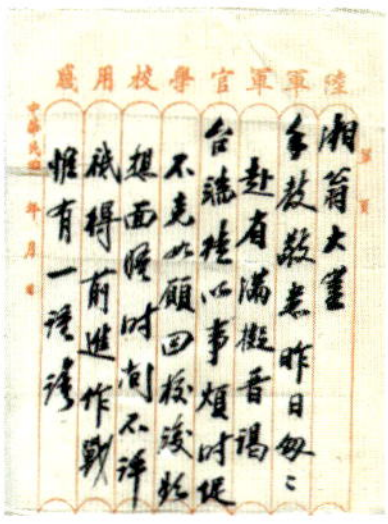

民国　李仙根关于孙中山病情致古应芬函（其一）

封纵22.5厘米，横11.2厘米；内页纵25.9厘米，横16厘米。孙中山大元帅府纪念馆藏。

一封二页。此为1925年2月4日李仙根致古应芬函，介绍孙中山病况及随员待遇情况。

民国　李仙根关于孙中山病情致古应芬函（其二）

封纵17.5厘米，横8.8厘米；内页纵25.8厘米，横16厘米。孙中山大元帅府纪念馆藏。

一封五页。此为1925年2月10日李仙根致古应芬函。函中谈及孙中山病情和行辕情况，尤其讲述了孙中山在选择中医与西医治疗方案时的抉择和原委，史料价值极高。

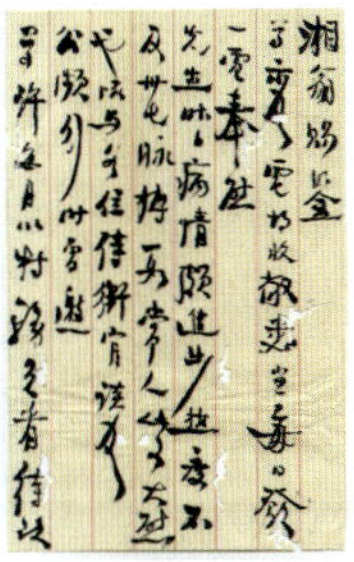

民国　陈可钰关于广东内部情况致古应芬函

纵26厘米，横20.3厘米。孙中山大元帅府纪念馆藏。

竖排手写。1925年2月8日陈可钰致古应芬函中提及孙中山在北京病重期间，云南军阀唐继尧蠢蠢欲动，广东革命党内部亦有不安的情形，并论及对广西统一和对陈炯明用兵的主张等。

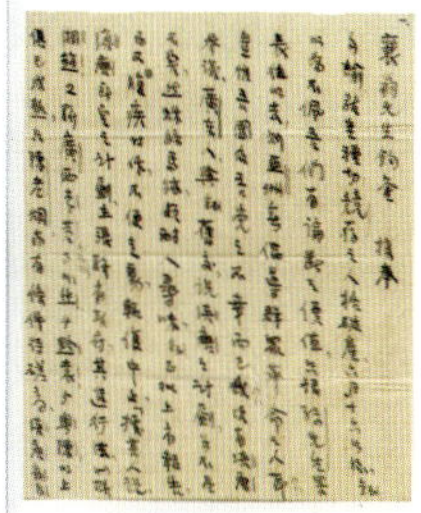

民国　何成濬就讨伐陈炯明部向孙中山的汇报函

纵28.3厘米，横18.8厘米。孙中山大元帅府纪念馆藏。

竖排手写，共十一页。此函为1925年2月3日，时任国民党中央直辖福建各路军总指挥何成濬致孙中山函。函中何成濬向孙中山详细汇报福建、广东东江流域陈炯明部军事状况，是研究孙中山、陈炯明对峙时期历史的重要史料。

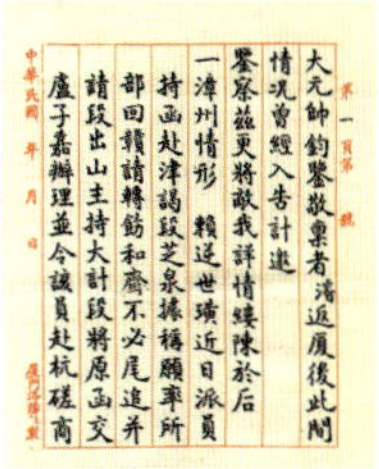

民国　温彦斌就东征战况致古应芬函

封纵15.2厘米，横9厘米；内页纵27.8厘米，横16.3厘米。孙中山大元帅府纪念馆藏。

竖排手写，一封三页。温彦斌是粤军重要将领，曾参与平定“商团事件”，也是第一次东征时期的重要将领。该函是温彦斌1925年2月27日第一次东征期间向古应芬汇报战况的长文，是孙中山第三次在广州建立政权时期、第一次东征时期的重要史料。

民国　古应芬就沙基惨案一事致黄建勋电文

纵31.2厘米，横22厘米。孙中山大元帅府纪念馆藏。

竖排手写，广东财政厅用笺纸。1925年五卅惨案发生后，国内外爱国民众抗议，此函反映了广州民众

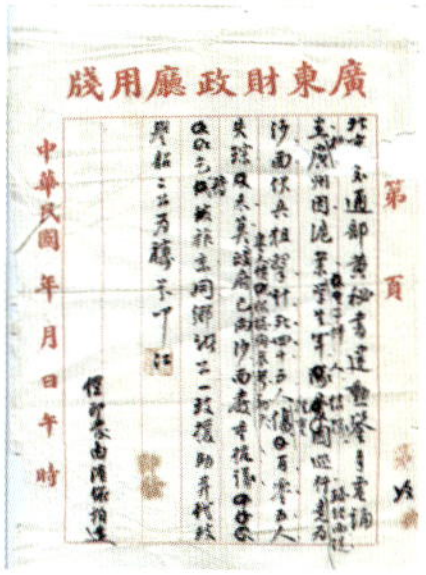

游行至沙面，发生沙基惨案（又名“六二三”惨案）。此函系1925年7月3日古应芬向曾任孙中山秘书的黄建勋说明在广州发生的沙基惨案情况，并希望获得在京同人援助。是孙中山第三次在广州建立政权时期的重要史料。

民国 李石曾关于中法大学经费事宜致古应芬函

封纵19.1厘米，横9.3厘米；内页纵26.4厘米，横17.4厘米；名片纵8.7厘米，横5.7厘米。孙中山大元帅府纪念馆藏。

竖排手写，一套五件。此为1925年8月2日，时任广州国民政府中央监察委员李石曾致广东省民政厅厅长古应芬函，函中介绍齐云青代表李石曾与古应芬接洽、为中法大学筹措经费事宜，具有重要的史料价值。

民国 胡汉民关于廖案事宜致古应芬函（其一）

封纵25.3厘米，横11.8厘米；内页纵20.6厘米，横27.4厘米。孙中山大元帅府纪念馆藏。

竖排手写，一封一页。封印有“陆军军官学校缄”。廖仲恺遇刺案发生后，随着调查的深入，胡汉民堂弟胡毅生被指为重要嫌疑人，胡汉民也因此受到猜疑，1925年9月他致函古应芬表示准备远离政治中心赴俄国休养。函中，胡汉民向时任财政部代部长、广东省政务厅厅长古应芬打听自己向广州国民政府政治委员会汇报关于廖案的情形及自己准备请假的情况，同时希望尽快乘船远赴俄国。

民国 胡汉民关于廖案事宜致古应芬函（其二）

封纵17.8厘米，横8.9厘米；内页纵32.3厘米，横22.5厘米。孙中山大元帅府纪念馆藏。

竖排手写，一封一页。封印有“陆军军官学校缄”，内页为陆军军官学校用笺纸。此为1925年9月2日胡汉民致古应芬函。函中，胡汉民向古应芬打听自己向广州国民政府政治委员会请假一事的批答情况，提及外交部部长工作也要有所交接，并再次询问赴俄国航船的情况。

民国 胡汉民关于廖案事宜致古应芬函（其三）

封纵20.1厘米，横10.1厘米；内页纵32.3厘米，横22.5厘米。孙中山大元帅府纪念馆藏。

竖排手写，一封一页。封印有“陆军军官学校缄”，此为1925年9月3日胡汉民致古应芬函。函中提到蒋介石书函询问鲍罗廷是否会见胡汉民，并提及赴俄国将需要翻译和经费。

民国 胡汉民关于廖案事宜致古应芬函（其四）

封纵23厘米，横11厘米；内页纵31.8厘米，横22厘米。孙中山大元帅府纪念馆藏。

竖排手写，一封一页。封印有“中国国民党党军司令部缄”，内页为陆军军官学校用笺纸。此为1925年9月5日胡汉民致古应芬函。胡汉民在函中提到与蒋介石、鲍罗廷相会谈一事，并提及蒋介石邀请胡汉民住其家以便于保护，同时感谢古应芬等人的帮助。

民国　胡汉民关于大本营经费事宜致古应芬函（其一）

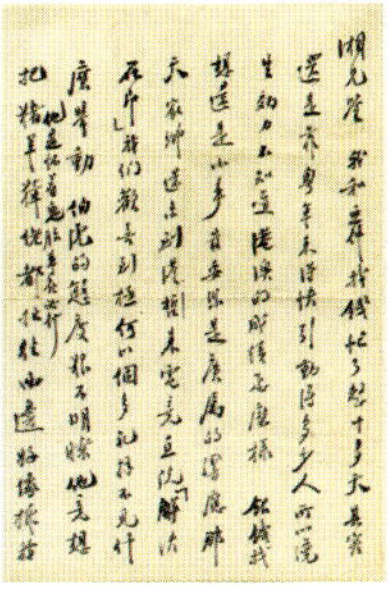

纵26厘米，横16.8厘米。孙中山大元帅府纪念馆藏。

竖排手写，共二页。函中提及其与廖仲恺等人筹措经费的困难，以及孙科等自称筹到款项却迟迟不到位的问题，是孙中山第三次在广州建立政权时期的重要史料。

民国　胡汉民关于大本营经费事宜致古应芬函（其二）

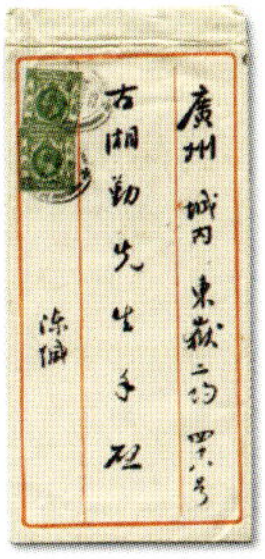

封纵19.5厘米，横8.3厘米；内页纵26厘米，横16.8厘米。孙中山大元帅府纪念馆藏。

竖排手写，一封二页。函中提及大本营经费极其紧张，以至于客军在省内欺压抢夺，又指出广东财政厅厅长杨西岩等筹款无法，并表示汪精卫自香港到广州后，胡汉民将交出广东省省长之职。

民国　邵元冲、戴季陶关于廖案致汪精卫等人函抄件

纵29.4厘米，横42.5厘米。孙中山大元帅府纪念馆藏。

竖排手写，共三页。1925年廖案发生后，胡汉民遭到猜疑。邵元冲与戴季陶等身在异域，闻讯于9月14日联名致函负责调查廖案的蒋介石、许崇智、汪精卫等在粤要员，竭力为胡汉民辩护。此函虽为抄件之一，但笔迹是邵元冲手录。

民国　周恩来就东征事宜致汪精卫等人电

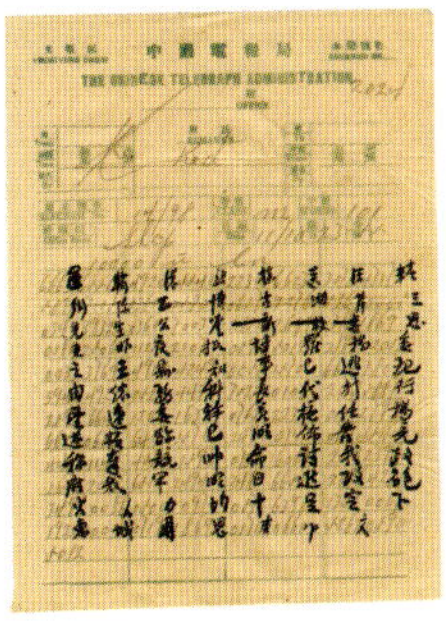

纵32.4厘米，横29.2厘米。孙中山大元帅府纪念馆藏。

该件系1925年10月11日，周恩来自广东博罗县发给国民政府主席汪精卫、委员陈公博的电文。电文中汇报博罗县长已逃走，县务由总务科长代行；所部枪械子弹充足，将进攻惠州等事宜。

民国　黄锦辉给父亲的信

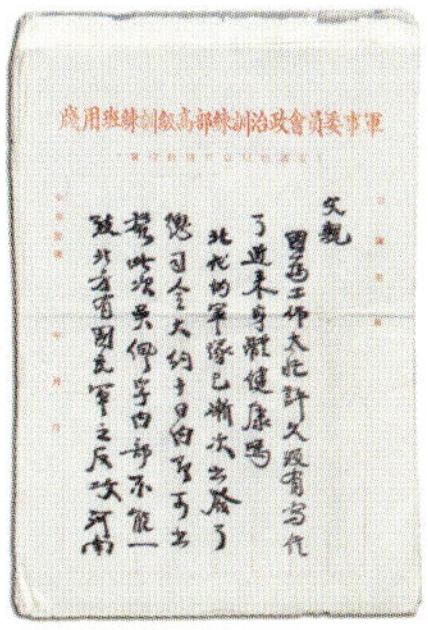

纵31厘米，横20.5厘米。广东革命历史博物馆藏。

军事委员会政治训练部高级训练班用笺，毛笔书写。1926年7月11日黄锦辉写信拒绝父亲为他定亲及批评弟弟从黄埔入伍生队伍私奔回家。

黄锦辉，中国共产党早期著名军事干部之一，广西桂林人。1919年5月，在桂林参加五四爱国运动。1925年1月，国民党黄埔军校特别区党部选举第二届执行委员会，蒋介石、周逸群等五人当选为执行委员，黄锦辉、王柏苍等三人为候补执行委员。不久，黄锦辉经周逸群介绍加入中国共产党。1928年1月，为指挥广州起义失败后撤出广州的教导团和发动北江暴动，党组织派黄锦辉前去负责。后被捕，惨遭杀害。

民国　第五届农讲所学员谭作舟在广州狱中的家信

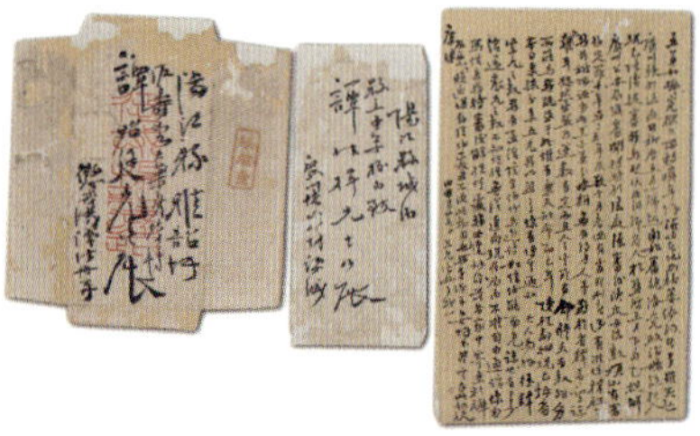

信纸纵25厘米，横15.5厘米。毛泽东同志主办农民运动讲习所旧址纪念馆藏。

信封、信纸、便条各一。毛边纸，毛笔字。信纸内文如下：

五弟如握：冤狱久惛，转瞬年余，强吐者化为枯萎，体弱者多罹死亡。广州特别法庭自新历五月一号起开始审讯清党政治嫌疑犯人。现已陆续提审我与启沃及同乡各人，于旧历三月下旬已提解广州公安局候审。闻得特别法庭经审后决定办法数项：（1）有审后定罪十年或三五年及数个月者。（2）有处死刑者。（3）有准保释放者。我前被惛诬，当此黑白莫分时期，无有得力人事，对于省释希望，谅亦难耳，想起坐监乃运数有定，而且人之生死有命，修夭有数，非人力所能为。我既至于此，惟有乐天知命而已耳。陈桂邻姆现已抵省，本日来探，交来五元，我收到了。你有便可通知大人为好。德铎宗元之数我有函给信孚伯代为追讨，如信伯能面见，谅必有多少给还，衮兄之数不知何从，无从追问。现在局内不准自由通信，你勿写信来找，待审后解往何处，我必达知你。前者家中寄来衫裤及票“赎出”俱存信伯处，因不须此物用也，我身体平安，余不尽言，手此顺祝康健。旧四月二十七日三兄作舟手启。

谭作舟（1903—1928），广东阳江人，中共党员，阳江农民运动领导人。1927年“四一五”反革命政变后被捕，在阳江监狱拘留十九天后，被解往广州车歪炮台监禁，后又被转至广州南石头监狱。直至在广州市公安局特别法庭接受审讯，后被杀害。

第二节　书法、手稿、日记

民国　孙中山手书“志在冲天”横幅

纸本。纵46厘米，横143厘米。广州博物馆藏。

孙中山题书“志在冲天”，上款为“仙逸飞行家属”，落款“孙文”。孙中山为表彰杨仙逸功绩，书此横幅相赠。杨仙逸，原籍广东香山（今中山）北台村，出生于美国檀香山，早年就读于夏威夷大学、加利福尼亚哈哩大学机械专修科，毕业后，入加州茄弥时大学航空科学习飞机制造与驾驶。杨仙逸是我国近代航空界的一位风云人物，毕生实践孙中山的“航空救国”理想，全心扑在空军建设上，培养航空人才，两度受孙中山命令赴美培养航空人才，筹购飞机，参加革命战争，杨仙逸领导研制了中国第一架飞机，并以宋庆龄的英文名“乐士文”命名，对我国早期航空建设做出了重大贡献。

民国　孙中山楷书“知难行易”横幅

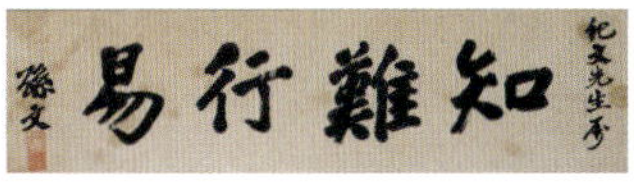

纸本。纵39.1厘米，横148.3厘米。孙中山大元帅府纪念馆藏。

上款“纪文先生属”，落款“孙文”，钤“孙文”朱文方印、“逸仙”白文方印。中华民国成立以后，孙中山所领导的事业一再受挫，党内也出现各种异议。孙中山提出“知难行易”学说，这是孙中山的哲学思想。他认为革命党人对革命宗旨和革命信仰不笃，奉行不力，其根源在人们受到“知易行难”传统思维方式的左右。

孙中山（1866—1925），名文，字德明，号逸仙，在日本从事革命活动时曾化名中山樵。广东香山（今中山）人。中国民主革命的伟大先行者。擅长书法，其书博大豪迈，气势恢宏。

民国　孙文行楷书格言轴

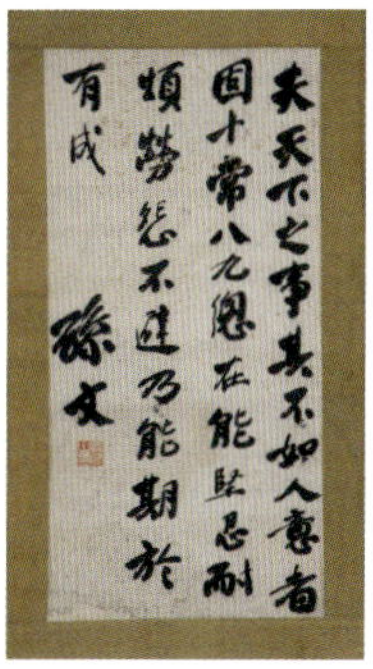

纸本。纵62厘米，横30厘米。广州艺术博物院藏。

书文：

夫天下之事，其不如人意者固十常八九，总在能坚忍耐烦，劳怨不避，乃能期于有成。孙文。

钤“孙文之印”白文方印。

此轴字体大小均匀，笔画以圆润为主，偶以瘦劲间之，稳健与松放相济，显得随和自然。行距疏密划一，笔调优美流畅，利落潇洒。

民国　黄兴手书七言绝句

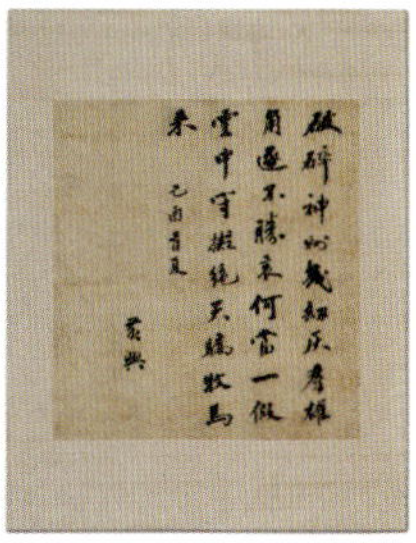

绢本。纵57厘米，横54.4厘米。广州博物馆藏。

书文：

破碎神州几劫灰，群雄角逐不胜哀。何当一假云中守，拟绝天骄牧马来。

诗写于“己酉首夏”，即清宣统元年（1909）初夏。落款“黄兴”。

1911年2月18日，方声洞与妻子王颖在日本千叶县为刚满月的儿子方贤旭庆贺生日。3天后，方声洞即与家人告别前往广州，参加黄花岗起义，壮烈牺牲。中华民国成立后，王颖母子迁居上海。1912年王颖到黄兴寓所探望，黄兴追忆广州黄花岗起义之役的战斗情况，即席以绢幅将其在起义前写就的一首七言诗书赠王颖。

民国 于右任行书诗轴

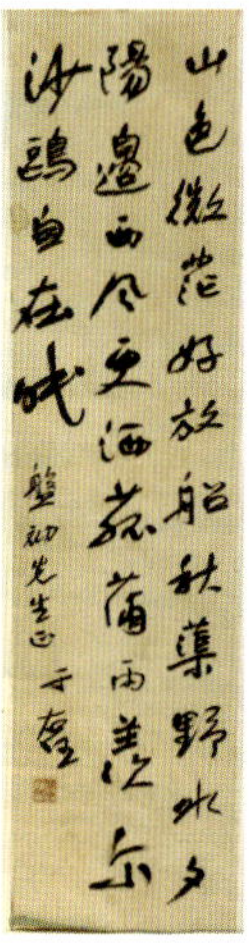

纸本。纵130厘米，横32厘米。广州艺术博物院藏。

书文：

山色微茫好放船，秋菓野水夕阳边。西风更洒菰蒲雨，羡尔沙鸥自在眠。盘初先生正。于右任。

钤“关中于氏”朱文方印。

此轴书法从北碑中化出，又将帖派的醇雅寓于北碑的雄强之中，结字宽博雄伟，取势扬左抑右，浑穆闲逸，内涵丰富。

于右任（1879—1964），名伯循，笔名骚心。陕西三原人。曾追随孙中山参加民主革命。倡导北碑，是民国时期最重要的碑派书家。擅长行书和草书，其书风格浑穆壮阔，清润散朗。

民国 廖仲恺行书七言诗轴

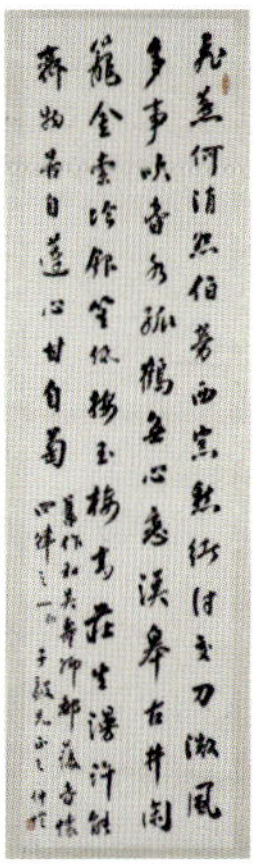

纸本。纵130厘米，横32.5厘米。广州艺术博物院藏。

书文：

飞燕何消怨伯劳？西窗愁绪付交刀。微风多事吹春水，孤鹤无心恋汉皋。古井闲笼金索冷，银笙低按玉楼高。庄生漫许（诩）能齐物，苦自莲心甘自萄。旧作《和吴寿卿都护春怀四律》之一。（诩）。子毅兄正之。仲恺。

钤“廖二”白文长方印、“双清楼”白文椭圆印。

此轴结字严谨，笔酣墨浓，劲健秀润而不枯燥，清峻洒脱而又含蓄。行笔流畅纯熟，平和典雅，遒迈劲逸。

廖仲恺（1877—1925），名恩煦、夷白。广东归善（今惠州）人。民主革命家，国民党左派政治家，社会活动家。擅长诗词、书法，其书法古意盎然，书卷气浓郁。

民国 朱执信诗二首

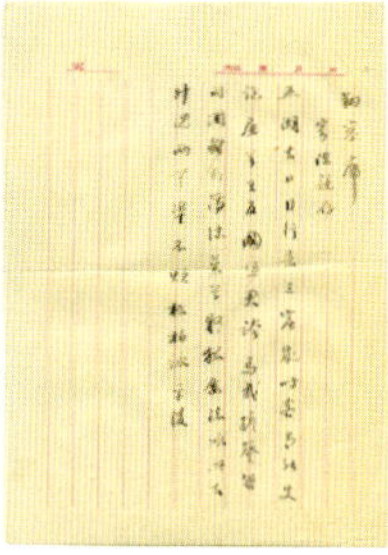

纵23.7厘米，横16.3厘米。孙中山大元帅府纪念馆藏。

竖排手写。此两诗皆为朱执信所作并亲书，其中第二首诗《寄陈竞存》具有极高的价值。陈炯明因受孙中山之命，勉强参与发动二次革命，导致广东地盘丧失，因此对孙中山有所怨怼。此外，孙中山在日本发起组建中华革命党时，陈炯明在南洋发起组建中华水利社，实为对孙中山的抵制，这也导致孙中山对陈炯明严重不满。这是护国运动胜利之后，朱执信调解孙、陈二人关系的重要作品，陈炯明也曾作诗唱和，因此是研究孙中山、陈炯明、朱执信关系的重要文献。

民国 汪精卫纪念朱执信文章原稿

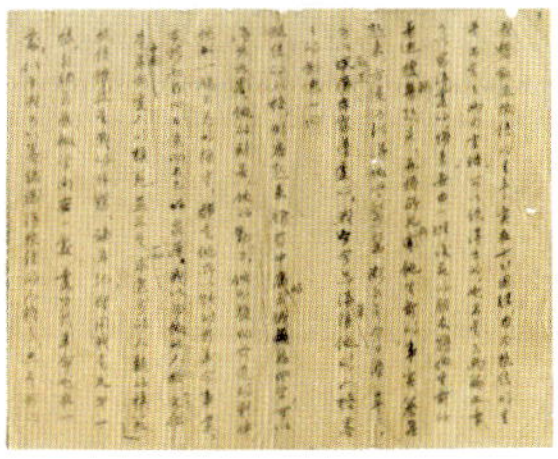

纵20.3厘米，横25.8厘米。孙中山大元帅府纪念馆藏。

竖排手写，共八页。1920年朱执信不幸殉国，他的亲友、同志纷纷撰文哀悼。汪精卫是朱执信的舅舅，也是年龄相仿、并肩战斗多年的战友，二人交情极深。此为1921年2月下旬汪精卫对朱执信生平、人格、学问等方面所作的长篇回忆手稿。

民国 陈铁军自传手迹

纵24厘米，横51.8厘米。广东革命历史博物

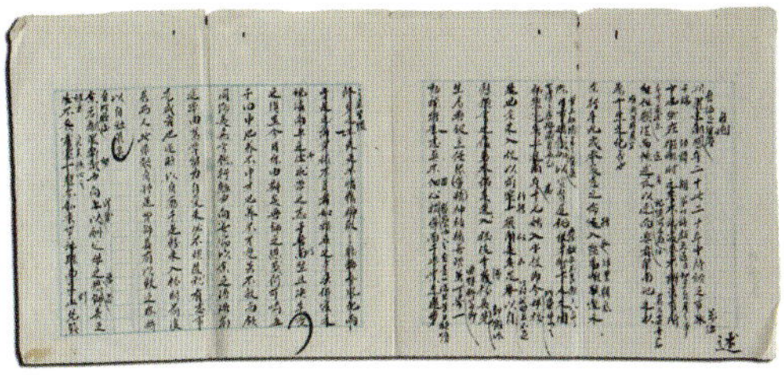

馆藏。

佛山季华女校稿纸，毛笔书写。现仅存前两页，后续不存。该手迹是革命烈士陈铁军亲笔书写，讲述其从出生至广州求学的这段经历。

陈铁军（1904—1928），原名陈燮君，广东佛山人。1920年进入佛山新开办的季华两等女子小学读书，成为第一批学生。1924年考入广东大学文学院预科，为表示自己铁下心肠干革命的决心，改名为陈铁军。1926年，加入中国共产党。先后担任中共中山大学支部委员、中共两广区委妇女委员和广东妇女解放协会秘书长。1927年12月参加广州起义，1928年2月6日，与周文雍牺牲在红花岗。

民国　张云峰绝笔书

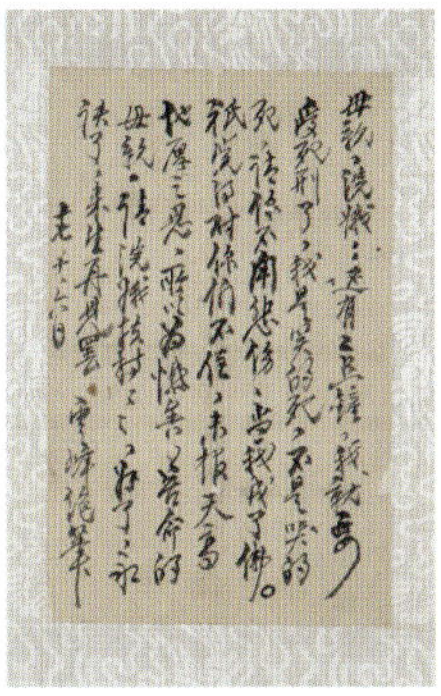

纵21厘米，横16.5厘米。广东革命历史博物馆藏。

玉扣纸，毛笔字。内文如下：

母亲、浣娥：还有二点钟我就要受死刑了。我是笑的死，不是哭的死，请你不用悲伤，当我成了佛。只觉得对你们不住，未报天高地厚之恩，所以为憾矣！苦命的母亲，请浣娥扶持扶持。好了，永诀了，来生再见罢。

云峰绝笔

十七·十·六日

张云峰（1900—1928），南海（今属佛山）人。1927年“四一五”反革命政变后被捕，被关押在广州南石头监狱，后转广东高等法院监狱，1928年10月6日被杀害。绝笔书是他牺牲前两小时写给其母亲及结婚仅四十天的妻子叶浣娥的，充分表现了共产党员视死如归的大无畏精神。

民国　胡汉民手书“海珠桥”横批

纸本。纵57.8厘米，横214厘米。孙中山大元帅府纪念馆藏。

从右往左横向行书“海珠桥”。左侧落款“汉民书”，贴有两个印章，分别是白文方印“汉民之钤”及朱文方印“展堂所属”。右下角有白文方印“纪文珍赏”，书法已裱成横批。

海珠桥是二十世纪二三十年代广州开展大规模城市建设的典范。1933年2月15日，广州海珠桥建成开通，它结束了过去单靠渡船航行珠江两岸的历史。海珠桥落成之际，邀请了曾任大元帅府总参议和代帅的胡汉民题手书“海珠桥”墨宝。胡汉民是民国四大书法家之一，擅长隶书和行书，其题写了两幅“海珠桥”墨宝，其中一幅制成牌匾，镶刻在桥上，而另一幅则赠送给了时任广州市市长刘纪文。由于海珠桥上原来的牌匾及其原件早已不存，今天海珠桥上悬挂的“海珠桥”三个金色大字便根据这一墨宝制成。

民国　周士第阵中日记

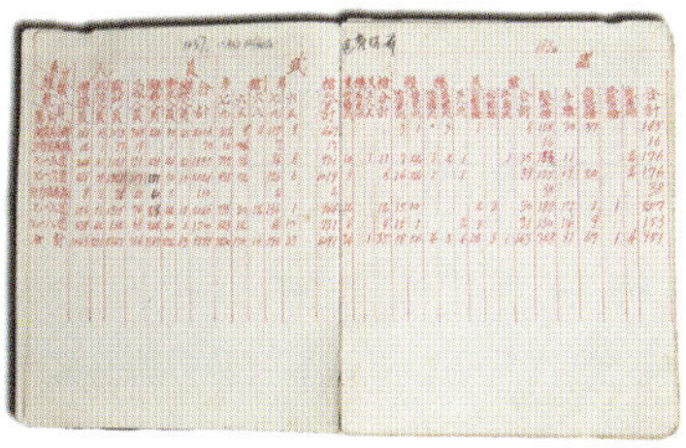

纵19厘米，横15.5厘米。广东革命历史博物馆藏。

长方形，黑色硬皮，内用蓝色和红色钢笔书写。日记是时任八路军第一二〇师参谋长周士第1937年至1940年在抗日前线写的军事日记，记录了日军敌情和我方战术、各部往来通电、部队人马和辎重等战备情况，以及政治工作、世界局势等方面的内容。

第三节　委任状

民国　北伐瀛字敢死军队长余宗禧委任状

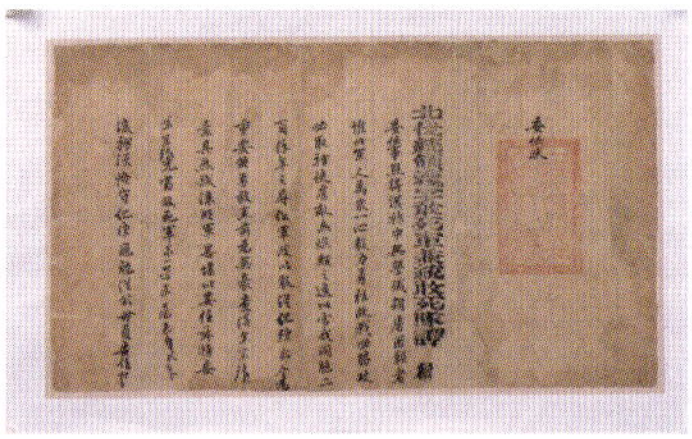

纵48厘米，横25厘米。广州博物馆藏。

玉扣纸，泛黄，污渍严重，褶皱，破损，个别字缺损。封面有“委任状”三字，上盖“中华民国北伐敢死军统带之关防”朱印。余宗禧，早年加入同盟会，1911年9月，参加谭瀛组织的民军。中华民国成立后，该军被改编为“北伐瀛字敢死军”，余宗禧被任命为第一营第二队队长。

民国　陈炯明委任古应芬为广东省政务厅厅长令

封纵16厘米，横8.8厘米；内页纵30厘米，横22.5厘米。孙中山大元帅府纪念馆藏。

一封一页。1920年10月，孙中山任命陈炯明为广东省省长兼粤军总司令。这件文物是1920年10月底粤军返旆之后，11月9日援闽粤军总司令陈炯明任命古应芬为广东省政务厅厅长的命令，命令以“粤军总司令令”的笺纸书写，钤“援闽粤军总司令行营之关防”朱文方印，反映了当时特殊的军政环境。

民国　孙中山给古应芬的委任令

封纵16.5厘米，横29.5厘米；内页纵26.8厘米，横76.7厘米。孙中山大元帅府纪念馆藏。

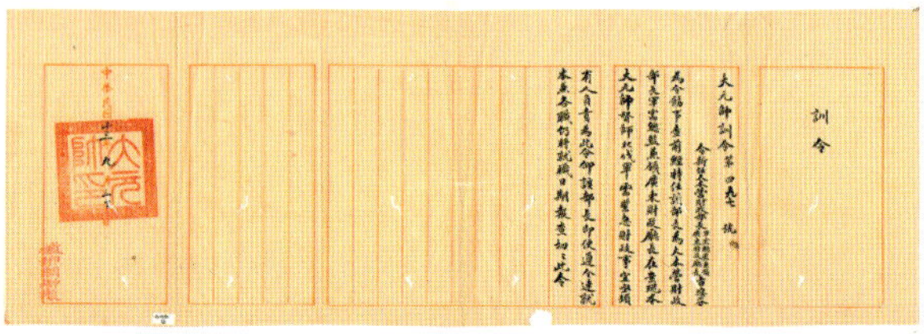

竖排手写。封套及内页均钤“大元帅印”朱文方印。1924年9月，孙中山积极筹备北伐，此训令是9月30日孙中山以大元帅的名义任命古应芬为大本营财政部部长兼任中央军需总监、广东财政厅厅长的重要公文。

民国　国民党中央农民部委任状

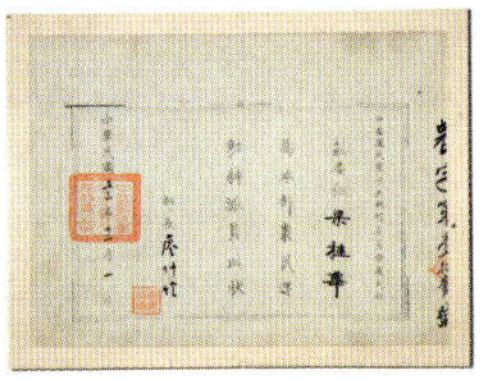

纵29.5厘米，横38.7厘米。广东革命历史博物馆藏。

淡绿色宣纸，委任状的姓名和时间用毛笔填写，其余用黑色油墨油印。原文如下：

中国国民党中央执行委员会农民部

兹委任梁桂华为本部农民运动特派员

此状　部长廖仲恺

中华民国十三年十二月一日

上钤中国国民党中央执行委员会农民部印。右边边沿有骑缝“农字第一十二号”字样。

梁桂华（1893—1927），广东云浮人。曾任中华全国总工会第一届委员，中共广东区委员会工委委员、监委副书记，中共香港地区工作委员会书记，广州起义工人赤卫队副总指挥等职。1924年7月到第一届广州农民运动讲习所学习，8月赴黄埔军校接受了为期十天的军事训练。毕业后，被任命为国民党中央农民部农运特派员。

第四节 徽章、证章、奖章

1911年 革命军金属帽徽

直径3.3厘米。广州博物馆藏。

铜质，镂空模铸，中间为五色旗和红黄两色底蓝星旗帜交叉排列，周边为花叶环绕成的圆形。

民国 广东陆军庚戌起义纪念铜章

直径2.6厘米。广州博物馆藏。

铜质，圆形，边缘为凹陷的环形，正面上端饰一太阳图案，下端题写“广东陆军庚戌首义同志纪念会”。该纪念章是为纪念1910年2月12日倪英典领导的广东新军起义而制作的。庚戌新军起义又名庚戌广州起义、新军之役，是清宣统二年（1910）发生在广州的一次清朝新军部队的起义事件。起义最终遭到镇压，但与此有关的部分人员后来参与了黄花岗起义。

民国 广东军政府铜勋章

直径4厘米。广东革命历史博物馆藏。

铜质，九角星形，上有鼻钮穿系小孔。正面居中铸有“中华民国广东军政府勋章”字样，背面为中华民国五色旗和陆军十八星旗，两旗相交，上下两角铸有“绩懋”“军储”四字。该勋章是孙中山领导护法运动期间广东军政府为表彰有功将士颁发的。

民国 革命军功牌

纵6.5厘米，横4厘米，厚0.05厘米。广东革命历史博物馆藏。

铜质，正面中间铸有“革命军功牌”五字，正上方是十八星旗旗徽，正下方铸有“中华民国元年”字样，左上角是中华民国十八星旗，代表全国十八个省，右上角是五色旗，表示汉、满、蒙、回、藏五族共和，左右两边有龙、凤、木棉三种图案，象征民主、和平、吉祥之意。1911年武昌起义后，11月9日广东宣布独立，成立广东都督府。1912年，广东都督府颁发“革命军功牌”，表彰在广东光复中做出贡献的人员。

民国 华侨炸弹队热心祖国银质纪念章

直径4.4厘米。广东革命历史博物馆藏。

银质，总体呈一个放射光芒的太阳形状，背面有扣针。中央圆圈内铸字，正中“热心祖国纪念”，上部为“华侨炸弹队”，下部为“民国元年”。圆圈外为十六条射线，长短线相间平均散布。背面扣针下部铸有“庆云”二字。清末时期，海外华侨大力支持革命事业，曾组建敢死队、炸弹队等回国参与各地起义。

民国 云南都督府制拥护共和圆形金属纪念章

直径3.8厘米。广东革命历史博物馆藏。

铜质，圆形，正上方椭圆形处应是孙中山像。像下两边是飘扬的五色旗，代表汉、满、蒙、回、藏五族共和。中下方有“拥护共和纪念”字样，左边是一只鸡，表示提醒全国人民起来反对袁世凯的独裁统治；右边是一匹马，表示向袁世凯进军讨伐。章背有“民国五年六月，云南都督府制”字样。1911年辛亥革命后，各省相继成立军政府，其首脑为都督，掌管军政大权，云南都督府即为其中之一。1916年讨袁护国战争胜利后，云南都督府制作了拥护共和纪念章，颁发给随军征战将士。

民国　古应芬广东省议会第二届议员证章

纵9.1厘米，横3.8厘米。孙中山大元帅府纪念馆藏。

铜质，菱形，顶部有链环。正面圆中刻有“古应芬”“议员”字样，圈外上方有五个花朵图案，图案中刻“广东省议会”，下方为三个凸起星形装饰。该证章是古应芬任民国广东省议会第二届议员时所佩戴，是民国广东革命政权建设的重要物证。

民国　广东顺德县农民协会会员证章

直径3.4厘米。中共三大会址纪念馆藏。

铜质，圆形，配挂链。正面内圆刻有中国国民党党徽，外圆刻有“广东顺德县农民协会会员证章”，由右向左呈弧形排列，其下有犁头图样。

广东顺德县（现为佛山市顺德区）位于珠江三角洲，是广东省最早建立共产党基层组织的地区之一。1922—1923年间，中共广东区委先后派遣刘尔崧、阮啸仙等到顺德建立党支部，领导农民运动。中共三大之后，中共广东区委成立农民运动工作委员会，进一步组织引导各地农民运动，在第一次国内革命战争中发挥了重要作用。

民国　京汉铁路总工会江岸会会员证章

直径3.8厘米。中共三大会址纪念馆藏。

铜质，圆形，缺挂链，有铜锈。正面中间为五角星，内刻“工”字，外圆有“京汉铁路总工会江岸工会会员证章”字样。

1922年初，在中国共产党的领导下，京汉铁路工人俱乐部成立。不久，武汉江岸、郑州、长辛店等十六个地区陆续将工人俱乐部改为分区工会。1923年2月1日京汉铁路总工会在郑州成立，决定实行全国铁路总罢工，掀起了中国共产党领导的第一次工人运动的高潮。1923年中共三大通过在中央机关中设置工会运动委员会，下设工会总工会、市（直属市）总工会等。京汉铁路总工会江岸工会就是其中之一。

民国　中华海员工业联合总会会员证章

通长2.4厘米，宽2.4厘米。广东革命历史博物馆藏。

铜质，状似飘扬的中华海员工业联合总会会旗。证章旗帜为蓝色，旗杆头为红色，旗面中央是黑色大铁锚，锚的横轴左右分别有“中”“华”两字，锚的中轴镌刻着宋体“海员工业联合总会”字样，左边锚钩有英文缩写“C·S”，右边锚钩有英文字“UNION”，是中华海员工业联合总会的英文缩写。证章背面有佩戴用的别针，已折断，还有英文字母“S”和证章号码“885”。

1921年3月6日，香港中国海员成立中华海员工业联合总会，是中国最早的现代产业工会之一。1922年1月，该会领导了著名的香港海员大罢工，在中国共产党和广州革命政府的支持下，坚持五十六天后取得胜利，成为中国工人运动第一次高潮的起点。1926年1月改组为中华全国海员总工会。

民国　省港罢工纠察队委员会职员圆形铜证章

直径3.5厘米。广东革命历史博物馆藏。

铜质，章面镀漆，环绕红色“工”字形图案，中间天蓝、绿、黄、紫色地图，有“港澳”两字，章背铸有“中华全国总工会，省港罢工委员会，纠察委员会，职员证章，No.11”字样。

民国　中央军事政治学校证章

直径3.2厘米。中共三大会址纪念馆藏。

铜质，圆形，有铜锈，配有吊链吊杆。正面上方是青天白日图样，内刻“中”字，中间是红色地球图案，下方左右分别为斧头、镰刀图样。背面刻有“中央军事政治学校”及编号“No.2215”字样。

1925年5月，中国国民党陆军军官学校成立，孙中山任军校总理，蒋介石任校长，廖仲恺任党代表。1926年3月，改组为中央军事政治学校。黄埔军校是第一次国共合作时期，孙中山在苏联和中国共产党的帮助下创办的一所新型军事学校，在国民革命中发挥了重要作用。

民国　黄埔军校教导团金属帽徽

直径2.9厘米。广州博物馆藏。

圆形，帽徽图案为十二芒青天白日。黄埔军校教导团下设两团。1924年11月20日，教导团第一团正式成立，全团人数约1500人，何应钦任团长，王登云为党代表。12月，黄埔军校教导团第二团组建，王柏龄任第二团团长，张静愚为党代表。另外，教导团还设有炮兵营、暂编独立营、侦探队、机关枪连、辎重队、通信队、卫生队等机构。教导团是黄埔军校的校军，教导团的干部可以在教导团和军校、行政机构之间流动，教导团的教育、管理、官佐薪饷等都由军校来安排和调度。1925年4月13日，国民党中央根据廖仲恺的提案，决议以教导第一、二两团成立党军第一旅。

民国　铜珐琅花瓣形大元帅府徽章

纵8.8厘米，横4.3厘米。孙中山大元帅府纪念馆藏。

铜质，椭圆珐琅花瓣形，中间印有“大元帅府”四个字。该徽章为古应芬在陆海军大元帅大本营任职时所佩戴，是反映孙中山第三次在广州建立革命政权的实证。

民国　广州黄埔军校干部教导队毕业金属纪念章

长2.3厘米，宽4.7厘米。广州博物馆藏。

铜质，形状不规则，由刀和枪组成“X”形状，刀上题写“干部教导队”五字，枪上题写“毕业纪念”四字，刀枪交合处铸一青天白日徽章，徽章正中红色条纹上有蓝底英文“A”字。

民国　广州市郊农民协会会员铜证章

直径3.2厘米。广州博物馆藏。

铜质，圆形，有挂链，正面中心为蓝白底国民党党徽，下方有红色犁头图案，外圈饰以红色底篆书“广东广州市郊农民协会会员证章”。第一次国共合作实现后，中共中央于1924年5月召开扩大会议，明确指出“在中央和各省（区）委中，设立领导农民运动的机构”。1925年上半年，广州市郊成立了县农民协会，是广东省较早成立的县一级的农民协会，直接推动和促成了广东省农民协会的成立。由于国共合作的特殊背景，农会证章大都以国民党党徽和犁具为主图案，个别徽章则标以共产党的党徽。

民国　孙中山广州大本营铜质特别出入证

通长6厘米，通宽3.4厘米。广东革命历史博物馆藏。

铜质，正方形章面，正面是中国国民党党徽，背面有“大本营”“特别出入证”以及“No.341”字样。章面上挂一条铜链和铜条。为孙中山在广州大本营时使用的特别出入证。1923年2月，孙中山在广州建立陆海军大元帅大本营。在中国共产党和共产国际的帮助下，孙中山改组国民党，实现国共合作，开展国民革命。共产党人陈独秀曾在大本营任宣传委员会委员长，谭平山为委员。1925年7月1日，中华民国国民政府在广州正式成立，大本营完成了它的历史使命。

民国　铜珐琅花瓣形大本营特别出入证

纵7.5厘米，横3.6厘米。孙中山大元帅府纪念馆藏。

铜质，珐琅花瓣形。此为古应芬的陆海军大元帅大本营特别出入证，徽章正面为国民党党旗，背面刻“大本营特别出入证”字样。

民国　罢工委员会圆形铜质登楼证章

直径2.7厘米。广东革命历史博物馆藏。

铜质，圆形。证章正面居中铸有楷书“登楼证”三个大字，上边沿铸“罢工委员会”，下边沿为证章号码“No.661”，背后有别针。此证曾为省港罢工委员会会计主任何来佩戴。1925年8月20日，国民党左派领导人廖仲恺遇刺罹难。鉴于彼时社会动荡，人员混杂，省港罢工委员会为中华全国总工会、罢工委员会及下属工会领导成员制发了登楼证，相关人员凭此证方可出入罢工委员会机关楼，以此保障省港罢工委员会及中华全国总工会的安全。

民国　妇女运动讲习所学员毕业证章

通长2.6厘米，直径2.3厘米。广东革命历史博物馆藏。

铜质，证章正面铸有孙中山正面浮雕头像，周边铸有“中国国民党立妇女运动讲习所学员毕业证章”字样，正下方有一个五角星，背面正中是中国国民党党徽，两侧半球形铸有孙中山遗训：“革命尚未成功，同志仍须努力。”证章上端铸有鼻钮穿系小孔。

1926年，在中共广东区委书记陈延年等的建议下，妇委书记蔡畅、妇女委员邓颖超与国民党中央妇女部部长何香凝决议筹办妇女运动讲习所。9月，国民党党立妇女运动讲习所在广州大东路（现广州起义烈士陵园内的广东革命历史博物馆）国民党中央党部妇女部正式开学。何香凝兼任所长，蔡畅任教务主任，主持日常工作。学员由各省、市国民党党部和妇女团体选派，中国共产党亦派员参加。学制半年，学员毕业后仍回原选送地区工作，不少学员还参加了中共领导的革命斗争。1927年3月，妇女运动讲习所第一期结业后停办。

民国　中国国民党农民运动讲习所证章

纵2厘米，横2.9厘米。毛泽东同志主办农民运动讲习所旧址纪念馆藏。

铜质，长方形，顶部有一突出的小圆孔，并系有3厘米长的扭丝铜链。证章正面为深红底色，左上方有中国国民党党徽，右下方为农民协会旗帜的犁头图案；背面刻有“中国国民党农民运动讲习所”和证章编号“No.191”。该证章是第六届农讲所学员解学海烈士的遗物。

解学海（1902—1927），河北无极人。1925年加入中国共产党，1926年5月受党组织委派前往广州参加第六届农讲所学习，同年9月毕业后返回河北从事革命活动，1927年冬领导冀东玉田武装暴动，壮烈牺牲。

民国　广东高要县农民协会会员证章

直径3.2厘米。中共三大会址纪念馆藏。

铜质，圆形，缺挂链。证章正面中心为中国国民党党徽，下方有犁头图案，外饰以篆书“广东高要县农民协会会员证章”。

广东高要（今肇庆市高要区）是大革命时期广东开展农民运动较早的地区之一。1923年，高要成立了西江地区最早的农会组织，引导推动了西江农民运动的蓬勃发展。1926年4月，高要县农民协会正式成立。该证章反映了高要广大农民团结反抗地主压迫的英勇事迹。

民国　广东花县县农民协会会员证章

直径3.2厘米。中共三大会址纪念馆藏。

铜质，圆形，缺挂链。正中为中国国民党党徽，围以篆书“广东花县县农民协会会员证章”，下方有犁头标志，背面有“718”编号及“中路农金铺造”字。

花县（今广州市花都区）是大革命时期广东乃至全国农民运动较早的地区之一。第一次国共合作以后，中共广东区委和国民党中央农民部派彭湃、阮啸仙、周其鉴等前往花县建立党组织。1924年10月19日成立花县农民协会，通过了实行“二五减租”和组织农民自卫军等决议，把花县农民运动推向新高潮。1927年，花县农民协会参加广州起义，部分农军被编入“红四师”第十二团，随军开赴海陆丰。

民国　武汉中央军事政治学校桃形铜证章

纵3.8厘米，横3.6厘米，厚0.1厘米。广东革命历史博物馆藏。

铜质，桃形，有穿系小孔。章面左上方有铁锤、镰刀、枪杆交叉图，右上方有中国国民党党徽，中间有一“中”字，正下方地球图案上有“亲爱精诚”字样。章背有“中央军事政治学校证章武375”字样。在国共合作大背景下，为适应革命形势发展需要，国民党中央决定在武汉创办黄埔军校武汉分校。经过国民革命军政治训练班筹备处、中央军事学校政治科创办阶段后，1927年2月12日，中央军事政治学校武汉分校正式开学，3月28日，更名为武汉中央军事政治学校。在中国共产党人的实际主导下，它的成立为中国革命培养了大量军政人才。

民国　黄埔军校第一期学生张颖的中央军事政治学校心形金属证章

通长7.4厘米，宽3.6厘米。广东革命历史博物馆藏。

铜质，有吊链和吊杆，心形。正面左上方是镰刀、枪、斧头图案，右上方是圆形青天白日图案，中刻“中”字，下方是地球图案，上刻“亲爱精诚”四字。背面刻“中央军事政治学校证章 No.631”。

张颖（1903—1927），湖南益阳人。1923 年冬到广州，入大本营军政部陆军讲武学校学习。1924年，考入黄埔军校第一期，编入黄埔军校第六队学习。历任黄埔军校入伍生部步兵第一团第三营第八连排长、连长，国民革命军第一军第二十师第五十九团第二营营长。曾参加东征、北伐。1926年任北伐军第二十师第一补充团团长。1927年8月，在江西会昌战斗中阵亡。

民国　第一次国内革命战争时期广东曲江县农民协会会员证章

直径3.2厘米；链长3厘米。毛泽东同志主办农民运动讲习所旧址纪念馆藏。

铜质，圆形，证章正中为中国国民党党徽，环以篆书“广东曲江县农民协会会员证章”，正下方有一犁头图案。证章上端有小孔，系有链子。

1925年11月20日，曲江县农民协会在韶关市四邑同乡会会馆正式成立。广州农讲所第五届学员一百多人，在主任彭湃带领下，到曲江参加成立大会。会后，农讲所学员在曲江各地进行农村调查和开展宣传活动。

民国　北江农军证章

纵3厘米，横4.3厘米。毛泽东同志主办农民运动讲习所旧址纪念馆藏。

铜质，椭圆形，证章中间有一小椭圆形，内刻数字“76”。其外侧刻“北江农军”“新民区部”字样和两个五角星图案。最外侧饰以花瓣状图案。证章上端有一链扣，缺链。

1927年“四一五”反革命政变后，为反击国民党新右派的反革命屠杀，广东北江农军学校的学生和北江各县的农民自卫军以及韶关铁路工人组成广东北江农民自卫军（简称“北江农军”），在罗绮园、周其鉴、朱云卿等率领下挥师北上，抵达武汉，参加革命斗争。同年7月底，开赴江西参加八一南昌起义，以后又随起义军南征，转战赣粤边境，最后有一批跟随朱德部队上了井冈山，参加创建井冈山革命根据地的斗争。此证章是北江农军佩戴。

民国　潮梅海陆丰第一次农民代表大会纪念章

直径2.5厘米。毛泽东同志主办农民运动讲习所旧址纪念馆藏。

铜质，圆形，配挂链及挂杆。正面以白蓝相衬的地球仪图样为底，中间有一红色的农协会旗，左上方为中国国民党党徽，右下方有犁头图案；背面上方由右至左镌刻“广东省农民协会赠”字样，中间刻有“潮梅海陆丰第一次农民代表大会”字样，下方有证章编号“153”。

1927年2月23日至26日，潮梅海陆丰办事处在汕头永平楼召开潮梅海陆丰第一次农民代表大会，主任彭湃作《潮梅海陆丰办事处会务报告》。会议通过拥护减租运动、农运报告、青年农民运动等十六项决议及宣言。该纪念章为广东省农协执委罗绮园参会时代表省农协赠予与会代表。

民国　第十八集团军第八路军圆形铜证章

直径3.1厘米。广东革命历史博物馆藏。

铜质。在抗战期间，八路军指挥机关成员佩戴多种胸章。1938年款胸章设计以国共合作为显著特征，正面基调以红色为主，象征红军、红色政权和中国共产党，上方铸刻“第十八集团军”隶书大字，突出而又醒目，中间为青天白日徽志，在徽志中央镌红色的“第八路”三字，下半圈左右各有一个五角星，下方注明为中华民国“廿七年用”，底部标明证章编号“27”字样；章背有扣针，光身。抗日战争爆发后，国共两党以抗日民族统一战线为基础进行第二次合作。根据两党协议，1937年8月，红军主力部队改编为国民革命军第八路军，朱德为总指挥，彭德怀为副总指挥。9月11日，八路军改称第十八集团军。在艰苦卓绝的抗战中，八路军战斗在抗日战争的最前沿，是中国抗日战争的重要力量，为争取民族解放，彻底打败日本帝国主义做出了巨大贡献。

民国　潘玉德烈士的东北人民解放军模范奖章

长6厘米，宽4.7厘米。广州市从化区博物馆藏。

铜质。该模范奖章中心为地球图案，其上刻“Mobel”英文，其外圈刻“东北人民解放军”“模范奖章”，外侧饰谷穗、五角星和翅膀图案。

第五节 出版物

清 《民报》（第八期）

纵22.2厘米，横14.8厘米。广州博物馆藏。

白报纸，铅字印刷。封面变黄，中央有标题“民报第八号”字样，右边上方两竖排文字“日本明治卅八年十一月廿五日第三种邮便物认可 日本明治三十九年十月八日发行”。该期的主要内容有“无神论”“革命之道德”“满洲立宪与国民革命”“排外与国际法”等。

清光绪 《无所谓》报

纵23厘米，横18厘米。广州博物馆藏。

该报是革命党于1904年3月创办，每日出版两页。香港静观书楼印刷，发行所在香港士丹利街 26号开智社。《无所谓》报以文艺形式，用辛辣讽刺的笔调抨击黑暗的社会现实，宣传革命。它虽名为“无所谓”，但并非对世事采取“无所谓”的态度。正如其《发刊一周年感言》所说：“本报素持公论，激发人群，提革命精神，倡民族主义，热心救世。”广州博物馆藏有1904年11月（清光绪三十年十月）出版的《无所谓》报共二十期，已装订成一册。

清光绪 《有所谓》报

纵26厘米，横18.5厘米。广州博物馆藏。

清光绪三十一年（1905）郑贯公在广州创办的反美爱国报刊，图文并茂，评论及副刊办得很有特色，名声“震于一时”，销路较广。19世纪末，美国采取排华政策，威逼清政府签订“限禁来美华工”条约，激起中国人民的愤怒。1905年5月，广州继上海之后爆发了一场群众性的反美爱国运动。《有所谓》报就是在反美爱国运动中创办的，当时它和《拒约报》《广东日报》一起，痛斥美国当局“有强权无公理”，成为这场运动极有影响的报纸之一。后因地方当局禁止抵制美货运动，禁止集会演说，《有所谓》报才转而鼓吹拒约要“文明举动”。它在这场反美爱国运动中，起着较大的推动作用。广州博物馆藏有1906年（清光绪三十二年）出版的该报合订本一本。

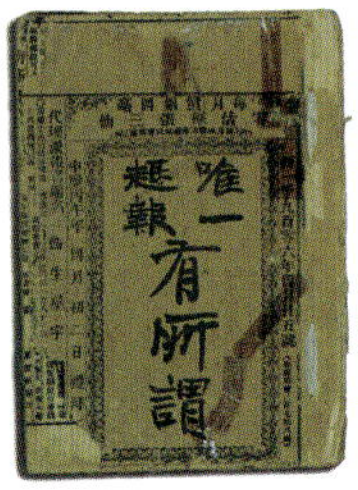

清光绪 《时事画报》

纵24.7厘米，横20.6厘米。广州博物馆藏。

由中国同盟会革命党人创办的期刊，创办于1905年9月，旬刊。发起人为高卓廷，编辑潘达微、高剑父、何剑士、陈垣等。报馆设在广州十八甫 69号，1908年初停刊。同年秋，在谢英伯、潘达微、郑侣泉、何剑士等主持下，一度在香港恢复出版，出十余期后停刊。辛亥革命广东光复后，以招股的形式筹集资金继续出版，发行处在广州第八甫8号。《时事画报》的办报宗旨是：“仿东西洋各画报规则办法，考物及记事，俱用图画，一以开通群智、振发精神为宗旨。”内容“约分两部，图画纪事为首，论事次之，论事中先谐后庄，杂文、谈丛、小说、讴歌（南音、粤讴）、剧本（班本）诗界等附之，材料丰富，务使餍阅者之目”。该画报的主要特色是对重大的历史事件，尤其是革命党人的活动及社会新闻做图文并茂的介绍和反映。广州博物馆藏有1906年至1912年间的《时事画报》共六十期，按年份装订成册。

清光绪　《七十二行商报》

广东七十二行商報

纵117.5厘米，横73.2厘米。广州博物馆藏。

台山华侨黄诏平独资创办。清光绪三十二年七月二十七日（1906年9月15日）创刊于广州，社址在西关第七甫。发行至江门、佛山、香港、东莞、上海、汉口、梧州以及新加坡、美国、秘鲁等地。在广州拒约运动、西江缉捕权事件、广东保路运动中，积极支持人民的爱国斗争。1911年11月明确支持辛亥革命广州光复。1913年、1914年发行量跃居广东省报刊首位。1938年10月日军侵占广州后停刊。共出版三十三年，是20世纪50年代以前广东出版时间最长的报刊。广州博物馆藏有部分。

民国　《劳动者》

纵19厘米，横12.8厘米。广东革命历史博物馆藏。

五四运动时期广州无政府主义者最早出版的一份报道工人运动的刊物。1920年10月3日创刊。32开本，周刊。主编梁冰弦，编辑刘石心，主要撰稿人有黄凌霜、薛剑耘、傅无闷等。该刊第一至五号由广州第七甫《天民报》、第六至八号由《广东群报》总经销。1921年1月停刊，共出版了八号。发表的文章、调查报告、要告、通告共七十四篇。其中，《国际歌》歌词最早的中译文以《劳动歌》之名刊登在1920年10月10日至12月5日间出版的《劳动者》第二、四、五、六号上，译者署名“列悲”。该刊对工农群众进行启蒙教育、通俗宣传社会主义新思潮起了一定的促进作用。广东革命历史博物馆收藏有第一、三、五号。

民国　《广东群报》

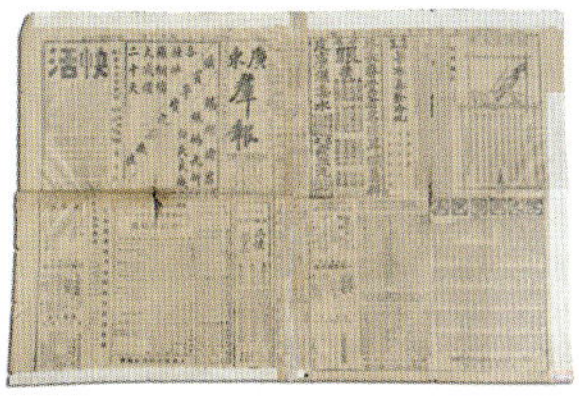
廣東群報

纵54厘米，横78厘米。广东革命历史博物馆藏。

中国共产党广东党组织的机关报，中国共产党创立时期的第一张大型地方党报，1920年10月20日创刊。陈公博任总编辑，谭平山、谭植棠任编辑。编辑发行地址在广州第七甫100号。该报办报宗旨是：“（一）不谈现在无聊政治，专为宣传新文化的机关；（二）不受任何政党援助，保持自动出版物的精神。”陈独秀、谭平山、陈公博、谭植棠、谭天度等经常在该报发表文章。该报自创刊以来，使知识青年和工人群众看到了前途和未来。该报1922年6月停刊。广东革命历史博物馆保存有该报1922年4月21日、22日、25日、27日，5月3日、8日、11日、13日，7月5日共九份。

民国　《先驱》报半月刊第七号（五一纪念号）

先驅

纵37.6厘米，横52.8厘米。广东革命历史博物馆藏。

1922年1月15日，《先驱》报创刊，前三期由北京地方团组织编辑出版，因遭到北洋军阀政府查禁，从第四期起迁至上海，改由中国社会主义青年团临时中央局编辑出版，成为团临时中央局机关刊物。从第八期起由中国社会主义青年团第一次全国代表大会选出的团中央执行委员会编辑出版，成为团中央机关刊物。总共出版二十五期，每期四开四版一大张，逢增刊多出半张到两张。

本期是五一纪念号，刊登社论《中国社会主义青年团在“五一纪念节”敬告工人》以及陈独秀、蔡和森、李达的署名文章，讨论中国及工人运动。《先驱》报传播和普及马克思主义理论，宣传列宁关于民族、殖民地的理论，介绍了苏维埃俄国情况和国际共产主义运动中著名人物的事迹，研究和探讨了中国革命和青年团建设的重要问题等；既促进了工农群众的觉醒和中国进步青年由激进的民主主义者向共产主义者转变，又为加强团员思想教育和统一全团思想做出了重要贡献。

民国 《向导》周报（第四十二期）

纵25.5厘米，横18.4厘米。中共三大会址纪念馆藏。

页脚及边缘有破损。报刊为16开，共八页，页码为第三百一十七至三百二十四页。全刊黑色竖排墨印。封面上方印有刊物基本信息：《向导》周报（The Guide Weekly）第四十二期，一九二三年九月三十日；发行通讯处广州昌兴新街二十八号二楼本社。

1922年8月中共中央杭州西湖会议决定创办党中央政治机关报《向导》，9月13日在上海创刊，蔡和森担任主编，陈独秀、李大钊等人参加编辑和撰稿。曾迁到广州、武汉等地。1927年7月停刊，共出二百零一期。《向导》周报是中国共产党早期中央报刊中存在时间最长、出版连续性最持久的一份报纸。该报主要发表时事政治评论文章，以宣传党的纲领、路线、方针、政策和指导群众斗争为主要任务。

民国 《新青年》

纵24.7厘米，横17.7厘米。广东革命历史博物馆藏。

1915年9月在上海创刊，第一卷原名《青年杂志》，从1916年9月第二卷起改名《新青年》月刊。1917年1月后编辑部迁往北京，1919年迁回上海。主编陈独秀。该刊以提倡民主、科学，反对专制和封建迷信；提倡新道德，反对旧礼教；提倡新文学，反对旧文学和宣传新文化运动为主要内容，对当时整个中国思想文化界产生巨大影响。1920年9月成为上海共产主义小组的机关刊物。1921年1月，遭法国巡捕房查封，被迫迁至广州，在昌兴街26—28号继续编辑出版。中国共产党成立后，一度成为党中央的机关刊物。1922年7月第九卷第六号出版后停刊，1923年6月中共三大召开期间改为季刊复刊，主编瞿秋白。刊物大量介绍马列主义著作，刊登共产党人瞿秋白、任弼时、李求实等的文章。共出四期，编辑、出版、发行改在广州平民书社，地址为司后街45号，1924年12月停刊。1925年4月再复刊，编辑发行署“广州新青年社”，不定期刊出五期，至1926年7月停刊。前后共出版六十三号（期）。广东革命历史博物馆藏有1916—1917年、1919—1922年、1923年、1925—1926年各期。

民国 《新青年》季刊（第四十二期）

纵25.5厘米，横17.1厘米。中共三大会址纪念馆藏。

正文为第一至一百一十一页，封面黑红双色印刷，内文黑色竖排墨印，内封后一页印有该刊基本信息：新青年季刊第三期，1924年8月1日出版，编辑者广州新青年社，发行者广州新青年社。1923年6月，《新青年》改成季刊在广州出版，并成为中国共产党中央机关理论性刊物。1926年7月25日出版第五期（世界革命号）后停刊。

1925年5月31日　中华全国总工会出版的《工人之路》第一期

纵26厘米，横19厘米。广东革命历史博物馆藏。

本期载有林伟民《发刊辞》，邓中夏《中国劳动运动继往开来》《工人阶级与革命政府》，中华全国总工会对时局宣言等。

《工人之路》是中华全国总工会机关刊物。1925年5月31日在广州创刊。初为周刊，6月省港大罢工爆发后，出《工人之路特号》，改为日刊，由中华全国总工会省港罢工委员会主编。主要登载省港大罢工消息及省港罢工委员会文告，并发表反对帝国主义和指导罢工的评论，成为当时工人运动中重要的舆论阵地。1927年4月因国民党在广州发动“四一五”反革命政变被迫停刊。该报是研究中国和广东工人运动史的重要材料之一。

民国　《广州民国日报》

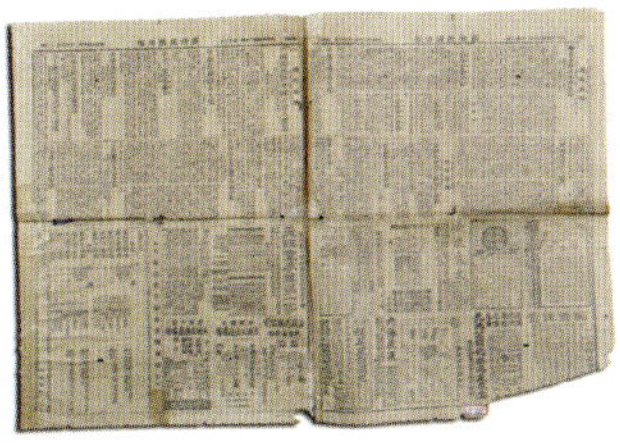

纵54厘米，横78厘米。广东革命历史博物馆藏。

1923年6月创刊。中国国民党员吴荣新等集股自办，社址在广州第七甫100号。该报以“消息敏捷、记载明确”为办报方针，每星期还出版各类附刊或者特刊。1924年7月由中国国民党广州特别市党部接管，同年10月收归国民党中央宣传部。该报一直办至1936年12月。1937年1月改名《中山日报》。《广州民国日报》是二十世纪二三十年代广州规模和影响较大的日报，销行东南各省，远及港澳、南洋等地。广东革命历史博物馆藏有1925年11月25日，1926年1月18日，1月21—23日、2月1日、2月22日、2月26日共十张。

民国　《俄国共产党党纲》

纵18.8厘米，横13.3厘米。广东革命历史博物馆藏。

希曼（张西曼笔名）译，署“广州人民出版社印行、发行处为广州昌兴街26号（社址实际在上海）”，1926年6月五版。《俄国共产党党纲》中译本从1922年到1927年的六年间连续印刷六版，共发行数万册，在20世纪20年代解决了当时《中国共产党党纲》不能公开出版的难题，在马克思主义在中国的早期传播过程中发挥过重要作用。该书也是《康民尼斯特丛书》第二种。全丛书共八册，即布哈林著、张空明译《共产党底计划》，张西曼译《俄国共产党党纲》，布哈林著、彭成译《共产主义与无政府主义》，胡友人译《世界革命计划》，布哈林著、罗雄译《共产主义入门》，鲍尔著、李又新译《创造的革命》，鲍尔著、张松严译《共产主义》，柯祖基著、孔剑明译《到权力之路》。该丛书是早期研究马克思主义理论的重要出版物。

民国　《中国军人》

纵18.8厘米，横13.2厘米。广东革命历史博物馆藏。

中国青年军人联合会会刊，1925年2月20日在广州创刊。初为半月刊，从第六期起改为不定期出版。主编王一飞，撰稿人主要有蒋先云、周逸群、李汉蕃、曾干庭等。编辑兼发行处先后在小市街、大沙头、长堤和八旗二马路中国青年军人联合会。以团结革命军人、宣传革命精神为主旨。1926年3月“中山舰事件”后，中国青年军人联合会被迫解散，其会刊出至第九期也宣告停刊。广东革命历史博物馆藏创刊号，六、八、九各期。

民国 《马格斯资本论入门》

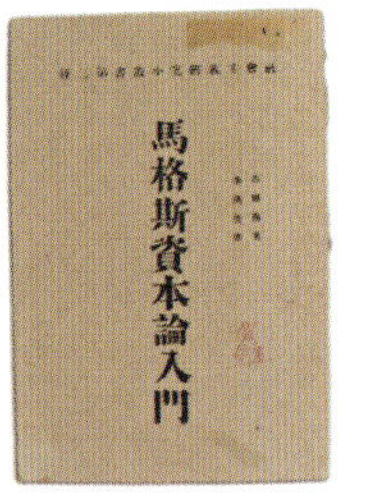

纵18.7厘米，横12.7厘米。毛泽东同志主办农民运动讲习所旧址纪念馆藏。

马尔西著，李汉俊译。社会主义研究小丛书第二种，1920年9月出版，社会主义研究社印刷发行。这是中国第一本介绍《资本论》的通俗读物，它扼要叙述了马克思学说中关于商品、价格、剩余价值及劳动与资本的关系等问题。此书深受欢迎，成为各地党组织和团组织成员必读材料。该书是第五届农讲所学员贺尔康烈士的遗物。

民国 《共产主义与共产党》

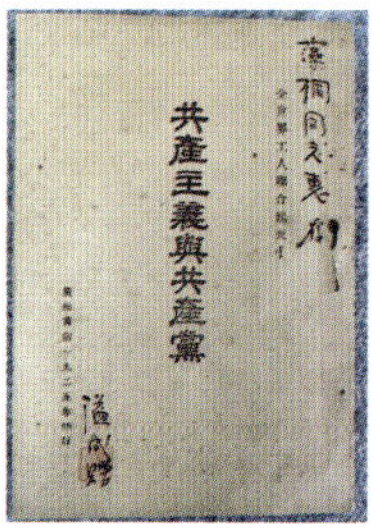

纵19厘米，横13.1厘米。毛泽东同志主办农民运动讲习所旧址纪念馆藏。

广州书店1925年印行。该书备受读者欢迎，5月1日出版后，5月15日又翻印一万册。它是当时各地党团员和进步青年的必读书目，对大革命时期党的思想建设研究和陈独秀研究都有十分重要的价值。

民国 《政治周报》第一期

纵26厘米，横17.3厘米。广东革命历史博物馆藏。

第一期主要内容有该刊的发刊理由、毛泽东同志在该刊署名“润”的七篇文章及中国国民党对时局宣言等。《政治周报》于1925年12月5日在广州创刊，是第一次国共合作时期，以国民党中央执行委员会宣传部名义主办的机关刊物。时任国民党中央宣传部代理部长的毛泽东任主编，第四期后由沈雁冰、张秋人主编。1926年6月出版第十四期后停刊。《政治周报》在巩固国共合作战线、击退反革命宣传、促进马列主义在中国的传播，以及教育和组织广大革命群众、鼓舞群众争取革命胜利信心方面发挥了重要作用。毛泽东在该报发刊词中所阐述的办报主张，成为他新闻思想的重要内容。

民国 《政治周报》

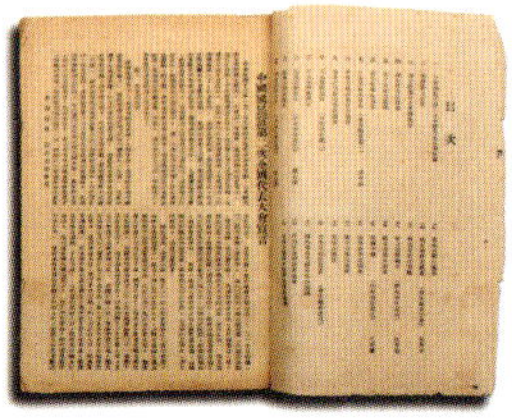

纵26.3厘米，横18.5厘米。毛泽东同志主办农民运动讲习所旧址纪念馆藏。

该刊以发表中国国民党和广东革命政府的重要宣言、报告、决议为主，同时刊登政治论文和少量通讯，辟有《反攻》专栏，刊发短小犀利的时评。它在反对西山会议派、维护统一战线、准备北伐等方面起了舆论引导作用。1926年6月5日出版至第十四期停刊。毛泽东同志主办农民运动讲习所旧址纪念馆藏有第三期、六和七合刊和第八、十一、十二各期。

民国 《农民运动》

纵18.2厘米，横12.5厘米。毛泽东同志主办农民运动讲习所旧址纪念馆藏。

1926年8月1日在广州创刊，同年12月迁至武汉出版。周刊。该刊主要登载有关农民运动的政论文章和中国国民党中央农民部有关农民运动的指示、纲领、通告等，还有各地农运资料统计和反映农民疾苦、激发农民革命热情的通俗文艺作品、漫画以及农民运动烈士的传略。它是指导农民运动的重要刊物。1927年6月25日出版至第二十九期停刊。毛泽东同志主办农民运动讲习所旧址纪念馆藏有第二、三、六至十七、二十二、二十三各期。

民国　《少年先锋》

纵21.8厘米，横16厘米。广东革命历史博物馆藏。

中国共产主义青年团广东区委的机关刊物，1926年9月1日在广州创刊，旬刊。李求实主编，编辑部设在文明路79号2楼共青团广东区委内。以两广青年为主要对象的综合性青年通俗读物，主要刊载共青团广东区委的文告、指示、宣言、公开信、宣传材料以及针对各界青年思想特点和切身问题的文章，还有文艺作品等，对促进广东工人、农民、学生运动的发展起到了积极作用，推动了马克思主义在广东的早期传播。该刊出版至1927年4月1日第二卷第十九期停刊。广东革命历史博物馆藏有第一卷四至十一期以及第二卷十五至十九期。

民国　《农民问题丛刊》

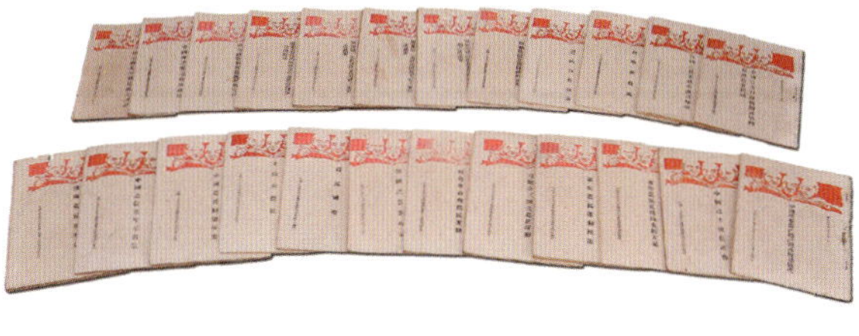

纵18.8厘米，横13.4厘米。毛泽东同志主办农民运动讲习所旧址纪念馆藏。

毛泽东主办第六届农民运动讲习所期间主编的一套丛书，内容包括有关政策、策略、论著、教材和师生调查研究成果等。1926年9月陆续编印出版。原定计划出版五十二种，因经费和时间等限制，实际出版《孙中山先生对农民之训词》《广东省农民协会章程及农民自卫军组织法》《广东第一次农民代表大会之重要决议案》等二十六种。该刊是指导农民运动的重要文献，也是研究近代农民问题的宝贵资料。毛泽东亲自为该刊撰写序言《国民革命与农民运动》，明确指出："农民问题乃国民革命的中心问题。"毛泽东同志主办农民运动讲习所旧址纪念馆收藏有完整的一套二十六种。

民国　《海丰农民运动》

纵18.3厘米，横13厘米。广东革命历史博物馆藏。

广东省农民协会编辑，彭湃著，1926年10月由广州国光书店印刷发行。全书共分八节：海丰农民的政治地位、海丰农民的经济地位、海丰农民的文化状况、农民运动的开始、六个人的团结奋斗、由赤山农会到海丰总农会、粮业维持会之压迫农民、"七五"农潮始末。最后还附了六个补充材料，记述海丰农村的状况，开展农民运动和成立农会的历史。此书由毛泽东推荐为农讲所的重要教材，是研究中国近代农民运动的重要史料。

民国　《东园被焚记》

纵17.8厘米，横12.4厘米。广东革命历史博物馆藏。

中华全国总工会宣传部、省港罢工委员会宣传部联合编印。东园是省港罢工委员会旧址，位于广州市挹翠路与东园路交界处。1926年11月6日东园被纵火焚毁。《东园被焚记》记载了东园被焚之经过。全书分五部分：（一）致海内外同胞书；（二）呈报中央政治会议及国民政府文；（三）调查起火原因委员会报告书；（四）调查财政损失委员会报告书；（五）各界慰问略述附本会声谢电。另有附录《东园火起时庶务处之呈报》和《为东园被毁告慰工友》两件。该书是研究省港大罢工的珍贵资料。

民国 《光明》

纵18厘米，横11.7厘米。广东革命历史博物馆藏。

中共广东区委领导的革命妇女团体——广东妇女解放协会的机关刊物，原名《广东妇女解放协会会刊》，1925年9月改称《光明》，主编王一知。初为月刊，1926年4月第七期起改为双月刊，同年底改名《妇女生活》。社址初设在广州西关第七甫79号。第三期起迁至小东门平民教育委员会（今越秀南路小学内）。该刊专栏设论著、政治述评、妇女短评、妇女消息、本会消息等。广东革命历史博物馆藏有第四、第八两期。

民国 《黄埔潮》

纵18.5厘米，横13.2厘米。广东革命历史博物馆藏。

黄埔军校刊物。1925年10月创刊。至1926年5月出版第五十二期前，由黄埔军校政治部编印。半周刊，每星期三、六出版。该刊办刊宗旨是：“本刊为黄埔同学之喉舌，负有发扬黄埔精神、增进同志革命知识的使命。”该刊以登载政治论文和时评文章为主，曾出版“第三期同学毕业特号”“二七纪念特号”“总理逝世周年纪念特号”等。刊有邓演达、恽代英等人的演讲。1926年7月24日沿用《黄埔潮》名义，另创办周刊出版，由黄埔同学会宣传科编辑股出版，编辑地点改在广州大东路30号国民党中央党部内。该刊为研究宣传国民革命，尤其是北伐战争时期的国内外形势、国民党的政治主张等提供了翔实的资料，具有一定的史料价值。广东革命历史博物馆藏有第一至五期以及第十、十二、十四、十九、二十六各期。

民国 《中国农民》

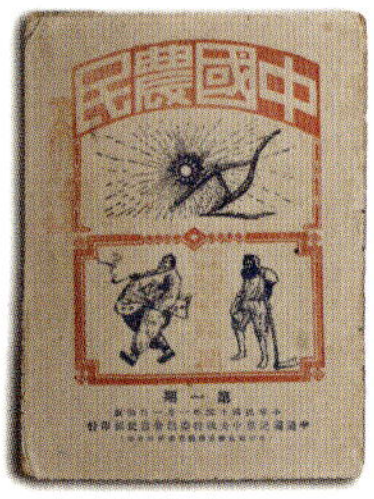

纵26.5厘米，横19厘米。毛泽东同志主办农民运动讲习所旧址纪念馆藏。

中国国民党中央农民部指导农民运动刊物。1926年1月1日创刊于广州，初为月刊，后改为不定期出版。主编罗绮园。该刊集中刊载探讨中国革命中农民问题的理论文章以及介绍各地农民运动情况的报告。它是指导农民运动、研究农民运动理论与实践的重要刊物。1926年12月出版至第二卷第十期停刊。毛泽东同志主办农民运动讲习所旧址纪念馆藏有第一、二、四至九期（其中第六和第七期为合刊）。

民国 《犁头》

纵26.4厘米，横18.5厘米。毛泽东同志主办农民运动讲习所旧址纪念馆藏。

广东省农民协会的机关刊物。1926年1月25日在广州创刊，初为旬刊，后改周报。内容主要是刊载省农民协会的决议、通告、通令，报道广东各地农民运动的情况和经验，刊登研究农民问题的论文、农民经济状况和政治状况的调查报告等。该刊对宣传中国共产党的革命战线策略和指导农民运动起着重要作用。1927年1月17日出版至第二十三期停刊。毛泽东同志主办农民运动讲习所旧址纪念馆藏有第一、七、八、十三、十五、十六、二十三期。

民国 《人民周刊》

纵27厘米，横19.5厘米。广东革命历史博物馆藏。

中国共产党广东区委的机关刊物。1926年2

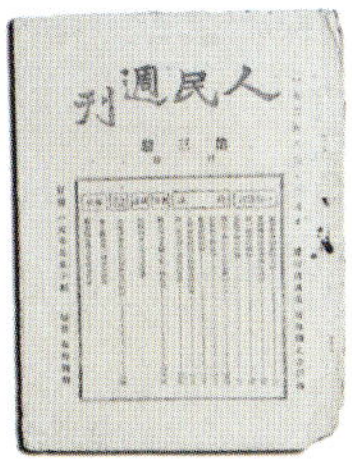

月7日在广州创刊。编辑部先后设在文明路75号3楼和东山龟岗二马路。从第二十六期起，改为8开版，每期出版一张半。该刊出版了五十期，其中创刊号至第二十九期由张太雷任主编，第三十期以后任卓宣接任。该刊以宣传中国共产党的反帝反封建运动的方针政策为宗旨，经常刊登中国共产党广东区委对于各项政治事件的宣言、公开信和宣传提纲等。张太雷以“大雷”“泰雷”“春木”等笔名在该刊发表了七十多篇文章。该刊出版到1927年4月10日停刊。广东革命历史博物馆藏有第三、十四至十六、十九、二十六至三十、三十四至三十九、四十一至四十五各期以及第三十二期的附刊。

民国 《中国国民党与劳动运动》

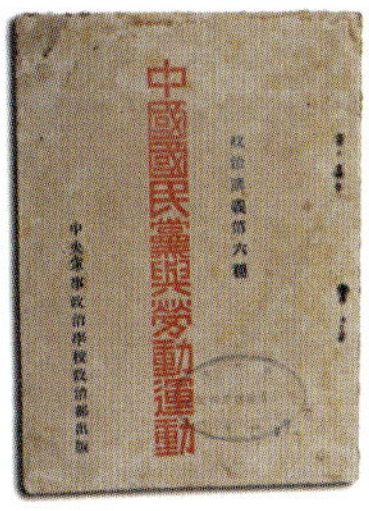

纵18.5厘米，横13厘米。毛泽东同志主办农民运动讲习所旧址纪念馆藏。

恽代英编纂，中央军事政治学校政治讲义第六种之一。1926年9月由该校政治部宣传科发行。全书分五部分：中国国民党的劳工政策；总理在劳动纪念会对各工团之演说词；蒋校长在第三次全国劳动大会关于工农兵大联合的报告；总理公布的工会条例；第三次全国劳动大会关于中国职工运动总策略决议案。

民国 《帝国主义讲授大纲》

纵26厘米，横19.5厘米。毛泽东同志主办农民运动讲习所旧址纪念馆藏。

第六届广州农民运动讲习所专职教员萧楚女编写的农讲所教材。中国国民党农民运动讲习所印行，广州国光书店发行，1926年8月1日出版。全书分三部分：帝国主义的由来；帝国主义的性质；帝国主义将来的命运。

民国 《马克思主义浅说》

纵18.8厘米，横13厘米。毛泽东同志主办农民运动讲习所旧址纪念馆藏。

中国青年社编辑，1925年9月国光书店印刷发行。中国青年社丛书第三种。全书共四编，分为资本主义、资本主义的发展、阶级斗争、帝国主义。该书是第五届农讲所学员谢铁民烈士的遗物。

民国 《国际主义与民族问题讲义大纲》

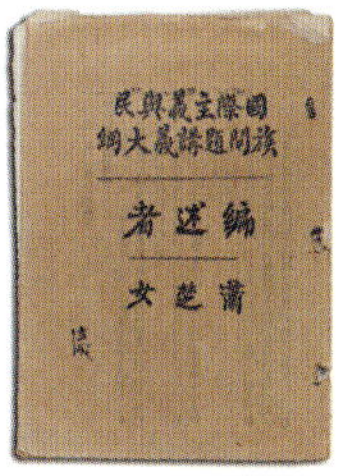

纵20厘米，横14厘米。毛泽东同志主办农民运动讲习所旧址纪念馆藏。

第六届农讲所专职教员萧楚女编写的教材。主要内容是对民族和国家的研究，阐述了国家与资本主义及帝国主义的关系。

民国 《民族革命运动史大纲》

纵18厘米，横13.2厘米。毛泽东同志主办农民运动讲习所旧址纪念馆藏。

萧楚女著，中国国民党中央农民运动讲习所丛书，1927年3月出版。该书讲述了鸦片战争至五卅运动八十余年间中华民族的革命运动，简述太平天国运动、戊戌政变、辛亥革命等重大历史事件的经过及结果，分析其成功和失败的原因等。

民国 《蒋校长演讲集》

纵18.5厘米，横13厘米。广东革命历史博物馆藏。

1927年2月由黄埔军校政治部宣传科编纂发行，光东书局印刷。中央军事政治学校政治丛书第四种之一。全书收集了蒋介石任黄埔军校校长和国民革命军总司令期间的训话和演讲词二十五篇，反映了蒋介石在第一次国共合作时期前后阶段的思想活动，为全面研究蒋介石早期的思想和政治活动提供了依据。

民国 《红旗》

纵21.5厘米，横19.3厘米。广东革命历史博物馆藏。

中国共产党广东省委的机关刊物。1927年10月30日在广州创刊。初为16开本，半周刊。恽代英主编。主要刊登中国共产党广东省委号召暴动宣言、宣传提纲、暴动口号以及号召暴动的文章。广州起义后，改为4开，两大张，日报，公开大量散发。

广州起义当日，还印发了《红旗》号外，报道起义队伍已攻占了敌人在珠江河以北大部分据点，反动势力正在肃清；广州苏维埃政府（工农兵代表会议）正式成立，以及广州苏维埃政府职员名单。广东革命历史博物馆藏有《红旗》半周刊第一至四期合刊（中共梅县县委翻印，油印件），第五、六期和《红旗》号外。

民国 中山大学党支部《支部生活》周刊第五、第六期

纵35厘米，横25厘米。广东革命历史博物馆藏。

内有毕磊与鲁迅接洽的记载。1927年1月，鲁迅来中山大学任教后，毕磊与鲁迅建立了深厚的革命情谊，经常邀请鲁迅演讲，并把党的刊物送给鲁迅看，沟通鲁迅与中国共产党之间的联系。中山大学党支部始于其前身广东大学1925年底成立的党总支，下设文理学院、法学院、农学院、医学院和杂务公社等分支。1926年7月17日广东大学改名中山大学。中山大学教职工云集了一批共产党人，如邓中夏、恽代英、苏兆征、毕磊、陈铁军等。由于中山大学中共基层组织的努力工作，中山大学在广州学生运动中发挥了带头和推动作用。

民国 《做什么？》

纵18.2厘米，横13.2厘米。毛泽东同志主办农民运动讲习所旧址纪念馆藏。

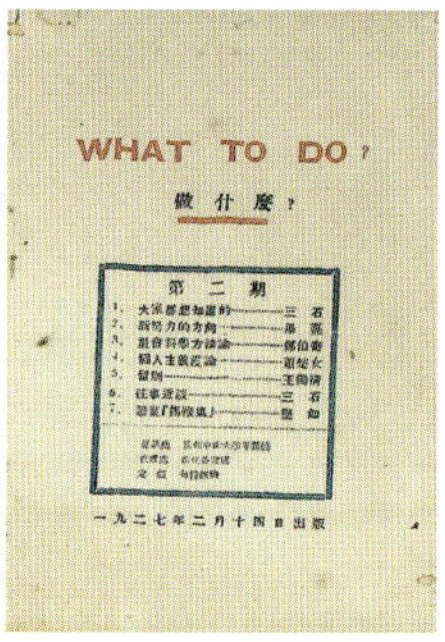

共青团广东区委员会领导下的学生运动委员会的机关刊物。1927年2月7日创刊，广州国光书店发行。周刊。刊名由陈延年拟定，取自列宁著作《做什么？》（通译《怎么办？》）之意。中山大学党团总支捐资出版，学生运动委员会副书记毕磊（笔名坚如、三石）主编。该刊内容“多注重提倡社会科学之研究及文艺作品”。陈延年撰写发刊词《我们应该做什么》。因经费原因，仅出版至第三和四期（合刊）便停办。毛泽东同志主办农民运动讲习所旧址纪念馆收藏有第二期。

民国 上海中华书局印行的蔡廷锴等人合著《淞沪战斗详报》

纵19厘米，横13.5厘米。广东革命历史博物馆藏。

全书分为五篇二十五章，分述地形、外兵、本军卫戍概说、战前敌我之状态、战役之经过、战后之结果、结论。附图三十七幅，附表多份。

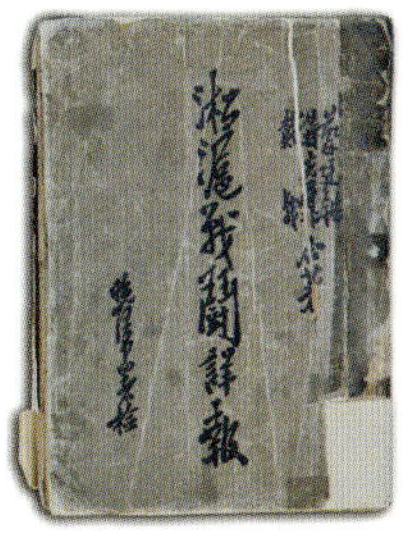

民国　《中央陆军军官学校史稿》

纵28.5厘米，横17.5厘米。广东革命历史博物馆藏。

线装，全书共十册。黄埔军校校史编纂委员会编纂，1936年编成，内部出版。目录为本校之创办、本校成立后之环境艰难与奋斗、组织之沿革、军事教育、军事工作、党务、政治训练与政治工作、本校先烈、校务行政、建设等。收录了中华民国要人的讲话、重要函电、文件和大量插图，其中有历史照片七百五十多幅，孙中山等人的题词、手迹三十七幅，重要战役的作战地图三十多幅。内容丰富，资料充实，反映了黄埔军校十年（1924—1934）的概况。该书不仅是研究黄埔军校历史的重要依据，也是研究第一次国共合作史的重要资料。

民国　《抗战大学》

纵26厘米，横19厘米。广东革命历史博物馆藏。

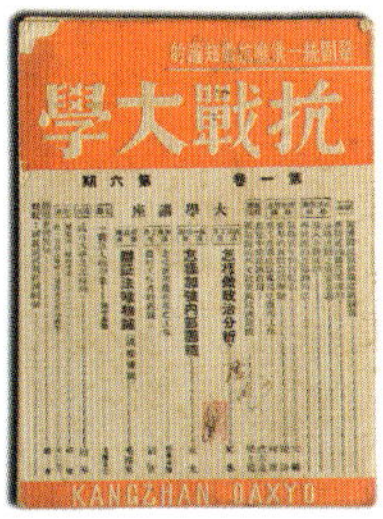

16开本。中共南委（广东省委）主办的抗战统一战线性质的战时综合进步刊物。1937年11月1日在广州创刊。由中共广东省委领导，抗战大学社编辑，广州统一出版社刊行。初为半月刊，后改为不定期刊。编辑部初设在广中路，后迁德政北路。主编阳光（原名温京，又名陈华）。内容主要是对抗战时局作介绍、分析和评论，如对抗日战争基本问题及对新民主主义理论的系统介绍；关于世界反法西斯战争及我国抗日战争救亡运动的通讯、报道等。该刊发表过毛泽东、朱德、周恩来、叶剑英等人的文章。它鲜明地宣传中国共产党提出的动员人民群众，组织抗日民族统一战线，对打败日本法西斯强盗起着“抗战号角”的作用，对研究抗战时期民众的基层实践和青年学生的抗日运动具有重要的史料参考价值。该刊从创刊至1938年10月中旬，共出版了十三期。日军南侵广州后，迁往香港，继续出版了三期，后停刊。广东革命历史博物馆藏有第一卷第六、第九期，第二卷第三期，第三卷第一期。

民国　《救亡日报》

纵39厘米，横57厘米。广东革命历史博物馆藏。

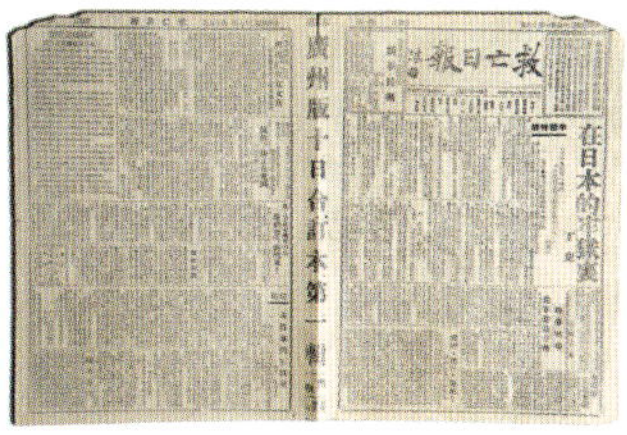

抗日战争时期原上海市文化界救亡协会的机关报。社长郭沫若、总编辑夏衍、编辑部主任林林。1937年8月24日在上海创刊。上海沦陷后，1938年1月1日由夏衍主持在广州复刊，社址在长寿路，报社委托《新华日报》驻穗发行所代为发行。该报是全民族抗战初期中国共产党在粤港地区最重要的舆论阵地。欧阳山、草明、司马文森、黄新波等为义务记者。八路军香港办事处主任廖承志对报社工作十分重视，《救亡日报》始终坚持团结抗战的立场，每日印数达八千份。该报出至1938年10月21日广州沦陷。1939年1月10日在桂林第二次复刊。皖南事变后，1941年2月28日被迫停刊。广东革命历史博物馆藏有该报七十三份。

1948年 《毛泽东的中国革命战争的战略问题》

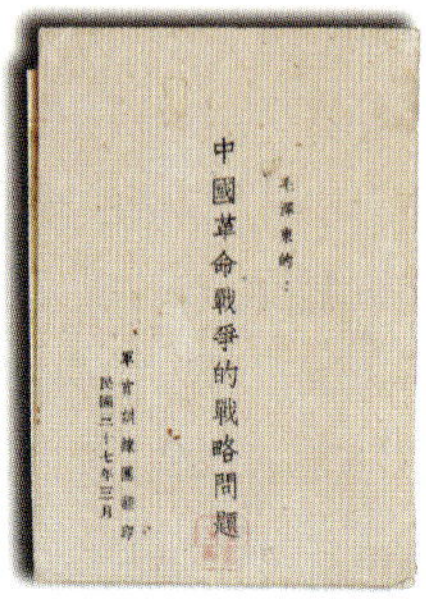

纵18厘米，横12.5厘米。广东革命历史博物馆藏。

《毛泽东的中国革命战争的战略问题》是毛泽东于1936年秋季为陕北的红军大学所作教本而写。全书分为如何研究战争、中国共产党与中国革命战争、中国革命战争的特点、“围剿”与反“围剿”、战略防御五个部分。全面总结了土地革命战争时期中国共产党领导武装斗争的经验，批判了“左”倾冒险主义者在军事上的错误，也系统阐明了有关中国革命战争战略方面的问题。

1949年 《中国共产党烈士传》

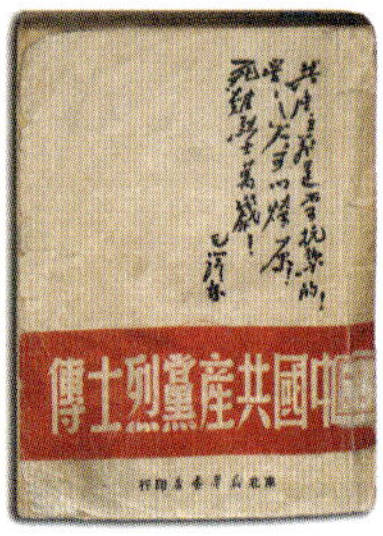

纵18厘米，横12.9厘米。中共三大会址纪念馆藏。

1949年9月东北新华书店印行，编者华应申。封面黑红双色印刷，书名右上方印有毛泽东题词：“共产主义是不可抗御的！星星之火可以燎原！死难烈士万岁！”代序为《中共七大代表暨延安人民代表追悼中国革命死难烈士祭文》。本书记录了共二十三位革命烈士的传略和回忆文献，其中包括李大钊、瞿秋白、张太雷、蔡和森、向警予、邓中夏六位中共三大代表，以及广东走出的革命烈士彭湃、罗登贤、叶挺、邓发等，并收录教育家温济泽撰写的《瞿秋白同志革命史略》，对中共三大有较为详细的记载。

第六节　印章

民国　孙文石质图章

印面边长2.3厘米，高4.8厘米。广东革命历史博物馆藏。

石质，印面镌刻篆文“孙文之印”四字，章柱左壁刻有“辛亥十一月十一日奉中山先生，天骥□印”字样。章顶雕刻一狮子，作蹲坐式，前肢半屈，后肢盘屈，狮头扭向右边。孙中山先生的日常用品保存至今的不多，该图章具有重要的历史价值。

治印人杨天骥（1882—1958），字千里，别号茧庐、东方等，江苏吴江（今属苏州）人。曾任《民呼》《民立》报主笔及编辑。1917年赴广东，任护法国会参议员，后加入中国国民党。1920年北上任国务院秘书。1922年12月任国务院参事。1958年病逝。著有《茧庐吟草》《茧庐长短句》《茧庐印痕》《茧庐治印存稿》等。

民国　刘尔崧象牙私章

印面边长1.1厘米，高2.8厘米。广东革命历史博物馆藏。

象骨质，印面镌刻“刘尔崧章”四字，印文沟槽内及四侧壁残存红色印泥，印顶有十字界格，上刻四字显浅不清。

刘尔崧（1899—1927），广东紫金人。1921年参加广州的中国共产党早期组织。历任青年团广东区委书记、中共广东区委工委书记、中华全国总工会执行委员、广东省工代会主席等。1927年，在广州“四一五”反革命大屠杀中被害。

民国　郑洞国任中国驻印度远征军副总指挥时使用的石质印章

印面边长3厘米，高4.6厘米。广东革命历史博物馆藏。

石质，长方形，其中一面刻有“汉印为古刀用刀独到处后刀不易□□　三十三年□十渔刀于印度”。印面镌刻篆文“郑洞国印”。印章于1944年刻于印度。

郑洞国（1903—1991），湖南石门人，黄埔军校一期生，抗战期间曾参加过长城古北口战役、台儿庄战役、徐州会战、昆仑关战役等。1943 年，任中国驻印军新一军军长，后任中国驻印军副总指挥。中国驻印军是1942年中国远征军第一次进入缅甸作战失利后，在进入印度的新22师和新38师的基础上成立的，为反攻缅北、协同中国远征军打通中国和印度公路、歼灭日军第18师团立下了战功。

民国　陈济棠印章

印章通高5.6厘米，印面边长1.8厘米；印盒长10厘米，宽2.5厘米，高2.5厘米。广东革命历史博物馆藏。

印面凿刻篆文“陈济

棠印”四字，印文沟槽内及四侧壁还残留鲜红色的印泥痕。此章用象牙制成，章体一侧面刻有“卅八年春”四字。此外，此章还附有一个长形的红木印盒，盒内分两格，分别放印章和印泥。

抗日战争时期　前进出版社专栏用木印章

最大长6.7厘米，宽2.7厘米，厚2.3厘米。广州博物馆藏。

一套七件，木质。印面分别刻：前进出版社、号角、街谈巷议、今日广州、通讯，还有两个印章上的字迹已模糊不清，无法辨认。

第七节　其他

明—清　观音山城防铁炮

明崇祯十七年铁炮长2.66米，最大腹径0.3米，炮口外径0.17米，炮口内径0.1米；清乾隆二十七年铁炮长3米，最大腹径0.28米，炮口外径0.26米，炮口内径0.11米；清嘉庆十四年铁炮长1.91米，最大腹径0.38米，炮口外径0.22米，炮口内径0.09米；清道光二十一年铁炮长2.15米，最大腹径0.4米，炮口外径0.31米，炮口内径0.14米；道光二十一年铁炮长2.45米，最大腹径0.44米，炮口外径0.33米，炮口内径0.18米；道光二十二年铁炮长2.45米，最大腹径0.44米，炮口外径0.33米，炮口内径0.18米；道光二十二年铁炮长2米，最大腹径0.3米，炮口外径0.23米，炮口内径0.11米。广州博物馆藏。

前膛炮，七门，分为明崇祯十七年（1644）一门，清乾隆二十七年（1762）一门，清嘉庆十四年（1809）一门，清道光二十一年（1841）和二十二年（1842）各两门。原安置观音山城墙上拱卫广州城，经历两次鸦片战争后，遭受侵略者的严重破坏，功能已失。20世纪50年代初集中移至广州博物馆前广场西南角陈列。

清　虎门威远炮台铁炮

炮身长2.3米，前直径0.43米，后直径0.56米，口径0.14米，重3000千克。广东革命历史博物馆藏。

虎门抗英战争遗物前膛炮。从炮口装填火药和铁弹，从尾部火眼点燃引线。炮脊有铭文八十三字，确证其为清道光十六年（1836）广东水师提督关天培等监制，佛山李陈霍等用生铁铸造。1841年虎门之战是鸦片战争中清朝军队抗击英军入侵的一场关键性战斗。20世纪50年代初驻威远海军从威远炮台遗址的海滩打捞起来，现安置在广东革命历史博物馆门前。

清　大角山炮台铁炮子与火药缸

封门子直径12厘米；火药缸高37厘米，口径30厘米。重约7.25千克。广州博物馆藏。

鸦片战争时期遗物。铁炮子是前膛炮使用的实心生铁弹，铁炮子大小、重量不等，视铁炮重量而配备，有封门子、群子、交杯子、担杆子等品种。广州博物馆收藏有一个封门子、十个群子。封门子铸有“吴玉造”三字。火药缸内外上黑釉，缸腰有一处露胎烧制五个直写楷书黑釉字“炮台火药缸”。

清　四方炮台铁炮

炮身长2.95米，后端直径0.5米，前端直径0.33米，口径0.13米，重2500千克。广东革命历史博物馆藏。

鸦片战争时期广州城北越秀山四方炮台的城防大铁炮。德国克虏伯厂铸造。炮身上方距

后端8厘米处，有一引火发炮的小孔，炮耳、炮膛以及引火器均被英军所毁。炮身上面阴刻“No.28” “38·3·14”字样，记载着该炮编号为第28，1838年铸造。20世纪50年代初在清理四方炮台遗址时发现，现安置在广东革命历史博物馆正门左侧。

清　蟹山炮台大炮

炮身长3.89米，炮口外径0.35米，炮口内径0.22米，重7938千克。广州博物馆藏。

德国克虏伯厂生产的后膛开花铁炮，1867年出厂，炮身后刻有“No.27F.KRUPP 1867”，左侧刻有“H.GRUSON”，右侧炮耳刻有“7928Kg”。青铜色耳，炮身后部有螺旋装置，可调整炮口的俯仰角度。炮身铁架下有可转动的铁轮子，装在炮台固定的圆环形铁轨上，可使炮口随着环圆形铁轨左右转动360度。炮是清末洋务运动时期购置的，20世纪50年代初从黄埔蟹山炮台移置越秀山广州博物馆前广场。

清　遂溪黄略书院铁炮

长1.61米，炮口径0.2米，炮底外径0.31米。广东革命历史博物馆藏。

19世纪末遂溪县黄略村群众抵抗法国侵略者的武器。民间铸造，炮身无铭文。炮安放在木座上。1898年法国强租广州湾后，试图扩大其租界范围，总部在遂溪黄略村潜移书院的义勇团练和当地村民团结一致，英勇抗敌，沉重打击了法国侵略者的气焰。遂溪人民抗法与三元里抗英、虎门销烟齐名，是中国近代史上反抗外来侵略的著名历史事件。

清　三元里人民抗英用过的关刀

通长183厘米，宽15.4厘米，厚7厘米；刀柄直径3.7厘米。广东革命历史博物馆藏。

此为三元里人民抗英用过的关刀，刀头为铁质，双面均有乳钉纹，刀柄为木质。第一次鸦片战争期间，1841年5月，盘踞广州城北四方炮台的英兵侵扰三元里地区。三元里人民在韦绍光的率领下誓死抵抗侵略者。广州三元里人民抗英是近代中国人民第一次大规模反侵略的武装斗争，表现了中国人民不畏强暴、勇于反抗侵略的民族精神和优良传统。

清　周行日晷

底长15.9厘米，宽10厘米，通高7.8厘米。广州博物馆藏。

清代民间制作的测时仪器，木质。写有“咸丰甲寅春　邹特夫作”。制作者邹特夫即邹伯奇，他在日晷上写明使用方法。仪器由木板与罗盘两部分组成，外盘为木底座，上边刻十二时辰，底正中挖一个直径8厘米的与罗盘形状相同的空穴，嵌入罗盘，构成内盘。内盘刻有十二时辰、二十八星宿、二十四气节、360度。底座后端竖一小木柱，贯穿两块互相垂直的十字板，对准东、西、南、北方向。十字板北端削成圆弧，分划刻度，并在圆心悬一铅垂线。南端沿东西向水平设有横表。

清　纽约中华会馆启事

纵44.5厘米，横30厘米。广州博物馆藏。

纸皮装裱。这是清光绪二十五年（1899）纽约中华会馆为争取美国政府修改迫害旅美华工法例而公布的启事。19世纪70年代开始，美国政府实行种族歧视政策，通过了限制华人入境、迫害在美华工的一系列法规。清光绪二十三年（1897）清政府驻美公使到任后，为争取美国众议院议员的同情，准备向议会提出“删除禁限华人入境各例”议案。中国驻美公使致函各埠华人社团、会馆，要求他们向各商户筹集资金，推举代表到华盛顿“料理此事”。由于美国议会坚持排华立场，此次努力未收到成果。

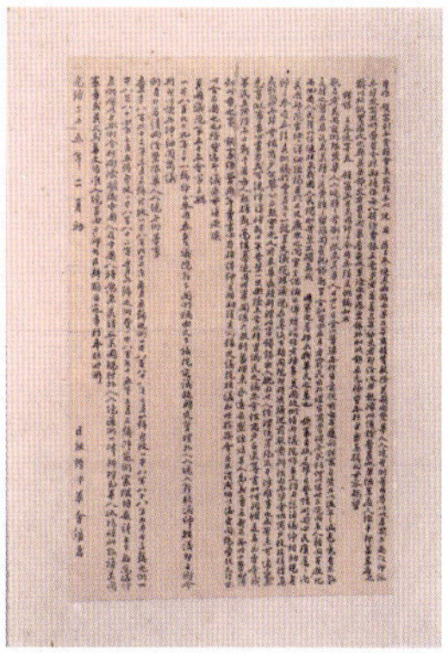

清　城西方便医院分院石匾、石柱

石匾：长317厘米，宽100厘米，高16厘米；石柱：高560厘米，宽28厘米。1994年东风西路广州医学院出土。广东革命历史博物馆藏。

花岗石质。石匾上书“城西方便医院分院”。石柱共五条，方柱形，花岗石质，阴刻文字。五石柱上所刻文字分别为“斯地揽禧垣之胜，钟灵毓秀，顾大众宏开善量，远创丕基”；“此间当城北之冲，攘往熙来，看时普济芸生，同登寿寓”；“将此寸心明自问，施药赠医，庶无大过”（此柱已断为三段）；“光绪二十五年岁次己亥吉旦”；“钟寿芝、易贤栋、杨益华、颜馥甫全敬送”。石匾、石柱是1994年在东风西路广州医学院扩建时发掘出土的，由广州市第一人民医院保存，1995年广东革命历史博物馆征集收藏。

城西方便医院分院原为城北方便所，成立于清光绪二十五年（1899）。医院所有经费都由社会各界善长仁翁和华侨捐助。创办几十年来，以来者不拒的态度收容病人，对贫穷者赠医施药，对死后无人照顾者施棺殓葬，曾收殓安葬黄花岗七十二烈士、广州起义死难者、淞沪十九路军抗日将士等，是当时华南地区著名的慈善机构。

清　孙中山向澳门镜湖医院借款赠医揭单

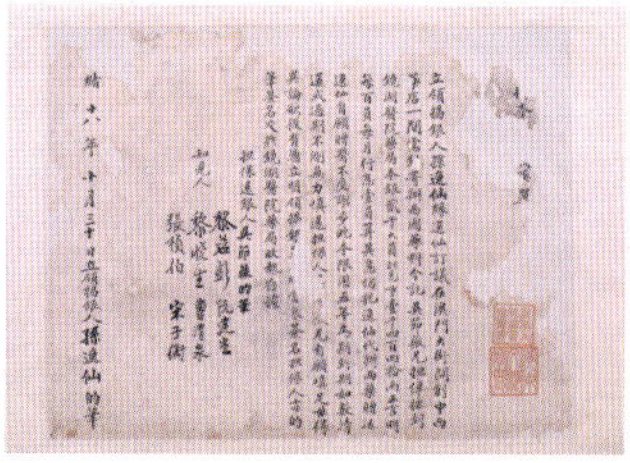

表心纵26厘米，横33厘米；裱纵37厘米，横42.3厘米。广州博物馆藏。

单据用毛笔楷书写在玉扣纸便笺上，上面写明孙中山以“每百元每月行息一元算”。孙中山早年抱有医学救国救民的志愿，1892年在香港西医书院毕业后即到澳门行医，后创办中西药店。因缺乏经费，遂于同年12月18日向镜湖医院药局借银两千元，写下借款揭单。

清　广东飞行器公司股份簿

纵13.6厘米，横22厘米。广州博物馆藏。

清宣统二年（1910）中国首位飞机设计师、制造师和飞行家冯如，和友人在美国筹设广东飞行器公司的股份簿。

清　李湛中国同盟会会员证

纵13.7厘米，横9厘米。广州博物馆藏。

绢布，原为红色，现已褪为褐色。证的上方横书“中国同盟会”，下方竖书“李湛”，皆楷体；底部有青天白日图案。李湛少有大志，1909

年由胡毅生、朱执信介绍加入中国同盟会。1910年参与策划广州新军起义；1911年在“三二九”起义中，他配合响应；1913年3月不幸牺牲。

清末 通花双格筷子筒

长22厘米，高22厘米，厚8.7厘米。广州市花都区博物馆藏。

质地黄陶，长方形双格筷子筒。筷子筒后壁四方形微梯状，筷子筒后壁与面部之间用三块瓦片相隔，成两格。正面边刻画有齿纹和菱格纹，中间上部饰有圆形齿纹，下部为通花两个“卍”字纹，底部为方形圈足，设有十孔可排水。此物为当时的生活用品，是洪秀全在花县狮岭八沥坊当村塾教书时的生活用具。

民国 秦更年中国同盟会证书

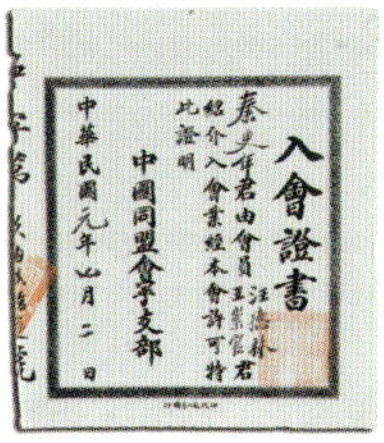
入會證書

纵26厘米，横23厘米。广东革命历史博物馆藏。

单页，胶版纸，白底黑字，钤印套红。入会证是按统一规格印制，用楷书填写入会人、介绍人姓名和时间。秦更年的入会证书内容是：“入会证书，秦更年君由会员汪德林、王崇官君绍介入会，业经本会许可，特此证明，中国同盟会宁支部，中华民国元年七月二日。”证书右下角盖有篆书“中国同盟会宁支部扬州分部印”。证书周围有花边，在花边外之左侧有存根号“宁字第玖佰贰拾陆号”，并盖印鉴。由于此入会证不带存根，所以文字及印鉴均存半截。证书底部注明“印铸工厂代印”。

秦更年（1885—1956），原名秦松云，字曼青、曼卿，号婴闇，江苏扬州人。1912年7月2日在南京加入中国同盟会。

民国 广东民军回籍凭执

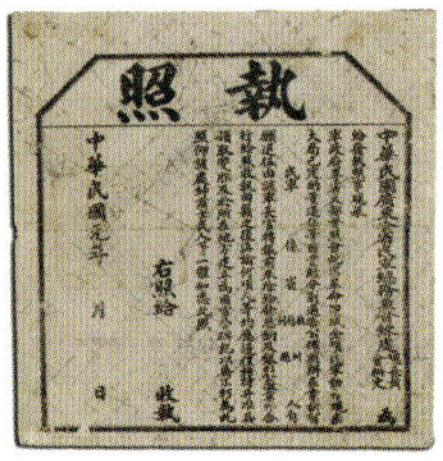
執照

长27.3厘米，宽10.5厘米。广州博物馆藏。

纸质，单页。正面竖排铅印文字。右侧有骑缝朱印。其文不可辨认。左下角一长方朱文印，印文已模糊，隐约可见“广东全省民军总务兼□练□处安抚课”字样。凭执所持有者为“李富”，时间为民国元年二月二十七日。其中祖、父、籍贯处皆空白；其民军番号为“初”字营。

辛亥武昌起义后，广东各地民军纷纷行动起来，发动多次武装起义，逼迫两广总督宣布独立。同时大量民军聚驻广州，共十万多人，绝大多数为农民，也有部分小手工业工人及少量反正的清军，并以名字作为军营番号。由于民军素质差，纪律涣散，各自为政，入城后相互争执械斗，造成社会秩序混乱，成为1911年11月10日新成立的广东军政府面临的一个亟待解决的问题。孙中山辞去临时大总统职位后，陈炯明勾结袁世凯排挤胡汉民，谋取广东大都督一职。陈炯明就任后立即将所部“循”字军改编为正规军，其他名字营除李福林、谭义等少数营的部分没遣散外，其余一律给饷遣散，各回原籍为民。该凭执即这一史实的物证。

民国 《中华民国大总统孙文宣言书》

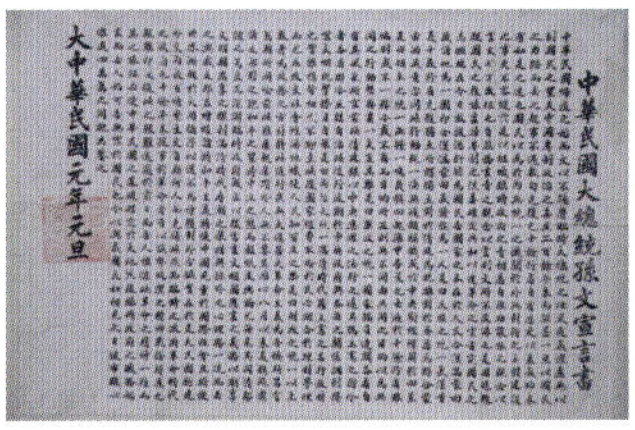
中華民國大總統孙文宣言書

大中華民國元年元旦

纵69.2厘米，横101厘米。广州博物馆藏。

1912年，孙中山就任中华民国临时大总统时的就职宣言。已裱，变黄，有裂痕、折痕、水迹。1912年1月1日孙中山在南京宣誓就职，发表临时大总统就职宣言，印发《中华民国大总统孙文宣言书》，宣布成立中华民国。在这份宣言书中，孙中山公开宣布实现“世界大同”的理想。

民国　临时大总统孙文颁给潘受之的旌义状

纵35厘米，横48.1厘米。孙中山大元帅府纪念馆藏。

纸质，朱红色缠枝纹花为边，嫩绿底色。上书“潘受之先生于中华民国开国之始，踊跃输将，军储赖济，特给予旌义状，奕代后民，永多厥义。此旌。临时大总统孙文，中华民国元年三月初一日”，钤“中华民国临时大总统印”朱文方印。这个旌义状是南洋华侨支持孙中山领导推翻清朝封建帝制革命活动的见证物之一，也是研究粤籍华侨和粤地对外关系的重要史料。

民国　纪念辛亥革命胜利瓷茶壶

通高11.3厘米，口径7.8厘米，腹径9厘米。广州博物馆藏。

壶身上窄下宽，壶颈收束，造型较粗。壶身一侧烧绘着两面交叉的红黄蓝白黑五彩国旗和军旗；另一侧烧有“光复大汉时壬子之秋之和顺邛”字样，壶盖侧有“八大山人”四字。是潮汕瓷窑于1912年纪念辛亥革命胜利一周年时利用景德镇所造普通瓷壶绘烧而成。

民国　共和纪念帕

边长34厘米。广东革命历史博物馆藏。

丝质，正方形。在纪念帕的下角印有三个椭圆形头像，“品”字形排列，居中的是孙中山像，上有楷书“中华民国第一大总统孙文”，左下方为孙中山长女孙瑗（帕上“瑗”误为“琬”），右下方为次女孙琬（帕上“琬”误为“埏”），两像之间印有楷书“孙大总统之女公子长埏次”字样。在三个头像下面隶书“共和纪念帕”。

捐献人李桂先的丈夫刘汉城，1911年参加上海闸北起义，继而又随江浙革命联军攻克南京。1912年中华民国临时政府在南京成立，为纪念辛亥革命的历史功绩，民国政府颁发了“共和纪念帕”，赠给辛亥革命的参加者作留念，刘汉城因革命有功领到一条共和纪念帕。

共和纪念帕是纪念辛亥革命胜利的文物，对研究中华民国成立初年的历史，弘扬辛亥志士们为国为民、不屈不挠的革命精神，有重要意义。

民国　杨仙逸飞行证

纵10.8厘米，横7.5厘米。广东革命历史博物馆藏。

纸质，两本，一本为水上飞机飞行证书，一本为普通飞机飞行证书。水上飞机飞行证封面为浅绿色，证书的第一页内容中译为：

国际航空联合会　美国航空俱乐部　水上飞机飞行员驾驶证第62号

兹由业经国际航空联合会认可的美利坚合众国主管机构美国航空俱乐部证明：生于1893年9月6日的杨仙逸业已满足国际航空联合会对一个水上飞机飞行员所要求的全部条件，并被授予水上飞机飞行员资格。

日期：1916年11月29日　主席：艾伦·R.霍利　秘书：威廉·霍利

证书第二页为杨仙逸照片和飞行员英文签名：Sen Yet Young。照片加盖发证单位钢印AERO CLUBOF AMERICA SEAL（美国航空俱乐部印）。

证书第三、第四页内容中译为“敬请政府、

海军、陆军官员，包括警方，对持本证者给予帮助”。分别用英、法、德、意、俄五国文字书写。

普通飞机飞行证书，封面为深绿色。其内容和规格与水上飞机飞行证大同小异。

这两本飞行证是杨逸从茄弥时大学毕业后由美国航空俱乐部颁发的。

民国　注意花县共产农团传单

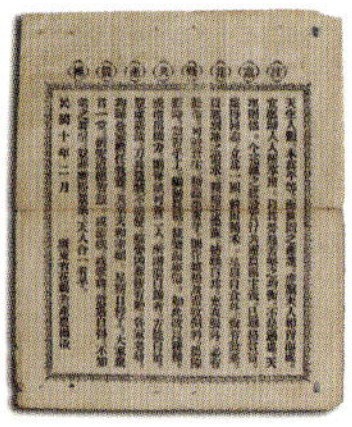

纵26厘米，横21厘米。毛泽东同志主办农民运动讲习所旧址纪念馆藏。

白报纸铅印。花县共产农团由曾参加辛亥革命的归国侨工徐茂均于1921年2月创办，是花县较早一批建立的自发的农民组织，是当时广东省唯一的共产主义农团。20世纪20年代第一届农讲所学员黄学增曾经到花县开展农民运动。该传单是他遗留在黄天成家中的。

民国　广东省立第一甲种工业学校同学录

纵18.5厘米，横11.5厘米。中共三大会址纪念馆藏。

纸质，蓝色硬皮封面，共六十四页，内文黑色竖排墨印。广东省立第一甲种工业学校于1918年创立，1926年合并于中山大学，设为工业部，1930年改称广东省立工业专科学校，1933年改为勷勤大学工学院。该校是广州响应五四运动较活跃的三所学校之一。1921年8月中共广东支部成立后，该校学生阮啸仙、周其鉴、刘尔崧、张善铭四人成为第一批党员；后又发展了黄学增、周文雍为党员。本同学录为1922年3月印制，第十一页“机械本科三年级学生”中有中共三大代表刘尔崧的信息。

民国　广州冠球联保火险有限公司认保芳名股册

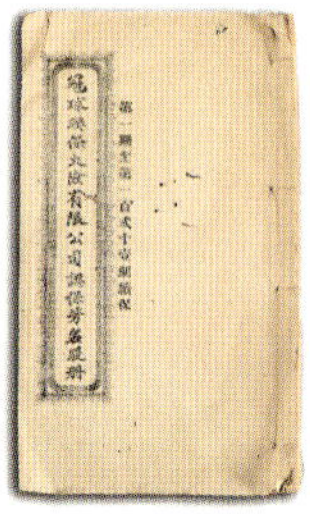

纵27厘米，横15.5厘米。广州市荔湾区博物馆藏。

清光绪三十四年（1908），广州商人杜桂初、曾少皋等人创办长安火险公司、乐联保火险公司和远乐火险公司，1909年合并为冠球联保火险公司，业务扩展到广东省多地。这份1922年的认保芳名股册记录了该公司第一至一百二十一期认股情况，是我国早期保险业、金融业发展的重要物证，具有一定的历史研究价值。

民国　广东省陆丰县农会会员证

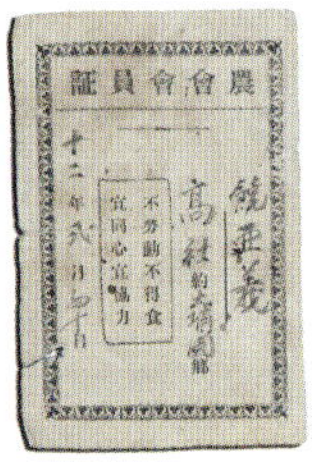

纵12厘米，横8厘米。广东革命历史博物馆藏。

卡纸铅印黑字，四边框以花饰，中间用水波纹框“不劳动不得食　宜同心宜协力”字样，会员姓名、某约某村、填发时间用毛笔填写。正面或背面盖县总农会钤印。陆丰县总农会于1923年6月在彭湃主持下创立，并成为组织陆丰农民斗争的领导机构。

民国　广州市郊第一区农民协会证明书

三折纵21.3厘米，横13.2厘米。毛泽东同志主办农民运动讲习所旧址纪念馆藏。

硬皮纸，单页。证明书按统一规格印制，毛笔填写会员姓名、住址、年龄、籍贯。正面花边框内是竖行红色铅印文字“市郊第一区农民协会证明书”，背面楷书印刷颁证缘由、“执行委员长林宝宸、副委员长苏达文”以及保护农民专章摘要等内容，并盖有一圆形朱文印，印文已不可辨。1924年8月15日，广州市郊第一区农民协会在芳村谢家祠举行隆重的开幕典礼。这是市郊第一区农民协会发给本区会员的证书。

民国　中国国民党陆军军官学校第一期学员毕业证书

纵40厘米，横42厘米。广东革命历史博物馆藏。

纸质，橙黄色，四边绕以蓝色花纹，四角分别印有黄埔军校校训“亲爱精诚”四字，底印浅色的“革命尚未成功，同志仍须努力”十二字。证书上方印有孙中山像，两旁有国民党党旗和中华民国国旗；右边联根处印有“埔字第九十五号”半边字样，左下方钤印“陆军军官学校”和“驻陆军军官学校中国国民党代表”两枚红色印章。证书原文如下：

中国国民党陆军军官学校毕业证书

兹有本校第一期步兵科学生潘学吟修业期满成绩合格特给证书

总理孙文（印）

校长蒋中正（印）

党代表廖仲恺（印）

中华民国十三年十一月三十日

潘学吟，广东新丰人，黄埔军校第一期毕业后，曾在军校政治部工作，并跟随周恩来参加1925年的东征，1928年赴日本留学，1929年1月回国参加“中国国民党改组同志会”。

民国　省港罢工工人代表大会代表证

纵11.3厘米，横8厘米。广东革命历史博物馆藏。

白版纸，铅印。上方有一穿系圆孔，代表姓名及月、日、代表证号用毛笔书写。代表证第七零二号，是全港罢工委员会代表黄金源的。背面有代表须知共四项。为加强对省港大罢工的领导，中国共产党发动香港、沙面罢工工人选出代表，于1925年7月30日在广州举行省港罢工工人代表大会。

民国　香洲死难烈士墓远景照

纵21.5厘米，横27.5厘米。广东革命历史博物馆藏。

照片内为从狮山下平地至山顶全景。山坡下，一排数间茅寮，往上居中是烈士墓全貌远景，两侧山头不少突起的大石，左侧可见用石砌筑的护土墙。

1924年9月，为发展革命武装，培养革命骨干，时任粤军第二师参谋长叶剑英根据孙中山、廖仲恺的指示，组建独立营，兼任营长，在香洲操练新兵。叶剑英亲任教官，开展军事训练，宣讲革命道理，宣传革命。革命势力的发展，引起封建地主和土豪劣绅的恐慌，1925年4月26日，趁叶剑英奔波往来于东征前线与香洲练兵场之机，反革命势力策划发动了香洲兵变，二十七名新编营官兵遇难。事变发生后，叶剑英赶回香洲，整顿队伍，追捕凶手，平息叛乱，收殓烈士，安葬在香洲狮山上。叶剑英亲自发起成立崇义社狮山保管委员会，筹集资金修建烈士墓地，撰写《贲志亭》碑记，记录兵变始末，悼念死难烈士，填写诗词《满江红》，表达对烈士沉痛的缅怀与悼念之情。

民国　追悼建国粤军第二师独立营香洲殉难烈士摄影纪念照

纵21.5厘米，横27.5厘米。广东革命历史博物馆藏。

营葬香洲殉难烈士的狮山上，各界人士整齐地站在山腰至山顶的梯级上和两侧的墓地上，队伍中可见持香洲崇文学校旗的少年鼓乐队。下方楷书叶剑英的《满江红》题词。照片贴于澳门明星楼照相馆硬皮衬纸中，背面写“请询交陈伯英同志家属存念为荷，剑英、十四、十二、廿二”毛笔字样，日期上加盖叶剑英私章。

民国　省港罢工纠察队布臂章

纵11.5厘米，横16厘米。广东革命历史博物馆藏。

棉麻纤维，长方形，面上的红色扣布与下底的白纱布车缝一起，正中用白布车缝一“纠”字。1925年7月5日，省港大罢工工人纠察队成立。纠察队是按照军队编制组织起来的一支武装队伍，负责封锁香港、澳门和广州沙面交通，截留粮食，查缉私货等，也是中国职工运动史上最早的一支初具规模和具有战斗力的工人阶级革命武装。

民国　第五届农民运动讲习所章程

纵20厘米，横107厘米。毛泽东同志主办农民运动讲习所旧址纪念馆藏。

纸质，单页，文字竖排铅印，封面花边框内印“中国国民党中央执行委员会农民部”，内文标题“第五届农民运动讲习所章程”，共分十一章：入学资格及手续；学额与考试；修业期限；教授科目；待遇；纪律；保证书与志愿书；休假；所址；招生期、截止期、到省期、检查期、始业期；附则。第五届农讲所所址设在东皋大道广东省农民协会内，该章程是第五届农讲所招生实物。

民国　广州国民政府选举常务委员会成员的票数统计情况及结果

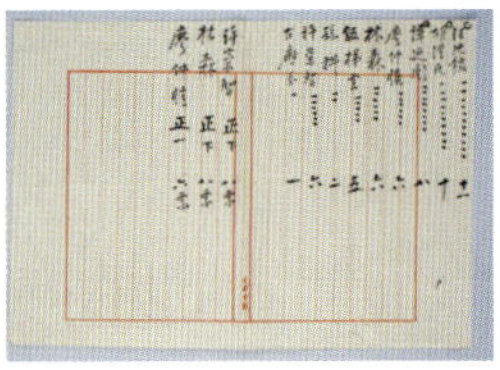

纵30厘米，横42.4厘米。孙中山大元帅府纪念馆藏。

纸质，竖排手写。此为1925年7月广州国民政府选举常务委员会成员票数统计情况及结果。该记录分三块内容：（一）第一次选举情况；（二）相同票数的复选；（三）最终选举结果的统计记录。该文件是陆海军大本营向广州国民政府转变这一关键时期的重要记录。

民国　周其鉴用过的怀表

怀表直径4.5厘米，链长29厘米。毛泽东同志主办农民运动讲习所旧址纪念馆藏。

圆形，表壳银色，表面白底，数字和时针分针是金色，正上方有一调时间的按钮，并带有一银色链环及金色表链，表链尾端穿着3.5厘米长的铜棒。该怀表是第一次国内革命战争时期周其鉴用过的。周其鉴（1893—1928），广东广宁人，广东早期农民运动四大领袖之一。1925年春节，弟弟周其柏结婚时，周其鉴将怀表赠予新娘。后来，周其柏妻子将怀表留给儿子周家安。

民国　东征军总指挥部政治部印《列宁逝世二周年纪念日告工人》宣传单

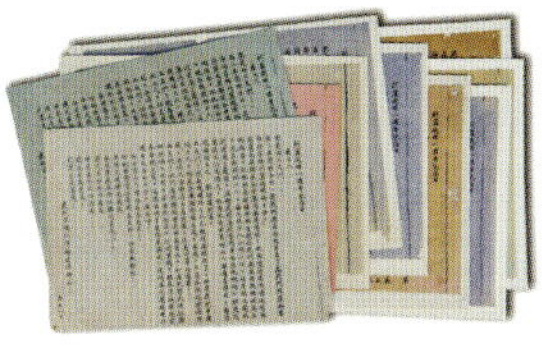

长28厘米，宽20厘米。广东革命历史博物馆藏。

红、黄、紫、绿有光纸，铅印。东征期间，为团结国民革命力量，共同推翻帝国主义、封建军阀，国民革命军东征军指挥部政治部印刷了大批此类革命宣传单。这份小传单号召中国工人群众学习列宁为解放全人类贡献自己毕生精力的精神，团结起来，打倒军阀，消灭帝国主义，争取国民革命的成功。

民国　粤汉铁路总工会经费支出单据

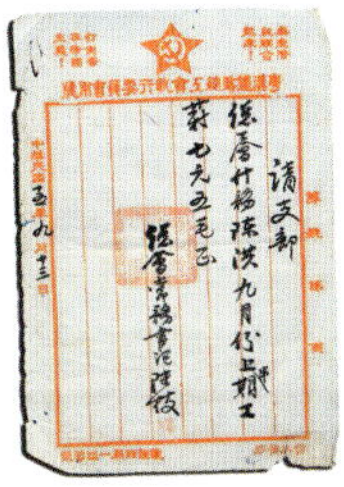

纵32.5厘米，横21厘米。广东革命历史博物馆藏。

纸质，粤汉铁路工会执委用笺，上方两边印“无产阶级联合起来！打倒资本帝国主义！”字样，毛笔书写，是总工会各项事务支付款项的单据。落款时间为民国五年九月十三日（1926年9月13日）。粤汉铁路总工会是1922年11月1日成立于长沙的工会组织，是全国铁路工会中最早的统一工会组织。在北伐战争中发挥了重要作用。1927年5月，许克祥在长沙发动反革命政变后，粤汉铁路总工会被查封。

民国　《中国国民党第二次全国代表大会会议记录》

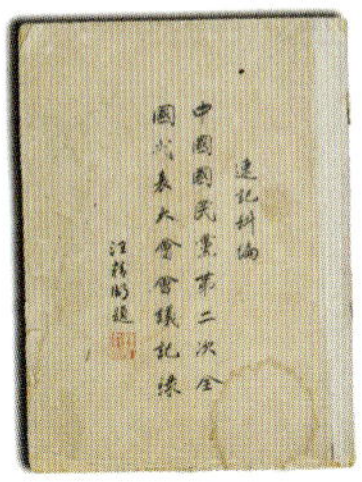

纵26.3厘米，横19厘米，厚1.5厘米。广东革命历史博物馆藏。

1926年4月由中国国民党第二次全国代表大会速记科编纂，中国国民党中央执行委员会印行。中国国民党第二次全国代表大会于1926年1月1日至19日在广州国民党中央党部礼堂召开，该书以记事体形式记叙了大会的全部过程。从开幕典礼到闭会式，从报告大会筹备经过到代表资格审查，以及大会所讨论通过的五十二个提案、四十七个报告及宋庆龄等诸代表的演讲词，除少数分刊专册外，均一一记录在案。该书还附录《中国国民党第二次代表大会预备会记录》及中国国民党第二次全国代表大会第一、二、三次谈话会记录。

民国　广东第二次全省农民代表大会旁听证

纵11厘米，横3.1厘米。毛泽东同志主办农民运动讲习所旧址纪念馆藏。

丝质，长方形，淡绿色丝绸上，毛笔竖书“广东第二次全省农民代表大会旁听证”，中间有一方朱文印，印文模糊不可辨。1926年5月1日，广东第二次农民代表大会在广州举行，此旁听证是农讲所学员旁听广东第二次农民代表大会所持的证件。

民国　广州起义工人赤卫队用过的铁锥

通长42厘米，宽3.1厘米，高3厘米。广东革命历史博物馆藏。

前段是实心方铁尖锥形，后段是空心卷形，尾部有一小孔，作插上木棒时加固用。广州工人赤卫队第一联队是包括打石、电务、油业、汽车等工会约六百人的工人武装，他们少数人有枪支，其他工友都是自备一些刀、棍、剑仔、铁条之类的简陋武器。在广州起义时，第一联队第二中队第一小队长陈贯与部分工人赤卫队员撤退到粤北英德宿山。

民国　广州起义工人赤卫队用过的铁刀

长43厘米，最宽6厘米，厚0.3厘米。广东革命历史博物馆藏。

刀刃钝而崩缺，刀柄有护手。广州起义时，工人赤卫队第一联队担负的任务是攻打公安局，这是工人赤卫队第一联队第二中队长梁梅枝攻打公安局时使用的武器。起义失败后，国民党反动派大肆搜捕参加起义的同志。

民国　广州起义的识别带、袋表和指南针

识别带：纵10.3厘米，横73厘米；袋表：通长6.2厘米，直径4.2厘米，厚1.5厘米；指南针：通长9.8厘米，直径3.5厘米，厚2厘米。广东革命历史博物馆藏。

1927年12月11日广州起义参加者用过的物品。识别带是广州起义最重要的标志，参加这场起义的人员来自各行各业，有工人、农民和士兵，大家没有统一的服装，每人一条红布带，起义时佩戴在脖子上或绑在手臂上。袋表上方有孙中山像，下方是秒针，表面黑色夜光，阿拉伯数字为金色，指针是蓝色。指南针地支十二个字是黑色，东、南、西、北四字红色，指针是黑色，使用者增加了用铜线绕成的手柄，以利携带。这三件物品都是广州起义时，工人赤卫队第一联队第一中队长杨馨坤使用的。起义失败后，他将这些物品带回家乡英德宿山，藏在存放骸骨缸内加以密封，埋在山岗里。

民国　广东五华工农自卫军用过的步枪刺刀

通长40.5厘米，宽7厘米，高3厘米；刀鞘长21厘米，宽3.5厘米。广东革命历史博物馆藏。

大革命时期，工农自卫军是中国共产党领导的工农武装，客观上为党创建自己的军队做了准备，对于后来人民军队的创立和发展产生了深远影响。这是自卫军用过的步枪刺刀。

民国　功臣炮

口径0.15米；炮身长1.4米；全炮长3.37米，宽1.1米。广东革命历史博物馆藏。

木轮包铁皮，炮身镶嵌制造年号和型号的铭牌，为1941年制造的“四一式”山炮。这门山炮是东北人民武装从日本侵略者手中缴获的。中国共产党组建的中国人民解放军第一支炮兵部队用这门山炮参加过东北三下江南战役、平津战役、渡江战役、衡（阳）宝（庆）战役、解放广州和海南岛等战役。1950年，中国人民解放军第四野战军某司令部和政治部，将此炮命名为“功臣炮”，并将绣有“威震敌胆”四字的锦旗授予炮兵连。

民国　顺德第八区光华乡农民自卫军号带

纵115厘米，横7厘米。毛泽东同志主办农民运动讲习所旧址纪念馆藏。

布质，长方形，深蓝色布上竖书“顺德第八区光华乡农民自卫军”字样，字体白色。该号带是大革命时期广东顺德县光华乡的农民自卫军使用的。

民国　广东潮阳县南阳上堤乡农会犁头旗

纵100厘米，横157厘米。毛泽东同志主办农民运动讲习所旧址纪念馆藏。

布质，长方形，以红色为底，左上方为中国国民党党徽，中间是犁头图案。1926年秋，在以彭湃为主任的潮梅海陆丰办事处指导下，正式成立潮阳县农民协会。此犁头旗是潮阳县南阳上堤乡农民协会会员郭某义出资制成的，1927年“四一五”反革命政变后，其儿媳妇将犁头旗缝于棉被内，交由孙子郭暹鹏使用，犁头旗由此保存下来。

民国　彭湃用过的枕头

纵35厘米，横38.5厘米。毛泽东同志主办农民运动讲习所旧址纪念馆藏。

枕头、枕套各一。枕头是用朱红的橡皮制成的一个气袋，近似正方形，圆角，其一角有一充气嘴。外罩黄底红、白花的布袋。

该枕头是第一次国内革命战争时期广东农民运动领袖彭湃的遗物。1927年彭湃与朱家瑞一起在武汉从事革命活动时，将枕头赠送给朱家瑞。朱家瑞一直珍藏着该枕头，直至1970年病逝。

民国　南昌起义军在广东大埔县作战遗留的子弹壳

最大者高5.1厘米，底径1.1厘米，口径0.7厘米。毛泽东同志主办农民运动讲习所旧址纪念馆藏。

铜质，共七颗，大小不一，部分锈蚀严重，其中一颗呈爆裂状。1927年10月1日至4日，三河坝战役中，某师参谋长游步仁在梅子岽战场上腹部中弹后仍坚守阵地，后壮烈牺牲。这是1927年八一南昌起义军在大埔县三河坝梅子岽作战遗留的子弹壳。

民国　广州工人代表大会给市政委员会函

纵27厘米，横129厘米。广东革命历史博物馆藏。

纸质，玉扣纸便笺，毛笔书写，主要内容是广州工人代表大会执委函请市政委员会准许电话女司机加薪问题。广州工人代表大会是大革命时期中国共产党在广州建立的工会联合组织。1924年5月，广州工人代表会在广州西瓜园太平戏院召开，来自二百多个工会的三百多名代表参加大会。大会选举十七名工代会执行委员、五名常务委员，刘尔崧任主席。工代会会址设在越秀南路惠州会馆。1926年4月，第一次广州工人代表大会召开。1927年广州“四一五”反革命政变后大会被查封。

民国　国民党训政研究会就反蒋事宜告同志书

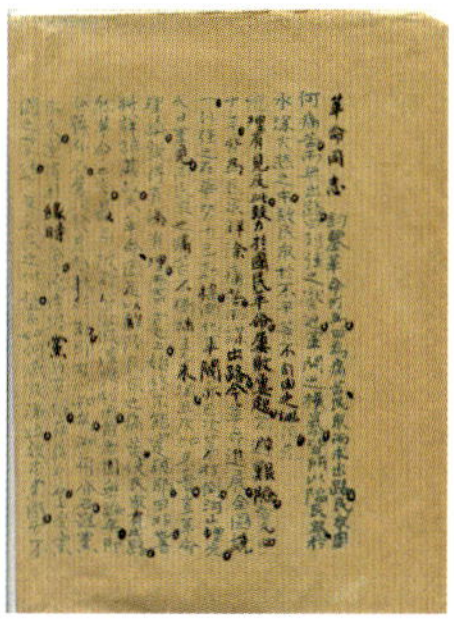

纵32厘米，横45.5厘米。孙中山大元帅府纪念馆藏。

纸质，竖排手写，共四页。1931年2月底，国民党元老胡汉民被蒋介石扣押，软禁于南京，引起反蒋政潮。国内反蒋各派系聚集广州，酝酿组建以反蒋为中心目标的国民政府。此件系1931年4月西南反蒋力量组建的训政研究会讨伐蒋介石的传单，是民国时期国民党内反蒋研究的重要史料。

民国　粤汉铁路株韶段建筑标准图册

纵37厘米，横52厘米。广东革命历史博物馆藏。

纸质，蓝色图纸。封面为“粤汉铁路株韶段建筑标准”。内页为“编辑大意”“前言”及各蓝图。编汇成册，加封底面共一百二十八页，用红绳装订。粤汉铁路是京广铁路南段广州到武昌间的一条铁路旧称，全长1095公里，从1906年分段动工到1936年9月全线贯通，用时三十年。该图册见证了中国人不屈不挠的奋进精神，也见证了得风气之先的广州在中国近代化转型中的独特贡献。

民国　莫蕴玉墓碑

长184厘米，宽84厘米，厚14厘米。广州市从化区博物馆藏。

民国二十五年十一月（1936年11月），国民党第四路军151师师长莫希德请余汉谋为其父莫蕴玉墓撰文，以叙其父生平事迹。顺德伍蕃手书，东莞邓尔正篆额。

民国　叶挺护照

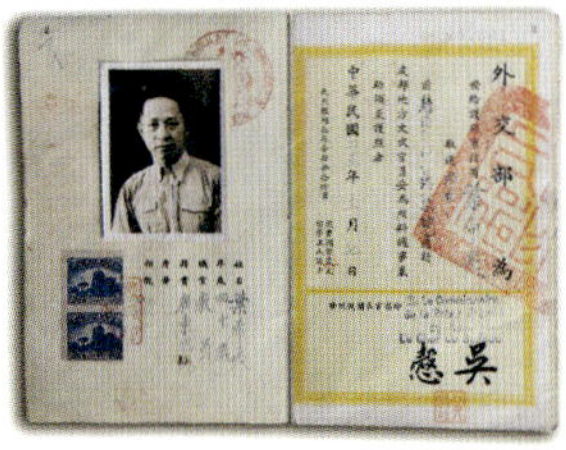

纵10.6厘米，横16.1厘米。广东革命历史博物馆藏。

纸质，封面正中印有银色的中国国民党党徽和黑体的“中华民国护照”字样。内页为胶版纸，中间均有“中华民国护照”水印。护照编号为“桂字第2261号”。第二页贴叶挺2寸黑白免冠照片。其右上角盖有“法国驻广西龙州领事馆章”。下方用中文在印好的格式上填写姓名“叶希夷”，年岁“四十岁”，职业“教员”，籍贯“广东惠阳”。并贴有两张国民政府印花税票和盖税章。第三页用毛笔填写外交部发给护照事：兹有“叶希夷”取道“越南”，前往“越南、香港（来回）”，应请友邦地方文武官员妥为照料，遇事襄助须至护照者。中华民国二十七年十一月七日（1938年11月7日）。护照限用三年，发照机关为广西边境警察局，由局长吴悫签名和盖章。抗日战争爆发后，叶挺（希夷）被任命为新四军军长。他为解决新四军的经费问题，于1938年出国筹款购买武器物资而使用此护照。

民国　广东人民抗日游击队东江纵队成立宣言

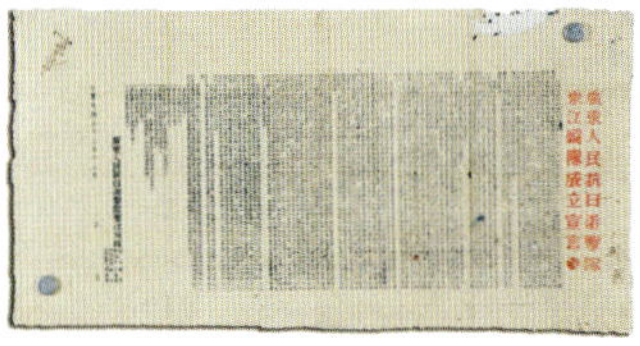

纵32厘米，横60.5厘米。广东革命历史博物馆藏。

玉扣纸，蓝油印。宣言回顾了五年来抗日自卫历程，一致认清中国共产党是中华民族和中国人民的救星，表示一致热诚拥护中国共产党的领导，实行联合统一指挥。1943年12月2日，广东人民抗日游击队整合其他抗战力量，成立东江纵队，成为抗日战争时期中国共产党在广东省东江地区创建和领导的一支人民抗日军队。东江纵队成立后，深入敌后，挺进粤北山区，积极开展杀敌立功竞赛和拥政爱民及扩军运动。至抗日战争结束，东江纵队已发展成为一支拥有一万多人的人民抗日武装。1945年，朱德在七大军事报告《论解放区战场》中将东江纵队与琼崖纵队、八路军、新四军并称为“中国抗战的中流砥柱”。

民国 广东人民抗日游击队东纵司令部布告

纵39厘米，横25.5厘米。广东革命历史博物馆藏。

白报纸铅印。布告用六字句形式说明成立东江纵队的意义，凡属抗日部队，应联合一致，为国奋斗到底。1944年1月1日，东江纵队司令部发布第一号布告，庄严宣告东江纵队是人民的子弟兵，坚决拥护中国共产党的政治主张，接受中国共产党的领导，坚持团结抗日的政策，为打败日本帝国主义，建设独立自由幸福的新中国而奋斗。

民国 广东人民抗日游击队珠江纵队成立宣言

纵30厘米，横62厘米。广东革命历史博物馆藏。

玉扣纸，蓝油印。宣言阐述了国际、国内抗战形势，表示珠江纵队一致接受与拥护共产党的领导，统一指挥作战，与东江纵队、琼崖纵队共同坚守华南敌后战场，为解放华南同胞而奋斗。珠江纵队，全称为广东人民抗日游击队珠江纵队，是抗日战争时期中国共产党在珠江三角洲敌后建立并领导的一支坚强的人民抗日武装。1945年1月15日，广东人民抗日游击队珠江纵队在中山五桂山区正式成立。珠江纵队成立后，坚决执行中共中央和广东省临委交给的战略任务，相继挺进西江，转移东江，挺进粤北，以灵活多样的游击战术，有力地牵制了敌人的兵力，粉碎了一次次“扫荡”，成为珠江三角洲敌后战场的一面旗帜。

民国 潮饶丰行政委员会军民合作社五角流通券样本

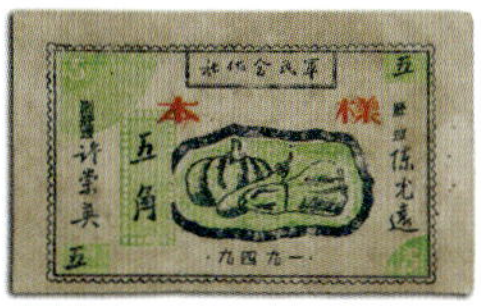

纵6厘米，横9.7厘米。广东革命历史博物馆藏。

白版纸油印。五角券正面左为“五角”，右为含南瓜、茄子等元素图案，左上角、右下角为“5”，左下角、右上角有“五”字样。顶部为“军民合作社”及“样本”字样，左为“副经理许崇英”（时为军需处主任）、右为“经理陈光远”的签字，底部列“一九四九”。票券的背面为黑体大字“潮饶丰行政委员会军民合作社流通券”字样及发行号码。1949年，潮州凤凰山革命根据地建立了潮（安）饶（平）丰（顺）边县行政委员会。同年7月1日，潮饶丰边县军民合作社宣布成立，当天公布流通券发行细则。流通券在潮安、饶平、丰顺三县的解放区及澄海边界的游击区流通。流通券的发行，稳定了根据地的财政、物价，方便根据地内外的商品交流，较好地解决了部队的供给，对稳定根据地经济起到了良好的作用。1949年10月23日，潮州全境解放。不久，南方人民银行潮安支行成立，流通券亦按南方券同一比率收回并停止使用。

民国 杨殷使用过的夹层漆皮箱

长52厘米，宽36厘米，高23.5厘米。广东革命历史博物馆藏。

木质，皮革，镶其他金属，漆皮，外表黑色，但箱内底部特制有夹层，夹层内可盛文件实物，是香港皮革工会特意为杨殷设计制造的。省港罢工期间，杨殷经常化装成不同身份人员来往省港之间，协助苏兆征发动工人进行罢工。当时组织上派女工李少棠作为地下交通员，随杨殷来往，传递文件。广州起义前夕，李少棠又以这个皮箱带武器上广州和带炸药、炸弹壳到九江，给当地党的地下组织制造土炸弹。

民国　广东工农兵拥护苏维埃政府标语

纵65厘米，横19.2厘米。广东革命历史博物馆藏。

红色玉扣纸，毛笔写楷书“工农兵起来拥护苏维埃政府”，落款是“广东工农兵拥护苏维埃政府大会”。另一张是“打倒帝国主义”，署名也是“广东工农兵拥护苏维埃政府大会”。标语原是贴在西瓜园广东工农兵拥护苏维埃政府大会会场里的。起义军撤出广州时，工人赤卫队第一联队第一中队长杨馨坤将此标语撕下，带回英德。

民国　海南白沙黎族起义的箭镞和毛毡

箭镞：长20厘米，直径3厘米；毛毡：长160厘米，宽96.3厘米。广东革命历史博物馆藏。

箭镞前端呈三角形，铁质，前端锋利。毛毡用黄色麻布制成，四周有条纹。1943年8月12日，为反对压迫和剥削，争取自由和解放，海南黎族首领王国兴等带领当地黎族、苗族群众，揭竿而起，以弓箭、钩刀等武器，向国民党白沙县政府发起攻击，揭开了白沙起义的序幕，起义历时半个月。白沙起义动摇了国民党反动派在五指山地区的统治基础，加速了中共琼崖特委创建白沙抗日根据地的步伐，对创建五指山中心根据地和海南解放战争的胜利起到了巨大的作用。毛泽东对王国兴领导的白沙起义给予高度评价，指出“中国少数民族自发起义，主动寻找共产党，建立革命根据地，王国兴是很有代表性的一人”。

民国　中共三大代表徐梅坤使用过的皮箱

长56厘米，宽38厘米，高20厘米。中共三大会址纪念馆藏。

黑色，皮箱四角为皮包角，并打金属锅钉，正面有金属锁扣，中间有皮手提环。该箱是中共三大代表徐梅坤所使用的。徐梅坤（1893—1997），浙江萧山（今属杭州）人，1922年加入中国共产党，1923年出席中共三大，报告了江浙地区的农民运动情况，并当选为候补中央执行委员。1950年任政务院人民检察委员会参事，1956年任国务院参事室参事。

民国　东江游击队《乡村农会组织暂行章程草案》

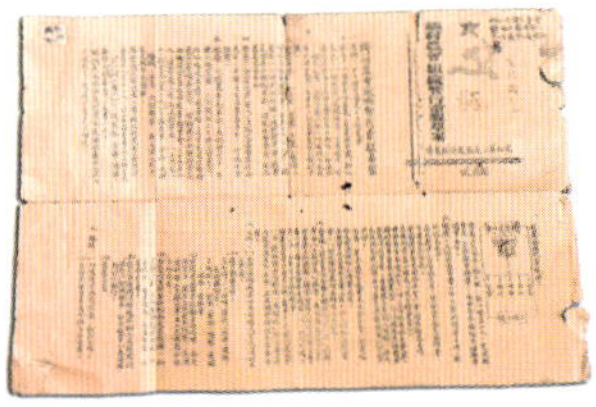

纵27.8厘米，横35.8厘米。广州市从化区博物馆藏。

该布告纸质泛黄，手写油印，1949年7月15日由中国人民解放军粤赣湘边纵队东江第三支队政治部制发。章程草案记载有“村农会组织系统图”等内容，详细规定了农会组织名称、宗旨、入会资格、会费、组织、职权、会议、工作、纪律、会员权利、会员义务、奖励与惩罚等内容，是东江地区共产党领导组织农民运动的真实见证。

1949年　东江游击队文件布告

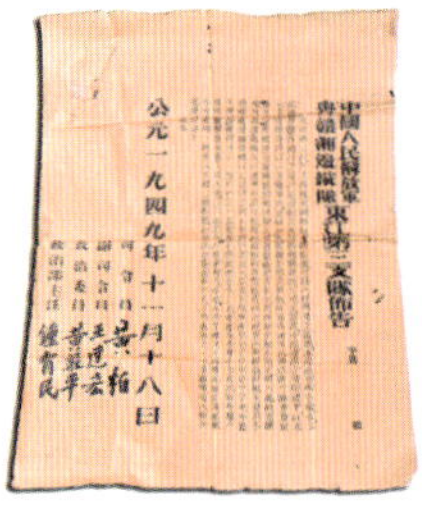

纵54厘米，横39厘米。广州市从化区博物馆藏。

该布告纸质泛黄，蜡刻油印，1949年11月18日由中国人民解放军粤赣湘边纵队东江第三支队颁布。布告署名“司令员黄柏、副司令员王达宏、政治委员黄庄平、政治部主任钟育民”。布告记载了“根据各县区乡村之负担能力配定期负担总额及现定地主富农中农贫农之负担标准”等内容，翔实记录了征收公粮的阶级标准、瞒报处罚标准、举报奖励标准以及支援军队的粮食征收情况，是东江革命根据地的真实见证。

1949年　迎接广州解放的五星红旗

纵88厘米，横136厘米。广州博物馆藏。

红布已褪色为黄色，五角星车缝，穿旗杆处为白色布。此为东亚酒店职工为了迎接广州解放，连夜赶制出来的。是1949年10月15日凌晨在广州上空竖起的第一面红旗。

现代　周恩来、邓颖超同志在从化温泉宾馆运送毛毯时用过的三轮车

长214厘米，宽98厘米，高99厘米。毛泽东同志主办农民运动讲习所旧址纪念馆藏。

铁、木、橡胶质地。按前进方向，双轮在前，单轮在后。车胎为黑色，橡胶质地。车厢由铁架铺上五块木板组合而成。铁架为绿色，已生锈，轮胎、座位等均有破损。该三轮车是1959年周恩来、邓颖超在从化温泉宾馆帮助服务员运送毛毯时用过的。

现代　毛泽东视察广州市郊棠下大队时用过的竹帽

直径51厘米，高13厘米。毛泽东同志主办农民运动讲习所旧址纪念馆藏。

外沿有毛笔手书“中共广州市郊区监察委员会”字样，内沿有一“潘”字。帽子局部破损，帽顶有破洞，帽绳断裂。1958年4月30日下午，在陶铸、朱光等省市领导人的陪同下，毛泽东来到棠下农业生产合作社调研。这顶竹帽是毛泽东在试验田调查研究时，东圃乡党委书记潘湛递给他遮阳的。

现代　中国人民解放军第四野战军44军132师395团烈士登记簿

纵15厘米，横23厘米。广州市从化区博物馆藏。

纸质，纸张泛黄，有破损。烈士登记簿登记了中国人民解放军第四野战军44军132师395团牺牲的烈士信息，其中包含解放战争时期解放从化最后一战云台山战斗所牺牲的一连连长杨庆芝、三连战士潘玉德等五十位烈士信息。

索　引

A

B

C

D

E

F

G

H

J

K

L

M

N

O

P

Q

R

S

T

W

X

Y

Z

后 记

2006年国务院颁布实施的《地方志工作条例》规定，地方志书每20年左右编修一次。文物志是地方志书的重要组成部分。广州文物志先后于1990年、1999年、2000年出版过三版。2000年版距今已超20年，其收录的资料截止日期为1998年12月31日。因此，编修新一版《广州文物志》，显得十分迫切。2022年底，中共广州市委宣传部将编修《广州文物志》工作提上日程。按照统一部署，广州市文化广电旅游局（广州市文物局）于2023年初正式启动新编《广州文物志》工作。

考虑到20多年来广州文物博物馆事业发展迅速，取得历史性、开创性成就，编修工作领导小组确定，本版《广州文物志》分不可移动文物卷、可移动文物卷、文博事业卷三卷，分别编修，这是与此前各版《广州文物志》显著的一个不同。

可移动文物卷（以下简称“本卷”）是在《广州市文物志》（1990年版）、《广州市志·卷十六·文物志》（1999年版）、《广州文物志》（2000年版）的基础上，充分吸收广州历次文物普查及近年开展的各类文物考古专项工作成果而编成。鉴于全市登记在册的可移动文物数量超过28万件，历史年代跨度大，材质丰富，修编工作坚持“栏目求全，条目求精”的原则，力求做到“精品文物存图存文，重点文物存目”，在前几版《广州文物志》基础上参照全国第一次可移动文物普查的文物分类法，重新分类编目排序并加以扩充。在2000年版《广州文物志》的基础上，结合2016年全市可移动文物普查数据中的二级以上文物5484件（其中一级文物633件、二级文物4851件），重点精选各馆近些年入藏的广州历史文化代表性文物，最终形成20章、文物条目1900余条，由各馆选派最熟悉文物的同志根据文物普查规范和最新研究成果，按照统一体例重新撰写文物词条，全书版面字数近80万字。

编修工作自始至终得到各级领导同志的关心和支持。中共广州市委常委、宣传部部长杜新山同志多次主持召开专项会议，推动编修工作。中共广州市委宣传部副部长、市新闻出版局（市版权局）局长陈晓丹，市文化广电旅游局党组书记、局长刘瑜梅，市文化广电旅游局副局长、市文物局局长刘晓明，市文化广电旅游局原二级巡视员欧彩群等领导同志协调解决有关问题。市文化广电旅游局文物保护与考古处处长郑小炉、博物馆处处长梁迅等同志密切关注编修工作进展，并给予指导。各区文物行政部门、市属文博单位积极参与条目撰稿或提供图文资料，给予鼎力协助。程存洁、全洪、朱海仁、黄海妍、易西兵、李岚、罗兴连、朱晓秋、林冠男、黎丽娜十位文博专家对本卷书稿提出了具体的修改意见和建议。地方志专家陈泽泓对本卷的编纂体例、规范等方面给予专业指导。此外，程存洁、程晓励、贺安、黄海妍、蒋斌、柯林海、李宏标、李民涌、李伟光、李小梅、罗奇、马楠、伍幸勤、胥雪松、颜晖、易西兵、张强禄、朱海仁（按姓氏拼音排序）等市及区属博物馆领导对各馆此项工作给予了具体的支持。本卷编纂工作小组成员何东红、何艳秋、胡舜、黄宏、宽德法师、黎丽娜、李兴国、林冠男、刘斌、刘翀、孟育东、莫瑞莲、石柳霞、宋平、苏爱荣、王芳、王强、谢莹、雍玲玲、于军、曾舒慧、章荣玲、郑晓辉（按姓氏拼音排序）统筹协调了各单位具体工作，如核对文物信息、补充文物高清图片、完善文物词条文字等。对此我们谨表感谢。

文物志编修是一项功在当代、利在千秋的文化传承事业。本版广州文物志编修，不是平地建高楼，不是另起炉灶，而是在前三版广州文物志的基础上加以补充和完善，换言之，我们是站在前辈们的肩膀上继续前行，努力做得更好。在此，我们要深切缅怀为广州文博事业、广州文物志编修工作做出重要贡献的麦英豪、苏乾等已经仙逝的老一辈文博工作者，也要向黎金、黎显衡、何民本、陈登贵、陈玉环、黄淼章等依然关心、支持广州文博事业的前辈们致以崇高敬意！他们在广州文博领域的“风餐露宿”和“青灯黄卷”为我们今天的工作打下了坚实的基础。

本卷是集体劳动的成果，在各单位提供文物基本信息的基础上，吴凌云、曾玲玲任主编，陈鸿钧、霍雨丰任副主编，帅倩、何湾、李荣炜全程参与相关具体工作，吴凌云、曾玲玲、陈鸿钧、霍雨丰、帅倩共同审读统一全稿。

地方志书编修要求很高，文物志的编修也是如此。囿于学识水平，难免存在不足，祈请方家批评指正。

《广州文物志·可移动文物卷》编纂团队

二〇二五年五月